TERCERA EDICIÓN

Tornasol

Guía para la interpretación de textos literarios y cine

ANTONIO SOBEJANO-MORÁN

Binghamton University

Panda Publications
PO Box 595
Wilkes Barre, PA 18703
http://Pandapublications.info

Editor-in-chief: Rosa Crisi
Asst. Editor: Mary Moreno
Acquisitions Editor: Mark Carpenter
Marketing Manager: John Applebaum
Permissions Manager: Peter Armstrong
Manufacturing Manager: Suzanne Bradley
Design: Sir Speedy Printing • Roanoke, VA
Text Design: Diseño y Control Gráfico

ISBN: 978-1-7374818-0-5

Printed in the United States of America

Dedicatoria

A mi hermana Valentina Sobejano
In Memoriam

Índice General

Acknowledgments

The author and publisher would like to express their gratitude to those professors and instructors who took part in the review of *Tornasol: Guía para la interpretación de textos literarios y cine* for their extremely helpful comments and suggestions:

Bianco, Paola. Wilkes University
Del Águila, Rocío. University of Texas at Austin
Fajardo, Salvador. Binghamton University
Freire Hermida, Mar. University of Michigan
Guevara, Rigoberto. University of Nebraska-Lincoln
Herrero-Senés, Juan Herrero. University of Colorado-Boulder
Jagoe, Eva-Lynn. University of Toronto
López Operé, Alicia. University of Virginia
Maíz-Peña, Magdalena. Davidson College
Martí-Peña, Guadalupe. The Pennsylvania State University
Morillo, María Dolores. University of Michigan
Pérez Melgosa, Adrián. Stony Brook University
Pratt, Dale. Brigham Young University
Pujol, Eve. University of Wisconsin-Madison
Rodríguez-Guridi, Bárbara. University of Wisconsin-Madison
Ros, Ana. Binghamton University
Saldarriaga, Patricia. Middlebury College
Saona, Margarita. University of Illinois at Chicago
Scarlett, Elizabeth. University at Buffalo
Sibbald, Kathleen M. McGill University
Stallings, Gregory. Brigham Young University

Preface

Tornasol: Guía para la interpretación de textos literarios y cine provides university students with a clear and comprehensive introduction to the critical analysis of literary texts and films. The textbook explains and illustrates key critical and theoretical concepts in each unit, includes numerous examples, and takes both students and instructors from the comprehension to the interpretation of literature and film. The book also introduces and explains those literary devices and techniques students need to know in order to perform close readings of literary works and films.

    Tornasol: Guía para la interpretación de textos literarios y cine has five parts. Each part begins with a general introduction to its subject, followed by a model analysis of a specific literary type or film for students to follow. Part I introduces the study of *Fiction* and covers the elements of narrative and a selection of different types and modes of fiction. Part II addresses the *Essay*. Part III looks at *Film* and the adaptation of literature to film. *Poetry* follows in Part IV, and we conclude our study with *Drama* in Part V. Each part moves from descriptions of essential *Textual Elements, Critical Tools, Methods,* and *Theories* to the guided study, analysis and discussion of a primary literary text or film. We surround these primary texts or films with the following components:

- The *Vida, obra y crítica del autor*, or *The author's life, works and criticism*, component provides basic information on the writer's life and works. In many cases, these biographies enable students to view the work selected for class in the context of the writer's total literary achievement.
- The *Guía de lectura*, or *Reading guide*, includes helpful comments and suggestions on the literary work or film selected for reading or viewing. These guides will direct your first reading of the text, flagging issues the text raises, and identifying some literary or cinematic techniques the writer employs in the literary work or film.
- The *Texto literario* or *película*, or the *Literary text* or *film*, provide primary works for analysis and discussion. In selecting these works or films, we were less influenced by the status and popularity of the writer or film director than by how well the writing or film illustrate and help us to explain the critical terms and concepts addressed in the chapter.
- The *Comprensión del texto* and *Análisis crítico*, or *Text comprehension* and *Critical analysis*, will help you understand the elements of the literary work or film. Critical reading begins when we ask questions about the meaning of words, their arrangement in the

text, allusions to other works of literature, to historical events, places... The questions on *Comprensión del texto* or *film* will measure your basic understanding of the literary work and film, and by answering them you will complete the first and basic level of critical analysis. There are also questions that direct you to the analysis of the most relevant literary or cinematic issues and techniques developed in the selected work. These questions are cumulative, since some of them deal with issues or literary concepts already studied or discussed in the previous chapters or sections. They are also of the utmost importance and will help you develop critical thinking skills and the ability to apply the critical and theoretical concepts studied at the beginning of each unit. By addressing these questions fully and correctly, you will move to a higher level of interpretation and literary analysis.

- In our *Mesa redonda*, or *Round table discussion*, we invite students to gather in small groups in the classroom and share their opinions, impressions, insights, and interpretations. The questions selected for this section will provoke debate. Each of these groups will choose a facilitator to guide the discussions, encourage everyone to participate, and focus on the issues raised by the questions. At the end of the collaborative group discussions, each facilitator may wish to share the group's insights and conclusions with a gathering of the whole class.
- The *Sea creativo*, or *Be creative*, section affords you the opportunity to move from a critical to a creative response to literature or film: rewriting the ending of a story, changing the point of view, writing a short poem, creating a visual poem, or providing a new ending to a film.
- The *Investigación*, or *Research*, section consists of a substantial writing assignment that will challenge your capacity for independent study and research.
- The *Diccionario de términos literarios*, or *Dictionary of Literary Terms*, consists of a glossary of literary terms whose short definitions help the student to become familiar with frequently-used terminology in the field of literary criticism and theory.

LA NARRATIVA

Introducción a la Narrativa

La novela, junto con el ensayo, la poesía y el teatro, es uno de los cuatro géneros literarios, y se define como una obra literaria en prosa que cuenta una acción fingida, en su totalidad o en parte, y en la que hay una descripción de sucesos, personajes y costumbres. Esta definición, obviamente, no satisface a todos, y aquí no vamos a entrar en este debate. A diferencia de la novela, el cuento se caracteriza por su brevedad, por presentar, generalmente, una sola trama, y por tener personajes que no están muy desarrollados sicológicamente. Entre la novela y el cuento tenemos la novela corta, y los límites entre ésta y aquéllos son bastante imprecisos.

Desde el punto de vista de sus orígenes, los primeros textos en prosa aparecen en la Roma clásica, en obras como *El satiricón*, de Petronio (S. I d. C.), y *El asno de oro*, de Apuleyo (S. II d. C.). En España, el cultivo de la prosa empezó a florecer en los siglos XIII y XIV, y desde los siglos XV y XVI hasta nuestros días ha habido un gran cultivo de la prosa ficticia tanto en España como en Latinoamérica.

Nociones básicas para el análisis de un relato ficticio

En las unidades que siguen, nos proponemos estudiar algunos de los elementos narrativos que nos pueden ayudar a conocer e interpretar una obra narrativa: la **voz narrativa**, los **tiempos del relato**, el **espacio** donde se desarrolla la acción narrativa, la **caracterización** y la **descripción**. Pero éstos no son los únicos elementos narrativos que debemos tener en cuenta a la hora de hacer un análisis crítico; a éstos se suman otros, como la **trama** (*plot*), la **historia**, y el **discurso**. Veamos en qué consiste cada uno de estos elementos literarios:

- La **trama** se refiere a la síntesis de los acontecimientos narrativos presentados en la obra.
- Por **historia** entendemos los acontecimientos (*events*) narrativos una vez que han sido ordenados cronológicamente.
- Y por **discurso** nos referimos a cómo se presentan estos acontecimientos en la obra. Por ejemplo, en una obra que narra la vida de una persona, la historia comenzará con su nacimiento, y seguirá con su infancia, juventud, vejez y muerte. Sin embargo, a veces el escritor no sigue un orden cronológico, y decide comenzar el relato con la juventud, seguir con su muerte, y después narrar la infancia; y a esta segunda disposición de los acontecimientos narrativos es lo que se conoce como discurso. Por cierto, una segunda acepción del término "discurso" lo relaciona con los elementos lingüísticos que dan expresión escrita a la obra literaria.

Otro elemento narrativo de gran relevancia es el **estilo**. El estilo se refiere a la manera particular que tiene un escritor en expresarse, e incluye el lenguaje, las figuras retóricas y otros recursos narrativos que utiliza durante la narración de su relato. Por lenguaje nos referimos no sólo al usado por el narrador, sino también al que sirve de medio de comunicación entre los personajes por medio de sus diálogos. El análisis del lenguaje nos puede revelar información valiosa sobre, por ejemplo, la clase social a la que pertenece un personaje, o sobre el tono —irónico, sarcástico...— de una obra. Debemos señalar que, al igual que en poesía o en otros géneros literarios, el lenguaje puede tener un valor literal o figurado.

Finalmente, y después de comentar estos elementos narrativos, el lector puede proceder con la identificación del **tema** principal y los temas secundarios de la obra literaria. El tema es la idea central de la obra literaria, y normalmente tiene que ver con algún aspecto de la vida de un personaje o de la sociedad.

Guía para el Análisis de Narrativa

Uno de los objetivos de leer consiste, como acabamos de ver, en desmontar (*to dissasemble*) y analizar los distintos elementos y temas de una obra literaria. A continuación incluimos una guía general para el análisis de una obra literaria en prosa:

- La **trama**, la **historia** y el **discurso**. Estos son, en realidad, los primeros elementos que debemos identificar primeramente a fin de (*so as to*) tener un conocimiento básico de la obra que vamos a estudiar.
- **La voz narrativa**. La voz narrativa, o narrador, es la entidad encargada (*entrusted*) de la comunicación del mensaje, o texto. Podemos preguntarnos: ¿cuál es la identidad de esta voz narrativa? ¿Narra en primera o tercera persona? ¿Es un narrador omnisciente? ¿Participa de los hechos narrados? ¿Es fiable? ¿Cuáles son el tono y el estilo —directo, indirecto o indirecto libre— usados por esta voz narrative? ¿Qué punto de vista utiliza en la narración?
- **Tiempo** y **espacio**. Estos dos elementos constituyen el escenario (*setting*) de una obra de ficción. Podemos preguntarnos: ¿utiliza el escritor un tiempo circular o lineal? ¿Qué relación existe entre el tiempo real de la historia y el tiempo o tiempos del discurso? ¿Dónde tienen lugar los acontecimientos narrativos? ¿Tienen algún valor simbólico o metafórico estos dos elementos narrativos?
- **Caracterización** y **descripción**. En novela, especialmente, estos dos aspectos suelen tener mucha importancia. Algunas de las preguntas que podemos hacernos son: ¿quién es el protagonista? ¿Cómo aparecen caracterizados los personajes? ¿Sigue alguna técnica específica el narrador en la caracterización de los personajes? ¿Qué papel juega la descripción? ¿Utiliza el escritor algún recurso (*device*) literario específico en la descripción de los personajes y lugares?
- El **estilo** se refiere a cómo utiliza el autor la lengua, la sintaxis y otros elementos retóricos para comunicar su mensaje. Podemos preguntarnos: ¿qué tipo de lenguaje utiliza el escritor? ¿Nos comunica el autor el mensaje de manera clara y directa? ¿Subvierte las reglas sintácticas? ¿Hace uso de un lenguaje coloquial, figurado, o culto, y de juegos lingüísticos? ¿Cómo podemos relacionar el uso de la lengua con el tema de la obra?

El **tema** es la idea central de una obra literaria. Podemos preguntarnos: ¿nos presenta el autor el tema de forma explícita o implícita? ¿Cómo trata el autor el tema? ¿Hay variaciones sobre este tema —**leitmotivos**— a lo largo de la obra? ¿Qué subtemas hay en la novela o cuento que estudiamos?

- **Interpretación de la obra**. Una vez analizados los elementos narrativos anteriores debemos dar una interpretación general del cuento o novela que amplíe (*expands*) el tema de la obra.

Guía para la Redacción de un Trabajo de Investigación

La redacción de un trabajo de investigación (*paper*) es una actividad que suele preocupar a todo estudiante; por ello, hemos preparado una guía con algunos consejos prácticos que pueden ser de utilidad. Vamos a dividir esta tarea, o proceso, en cuatro partes claramente diferenciables:

- I. **Selección del tema, investigación y bosquejo.**
- II. **Escritura.**
- III. **Revisión.**
- IV. **Consideraciones técnicas.**

I. Selección del tema, investigación y bosquejo

1. *Selección del tema*. Después de leer la obra varias veces y tomar algunas notas, debemos escoger un tema específico que pueda ser tratado en un trabajo de reducidas dimensiones. Entre los muchos posibles temas, podemos escoger el análisis o estudio de uno o varios personajes desde el punto de vista de su componente de género, biográfico, étnico, etc. Asimismo, podemos estudiar un determinado tema, el uso de algunas técnicas narrativas empleadas por el escritor en la obra, o comparar algunos aspectos temáticos o técnicos compartidos por dos o más obras literarias.

2. *Investigación*. En una primera fase, centrada en la lectura de fuentes primarias, nos puede ser útil leer alguna información sobre la vida del autor, su obra literaria, su época, y las influencias artísticas e ideológicas que haya podido recibir de otros escritores. A continuación, debemos consultar algunas fuentes secundarias, lo que otros críticos han escrito sobre el tema que hemos seleccionado. Además, es necesario leer algunos estudios de teoría literaria relativos al enfoque teórico que vamos a utilizar en nuestro trabajo. Por ejemplo, si estudiamos un tema centrado en la estrecha relación que mantiene una hija con su padre, podemos aplicar un enfoque psicoanalítico y leer algún trabajo de Freud sobre el complejo de Electra para ver qué ideas propone Freud acerca de este complejo. O, por otro lado, podemos escoger un enfoque mitológico y, a partir de Carl Jung, explicar cómo ésta es una fase que reaparece durante el proceso de

crecimiento de todas las niñas en todas las culturas y civilizaciones. (Al final del libro, en el apéndice III, incluimos un breve resumen de algunos de los enfoques teóricos más frecuentemente utilizados en literatura).

Durante este proceso, necesitamos tomar notas y añadir a las mismas algunos comentarios personales. En estos casos, es útil que al final de las notas tomadas añadamos la correspondiente información bibliográfica.

Bosquejo. En este momento estamos listos ya para realizar un *bosquejo* del trabajo de investigación que nos proponemos realizar. El bosquejo será nuestra guía a lo largo del trabajo; y podemos organizarlo en distintas partes, comenzando con una introducción donde presentamos el tema que vamos a estudiar y la tesis que proponemos. Después procederemos con una división del trabajo de acuerdo a las ideas que vamos a analizar, comenzando con las más relevantes o centrales para seguir con las secundarias; y finalizaremos con una conclusión.

II. Escritura

1. *Introducción*. Concluidas las fases anteriores, estamos listos ya para comenzar la redacción (*writing*) de nuestro trabajo de investigación, y lo comenzaremos con un párrafo introductorio. La primera frase del párrafo debe ser una mini tesis, una introducción muy breve y general al estudio. Por ejemplo, "En *La casa de los espíritus*, Isabel Allende nos muestra cómo el amor tiene la capacidad de alterar el tejido sociopolítico del país"; o "en la narrativa de Isabel Allende, el amor sirve de catalizador de los problemas sociopolíticos presentados en la obra". Un problema que debemos evitar es el de comenzar contando el argumento de la obra, ya que de empezar así corremos el riesgo de continuar resumiendo una obra que todo el mundo ya conoce. A continuación, procederemos con la presentación de la tesis. Ésta, que puede variar ligeramente mientras escribimos el trabajo, se centrará en el punto de vista particular que tenemos sobre el tema de la obra que vamos a estudiar; y a lo largo de todo el trabajo trataremos de justificar y fundamentar nuestra posición al respecto. Por ejemplo, "en este trabajo vamos a demostrar que, en *La casa de los espíritus*, cuando el amor no se adapta a las normas establecidas tiene la capacidad de destruir la rígida estructura sociopolítica del país". El lector puede estar de acuerdo o rechazar esta tesis; por lo tanto, debemos tratar de persuadirlo y convencerlo con los argumentos elaborados en nuestro estudio.

   Desarrollo. Al pasar a la redacción del resto de nuestro trabajo, es importante que pensemos en términos de ideas o temas, y que seleccionemos los pasajes más significativos para usarlos como referencia para comentar y analizar el resto de la obra en profundidad. Las ideas, por cierto, deben ser desarrolladas con claridad y agudeza. En esta fase, la más larga del trabajo, debemos pasar, como indicamos en el bosquejo, de las ideas principales a las secundarias. Asimismo, al exponer una idea podemos incorporar en nuestra explicación algunos comentarios de otros investigadores, críticos o teóricos, o citas del texto, para darle mayor peso o fundamentación. Estas citas son de gran relevancia porque funcionan como la evidencia que justifica nuestros comentarios críticos, y las unas sin los otros nos van a dejar un trabajo incompleto. Sin embargo, en la redacción final de éste, no debemos incluir demasiadas citas, y en algunas ocasiones podemos, incluso, parafrasearlas sin necesidad de citarlas textualmente. Es importante observar que la audiencia a la que nos dirigimos no se limita al profesor sino que, idealmente, incluye otra gente que también ha leído la obra, lo cual nos puede ayudar a no caer en la tentación de resumir o recontar el argumento de la obra.

2. *Conclusión.* Finalizada la exposición de nuestras ideas, es el momento de pasar a la conclusión de nuestro estudio. En su articulación, no podemos olvidar que ésta debe dar un sentido de resolución, de algo completo y acabado, y que tiene que resumir, o concretar, las ideas capitales del trabajo. Además, la conclusión debe hacerse eco de la introducción, referir brevemente las ideas tratadas en el trabajo, y comentar cómo todas estas ideas justifican o prueban la tesis formulada en la introducción. Concluido el estudio, podemos pensar en el título del mismo, el cual debe hacerse eco del tema o idea central del trabajo.

III. Revisión

Después de terminar con la redacción del trabajo, es necesario examinar y reconsiderar lo escrito para mejorar la organización y la expresión de las ideas. Es, por otro lado, recomendable que algún otro compañero de la clase lo lea para que nos haga algunas sugerencias de carácter formal o conceptual. La revisión del trabajo es importante porque nos permite refinar algunas de las ideas o argumentos presentados en nuestro estudio, y corregir errores ortográficos o gramaticales, y problemas de estilo. Este paso se puede hacer frente a la pantalla de la computadora, pero es aconsejable hacer una copia impresa del mismo y realizar las correcciones pertinentes en este borrador (*first draft*). Una vez hechas las debidas correcciones, podemos proceder a la impresión de la copia final.

IV. Consideraciones técnicas

1. *Presentación del trabajo.* Desde el punto de vista técnico, debemos tener en cuenta que el trabajo debe ser escrito a máquina, hacer uso de un interlineado doble, o doble espacio, dejar una pulgada en todos los márgenes, y aplicar sangría (*indent*) al principio de cada párrafo. El tipo o tamaño de letra (*font*) utilizado debe ser de 12 puntos, y las medidas del papel usado para la impresión deben ser de 8½X11 pulgadas. En la primera página, en la parte superior izquierda, debemos escribir nuestro nombre,

debajo el de nuestro profesor, debajo el nombre del curso, y debajo la fecha. En la parte superior derecha debemos indicar el número de la página precedido por nuestro apellido, y debajo, centrado a mitad de línea y no entrecomillado, escribiremos el título del trabajo.

2. *Investigación.* Para realizar la investigación podemos hacer uso de la biblioteca y utilizar el catálogo en línea (*online catalog*), el cual nos va a dar distintas opciones de búsqueda. Por ejemplo, el *"subject search"*, o búsqueda sobre el tema, nos da información sobre estudios biográficos o críticos relacionados con el tema que hemos seleccionado; el *"author search"*, o búsqueda sobre el autor, muestra información sobre otras obras escritas por este escritor; y el *"keyword search"*, o búsqueda a partir de una palabra clave, nos da información sobre un tema relacionado con este autor: raza, género, creencias religiosas, etc. Estas búsquedas, además de ayudarnos a encontrar información bibliográfica sobre el tema, nos dan el número de catalogación (*call number*) de la obra para localizarla fácilmente en la biblioteca. Igualmente, es importante hacer uso de otras obras de referencia en lo que se conoce como la *"Reference library"*. Muchos de los estudios sobre las obras literarias aparecen en artículos publicados en revistas literarias o colecciones de ensayos, y no aparecen en los catálogos de la biblioteca. Entonces, ¿cómo encontrar estos artículos? El medio más común para encontrar estas fuentes de investigación es el *MLA International Bibliography*, que se encuentra de forma impresa en varios volúmenes o en el Internet. El *MLA* incluye información sobre la mayor parte de los libros, artículos, y disertaciones publicados sobre la mayor parte de los escritores del mundo. A veces, además, podemos encontrar todo el texto de un artículo usando bases de datos (*databases*) como JSTOR y Proyecto MUSE. Además, podemos encontrar otros documentos, noticias y artículos haciendo uso de motores de búsqueda como Google, Yahoo! y AltaVista; aunque, ocasionalmente, la investigación publicada en el internet no suele tener el rigor crítico que encontramos en revistas, donde la selección de artículos es recomendada por expertos en el tema. No obstante lo cual, hay algunos sitios de la red que son más fiables que otros, y entre aquéllos recomendamos los terminados en .edu, .gov, y .org.

3. *Puntuación y formato.* Las citas que utilizamos en el cuerpo del trabajo requieren la apropiada puntuación. Como norma general, debemos colocar las comillas al principio y al final de la cita, y a continuación, entre paréntesis, la referencia bibliográfica seguida de un punto. Ahora bien, si hay una cita dentro de otra, la cita intercalada irá precedida y seguida por una sola coma. Otra regla importante es que, al citar un pasaje de más de tres líneas en poesía, o más de cuatro en prosa, debemos comenzar un nuevo párrafo a doble espacio y aplicar una sangría en todo él de una pulgada. Las citas deben ser reproducidas textualmente, pero si necesitamos introducir una palabra en la cita, como un verbo o pronombre para que la cita tenga sentido dentro de la frase, esta palabra debe ir colocada entre corchetes (*brackets*). Asimismo, si acortamos una

cita para que encaje o cuadre (*fits*) en nuestra frase, use puntos suspensivos dejando entre ellos un espacio antes y después.

Veamos algunos ejemplos de citas dentro del texto:

1. El investigador Juan González observa que "al finalizar la lectura de la novela, comprendemos que el narrador y el protagonista son una misma persona" (22).
2. Al final de la novela descubrimos que el narrador y el protagonista comparten la misma identidad (Juan González, 22).
3. El investigador Juan González observa que al término de la novela el lector se da cuenta que el narrador y el protagonista son la misma persona (22).

En el caso de que usemos varias obras de un mismo autor, podemos simplificar el título de cada una de las obras: (Juan González, *Representación de papeles*, 22).

En cuanto a la colocación de las obras citadas, éstas van al final del trabajo, encabezadas por un título como "Bibliografía" u "Obras Citadas", centrado a mitad de línea, pero sin necesidad de escribirlo en letra cursiva o en negrita.

A continuación vamos a mostrar algunos ejemplos comunes de citas de fuentes bibliográficas:

1. Un libro por un solo autor:
   González, Juan. *La representación de papeles ficticios en la narrativa de Miguel de Unamuno*. Salamanca: editorial Anaya, 1982.
2. Una antología o colección de ensayos:
   González, Juan, ed. *El teatro* étnico en Latinoamérica. Veracruz: editorial Moritz, 1987.
   González, J., y Pedro Hernández, eds. *La poesía del exilio*. New York: Macmillan, 1981.
3. Una obra dentro de una antología:
   González, Juan. "La ira del cosaco". *Mimesis en la narrativa de Tolstoi*. Trad. Gregorio Lima. Princeton: Princeton UP, 1962. 4-28.
4. Un artículo dentro de una revista literaria:
   González, Juan. "Ironía y parodia en la narrativa de Carpentier". *Revista literaria* 2.1 (1989): 17-41.
5. Un artículo en una revista literaria publicada en línea:
   González, Juan. "Feminismo y lucha de clases en la narrativa de Gaite". *Revista feminista* 2.3 (2012): 2-14. Web. 5 July 2015. (Esta última fecha, "5 July 2015", se referirá a la fecha en la que accedemos a la red.

Modelo de Análisis Crítico. *La miel silvestre*, (Horacio Quiroga)

Tengo en el Salto Oriental[1] dos primos, hoy hombres ya, que a sus doce años, y a consecuencia de profundas lecturas de Julio Verne,[2] dieron en la rica empresa de abandonar su casa para ir a vivir al monte. Este queda a dos leguas[3] de la ciudad. Allí vivirían primitivamente de la caza y la pesca. Cierto es que los dos muchachos no se habían acordado particularmente de llevar escopetas[4] ni anzuelos;[5] pero, de todos modos, el bosque estaba allí, con su libertad como fuente de dicha[6] y sus peligros como encanto. Desgraciadamente, al segundo día fueron hallados por quienes los buscaban. Estaban bastante atónitos[7] todavía, no poco débiles, y con gran asombro[8] de sus hermanos menores —iniciados también en Julio Verne— sabían andar aún en dos pies y recordaban el habla. [5] [10]

La aventura de los dos robinsones,[9] sin embargo, fuera acaso más formal a haber tenido como teatro otro bosque menos dominguero.[10] Las escapatorias llevan aquí en Misiones[11] a límites imprevistos, y a ello arrastró a Gabriel Benincasa el orgullo de sus *stromboot*.[12]

Benincasa, habiendo concluido sus estudios de contaduría pública, sintió fulminante deseo de conocer la vida de la selva. No fue arrastrado[13] por su temperamento, pues antes bien[14] Benincasa era un muchacho pacífico, gordinflón[15] y de cara rosada, en razón de su excelente salud. En consecuencia, lo suficiente cuerdo[16] para preferir un té con leche y pastelitos a quién sabe qué fortuita e infernal comida del bosque. Pero así como el soltero que fue siempre juicioso cree de su deber, la víspera[17] de sus bodas, despedirse de la vida libre con una noche de orgía en compañía de sus amigos, de igual modo Benincasa quiso honrar su vida aceitada[18] con dos o tres choques de vida intensa. Y por este motivo remontaba[19] el Paraná[20] hasta un obraje,[21] con sus famosos stromboot. [15] [20]

Apenas salido de Corrientes[22] había calzado sus recias[23] botas, pues los yacarés[24] de la orilla calentaban ya el paisaje. Mas a pesar de ello el contador público cuidaba mucho de su calzado, evitándole arañazos[25] y sucios contactos. [25]

De este modo llegó al obraje de su padrino, y a la hora tuvo éste que contener el desenfado[26] de su ahijado.[27]

—¿A dónde vas ahora? —le había preguntado sorprendido.

—Al monte; quiero recorrerlo un poco —repuso[28] Benincasa, que acababa de colgarse el winchester al hombro. [30]

---

[1]ciudad al noroeste de Uruguay. [2]novelista francés (1828-1905). [3]una legua equivale a unas tres millas y media. [4]*guns*. [5]*fish hooks*. [6]felicidad. [7]muy sorprendidos. [8]*astonishment*. [9]referencia a Robinson Crusoe, el protagonista náufrago (*castaway*) de la novela de Daniel Defoe del mismo nombre publicada en 1719. [10]"otro… dominguero": un bosque más peligroso. [11]provincia al noreste de Argentina. [12]tipo de bota muy resistente. [13]*dragged*. [14]"antes bien": *rather*. [15]gordo. [16]*sane*. [17]*eve*. [18]cómoda y tranquila. [19]ascendía. [20]río Paraná. [21]pequeña fábrica dedicada a la producción textil. [22]capital del estado de Corrientes, al este del río Paraná y al norte de Argentina. [23]fuertes, resistentes. [24]*alligators*. [25]*scratches*. [26]*self-confidence*. [27]*godson*. [28]respondió.

—¡Pero infeliz! No vas a poder dar un paso. Sigue la picada,[29] si quieres… O mejor deja esa arma y mañana te haré acompañar por un peón.[30]

Benincasa renunció a su paseo. No obstante, fue hasta la vera[31] del bosque y se detuvo. Intentó vagamente un paso adentro, y quedó quieto. Metióse las manos en los bolsillos y miró detenidamente[32] aquella inextricable maraña,[33] silbando[34] débilmente aires[35] truncos.[36] Después de observar de nuevo el bosque a uno y otro lado, retornó bastante desilusionado.

Al día siguiente, sin embargo, recorrió la picada central por espacio de una legua, y aunque su fusil[37] volvió profundamente dormido, Benincasa no deploró el paseo. Las fieras llegarían poco a poco.

Llegaron éstas a la segunda noche —aunque de un carácter un poco singular.

Benincasa dormía profundamente, cuando fue despertado por su padrino. —¡Eh, dormilón![38] Levántate que te van a comer vivo.

Benincasa se sentó bruscamente en la cama, alucinado por la luz de los tres faroles de viento[39] que se movían de un lado a otro en la pieza. Su padrino y dos peones regaban el piso.

—¿Qué hay, qué hay? —preguntó echándose al suelo. —Nada… Cuidado con los pies… La corrección.[40]

Benincasa había sido ya enterado[41] de las curiosas hormigas a que llamamos corrección. Son pequeñas, negras, brillantes y marchan velozmente en ríos más o menos anchos. Son esencialmente carnívoras. Avanzan devorando todo lo que encuentran a su paso: arañas, grillos,[42] alacranes, sapos,[43] víboras y a cuanto ser no puede resistirles. No hay animal, por grande y fuerte que sea, que no haya de ellas. Su entrada en una casa supone la exterminación absoluta de todo ser viviente, pues no hay rincón ni agujero profundo donde no se precipite el río devorador. Los perros aúllan,[44] los bueyes mugen[45] y es forzoso abandonarles la casa, a trueque[46] de ser roídos[47] en diez horas hasta el esqueleto. Permanecen en un lugar uno, dos, hasta cinco días, según su riqueza en insectos, carne o grasa. Una vez devorado todo, se van.

No resisten, sin embargo, a la creolina[48] o droga similar; y como en el obraje abunda aquélla, antes de una hora el chalet quedó libre de la corrección.

Benincasa se observaba muy de cerca, en los pies, la placa[49] lívida de una mordedura.

—¡Pican[50] muy fuerte, realmente! —dijo sorprendido, levantando la cabeza hacia su padrino. —Éste, para quien la observación no tenía ya ningún valor, no respondió, felicitándose, en cambio, de haber contenido a tiempo la invasión. Benincasa reanudó el sueño, aunque sobresaltado[51] toda la noche por pesadillas tropicales.

---

[29]*path.* [30]*laborer.* [31]orilla. [32]cuidadosamente. [33]*tangle.* [34]*whistling.* [35]piezas de música. [36]incompletas. [37]escopeta. [38]*sleepyhead.* [39]"faroles… viento":*hurricane lamps.* [40]conjunto muy numeroso de hormigas carnívoras que avanzan en columnas. [41]informado. [42]*crickets.* [43]*toads.* [44]*howl.* [45]*moo.* [46]cambio. [47]*gnawed.* [48]desinfectante usado en la limpieza de casas. [49]parte infectada. [50]*bite.* [51]asustado.

Al día siguiente se fue al monte, esta vez con un machete, pues había concluido por comprender que tal utensilio le sería en el monte mucho más útil que el fusil. Cierto es que su pulso no era maravilloso, y su acierto,[52] mucho menos. Pero de todos modos lograba trozar[53] las ramas, azotarse[54] la cara y cortarse las botas; todo en uno.

El monte crepuscular[55] y silencioso lo cansó pronto. Dábale la impresión —exacta por lo demás— de un escenario visto de día. De la bullente[56] vida tropical no hay a esa hora más que el teatro helado; ni un animal, ni un pájaro, ni un ruido casi.

Benincasa volvía cuando un sordo zumbido[57] le llamó la atención. A diez metros de él, en un tronco hueco, diminutas abejas aureolaban[58] la entrada del agujero. Se acercó con cautela y vio en el fondo de la abertura diez o doce bolas oscuras, del tamaño de un huevo.

—Esto es miel —se dijo el contador público con íntima gula—. Deben de ser bolsitas de cera,[59] llenas de miel…

Pero entre él —Benincasa— y las bolsitas estaban las abejas. Después de un momento de descanso, pensó en el fuego; levantaría una buena humareda.[60] La suerte quiso que mientras el ladrón acercaba cautelosamente la hojarasca[61] húmeda, cuatro o cinco abejas se posaran en su mano, sin picarlo.[62] Benincasa cogió una en seguida, y oprimiéndole el abdomen, constató que no tenía aguijón.[63] Su saliva, ya liviana,[64] se clarifico en melífica[65] abundancia. ¡Maravillosos y buenos animalitos!

En un instante el contador desprendió[66] las bolsitas de cera, y alejándose un buen trecho[67] para escapar al pegajoso[68] contacto de las abejas, se sentó en un raigón.[69] De las doce bolas, siete contenían polen. Pero las restantes estaban llenas de miel, una miel oscura, de sombría transparencia, que Benincasa paladeó[70] golosamente.[71] Sabía distintamente a algo. ¿A qué? El contador no pudo precisarlo. Acaso a resina de frutales o de eucaliptus. Y por igual motivo, tenía la densa miel un vago dejo[72] áspero. ¡Más qué perfume, en cambio!

Benincasa, una vez bien seguro de que cinco bolsitas le serían útiles, comenzó. Su idea era sencilla: tener suspendido el panal[73] goteante sobre su boca. Pero como la miel era espesa, tuvo que agrandar[74] el agujero, después de haber permanecido medio minuto con la boca inútilmente abierta. Entonces la miel asomó,[75] adelgazándose[76] en pesado hilo[77] hasta la lengua del contador.

Uno tras otro, los cinco panales se vaciaron así dentro de la boca de Benincasa. Fue inútil que éste prolongara la suspensión, y mucho más que repasara[78] los globos exhaustos; tuvo que resignarse.

Entre tanto, la sostenida posición de la cabeza en alto lo había mareado[79] un poco. Pesado de miel, quieto y los ojos bien abiertos, Benincasa consideró de nuevo el monte crepuscular.

---

[52]*marksmanship.* [53]cortar. [54]golpearse. [55]*twiligth.* [56]*seething.* [57]*buzz.* [58]volaban alrededor de. [59]*wax.* [60]*cloud of smoke.* [61]hojas secas. [62]*stinging him.* [63]*sting.* [64]*thin.* [65]con sabor a miel. [66]separó. [67]distancia. [68]*sticky.* [69]*stump.* [70]*savored.* [71]con mucho gusto. [72]sabor. [73]*honeycomb.* [74]hacer más grande. [75]apareció. [76]*getting thinner.* [77]*thread.* [78]limpiara. [79]*made him dizzy.*

100 Los árboles y el suelo tomaban posturas[80] por demás oblicuas, y su cabeza acompañaba el vaivén[81] del paisaje.

—Qué curioso mareo… —pensó el contador. Y lo peor es…

Al levantarse e intentar dar un paso, se había visto obligado a caer de nuevo sobre el tronco. Sentía su cuerpo de plomo,[82] sobre todo las piernas, como si estuvieran inmensa-
105 mente hinchadas.[83] Y los pies y las manos le hormigueaban.[84]

—¡Es muy raro, muy raro, muy raro! —se repitió estúpidamente Benincasa, sin escudriñar,[85] sin embargo, el motivo de esa rareza. Como si tuviera hormigas… La corrección —concluyó.

Y de pronto la respiración se le cortó en seco, de espanto.

—¡Debe ser la miel!… ¡Es venenosa!…[86] ¡Estoy envenenado!

110 Y a un segundo esfuerzo para incorporarse,[87] se le erizó el cabello[88] de terror; no había podido ni aun moverse. Ahora la sensación de plomo y el hormigueo subían hasta la cintura. Durante un rato el horror de morir allí, miserablemente solo, lejos de su madre y sus amigos, le cohibió[89] todo medio de defensa.

—¡Voy a morir ahora!… ¡De aquí a un rato voy a morir!… ¡No puedo mover la mano!…

115 En su pánico constató, sin embargo, que no tenía fiebre ni ardor[90] de garganta, y el corazón y pulmones conservaban su ritmo normal. Su angustia cambió de forma.

—¡Estoy paralítico, es la parálisis! ¡Y no me van a encontrar!…

Pero una visible somnolencia comenzaba a apoderarse de él, dejándole íntegras sus facultades, a lo por que el mareo se aceleraba. Creyó así notar que el suelo oscilante se
120 volvía negro y se agitaba vertiginosamente. Otra vez subió a su memoria el recuerdo de la corrección, y en su pensamiento se fijó como una suprema angustia la posibilidad de que eso negro que invadía el suelo…

Tuvo aún fuerzas para arrancarse[91] a ese último espanto, y de pronto lanzó un grito, un verdadero alarido,[92] en que la voz del hombre recobra la tonalidad del niño aterrado: por
125 sus piernas trepaba[93] un precipitado río de hormigas negras. Alrededor de él la corrección devoradora oscurecía[94] el suelo, y el contador sintió, por bajo del calzoncillo,[95] el río de hormigas carnívoras que subían.

Su padrino halló por fin, dos días después, y sin la menor partícula de carne, el esqueleto cubierto de ropa de Benincasa. La corrección que merodeaba[96] aún por allí, y las bolsitas de
130 cera, lo iluminaron suficientemente.

No es común que la miel silvestre tenga esas propiedades narcóticas o paralizantes, pero se la halla. Las flores con igual carácter abundan en el trópico, y ya el sabor de la miel denuncia en la mayoría de los casos su condición; tal el dejo a resina de eucaliptus que creyó sentir Benincasa.

---

[80]posiciones. [81]*swinging.* [82]"de plomo": pesado. [83]*swollen.* [84]*tingled.* [85]examinar detenidamente. [86]*Poisonous.* [87]*to sit up.* [88]"se… cabello": *his hair stood on end.* [89]impidió. [90]*burning sensation.* [91]enfrentarse a. [92]*howl.* [93]subí. [94]volvía negro. [95]*underwear.* [96]andaba.

Análisis crítico de *La Miel Silvestre*

Civilización versus barbarie en "La miel salvaje": crónica de una tragedia anunciada

Para este trabajo he seleccionado el cuento "La miel salvaje" (1911), incluido en la colección *Cuentos de amor, de locura y de muerte* (1917), de Horacio Quiroga, un escritor uruguayo perteneciente al criollismo. Este movimiento literario, al que pertenecen, entre otros, escritores como Rómulo Gallegos (1884-1969), José Eustasio Rivera ((1888-1928) y Alejo Carpentier (1904-1980), comienza a fines del siglo XIX y llega hasta nuestros días. El criollismo se caracteriza por representar lo autóctono, rescatar tradiciones y costumbres populares, incorporar palabras de dialectos de algunas regiones, y describir paisajes y ambientes locales. Una manifestación del criollismo la vemos en su oposición al mundo de la ciudad, al de la civilización, y de esta oposición surge el conflicto entre civilización y barbarie. La antinomia civilización y barbarie, aunque con nombres diferentes, ha existido desde la antigüedad clásica. Un ejemplo concreto lo vemos en esa famosa fábula de Esopo (620-564 a. C.) de los dos ratones, el de la ciudad y el del campo, y cómo éste prefiere la vida tranquila del campo a la arriesgada de la ciudad. Este concepto, o antinomia, fue usado posteriormente en toda Europa, y en la América latina encuentra, probablemente, su mayor expresión en Domingo Faustino Sarmiento (1811-1888), autor de *Civilización y barbarie: vida de Juan Facundo Quiroga* (1845). En esta obra, Sarmiento opone, y defiende, el mundo de la civilización, representado por la educación, el progreso, la ciudad y las ideas europeas y norteamericanas, al mundo de la barbarie, representada por el campo, el gaucho, y el atraso (*backwardness*). A lo largo de su historia, sin embargo, este concepto ha pasado a tener distintos significados para distintos escritores. Quiroga, por ejemplo, toma una posición diferente a Sarmiento, y ve la naturaleza, según observa Julie Wheeler:

> Como un espacio enigmático, sorprendente, inabarcable (*unfathomable*), inhóspito y simbólico. Un mundo opuesto al de la civilización en el que todo aquél que no respete sus leyes termina siendo víctima de sus telúricas fuerzas, voraces y letales. En Quiroga, la naturaleza es un espacio que, frecuentemente, simboliza el final del camino de la vida, la muerte. (35)

En mi estudio de "La miel silvestre", y teniendo en cuenta la presencia recurrente de la naturaleza en la obra de Quiroga, me propongo estudiar el conflicto entre civilización y barbarie y las consecuencias trágicas que tiene para aquéllos que, irrespetuosa y temerariamente (*recklessly*), tratan con este mundo natural de la selva, la barbarie.

En Quiroga, la confrontación civilización versus barbarie y la muerte son tópicos que vemos repetidamente en muchos de sus cuentos, como, por ejemplo, "A la deriva", "Anaconda", "Los inmigrantes" y "La miel silvestre". En este cuento, el mundo de la civilización se encuentra representado por Gabriel Benincasa, un contador público (*public accountant*) que, antes de empezar su vida profesional, sintió el deseo de conocer la selva. Benincasa deja su casa, remonta el río Paraná, llega al obraje de su padrino, y desde aquí se dirige a la selva. Una vez aquí come una miel silvestre con poderes narcóticos y es víctima de la corrección, una masa enorme de hormigas que devora todo lo que encuentra a su paso, incluido Benincasa. El final trágico de Benincasa no debe sorprendernos, pues se anticipa y sugiere repetidamente a lo largo del cuento. Al principio de la historia, el narrador nos dice que Benincasa prefería un té con leche a una "fortuita e infernal comida del bosque" (2). Más tarde, mientras se encuentra con su padrino, éste le informa que llega la corrección, y le pide que se levante de la cama porque "te van a comer vivo". Otro elemento narrativo que presagia (*foreshadows*) el final trágico de Benincasa lo encontramos en la descripción. Así, el bosque es descrito como "crepuscular y silencioso", la miel silvestre como "obscura, de sombría transparencia" (3), y la corrección como un "río de hormigas negras" que hace que "el suelo oscilante se vuelva negro" (3). El final trágico de Benincasa, devorado por las hormigas, se produce porque es un joven temerario que desconoce las leyes de la selva y termina siendo víctima de su imprudencia. Benincasa, en su desobediencia a su padrino, conocedor de los peligros de la selva, nos recuerda en cierto modo a la figura bíblica de Adán, quien resulta castigado por desobedecer a Dios y comer del árbol del conocimiento del bien y del mal. La muerte de Benincasa, por tanto, y según Pedro Hernández, "marca el triunfo definitivo de la naturaleza sobre el hombre de la ciudad, la victoria de la barbarie sobre la civilización" (37).

Otro aspecto relacionado con el tema que estudiamos es el de la teatralidad, un concepto que en crítica literaria tiene varias acepciones. Aquí, en nuestro estudio, sin embargo, lo vamos a tomar en su acepción de la vida como una obra de teatro. Este concepto, que ya lo vemos en Platón, reaparece durante el Renacimiento y el Barroco, y durante este último periodo alcanzó gran popularidad con la publicación del auto sacramental de Calderón de la Barca (1600-1681) *El gran teatro del mundo* (1655). En esta obra, Calderón nos dice que los hombres representamos un determinado papel en la comedia de la vida, y en el cuento de Quiroga encontramos algunas referencias que apuntan a los acontecimientos narrativos como escenas pertenecientes a un drama o, más bien, a una tragedia. Así, al principio del cuento, y en referencia a la aventura de los primos del narrador en un monte, éste observa que esta "aventura de los dos robinsones, sin embargo, fuera acaso más formal o haber tenido como teatro otro bosque" (2). Este otro bosque es, precisamente, la selva, descrita como "un escenario" (5), y más tarde, al referirse a la calma que reina en la selva al atardecer (*sunset*), el narrador comenta que "de la bullente vida tropical no hay a esa hora más que el teatro helado" (5). Quiroga, pues, y como hemos visto, parece incorporar sutilmente en su cuento este tópico del *theatrum mundi*, el mundo como una obra de teatro, en su representación fingida del conflicto entre civilización y barbarie. En esta representación, Quiroga parece poner énfasis en el papel que juega el hombre al enfrentarse a un final trágico.

Otro aspecto que debemos notar en este cuento es el de las simetrías y contrastes. Así, la oposición binaria civilización versus barbarie se manifiesta tanto a nivel temático como a nivel estructural. Desde el punto de vista temático hemos visto cómo Benincasa representa la civilización, mientras que las hormigas de la corrección representan la barbarie.

Benincasa es el hombre irresponsable y desconocedor de la selva, mientras que su padrino es una persona con mayor madurez y conocimiento de la selva. Asimismo, desde el punto de vista estructural podemos ver cómo la historia inicial de los dos primos del narrador, hallados dos días más tarde, con final feliz se contrapone a la de Benincasa, encontrado "al segundo día" (5), con final trágico. Igualmente, si el bosque que exploran estos dos niños es una especie de *locus amoenus*, de un lugar idílico controlado por el hombre, la selva, por el contrario, es un lugar salvaje controlado por el mundo animal.

Podemos concluir este ensayo señalando que en este cuento, como en otros de Quiroga, el protagonista, en representación del mundo civilizado, termina siendo víctima del mundo de la barbarie. Este final trágico ilustra el punto de vista de Quiroga hacia la naturaleza, un espacio que debemos respetar o de lo contrario puede tener consecuencias fatídicas para todo aquél que lo desafíe o desconozca sus leyes. Igualmente, podríamos añadir a lo dicho hasta ahora que somos testigos de un rito de paso, de una iniciación en la que el hombre debe superar una difícil prueba para pasar de la etapa de adolescente a hombre adulto, y en el caso de Benincasa de estudiante de contaduría a contador. Su muerte, sin embargo, nos sugiere el fracaso de su entrada en un mundo profesional. Asimismo, hemos visto cómo la contraposición civilización versus barbarie se manifiesta a nivel temático y estructural a través de varias simetrías y antagonías en el relato. De igual modo, la incorporación del concepto del *theatrum mundi* apunta a la noción que todos representamos un papel en la tragedia de la vida, una tragedia que, parodiando la novela de Gabriel García Márquez (1927-2014), *Crónica de una muerte anunciada* (1981), es vaticinada (*foretold*) desde el principio del cuento.

Bibliografía

Hernández, Pedro. "Civilización versus barbarie en la narrativa de Horacio Quiroga". *Revista de las hispanidades*. 5. 2 (2019): 20-45.

Wheeler, Julie. *The Concept of Barbarism in Quiroga.* New York: Prism Publications, 2017.

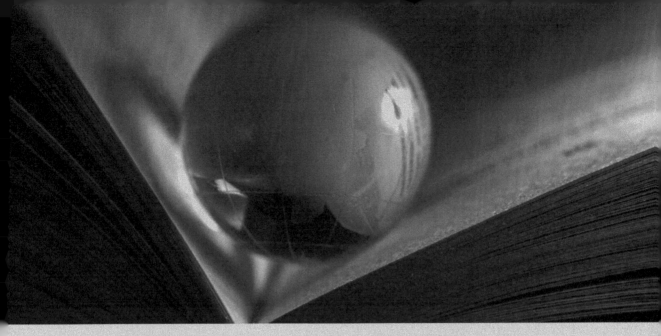

Unidad 1. La Voz Narrativa

Tipos de narrador

El narrador es la figura que media (*mediates*) entre el escritor y el mundo de la ficción, y para su análisis es fundamental que el lector conozca su identidad: si es un hombre, una mujer, un loco..., si es *fiable* (*reliable*) o *indigno de confianza* (*unreliable*), y si en su narración nos revela algún tipo de prejuicios o una determinada ideología. Asimismo, debemos considerar si participa en los hechos narrados, el *tono* de su narración, los distintos *estilos* —directo, indirecto...— que utiliza a la hora de comunicarnos lo que dicen o piensan los personajes, y cómo *focaliza* la historia que nos narra. De acuerdo al grado (*degree*) de participación del narrador en los hechos narrados podemos establecer dos categorías:

1. *Narradores que han experimentado los hechos narrados en la historia.* Este tipo de narrador, también llamado *homodiegético*, se hace visible en el relato, suele expresarse en la primera o tercera personas narrativas, nos hace saber que conocemos la historia gracias a él, y puede adoptar la forma de protagonista, personaje, o testigo. Veamos:

   A. El *narrador protagonista* narra una historia en la que él y sus acciones justifican la existencia del relato: *Cuando yo era niña, en verano, iba siempre a pescar con mi papá... Yo digo "nos" pero el único que pescaba era mi papá* (Ana M. Shua, "Los días de pesca").

   B. El *narrador personaje* ocupa un lugar secundario en el relato y, por lo común, nos cuenta la historia de otro personaje, el verdadero protagonista del relato. Por ejemplo, en *San Manuel Bueno, mártir* (1930), de Miguel de Unamuno, Ángela Carballino nos cuenta la historia del cura San Manuel, el protagonista de la historia: *Quiero dejar aquí consignado (recorded)... todo lo que sé y recuerdo de aquel varón (man) matriarcal... que fue mi verdadero padre espiritual.*

C. El *narrador testigo*, por otra pare, es el que nos cuenta una historia que ha visto, pero en la que no ha participado activamente: *Estoy esta tarde en la playa, a la altura del Fortín, cuando creo ver el resto de un mástil (mast) movido por las olas... Estoy mirando el cuerpo, cuando una ola le abre los restos del smoking y veo un gran sobre alargado* (Fernando Ainsa, "Los naufragios (shipwrecks) de Malinow").

2. *Narradores que no han experimentado los hechos narrados en la historia.* Este tipo de narrador, también llamado *heterodiegético*, se caracteriza por utilizar la tercera persona narrativa, por no revelarnos su identidad, y por ser omnisciente: *Su luna de miel fue un largo escalofrío (chill). Rubia, angelical y tímida, el carácter duro de su marido heló (froze) sus soñadas niñerías (childishness) de novia. Ella lo quería mucho* (Horacio Quiroga, "El almohadón de plumas"). Ocasionalmente, este narrador nos deja saber cómo conoció la historia que nos va a narrar, y en estos casos suele comenzar hablando en primera persona y, poco después, pasa a la tercera persona: *El caso me lo refirieron en Texas, pero había acontecido (taken place) en otro estado. Cuenta con un solo protagonista... Se llamaba, creo, Fred Murdock. Era alto a la manera americana* (Jorge Luis Borges, "El etnógrafo").

Dentro de esta categoría de narradores podemos incluir al narrador que usa la *segunda persona narrativa*: "tú", y con este "tú" el narrador se puede referir al lector, a un personaje, o a su propia conciencia. Esta forma, bastante infrecuente, es difícil de mantener a lo largo de todo el relato, y a veces se alterna con el uso de la tercera persona: "Los trajes blancos han aparecido nuevamente y no puedes evitar que tus labios se muerdan con burla... Jamás pensaste verlos al igual que antes..." (Miguel Alfonseca, "Los trajes blancos han vuelto").

El tono

La palabra *tono* se refiere a la actitud o disposición emocional del narrador hacia el tema, los personajes o el lector. El tono de una obra puede variar a lo largo de su desarrollo: informal, formal, irónico, sarcástico, cómico, afectado, arrogante, etc. Un ejemplo concreto de ironía lo vemos en *El Buscón* (1626), de Francisco de Quevedo, donde el narrador dice que los estudiantes de una residencia: *Comieron una comida eterna, sin principio ni fin;* y lo que quiere decir es que no comieron nada.

Estilos directo, indirecto, e indirecto libre. El monólogo interior

La voz narrativa puede comunicar lo que dice un personaje siguiendo varios estilos, veamos:

1. *Estilo directo.* Tiene lugar cuando un narrador cita textualmente, con las palabras exactas, lo que dice un personaje:
   María dijo: mañana viajo a Granada, nadie me lo impedirá.

2. *Estilo indirecto.* En este caso el narrador incorpora en su narración las palabras del personaje:
   María dijo que al día siguiente viajaba a Granada, que nadie se lo impediría.

3. *Estilo indirecto libre.* Se caracteriza porque el narrador incluye en su discurso la voz de un personaje para reproducir su conciencia, pero sin el "dijo que" o "pensó que":
   María viajaba a Granada mañana, nadie se lo impediría. O
   María viajaba a Granada mañana, ¡quién se lo iba a impedir! O
   El padre no quería emigrar, cansado de una vida de labor, indiferente a la esperanza tardía (late): pues que se quedase él... Ella iría sin falta (Emilia Pardo Bazán, "Las medias rojas").

4. *Monólogo interior.* Esta técnica narrativa consiste en reproducir en primera persona la conciencia de un personaje sin la mediación de la voz del narrador. Por ejemplo, Pedro, el protagonista de *Tiempo de silencio* (1962), de Luis M. Santos, reflexiona en la cárcel: *Estaba muerta. Yo no la maté. Ya estaba muerta. Yo no la maté. Ya estaba muerta. Yo no fui, no pensar. No pienses.*

La Focalización o punto de vista

Si para saber la hora exacta es necesario considerar la posición de las dos agujas (*hands*) del reloj, para entender el funcionamiento de la voz narrativa debemos distinguir entre el narrador y el punto de vista. La *focalización* se refiere a la perspectiva bajo la que se ven los acontecimientos narrativos, y funciona como la cámara cinematográfica que, al moverse, cambia la focalización. Podemos distinguir entre *focalización cero, focalización interna* y *focalización externa.*

1. *Focalización cero.* Este tipo de focalización la vemos en **narradores que saben más que los personajes**. Ejemplos de este tipo de focalización los vemos en la tradicional novela realista del siglo XIX, donde existe un narrador omnisciente que conoce los pensamientos y sentimientos de todos sus personajes: *Pero el hombre no quería morir... El hombre pensó que no podría llegar jamás él solo a Tacurú-Purú y se decidió a pedir ayuda a su compadre Alves* (Horacio Quiroga, "A la deriva").

2. *Focalización interna.* Este tipo de focalización tiene lugar cuando **el narrador y los personajes saben lo mismo**, y aquél nos dice sólo lo que saben éstos. A veces la focalización se realiza a través de la conciencia de un solo personaje, y la vemos en textos en los que el narrador es un personaje de la historia narrada: *Vine Martín, y no estás. Me he sentado en el peldaño (step) de tu casa, recargada en (leaning against) tu puerta, y pienso que...* (Elena Poniatowska, "El recado"). Dentro de esta misma categoría tenemos un tipo de focalización que tiene lugar cuando la narración se presenta bajo la perspectiva de varios personajes, como ocurre en *La Regenta* (1884), de Clarín, donde muchos acontecimientos narrativos están narrados bajo la perspectiva de sus cuatro protagonistas. Y finalmente, a veces un acontecimiento narrativo se presenta bajo

varias perspectivas. Por ejemplo, en *El amor en los tiempos del cólera* (1985), de Gabriel García Márquez, la infidelidad del médico Juvenal Urbino es narrada dos veces, una bajo el punto de vista del médico mismo y la otra bajo el de Fermina Daza.

3. *Focalización externa.* En este caso, **el narrador sabe menos que los personajes**, y no nos da el punto de vista bajo el que narra los hechos narrados; es un narrador caracterizado por su objetividad, y por limitarse sólo a describir el ambiente o los personajes sin entrar en la conciencia de éstos. Lo vemos principalmente en novelas dialogadas:

—¡Te tiro…! —amagaba (*threatened*) Santos levantando en la mano una lata de sardinas. — ¡Menos!

—Chss, chss, a ver eso un segundo… —cortó Miguel—. Esa latita (*can*).

—¿Ésta?

—Sí, ésa, ¡verás tú…! Rafael Sánchez Ferlosio, *El Jarama* (1955).

Roberto Fernández: *Raining Backwards*
Vida, obra y crítica

Roberto Fernández (1950-) nació en Sagua la Grande, Cuba, y llegó a Miami con su familia cuando tenía diez años. Aunque trabaja en Tallahassee, Miami es para él su casa. Roberto Fernández inició su carrera literaria escribiendo en español, pero luego cambió al inglés. Se dedica a la enseñanza de la novela latinoamericana contemporánea y literatura latina y caribeña, y en el año 2001 fue nombrado profesor Lois B. Hoffman de lenguas modernas y lingüística por la Florida State University de Tallahassee.

Roberto Fernández, considerado el "William Burroughs cubano" por la mezcla de elementos surrealistas y fantásticos en su obra, es uno de los representantes más destacados de la vanguardia cubano-americana. La crítica resalta su habilidad para retratar de manera grotesca la vida de la comunidad cubana en un estado de crisis, y el tono satírico con el que describe la frustración de los inmigrantes cubanos en este país. Es autor de las novelas *La vida es un special .75* (1982), *La montaña rusa* (1985), *Raining Backwards* (1988), *Holy Radishes* (1995), y *En la ocho y la doce* (2001), y de las colecciones de cuentos *Cuentos sin rumbos* (1975) y *El jardín de la luna* (1980). Algunos de sus cuentos han aparecido en antologías, como "La encadenada" en *20 cuentistas cubanos* y "Entre juegos" en *Nuevos horizontes*. En *La vida es un special .75* Roberto Fernández nos muestra la fusión de dos culturas y el fenómeno del bilingüismo. En *La montaña rusa*, y a través de una gran variedad de personajes, hace una fiel representación del habla de los cubanos en EE.UU. En *Raining Backwards*, quizá su novela más conocida, describe la vida de una extraña familia en la que quizá los personajes más destacados sean un joven revolucionario, que teme que sus esfuerzos para liberar a su gente pongan en peligro el negocio de su madre, y su hermano, un "santero" que se hizo Papa. Y en *Holy Radishes* Roberto Fernández nos revela cómo la comunidad cubana inmigrante intenta recrear sus vidas en un nuevo mundo. Roberto Fernández ha recibido algunos premios de reconocimiento universal, como el Cintas Foundation Fellowship (1986-87) y la Florida Councils Fellowship (1993).

Guía de lectura

"Raining Backwards" es un cuento representativo del estilo y la temática que caracterizan el resto de la obra narrativa de Roberto Fernández. El cuento nos relata el plan secreto que concibe una abuela de origen cubano con la complicidad de su nieto, un plan que consiste en fabricar un pequeño barco en el que la anciana pueda viajar a Cuba. Sin embargo, un error de lectura del nieto provoca un resultado imprevisto (*unexpected*) por y para los personajes, e insospechado para el lector. Es una historia original, con toques de comicidad y a veces irónica, que nos revela algunos datos sobre el tipo de vida americana y el choque generacional y cultural que experimentan los inmigrantes cubanos y, por extensión, cualquier tipo de inmigrante en otro país. El lector no tendrá dificultad alguna en identificar ninguno de estos aspectos, pero seguro que aquéllos que han vivido el exilio, o conocido de cerca a algún exilado, podrán entender mejor la actitud de los protagonistas. En la lectura de este cuento el lector puede pensar en el tipo de voz narrativa utilizada por el autor, en el choque generacional que viven los personajes, en la descripción de éstos, en los rasgos cómicos e irónicos que proliferan en la historia y en el tipo de habla o lenguaje usado por los personajes.

Raining Backwards

—Keith, Kicito. Ven acá. Come here!

—Yes, abuela.

—You abuela no va a esperar a que llegue la ambulancia del rescue. Oíste esa sirena. La
próxima es pa' mí. ¡Qué va![1] ¡A mí si que no me agarran![2]

—Slowly, abuela. Más des-pa-cio.

—Necesito que me ayudes. You help you abuela, ¿okay? You love you abuela, ¿right?

—Yes, I do.

—Bueno, listen. No voy a esperar a que llegue la ambulancia del rescue; me conectan a
una máquina y no me dejan morir en paz. Además no quiero que me entierren[3] aquí. Sería
la primera y Dios sabe dónde enterrarán al próximo. ¡Muerta y sola! Además, quién se
entiende con los muertos de este país. Kicito, aquí todo se desparrama,[4] hasta los muertos.
Quiero que me entierren en La Habana. Mi bury Havana, ¿okay? No here.

—But you aren't dying abuela. ¡No mo-rir!

—Pronto. ¡Anytime! Ya tengo... déjame pensar cuántos tengo. Mari, Mari, Mari-Clara
m'ija, ¿tú te acuerdas cuántos tengo?

—(¡Please mother! I'm trying to concentrate on this last posture. No me molestes ahora).

—Bueno anytime. Ya tengo muchos y ayer estaba lloviendo al revés. Dos meses antes de
la muerte de papá también llovió al revés. ¡Any minute now, any minute!

—Llo-ver al revés. No com-pren-do, abuela.

—Yes, Kicito rain backwards.

—It can't rain backwards! What a silly idea. No po-der llu-vi-a back-wards.

—No seas incrédulo. Crees que tu abuela te engañaría.

---

[1] ¡qué va!: *No way!* [2] no me agarran: *they won't get me.* [3] entierren: *bury.* [4] se desparrama: *throws away.*

—You had too much coffee, abuela. Coffee makes you high. You mucho ca-fe. Ca-fe te po-ni-o un po-co lo-ca en la ca-be-za.

—Uds. siempre lo remedian todo con la locura. No me explico por qué no me quieres creer. Acaso yo no te creí cuando hace años me dijiste que había un leñador[5] gigante y que los conejos ponían huevos y que un hombre había dormido durante veinte años sin despertarse y cuando despertó la barba le llegaba a los pies. Recuerdo que se lo conté a todas mis amigas del barrio. Mira Keith, abuela no estay here, ¿okay? Silvia está sola. Sylvia alone. I go accompany her.

—But Sylvia is dead. Es mu-er-ta. You told me so.

—(Tienes ochenta y tres mamá, eighty-three. Naciste en el tres).

—¡Y qué te crees tú! Los muertos también se sienten solos. Tienen sentimientos. Necesitan otros para que los acompañen. Pero otros muertos de su edad, si no, no tienen nada de qué hablarse. Además, me quiero ir. Desde que llegué aquí nada más que he trabajado y trabajado. Sí, sé que tenemos esta casona[6] con piscina olímpica y que la puerta del garaje se abre sola, y sé que tengo doce televisores a color en mi cuarto, y diez y seis radios despertadores, y un closet atestado[7] de ropa y me van a regalar un VCR, pero ¿quién le habla a esta vieja? Tu madre en las clases de meditación trascendental y en las de aerobics, y tu padre en su taller[8] de impotencia, y cuando hay fiesta me visten como un maniquí de vidriera[9] y los invitados siempre dicen: "Granma, very nice", y de tus hermanos eres el único que hace por entenderme. Aquí me estoy volviendo un fantasma anémico por falta a quién espantar.[10] Y cuando venga la ambulancia dirán todos: "Do everything you can to keep her with us. Hagan todo lo que puedan". Entonces me conectarán a una máquina y así estaré como uno de esos vegetales que no necesitan tierra para vivir. ¡No is the coffee! you help you abuela ¿yes or no?

—Okay, okay. What do you want? But make it quick. I've got to go to the tryouts. Rá-pi-do. Yo ir prác-ti-ca football.

A la mañana siguiente, abuela me explicó los detalles de su fuga mientras me hacía jurar[11] que no se lo revelaría a nadie. Tan pronto como terminó mi jura, le di la mano y nos encaminamos[12] hacia los matorrales[13] que crecían cerca de la casa. Íbamos en búsqueda de un árbol fuerte. En el medio de aquel pequeño bosque, abuela se detuvo, miró a su alrededor y seleccionó uno de tronco robusto.[14] "Vamos, ¿qué esperas?, dijo al mismo tiempo que me ponía hacha[15] en mano y como una enloquecida cheerleader gritaba: "Túmbalo,[16] túmbalo, rarará![17] Fue entonces cuando divisé,[18] en la copa del árbol, un nido de gaviotas[19] negras. Bien sabía que el cedro[20] sería el árbol más indicado para los propósitos de abuela, pero las

---

[5]leñador: *lumberjack, a reference to Paul Bunyan.* [6]casona: *big house.* [7]atestado: *full.* [8]taller: *workshop.* [9]vidriera: *window display.* [10]espantar: *to scare.* [11]jurar: *to promise.* [12]encaminamos: *walked toward.* [13]matorrales: *small bushes.* [14]tronco robusto: *a tree with a strong trunk.* [15]hacha: *ax.* [16]túmbalo: *cut it.* [17]rarará: *a cheer.* [18]divisé: divisar. *I saw.* [19]gaviotas: *seagulls.* [20]cedro: *cedar.*

gaviotas negras eran una especie de peligro. Después de pensar por varios minutos, le dije que el cedro estaba enfermo y seleccioné un carcomido[21] roble.[22] Ella sonrió al ver que de un hachazo[23] lo había derribado,[24] mientras gritaba: —You cut Kicito, you cut good—. Yo sólo atinaba a sonreírle[25] con cierto aire de superioridad ya que de seguro había salvado una especie al borde de la extinción. Abuela me instruía cómo y dónde tallar.[26] Seguí sus órdenes al pie de la letra, abriendo un hueco[27] en medio del tronco. Mientras más entusiasmado estaba abriendo el hoyo,[28] la capataz[29] volvió a gritar:

—¡Quítale las ramas, quítale las ramas! Take the arms off the tree, take the arms off the tree!

No la entendí y abuela, perdiendo la paciencia, me arrebató[30] el hacha, desmembrando[31] el vegetal.[32] Esa misma tarde el roble había quedado convertido en tabla agujereada[33] por termitas humanas. Abuela contempló la obra satisfecha, al mismo tiempo que me daba una leve palmada[34] en la espalda. Le sonreí una vez más mientras me deleitaba discurriendo[35] que había salvado a las gaviotas negras de los caprichos[36] de aquella viejecita impetuosa que aún no acababa de comprender.

Durante aquel mes fuimos religiosamente a los matorrales donde, camuflageada, se desarrollaba nuestra empresa que cada día tomaba más y más aspecto de viejo bajel.[37] Tenía la embarcación[38] dos compartimientos, uno para mantenerse sentado y el otro para provisiones. No poseía ningún tipo de propulsión, aunque sí tenía un falso timón.[39] Hacia la improvisada proa,[40] había un agujero donde colocar una pequeña asta[41] para una bandera blanca. El exterior lo había cubierto de piedras del rin, que había sacado pacientemente de viejos vestidos testigos de antiguas glorias, y retratos[42] de Julio Iglesias. Todo encolado[43] a la superficie con superglue. Esa misma tarde, la almirante[44] inspeccionó la obra al mismo tiempo que me hacía varias preguntas claves[45] para asesorarse[46] de mis conocimientos náuticos. Finalmente, le respondí algo apenado[47] que ni siquiera[48] sabía nadar bien. Con mucha calma, abuela me dijo que fuera a la biblioteca y me agenciara[49] una carta de navegación.

—Kicito, cuando te aprendas la carta vamos a tomar la camioneta de tu padre y colocar la embarcación allí, luego nos vamos hasta la Marina de Key Biscayne para alquilar un bote de motor. We take pick-up. We put embarkation and rent motor boat, ¿understand you?

—I guess so ma'm.

—Entonces vamos a remolcar mi barca hasta donde comienza la corriente del golfo. Allí hacemos mi trasbordo y tú cortas la soga.[50] ¿Understand you?

—But why? Por-qué?

---

[21]carcomido: *rotten*. [22]roble: *oak*. [23]hachazo: *a hit with the ax.* [24]había derribado: *had cut.* [25]sólo atinaba a sonreírle: *he could only smile.* [26]tallar: *to cut.* [27]hueco: *hole.* [28]hoyo: *hole.* [29]capataz: *foreman.* [30]arrebató: *took away.* [31]desmembrando: *removing branches off.* [32]vegetal: *tree.* [33]agujereada: *with holes.* [34]palmada en la espalda: *pat on the back.* [35]discurriendo: pensando. [36]caprichos: *desires.* [37]bajel: *boat.* [38]embarcación: *small ship.* [39]timón: *rudder.* [40]proa: *bow.* [41]asta: *stick of a flag.* [42]retratos: fotografías. [43]encolado: *glued.* [44]almirante: *admiral.* [45]claves: *clues.* [46]asesorarse: *to make sure.* [47]apenado: triste. [48]ni siquiera: *not even.* [49]me agenciara: *I got.* [50]soga: *rope.*

—Me voy pal sur. Me voy pa'La Habana. Sí Kicito, me voy pa'La Habana y no vuelvo más. I go to Havana no come back no more.

—But can't you take a plane? To-mar a-vi-on?

—Cuántas veces te he explicado que no hay otra forma de llegar.

—But you'll die on the way. Mo-rir en bo-te, abuela.

—No morir en bote. Morir aquí en tierra. No te preocupes. Llegaré en un par de días. Y cuando llegue les enseño mi bandera blanca, salgo de la barca, me tomo una taza de café, cojo un taxi y sigo rumbo al[51] panteón donde está Sylvia y…

Al otro día, después de aquella conversación, me encontraba en la biblioteca robándome una carta náutica que venía dentro de un deshojado[52] National Geographic. Recuerdo que me la metí dentro de los calzoncillos[53] evadiendo así el detector electrónico. Llegué a casa con mi botín.[54] La abrí y, asustado por su contenido, la volví a doblar, escondiéndola en mi escritorio. El aprendizaje de la carta me habría de tomar casi tres semanas. Cuando le dije a abuela que me la sabía al dedillo,[55] fue a su cuarto y rápidamente se puso su vestido de gala.[56] Iba en dirección al mall, donde compró dos vestidos de noche, un parasol floreado y siete grabadoras, estilo "ghetto blasters". Me mostró los vestidos explicándome que el morado era para Sylvia, que no podía llegar con las manos vacías.

Cuando llegó el día señalado[57] para la botadura,[58] abuela vestía de luces y portaba[59] su parasol como una auténtica torera primaveral. Le señalé hacia el camión. Le abrí la puerta con gran reverencia, a lo Sir Walter Raleigh, al mismo tiempo que la tomaba de la mano para ayudarla a subir al vehículo. Estaba contentísimo. Era la primera vez que manejaba la camioneta de mi padre. El ignoraba lo que estaba ocurriendo, pues él y mamá andaban de fiesta. Durante la noche, abuela había robado las llaves que colgaban de la puerta del armario. Arrancamos[60] y salimos en dirección a los matorrales. Al llegar, nos bajamos y con gran esfuerzo y tres poleas[61] nos arreglamos para colocar la canoa dentro del pick-up. Serían como las tres de la madrugada y ambos íbamos eufóricos. Yo porque por primera vez conduciría por toda la U.S. 1, y ella por el gusto de ver que su empresa tocaba a su fin.[62] Estacioné de un solo corte la camioneta y nos dirigimos a alquilar nuestro remolcador.[63] Nos montamos en el barco y abuela destapó[64] una botella de coñac que llevaba debajo de la falda. Luego de atragantarme[65] con el primer sorbo,[66] abuela me pidió que cuando regresara a puerto me bebiera el resto. Ella bebió el suyo de un solo golpe.[67]

Íbamos en dirección al Sureste, en búsqueda del Gulf Stream. Marchábamos despacio. No era tarea fácil remolcar aquel tronco acondicionado. Abuela hablaba incansablemente, contándome desde el día que se le trabó[68] el dedo en la moledora de café hasta el primer

---

[51]rumbo al: *toward*. [52]deshojado: *pageless*. [53]calzoncillos: *underwear for men*. [54]botín: *loot*. [55]al dedillo: *very well*. [56]de gala: *elegant*. [57]señalado: *indicated*. [58]botadura: *launching*. [59]portaba: *was wearing*. [60]arrancamos: *started (the truck)*. [61]poleas: *tackle*. [62]tocaba a su fin: tocar. *was reaching the end*. [63]remolcador: *tug*. [64]destapó: destapar. *opened*. [65]atragantarme: *to get choked*. [66]sorbo: *sip*. [67]de un solo golpe: *all at once*. [68]se le trabó: *was trapped*.

beso que le diera Nelson, mi abuelo, a través de las rejas[69] de la ventana. Nos estábamos
acercando al punto donde la corriente la llevaría a su destino. Aminoré[70] la marcha del motor
y abuela, dándose cuenta que nos aproximábamos, perdió la efervescencia. Volviéndose
algo pensativa, agregó:

—¿Sabes por qué tengo que hacerle compañía a Sylvia? El beso que me dio tu abuelo era
para ella. Yo sabía que esa tarde pasaría a verla. Hacía tiempo que la andaba rondando.[71]
Me cubrí la cara con un velo de tul[72] y me besó a través de la tela creyéndose que era Sylvia,
descubrí el rostro[73] y quedó prendado[74] de mí. Sylvia murió soltera y sola. Nunca me lo
perdonó. Dicen que mi pobre hermana murió vomitando estrellas.

—Es-tre-llas? Stars?, dije.

—Sí, estrellas. Creo Dios le recompensó[75] su sufrimiento de esa manera. ¿No believe me?

—You can't throw up stars. No vo-mi-tar es-tre-llas!

—Okay, y si te digo que se había tomado antes de morir una sopa de pollo y estrellas,
chicken and estars soup, ¿you believe me?

—Well, it makes more sense. Not a whole lot, but it makes more sense that she had soup.
Cre-o una po-qu-i-ta más chicken and stars so-pa.

—Pero tengo algo más que contarte, Kicito. I have something more to tell to you. It is
no all. Le fui infiel[76] a tu abuelo dos veces. Solamente dos veces y nada más. I was infiel
to your grandfather two time in my life. You abuela was one of the girls that Julio Iglesias
loved before. You fui una de las que él amó, y también fui amada por Kirby. Fui la Sara
Bernhardt de su poesía.

—¿Kirby, the black bean soup maker? ¿El ja-ce-dor de so-pa fri-jo-les ne-gros?

—No, no, el poeta. The poet. Pero lo dejé porque era muy ordinario. I left him because
he very ordinary. Trabajábamos en la fábrica Libby y él era el foreman. Pero después me
di cuenta que era muy chusma[77] y me desilusionó. Figúrate que todos los días al final del
trabajo cuando sonaba el pito[78] de las cinco me decía: —Nelia, cojón—.[79] ¡Qué ordinario!
Por eso lo dejé. He say bad word in the fabric at five everyday when the whistle sounded.
That is the why I left him.

—Still you don't make much sense abuela. No en-ten-der-te mu-cho.

—Es okay. But I loved your grandpa more. Remember that.

Después de nuestro último diálogo, abuela abordó[80] la embarcación mientras yo cortaba
la soga que había servido para remolcarla. La rústica canoa se iba alejando poco a poco,
mientras ella sonriendo me tiraba un último beso.

—You good, ¿okay? Good bye honey. No worry you me. Si tengo problemas al llegar es
easy, los compro con las grabadoras que pa' eso traigo. I buy them with the players.

---

[69]rejas: *fence.* [70]aminoré: *decreased.* [71]rondando: *wandering around.* [72]velo de tul: *veil made of tulle.* [73]rostro: *face.*
[74]prendado: *in love.* [75]recompensó: *awarded.* [76]infiel: *unfaithful.* [77]chusma: *low class.* [78]pito: *whistle.* [79]cojón:
testicle (vulgar). *He was saying "go home".* [80]abordó: *boarded.*

No volví a mirar en su dirección. Arranqué el motor y mantuve la vista fija sin voltearme[81] hasta llegar a puerto. Quizás iba algo triste ya que nunca había creído todos aquellos cuentos de estrellas y lluvias al revés o tal vez porque temía que se comenzara a hundir el carcomido roble que había seleccionado para salvar a las gaviotas negras.

160

*****

El tiempo ha pasado con fugacidad,[82] y la marea[83] ha subido y bajado miles de veces desde aquel día en que abuela se marchó. Miles también han sido las veces que me he acercado a la marina[84] para tan sólo mirar hacia el sur y beber un trago de coñac.

165

Hace una semana, por primera vez, vi que llovía al revés, y sorprendido llegué a comprender que los conejos, en realidad, no ponen huevos. Pensé en ella y comprendí que mi hora ya se avecinaba.[85] Se lo dije a mi nieto y me respondió que seguramente había bebido demasiado café. Instintivamente, fui al viejo baúl y allí encontré la ya amarillenta carta de navegación que años atrás había utilizado para trazar[86] la ruta que había seguido. La comencé a estudiar afanosamente.[87] Quería desembarcar[88] en el mismo sitio donde ella lo había hecho. De pronto, comprendí que las flechas que indicaban la dirección de la corriente apuntaban hacia el noreste y no hacia el sur, como había creído. La había leído al revés. Un hondo pesar[89] me recorrió el cuerpo. Entonces, me la imaginé congelada con su vestido de luces en harapos[90] y el parasol destelado,[91] muriendo sola como una vieja vikinga tropical, envuelta en un témpano de hielo[92] frente a las costas noruegas.

170

175

La sirena me sacó de lo que creía era un oscuro letargo, mientras alguien gritaba:

—Mouth to mouth. Give him mouth to mouth. Get some air in his lungs. Hook him up to the machine!

180

Comprensión del texto

1. ¿Qué teme la abuela?
2. ¿Por qué no quiere ser enterrada la abuela en EE.UU.? ¿Dónde quiere ser enterrada?
3. ¿Qué historias le cree la abuela a su nieto Keith?
4. ¿Por qué no corta Keith el cedro que escogió su abuela? ¿En qué estado se encontraba el otro árbol seleccionado?
5. ¿Qué hacen la abuela y el nieto con el árbol que cortan?
6. ¿Qué plan tiene la abuela para llegar a Cuba? Y una vez aquí, ¿qué piensa hacer?
7. ¿Qué compró la abuela en el "mall"?

---

[81]voltearme: *to turn around.* [82]fugacidad: *quickness.* [83]marea: *tide.* [84]marina: *area near the sea.* [85]se avecinaba: *was approaching.* [86]trazar: *to design.* [87]afanosamente: *with a lot of interest.* [88]desembarcar: *to arrive.* [89]hondo pesar: una profunda preocupación. [90]en harapos: *in rags.* [91]destelado: *torn to pieces.* [92]témpano de hielo: *big piece of ice.*

8. ¿Por qué estaban eufóricos los dos protagonistas la noche escogida para la fuga de la abuela?
9. ¿Sabemos a qué lugar exacto llegó la abuela?

Análisis crítico

1. ¿Cómo se manifiesta el choque generacional en este cuento?
2. ¿Nos da el autor un retrato realista de los personajes? ¿Cómo aparecen caracterizados?
3. El habla coloquial es importante en este cuento, ¿qué piensa sobre el uso de este tipo de lenguaje?
4. ¿Qué piensa de una comunidad que se sirve de las dos lenguas, español e inglés, o un híbrido de las dos lenguas, en su comunicación diaria?
5. Comente algunos de los aspectos cómicos o humorísticos de este cuento.
6. ¿Qué nivel o posición económica tiene la familia? ¿Cree que este nivel económico diferencia a la comunidad cubana de otras comunidades hispanas que viven en EE. UU.?
7. ¿Qué imagen de la vida americana nos da el autor?

Mesa redonda

Con sus compañeros de equipo, comente el tipo de voz narrativa que hay en este relato y el punto de vista bajo el que es narrado. ¿Es fiable este narrador? ¿Es omnisciente? ¿Cuál es el tono del cuento? Mencione algún ejemplo de estilo directo, indirecto o indirecto libre.

Sea creativo

Roberto Fernández incluye en este cuento algunos aspectos de la vida del inmigrante, en este caso cubano. ¿Qué otros aspectos, o problemas, del inmigrante cubano cree que se podrían incluir en un relato o historia como la que hemos leído?

Investigación

Simbiosis del encuentro, de Carmen Naranjo, es un cuento que se presta muy bien para el estudio de la voz narrativa. Escriba un trabajo de investigación comentando el funcionamiento de la voz narrativa y la focalización, o punto de vista, bajo el que Ana, la voz narrativa de este cuento, nos cuenta sus experiencias personales. A la hora de hablar sobre la voz narrativa, preste atención al tipo de discurso que utiliza, y a si este tipo de discurso se mantiene en todo el relato. Concretamente, ¿habla Ana como mujer o como hombre?; y, muy importante, ¿se comporta como mujer o como hombre?

Diccionario de términos literarios

El fluir de la conciencia. Consiste en la representación del flujo ininterrumpido de percepciones, pensamientos y sentimientos tal y como aparecen en la conciencia de un personaje. Esta representación no suele seguir un orden lógico, y frecuentemente hay una violación de la sintaxis gramatical.

Narratario. Es la persona a la que el narrador dirige su historia, y se encuentra al mismo nivel narrativo que éste. Por ejemplo, en *Lazarillo de Tormes* (1554), el narrador se dirige a una alta jerarquía del mundo eclesiástico, y esta persona es el narratario: "Pues sepa Vuestra Merced".

Unidad 2. Los Tiempos del Relato

Tiempo circular versus tiempo lineal

El estudio de cualquier obra literaria debe tener en cuenta el escenario (*setting*), un concepto que incluye el tiempo y el espacio. Comenzando con el tiempo, debemos observar que, además de la literatura, ciencias como la filosofía, la física, la astrología, e incluso la teología, han dedicado siempre especial atención a su estudio. Si pensamos en cómo se organiza el tiempo en una obra literaria, debemos tener en cuenta algunos conceptos filosóficos y culturales acerca del mismo en la historia antigua y moderna. De las múltiples visiones e interpretaciones que se han hecho del tiempo hay dos que han dominado el pensamiento de la humanidad. La primera de éstas concibe (*understands*) el tiempo y la historia de modo *circular*, mientras que la segunda lo concibe de forma *lineal*.

1. *Tiempo circular o cíclico*. Algunas civilizaciones antiguas, como la maya y la azteca, algunas religiones, como la budista, y algunos filósofos de la Grecia clásica, vieron en la naturaleza cíclica de los días y las noches, de las estaciones del año, y de las fases de la luna, un patrón que se repetía continuamente. Esta observación los llevó a creer en el proceso repetitivo de la historia y en la circularidad del tiempo, o "rueda del tiempo". Según esta concepción, el tiempo es eterno y, por tanto, no existen, como se cree en la concepción cristiana del mundo, ni el principio de la creación ni el final apocalíptico del mundo.

   De esta concepción del tiempo deriva la del *eterno retorno*. Esta visión, formulada por la filosofía hindú y la escuela estoica de la Grecia clásica, sostiene que el mundo pasa por un proceso repetitivo de destrucción y renacimiento, y que los ciclos no experimentan variaciones o nuevas combinaciones. Por lo tanto, una persona será la misma en cada uno de los ciclos siguientes, y todos los acontecimientos o ideas se repetirán en el mismo orden y manera sin alteración alguna. Este concepto del tiempo, populariczado por Friedrich Nietzsche en el siglo XIX, tuvo una gran influencia entre algunos escritores del siglo XX, y podemos verlo representado en *Cien años de soledad* (1967), de Gabriel García Márquez, y en varios cuentos de Jorge Luis Borges, como "Las ruinas circulares".

2. *Tiempo lineal.* Éste es un concepto judeo-cristiano con base en la *Biblia*, y defiende que el tiempo comienza con la creación del mundo por Dios y termina con el juicio final. Para los cristianos, por lo tanto, el tiempo es limitado, pero Dios y el mundo sobrenatural, o divino, existen eternamente. Uno de los más importantes defensores del tiempo lineal fue San Agustín quien, además, postuló la existencia de tres tiempos: pasado, presente y futuro. Para San Agustín, el pasado y el futuro son realidades que sólo existen en la mente de una persona en el momento presente, mientras que Dios existe fuera del tiempo. Esta concepción subjetiva del tiempo de San Agustín tuvo una notable influencia en los campos de la filosofía y la literatura a partir del (*since*) siglo XVIII.

Los tiempos de la historia y del discurso

Si las teorías anteriores nos ayudan a conocer la visión del tiempo y de la historia que los escritores reflejan en sus obras, no menos importante es el estudio de la estructuración de ese tiempo en una obra de ficción. Así, podemos identificar dos tipos de tiempo: el *tiempo real de la historia* y el *tiempo del discurso*. El primero se refiere a la duración que tienen los acontecimientos narrativos una vez establecido su orden cronológico. Y el segundo, el *tiempo o tiempos del discurso*, se refiere a cómo aparece representado el tiempo dentro del mundo de la ficción. Veamos a continuación tres tipos de relación entre ambos tiempos:

1. *Relaciones de orden temporal.* Éstas se producen cuando hay una alteración en el orden cronológico del tiempo de la historia, dando lugar a dos tipos de anacronías: la *analepsis* y la *prolepsis*. La *analepsis*, retrospección o *flashback*, es la evocación de un hecho pasado; o sea, un salto en la narración de la historia para contar un acontecimiento anterior al tiempo presente de la historia. Por ejemplo, en el cuento "No oyes ladrar los perros", de Juan Rulfo, el padre le dice a su hijo: *Me acuerdo cuando naciste. Así eras entonces. Despertabas con hambre y comías para volverte a dormir.* Y *prolepsis*, prospección o *flashforward*, es la anticipación de un acontecimiento; o sea, es un salto en la narración de la historia para contar un acontecimiento posterior al tiempo presente de la historia: *El día en que lo iban a matar, Santiago Nasar se levantó a las 5:30 de la mañana* (Gabriel García Márquez, *Crónica de una muerte anunciada* (1981)).

   A. *Relaciones de duración.* Estas relaciones se basan en la comparación del tiempo real de un acontecimiento de la historia con el tiempo que el narrador le dedica en el texto, y podemos distinguir varios tipos. A veces el narrador omite un acontecimiento o período de la vida de un personaje, con lo que el tiempo de la historia es mucho mayor que el del discurso (*elipsis*). Por ejemplo, en "Pecado de omisión", de Ana María Matute, el narrador no nos dice *absolutamente nada* de lo que pasa con el protagonista, Lope, durante un período de su vida mientras trabajaba como pastor: *El verano pasó. Luego el otoño... Cinco años más tarde...* Otras veces el narrador hace una breve referencia a un largo periodo de tiempo, con lo que el tiempo de la historia es mayor que el del discurso (*aceleración*). Por ejemplo, Ángela, en *San Manuel Bueno, mártir*, de Miguel de Unamuno, resume su estancia en el colegio en una sola frase: *Pasé en el colegio unos cinco años.* Frecuentemente vemos cómo el tiempo del discurso y el de la historia coinciden (*escena*), y esto ocurre en la representación de los diálogos de los personajes. Ocasionalmente vemos cómo el tiempo del discurso es mucho mayor que el de la historia *(desaceleración).* Por ejemplo, en *La Regenta*, de Clarín, el narrador dedica las primeras cien páginas de la novela a describir lo que ocurre en una sola tarde. Y, finalmente, a veces vemos cómo el discurso no introduce ningún progreso temporal, y el tiempo de la historia se detiene completamente. En este caso, el tiempo del discurso es mucho mayor que el de la historia (*pausa*), y lo vemos en las descripciones y caracterizaciones de los personajes.

B. *Relaciones de frecuencia*. Estas relaciones se refieren al número de veces que es narrado un acontecimiento de la historia. Lo más normal es narrar una vez un acontecimiento que ocurre una sola vez (*singulativa*). Otras veces, si embargo, un acontecimiento de la historia es narrado varias veces (*repetitiva*). Por ejemplo, en *Cinco horas con Mario* (1966), de Miguel Delibes, la narradora protagonista nos cuenta varias veces su cita con un amigo. Y otras vemos cómo un acontecimiento que ocurre varias veces se narra una sola vez (*iterativa*). Por ejemplo, cuando el narrador de "Supermercado", Ana María Río, nos dice: *los domingos aquellos estábamos tan solos,* asumimos que todos los domingos eran iguales.

Don Juan Manuel: *Lo que sucedió a un deán de Santiago con don Illán, el mago de Toledo*

Vida, obra y crítica

Don Juan Manuel (1282–1348) fue un escritor español perteneciente a la nobleza (*nobility*). Quedó huérfano de padre a los dos años y de madre a los ocho, y recibió una excelente educación que combinó con el ejercicio de la equitación (*riding*), la caza y la guerra. Fue sobrino del rey Alfonso X el Sabio, y participó activamente en las luchas nobiliarias que tuvieron lugar durante los reinados de Fernando IV y Alfonso XI. Se casó tres veces y, a pesar de las conspiraciones en las que se vio envuelto, demostró gran valentía (*bravery*) como soldado en muchas batallas.

Sus obras más importantes son el *Libro del caballero e del escudero* (1328), centrada en los consejos que da un caballero anciano a un joven que aspira a la caballería (*chivalry*); el *Libro de los estados* (1330), sobre la conversión de un rey pagano y su hijo, el príncipe Johás, al cristianismo; el *Conde Lucanor*, terminada en el año 1355, y a la que me referiré seguidamente; el *Libro infinido* (1336?); *De la caza* (1325); y *De las maneras de amor*, escrito entre 1334 y 1337. Es también autor de una *Crónica abreviada* (1325) y del *Libro de las armas* (1337?), donde hace una defensa de su alto linaje (*lineage*).

Don Juan Manuel es considerado el primer escritor castellano en prosa con un estilo personal. En su obra continúa la tradición didáctica-moral, iniciada por su tío Alfonso X el Sabio, a la que don Juan Manuel unirá una preocupación por los valores estéticos de la obra. Esta preocupación se manifiesta en la selección del vocabulario, un léxico abundante, la concisión, la precisión, y la sencillez.

Guía de lectura

"Lo que sucedió a un deán[1] de Santiago con don Illán, el mago de Toledo", es uno de los cuentos que integran el libro del *Conde Lucanor*, una obra formada por cinco partes. La primera parte es la más importante, y consta de cincuenta y un cuentos. La estructura de los cuentos es similar en toda la obra: el conde Lucanor tiene un problema y le pide ayuda a su consejero (*adviser*) Patronio, quien, por medio de un cuento o fábula, el *enxemplo*, da una respuesta al problema de su amo (*master*) que le servirá como consejo al final. Todos los cuentos terminan con una moraleja (*moral*) que se resume en un pareado, dos versos que riman entre sí. El *Conde Lucanor* fue una de las obras didáctico-morales de mayor éxito en

---

[1]posición jerárquica dentro de la iglesia, inferior a la de obispo.

España, tal vez porque trata de pasiones y errores de todos los tiempos, como la avaricia (*greed*), la vanidad, la hipocresía, la ingratitud, etc. La ingratitud, precisamente, es uno de los temas del cuento que vamos a leer a continuación.

La anécdota principal de este cuento, adaptado del original, se centra en la visita que le hace un deán de Santiago a un mago de Toledo, don Illán, con el propósito de aprender el arte de la magia. Pero antes de enseñarle este arte, don Illán pondrá a prueba el espíritu de gratitud del deán a través de una serie de acontecimientos. Al leer el cuento, debemos prestar atención a su estructura, a la gradación de los acontecimientos narrativos, a la importante función del espacio del sótano (*basement*), a la voz o voces narrativas y, obviamente, a los distintos usos del tiempo. Este cuento de don Juan Manuel fue adaptado por Jorge Luis Borges en "El brujo postergado".

Lo que sucedió a un deán de Santiago con don Illán, el mago de Toledo

Otro día hablaba el conde Lucanor con Patronio, su consejero, y le contó el problema que tenía de la siguiente manera:

—Patronio, un hombre vino a verme y me rogó[1] que le ayudara en un asunto,[2] prometiéndome que más tarde haría por mí todo lo que fuese en mi beneficio y honra. Yo empecé a ayudarle todo cuanto pude, y antes de que su problema se hubiera resuelto, aunque él ya lo daba por concluido, le pedí un favor y él se negó con no sé qué excusa. Después le pedí otro favor y volvió a negarse con la misma excusa, y lo mismo hizo con todo lo que le fui a pedir más tarde. Pero aquel asunto por el que vino a pedirme ayuda aún no se ha arreglado ni se arreglará si yo no le ayudo. Y por la confianza que tengo en vos y en vuestro buen juicio os ruego que me aconsejéis lo que debo hacer ante esta difícil situación.

—Señor conde —respondió Patronio—, para hacer lo que debéis me gustaría que escuchases lo que sucedió a un deán de Santiago con don Illán, un mago que vivía en Toledo.

Entonces, el conde le pidió que le contara lo que le había sucedido.

—Señor conde —dijo Patronio—, en Santiago vivía un deán que tenía grandes deseos de aprender el arte de la nigromancia,[3] y como oyó decir que don Illán de Toledo era en aquella época la autoridad en este tema, se vino a la ciudad de Toledo para estudiar esta ciencia con él. Nada más llegar a Toledo se fue a casa del maestro, a quien halló leyendo en una habitación muy apartada.[4] Don Illán lo recibió muy cortésmente, y le pidió que no le explicara la causa de su venida hasta después de haber comido. Don Illán lo trató muy bien, le hizo dar una buena habitación y todo lo que necesitara, y le dio a entender que se alegraba mucho de tenerle como invitado.

---

[1]pidió. [2]problema. [3]magia. [4]*side room*.

Después de haber comido se quedaron solos el deán y el mago de Toledo, y aquél le contó el motivo de su viaje, y le rogó muy encarecidamente[5] que le enseñara esa ciencia mágica que tantos deseos tenía de aprender. Don Illán le dijo que él era deán y hombre de cierta posición dentro de la jerarquía de la Iglesia y que podía llegar muy arriba aún, y que los hombres que alcanzan una posición elevada, una vez que han alcanzado lo que buscan, olvidan muy pronto lo que otras gentes han hecho por ellos; por lo que él temía que, cuando hubiera aprendido lo que deseaba, no se lo agradecería como había prometido. El deán, entonces, le prometió y aseguró que, en cualquier estado o posición a los que llegara, no haría sino lo que él le pidiese.

Estuvieron hablando de este tema desde que acabaron de comer hasta la hora de cenar. Una vez resuelto[6] este asunto entre ellos, le dijo el mago que aquella ciencia no se podía aprender sino en un lugar muy apartado, y que esa misma noche le mostraría dónde habrían de estar hasta que la aprendiera. Y, tomándole de la mano, lo llevó a una sala donde, separados del resto de la gente, llamó a una criada[7] a la que pidió que preparara unas perdices[8] para la cena, pero que no las pusiera a asar[9] hasta que él se lo ordenase.

Dicho esto, llamó al deán y juntos bajaron por una escalera de piedra muy bien labrada,[10] y descendieron tanto que les parecía como si el río Tajo[11] pasara por encima de ellos. Llegados al final de la escalera, le enseñó el mago unas habitaciones muy espaciosas y un salón muy bien decorado, y con muchos libros, donde impartiría[12] clase. Apenas se hubieron sentado, se pusieron a considerar con qué libros habrían de empezar la instrucción, y, estando en esto,[13] entraron dos hombres y le entregaron al deán una carta que le enviaba su tío el arzobispo.[14] En dicha carta, el arzobispo le hacía saber que se encontraba muy enfermo, y le rogaba que, si quería verlo con vida, se fuera en seguida a Santiago. Al deán le disgustó[15] mucho recibir estas noticias, primero por la enfermedad de su tío y, segundo, porque tenía que dejar el estudio que había empezado. Al fin, decidió no dejar el estudio tan pronto y le escribió una carta a su tío. A los tres o cuatro días llegaron otros hombres a pie con cartas para el señor deán en las que le hacían saber que el arzobispo había muerto, y que en la diócesis todos estaban de acuerdo en elegirlo sucesor suyo y que confiaban en que, gracias a Dios, le tendrían por arzobispo. Por lo tanto, no era necesario que se apresurara[16] a ir a Santiago, ya que parecía mejor que le eligieran estando él ausente que no en la diócesis.

Al cabo de[17] siete u ocho días llegaron a Toledo dos escuderos[18] muy bien vestidos y muy bien provistos de armas y caballos, y en llegando al deán le besaron la mano y le mostraron las cartas en las que le decían que había sido elegido arzobispo. Cuando don Illán oyó esto, se dirigió al arzobispo electo y le dijo que cuánto agradecía a Dios que le hubieran llegado tan buenas noticias encontrándose en su casa; y que, ya que Dios le había hecho arzobispo,

---

[5]*insistently.* [6]*resolved.* [7]*maid.* [8]*partridges.* [9]*to bake.* [10]*wrought.* [11]río que cruza la ciudad de Toledo. [12]*enseñaría.* [13]"estando en esto": estando discutiendo este asunto. [14]*archbishop.* [15]le entristeció. [16]se diera prisa. [17]después de. [18]*squires.*

le pedía por favor que diera a su hijo el deanazgo[19] que quedaba vacante. El arzobispo, sin embargo, le respondió que tuviera por bien[20] que aquel deanazgo fuera concedido[21] a un hermano suyo, pero le aseguró que daría a su hijo, en compensación, otro cargo[22] con el que habría de quedar muy contento; y terminó pidiéndole que lo acompañara a Santiago y trajera a su hijo con ellos. Don Illán le dijo que así lo haría.

Fuéronse, pues, para Santiago, donde fueron recibidos muy solemnemente. Después de haber pasado algún tiempo allí, llegaron un día mensajeros del Papa con cartas para el arzobispo en las que aquél le decía que le había nombrado obispo de Tolosa,[23] y que le concedía la gracia[24] de dejar aquel arzobispado[25] a quien él quisiera. Cuando don Illán oyó esto, le pidió muy encarecidamente que se lo diese a su hijo, reprochándole las promesas incumplidas[26] que le había hecho antes, pero el arzobispo le rogó una vez más que consintiera[27] en dejárselo a un tío suyo, hermano de su padre. Don Illán le respondió que le parecía muy injusto, pero que aceptaba su decisión con tal que le compensara más tarde. Y el arzobispo volvió a prometerle que, con toda certeza, así lo haría; y le rogó que se fuera con él a Tolosa y trajera a su hijo con ellos.

Al llegar a Tolosa fueron muy bien recibidos por los condes y nobles de aquella región.

Y después de pasar en esta ciudad dos años, llegaron mensajeros del Papa con cartas en las que aquél le notificaba[28] que había sido nombrado cardenal, y que le daba plena[29] autorización para que dejase el obispado[30] de Tolosa a quien él quisiera. Entonces don Illán se dirigió a él y le dijo que, pues tantas veces había dejado incumplidas sus promesas, ahora no había lugar para poner ninguna excusa y esperaba que le concediese el obispado de Tolosa a su hijo. El cardenal, sin embargo, le rogó que no tomara a mal[31] que aquel obispado fuera para un tío suyo, hermano de su madre, un buen anciano,[32] y que, como había sido ascendido a cardenal, lo acompañara a la corte romana, donde encontraría muchas maneras de favorecerle. Don Illán se quejó mucho por lo sucedido, pero consintió en lo que le pidió el cardenal y se fue con él a Roma.

Llegados allí, fueron muy bien recibidos por los cardenales y por toda la curia romana,[33] y vivieron en Roma mucho tiempo. Durante este tiempo, don Illán le rogaba cada día al cardenal que le hiciera a su hijo alguna merced,[34] pero él se excusaba continuamente.

Un día, durante su permanencia en la corte romana, murió el Papa; y todos los cardenales lo eligieron Papa. Don Illán, entonces, se dirigió a él y le dijo que ahora no podía poner excusa alguna para no cumplir con lo prometido. El Papa le replicó que no insistiera tanto, que ya habría oportunidad de favorecerle en lo que fuera justo. Don Illán comenzó a quejarse mucho, recordándole todo lo que había prometido y dejado sin cumplir, y le dijo que esto ya lo había él sospechado desde la primera vez que habló con él; y que, pues había llegado

[19]la jurisdicción del deán. [20]"tuviera por bien": aceptara. [21]dado. [22]empleo. [23]ciudad de la provincia de Guipuzcoa, al norte de España. [24]privilegio. [25]jurisdicción del arzobispo. [26]*unfulfilled*. [27]aceptara. [28]informaba. [29]total. [30]jurisdicción del obispo. [31]no se ofendiera. [32]viejo. [33]papal curia [34]favor.

95 a una posición tan alta y no cumplía con lo prometido, ya no esperaba recibir favor ninguno de él. El Papa se sintió muy molesto por estas quejas de don Illán y empezó a denostarle[35] diciéndole que si seguía insistiendo e incomodándole[36] que le metería en la cárcel,[37] pues era bien sabido que era un hereje[38] y un encantador,[39] y que no había tenido en Toledo, donde moraba,[40] otra vida y otro oficio[41] sino el de enseñar el arte de la nigromancia.

100 Cuando don Illán vio el mal pago que le hacía el Papa por todo lo que había hecho, se despidió de él, sin que éste ni siquiera[42] le ofreciese comida para el camino. Entonces, don Illán le dijo al Papa que, pues no tenía otra cosa que comer, habría de recurrir[43] a las perdices que iba a mandar asar aquella noche, y llamó a la mujer y le pidió que asase las perdices.

Cuando dijo esto don Illán, hallóse el Papa en Toledo, deán de Santiago, como lo era cuando allí llegó, y sintió tanta vergüenza[44] por lo que había pasado que no supo qué decir
105 para disculparse.[45] Don Illán le dijo que se fuera en paz, que ya había comprobado[46] lo que podía esperar de él, y que no le parecía bien convidarle[47] a comer de aquellas perdices.

Y vos, señor conde Lucanor, pues veis que tanto bien habéis hecho por aquella persona que os pide vuestra ayuda y no os lo agradece, pienso que no os debéis molestar ni sacrificar en ayudarle mucho porque es posible que os dé el mismo pago que le dio el deán a don Illán.
110 El conde vio que este consejo era muy bueno, lo puso en práctica, y todo le salió muy bien.

Y como don Juan entendió que este exemplo[48] era bueno, lo hizo poner en este libro y compuso unos versos que dicen así:

Al que mucho ayudares y no te lo agradeciere, menos ayuda tendrás cuanto más alto subiere.

Comprensión del texto

1. ¿Qué problema le plantea (*raises*) el conde Lucanor a Patronio, su consejero?
2. ¿Qué quería aprender el deán de Santiago? ¿Cómo lo recibió don Illán?
3. ¿Dónde le va a enseñar su ciencia don Illán? ¿Por qué?
4. ¿Qué le pide don Illán a su criada que tenga listas?
5. ¿Qué sucede con el arzobispo, un tío del deán? ¿A qué puesto asciende el deán? ¿Qué le pide don Illán? ¿Qué decisión toma el deán?
6. ¿De qué manera se repite todo el proceso anterior? ¿Qué decide hacer al final don Illán?
7. ¿Cómo despide don Illán al deán?
8. ¿Qué le aconseja al final Patronio al conde Lucanor?
9. ¿Quién es don Juan?

---

[35]insultarle. [36]molestándole. [37]prisión. [38]*heretic*. [39]mago. [40]vivía. [41]trabajo. [42]*not even*. [43]hacer uso de. [44]*shame*. [45]*to excuse himself*. [46]visto. [47]invitarle. [48]cuento.

Análisis crítico

1. ¿Qué tipo de narrador o narradores tenemos en este cuento? ¿Cuál es el tono de la narración? ¿Qué tipo/s de focalización podemos ver en este cuento? ¿Quiénes son los receptores de las historias narradas? Mencione un ejemplo de algunos de los estilos directo, indirecto…
2. Desde el punto de vista estructural, ¿en cuántas partes podríamos dividir este cuento?
3. ¿Cuál es la relación entre el problema planteado por el conde Lucanor, la moraleja y el *enxemplo* que cuenta Patronio?
4. Un deán va a Toledo a aprender el arte de la magia. ¿Encuentra algo de irónico en esta decisión? ¿Cómo amenaza el deán, una vez que ha llegado a Papa, al mago de Toledo?
5. ¿Desde qué punto de vista es importante la referencia a las perdices?
6. El sótano es uno de los espacios donde ocurre la acción narrativa. ¿Por qué es importante este espacio? ¿De qué manera se opone lo que ocurre aquí a lo que sucede en las estancias superiores? ¿Podemos considerar este cuento como fantástico?
7. ¿Cómo se crea el suspense del cuento?
8. ¿Cómo aparecen caracterizados los personajes?
9. ¿Dónde se encuentra el carácter moralizador y didáctico del cuento?

Mesa redonda

Discuta con sus compañeros de grupo el tipo de tiempo que tiene lugar cuando los dos protagonistas descienden a la habitación donde don Illán va a enseñar el arte de la magia al deán. Comente, asimismo, la relación entre los tiempos de la historia y del discurso, prestando atención a las relaciones de orden temporal, de duración y de frecuencia.

Sea creativo

Escoja una experiencia significativa que haya tenido en su vida —su amistad con una persona, una competición deportiva, un viaje…— y haga un bosquejo (*outline*) en orden cronológico de algunas anécdotas relacionadas con esta experiencia. A continuación, escriba una breve historia haciendo uso de alguna de las anacronías —analepsis o prolepsis— o de algunas de las relaciones entre el tiempo real de la historia y el tiempo del discurso.

Investigación

Haga un estudio de los distintos tipos de usos del tiempo en el cuento "La noche boca arriba", de Julio Cortázar.

Diccionario de términos literarios

Antihéroe. Es el *antagonista*, el personaje que se enfrenta al *protagonista* de una obra literaria. Asimismo, tiene la acepción de *protagonista* que no tiene las cualidades —valor, belleza, honestidad— del héroe de la tragedia clásica o de otros relatos en prosa.

In medias res. Es una técnica narrativa que consiste en empezar el relato en la mitad de la historia, o en un punto de la misma que no se corresponde con el principio de la misma. Por ejemplo, en muchas novelas policiacas se comienza el relato con el crimen y luego se remonta (*goes back*) a las causas del mismo.

Unidad 3. El Espacio

El **espacio** es el otro aspecto narrativo que, junto con el **tiempo,** constituyen lo que se conoce como el **escenario** de una obra literaria. Para interpretar el espacio podemos preguntarnos: ¿cómo usa este espacio el escritor?, ¿puede tener un valor simbólico?; o bien ¿qué efecto tiene en la formación de la identidad de los personajes, el tema, y los acontecimientos narrativos? Se han hecho muchas clasificaciones del espacio, pero aquí vamos a centrarnos en cuatro tipos: el físico, el subjetivo, el del cuerpo, y el textual.

El espacio físico exterior

Por espacio físico exterior nos referimos al lugar físico en el que se desarrollan los acontecimientos narrativos: una ciudad, un país, la selva, el espacio interior de una casa... Estos lugares, que pueden ser reales o imaginarios, tienen un significado literal y, con frecuencia, un valor simbólico; y es tarea del lector interpretar este valor simbólico porque, normalmente, varía de obra a obra. Por ejemplo, la ciudad ha sido tradicionalmente vista como un lugar que inspira seguridad, pero últimamente la vemos más como representación de aspectos negativos de la vida en sociedad: caos, inseguridad, violencia, etc. El mar, por otro lado, puede ser usado bien como símbolo de la vida, de la muerte o del inconsciente. Otro espacio, el de la casa, es usado muy frecuentemente y con distinto valor simbólico.

La casa puede aparecer como símbolo de la familia, como representación de la matriz (*womb*) femenina, como un lugar donde se materializa la opresión de la mujer por parte del hombre, o como un laberinto. Por ejemplo, en "La casa de Asterión", de Jorge L. Borges, la casa es un laberinto donde vive prisionero un minotauro solitario esperando la llegada de una víctima humana, y su valor simbólico nos sugiere que el mundo es un lugar donde el hombre se siente perdido y donde pasa su tiempo inventando juegos hasta que la muerte le permita liberarse del sinsentido de esta vida. Por otro lado, la descripción de una casa en ruinas se puede relacionar con la decadencia de un país, el transcurso del tiempo, problemas matrimoniales, y la crisis moral o el deterioro físico de un personaje. Dos partes de la casa, el ático y el sótano, se usan frecuente e indistintamente (*indistinctly*) con valor simbólico para referirse al inconsciente y al mundo de los instintos. En algunas ocasiones, sin embargo, el ático se refiere al mundo racional de la mente o el intelecto. A veces, el espacio de una sola obra puede generar distintas interpretaciones, como es el caso de la casa, en "Casa tomada" de Julio Cortázar. Unos la ven como representación de Argentina bajo el gobierno populista de Juan Domingo Perón, otros como representación del *ego*, *id* y *superego*, y otros como representación de la locura.

Para conocer el valor simbólico de un espacio resulta útil identificar algunas de las propiedades relacionadas con su posición. Por ejemplo, la cosmología cristiana sitúa el cielo en un nivel superior, el infierno en uno inferior, y la tierra en el medio, y esta jerarquía espacial se usa frecuentemente en literatura para mostrar una separación de poderes políticos, clases sociales, grupos raciales u otra índole de segregaciones. El centro, por otro lado, es un espacio que a veces adquiere valor simbólico de carácter religioso y otras se relaciona con una idea de certeza y totalidad. Al contrario, los lugares periféricos suelen ser espacios socialmente marginales donde viven las clases más bajas, y en el folklore y la mitología clásica estos lugares suelen estar poblados (*inhabited*) por monstruos, bestias salvajes, muertos o brujas… Otro tipo de espacio es el constituido por los lugares fronterizos (*borders*) —puertas, calles, valles, ríos, paredes… — y estos lugares de transición suelen indicar la separación de mundos opuestos —ricos y pobres, consciente e inconsciente, realidad y fantasía, etc.

El espacio subjetivo

Otro tipo de espacio donde se puede desarrollar la acción narrativa es el de la mente o conciencia del narrador o de un personaje. Éste es un espacio alternativo en el que la mente recrea la realidad exterior representándola en su imaginación. Un ejemplo de este tipo de espacio lo vemos en *Cinco horas con Mario*, de Miguel Delibes. En esta novela, y durante el velatorio (*funeral wake*) de su difunto (*dead*) esposo, la protagonista rememora (*recalls*) sus veintitrés años de vida conjunta (*together*) en un monólogo interior de cinco horas. Contrariamente (*conversely*), a veces vemos cómo las descripciones de diferentes lugares y espacios sirven como proyección del espacio interior, de los estados emocionales o sicológicos, del narrador o de un personaje. Por ejemplo Andrea, la protagonista de *Nada* (1944) de Carmen Laforet, proyecta en la descripción de los objetos que la rodean su estado de perturbación y depresión: "La locura sonreía en los grifos torcidos (*crooked*)… En el centro, como un túmulo funerario (*burial mound*)… una cama turca, cubierta por una manta negra, donde yo debía dormir".

El espacio del cuerpo

El cuerpo humano suele verse como un microcosmos del universo, y en literatura encontramos frecuentemente comparaciones de espacios naturales y arquitectónicos con el cuerpo humano, y viceversa. Por ejemplo, a veces un escritor habla metafóricamente del vientre de una montaña, de los ojos azules de una persona como ventanas del alma o como las aguas del mar, de las venas como ríos, de los huesos como rocas, y de la sangre como agua. Uno de los tópicos de la literatura ha sido la comparación de la mujer con la tierra, y ello se debe a que, por un lado, la mujer es capaz de procrear y alimentar lo creado al igual que la tierra y, por otro, a que sus ciclos menstruales se corresponden con los movimientos de la luna. Asimismo, hay escritores que establecen analogías entre la conquista de un país, o destrucción de la naturaleza por el progreso, con la violación del cuerpo femenino.

Además de estas relaciones comparativas, la representación del cuerpo por sí solo recibe en algunos textos una especial consideración. Dentro de la literatura que podemos caracterizar como feminista, es frecuente utilizar el cuerpo de la mujer como espacio o espejo en el que se refleja el daño causado por el sistema patriarcal. Otras veces, en cambio, se utiliza para reafirmar su identidad, romper con estereotipos establecidos, o celebrar su función reproductora u otros aspectos de su género.

El espacio textual

Aunque este espacio, en teoría, incluye al escritor, al texto y al lector; normalmente, cuando hablamos del espacio textual, nos referimos sólo al segundo. El espacio textual, entonces, estaría ocupado por el lenguaje, por un discurso compuesto de descripciones, caracterizaciones, diálogos, y juegos lingüísticos y sintácticos. Asimismo, estaría ocupado por espacios en blanco, fotos, o dibujos; es decir, todo lo visual que aparece en la página. Como el texto escrito es un objeto que ocupa un espacio físico, éste puede ser manipulado de diversas maneras. Los escritores de metaficción, y otros escritores experimentales, frecuentemente juegan con las características espaciales del texto literario para llamar la atención al carácter físico de la página impresa. Por ejemplo, Juan Goytisolo, en *Juan sin tierra* (1975), viola las reglas gramaticales de la lengua española, deja espacios en blanco, incluye neologismos y palabras en árabe, y juega con los márgenes de la página y con la tipografía de las palabras.

Manuel Zapata Olivella: *Un extraño bajo mi piel*

Vida, obra y crítica

Manuel Zapata Olivella (1920-2004), colombiano, es uno de los escritores más representativos de la literatura afro-hispana, un tipo de literatura escrita por escritores latinoamericanos de ascendencia africana. Entre los cultivadores de este género encontramos a escritores que van del cubano Nicolás Guillén al colombiano Manuel Zapata Olivella, pasando por la cubana Lydia Cabrera, entre otros muchos representantes. Por lo general, los escritores afro-hispanos tratan de representar en su obra el despertar de una conciencia: la de su identidad racial como negros, y suelen crear personajes que son víctimas de la opresión política, social y económica.

Además de escritor, guionista, cuentista y dramaturgo, Manuel Zapata Olivella fue médico y antropólogo. Como médico trabajó en la ciudad de México en un sanatorio siquiátrico, y como profesor lo hizo en varias universidades americanas, canadienses y africanas. En su obra literaria suele mostrar la vida de los habitantes del Caribe colombiano, especialmente la de los afroamericanos. Es autor de varias novelas, como *En Chimá nace un santo* (1964), y *Hemingway, el cazador de la muerte* (1989), pero su obra maestra es *Changó, el gran putas* (1983), una novela en la que, en cada una de sus cinco partes, el autor aborda un importante momento histórico de los afro-hispanos. La primera parte se centra en el comercio de esclavos que tuvo lugar en el siglo XVI; la segunda en los primeros años de la colonia; la tercera en las rebeliones de esclavos que tuvieron lugar en la última década del siglo XVIII en el Caribe y que llevaron a la creación de la república negra de Haití; la cuarta trata de la lucha por la independencia en América del Sur; y la quinta en la lucha contra el racismo en Estados Unidos. Uno de los aspectos técnicos más notables de esta obra, y que tiene su origen en Faulkner, es el uso de la voz narrativa, la cual pasa de una persona a otra sin previo aviso.

En la década de 1940 Zapata Olivella, junto con otros estudiantes afro-colombianos, fundó el *Club Negro de Colombia*, una asociación que organizó el primer "Día del Negro" y que se solidarizaba con los movimientos por los derechos civiles de los EE. UU. La asociación desapareció, pero reapareció en la década de 1970 con el nombre de Centro de Estudios Afro-colombianos. Manuel Zapata Olivella ha recibido numerosos premios literarios, como el Premio Nacional de Literatura de Colombia en 1963, o el Premio de Derechos Humanos en 1988. Con la traducción de su obra literaria a otras lenguas, Manuel Zapata Olivella está recibiendo cada vez mayor reconocimiento universal.

Guía de lectura

Manuel Zapata Olivella es, junto con los cubanos Nicolás Guillén y Nancy Morejón, y el costarricense Quince Duncan, uno de los más destacados representantes de la literatura afrocubana. El cuento seleccionado, "Un extraño bajo mi piel", forma parte de la colección de relatos *Quién dio el fusil a Oswald* (1967), y nació bajo la inspiración de Frantz Fanon (1925-1961), un filósofo y siquiatra de Martinica cuyos estudios ejercieron una gran influencia en los estudios postcoloniales y en la teoría crítica. El cuento trata de la negritud, un tema que vuelve a repetir en dos de sus obras maestras, *Changó, el gran putas* (1967) y *Chambacú: corral de negros* (1963).

El argumento de este relato se centra en Elmer, un joven de veinticinco años, hijo de la afroamericana Mattie y del blanco Jim, que tiene el deseo ardiente de ser blanco. Un día, después de ir a la iglesia con su madre, Elmer sale de paseo por la ciudad a una hora que le estaba prohibido a los afroamericanos, y un grupo de hombres blancos lo detiene y lo golpea. Lo que sucede a continuación es un viaje por los caminos de la imaginación y el deseo. Al final, Elmer vuelve a la realidad después de haber experimentado su otra identidad. En la lectura de este cuento debemos tener en cuenta que nos encontramos en la Atlanta, Georgia, de los años en que la segregación racial vino acompañada de numerosos crímenes contra los afroamericanos. En la lectura de este relato debemos pensar en la representación del tema de la negritud, en cómo opera el tema de la dicotomía racial basada en dos identidades en discordia, en el papel de la voz narrativa y la presencia del monólogo interior, en la presencia de dos espacios claramente diferentes donde se desarrolla la acción narrativa, y en el tema del viaje.

Un extraño bajo mi piel

—¡Aleluya!

—¡Aleluya!

Los tamborines electrizaban el ritmo. No había un solo hueso de los feligreses, blancos y negros, que no bailaran al son del jazz. Los diez dedos pulsaban frenéticamente el piano. El saxo exaltaba la voz chillona[1] del predicador por encima del coro:

—¡In His Hand!

—¡In his Hand!

I will have you know

I'm white as snow—

—¡Settin'in Jesus'hand!

Elder abría los párpados, deseoso de que el blanco de los ojos se le derramara[2] y tiñera[3] su piel negra. Las manos hacia arriba como si apretara a Dios en su puño.[4] La voz rota, desgarrada:[5]

---

[1]*boisterous.* [2]*would overflow.* [3]*would dye.* [4]*fist.* [5]*hoarse.*

¡I'll have you know
I'm white as snow—
¡Settin'in Jesus'hand!

El jazz se detuvo de golpe. Una nota más y habrían explotado todos. Se derrumbaban[6] sin el pilar de la música. Ahora sobre sus sillas hipeaban[7] sudorosos. Sólo Elder bailaba mecido[8] por el eco del ritmo no disuelto en su sangre. Sus manos palmoteaban[9] incansables, los ojos abortados.[10]

—¡El hermano está en gracia!

Ocho manos lo sujetaban contra el asiento. Necesitaban un ejército para inmovilizarlo. Las piernas temblorosas. El predicador pidió a la orquesta un spiritual. Las voces se suavizaron.

—¡Lord above, let your light
Be my guide through the night
Hear, oh, hear, me, Lord, as I pray!

La melodía comenzó a despertarse con el acento de la última nota todavía extraviada[11] en el diapasón.[12] Elder se sosegaba.[13] Sus pupilas giraron[14] hasta recobrar su lugar. Descendía de las manos de Jesús a enfrentarse al mundo real de Atlanta. Una hermana blanca le abanicaba[15] el rostro.[16] Restablecida la paz en la iglesia, el reverendo con su túnica azul reinició la prédica:

—Dios no es blanco ni negro porque no tiene piel. Unos y otros cabemos en sus brazos. ¡Eso sólo exigimos!

Elder escuchaba. El cansancio de la espera. Creía haber oído esa monserga[17] desde hacía un siglo. Se levantó y gritó:

—¡Estoy harto de ser negro!

Avanzó. Sus ágiles piernas, las mismas que le ganaran un campeonato de velocidad, se resistían a conducirlo hacia la calle. "Estoy borracho". No era fácil perder las ilusiones a los veinticinco años y continuar siendo el mismo. El murmullo de la desaprobación. Las puertas al cerrarse detrás de él, dejaron entrar el aliento[18] frío de la noche. Una cuchillada[19] de invierno que logró apagar el calor de la prédica:

—¡Oremos para que el hermano Elder no caiga en la desesperación del demonio!

(El tiempo no ha cambiado. Los recuerdos me hacen el mismo desde aquella noche en que mi madre me arrojó hecho un nudo escurridizo.[20] Tengo memoria desde mucho antes de nacer. "Mala vida", dijo mi abuela cuando supo que su hija Mattie estaba embarazada de un blanco. Georgia. "¡Dios detén[21] tu obra!" La chiquita Mattie, delgaducha, había padecido[22] mucho en sus dieciocho años para dar un paso atrás. "Mi hijo no sufrirá por negro lo que yo". Mi abuela, de rodillas, clamaba: "Señor te has equivocado, busca una madre blanca

---

[6]caían. [7]*panted*. [8]*rocked*. [9]*clapped*. [10]moviéndose de un lado a otro. [11]perdida. [12]*fingerboard*. [13]calmaba. [14]*rolled around*. [15]*fanned*. [16]cara. [17]historia estúpida. [18]aire. [19]golpe con el cuchillo. [20]"nudo escurridizo": *slippery knot*. [21]para. [22]sufrido.

para este hijo. No manches mi casa". Ni una lágrima en los ojos de mi madre. Era orgullosa
como su padre Arcie y también osaba hablar a Dios de frente: "Te agradezco que hayas
hecho que el viejo cartero Jim pusiera en mí sus asquerosas[23] manos". Mi abuela la abofeteó.[24]
El golpe fue tan duro que me hizo bailotear[25] contra el útero de mi madre. Me duele la
cabeza. Desde entonces este dolor taladra[26] mi cerebro. Esa misma noche el abuelo Arcie
encontró a su hija en la calle, golpeada, con amoratadas[27] huellas de dedos en la garganta.
El viejo Jim era muy débil y no tuvo suficientes fuerzas para estrangularla. Por eso estoy
vivo. Mi madre se equivocó en sus cálculos: nací negro. Tan oscuro que si tuviera un hijo
con una rubia no alcanzaría a ser mulato. Yo no cruzaré ni con mi descendencia la línea de
color al lado de los blancos. La nieve cae. Es la primera en este otro invierno. La noche se
aclara. La calle, los postes de la luz, todo va cambiando de color. Mi gorra, mis hombros,
hasta mis zapatos. Si me tendiera[28] aquí en la calle, amanecería[29] blanco de la cabeza a los
pies. Me detengo. El reloj de la estación marca las doce. Doy unos pasos más allá. El aviso
recién pegado deja ver sus letras. "Prohibido transitar[30] a los negros después de las seis de
la tarde". Tuve tiempo desde que salí de la iglesia para huir. He estado andando por estas
calles sin alejarme. Si pudiera permanecer aquí por siempre. Lo he deseado toda mi vida.
Desde el vientre de Mattie. "¡Nigger!" Alguien me grita. El frío que siento es diferente al de
la noche de invierno. El miedo de mi abuela. "Ese perro busca un poste de donde colgar".
Los cuatro blancos me rodean. La soga[31] en sus manos. Quiero gritar, correr, defenderme.
El golpe. Mi cabeza choca contra el útero de Mattie).

Está tendido en el suelo. La cabeza es un punto doloroso que embota[32] su conciencia. Las
manos y los pies amputados. Algo peor que el cercenamiento:[33] la inmovilidad. Lejos, muy
lejos, aúllan[34] lobos y articulan palabras incomprensibles. El olor del W. C.[35] Una gota de agua
cae insistentemente sobre su párpado. La pedrada[36] repetida que le arroja el viejo cartero Jim,
su padre. Abre los ojos. Los bultos[37] toman forma a la luz que se filtra por la rendija[38] inferior
de la puerta. Está en el W. C. de la estación. Ahora percibe claramente las palabras:

—A este nigger le colgaremos en la madrugada frente a la iglesia.

El ruido quebradizo[39] de hielo en los vasos de whisky.

—¡Full de ases![40]

Maldiciones. Un puñetazo y las cartas aletean[41] otra vez sobre la mesa. Elder sólo piensa
en la soga. A su abuelo Arcie lo colgaron. Salió a buscar medicina. A su mujer le flaqueaba[42]
el corazón. No encontró la droga en la farmacia del barrio negro. Siguió adelante. A esas
horas de la noche estaría abierta la droguería de Mr. Johnson, en la ciudad de los blancos.
"No vayas, Arcie", se decía. Otra voz lo empujaba: "Se te muere tu mujer". Al día siguiente
pendulaba[43] de una cuerda.

---

[23]sucias. [24]golpeó. [25]bounce. [26]pierces. [27]bruised. [28]stretched out. [29]me despertaría. [30]caminar. [31]rope. [32]dulls. [33]severance. [34]howl. [35]baños. [36]golpes con una piedra. [37]forms. [38]crack. [39]faltering. [40]aces. [41]vuelan. [42]estaba enferma de. [43]colgaba.

85 —María Antonieta encaneció[44] en la noche que esperaba ser guillotinada.

—Eso no podría sucederle a un negro.

La guillotina era mejor que una soga al cuello. Elder vio colgado al abuelo. Era muy pequeño entonces, pero no lo olvidaba: la lengua partida entre los dientes, los sacos de los ojos llenos de sangre. Un pie descalzo inmensamente hinchado[45] y el otro, comprimido por

90 el zapato, deforme como una salchicha.

—Ya es hora de que acabemos con este negro.

—No se atreverá otro a caminar por nuestras calles de noche.

Las mismas voces que oyó al ser golpeado. Tiene miedo de respirar hondo; presiente[46] que un nudo en su garganta no le deja tragar[47] aire y que su cuerpo balancea[48] en el vacío.

95 —Conocí a un inglés que también encaneció en sólo treinta segundos. Fue en Bombay. Comía con un amigo en la mesa de un restaurante cuando éste le dijo: "Quédate quieto, una cobra se alza detrás de ti. Si te mueves te picará[49] en la nuca[50] y no tendrás tiempo ni de gritar". Se quedó rígido, sin pestañear.[51] El amigo sacó la pistola y destrozó la cabeza de la serpiente de un tiro. Transcurrieron exactamente treinta segundos y en ese tiempo el

100 inglés se volvió albino.

Sentía entumecidos[52] manos y tobillos por las ataduras.[53] La muerte le venía de allá abajo. "Lo colgaremos en la madrugada[54] frente a la iglesia". No podía mirar su reloj de pulsera."[55] Exactamente treinta segundos. ¿Qué tiempo le restaba[56] de vida?

—Dame carta, Jack.

105 —Yo paso.

El traqueteo[57] de las sillas. Era mejor estar muerto que a unos segundos de la horca. La luz en la rendija. ¿El sol o la bombilla de la estación? El dolor de cabeza. Ciertamente antes no tuvo recuerdos de que hubiera chocado contra el útero de Mattie. ¡Absurdo! ¡Hubiera sido mejor que su abuela lo estrangulara al nacer! "Escoria[58] de mulato".

110 —Vamos a colgarlo. No debemos permitir que vengan pastores negros a predicar a nuestras iglesias contra nosotros.

—El olor a whisky era menos fuerte que la hedentina[59] del W. C. Se engañaba. Olía su propia carroña.[60] Expuesto al sol, los cuervos[61] le devorarían la piel, quedaría su esqueleto blanco. Allí radicaba la diferencia del color.

115 —Lo que quieren es acostarse con nuestras mujeres, disputarnos el salario, echarnos de nuestras casas.

—La horca[62] es su justo lugar. Estarían bien alto, por encima de nosotros.

—¡Ya es hora!

---

[44]*turned gray.* [45]*swollen.* [46]*foresees.* [47]*to swallow.* [48]se mueve de un lado a otro. [49]*will bite.* [50]*nape.* [51]*to blink.* [52]*numbed.* [53]*ties.* [54]*dawn.* [55]"reloj...pulsera": *wrist watch.* [56]quedaba. [57]ruido. [58]basura. [59]*stench.* [60]*carrion.* [61]*crows.* [62]*gallows.*

La mesa resbaló.[63] Las sillas rechinaron[64] contra la pared y las sombras se movieron por debajo de la puerta. Súbitamente la claridad enceguecedora,[65] los blancos contra la luz parecían enormes orangutanes negros. El rayo de la lámpara eléctrica destacó[66] el rostro de Elder. Su boca abierta empujaba la lengua hacia fuera, y ellos retrocedieron.[67] Habría sido menos su asombro[68] de encontrarlo realmente muerto.

—¿Estás viendo, Jack?

—¡Es uno de nosotros!

—¡Saquémoslo pronto de aquí si no queremos achicharrarnos[69] en la silla eléctrica!

—¡Debimos estar bien borrachos para confundirlo con un negro!

—En la madrugada brumosa,[70] la nieve comenzaba a compactarse. La luz apenas se insinuaba en torno a las bombillas eléctricas y pasaron al lado del poste de la iglesia sin acordarse de la soga. En el parque los escaños[71] habían desaparecido bajo la escarcha[72] y el peso del hielo inclinaba las ramas de los árboles. Lo desataron.

—¡Dejémoslo aquí! Dirán que murió de frío.

La nieve continuó cayendo sobre la frente de Elder cubriéndola de penetrante blancura.

(La luz sobre mis párpados, un dedo caluroso que me palpa,[73] deslíe[74] el frío de los ojos y a medida que[75] se extiende sobre mi cuerpo recobro la cara, los dedos, las manos. Me sacuden.[76] Oscilo[77] en el aire. Temo que se quiebre[78] mi nuca. El nudo. Súbitamente[79] me asusta la conciencia de la muerte. "Sir", es la voz de un blanco. Aprieto[80] los ojos. Abrirlos en otro mundo me estremece.[81] He dejado de ser un "nigger". ¿Qué vida es ésta a donde me ha transportado la muerte? Aquí, donde llaman "Sir" a un negro.

"I'm white as snow— Setin'in Jesus hand!"

Unos guantes de lana frotan[82] mis manos. "¡Beba, "sir", beba!" El Whisky se derrama[83] en mis labios. Entreabro los párpados y la luz me enceguece. "Dios Todopoderoso, ha resucitado". Son rostros blancos. Me horrorizo. Una mujer con gafas. La cara grasienta de un policía. Tres niños con pecas.[84] La muchacha que sonríe y me frota las manos suavemente. "¡Beba, "sir"!" Aún creo que sueño. Miro detrás de sus hombros. No tienen alas. "¡Señor!" "¡Señor!", grito y Él no me responde. "¡Póngase estos zapatos de mi marido antes de que se le hielen de nuevo los pies!" Bailan generosas sus pupilas verdes detrás de las gafas. Trato de quitarme los guantes de lana. "Quédese con ellos". Logro deshacerme[85] de sus manos. El policía insiste en acompañarme, pero me separan viejas barreras invisibles que me apartan de ellos. Me alejo con estos zapatos que no son míos. Mis propias manos dentro de los guantes rojos me resultan extrañas. Su dueña levanta la mano para despedirse. Ha quedado allá junto al escaño, mientras los niños siguen mis pasos hasta que, desentendidos[86] de mí, se arrojan[87] puñados de nieve. "¡Buena suerte, "sir"!").

---

[63]*slipped*. [64]*creaked*. [65]*blinding*. [66]*outlined*. [67]*drew back*. [68]sorpresa. [69]morir quemados. [70]*misty*. [71]*benches*. [72]*frost*. [73]toca. [74]*melts*. [75]"a…que": *as*. [76]*shake*. [77]*sway*. [78]rompa. [79]de repente. [80]cierro. [81]da miedo. [82]*rub*. [83]*spills*. [84]*freckles*. [85]librarme. [86]olvidados. [87]tiran.

155 El policía lo deja solo convencido de que no va a desplomarse[88] de nuevo y se calza[89] los guantes de cuero.[90] Elder continúa sin comprender nada. De repente los blancos se han vuelto miopes. No ven el color de su piel, se olvidan que son blancos. En su propia ciudad lo saludan y sonríen, cruzan a su lado sin empujarlo ni evadir sus cuerpos. Ya no lo insultan ni arrojan de la acera. Se mezcla entre ellos al cruzar las esquinas y si lo tocan, dicen
160 cortésmente: "¡Excúseme, "sir"!" Llevan la mano al sombrero para descubrirse y prosiguen. Elder piensa en los otros, en esos tipos que pretendieron ahorcarlo. Sólo sabe que uno se llama Jack. Teme que lo sigan. Comprende, quieren llenarse de razón para colgarlo del poste frente a la iglesia. Huye. Ya mira las casuchas[91] sucias en la barriada[92] de los negros. Las presiente acogedoras[93] y todavía sin llegar a su lado comparte su calor. Ve andar parsimo-
165 niosamente[94] a los suyos. Están en su lugar. Por última vez mira atrás para asegurarse de que no lo persiguen. Cruza la calle y al dejar el piso adoquinado[95] de los blancos encuentra que la tierra de su barrio es blanda. Se detiene y aspira aire. Pero no puede desahogarse[96] porque le crece el odio. Sin quitarse los guantes introduce las manos en sus bolsillos y unas monedas le devuelven el aliento. Entra al bar: el olor, el aire, el humo, la atmósfera hecha
170 para sus pulmones de negro. Los suyos juegan al billar, beben de pie en la barra de la cantina. En las mesas tiran los naipes[97] y los dados,[98] pero le devuelven miradas con rencor.[99] Cree conocer ese resentimiento. Observa a su alrededor, no quiere admitir que esas miradas amenazantes sean dirigidas a él. Frunce[100] los hombros en un gesto de desprecio. Después de escapar de la muerte le resulta sin sentido su animosidad. Le basta con sentirse vivo y
175 que pueda acercarse a la barra.

  —Dame un trago.[101]

  El cantinero esconde las manos en la registradora y empuña[102] una pistola. Bufa:[103]

  —No busque camorra,[104] llamaré a la policía.

  Dos hombres se le acercan y lo empujan con los codos. El más alto le grita:
180 —¡Hoy apesta[105] aquí!

  Se aparta de su lado pero su espalda da con un cuerpo pequeño. El hombrecito parte una manzana con una puñaleta[106] y mirándolo fijamente, traga los trozos sin masticar.[107] Los que juegan al billar se olvidan de las carambolas,[108] empuñando[109] los tacos.[110] Elder reclama con una voz quejosa[111] que no es la suya:
185 —¡Hermano, quiero un trago!

  El cantinero limpia el mostrador[112] con un trapo y lo obliga a levantar los codos. Habla como si se dirigiera a alguien detrás de él. Ahora lo estrechan[113] media docena de negros con los puños cerrados. El hombrecito de la manzana clava[114] su puñaleta en el mostrador

---

[88]caerse. [89]pone. [90]*leather*. [91]casas en mal estado. [92]*neighborhood*. [93]*warm*. [94]tranquilamente. [95]*cobbled*. [96]calmarse. [97]cartas. [98]*dies*. [99]resentimiento. [100]*shudders*. [101]bebida. [102]toma. [103]dice. [104]pelea, problemas. [105]hay mal olor. [106]pequeño cuchillo. [107]*to chew*. [108]*caroms*. [109]agarrando. [110]*cues*. [111]*plaintive*. [112]*counter*. [113]amenazan. [114]*sticks*.

y escupe[115] un salivazo que pasa a un milímetro de su nariz. Después de la noche pasada, se siente muy débil para hacerles frente. Guarda la moneda en el bolsillo y retrocede. No esperan que los toque y con asco le abren camino a su paso. Antes de llegar a la puerta una fuerza compulsiva lo levanta por el cuello de la chaqueta, le hace volar por el aire y cae despatarrado[116] en la calle. Apenas si alcanza a comprender. Un zapato ha saltado de un pie y puede ver sus dedos asomados[117] por entre la media rota. Los flexiona y extrañamente ceden[118] a su voluntad. Se frota los ojos, pero allí persisten los dedos blancos. Con precipitud[119] se quita el guante rojo y al verse el dorso[120] de la mano salta y cae de nuevo sentado en el piso.

—¡Señor! ¡Señor! ¡Me he vuelto blanco!

Las risotadas[121] se burlan de él. Corre, no sabe si de ellos o de sí mismo. Mira la otra mano enguantada[122] y teme descubrirla. Sospecha que tenga el color de la dueña de los guantes rojos. Sigue. Lo acosa[123] una mezcla de terror y de informe alegría. Dobla[124] la esquina y los negros se separan de él. Siempre es jocoso[125] un hombre que anda con una media puesta y el zapato en la mano. En un rincón a solas, se sienta a ponérselo para ocultar sus dedos blancos. Mete sus manos en los bolsillos, temeroso de que sea un sueño. Frente a una vitrina[126] asoma el rostro y otro es quien se refleja en el espejo. Las cejas y los cabellos rubios. Ha encanecido. "Transcurrieron exactamente treinta segundos y en ese tiempo el inglés se volvió albino". Más que los cabellos descoloridos le entusiasma la blancura de su piel.

—¡Oh Señor, me has hecho el milagro!

Ahora con fe descubre la otra mano y bajo el guante rojo surge[127] el dorso despigmentado. No hace intento por cerciorarse[128] de si está soñando. Mejor sería no despertar nunca. La línea de color ha desaparecido para él.

("¡Mattie! ¡Mattie! ¡Tu hijo está del otro lado!" Me siento feliz. Puedo penetrar a un restaurante y solicitar una mesa como cualquier blanco. El mozo[129] me sirve ceremoniosamente. ¡Si supiera que soy un negro! Sé lo que pasaría. Tantas veces me rechazaron. Por qué no dejo de ser Elder mandando al demonio estas reflexiones. Debo olvidarme del pasado que repudio. Sí, entro a los teatros y puedo permanecer gozoso[130] en medio de los vecinos blondos.[131] La oscuridad me inquieta[132] porque no puedo percibir las nuevas experiencias. Una y otra vez subo a los buses y me abstengo de cruzar a mi antiguo puesto, detrás de la tablilla: "Para gente de color". Ahora nada me dicen esos letreros en los W. C. Puedo impunemente[133] introducirme a los compartimientos de ellos. Ahora yo soy uno de ellos. No hay diferencia entre nosotros. Pertenezco al mundo de los escogidos. Comparto sus piscinas. Entro a los museos. Me codeo[134] en las calles con sus mujeres. Andurrear[135] a cualquier hora de la noche por las grandes avenidas sin el temor de ser colgado como mi abuelo Arcie.

---

[115]*spits*. [116]con las piernas abiertas. [117]saliendo. [118]*give up*. [119]rapidez. [120]*back*. [121]risas. [122]con el guante puesto. [123]*harasses*. [124]*turns*. [125]cómico. [126]*glass case*. [127]aparece. [128]asegurarse. [129]camarero. [130]feliz. [131]rubios. [132]preocupa. [133]*with impunity*. [134]relaciono. [135]andar.

Bailo en los salones con las blancas. Pero me es imposible reprimir el miedo, que mi olor les descubra el negro que existió en mí. Me asaltan[136] ciertos temores. ¿Podré adaptarme a la vida de negro si llegara a oscurecerse de nuevo mi piel? Me llamo Ham Leroy. Un poco afrancesado para encubrir cualquier huella ondulada de mis cabellos rubios. Estoy seguro de que no me reconocerían en Atlanta, donde he dejado de ir desde que soy portero de un hospital de blancos, aquí en Missouri. A veces pienso qué habrá sido de la abuela. Después de la muerte de Mattie comenzó a tener un poco de cariño por mí. Para ella fui siempre un mulato, aunque ocultara bajo mi piel negra la sangre bastarda del viejo cartero Jim. Sólo mis cabellos tenían algo de él. Mattie, mientras vivió, tuvo buen cuidado de estirarlos.[137] Ahora debo parecerme algo al asqueroso Jim. Lo suficiente para que no me reconozca yo mismo. Ham Leroy. Bien haces en olvidarte del sufrido Elder, aunque su abuela, allá en Atlanta diga que su nieto debió morirse en la misma forma que su inolvidable Arcie.)

Algo que desconocía lo perturbada.[138] Desde la infancia se agudizaron[139] sus reflejos de defensa. Sabía distinguir las pisadas de los blancos, su olor, sus sombras. Ése era el camino que debía seguir. Las palabras intencionadas de Mattie empujándolo a la degradación de su propia personalidad. Lo otro, ser negro resignado, hundido[140] en la súplica al cielo. Cuando lo llevaban a orar[141] en la iglesia quería tener dos voces. La una, con su abuela, que reclamaba a Jehová liberara al pueblo oprimido de Israel, su propia raza disfrazada. La otra, con su madre, que pedía se le abrieran las puertas falsas para adentrarse al mundo de los blancos. No siempre era fácil orar con dos pensamientos. A veces se apoyaba en la mano de Mattie que no rogaba. Exigía, regañaba,[142] oponía su protesta a un Dios ciego. Otras, débilmente, se inclinaba a ese canto de dulzura de la abuela que recibía los padecimientos como una dádiva[143] del Señor. No sabía por qué añoraba[144] tener a su lado a Mattie. Habría comprendido. "Has triunfado, hijo". Sin ella le faltaban las fuerzas. Se cansaba de jugar a la máscara blanca. La constante angustia de ser descubierto. Debía modular su voz, imitar el ritmo de ellos al andar. Meterse en otra piel, respirar y sentir como ella. Un suicidio lento. Cuando Ham tenía casi muerto a Elder, le resultaba desalentador[145] su crimen. Leroy era un hombre sin ambiciones propias. Su única obsesión: negarse. Mejor estar colgado como el abuelo Arcie. Él tuvo anhelo de vivir, de salvar a su mujer y bien valía ello la soga. Ham Leroy disfrutaba de comodidades cuyo usufructo no gozaba. Allí bajo su piel, estaba Elder. El uno tomaba Coca-Cola en compañía de los blancos, pero el otro la vomitaba. Ham entraba al cinematógrafo y Elder cerraba los ojos. De repente tuvo la certeza de que estaba solo, hasta el mismo espíritu de Mattie lo abandonaba. Rehusaba tener amigos. La cabeza inclinada si alguien le miraba a los ojos. Había perdido la risa. Sus labios siempre explayados[146] aunque fuera para gritar, ahora se le encogían,[147] temerosos de la carcajada[148] negra. Pero esa noche Elder se negaba a quedarse solo en su ataúd,[149] en el saco de piel. Oía su protesta. Deseaba

---

[136]*seize.* [137]*strech them out.* [138]preocupaba. [139]*sharpened.* [140]*sunken.* [141]*to pray.* [142]se quejaba. [143]regalo. [144]deseaba. [145]*discouraging.* [146]listos. [147]*shrank.* [148]risa. [149]*coffin.*

volver, aún cuando fuera con el disfraz de Ham Leroy, a su antigua barriada. Fue Elder quien lo impulsó hasta la ventanilla de la Estación. Tomó el tren y se sentó al lado de Haniger. También éste iba para Atlanta. Temió que lo reconociera. Había trabajado en su hacienda acompañando al abuelo Arcie y prefirió callar para que el oído de aquél, acostumbrado a mandar negros, no descubriera su voz sumisa. Rechazó el cigarrillo que le brindara.[150] Al retirarse Haniger al pasillo de los fumadores, Elder se desahogó.[151] Dejó su puesto. Prefirió irse a la ventanilla del pasadizo[152] a mirar el paso del tren por las ciudades dormidas. Cuando cruzaban el túnel veía su piel otra vez negra. Resucitaba Elder. Las luces descubrían a Ham y entonces Elder moría nuevamente. Atlanta. Doce de la noche. Bajó de la estación y quiso abandonarla, pero alguien, tal vez Ham, desvió[153] sus pasos para llevarlo al W. C. Le pareció ver a Elder tendido en el suelo, amarrado[154] de pies y manos. Se retiró precipitadamente y antes de salir a la calle alcanzó a oír la voz de Jack. Pudo ennegrecer de odio. A él debía la vida de Ham, de este Leroy que lo denegaba. Tuvo deseos de acercársele y solicitarle fuego. No se lo daría nunca a un negro. Lo hizo. Pero fue Jack quien cambió de color. Le ofreció el fósforo y se refugió en la oficina. ¿Había reconocido a Elder?

(Tengo cierto goce[155] en recorrer el mismo lugar de aquella noche. La puerta de la iglesia. "I'll have you know- I'm white as snow- Settin' in Jesus' hand". Todavía guinda el letrero:[156] "Prohibido andar a los negros después de las seis de la tarde". Me sonrío. Es Ham quien tiene humor para eso. Elder se enfurece y desea romperlo. Por un instante quiero dejarlo actuar, y entonces se alza sobre mis pies y lo destruye. Ham se resiente. "¿Si no existe la línea de color para qué ser blanco?" Elder lo escucha y calla. Prefiere empujarme en silencio. Comprendo que cada paso que doy es una victoria de él. De mi abuela sobre Mattie. El viejo Jim no reconocería nunca a Ham como a su hijo. Elder sabe por lo menos que su abuela le abrirá las puertas y llorará con él su desgracia, la de haber cambiado de piel. Irá con ella a la iglesia y clamará a Jehová que le devuelva su color. Que le haga negro aunque realmente sea mulato. Ahora cruzo el parque. Aquí está el escaño donde aquella muchacha sonriente me frotó sus manos con sus guantes rojos. Creo ver la carita asustada de los niños pecosos. Las gafas que se anteponían a los ojos verdes. "Póngase estos zapatos de mi marido antes de que se le hielen[157] los pies". Siento que el policía me oprime el brazo para ayudarme a andar. "Buena suerte 'sir'". Ahora ya estoy muy lejos del parque. Presiento a la distancia olores conocidos. Un blue. La tierra se balancea. "I want somebody to come to- I'm sure will be at home". Los pulmones dejan que el aire llegue hasta el fondo. Nunca antes sentí este bienestar cuando andaba allá entre ellos. Ham se impacienta. Tiene la impresión de que estoy dispuesto a traicionarlo. En el interior de la cantina cantan y beben. Quiero entrar, pero Ham me retiene. Elder grita: "¡Vamos! ¡Echáte[158] un trago!" Recuerdo al cantinero: "Allí hay una puerta por donde deben salir los cerdos". El pequeño de la navaja. El escupitajo en el rostro. Me agrada sentir que Elder no se resigna a

[150]ofreciera. [151]se sintió aliviado. [152]pasillo. [153]cambió. [154]atado. [155]satisfacción. [156]"Todavía… el letrero": un cartel colgado decía. [157]freeze. [158]toma.

que le hayan pintado el rostro de blanco. El abuelo Arcie fue ahorcado, pero no ha muerto. Ha entrado, aunque Ham se quede conmigo aquí en la puerta. Lo siento reír, charlar gozosamente con todos. La alegría de conquistar su puesto de negro. Ham arruga el ceño.[159] Su pretendido orgullo se desinfla[160] con sólo hundirse en la oscuridad. Quiere alejarse, volver otra vez a su

300   mundo. Siente que Elder al fin se ha enraizado[161] y que no podrá arrancarlo de los suyos. Rechazo la temerosa actitud de Ham y penetro en la cantina. "Ey Elder, ¿dónde has estado todo este tiempo?" Ham teme contestar. "Tu abuela ha muerto. Le hicimos un buen entierro". Elder no quiere creerlo. Ha regresado contando con su ayuda. Ahora debe luchar sólo por su puesto de negro. Al mirarme al espejo veo mis cabellos oscuros, mi rostro tiznado.[162] Ham ha

305   muerto. Experimento la alegría desbordante de ver a Elder sentado a la mesa, agitando los dados entre los amigos. No quiero importunarlo[163] y decirle que salgo a comprar un ramo de flores para la abuela).

Comprensión del texto

1. ¿Qué tipo de música tocan cuando Elder se encuentra en la iglesia?
2. ¿Qué le sucede a Elmer cuando acaba de escuchar el jazz?
3. ¿Quién es Arcie? ¿Qué le pasó y por qué?
4. ¿Qué experiencias comparten María Antonieta y el inglés de Bombay?
5. ¿Qué le hacen los cuatro blancos a Elmer?
6. ¿Cómo tratan los afroamericanos a Elder cuando éste va al bar?
7. ¿Quién es Ham Leroy?
8. ¿Qué le ocurrió a la abuela de Elmer?

Análisis crítico

1. ¿Qué tipo de voz narrativa y punto de vista vemos en este cuento?
2. ¿Siguen los acontecimientos narrativos un orden cronológico? ¿Cuál es la estructura de este relato?
3. ¿Cómo funciona el cromatismo en este relato? ¿Hay referencias a los colores blanco y negro que no se relacionan con el color blanco o negro de la piel de los protagonistas del relato? ¿Además de esta dicotomía podría identificar otras?
4. ¿Cómo aparecen representados los temas del miedo y la represión en el cuento?
5. En este relato hay varios fragmentos entre paréntesis, ¿de qué manera se diferencian de los otros? ¿Hay ejemplos de monólogo interior en el relato? ¿Podríamos hablar de realismo mágico aquí o estamos ante unos acontecimientos de naturaleza diferente?

---

[159]"arruga...ceño": *frowns*. [160]*deflates*. [161]echado raíces. [162]negro. [163]molestarlo.

6. ¿Qué tipos de espacios podría identificar en este cuento?
7. ¿Qué personajes representan la negritud?
8. ¿Trata de representar el autor en este cuento diferencias de tipo cultural o económico entre los blancos y los afroamericanos?
9. ¿Juegan Dios o la religión algún papel en este relato?
10. ¿Cómo explicarías el tema del viaje? ¿Podríamos hablar de una realidad perteneciente al mundo de lo consciente y otra al del inconsciente?

Mesa redonda

Con sus compañeros de grupo, comente cómo lidia, o vive, Elder con su doble identidad. ¿Hay aceptación de una y rechazo de la otra? ¿Hay reconciliación de las dos? ¿Qué conflicto tiene Elder? Compartan sus opiniones con el resto de la clase.

Sea creativo

Si escribiera un relato sobre un tema similar, ¿qué aspecto o aspectos relacionados con el tema de la discriminación racial exploraría? ¿Cómo caracterizaría a su protagonista? ¿Quién o quiénes serían las fuerzas antagonistas?

Investigación

En *Míster Taylor*, uno de los cuentos más populares de Augusto Monterroso, el espacio tiene un importante valor simbólico. Escriba un breve ensayo comentando la importancia del espacio donde ocurre la acción narrativa y la de los personajes que lo habitan.

Diccionario de términos literarios

Connotación. Con este término se designa la capacidad que tienen los signos del lenguaje de adquirir nuevos significados, y éstos se suman al significado o acepción que dichos signos o palabras tienen originalmente. La *connotación*, típica en el lenguaje poético, se caracteriza por la polisemia o múltiples significados. Por ejemplo, cuando un escritor habla del "mar", dos de sus connotaciones relacionan a este término con la muerte, o con algo muy grande.

   Denotación. Se refiere al primer sistema de significación, y consiste en la relación que se establece entre un signo lingüístico —la palabra— y su referente u objeto externo. Por ejemplo, la palabra "mar" significa "masa inmensa de agua salada", pero a este primer sentido se le pueden sumar otros, como hemos visto al hablar de la *connotación*.

Unidad 4. Caracterización y Descripción

La Caracterización

Don Quijote, Ana Ozores, o Artemio Cruz son personajes de ficción tan convincentes en cuanto a su personalidad que parecen formar parte de nuestra realidad. Éstos, y otros personajes, sirven, entre otras funciones, para que el lector establezca un punto de conexión entre ellos y la realidad fuera del mundo de la ficción. Si hay algo con lo que nos identificamos en una obra de ficción es con los personajes. Por definición, los personajes, llamados *Dramatis Personae* (literalmente, personajes de un drama), son personas representadas en una obra de ficción. Los lectores conocemos a los personajes a través de lo que éstos hacen y dicen sobre ellos mismos o sobre los demás, y por medio de lo que el narrador nos dice sobre ellos. Toda esta información nos permite sacar conclusiones acerca de sus cualidades morales, intelectuales y emocionales, y también conocer las motivaciones por las que actúan de una manera u otra. La caracterización, entonces, tiene que ver con la presentación y descripción de las cualidades distintivas de los personajes, y en su estudio vamos a centrarnos en dos aspectos: los métodos empleados en la caracterización, y los dos tipos principales de personajes.

I. Métodos empleados en la caracterización de los personajes

1. *Caracterización directa*. Éste es el tipo más común de caracterización, y se da cuando el narrador presenta un personaje enumerando explícitamente sus rasgos físicos o sicológicos. Por ejemplo, en "Anibalito", de Jorge Ferretis, el protagonista es descrito como "taciturno, introvertido y enclenque (*weak*). Era casi rubio, daba la impresión de ser viejo aunque sólo andaba en 37 años".

2. *Caracterización indirecta.* Este tipo de caracterización se materializa de forma indirecta o implícita; es decir, el lector necesita inferir los rasgos caracterizadores del personaje porque éstos no son mencionados explícitamente. Por tanto, para llegar a un conocimiento de la identidad o carácter de este personaje, debemos examinar lo que él dice, lo que otros personajes dicen de él, el tipo de interacción que tiene con los demás personajes, y la relevancia de algunas de sus acciones (si éstas ocurrieron una o más veces, si no hizo algo que debía haber hecho, o si planeó hacer algo pero no lo hizo). Por ejemplo, en la novela picaresca anónima *Lazarillo de Tormes* (1554?) las acciones y el comportamiento del cura hacia Lázaro nos revelan que detrás de esta persona religiosa se esconde un hombre egoísta e hipócrita. Además de sus acciones, el tipo de lenguaje utilizado por un personaje nos puede revelar su origen, clase social, profesión, o alguna característica de su estado emocional o sicológico. Por ejemplo, en *Tiempo de silencio* (1962), de Luis M. Santos, el tipo de habla usado por Cartucho, un delincuente, ya lo identifica como perteneciente a una clase social muy baja. Asimismo, la ropa que viste un personaje, los amigos que frecuenta, el ambiente que le rodea, o el lugar que habita pueden completar su cuadro (*picture*) caracterizador. Un ejemplo del espacio como elemento caracterizador se ve en *La familia de Pascual Duarte* (1942), de Camilo J. Cela, donde el autor nos muestra la marginalidad del protagonista, un criminal, situando su casa a las afueras (*outskirts*) del pueblo, mientras que una de sus víctimas, un rico burgués, vive en el centro del pueblo.

3. *Caracterización analógica.* Este tipo de caracterización ocurre cuando la identidad de un personaje se establece al compararlo con un animal u objeto, o en virtud (*by reason of*) del nombre que tiene, primer atributo identificador de un personaje. Por ejemplo, en *Lazarillo de Tormes*, el nombre "Lázaro" lo relaciona con el Lázaro bíblico. Si éste renace a una nueva vida al ser resucitado por Jesucristo, aquél renace a una vida de bienestar económico (*economic well being*) después de haber vivido en la miseria (*poverty*).

II. Tipos de personajes

Una de las clasificaciones de personajes más conocida es la de E. M. Forster, quien identifica dos grupos básicos de personajes:

1. *Personajes redondos o circulares.* Éstos son personajes individualizados, complejos y dinámicos y, por tanto, están dotados de una variedad de rasgos (*traits*) sicológicos. Al no tener una personalidad o comportamiento fijos, y evolucionar o cambiar en el curso de la narración, estos personajes aparecen, a veces, como contradictorios, su comportamiento no es predecible (*predictable*), son capaces de sorprendernos de forma convincente, y nos parecen gente real y familiar. Por su naturaleza elusiva (*evasive*) y dinámica, estos personajes nos obligan a reconsiderar constantemente la manera cómo los interpretamos. Por ejemplo, un personaje puede aparecer al principio como inocente e ingenuo; sin embargo, a medida que (*as*) avanzamos en la lectura del texto descubrimos que detrás de esta máscara (*mask*) se esconde un hombre astuto (*cunning*) y manipulador. Ejemplos concretos

de personajes redondos serían don Quijote, uno de los protagonistas de *Don Quijote de la Mancha*, de Miguel de Cervantes, y Artemio Cruz, el protagonista de *La muerte de Artemio Cruz* (1962), de Carlos Fuentes. En don Quijote se puede ver cómo debajo de su locura se esconde una gran sabiduría, cómo a veces vive en el mundo de la ficción y otras en el de la realidad, y cómo a veces actúa de forma colérica (*angry*) y otras con gran prudencia. En el caso de Artemio Cruz, vemos el retrato (*picture*) de un hombre que ama y odia a su esposa, y que pasa de ser un hombre inocente a ser un rico manipulador, cruel, corrupto, asesino y cobarde. Lo mismo que todos los grandes personajes de literatura, don Quijote y Artemio Cruz viven con nosotros, los leemos, releemos e, incluso, reinventamos.

2. *Personajes planos o lineales*. Estos personajes, a veces llamados tipos, y otras veces estereotipos, son personajes unidimensionales, estáticos, y fácilmente reconocibles (*recognizable*), que están caracterizados con uno o muy pocos rasgos sicológicos. Por esto, su comportamiento personal o sicológico no experimenta grandes cambios y es fácilmente predecible (*predictable*). El lector puede recordarlos y reconocerlos rápidamente porque sus rasgos personales —físicos y sicológicos— caen dentro de categorías generales y son característicos de un rol tradicional, tal y como vemos en el avaro (*miser*), el seductor, el soldado fanfarrón (*braggard*), etc. Entre otras razones, los personajes planos aparecen en la literatura para ayudar en el desarrollo de la acción narrativa, y para actuar como contraste de los personajes más complejos. Otras veces, sin embargo, un personaje plano se sale de los límites que le trazó (*marked out*) el autor y actúa de manera que nos fuerza a repensar nuestras impresiones iniciales del mismo. Por ejemplo, en *Lazarillo de Tormes*, al principio pensamos que el buldero (*seller of Papal indulgences*) es un simple vendedor de bulas, pero al final descubrimos que es un verdadero ladrón. Comparados con personajes más complejos, los personajes planos ayudan al escritor a crear contrastes y diferencias, y es difícil imaginar una novela u obra de teatro sin ellos.

La Descripción

Describir es tratar de recrear verbalmente, por medio de las palabras, una realidad. La descripción se puede definir como un fragmento textual en el que el narrador atribuye una serie de características determinadas a una persona, un lugar u otra realidad. Las descripciones interrumpen el progreso de la historia, y se introducen en el relato de varias maneras. Algunas veces, el narrador describe de manera omnisciente una determinada realidad, otras veces describe lo que ve un personaje, y otras veces es el mismo personaje el que lleva a cabo la descripción de lo que ve o hace. Se podría hacer una larga tipología de los distintos tipos de descripción pasando de la descripción realista a la descripción con elementos altamente metafóricos, o a la que trata de crear un espacio textual en el que el narrador pone énfasis en el valor estético de la palabra.

Amparo Dávila: *Detrás de la reja*
Vida, obra y crítica

Amparo Dávila (1928–2020) nació en un pueblo minero del estado de Zacatecas, México. La muerte de su hermano, cuando ella era una niña, le afectó profundamente, y vivió una infancia triste y solitaria. A los siete años fue llevada a San Luis Potosí, donde fue educada por las monjas de un convento. Comenzó a escribir poesía a los ocho años, y cuentos a los diez.

Amparo Dávila ha colaborado en publicaciones como *Estilo*, *Ariel*, *Revista mexicana de literatura* y *Revista de bellas artes*. En 1950 publicó su primer libro de poemas, *Salmos bajo la luna*, al que siguieron otros poemarios como *Meditación a la orilla del sueño* y *Perfil de soledades*, ambos de 1954. Su obra narrativa incluye las colecciones de cuentos *Tiempo destrozado* (1959), *Música concreta* (1964) y Árboles petrificados (1977), con la que ganó el premio Xavier Villaurrutia en 1977.

Esta escritora mexicana, que ha recibido los elogios y admiración de escritores como Julio Cortázar, pertenece a la llamada Generación de medio siglo. Su obra narrativa se ha visto influida por escritores como Dante, Edgar A. Poe, el mismo Julio Cortázar, H. P. Lovecraft y F. Kafka, y algunos de los temas por los que muestra predilección son el del miedo, la soledad, la locura, lo siniestro, los dobles, el espejo y la muerte. Muchos de sus cuentos tienen protagonistas femeninos, y en ellos suele incorporar descripciones del escenario en el que transcurrió su infancia. Algunos críticos catalogan su obra de "fantástica", pero ella afirma que este tipo de literatura no le atrae ni como escritora ni como lectora. Dávila añade que prefiere el mundo de la realidad en sus dos caras: la externa y lógica por un lado, y por otro la cara donde las cosas no están sujetas a una explicación lógica.

Guía de lectura

"Detrás de la reja", incluido en *Música concreta*, es un cuento centrado en la compleja relación entre varios miembros de una familia, y en esta relación participan sentimientos de amistad, amor y traición. La acción narrativa se sitúa en una ciudad de México, y tiene por protagonistas a Paulina, una mujer de cuarenta años que ha sufrido un desengaño (*disappointment*) amoroso; su sobrina de veintitrés, que es a su vez la voz narrativa de la historia; y Darío, el hermano de una de las amigas de aquéllas y el desencadenante (*the one who brought about*) del conflicto amoroso que viven la tía y su sobrina. Al principio del cuento, la voz narrativa nos muestra la convivencia armónica y rutinaria que caracteriza la vida de la sobrina en compañía de su tía Paulina y de su abuela; pero un día, un hombre,

Darío, entra en sus vidas sentimentales para transformar a Paulina y su sobrina en "dos fieras (*beasts*) hambrientas". La mayor parte de la acción narrativa desarrolla esta relación triangular: sus pasiones, trampas, juegos y traiciones. Al final del cuento, sin embargo, el lector se da cuenta de que él mismo ha sido víctima de un juego similar de manipulación, y de que sus expectativas como lector han sido traicionadas. En la lectura de este cuento es importante ver cómo aparecen caracterizados los personajes, la descripción del escenario donde tienen lugar los acontecimientos narrativos, el papel que juega la voz narrativa, la lucha callada (*silent fight*) de las dos mujeres por conseguir a Darío, y la creación del suspense en el relato.

Detrás de la reja

Aquel verano cumplí 23 años y Paulina 40, sin embargo ella no representaba su edad y parecía ser sólo unos cuantos años mayor que yo. Paulina era hermana de mi madre, y se hizo cargo de mí a los pocos meses de nacida, al quedar huérfana. Desde entonces viví con ella y mi abuela Dorotea en una casa llena de flores y de jaulas[1] con pájaros, que eran la debilidad[2]   5
de mi abuela. La casa, como todas las de pueblo, tenía un patio cuadrado con habitaciones alrededor: la sala, la recámara[3] de mi abuela, otra recámara que compartíamos[4] Paulina y yo, el comedor, la cocina y un pequeño y rústico cuarto de baño. Paulina era profesora de primaria y daba clases al grupo de cuarto año, siguiendo su ejemplo yo también me recibí de maestra y me asignaron el primer año. Nuestra vida era tranquila, metódica y ordenada,   10
como reflejo[5] de la misma Paulina. Todos los días nos levantábamos a las seis y media de la mañana; yo acomodaba[6] y sacudía[7] la casa mientras Paulina hacía el desayuno y mi abuela se dedicaba a regar[8] las macetas[9] y a darles de comer a sus pájaros. Después de desayunar dejábamos preparada la comida, nos arreglábamos[10] y partíamos para la escuela, en donde debíamos estar a las ocho y media. Al medio día regresábamos a comer. La comida de diario   15
era muy sencilla y sólo los domingos, que teníamos tiempo suficiente, cocinábamos algún platillo[11] especial. Paulina daba clases en la tarde, yo no. Pero iba con ella para ayudarla en las clases de dibujo[12] o de bordado.[13] Al atardecer salíamos de la escuela. En la casa siempre había algo que hacer: arreglar[14] nuestra ropa, corregir tareas, preparar pruebas.[15]
Cuando hacía buen tiempo, al anochecer, acompañaba a mi abuela Dorotea al rosario; ella   20
sólo salía de la casa para ir a la iglesia, y se pasaba los días sentada junto a la ventana de la sala, haciendo frivolité.[16] Isabel y Adelaida eran nuestras amigas más íntimas; con ellas salíamos los domingos en la tarde. Algunas veces asistíamos al cine, si la película le parecía conveniente a Paulina, de lo contrario íbamos a pasear al jardín y después a merendar[17] a casa de nuestras amigas.   25

---

[1]*cages.* [2]*weakness.* [3]habitación. [4]*shared.* [5]*reflection.* [6]ordenaba. [7]limpiaba. [8]*to water.* [9]*flowerpots.* [10]*we fixed ourselves up.*
[11]*dish.* [12]*drawing.* [13]*embroidery.* [14]*to tidy up.* [15]*tests.* [16]*tatting.* [17]comer a media tarde.

Me preguntaba, al igual que muchas personas, por qué Paulina no se había casado siendo una muchacha guapa y llena de cualidades. Yo tenía unos diez años cuando se hizo novia de Alejandro, un agente viajero que a todas las muchachas les gustaba. Fueron novios un año; él iba a verla con frecuencia y se escribían todas las semanas. Un día me platicó[18] Paulina que se iba a casar y comenzó a hacerse ropa y a bordar sábanas[19] y manteles.[20] Pasaron meses y Alejandro no volvió a verla, después dejó de escribirle. Paulina adelgazó[21] mucho, siempre estaba triste y por las noches yo la oía llorar. Un día la sorprendí guardando, en el fondo de un viejo baúl, el retrato[22] de Alejandro y toda la ropa que había bordado. Algunas gentes dijeron que Alejandro se había casado en la ciudad. Mucho le costó a Paulina recuperarse de aquella pena pero ya nunca más quiso volver a tener novio. "Sólo una vez en la vida se puede uno enamorar", yo creo que decía eso por no confesar que había perdido la confianza[23] en los hombres.

El día que cumplí 23 años Paulina quiso que nos retratáramos.[24] Bajo la luz de los reflectores, se veía muy guapa, con su larga cabellera castaña recogida[25] en lo alto de la cabeza, lo cual la hacía aparecer[26] más alta y dejaba despejado el rostro y sus grandes ojos negros. Como era sábado y no había escuela, por la tarde fueron varias amigas. Paulina preparó una rica merienda y pasamos unas horas muy contentas. A los pocos días nos invitaron a comer Isabel y Adelaida para festejar[27] la llegada de su hermano, quien llevaba[28] varios años estudiando en una ciudad del norte y hacía mucho tiempo que no lo veíamos.

Resultaba difícil reconocer al Darío que habíamos visto partir: era más desenvuelto[29] que los otros muchachos que conocíamos, hablaba de muchas cosas y vestía bien. Aquella noche, antes de dormirnos, Paulina y yo conversamos desde nuestras camas, como acostumbrábamos[30] hacerlo, y las dos estuvimos de acuerdo en cuánto le habían servido a Darío aquellos años fuera del pueblo. Aquel fue uno de los veranos más calientes que recuerdo, tanto que no hubo funciones[31] de cine los domingos en la tarde, y en su lugar se organizaban días de campo o tardeadas[32] con fines benéficos. También había kermeses[33] en el atrio de la iglesia y lunadas[34] en los jardines, adonde siempre se bailaba. Isabel y Adelaida insistían mucho con Paulina para que saliéramos más seguido, y poco a poco ella fue accediendo. Darío se nos unía dondequiera que nos encontraba. Era muy amable con las dos y nos atendía por igual; nos invitaba refrescos, dulces, nos compraba flores. A mí me intimidaba[35] mucho y no sabía ni de qué hablarle, en cambio, Paulina parecía encontrarse muy a gusto,[36] tanto que él logró[37] hacerla bailar y reírse con sus bromas. Yo nunca la había visto así y comencé a notar que se arreglaba más, que siempre estaba de buen humor y aceptaba todas las invitaciones que nos hacían. Aquel cambio de Paulina me alegraba mucho; aparte de que la quería y me gustaba verla contenta y animada, me atraían bastante las fiestas y los paseos. Como todo esto se debía a Darío, sentí por él mucho agradecimiento.

---

[18]comentó. [19]*sheets*. [20]*tablecloths*. [21]perdió peso. [22]fotografía. [23]*trust*. [24]fotografiáramos. [25]*picked up*. [26]*to look*. [27]celebrar. [28]*had been*. [29]*self-confident, self-assured*. [30]*as we used to*. [31]*shows*. [32]fiestas organizadas por la tarde (México). [33]*charity fairs*. [34]fiestas al aire libre. [35]*he intimidated me*. [36]*at ease*. [37]*he managed*.

El director de la escuela donde trabajábamos, le pidió a Paulina que asistiera en su representación a un congreso de maestros que se celebraba en México. El se encontraba enfermo y no podía hacer el viaje. No obstante que esa deferencia le produjo a Paulina una gran satisfacción, yo la vi subir al tren con un aire[38] de tristeza. Adiviné[39] el motivo.[40] Paulina se fue un jueves y el domingo Isabel y Adelaida pasaron por mí para ir a un día de campo. Era la primera vez que yo salía sola, es decir, sin Paulina. Nos fuimos al campo en varios automóviles y en ninguno iba Darío. Pensé que no había ido por no estar Paulina, pero al llegar vi que ya estaba allí con otros muchachos y que parecía muy contento. Jugamos a la pelota y a las escondidas[41] antes de comer, después, en la tarde, cuando ya no había sol y el calor era menos intenso, con un tocadiscos de cuerda[42] nos pusimos a bailar. Bailé con Darío todo el tiempo. Al principio me costaba esfuerzo seguirlo y me retiraba de su cuerpo lo más que podía. Poco a poco me fui sintiendo con más confianza y dejándome llevar por él.[43] Todo cambió para mí en esa tarde. Como si descubriera por primera vez las cosas que siempre había visto: las montañas doradas por el sol del atardecer, los árboles frondosos[44] y verdes, las mismas piedras, todo tenía vida, todo era hermoso, todo me conmovía. Me atreví a mirar de cerca a Darío y me ruboricé tontamente.[45] Él sonrió y me acercó más a su cuerpo. Seguimos bailando y bailando sin hablar. Me sentía tan ligera como si flotara[46] en una nube, como si mis pies no tocaran la tierra; cerré los ojos cuando sentí sus labios sobre los míos, y la vida entera se detuvo de golpe.

Al día siguiente seguí viviendo todavía dentro del mismo sueño que transfiguraba y embellecía todo lo que me rodeaba.[47] Apenas supe lo que hice en la escuela, era como ya no estar en mí misma, sino muy lejana, en otro instante muy hermoso. Reconstruía paso a paso[48] todo lo sucedido el día anterior y volvía a caer en el ensueño.[49] Al atardecer,[50] salí a comprarle cigarrillos a mi abuela y encontré a Darío. Enrojecí[51] al verlo y no supe qué decir.

El dijo que quería verme en la noche.

—No sé si podré salir —le contesté.

—Buscaremos la manera de vernos y estar solos —dijo él.

—Va a ser difícil —dije atemorizada.[52]

—Vendré a las diez —dijo Darío antes de que yo pudiera agregar nada más y me acarició la mejilla al despedirse.

Entré a la casa presa de extrañas y contradictorias sensaciones que yo desconocía[53] y llena también de presentimientos y temores. No se me ocurría[54] ningún pretexto para salir a verlo, estaba completamente aturdida.[55] Por fortuna mi abuela no se dio cuenta de nada. Cenamos como de costumbre y después ella se acostó. Yo no podía hacer nada, ni siquiera leer la novela que tanto me gustaba; miraba continuamente el reloj y a medida que

---

[38]*look*. [39]*I guessed*. [40]*razón*. [41]*hide-and-seek*. [42]*recorder player*. [43]"*dejándome... él*": *letting him lead*. [44]*leafy*. [45]"*me... tontamente*": *I blushed like a silly girl*. [46]*floated*. [47]*surrounded*. [48]*step by step*. [49]*fantasy, illusion*. [50]*dusk*. [51]*I blushed*. [52]*full of fear*. [53]*I ignored*. [54]*it didn't cross my mind*. [55]*confused*.

la hora se iba acercando[56] crecía mi desasosiego.[57] Al poco rato[58] mi abuela apagó[59] la luz. Me estaba desnudando[60] cuando alcancé a oír unos ligeros golpecitos en la puerta de la calle. Sin darme cuenta de lo que hacía me eché la bata[61] encima y corrí al zaguán,[62] me detuve a escuchar, después abrí. Darío entró y cerró la puerta sin hacer el menor ruido. Allí, a oscuras, sin decir nada, me comenzó a besar y a acariciar. Entramos a la sala. Yo ya no tenía miedo ni recelos,[63] sólo el mismo deseo que a los dos nos consumía. Siguieron días llenos de presagios,[64] temores e incertidumbres, días intensamente gozados y sufridos en que me consumía el miedo de que Darío no fuera más. Pero cuando por fin venía y sus manos ansiosas me arrancaban la bata y nuestros cuerpos se encontraban, yo lo olvidaba todo. A los quince días regresó Paulina y al verla supe el porqué de mi angustia. Ella se había cortado y rizado el pelo. Llegó muy contenta con regalos para todos: unas pantuflas[65] para mi abuela, una blusa rosa para mí, pañuelos para Isabel y Adelaida, y una corbata para Darío.

—Te ves muy bien —dijo al verme— pero te noto algo extraño. Y me observaba con atención de pies a cabeza.

—Te probaron muy bien el viaje y los días de descanso —dije tratando de desviar la conversación.[66]

—No me has dicho nada de mi pelo. ¿Te gusta cómo se me ve?

—Sí, claro, te queda muy bien. Pero no era verdad, parecía como otra Paulina sin su cabello largo que tan bien se arreglaba.

Por la noche fueron a cenar Isabel, Adelaida y Darío. Yo me sentía muy nerviosa y agobiada. Esquivaba[67] a Darío y temía hablarle, como si el menor detalle fuera a delatarme[68] con Paulina. Al despedirse, aprovechando un momento en que no nos oían, me preguntó:

—Y ahora ¿qué vamos a hacer?

—No sé, no sé —fue lo único que pude contestarle.

Ya en la cama, Paulina hablaba de los lugares y las gentes que conoció y de todas las cosas que había hecho en México. Yo apenas la oía, seguía escuchando la pregunta de Darío y mi respuesta desesperanzada.[69] Después ya no la oí más. Caí de golpe[70] en el sueño.

Durante varios días no tuve oportunidad de hablar a solas con Darío porque Paulina estaba siempre presente. Noté con gran angustia que su simpatía por él era bastante manifiesta y que no hacía nada por ocultarla.[71] Se sentaba a su lado y lo prefería en cualquier circunstancia. En todas sus conversaciones estaba él, aunque no viniera al caso.[72]

En esos días llegó la feria del pueblo y el domingo en la tarde fuimos a divertirnos. Paulina subió a la rueda de la fortuna con Darío. Yo los miraba desde abajo: ella reía y se abrazaba a él cuando estaban arriba. Era la primera vez que subía y de seguro le daba miedo.

---

[56]approaching. [57]uneasiness, anxiety. [58]after a short while. [59]turned off. [60]undressing. [61]dressing gown. [62]hallway. [63]distrust. [64]anticipations, expectations. [65]slippers. [66]to change the subject. [67]I dodged. [68]to betray me. [69]without any hope. [70]de repente. [71]esconderla. [72]"aunque...caso": although he didn't have anything to do with the topic of discussion.

"Es una diversión absurda y peligrosa. Pagar por ir a sufrir no tiene sentido", había dicho siempre cuando yo o las muchachas la invitábamos. Al bajar estaba radiante, le brillaban los ojos y tenía las mejillas encendidas.[73] Darío me invitó a subir y yo no supe si aceptar, pero ella insistió.

—¿Qué has pensado que podamos hacer? —me preguntó Darío.   135

—Yo no sé, Darío, no se me ocurre nada.[74]

—No es posible seguir así —dijo Darío—. Además Paulina me tiene cercado,[75] tú lo has visto.

—Todo lo que sucede es terrible —comenté tristemente.

—Ni siquiera[76] podemos casarnos —dijo de pronto—. No tengo dinero. Dejé deudas en   140
el Norte y casi todo lo que gano aquí lo mando. Hasta ese momento supe que había la posibilidad de casarme con Darío o más bien que esa posibilidad no existía. El no tenía dinero y yo jamás[77] podría causarle una pena[78] de esa índole[79] a Paulina.

No hay nada que hacer entonces —dije con una voz tan desalentada[80] como mi alma.

—¿Y si Paulina durmiera toda la noche? —insinuó Darío.   145

—¿Qué quieres decir?

—Si tú pudieras darle algún narcótico, dormiría profundamente y nosotros podríamos seguirnos viendo como cuando ella no estaba.

Sentí que la silla se desprendía[81] de la rueda de la fortuna y caía en el vacío.

—¿Podrás, podrás? —me preguntaba ansioso.   150

Nunca pensé llegar a un momento como ése en que tuviera que tomar una decisión tan tremenda. Pesé mis temores, mi resistencia a lastimar a Paulina y mi deseo, y el deseo sobrepasaba todo.

Ella bebía siempre antes de dormirse una infusión de yerbabuena que yo le preparaba. A veces me olvidaba de dársela y al otro día se lamentaba[82] de que nadie se preocupaba   155
por ella.

—Sí —dije resuelta[83] a todo.

—Conseguiré algunos polvos[84] que no tengan sabor,[85] confía en mí, te quiero tanto…

Mi mano tembló cuando vertí[86] el polvo en la infusión. Probé un poco, no tenía sabor. Llegué hasta la recámara con la taza de té.   160

—Si vieras la cara que tienes, como si hubieras visto un muerto —dijo Paulina y me observaba con curiosidad.

—Es que estoy muy cansada —le contesté y comencé a desvestirme[87] rápidamente, mientras ella saboreaba[88] su yerbabuena.

Me metí en la cama y me puse a leer mi *María* de Jorge Isaacs, es decir, sólo aparentaba   165
leer pero no lograba concentrarme en la lectura. Ella se acostó después de cepillarse el pelo

---

[73]reddened. [74]"no… nada": I have no idea. [75]surrounded. [76]not even. [77]nunca. [78]sufrimiento. [79]tipo. [80]discouraged. [81]came loose. [82]she complained. [83]determinada. [84]powder. [85]flavor. [86]I poured. [87]to undress. [88]she enjoyed.

con toda calma, y comenzó también a leer su *Fabiola*. Como a la media hora empezó a bostezar.[89] A la hora estaba completamente dormida, ni siquiera tuvo tiempo de apagar la luz. Tenía en la mano el libro que estaba leyendo, se lo quité con cuidado y no hubo ninguna reacción; después le levanté la mano que cayó pesada y lacia.[90] Apagué la luz. Me deslicé silenciosamente al encuentro de Darío y al trabarse[91] nuestros cuerpos todo dejó de pesar,[92] y de doler,[93] cesaron[94] los remordimientos,[95] las recriminaciones[96] y los temores, existiendo sólo aquella noche infinita que nos pertenecía y los cuerpos que en ella caían y se rescataban[97] descubriéndose y reconociéndose hasta que la luz del día los separaba.

Paulina buscaba cada vez más a Darío, y él por no despertarle sospechas, se dejaba querer. Yo sentía una gran pena por ella y me dolía demasiado lo que le estaba haciendo. Me repetía constantemente que no era mi culpa[98] que Darío me quisiera y me hubiera preferido, y que era ella quien se estaba engañando[99] y haciendo las cosas más difíciles. En los bailes lo monopolizaba.[100] Yo los miraba bailar con gran disgusto,[101] aunque después yo lo tendría como ella nunca podría tenerlo.

Una noche estábamos dormitando después de haber hecho el amor, cuando alcancé[102] a oír un ligero roce[103] junto a la puerta de la sala, después una respiración. Contuve la mía propia y me enderecé;[104] Darío se sobresaltó[105] también. Nos quedamos inmóviles un rato[106] sin saber qué hacer; los dos estábamos aterrorizados. Cuando ya no se oyó nada Darío se vistió apresuradamente[107] y se fue. Yo entré a la recámara, Paulina dormía como todas las noches. Pensé entonces que había sido mi imaginación y tranquila me dormí. Cuando desperté al día siguiente, Paulina ya no estaba en la cama. No dejó de sorprenderme el que se hubiera levantado sin despertarme, como siempre acostumbraba hacerlo. La encontré en la sala observando las huellas de la alfombra. Me contestó los buenos días con una voz fría. Estaba pálida y tensa. Supe entonces que fue ella quien nos había descubierto. Una ola de sangre me aturdió y el cuarto me comenzó a dar vueltas.[108] Tuve que sostenerme[109] en una silla para no caer. Había sido ella y todo estaba perdido, ¿qué iba a pasar ahora que lo sabía? Volví a la recámara y sobre el buró estaba la taza de yerbabuena, intacta. Traté de reconstruir en mi memoria cómo habían sucedido todas las cosas la noche anterior: leímos un rato, después yo fingí que dormía, al poco rato ella apagó la luz y no tardó mucho en quedarse quieta, pensé que dormía profundamente como siempre, después de tomar el té. Desde ese día todo cambió y nuestra vida fue una tortura sin fin. Por más que lo intentaba no me atrevía[110] a hablar con Paulina y a explicarle las cosas, sabiendo de antemano que todo sería inútil, y que si una vez pudo sobreponerse[111] a un golpe a su amor propio y a su orgullo, ahora ya no lo lograría. De otra persona hubiera sido grave, viniendo de mí resultaba más doloroso y mortal. Hablábamos sólo lo indispensable. Yo vivía agobiada[112] y perseguida[113]

---

[89]to yawn. [90]languid. [91]to get entangled. [92]to distress. [93]to hurt. [94]stopped. [95]remorse. [96]recriminations. [97]were rescued. [98]fault. [99]fooling herself. [100]she monopolized. [101]displeasure. [102]I managed to. [103]rubbing. [104]I stood up. [105]he startled. [106]for a while. [107]rápidamente. [108]to turn around. [109]to hold onto. [110]I didn't dare. [111]to overcome. [112]overwhelmed. [113]persecuted.

por los más atroces remordimientos al palpar[114] su dolor[115] y su desmoronamiento[116] interno. El no poder ver a Darío y nuestro amor cortado tan bruscamente, me sumía en hondo abatimiento.[117] Lo deseaba más que nunca y a todas horas me sorprendía inventando la manera, el sitio donde pudiéramos vernos. Una mañana, mientras mis alumnos copiaban una lección, escribí a Darío explicándole lo sucedido y mi necesidad de verlo. Le envié la carta con el mozo[118] de la escuela y al día siguiente tuve su respuesta. Él también estaba desolado[119] y lleno de temores, también quería verme, tendríamos que encontrar la manera, lo repetía varias veces en su carta.

Paulina se negaba[120] a ir a todas partes, pretextando mil cosas cuando nos invitaban. Y si ella no iba, tampoco yo. Siempre había hecho sólo lo que ella quería. No gozaba de ninguna libertad y le debía demasiado para poder exigir[121] algo. Por las noches las dos nos removíamos en nuestras camas sin poder dormir, sumidas[122] en un silencio que era más agresivo que las palabras más crueles que nos hubiéramos dicho. Se me representaba constantemente la imagen de Darío que me esperaba en la oscuridad de la sala o me llamaba desde lejos y me urgía,[123] y yo ni siquiera tenía el consuelo de llorar y gritar mi impotencia para correr a su lado. "Algo tendrá que pasar, algo tendrá que pasar" —me repetía a todas horas. Después ella comenzó a levantarse por las noches y a caminar por el patio largas horas. Si las dos teníamos mal aspecto, el de Paulina era peor que el mío. Comía mal, casi no hablaba. Mi abuela, que raras veces se daba cuenta de lo que sucedía a su alrededor, le preguntó en varias ocasiones qué le pasaba. "No tengo nada —contestaba siempre—, cansancio tal vez". Y sus ojos se clavaban[124] en mí con una mirada[125] llena de recriminaciones y reproches.

De cuando en cuando cambiábamos una nota Darío y yo. Esto era lo único que me sostenía. Todas eran iguales; preguntas y preguntas que no podíamos responder.

En la escuela terminaron por darse cuenta de que algo le pasaba a Paulina, dado su aspecto y su manifiesta nerviosidad. Un día la llamó el director, quien tenía algunos conocimientos de medicina. Debe haberle recetado algo que ella no se ocupó de comprar. Así pasó algún tiempo, que fue una eternidad. Una vez en que yo estaba mirando jugar a mis alumnos en el recreo, no pude impedir que se me salieran las lágrimas. No me di cuenta de que el director me observaba. Me llevó a su despacho.

—¿Qué le pasa —me preguntó— : es a causa de Paulina?

—Sí, me preocupa mucho —le contesté. Era todo lo que yo podía decirle.

—Hace días que me di cuenta de que anda mal —dijo él—. Hablé con ella y me contó que no duerme bien y que eso le afecta los nervios. Le recomendé un tónico y un sedante nervioso, espero que los esté tomando.

—No la he visto tomar ninguna medicina —me atreví a decirle.

—Voy a insistirle de nuevo —dijo él.

---

[114]*sentir.* [115]*pain.* [116]*collapse.* [117]*"me... abatimiento":* me deprimía. [118]*un empleado.* [119]*distressed.* [120]*refused.* [121]*to demand.* [122]*submerged.* [123]*he requested me.* [124]*fixed.* [125]*look.*

Pero si el director insistió, Paulina no le hizo ningún caso[126] y los días y las noches siguieron pasando[127] igual, como un tormento que no terminaba nunca. Una noche en que yo estaba en la recámara revisando unas tareas de la escuela, oí que Paulina y mi abuela hablaban en la sala, y como la anciana casi no oía, Paulina le explicaba a gritos que era conveniente vender las propiedades que teníamos: unos terrenos de siembra[128] que se rentaban cada año y unas casas viejas. Mi abuela Dorotea no comprendía la necesidad de hacerlo y Paulina insistía que era más seguro tener el dinero en el banco, que las propiedades no dejaban gran cosa y daban muchas molestias.[129] Pero mi abuela no estuvo de acuerdo en lo que le proponía Paulina y no accedió a sus deseos. Paulina salió de la sala bastante molesta[130] y se fue a la cocina a preparar la merienda. Yo no pude explicarme entonces el porqué de la decisión de Paulina de vender nuestras propiedades. Lo que ganábamos en la escuela nos era suficiente para vivir, teníamos aparte el dinero de las rentas y ella ahorraba todo lo que podía. Siguió pasando el tiempo en que los días se iban sin esperanza y las noches se eternizaban.[131] Y las dos allí en aquella casa o en la escuela, siempre juntas y desesperadas como dos condenados mudos.[132] De vez en cuando iban a visitarnos Isabel y Adelaida, de seguro las constantes negativas de Paulina a sus invitaciones les impedían buscarnos tan a menudo como antes. O tal vez sospechaban que algo andaba mal entre nosotras, no obstante que[133] frente a ellas o a cualquier otra persona Paulina se comportaba con naturalidad, como si nada pasara.[134] Fue en ese tiempo cuando enfermó mi abuela y no fue posible salvarla. "Ya era muy grande", dijo el médico, y yo pensé que sin haber dicho nunca nada, no pudo soportar[135] lo que pasaba en aquella casa y se había ido. Ni su enfermedad ni su muerte lograron reconciliarnos. La noche que la velamos volví a ver a Darío, fue con sus hermanas y los tres nos dieron un abrazo de pésame como se acostumbra en tales casos. No pudimos decirnos nada. En el velorio[136] Paulina estuvo, todo el tiempo, sentada entre Isabel y Darío. Entonces supe que con él no estaba enojada. La muerte de mi abuela me ofreció la libertad de llorar y lloré mucho, por todo lo que no había podido en tanto tiempo pero no dejé de sentir remordimientos por no llorarla a ella sino a mí misma. Velamos a mi abuela en la sala, ahí donde Darío y yo nos habíamos amado tantas veces. No pude, por más que lo intentaba, seguir los rezos;[137] en mi mente surgían los recuerdos de nuestro amor; imágenes de Darío que no correspondían al que estaba sentado al lado de Paulina, tan serio y callado, sino al otro, al que había sido mío. En el entierro[138] pude hablar con él cuando Paulina no podía vernos, protegidos por la gente que rodeaba la fosa.[139]

—Huyamos,[140] Darío —le supliqué.

—Pero ¿adónde? No tengo dinero, tú lo sabes.

—No importa, trabajaremos los dos.

—Espera un poco más. Ya habrá alguna manera de solucionar esto —dijo él.

---

[126]"no... caso": *she didn't pay attention.* [127]*going by.* [128]*sowing land.* [129]problemas. [130]enfadada. [131]*were interminable.* [132]sin hablarse. [133]*in spite of.* [134]*happened.* [135]*to stand.* [136]*funeral wake.* [137]*prayers.* [138]*burial.* [139]*grave.* [140]*let's flee.*

Siguieron los rosarios a la muerte y por lo menos al anochecer141 iban algunas amistades a rezar. Yo sólo pensaba en el día que ya no hubiera visitas y nos quedáramos solas, frente a frente.142 Una vez que terminaron los rosarios, y como ya mi abuela no podía oponerse, Paulina comenzó a vender las propiedades. A mí me correspondía la parte de mi madre pero ella no me consultaba nada ni yo me atrevía a pedirle explicaciones. Me pasaba los días y las noches tratando de encontrar alguna solución pero mis posibilidades eran muy limitadas: no disponía de dinero, puesto que Paulina lo administraba todo, hasta mi propio sueldo, y en tales circunstancias yo no encontraba a dónde ir. Tampoco me atrevía a huir[143] del pueblo y renunciar para siempre a Darío; estaba dispuesta[144] a afrontarlo[145] todo antes que perderlo. Me desesperaba pensar que si él quisiera todo sería fácil: "No tengo dinero, espera un poco, no tengo dinero, espera un poco", resonaban[146] constantemente dentro de mí.

Fue entonces cuando el director de la escuela me mandó llamar nuevamente:

—Sigo preocupado por Paulina —me dijo— y temo que la muerte de su madre la ha empeorado. Como vamos a tener vacaciones, he pensando que sería conveniente que Paulina fuera a León, aprovechando esos días. Hay ahí un sanatorio de neuro-psiquiatría que dirige un amigo mío, persona muy competente en enfermedades nerviosas.

—Será difícil que Paulina acceda a ir —dije sin entusiasmo—: usted sabe que se ha negado a tomar las medicinas que le ha recetado.[147]

—Tranquilícese usted, ya le hice la sugestión y está de acuerdo en ir a que la receten. Yo no podía creer que fuera verdad lo que el director me estaba diciendo y con trabajo[148] pude seguir escuchándolo. Comencé a pensar mil cosas: que Paulina se iba a ver a un médico y yo me quedaría sola en la casa; era demasiada felicidad, volver a ver a Darío, verlo sin nadie que nos estorbara,[149] otra vez como antes; tres meses soñando en estar de nuevo con él, tres meses que había contado día a día, minuto a minuto, y de pronto noches y noches sin fin para nosotros, era difícil creerlo, Darío tenía razón al decirme que esperara, Paulina se iba a León, yo me quedaría en la casa, volvería a vivir nuevamente, aunque fueran unos días, aunque fuera una sola vez, entre los dos encontraríamos la solución, yo lo convencería de que nos fuéramos lejos, lejos de aquel pueblo y de Paulina, no estando ella todo sería fácil, podríamos trabajar los dos y amarnos libremente, yo lo convencería, yo lo convencería…

Animada por la esperanza me acosté aquella noche pero la misma excitación[150] y tantos pensamientos me impidieron conciliar el sueño y oí casi todas las horas. A la mañana siguiente dijo Paulina:

—Arregla tus cosas porque vamos a ir a León: voy a consultar un médico para mi insomnio. Saldremos en el tren de la noche.

Si las palabras del director de la escuela me hicieron recobrar la esperanza, las de Paulina me sumieron de golpe en un pozo sin fondo.[151] (No vería a Darío, pero como lo había creído

---

[141]*nightfall.* [142]cara a cara. [143]*to flee.* [144]lista. [145]*to confront.* [146]*resounded.* [147]*prescribed.* [148]*with a lot of effort.* [149]*were in the way.* [150]*excitement.* [151]"me... sin fondo": *they sunk me suddenly in a bottomless well.*

310 posible, me llevaba con ella, claro que no quería dejarme, lo calculaba todo, sabía lo que yo hubiera hecho al quedarme sola, adivinaba[152] mis pensamientos, mis deseos, era demasiado lista, demasiado cruel, cómo iba a dejarme con Darío, había sido un sueño, otro sueño más que no se realizaba y todo hubiera sido tan fácil, tan hermoso, ella no podía ni siquiera imaginarlo, no conocía lo que era el amor, era incapaz de amar, estaba herida[153] en su orgullo

315 solamente, el amor era otra cosa, jamás lo sabría). Como un autómata arreglé mi equipaje.

Por la tarde llovió. Mi ánimo ya tan decaído[154] por la frustración de mi última esperanza se agravó[155] con la tristeza de aquella tarde lluviosa. Con gran esfuerzo lograba contener las lágrimas. En la noche tomamos el tren para León. Había cesado de llover y la luna salió bastante siniestra;[156] por lo menos así me pareció a mí. Aquel grito largo de la locomotora,

320 era el mismo grito de mi amor y mi desesperanza.

Van pasando los días, iguales en su inutilidad y en su tortura continuada. Yo repaso mi historia día a día, paso a paso. La historia que nadie quiere oír, ni nadie quiere saber. Sigo implorando en todas las formas en que me es posible hacerlo, que me escuchen, que me dejen hablar. Pero todo es inútil. Ante mi desesperación de los primeros días, me suminis-

325 traban continuamente narcóticos que me embrutecían y me tuvieron aislada. Ahora que mis fuerzas de luchar se han debilitado y me voy tornando físicamente dócil, me sacan al jardín a tomar el sol. Ahí me siento bajo el naranjo a repasar mis recuerdos. Casi no me atrevo a preguntarme por Darío. No quiero saber nada, me rehúso,[157] me niego, no quiero ni pensarlo, lo sospecho, lo intuyo, pero no quiero, no quiero saber nada, sería monstruoso, me mataría

330 si fuera, no quiero pensarlo, y yo sé que sí es, pero no quiero que sea, todo menos eso, que sea de Paulina, que se entregue a ella como se entregaba a mí, igual, de la misma manera, que la haga enloquecer de placer como a mí, no, no puede ser, no, sería un crimen, un horror, y yo sé que sí es, pero quiero engañarme, decirme que no, que no puede ser aunque sea, aunque yo lo sepa, sé que se vendió, necesitaba dinero y Paulina lo tenía, los dos solos en

335 aquella casa, sin testigos, sin miedo, sin sobresaltos, los dos solos cada noche, una noche y otra, noche a noche, todas las noches de la vida, gozando y gozando una vez y otra, muchas veces, gozando sin fin, mientras yo me despedazo[158] de dolor a cada instante y no acabo de morir, tal vez ya ni se acuerden de mí, ni les importe siquiera saberme viva o muerta, ojalá estuviera muerta y no así, roída[159] por la desesperación y la rabia,[160] sin poder hacer nada,

340 sin que nadie me escuche, sin salvación, yo la quería mucho, mucho, y sufría por tener que hacerle daño, porque Darío me amaba y me había preferido, fue como un hechizo,[161] un encantamiento[162] que me cegó,[163] eran nuestros cuerpos que se entendían a pesar nuestro, yo sufría por ella que se empeñaba en engañarse, no quería verla triste ni desesperada, yo la creía buena, pensaba que me quería como a una hija, jamás quise admitir que éramos como

345 dos fieras hambrientas[164] sobre la misma presa,[165] jamás pensé en su egoísmo ni en su mal-

---

[152]she guessed. [153]hurt. [154]"Mi… decaído": I felt so discouraged. [155]got worse. [156]sinister. [157]I refuse. [158]I tear apart. [159]gnawed. [160]enfado. [161]magic spell. [162]enchantment. [163]blinded. [164]hungry. [165]prey.

dad, en su envidia,[166] en el odio siniestro y descarnado[167] que se le despertó hacia mí, jamás lo pensé ni lo creí, hasta ese día en que vine a acompañarla para que la examinaran de sus nervios y unos fuertes brazos me arrastraron hacia dentro, mientras yo gritaba desesperada que yo no era la enferma, sino la otra, Paulina, la que estaba detrás de la reja y desde ahí miraba, sin inmutarse, cómo me iban llevando.

350

Comprensión del texto

1. ¿Qué rutina diaria caracteriza la vida de la voz narrativa y Paulina? ¿Qué hacen durante el fin de semana?
2. ¿Quién es Alejandro? ¿Cómo le afectó a Paulina su relación con él?
3. ¿Cómo celebró la narradora el cumplimiento de sus veintitrés años?
4. ¿Cómo se sintió la narradora al bailar con Darío? ¿Cómo progresa su relación?
5. ¿Con qué motivo se ausentó Paulina de la casa? ¿Se nota un cambio en ella a su regreso? ¿Percibe ella algún cambio en su sobrina?
6. ¿Qué plan preparan Darío y la narradora para seguir viéndose de noche sin que Paulina se entere? ¿Tiene éxito el plan?
7. ¿De qué manera se ve afectada la relación diaria entre Paulina y su sobrina?
8. ¿Por qué quiere Paulina que se vendan las propiedades de la familia? ¿Se venden eventualmente?
9. ¿Cree que el dinero jugó un papel importante en la decisión de Darío de escoger a Paulina?

Análisis crítico

1. Comente el papel de la voz narrativa. ¿Es fiable la sobrina en su papel de voz narrativa? Mencione algún ejemplo de estilo directo, indirecto, indirecto libre o de monólogo interior. ¿Cómo se focaliza la narración de esta historia?
2. ¿Cómo se crea el suspense en el cuento?
3. Desde el punto de vista del tiempo, ¿hay un desarrollo cronológico lineal en el desarrollo de los acontecimientos narrativos? ¿Hay ejemplos de analepsis o prolepsis? Indique algún tipo de relación entre el tiempo real de la historia y el tiempo o tiempos del discurso.
4. ¿A cuál de las dos mujeres, Paulina o la narradora, está engañando Darío? ¿Quién de las dos se siente, o es, traicionada? ¿Por qué cree que se acentúa la tensión entre las dos mujeres?

---

[166]*envy.* [167]profundo.

5. ¿Qué papel juega la abuela en el relato? ¿Sabe lo que ocurre entre Paulina y su sobrina?
6. ¿Juega el espacio algún papel importante en este cuento?
7. ¿Cómo concluye el cuento? ¿Cuál de las dos protagonistas, en su opinión, está mentalmente enferma? O, por el contrario, ¿cree que ninguna de las dos tiene problemas mentales?
8. Amparo Dávila observa que en muchos de sus cuentos tenemos una historia detrás de la cual se oculta otra; ¿es éste el caso en "Detrás de la reja"?
9. ¿Puede mencionar algún ejemplo de caracterización directa, indirecta o analógica?

Mesa redonda

De acuerdo a la clasificación de los personajes en redondos y planos que vimos en la introducción, discuta con sus compañeros de grupo a cuál de las dos categorías pertenecen los personajes de este cuento. ¿Hay alguno que podría caer en la categoría de tipo o estereotipo? ¿Vemos cambios en el comportamiento de los personajes a lo largo del cuento? Compartan sus impresiones con el resto de la clase.

Sea creativo

La caracterización, lo mismo que la descripción, puede extenderse a lo largo de muchas páginas, pero los escritores tratan de condensarla y reducirla a un espacio limitado. Escoja uno de los personajes secundarios del cuento, como la abuela o Darío, y amplíe (*expand*) su caracterización de modo que (*in such a way*) podamos tener un cuadro (*picture*) o imagen más completos de su personalidad o carácter. Comparta la caracterización que haya hecho de este personaje con la clase.

Investigación

En muchos de los cuentos de Amparo Dávila, como "El huésped", "El espejo" o "La celda", incluidos en *Tiempo destrozado*, o "El desayuno", incluido en *Música concreta*, o "Árboles petrificados", incluido en *Árboles petrificados,* la mujer es la protagonista principal del relato. Escoja uno de estos cuentos y estudie la caracterización de los personajes femeninos y cómo los personajes masculinos influyen en su comportamiento.

Diccionario de términos literarios

Estereotipo. Con este término se hace referencia a las expresiones verbales convertidas en clichés, a personajes cuyo comportamiento y lenguaje se repiten mecánicamente, y a temas y situaciones predecibles.

Tipo. Personaje que reúne una serie de rasgos físicos y psicológicos que el lector o público reconoce como característicos de un rol ya conformado por la tradición, como el avaro, el fanfarrón, el seductor, etc.

LA NARRATIVA

Unidad 5. El Realismo

El término *realismo* tiene una historia bastante complicada, y su uso, tanto en filosofía como en las artes, ha sido objeto de numerosas disputas y controversias. A pesar de la controvertida historia que ha experimentado la definición de este concepto, y las reacciones de escepticismo de algunos críticos y filósofos con respecto a la existencia de un arte realista, la crítica literaria reconoce que algunos textos son más realistas que otros en su representación del mundo extraliterario.

En términos generales, hoy día la crítica literaria utiliza el término *realismo* de tres maneras:

1. Para referirse a un movimiento literario que tuvo lugar en Europa y Norteamérica a finales del siglo XIX.
2. Como un compromiso consciente en la representación objetiva de la realidad —tanto en su apariencia como en su esencia.
3. Como una técnica literaria y artística que se propone describir los personajes, objetos y acciones de manera realista, sin adulterar esta representación de la realidad con algún tipo de idealización romántica o embellecimiento.

La novela realista está relacionada con un público burgués del siglo XIX, el cual exigía temas literarios con los que pudiera relacionarse. En literatura concretamente, algunos de los mejores ejemplos los podemos encontrar en las obras de Honore de Balzac, Charles Dickens, Henry James, Leon Tolstoy, y Benito Pérez Galdós. El diccionario define el realismo, de manera bastante simple, como una forma de representar la realidad sin idealizarla o desfigurarla, y para el conocido crítico R. Wellek, el realismo consiste en la "representación objetiva de la realidad social contemporánea".

Características del realismo literario

A continuación vamos a identificar algunas de los rasgos característicos más comunes que la crítica literaria suele asignar a las obras realistas:

- Empleo de un **narrador omnisciente** que trata de representar objetivamente la realidad y verdad histórica, sociológica y psicológica. Por lo tanto, el narrador de las obras realistas no suele participar de los acontecimientos narrados ni manifestar su opinión o juicio sobre los mismos.
- Intento por mostrar el **mundo social y natural** tal y como lo percibimos en nuestra vida diaria.
- Énfasis en la **representación detallada de las cosas comunes**, corrientes, y un rechazo de todo aquello que podemos considerar como exótico, raro, fantástico o mitológico.
- Exploración de las **fuerzas sociales**, **físicas y psicológicas** que influyen y modelan la vida de los seres humanos.
- Representación de un problema en el que se ve enfrentado **el individuo contra la sociedad**. La novela realista trata de identificar, mostrar y corregir algunos de los problemas de la sociedad, convirtiéndose, así, en un instrumento de cambio.
- Elección de **personajes comunes** y corrientes que representan a un determinado grupo social.
- **Rechazo de los argumentos tradicionales** y las convenciones literarias que piden unidad de acción, un final cerrado, y la resolución del conflicto presentado en la obra.
- Énfasis en el empleo de **nombres históricos y lugares reales** para crear una impresión de realidad.
- Uso de un **lenguaje apropiado al nivel social de cada personaje**.

Al estudiar una obra realista debemos tener en cuenta que la escritura no es un espejo de la realidad. Aquélla no puede captar o representar todo lo que ve el observador y, por lo tanto, el escritor, inevitablemente, se ve obligado a descartar y seleccionar parte de la realidad que ve. Asimismo, en la descripción de esta realidad siempre influirá en el observador o novelista su ideología, la cual será posiblemente distinta de la de otro escritor y de la nuestra.

Emilia Pardo Bazán: *El indulto*
Vida, obra y crítica

Emilia Pardo Bazán (1851–1921) nació en La Coruña, Galicia, en el seno de una familia aristocrática. Fue nombrada condesa en 1907 y en 1921 fue elegida miembro del Senado, sin embargo no participó en sus sesiones políticas.

La prodigiosa producción literaria de Emilia Pardo Bazán representa un gran logro artístico, tanto por su variedad como por su temática. Pardo Bazán es autora de varias novelas, entre las que podemos destacar, al principio de su carrera literaria, *Un viaje de novios* (1881), de carácter realista, y *La tribuna* (1885), en la que ya se percibe la influencia del Naturalismo de Zola. En años posteriores, Pardo Bazán comenzó a compartir y participar más de la corriente literaria en voga: el Naturalismo, y con el tiempo se convertiría en una de las figuras más representativas del Naturalismo español. Siguiendo esta tendencia literaria, en 1883 publicó *La cuestión palpitante*, un largo ensayo que serviría para introducir en España el Naturalismo. Pardo Bazán tomó del Naturalismo de Zola el énfasis en la representación minuciosa y científica —casi fotográfica— de la realidad y los aspectos más feos y negativos de la existencia humana, sintetizándolo todo con una fuerte fe católica y un conservadurismo propios de ella. Se puede observar la expresión literaria de los conceptos naturalistas en obras como *Los pazos de Ulloa* (1886), obra maestra de Pardo Bazán, y en su secuela (*continuation*), *La madre naturaleza* (1887). Otra de sus novelas destacadas es *Insolación* (1889), en la que narra una breve relación sentimental entre una mujer de la clase alta con un hombre de baja extracción social (*low social class*).

Como cuentista es autora de varias colecciones de cuentos, entre las que podemos destacar *Cuentos de la tierra* (1888), y *Cuentos de amor* (1889), y como dramaturga es autora de la obra dramática *Verdad* (1905).

Guía de lectura

En sus cuentos, con elementos del Realismo y Naturalismo, Emilia Pardo Bazán trata temas relacionados con la vida rural y urbana de Galicia, los emigrantes, el campesino gallego, la barbarie de un mundo alejado de la civilización, la intransigencia de la iglesia, la religión, los niños y, algunos de ellos, con la mujer. En algunos de estos cuentos, que podemos considerar feministas, Pardo Bazán representa a la mujer oprimida, reprimida, rebelde, insatisfecha, infeliz, y/o víctima de las leyes o reglas impuestas por el orden patriarcal. De estos cuentos que, por cierto, se cuentan entre sus mejores, podemos destacar "Feminista", "Las medias rojas", "El encaje roto", "La novia fiel", y "El indulto".

"El indulto" apareció publicado por primera vez en 1883 en *La Revista Ibérica*, y trata de una mujer, Antonia, madre de un niño, y esposa del asesino de la madre de aquélla. La autora no nos da muchos detalles del crimen, y el cuento se centra en el temor diario que aprisiona a la protagonista ante la posibilidad de que su marido salga de la cárcel y ella se convierta en su próxima víctima. Al final del cuento vemos que las sospechas de la protagonista se hacen realidad, pero la autora no concluye el relato con un final cerrado, dejando al lector en suspense. Los protagonistas, como podemos ver, viven en dos prisiones diferentes, él en una prisión física de barrotes (*bars*) y ella en una prisión de tipo emocional, y la sociedad que los rodea parece polarizarse en torno a uno u a otro. En la lectura de este cuento, por lo tanto, el lector debe pensar en los elementos realistas del mismo, en cómo funciona el sistema patriarcal, y en cómo es representada la opresión y represión que experimenta la mujer en esta sociedad. El cuento ha sido ligeramente adaptado para facilitar su lectura.

El indulto

De cuantas mujeres lavaban ropa en el lavadero[1] público de Marineda, víctimas del frío cruel de una mañana de marzo, Antonia la asistenta era la más encorvada,[2] la más abatida,[3] la que trabajaba con menos ganas, pasábase la mano por los enrojecidos párpados, y las gotas de agua y las burbujas de jabón parecían lágrimas sobre su piel marchita.[4]

Las compañeras de trabajo de Antonia la miraban compasivamente, y de tiempo en tiempo, entre el ruido de las conversaciones y disputas, se cruzaba un breve diálogo, a media voz, mezclado con exclamaciones de asombro, indignación y lástima. Todo el lavadero sabía al dedillo[5] los males de la asistenta, y hallaba en ellos asunto para interminables comentarios; nadie ignoraba que la infeliz, casada con un mozo carnicero, residía, años antes, en compañía de su madre y de su marido, en un barrio en las afueras de la ciudad, y que la familia vivía bien, económicamente hablando, gracias al duro trabajo de Antonia y al dinero ahorrado por la vieja en su antiguo oficio de revendedora de ropa y prestamista. Nadie había olvidado tampoco la lúgubre tarde en que la vieja fue asesinada, encontrándose roto el arcón[6] donde guardaba su dinero y ciertos pendientes y joyas de oro; nadie, tampoco, el horror que infundió en el público la nueva de que el ladrón y asesino no era sino el marido de Antonia, según esta misma declaraba, añadiendo que desde tiempo atrás roía[7] al criminal la codicia[8] del dinero de su suegra, con el cual deseaba establecer una carnicería suya propia. Sin embargo, el acusado hizo por probar la coartada,[9] valiéndose del testimonio de dos o tres amigos de taberna, y de tal modo envolvió el asunto, que, en vez de ser condenado a muerte, salió con una sentencia de veinte años de cárcel. No fue tan indulgente la opinión como la ley: además de la declaración de la esposa, había un indicio vehementísimo: la cuchillada que mató a la vieja, cuchillada

---

[1]Lugar público, similar a una piscina, donde la gente iba a lavar la ropa. [2]*curved*. [3]*dejected*. [4]*withered*. [5]"al dedillo": muy bien. [6]*chest*. [7]*gnawed*. [8]deseo. [9]*alibi*.

certera y limpia, ejecutada de arriba abajo, como la que los carniceros dan a los cerdos, con un cuchillo ancho y afiladísimo, de cortar carne. Para el pueblo no cabía duda en que el culpable debió haber sido condenado a muerte. Y el destino de Antonia comenzó a provocar sagrado terror, cuando fue extendiéndose el rumor de que su marido "se la había jurado" para el día en que saliese de la cárcel, por acusarle. La desdichada quedaba embarazada, y el asesino la dejó avisada de que, a su vuelta, se contase entre los difuntos.

Cuando nació el hijo de Antonia, ésta no pudo criarlo; tal era su debilidad y demacración[10] y la frecuencia de los temores que desde el crimen la aquejaban; y como no le permitía el estado de su economía pagar ama,[11] las mujeres del barrio que tenían niños de pecho, dieron de mamar por turno a la criatura, que creció débil, resintiéndose de todas las angustias de su madre. Un tanto repuesta ya, Antonia se aplicó con ardor al trabajo, y aunque siempre tenían sus mejillas esa azulada palidez que se observa en los enfermos del corazón, recobró su silenciosa actividad, su aire agradable.

¡Veinte años de condena! En veinte años —pensaba ella para sus adentros—, él se puede morir o me puedo morir yo, y de aquí allá, falta mucho todavía. La hipótesis de la muerte natural no la asustaba, pero la espantaba imaginar solamente que volvía su marido. En vano las cariñosas vecinas la consolaban, indicándole la esperanza remota de que el malvado parricida se arrepintiese, o, como decían ellas, se volviese de mejor idea: meneaba Antonia la cabeza entonces, murmurando sombríamente:

—¿Eso él? ¿De mejor idea? Como no baje Dios del cielo en persona y le saque aquel corazón perro y le ponga otro...

Y, al hablar del criminal, un escalofrío[12] corría por el cuerpo de Antonia.

En fin, veinte años tienen muchos días, y el tiempo calma la pena más cruel. Algunas veces, se imaginaba Antonia que todo lo ocurrido era un sueño, o que la ancha boca del presidio, que se había tragado al culpable, no le devolvería jamás; o que aquella ley, que al cabo supo castigar el primer crimen, sabría prevenir el segundo. ¡La ley! Esa entidad moral, de la cual se formaba Antonia un concepto misterioso y confuso, era sin duda fuerza terrible, pero protectora; mano de hierro que la sostendría al borde del abismo. Así es que a sus ilimitados temores se unía una confianza indefinible, fundada sobre todo en el tiempo transcurrido, y en el que aún faltaba para cumplirse la condena.

¡Singular unión la de los acontecimientos! No creería de seguro el rey, cuando vestido de capitán general y con el pecho cargado de condecoraciones daba la mano ante el altar a una princesa, que aquel acto solemne costaba amarguras sin cuenta a una pobre asistenta, en lejana capital de provincia. Así que Antonia supo que había recaído indulto en su esposo, no pronunció palabra, y la vieron las vecinas sentada en el umbral[13] de la puerta, con las manos cruzadas, la cabeza caída sobre el pecho, mientras el niño, alzando su cara triste de criatura enfermiza, gimoteaba[14]:

—Mi madre... ¡Caliénteme la sopa, por Dios, que tengo hambre!

---

[10]*emaciation.* [11]mujer que diera la leche a su hijo. [12]*chills.* [13]*doorstep.* [14]*whimpered.*

55　El coro benévolo y ruidoso de las vecinas rodeó a Antonia; algunas se dedicaron a arreglar la comida del niño, otras animaban a la madre del mejor modo que sabían. Era bien tonta en afligirse así. ¡Ave María Purísima! ¡No parece sino que aquel hombrón no tenía más que llegar y matarla! Había gobierno, gracias a Dios, y audiencia y serenos; se podía acudir a los guardias, al alcalde...

60　—¡Qué alcalde! —decía ella con hosca[15] mirada y apagado acento.

—O al gobernador, o al regente, o al jefe de municipales; había que ir a un abogado, saber lo que dispone la ley...

Una buena moza, casada con un guardia civil, ofreció enviar a su marido para que le metiese un miedo al delincuente; otra, resuelta y morena, se ofreció a quedarse todas las

65　noches a dormir en casa de la asistenta; en suma, tales y tantas fueron las muestras de interés de la vecindad, que Antonia se resolvió a intentar algo, y sin levantar la sesión, acordóse consultar a un experto en leyes, a ver qué recomendaba.

Cuando Antonia volvió de la consulta, más pálida que de costumbre, de cada tienda y de cada cuarto bajo salían mujeres a preguntarle noticias, y se oían exclamaciones de horror.

70　¡La ley, en vez de protegerla, obligaba a la hija de la víctima a vivir bajo el mismo techo, maritalmente con el asesino!

—¡Qué leyes, divino Señor de los cielos! ¡Así los bribones[16] que las hacen las soportaran! —clamaba indignado el coro—. ¿Y no habrá algún remedio, mujer, no habrá algún remedio?

—Dice que nos podemos separar... después de una cosa que le llaman divorcio.

75　—¿Y qué es un divorcio, mujer?

—Un pleito[17] muy largo.

Todas dejaron caer los brazos con desaliento: los pleitos no se acaban nunca, y peor aún si se acababan, porque los pierde siempre el inocente y el pobre.

—Y para eso —añadió la asistenta— tenía yo que probar antes que mi marido me daba

80　mal trato.

—¡Aquí de Dios! ¿Pues aquel tigre no le había matado a la madre? ¿Eso no era mal trato, eh? ¿Y no sabían hasta los gatos que la tenía amenazada con matarla también?

—Pero como nadie lo oyó... Dice el abogado que se quieren pruebas claras...

Se armó una especie de motín;[18] había mujeres determinadas a hacer, decían ellas, una

85　exposición al mismísimo rey, pidiendo contraindulto. Y, por turno, dormían en casa de la asistenta, para que la pobre mujer pudiese conciliar el sueño. Afortunadamente, el tercer día llegó la noticia de que el indulto era temporal, y al presidiario aún le quedaban algunos años de cárcel. La noche que lo supo Antonia fue la primera en que no se enderezó en la cama, con los ojos desmesuradamente abiertos, pidiendo socorro.

90　Después de este susto, pasó más de un año y la tranquilidad renació para la asistenta, consagrada a sus humildes quehaceres. Un día, el criado de la casa donde estaba asistiendo,

---

[15]*surly.* [16]*rascals.* [17]*litigation.* [18]*riot.*

creyó hacer un favor a aquella mujer pálida, que tenía su marido en presidio, participándole cómo la reina iba a dar a luz, y habría indulto, de fijo.

Fregaba la asistenta los pisos, y al oír tales anuncios soltó el estropajo,[19] y arreglando su vestido, salió con paso de autómata, muda y fría como una estatua. A los recados[20] que le enviaban de las casas, respondía que estaba enferma, aunque en realidad solo experimentaba un anonadamiento[21] general, un no levantársele los brazos a labor alguna. El día del regio parto contó los cañonazos de la salva,[22] cuyo ruido le resonaba dentro del cerebro, y como hubo quien le advirtió que la descendencia real era hembra, comenzó a esperar que un varón habría ocasionado más indultos. Además, ¿por qué le habría de coger el indulto a su marido? Ya le habían indultado una vez, y su crimen era horrendo; ¡matar a la indefensa vieja que no le hacía daño alguno, todo por unas cuantas tristes monedas de oro! La terrible escena volvía a presentarse ante sus ojos: ¿merecía indulto la fiera que asestó aquella tremenda cuchillada?[23] Antonia recordaba que la herida tenía los labios blancos, y parecíale ver la sangre coagulada al pie de la cama.

Se encerró en su casa, y pasaba las horas sentada en una silleta junto al fogón.[24] ¡Bah! Si habían de matarla, mejor era dejarse morir.

Solo la voz plañidera[25] del niño la sacaba de su ensimismamiento.[26]

—Mi madre, tengo hambre. Mi madre, ¿qué hay en la puerta? ¿Quién viene?

Por último, una hermosa mañana de sol se encogió de hombros,[27] y tomando un montón de ropa sucia, echó a andar camino del lavadero. A las preguntas afectuosas respondía con lentos monosílabos, y sus ojos se posaban en la espuma del jabón que le saltaba al rostro.

¿Quién trajo al lavadero la inesperada nueva, cuando ya Antonia recogía su ropa lavada y torcida e iba a retirarse? ¿Inventóla alguien con fin caritativo, o fue uno de esos rumores misteriosos, de ignoto origen, que en vísperas de acontecimientos grandes para los pueblos, o los individuos, palpitan y susurran en el aire? Lo cierto es que la pobre Antonia, al oírlo, se llevó instintivamente la mano al corazón, y se dejó caer hacia atrás sobre las húmedas piedras del lavadero.

—¿Pero ¿de veras murió? —preguntaban las madrugadoras a las recién llegadas.

—Sí, mujer...

—Yo lo oí en el mercado...

—Yo, en la tienda...

—¿A ti quién te lo dijo?

—A mí, mi marido.

—¿Y a tu marido?

—El asistente del capitán.

—¿Y al asistente?

—Su amo...

---

[19]scouring pad. [20]mensajes. [21]astonishment. [22]salvo. [23]"asestó... cuchillada": stabbed so badly. [24]woodstove. [25]whiny. [26]self-absorpsion. [27]"se... hombros": shrugged.

Aquí ya la autoridad pareció suficiente y nadie quiso averiguar más, sino dar por firme y verdadera la noticia. ¡Muerto el criminal, en vísperas de indulto, antes de cumplir el plazo de su castigo! Antonia la asistenta alzó la cabeza y por primera vez se tiñeron[28] sus mejillas de un sano color, y se abrió la fuente de sus lágrimas. Lloraba de gozo, y nadie de los que la miraban se escandalizó. Ella era la indultada; su alegría, justa. Sus ojos se llenaron de lágrimas, dilatándole el corazón, porque desde el crimen se había quedado cortada,[29] es decir, sin llanto. Ahora respiraba anchamente, libre de su pesadilla. Andaba tanto la mano de la Providencia en lo ocurrido, que a la asistenta no le cruzó por la imaginación que podía ser falsa la nueva.

Aquella noche, Antonia se retiró a su cama más tarde que de costumbre, porque fue a buscar a su hijo a la escuela de párvulos,[30] y le compró unos dulces, con otras golosinas[31] que el chico deseaba hacía tiempo, y ambos recorrieron las calles, parándose ante los escaparates,[32] sin ganas de comer, sin pensar más que en beber el aire, en sentir la vida y en volver a tomar posesión de ella.

Tal era el ensimismamiento de Antonia, que ni reparó[33] en que la puerta de su cuarto bajo no estaba sino entornada.[34] Sin soltar de la mano al niño, entró en la reducida estancia que le servía de sala, cocina y comedor, y retrocedió sorprendida viendo encendido el candil. Un bulto[35] negro se levantó de la mesa, y el grito que subía a los labios de la asistenta se ahogó en la garganta.

Era él; Antonia, inmóvil, clavada[36] al suelo, no le veía ya, aunque la siniestra imagen se reflejaba en sus dilatadas pupilas. Su cuerpo rígido sufría una parálisis momentánea; sus manos frías soltaron al niño, que, aterrado, se le cogió a las faldas. El marido habló.

—¡Mal contabas conmigo ahora! —murmuró con acento ronco, pero tranquilo; y al sonido de aquella voz, donde Antonia creía oír vibrar aún las maldiciones y las amenazas de muerte, la pobre mujer, como desencantada, despertó, exhaló un ¡ay! agudísimo, y cogiendo a su hijo en brazos, echó a correr hacia la puerta. El hombre se interpuso.

—¡Eh..., chst! ¿Adónde vamos, patrona? —habló con su ironía de presidiario—. ¿A molestar a todo el barrio a estas horas? ¡Quieto aquí todo el mundo!

Las últimas palabras fueron dichas sin que las acompañase ningún ademán[37] agresivo, pero con un tono que heló la sangre de Antonia. Sin embargo, su primer estupor se convertía en fiebre, la fiebre lúcida del instinto de conservación. Una idea rápida cruzó por su mente; ampararse[38] del niño. ¡Su padre no le conocía, pero, al fin, era su padre! Levantóle en alto y le acercó a la luz.

—¿Ése es el chiquillo? —murmuró el presidiario. Y descolgando el candil, llególo a la cara del chico. Este guiñaba los ojos, deslumbrado,[39] y ponía las manos delante de la cara, como para defenderse de aquel padre desconocido, cuyo nombre oía pronunciar con terror

---

[28]*dyed.* [29]sorprendida. [30]"escuela... párvulos": *nursery school.* [31]*candies.* [32]*shop windows.* [33]notó. [34]*ajar.* [35]*shape.* [36]*stuck.* [37]gesto. [38]buscar protección. [39]*blinded.*

y reprobación universal. Apretábase a su madre, y ésta, nerviosamente, le apretaba también, con el rostro más blanco que la cera.

—¡Qué chiquillo tan feo! —gritó el padre, colgando de nuevo el candil—. Parece que lo chuparon las brujas.

Antonia, sin soltar al niño, se acercó a la pared, pues desfallecía.[40] La habitación le daba vueltas alrededor, y veía lucecitas azules en el aire.

—A ver, ¿no hay nada de comer aquí? —pronunció el marido.

Antonia sentó al niño en un rincón, en el suelo, y mientras la criatura lloraba de miedo, conteniendo los sollozos, la madre comenzó a dar vueltas por el cuarto, y cubrió la mesa con manos temblorosas; sacó pan, una botella de vino, retiró del hogar una cazuela de bacalao,[41] y se esforzaba, sirviendo diligentemente, para calmar al enemigo con su celo. Sentóse el presidiario y empezó a comer con voracidad, menudeando[42] los tragos de vino. Ella permanecía de pie, mirando, fascinada, aquella cara curtida, afeitada y seca que relucía con este barniz especial del presidio. Él llenó el vaso una vez más, y la convidó.

—No tengo voluntad... —dijo Antonia; y el vino, al reflejo del candil, se le figuraba un coágulo de sangre.

Él lo tomó encogiéndose de hombros, y se puso en el plato más bacalao, que comió ávidamente, ayudándose con los dedos y mascando grandes cortezas de pan. Su mujer le miraba hartarse, y una esperanza sutil se introducía en su espíritu. Así que comiese, se marcharía sin matarla. Ella, después, cerraría la puerta, y si quería matarla entonces, el vecindario estaba despierto y oiría sus gritos. ¡Solo que, probablemente, le sería imposible a ella gritar! Y carraspeó[43] para afianzar la voz. El marido, apenas se vio saciado de comida, sacó del cinto un cigarro, y lo encendió sosegadamente en el candil.

—¡Chst!... ¿Adónde vamos? —gritó viendo que su mujer hacía un movimiento disimulado hacia la puerta—. Tengamos la fiesta en paz.

—A acostar al pequeño —contestó ella sin saber lo que decía; y refugióse en la habitación contigua, llevando a su hijo en brazos. De seguro que el asesino no entraría allí. ¿Cómo había de tener valor para tanto? Era la habitación en que había cometido el crimen, el cuarto de su madre: pared por medio dormía antes el matrimonio; pero la miseria que siguió a la muerte de la vieja, obligó a Antonia a vender la cama matrimonial y usar la de la difunta. Creyéndose en salvo, empezaba a desnudar al niño, que ahora se atrevía a sollozar más fuerte, apoyado en su seno; pero se abrió la puerta y entró el presidiario.

Antonia le vio echar una mirada oblicua en torno suyo, descalzarse con suma tranquilidad, quitarse la faja, y, por último, acostarse en el lecho de la víctima. La asistenta creía soñar; si su marido abriese una navaja, la asustaría menos quizá que mostrando tan horrible calma. Él se estiraba y revolvía en las sábanas, terminando la colilla y suspirando de gusto, como hombre cansado que encuentra una cama blanda y limpia.

---

[40]*fainted.* [41]*cod.* [42]repitiendo. [43]*cleared his throat.*

—¿Y tú? —exclamó dirigiéndose a Antonia—. ¿Qué haces ahí quieta como un poste? ¿No te acuestas?

—Yo... no tengo sueño —tartamudeó[44] ella, dando diente con diente.

—¿Qué falta hace tener sueño? ¿Si irás a pasar la noche de centinela?

—Ahí... ahí..., no... cabemos... Duerme tú... Yo aquí, de cualquier modo...

Él soltó dos o tres palabras gordas.

—¿Me tienes miedo o asco, o qué es esto? A ver cómo te acuestas, o si no...

Incorporóse el marido, y extendiendo las manos, mostró querer saltar de la cama al suelo. Mas ya Antonia, con la docilidad fatalista de la esclava, empezaba a desnudarse. Sus dedos apresurados rompían las cintas, arrancaban violentamente los corchetes,[45] desgarraban las enaguas.[46] En un rincón del cuarto se oían los ahogados sollozos del niño...

Y el niño fue quien, gritando desesperadamente, llamó al amanecer a las vecinas que encontraron a Antonia en la cama, extendida, como muerta. El médico vino aprisa, y declaró que vivía, y la sangró, y no logró sacarle gota de sangre. Falleció a las veinticuatro horas, de muerte natural, pues no tenía lesión alguna. El niño aseguraba que el hombre que había pasado allí la noche la llamó muchas veces al levantarse, y viendo que no respondía, echó a correr como un loco.

Comprensión del texto

1. ¿Qué trabajos realiza la familia de Antonia?
2. ¿Por qué mató el marido de Antonia a su suegra?
3. ¿Qué coartada tenía el marido de Antonia?
4. ¿Cuántos años de condena debe cumplir el criminal?
5. ¿Tiene opción a un divorcio Antonia?
6. ¿Por qué motivo hay un indulto?
7. ¿Qué rumores hay sobre el marido de Antonio poco antes de ser puesto en libertad?
8. ¿Qué hace Antonia cuando ve a su marido en casa?

Análisis crítico

1. ¿Qué tipo de voz narrativa tenemos en este relato?
2. ¿Siguen los acontecimientos narrativos un orden cronológico?
3. ¿Cómo aparece caracterizada Antonia? ¿Cómo asume el sufrimiento Antonia?
4. ¿Cómo se crea la intriga y el suspense en este relato?
5. ¿Se puede considerar este cuento como policíaco?

---

[44]*stuttered.* [45]*hooks and eyes.* [46]*petticoat.*

6. ¿Qué le ocurrió a Antonia al final del cuento? ¿Fue asesinada o murió de muerte natural? ¿Cómo cree que será juzgado su marido?
7. ¿Qué elementos realistas podría identificar en este relato?

Mesa redonda

Con sus compañeros de grupo, comente el enfrentamiento de la mujer al sistema patriarcal. ¿Quién representa "la opinión" y quién "la ley"? ¿Es la ley justa con Antonia? ¿Es justificable la liberación del marido de Antonia? ¿Hace algo la ley, o el sistema judicial, para evitar la muerte de Antonia?

Sea creativo

Si tuviera que reescribir este relato de Emilia Pardo Bazán, ¿qué otros aspectos de carácter realista incluiría?

Investigación

Escoja uno de los cuentos mencionados en la "Guía de lectura" y comente los elementos feministas del mismo y la representación que hace la autora del sistema patriarcal.

Diccionario de términos literarios

Diégesis. O "telling", consiste en la narración de los acontecimientos narrativos por un narrador. Dicho narrador nos resume dichos acontecimientos, o las conversaciones de los personajes, pero no los representa en forma de diálogos, como vemos en el teatro. Por diégesis también se designa la sucesión cronológica de los acontecimientos que constituyen la historia narrada o, en el caso del teatro, representada.

Mímesis. O showing, consiste en la representación dramática de la realidad, tal y como la vemos en teatro. En prosa se ve en los diálogos, o sea en la representación de las conversaciones que aparecen en la obra sin que medie la figura del narrador.

Unidad 6. Lo Fantástico y la Ciencia-Ficción

Lo Fantástico

Los primeros antecedentes de la literatura fantástica los encontramos en la mitología greco-latina y, siglos después, en obras como el *Conde Lucanor*, de don Juan Manuel, y *Don Quijote de la Mancha*, de Miguel de Cervantes. En el siglo XVIII, lo fantástico fue escasamente cultivado, pero a finales del siglo XIX y en el siglo XX surge (*appears*) un gran interés por lo fantástico, especialmente en Latinoamérica.

Las definiciones que se han dado sobre el mismo son múltiples, y de todas ellas, probablemente, la más conocida y utilizada es la de Tzvetan Todorov. Todorov crea un diagrama en el que lo fantástico puro ocupa el punto intermedio de una clasificación que incluye otros subgéneros narrativos relacionados con él:

*Insólito/Fantástico-insólito//**Fantástico puro**//Fantástico-maravilloso/Maravilloso*

- Lo *insólito*. En este subgénero narrativo, los acontecimientos se caracterizan por ser extraños, chocantes (*schocking*), y singulares. En esta categoría entra la literatura que produce horror y miedo en el lector, como sucede con algunos cuentos de Edgar A. Poe y Horacio Quiroga. Por ejemplo, en "La gallina degollada", Horacio Quiroga nos cuenta la historia de cuatro niños idiotas que matan a su hermana menor, la única en no tener problemas mentales.
- Lo *fantástico-insólito*. A esta categoría pertenecen obras en las que algunos de los acontecimientos narrativos que parecen sobrenaturales a través de la historia, al final se explican racionalmente. Algunas de las explicaciones racionales serían la influencia de las drogas, la ilusión de los sentidos, la locura, el sueño, etc. Por ejemplo, en "El salvaje", de Horacio Quiroga, un hombre cuenta que convivió, cazó y, al final, mató

a un dinosaurio. Al final del cuento, sin embargo, el narrador nos dice que todo ha sido un sueño.

- Lo *fantástico puro*. Las obras pertenecientes a lo fantástico puro se caracterizan por la duda o vacilación que experimenta el lector al enfrentarse a un acontecimiento aparentemente sobrenatural; y Todorov menciona tres condiciones para su cumplimiento:

  1. El texto debe obligar al lector a considerar el mundo de los personajes como un mundo de seres vivos. Asimismo, el lector debe dudar entre una explicación natural o sobrenatural de los hechos narrados.
  2. Esta duda puede ser también experimentada por un personaje.
  3. El lector debe rechazar una lectura alegórica o poética del texto.

     La primera y tercera características son requisitos indispensables para lo fantástico, pero la segunda es opcional. Por ejemplo, en el cuento "Casa tomada", de Julio Cortázar, una fuerza extraña y misteriosa va tomando, progresivamente, posesión de la casa donde habitan dos hermanos. Al final de la historia, ni los dos hermanos ni el lector saben con certeza qué es "eso" que los obliga a abandonar la mencionada casa.

- Lo *fantástico-maravilloso*. Este subgénero incluye aquellos relatos que se presentan como fantásticos y terminan con una aceptación de lo sobrenatural. A esta categoría pertenecen historias en las que, al final, descubrimos que los personajes han sufrido un proceso de metamorfosis y son encarnaciones del demonio o de una divinidad. Por ejemplo, en "La suegra del diablo", de Carmen Lyra, vemos cómo las maravillosas transformaciones que experimenta un personaje se deben a que es la encarnación del diablo.

- Lo *maravilloso*. En este subgénero narrativo la naturaleza sobrenatural de los acontecimientos es aceptada como tal desde un principio sin provocar sorpresa alguna entre los personajes o en el lector. Algunas de las manifestaciones de lo maravilloso serían el cuento de hadas (*fairy tales*) y obras en las que animales o seres inanimados adquieren proporciones gigantescas, aparecen dotados de cualidades humanas, o realizan acciones que son completamente sobrenaturales. Por ejemplo, en "La montaña de papel", de Anis Brenes, una lechuza dialoga con los animales del bosque con el propósito de cambiar el curso normal de la naturaleza.

El Realismo Mágico

Una modalidad importante de la literatura fantástica, y que muchos críticos consideran como un fenómeno típicamente latinoamericano, es el denominado *realismo mágico*. La combinación oximorónica de estos dos términos sintetiza, o combina, dos mundos aparentemente contradictorios: el de la realidad cotidiana por un lado, y el de lo sobrenatural o maravilloso por otro. Sin embargo, estos elementos sobrenaturales, o maravillosos, se presentan con tal verosimilitud que son considerados como algo normal y no causan sorpresa ni entre los personajes ni en el lector. Por ejemplo, en "El ahogado más hermoso del mundo", de

Gabriel García Márquez, los hechos sobrenaturales o inverosímiles son tratados de forma similar a los reales, con total normalidad.

La Ciencia-Ficción

La ciencia-ficción, una subcategoría de lo fantástico según Todorov, tiene sus orígenes en algunos relatos proféticos de la *Biblia* y en *Las mil y una noches*; pero su verdadero nacimiento como género literario ocurre en el siglo xix. La ciencia-ficción refleja los avances científicos, culturales y tecnológicos.

La definición más conocida de la ciencia-ficción nos la da Darko Suvin, quien la entiende como un género caracterizado por la presencia e interacción de "extrañamiento (*estrangement*) y cognición", y por la creación de un mundo alternativo diferente del mundo empírico del autor. Veamos cómo explica Suvin estos dos términos claves de la definición. Con "extrañamiento" se refiere a que la ciencia-ficción, a diferencia de los textos realistas, crea un mundo alternativo diferente del nuestro. Y con "cognición" se refiere a que la ciencia-ficción, a diferencia de las narraciones mitológicas o de lo fantástico, nos da una explicación racional de este mundo alternativo. Por tanto, en las obras de ciencia-ficción, el lector entra en un mundo imaginado y extraño que difiere del mundo empírico del escritor, pero ese mundo sigue u obedece las mismas leyes científicas que gobiernan nuestro mundo. En el género fantástico entramos en un mundo extraño también, pero las leyes científicas que gobiernan este mundo son diferentes de las del mundo de nuestra realidad.

La ciencia-ficción no es siempre literatura escapista, como algunos lectores creen, y muchas obras de este género revelan su compromiso con la realidad al tratar temas como la supervivencia del género humano tras una confrontación nuclear, las consecuencias del efecto invernadero (*green house effect*), la explosión demográfica o los avances de la ingeniería genética. En general, la ciencia-ficción se suele centrar en la colonización de otros planetas o galaxias, viajes en el tiempo, experimentación científica, destrucciones apocalípticas, encuentros con alienígenos, creación de seres artificiales —androides o robots—, o la recreación de mundos con una organización socio-política superior a la nuestra —*utopía*—, diferente —*heterotopía*—, o caótica —*distopía*.

Manuel Rojas: *El hombre de la rosa*
Vida, obra, y crítica

Manuel Rojas (1896–1973) nació en Buenos Aires, Argentina, de padres chilenos. A partir de los dieciséis años, y ya de vuelta en Chile, realizó trabajos muy variados: pintor, electricista, aprendiz (*apprentice*) de sastre, y actor de teatro. Posteriormente, sin embargo, encontró trabajos mejor remunerados (*paid*), como el de empleado en las prensas (*printing press*) de la universidad de Chile, en la Biblioteca Nacional y en el Hipódromo (*racetrack*) Chile.

Rojas, que llegó a enseñar literatura latinoamericana en EE.UU. y en la universidad de Chile, fue nombrado Hijo Ilustre de Chile, y recibió el Premio Nacional de Literatura en 1967. Manuel Rojas, un autodidacta, cultivó la novela, el cuento, la poesía y el ensayo. Como novelista es autor de una tetralogía de aprendizaje integrada por *Hijo de ladrón* (1951), su obra maestra; *Mejor que el vino* (1958), *Sombras contra el muro* (1964) y *La oscura vida radiante* (1971). Como cuentista es autor de las colecciones de relatos *Hombres del sur* (1926), y *El bonete maulino* (1968). De su obra poética podemos destacar *Tonada del transeúnte* (1927) y *Desecha rosa* (1954). Como ensayista tiene varias obras, y algunas de ellas están dedicadas al estudio de la literatura, como *Historia breve de la literatura chilena* (1964).

Rojas perteneció a la generación de 1927, o superrealismo, y reflejó en su obra una buena parte de su vida aventurera. Además, reaccionó contra el realismo, el naturalismo y la literatura regional precedente. Rojas incorporó en sus novelas importantes innovaciones técnicas, tales como el juego con la cronología del relato, el monólogo interior y la introspección sicológica. Muchos de sus personajes y protagonistas proceden (*come*) de la clase humilde o de los barrios bajos (*slums*): ladrones, bohemios, anarquistas, o actores de teatro como él, y a través de ellos retrató (*depicted*) la miseria y las duras condiciones económicas en las que vivían las clases más bajas de la sociedad.

Guía de lectura

"El hombre de la rosa", posiblemente el cuento más popular y celebrado de Manuel Rojas, apareció publicado por primera vez el cuatro de noviembre de 1928 en el diario *La Nación*. La anécdota del cuento trata de un grupo de misioneros capuchinos (*capuchin*) que se dirige (*goes*) a la localidad de Osorno para catequizar (*to catechize*) a una muchedumbre (*crowd*) de catecúmenos (*catechumens*). Uno de aquéllos, el Padre Espinoza, y uno de éstos, el hombre de la rosa, se conocen durante la confesión; y es en este momento cuando el hombre de la rosa le confiesa al Padre un secreto. De la confesión del secreto, los dos protagonistas pasan a una apuesta (*bet*) en la que el hombre de la rosa deberá demostrar al Padre Espinoza sus poderes sobrenaturales, unos poderes que desafían "las leyes de la naturaleza y de la voluntad divina". Al término de (*at the end*) la prueba, los distintos misioneros que habían ido a Osorno se separan y toman caminos diferentes, pero el Padre Espinoza regresa a su destino acompañado, curiosamente, del hombre de la rosa. En este cuento, perteneciente a lo fantástico, nos encontramos con dos mundos opuestos, el de los misioneros católicos y occidentales por un lado, y el de los catecúmenos de Chile en proceso de evangelización por otro, dos mundos que se contraponen en muchos sentidos. En la lectura de este cuento debemos reflexionar sobre la confrontación de dos creencias e ideologías diferentes, la gran maestría con la que Rojas crea el suspense del cuento, y la representación de elementos fantásticos.

El hombre de la rosa

En el atardecer[1] de un día de noviembre, hace ya algunos años, llegó a Osorno,[2] en misión catequista,[3] una partida[4] de misioneros capuchinos.

Eran seis frailes[5] barbudos,[6] de complexión recia,[7] rostros[8] enérgicos y ademanes[9] desenvueltos.[10]

La vida errante[11] que llevaban les había diferenciado profundamente de los individuos de las demás órdenes religiosas. En contacto continuo con la naturaleza bravía[12] de las regiones australes,[13] hechos sus cuerpos a las largas marchas a través de las selvas, expuestos siempre a los ramalazos[14] del viento y de la lluvia, estos seis frailes barbudos habían perdido ese aire de religiosidad inmóvil que tienen aquéllos que viven confinados en el calorcillo de los patios del convento.

Reunidos casualmente en Valdivia, llegados unos de las reducciones[15] indígenas de Angol, otros de La Imperial, otros de Temuco, hicieron juntos el viaje hasta Osorno, ciudad en que realizarían una semana misionera y desde la cual se repartirían luego, por los caminos de la selva, en cumplimiento de su misión evangelizadora.

Eran seis frailes de una pieza y con toda la barba.

Se destacaba[16] entre ellos el padre Espinoza, veterano ya en las misiones del sur, hombre de unos cuarenta y cinco años, alto de estatura, vigoroso, con empaque[17] de hombre de acción y aire de bondad y de finura.[18]

Era uno de esos frailes que encantan a algunas mujeres y que gustan a todos los hombres.

Tenía una sobria[19] cabeza de renegrido[20] cabello, que de negro azuleaba[21] a veces como el plumaje[22] de los tordos.[23] La cara de tez[24] morena pálida, cubierta profusamente por la barba y el bigote capuchinos. La nariz un poco ancha; la boca, fresca; los ojos, negros y brillantes. A través del hábito se adivinaba el cuerpo ágil y musculoso.

---

[1]*at dusk.* [2]ésta, y las que siguen, son ciudades al sur de Chile. [3]*catechist.* [4]grupo. [5]*friars.* [6]con barba. [7]fuerte. [8]caras. [9]movimientos. [10]*confident.* [11]*itinerant.* [12]salvaje. [13]*southern.* [14]golpes. [15]*settlements of converted Indians.* [16]*stood out.* [17]aspecto. [18]elegancia. [19]*sober.* [20]negro. [21]se veía azul. [22]*feathers.* [23]*thrushes.* [24]piel.

25   La vida del padre Espinoza era tan interesante como la de cualquier hombre de acción, como la de un conquistador, como la de un capitán de bandidos, como la de un guerrillero. Y un poco de cada uno de ellos parecía tener en su apostura,[25] y no le hubiera sentado mal[26] la armadura[27] del primero, la manta[28] y el caballo fino de boca del segundo y el traje liviano[29] y las armas rápidas del último. Pero, pareciendo y pudiendo ser cada uno de aquellos
30 hombres, era otro muy distinto. Era un hombre sencillo, comprensivo, penetrante, con una fe ardiente y dinámica y un espíritu religioso entusiasta y acogedor,[30] despojado de[31] toda cosa frívola.

    Quince años llevaba recorriendo la región araucana. Los indios que habían sido catequizados por el padre Espinoza adorábanlo. Sonreía al preguntar y al responder. Parecía estar
35 siempre hablando con almas sencillas como la suya.

    Tal era el padre Espinoza, fraile misionero, hombre de una pieza y con toda la barba.

    Al día siguiente, anunciada ya la semana misionera, una heterogénea muchedumbre[32] de catecúmenos llenó el primer patio del convento en que ella se realizaría. Chilotes,[33] trabajadores del campo y de las industrias, indios, vagabundos, madereros,[34] se fueron amontonando[35] allí lentamente, en busca y espera de la palabra evangelizadora de los misioneros.
40 Pobremente vestidos, la mayor parte descalzos[36] o calzados con groseras ojotas,[37] algunos llevando nada más que camiseta y pantalón, sucias y destrozadas ambas prendas por el largo uso, rostros embrutecidos por el alcohol y la ignorancia; toda una fauna informe, salida de los bosques cercanos y de los tugurios[38] de la ciudad.

45   Los misioneros estaban acostumbrados a ese auditorio y no ignoraban que muchos de aquellos infelices venían, más que en busca de una verdad, en demanda de su generosidad, pues los religiosos, durante las misiones, acostumbraban repartir comida y ropa a los más hambrientos y desharrapados.[39]

    Todo el día trabajaron los capuchinos. Debajo de los árboles, o en los rincones del patio,
50 se apilaban[40] los hombres, contestando como podían, o como se les enseñaba, las preguntas inocentes del catecismo.

    —¿Dónde está Dios?

    —En el cielo, en la tierra y en todo lugar —respondían en coro, con una monotonía desesperante.
55   El padre Espinoza, que era el que mejor dominaba la lengua indígena, catequizaba a los indios, tarea terrible, capaz de cansar a cualquier varón fuerte, pues el indio, además de presentar grandes dificultades intelectuales, tiene también dificultades en el lenguaje.

    Pero todo fue marchando, y al cabo de[41] tres días, terminado el aprendizaje de las nociones elementales de la doctrina cristiana, empezaron las confesiones. Con esto disminuyó

---

[25]aspecto elegante. [26]"no... mal": *it wouldn't have suit him bad.* [27]*armour.* [28]*blanket.* [29]ligero. [30]amigable. [31]*stripped of.* [32]*crowd.* [33]habitantes de un archipiélago de Chile. [34]trabajadores en la madera. [35]*gathering.* [36]*bare foot.* [37]sandalias. [38]*slums.* [39]*ragged ones.* [40]*piled up.* [41]después de.

considerablemente el grupo de catecúmenos, especialmente el de aquellos que ya habían conseguido ropas o alimentos; pero el número siguió siendo crecido.[42]

A las nueve de la mañana, día de sol fuerte y cielo claro, empezó el desfile[43] de los penitentes, desde el patio a los confesionarios, en hilera[44] acompasada[45] y silenciosa.

Despachada[46] ya la mayor parte de los fieles,[47] mediada[48] la tarde, el padre Espinoza, en un momento de descanso, dio unas vueltas alrededor del patio. Y volvía ya hacia su puesto, cuando un hombre lo detuvo,[49] diciéndole:

—Padre, yo quisiera confesarme con usted.

—¿Conmigo, especialmente? —preguntó el religioso.

—Sí, con usted.

—¿Y por qué?

—No sé; tal vez porque usted es el de más edad entre los misioneros, y quizás, por eso mismo, el más bondadoso.[50]

El padre Espinoza sonrió:

—Bueno, hijo; si así lo deseas y así lo crees, que así sea.[51] Vamos.

Hizo pasar adelante al hombre y él fue detrás, observándolo.

El padre Espinoza no se había fijado antes en él. Era un hombre alto, esbelto,[52] nervioso en sus movimientos, moreno, de corta barba negra terminada en punta; los ojos negros y ardientes, la nariz fina, los labios delgados. Hablaba correctamente y sus ropas eran limpias.

Llevaba ojotas, como los demás, pero sus pies desnudos aparecían cuidados.

Llegados al confesionario,[53] el hombre se arrodilló[54] ante el padre Espinoza y le dijo:

—Le he pedido que me confiese, porque estoy seguro de que usted es un hombre de mucha sabiduría[55] y de gran entendimiento. Yo no tengo grandes pecados; relativamente, soy un hombre de conciencia limpia. Pero tengo en mi corazón y en mi cabeza un secreto terrible, un peso enorme. Necesito que me ayude a deshacerme de[56] él. Créame lo que voy a confiarle[57] y, por favor, se lo pido, no se ría de mí. Varias veces he querido confesarme con otros misioneros, pero apenas han oído mis primeras palabras, me han rechazado como a un loco y se han reído de mí. He sufrido mucho a causa de esto. Esta será la última tentativa que hago. Si me pasa lo mismo ahora, me convenceré de que no tengo salvación y me abandonaré a mi infierno.

El individuo aquel hablaba nerviosamente, pero con seguridad. Pocas veces el padre Espinoza había oído hablar así a un hombre. La mayoría de los que confesaba en las misiones eran seres vulgares, groseros, sin relieve alguno, que solamente le comunicaban pecados generales, comunes, de grosería o de liviandad,[58] sin interés espiritual. Contestó, poniéndose en el tono con que le hablaban.

—Dime lo que tengas necesidad de decir y yo haré todo lo posible por ayudarte. Confía en mí como en un hermano.

---

[42]grande. [43]procession. [44]fila. [45]rhythmic. [46]sent away. [47]the faithful ones. [48]half way through. [49]paró. [50]kind-hearted. [51]so be it. [52]slender. [53]confessional. [54]knelt down. [55]conocimiento. [56]to get rid of. [57]to entrust you. [58]fickleness.

El hombre demoró[59] algunos instantes en empezar su confesión; parecía temer[60] el confesar el gran secreto que decía tener en su corazón.

—Habla.

100 El hombre palideció[61] y miró fijamente al padre Espinoza. En la oscuridad, sus ojos negros brillaban como los de un preso[62] o como los de un loco. Por fin, bajando la cabeza, dijo, entre dientes:

—Yo he practicado y conozco los secretos de la magia negra.

Al oír estas extraordinarias palabras, el padre Espinoza hizo un movimiento de sorpresa, mirando con curiosidad y temor al hombre; pero el hombre había levantado la cabeza y
105 espiaba la cara del religioso, buscando en ella la impresión que sus palabras producirían. La sorpresa del misionero duró un brevísimo tiempo. Tranquilizóse en seguida. No era la primera vez que escuchaba palabras iguales o parecidas. En ese tiempo los llanos[63] de Osorno y las islas chilotas[64] estaban plagados de brujos,[65] "machis"[66] y hechiceros.[67] Contestó:

—Hijo mío: no es raro que los sacerdotes[68] que le han oído a usted lo que acaba de decir,
110 lo hayan tomado por loco y rehusado[69] oír más. Nuestra religión condena terminantemente[70] tales prácticas y tales creencias. Yo, como sacerdote, debo decirle que eso es grave pecado; pero, como hombre, le digo que eso es una estupidez y una mentira. No existe tal magia negra, ni hay hombre alguno que pueda hacer algo que esté fuera de las leyes de la naturaleza y de la voluntad divina. Muchos hombres me han confesado lo mismo, pero, empla-
115 zados[71] para que pusieran en evidencia su ciencia oculta, resultaron impostores groseros e ignorantes. Solamente un desequilibrado[72] o un tonto puede creer en semejante patraña.[73]

El discurso era fuerte y hubiera bastado[74] para que cualquier hombre de buena fe desistiera[75] de sus propósitos; pero, con gran sorpresa del padre Espinoza, su discurso animó[76] al hombre, que se puso de pie y exclamó con voz contenida:

120 —¡Yo sólo pido a usted me permita demostrarle lo que le confieso! Demostrándoselo, usted se convencerá y yo estaré salvado. Si yo le propusiera hacer una prueba, ¿aceptaría usted, padre? —preguntó el hombre.

—Sé que perdería mi tiempo lamentablemente; pero aceptaría.

—Muy bien —dijo el hombre—. ¿Qué quiere usted que haga?

125 —Hijo mío, yo ignoro tus habilidades mágicas. Propón tú.

El hombre guardó silencio un momento, reflexionando. Luego dijo:

—Pídame usted que le traiga algo que esté lejos, tan lejos que sea imposible ir allá y volver en el plazo[77] de un día o dos. Yo se lo traeré en una hora, sin moverme de aquí.

Una gran sonrisa de incredulidad dilató[78] la fresca boca del fraile Espinoza. —Déjame
130 pensarlo —respondió— y Dios me perdone el pecado y la tontería que cometo.[79]

---

[59]*delayed.* [60]tener miedo. [61]*turned pale.* [62]prisionero. [63]*plains.* [64]archipiélago cerca de Chile. [65]*medicine men.* [66]chamanes en la cultura indígena de Chile. [67]*witch doctors.* [68]*priests.* [69]*refused.* [70]categóricamente. [71]*summoned.* [72]*mentally unbalanced.* [73]tontería. [74]sido suficiente. [75]abandonara. [76]*cheered up.* [77]período de tiempo. [78]*enlarged.* [79]hago.

El religioso tardó mucho rato[80] en encontrar lo que se le proponía. No era tarea fácil hallarlo.[81] Primeramente ubicó[82] en Santiago la residencia de lo que iba a pedir y luego se dio a[83] elegir. Muchas cosas acudieron a[84] su recuerdo y a su imaginación, pero ninguna le servía para el caso. Unas eran demasiado comunes, y otras pueriles y otras muy escondidas, y era necesario elegir una que, siendo casi única, fuera asequible.[85] Recordó y recorrió su lejano convento; anduvo por sus patios, por sus celdas,[86] por sus corredores[87] y por su jardín; pero no encontró nada especial. Pasó después a recordar lugares que conocía en Santiago. ¿Qué pediría? Y cuando, ya cansado, iba a decidirse por cualquiera de los objetos entrevistos[88] por sus recuerdos, brotó[89] en su memoria, como una flor que era, fresca, pura, con un hermoso color rojo, una rosa del jardín de las monjas[90] Claras.

Una vez hacía poco tiempo, en un rincón de ese jardín vio un rosal que florecía en rosas de un color único. En ninguna parte había vuelto a ver rosas iguales o parecidas, y no era fácil que las hubiera en Osorno. Además, el hombre aseguraba que traería lo que él pidiera, sin moverse de allí. Tanto daba[91] pedirle una cosa como otra. De todos modos no traería nada.

—Mira —dijo al fin—, en el jardín del convento de las monjas Claras de Santiago, plantado junto a la muralla[92] que da hacia[93] la Alameda, hay un rosal que da rosas de un color granate[94] muy lindo. Es el único rosal de esa especie que hay allí… Una de esas rosas es lo que quiero que me traigas.

El supuesto hechicero no hizo objeción alguna, ni por el sitio en que se hallaba la rosa ni por la distancia a que se encontraba. Preguntó únicamente:

—Encaramándose[95] por la muralla, ¿es fácil tomarla?

—Muy fácil. Estiras[96] el brazo y ya la tienes.

—Muy bien. Ahora, dígame: ¿hay en este convento una pieza[97] que tenga una sola puerta?

—Hay muchas.

—Lléveme usted a alguna de ellas.

El padre Espinoza se levantó de su asiento. Sonreía. La aventura era ahora un juego extraño y divertido y, en cierto modo, le recordaba los de su infancia. Salió acompañado del hombre y lo guió hacia el segundo patio, en el cual estaban las celdas de los religiosos. Lo llevó a la que él ocupaba. Era una habitación de medianas proporciones, de sólidas paredes; tenía una ventana y una puerta. La ventana estaba asegurada[98] con una gruesa reja[99] de fierro[100] forjado[101] y la puerta tenía una cerradura[102] muy firme. Allí había un lecho,[103] una mesa grande, dos imágenes y un crucifijo, ropas y objetos.

—Entra.

Entró el hombre. Se movía con confianza y desenvoltura; parecía muy seguro de sí mismo.

135

140

145

150

155

160

165

---

[80]tiempo. [81]encontrarlo. [82]*he located.* [83]se dedicó. [84]vinieron. [85]*attainable.* [86]habitaciones. [87]pasillos. [88]*glimpsed.* [89]*sprouted.* [90]*nuns.* [91]"tanto daba": *it didn't matter.* [92]pared. [93]"da hacia": *faces.* [94]rojo. [95]subiendo. [96]*you stretch.* [97]habitación. [98]*secured.* [99]*bar.* [100]hierro. [101]*wrought.* [102]*lock.*

—¿Te sirve esta pieza?

—Me sirve.

—Tú dirás lo que hay que hacer.

—En primer lugar, ¿qué hora es?

170   —Las tres y media.

El hombre meditó un instante, y dijo luego:

—Me ha pedido usted que le traiga una rosa del jardín de las monjas Claras de Santiago y yo se la voy a traer en el plazo de una hora. Para ello es necesario que yo me quede solo aquí y que usted se vaya, cerrando la puerta con llave y llevándose la llave. No vuelva hasta

175   dentro de una hora justa. A las cuatro y media, cuando usted abra la puerta, yo le entregaré lo que me ha pedido.

El fraile Espinoza asintió[104] en silencio, moviendo la cabeza. Empezaba a preocuparse. El juego iba tornándose interesante y misterioso, y la seguridad con que hablaba y obraba[105] aquel hombre le comunicaba a él cierta intimidación respetuosa.

180   Antes de salir, dio una mirada detenida por toda la pieza. Cerrando con llave la puerta, era difícil salir de allí. Y aunque aquel hombre lograra salir, ¿qué conseguiría con ello? No se puede hacer, artificialmente, una rosa cuyo color y forma no se han visto nunca. Y, por otra parte, él rondaría[106] toda esa hora por los alrededores de su celda. Cualquier superchería[107] era imposible.

El hombre, de pie ante[108] la puerta, sonriendo, esperaba que el religioso se retirara.

185   Salió el padre Espinoza, echó llave[109] a la puerta, se aseguró que quedaba bien cerrada y guardándose la llave en sus bolsillos, echó a[110] andar tranquilamente.

Dio una vuelta alrededor del patio, y otra, y otra. Empezaron a transcurrir[111] lentamente los minutos, muy lentamente; nunca habían transcurrido tan lentos los sesenta minutos de una hora. Al principio, el padre Espinoza estaba tranquilo. No sucedería nada. Pasado

190   el tiempo que el hombre fijara como plazo, él abriría la puerta y lo encontraría tal como lo dejara. No tendría en sus manos ni la rosa pedida ni nada que se le pareciera. Pretendería disculparse con algún pretexto fútil, y él, entonces, le largaría[112] un breve discurso, y el asunto terminaría ahí. Estaba seguro. Pero, mientras paseaba, se le ocurrió preguntarse:

—¿Qué estaría haciendo?

195   La pregunta lo sobresaltó.[113] Algo estaría haciendo el hombre, algo intentaría. Pero, ¿qué? La inquietud[114] aumentó. ¿Y si el hombre lo hubiera engañado y fueran otras sus intenciones? Interrumpió su paseo y durante un momento procuró[115] sacar algo en limpio, recordando al hombre y sus palabras. ¿Si se tratara de un loco? Los ojos ardientes y brillantes de aquel hombre, su desenfado[116] un sí es no es[117] inconsciente, sus propósitos…

200   Atravesó[118] lentamente el patio y paseó a lo largo[119] del corredor en que estaba su celda. Pasó varias veces delante de aquella puerta cerrada. ¿Qué estaría haciendo el hombre? En

---

[103]cama. [104]consintió. [105]actuaba. [106]*he would hang around.* [107]*trick* [108]cerca de. [109]cerró. [110]comenzó a. [111]pasar. [112]daría. [113]*startled.* [114]*uneasiness.* [115]trató. [116]*lack of inhibition.* [117]"un… es": un poco. [118]*he crossed.* [119]*along.*

una de sus pasadas[120] se detuvo[121] ante la puerta. No se oía nada, ni voces, ni pasos, ningún ruido. Se acercó a la puerta y pegó[122] su oído a la cerradura. El mismo silencio. Prosiguió[123] sus paseos, pero a poco su inquietud y su sobresalto[124] aumentaban. Sus pasos se fueron acortando[125] y, al final, apenas llegaban a cinco o seis pasos de distancia de la puerta. Por fin, se inmovilizó ante ella. Se sentía incapaz de alejarse de allí. Era necesario que esa tensión nerviosa terminara pronto. Si el hombre no hablaba, ni se quejaba, ni andaba, era señal de que no hacía nada y no haciendo nada, nada conseguiría. Se decidió a abrir antes de la hora estipulada. Sorprendería al hombre y su triunfo sería completo. Miró su reloj: faltaban aún veinticinco minutos para las cuatro y media. Antes de abrir pegó nuevamente su oído a la cerradura: ni un rumor. Buscó la llave en sus bolsillos y colocándola en la cerradura la hizo girar[126] sin ruido. La puerta se abrió silenciosamente.

Miró el fraile Espinoza hacia adentro y vio que el hombre no estaba sentado ni estaba de pie: estaba extendido sobre la mesa, con los pies hacia la puerta, inmóvil.

Esa actitud inesperada lo sorprendió. ¿Qué haría el hombre en aquella posición? Avanzó un paso, mirando con curiosidad y temor el cuerpo extendido sobre la mesa. Ni un movimiento. Seguramente su presencia no habría sido advertida;[127] tal vez el hombre dormía; quizá estaba muerto… Avanzó otro paso y entonces vio algo que lo dejó tan inmóvil como aquel cuerpo. El hombre no tenía cabeza.

Pálido, sintiéndose invadido por la angustia, lleno de un sudor[128] helado todo el cuerpo, el padre Espinoza miraba, miraba sin comprender. Hizo un esfuerzo y avanzó hasta colocarse frente a la parte superior del cuerpo del individuo. Miró hacia el suelo, buscando en él la desaparecida cabeza, pero en el suelo no había nada, ni siquiera una mancha[129] de sangre. Se acercó al cercenado[130] cuello. Estaba cortado sin esfuerzo, sin desgarraduras,[131] finamente. Se veían las arterias y los músculos, palpitantes, rojos; los huesos blancos, limpios; la sangre bullía[132] allí, caliente y roja, sin derramarse,[133] retenida por una fuerza desconocida.

El padre Espinoza se irguió.[134] Dio una rápida ojeada[135] a su alrededor, buscando un rastro,[136] un indicio,[137] algo que le dejara adivinar[138] lo que había sucedido. Pero la habitación estaba como él la había dejado al salir; todo en el mismo orden, nada revuelto[139] y nada manchado de sangre.

Miró su reloj. Faltaban solamente diez minutos para las cuatro y media. Era necesario salir. Pero, antes de hacerlo, juzgó que era indispensable dejar allí un testimonio[140] de su estada.[141] Pero, ¿qué? Tuvo una idea; buscó entre sus ropas y sacó de entre ellas un alfiler[142] grande, de cabeza negra, y al pasar junto al cuerpo para dirigirse hacia la puerta lo hundió[143] íntegro[144] en la planta[145] de uno de los pies del hombre.

Luego cerró la puerta con llave y se alejó.

---

[120]*passings*. [121]se paró. [122]acercó. [123]continuó. [124]*scare*. [125]haciéndose más cortos. [126]*to turn*. [127]notada. [128]*sweat*. [129]*stain*. [130]cortado. [131]*rips*. [132]*bubbled*. [133]*pouring out*. [134]*stood up*. [135]*glance*. [136]*trace*. [137]*clue*. [138]*to guess*. [139]*untidy*. [140]prueba. [141]visita. [142]*needle*. [143]*he stuck*. [144]totalmente. [145]*sole*.

Durante los diez minutos siguientes el religioso se paseó nerviosamente a lo largo del corredor, intranquilo, sobresaltado; no quería dar cuenta a[146] nadie de lo sucedido; esperaría los diez minutos y, transcurridos éstos, entraría de nuevo a la celda y si el hombre permanecía en el mismo estado comunicaría a los demás religiosos lo sucedido.

¿Estaría él soñando o se encontraría bajo el influjo de una alucinación o de una poderosa sugestión? No, no lo estaba. Lo que había acontecido[147] hasta ese momento era sencillo:[148] un hombre se había suicidado de una manera misteriosa… Sí, ¿pero dónde estaba la cabeza del individuo? Esta pregunta lo desconcertó.[149] ¿Y por qué no había manchas de sangre? Prefirió no pensar más en ello; después se aclararía[150] todo.

Las cuatro y media. Esperó aún cinco minutos más. Quería darle tiempo al hombre. ¿Pero tiempo para qué, si estaba muerto? No lo sabía bien, pero en esos momentos casi deseaba que aquel hombre le demostrara su poder mágico. De otra manera, sería tan estúpido, tan triste todo lo que había pasado…

Cuando el fraile Espinoza abrió la puerta, el hombre no estaba ya extendido sobre la mesa, decapitado,[151] como estaba quince minutos antes. Parado frente a él, tranquilo, con una fina sonrisa en los labios, le tendía,[152] abierta, la morena mano derecha. En la palma de ella, como una pequeña y suave llama,[153] había una fresca rosa: la rosa del jardín de las monjas Claras.

—¿Es ésta la rosa que usted me pidió?

El padre Espinoza no contestó; miraba al hombre. Éste estaba un poco pálido y demacrado.[154]

Alrededor de su cuello se veía una línea roja, como una cicatriz[155] reciente.

—Sin duda el Señor quiere hoy jugar con su siervo —pensó.

Estiró[156] la mano y cogió la rosa. Era una de las mismas que él viera florecer en el pequeño jardín del convento santiaguino.[157] El mismo color, la misma forma, el mismo perfume.

Salieron de la celda, silenciosos, el hombre y el religioso. Éste llevaba la rosa apretada[158] en su mano y sentía en la piel la frescura de los pétalos rojos. Estaba recién cortada. Para el fraile habían terminado los pensamientos, las dudas y la angustia. Sólo una gran impresión lo dominaba y un sentimiento de confusión y de desaliento[159] inundaba[160] su corazón.

De pronto advirtió[161] que el hombre cojeaba:[162]

—¿Por qué cojeas? —le preguntó.

—La rosa estaba apartada de[163] la muralla. Para tomarla, tuve que afirmar[164] un pie en el rosal y, al hacerlo, una espina[165] me hirió el talón.[166]

El fraile Espinoza lanzó una exclamación de triunfo:

---

[146]to report to. [147]pasado. [148]fácil. [149]bewildered. [150]would clarify. [151]beheaded. [152]he stretched out. [153]flame. [154]emaciated. [155]scar. [156]he stretched. [157]de Santiago. [158]firmly held. [159]discouragement. [160]llenaba. [161]notó. [162]limped [163]lejos de. [164]poner. [165]thorn. [166]heel.

—¡Ah! ¡Todo es una ilusión! Tú no has ido al jardín de las monjas Claras ni te has pinchado[167] el pie con una espina. Ese dolor que sientes es el producido por un alfiler que yo te clavé[168] en el pie. Levántalo.

El hombre levantó el pie y el sacerdote, tomando de la cabeza el alfiler, se lo sacó.   275

—¿No ves? No hay ni espina ni rosal. ¡Todo ha sido una ilusión!

Pero el hombre contestó:

—Y la rosa que lleva usted en la mano, ¿también es ilusión?

Tres días después, terminada la semana misionera, los frailes capuchinos abandonaron Osorno. Seguían su ruta a través de las selvas. Se separaron, abrazándose y besándose. Cada   280
uno tomó por su camino.

El padre Espinoza volvería hacia Valdivia. Pero ya no iba solo. A su lado, montado en un caballo oscuro, silencioso y pálido, iba un hombre alto, nervioso, de ojos negros y brillantes.

Era el hombre de la rosa.

Comprensión del texto

1. ¿Cuál era la misión de los misioneros? ¿Proceden todos ellos del mismo lugar?
2. ¿Qué imagen nos da el narrador de los indios?
3. ¿Por qué escoge el penitente al Padre Espinoza para confesarse?
4. ¿A quién se compara el Padre Espinoza? ¿Cuánto tiempo llevaba éste en la zona araucana?
5. ¿Qué esperaban recibir los catecúmenos de los misioneros?
6. ¿Cómo convence el hombre de la rosa al Padre Espinoza para que oiga su confesión? ¿Qué le dice el hombre de la rosa al Padre Espinoza durante la confesión?
7. ¿Qué le pide el Padre Espinoza al hombre de la rosa que traiga de Santiago?
8. ¿Cumple el Padre Espinoza el pacto de no abrir la puerta de su celda en una hora?
9. ¿Qué hace el Padre Espinoza con el alfiler que encuentra en sus ropas? ¿En qué estado encuentra el Padre Espinosa al hombre de la rosa cuando entra en la celda?
10. ¿Por qué motivo dice el hombre de la rosa que cojea? ¿Es sincero en lo que dice?

Análisis crítico

1. ¿Qué tipo de voz narrativa tenemos en este cuento? ¿Cuál es el tono de la narración? ¿Cómo se focaliza la narración de la historia? ¿Podría mencionar algún ejemplo de estilo directo, indirecto o indirecto libre?
2. ¿Cómo se crea el suspense en el cuento?

---

[167]pricked. [168]I stuck.

3. Desde el punto de vista del tiempo, ¿hay un desarrollo cronológico lineal en la narración de los acontecimientos narrativos? ¿Puede mencionar algún tipo de relación entre el tiempo real de la historia y el tiempo o tiempos del discurso? Comente cómo transcurre el tiempo para el Padre Espinoza mientras está esperando una hora fuera de su celda.
4. ¿Qué papel juegan los espacios geográfico y del cuerpo en esta historia?
5. ¿Cómo aparecen caracterizados el Padre Espinoza y el hombre de la rosa?
6. ¿Cree que los dos protagonistas, el Padre Espinoza y el hombre de la rosa, son sinceros en los comentarios o promesas que hacen?
7. ¿Qué opinión tiene la iglesia católica de la magia negra? ¿Cree que el Padre Espinoza, al final del cuento, sigue compartiendo esta misma opinión?
8. ¿Cómo interpreta, al final del cuento, el regreso del Padre Espinoza en compañía del hombre de la rosa?

Mesa redonda

Con sus compañeros de grupo, comente los elementos fantásticos de este relato. ¿Dentro de qué categoría de lo fantástico incluiría este cuento? Piense, a la hora de discutir este tema, en el comentario que le hace el Padre Espinoza al hombre de la rosa, que no hay nadie "que pueda hacer algo que esté fuera de las leyes de la naturaleza y de la voluntad divina". Compartan sus opiniones con el resto de la clase.

Sea creativo

En la sección anterior hemos situado el cuento dentro de una de las categorías de lo fantástico. Escoja un elemento fantástico de la historia y reescríbalo en una o dos páginas haciéndolo caer dentro de una categoría diferente de lo fantástico. Pueden realizar esta actividad creativa bien individualmente o en grupos. Compartan sus opiniones con la clase.

Investigación

Seleccione uno de los cuentos hispanos incluidos en una antología de cuentos fantásticos y comente sus elementos fantásticos. Entre las varias antologías dedicadas a este subgénero narrativo sugerimos la editada por Jorge L. Borges, S. Ocampo y A. Bioy Casares, *Antología de la literatura fantástica* (1940).

Gabriel García Márquez: *Un hombre muy viejo con unas alas enormes*

Vida, obra, y crítica

Gabriel García Márquez (1927–2014) nació en Aracataca, Colombia. Hizo estudios de Derecho (*law*), pero no terminó la carrera, y después estudió periodismo. Trabajó como corresponsal (*reporter*) para el diario *El Espectador* en varias ciudades de Europa. De 1959 a 1961, mientras trabajaba para la agencia cubana de noticias La Prensa, residió en La Habana, México y Nueva York.

Posteriormente alternó su residencia entre Barcelona, México y Colombia, trabajando como guionista, periodista y escritor. Entre los numerosos premios literarios que ha recibido podemos mencionar el Premio Nacional de Literatura de Colombia en 1963, el Premio Rómulo Gallegos en 1972, y el Premio Nobel de Literatura en 1982.

García Márquez se inicia como novelista con la publicación de *La hojarasca* (1955), en la que ya aparece Macondo, una ciudad imaginaria que encontraremos en obras posteriores. A esta obra le siguen *El coronel no tiene quien le escriba* (1961); *Cien años de soledad* (1967), con la que se consagró como uno de los grandes escritores de la narrativa contemporánea; *Crónica de una muerte anunciada* (1981); *El amor en los tiempos del cólera* (1985); y *El general en su laberinto* (1989). Es autor de las colecciones de cuentos *Los funerales de Mamá Grande* (1962) y *La increíble y triste historia de la cándida Eréndira y de su abuela desalmada* (1972). Como crítico literario es autor, junto con Mario Vargas Llosa, de *La novela en América Latina* (1968). Es autor, asimismo, de una autobiografía, *Vivir para contarlo* (2002), y de varios libros en los que ha compilado sus guiones cinematográficos y sus artículos periodísticos.

García Márquez, uno de los representantes más notables del realismo mágico, suele tratar temas como el de la represión política de los gobiernos dictatoriales, la explotación llevada a cabo por los poderes imperialistas, la corrupción, la soledad del ser humano, la muerte, el amor en situaciones poco convencionales, y la fatalidad. Muchas de sus obras tienen por escenario a Macondo, un espacio mítico que representa cualquier lugar del continente latinoamericano.

Guía de lectura

El cuento que hemos seleccionado, "Un hombre muy viejo con unas alas enormes", fue escrito en 1968, pero apareció publicado por primera vez en la colección de cuentos *La increíble y triste historia de la cándida Eréndira y de su abuela desalmada*. El cuento, uno de los más antologados del Nobel colombiano, fue adaptado por el Ballet Nacional de Cuba en

1984; inspiró el vídeo de la canción de REM titulado "Losing My Religion", y fue llevado a la pantalla grande por el director de cine argentino Fernando Birri.

El cuento trata de un hombre muy viejo con alas que un día aparece en el patio de la casa de Pelayo y de su esposa Elisenda. Considerado un ángel por algunos, este ser fantástico despierta la curiosidad en unos y la esperanza de un milagro en otros. Un día, sin embargo, con motivo de la llegada a este pueblo de una feria errante en la que viaja una niña que se convirtió en araña por desobedecer a sus padres, la gente pierde interés por el viejo alado y desplaza su atención a este nuevo personaje. Pasado un tiempo, y después de haber caído en el olvido, este ser alado emprende el vuelo y desaparece del pueblo. En la lectura del cuento debemos prestar especial atención a los elementos fantásticos del mismo, al importante uso de la parodia, al leitmotivo del espectáculo, y a los elementos de crítica social y eclesiástica.

Un hombre muy viejo con unas alas enormes

Al tercer día de lluvia habían matado tantos cangrejos dentro de la casa, que Pelayo tuvo que atravesar su patio anegado[1] para tirarlos al mar, pues el niño recién nacido había pasado la noche con calenturas y se pensaba que era a causa de la pestilencia. El mundo estaba triste desde el martes. El cielo y el mar eran una misma cosa de ceniza,[2] y las arenas de la playa que en las noches de marzo fulguraban[3] como polvo de lumbre, se habían convertido en un caldo de lodo y mariscos podridos. La luz era tan mansa al mediodía, que cuando Pelayo regresaba a la casa después de haber tirado los cangrejos, le costó trabajo ver qué era lo que se movía y se quejaba en el fondo del patio. Tuvo que acercarse mucho para descubrir que era un hombre viejo, muy viejo, que estaba tumbado boca abajo en el lodazal,[4] y que a pesar de sus grandes esfuerzos no podía levantarse, porque se lo impedían sus enormes alas.

Asustado por aquella pesadilla, Pelayo corrió en busca de Elisenda, su mujer, que estaba poniéndole compresas al niño enfermo, y la llevó hasta el fondo del patio. Ambos observaron el cuerpo caído con un callado estupor. Estaba vestido como un pordiosero.[5] Le quedaban apenas unas hilachas[6] descoloridas en el cráneo pelado y muy pocos dientes en la boca, y su lastimosa condición de bisabuelo ensopado[7] lo había desprovisto de toda grandeza. Sus alas de gallinazo[8] grande, sucias y media desplumadas, estaban encalladas[9] para siempre en el lodazal. Tanto lo observaron, y con tanta atención, que Pelayo y Elisenda se sobrepusieron muy pronto del asombro y acabaron por encontrarlo familiar. Entonces se atrevieron a hablarle, y él les contestó en un dialecto incomprensible pero con una buena voz de navegante. Fue así como pasaron por alto el inconveniente de las alas, y concluyeron con muy buen juicio que era un náufrago solitario de alguna nave extranjera abatida por el temporal.

---

[1]*drenched.* [2] *ash.* [3]*glimmered.* [4]*mud.* [5]*ragpicker.* [6]*pelos.* [7]*mojado.* [8]*buzzard.* [9]*entangled.*

Sin embargo, llamaron para que lo viera a una vecina que sabía todas las cosas de la vida y de la muerte, y a ella le bastó con una mirada para sacarlos del error.

—Es un ángel —les dijo—. Seguro que venía por el niño, pero el pobre está tan viejo que lo ha tumbado[10] la lluvia. 25

Al día siguiente todo el mundo sabía que en casa de Pelayo tenían cautivo un ángel de carne y hueso. Contra el criterio de la vecina sabia, para quien los ángeles de estos tiempos eran sobrevivientes fugitivos de una conspiración celestial, no habían tenido corazón para matarlo a palos. Pelayo estuvo vigilándolo toda la tarde desde la cocina, armado con su 30 garrote de alguacil,[11] y antes de acostarse lo sacó a rastras[12] del lodazal y lo encerró con las gallinas en el gallinero alambrado. A media noche, cuando terminó la lluvia, Pelayo y Elisenda seguían matando cangrejos. Poco después el niño despertó sin fiebre y con deseos de comer. Entonces se sintieron magnánimos y decidieron poner al ángel en una balsa[13] con agua dulce y provisiones para tres días, y abandonarlo a su suerte en altamar. Pero cuando 35 salieron al patio con las primeras luces, encontraron a todo el vecindario frente al gallinero, retozando[14] con el ángel sin la menor devoción y echándole cosas de comer por los huecos de las alambradas, como si no fuera una criatura sobrenatural sino un animal de circo.

El padre Gonzaga llegó antes de las siete alarmado por la desproporción de la noticia. A esa hora ya habían acudido curiosos menos frívolos que los del amanecer, y habían hecho 40 toda clase de conjeturas sobre el porvenir del cautivo. Los más simples pensaban que sería nombrado alcalde del mundo. Otros, de espíritu más áspero, suponían que sería ascendido a general de cinco estrellas para que ganara todas las guerras. Algunos visionarios recomendaban que fuera conservado como semental[15] para implantar en la tierra una estirpe de hombres alados y sabios que se hicieran cargo del universo. Pero el padre Gonzaga, antes de 45 ser cura, había sido un leñador[16] macizo. Asomado a las alambradas repasó en un instante su catecismo, y todavía pidió que le abrieran la puerta para examinar de cerca aquel varón de lástima que más bien parecía una enorme gallina decrépita entre las gallinas absortas. Estaba echado en un rincón, secándose al sol las alas extendidas, entre las cáscaras de frutas y las sobras del desayuno que le habían tirado los madrugadores. Ajeno a las impertinencias 50 del mundo, apenas si levantó sus ojos de anticuario y murmuró algo en su dialecto cuando el padre Gonzaga entró en el gallinero y le dio los buenos días en latín. El párroco tuvo la primera sospecha de una impostura al comprobar que no entendía la lengua de Dios ni sabía saludar a sus ministros. Luego observó que visto de cerca resultaba demasiado humano: tenía un insoportable olor de intemperie,[17] el revés de las alas sembrado de algas parasitarias 55 y las plumas mayores maltratadas por vientos terrestres, y nada en su naturaleza miserable estaba de acuerdo con la egregia dignidad de los ángeles. Entonces abandonó el gallinero, y con un breve sermón previno a los curiosos contra los riesgos de la ingenuidad. Les recordó

---

[10]tirado. [11]"garrote… alguacil": *bailiff's club*. [12]"lo… rastras": *dragged him*. [13]*raft*. [14]jugando. [15]*stud*. [16]*woodcutter*. [17]*outdoors*.

que el demonio tenía la mala costumbre de recurrir a artificios de carnaval para confundir a los incautos.[18] Argumentó que si las alas no eran el elemento esencial para determinar las diferencias entre un gavilán y un aeroplano, mucho menos podían serlo para reconocer a los ángeles. Sin embargo, prometió escribir una carta a su obispo, para que éste escribiera otra a su primado y para que éste escribiera otra al Sumo Pontífice, de modo que el veredicto final viniera de los tribunales más altos.

Su prudencia cayó en corazones estériles. La noticia del ángel cautivo se divulgó con tanta rapidez, que al cabo de pocas horas había en el patio un alboroto[19] de mercado, y tuvieron que llevar la tropa con bayonetas para espantar el tumulto que ya estaba a punto de tumbar la casa. Elisenda, con el espinazo[20] torcido de tanto barrer basuras de feria, tuvo entonces la buena idea de tapiar[21] el patio y cobrar cinco centavos por la entrada para ver al ángel.

Vinieron curiosos desde muy lejos. Vino una feria ambulante con un acróbata volador, que pasó zumbando[22] varias veces por encima de la muchedumbre, pero nadie le hizo caso porque sus alas no eran de ángel sino de murciélago sideral. Vinieron en busca de salud los enfermos más desdichados de la tierra: una pobre mujer que desde niña estaba contando los latidos de su corazón y ya no le alcanzaban los números, un portugués que no podía dormir porque lo atormentaba el ruido de las estrellas, un sonámbulo que se levantaba de noche a deshacer las cosas que había hecho despierto, y muchos otros de menor gravedad. En medio de aquel desorden de naufragio que hacía temblar la tierra, Pelayo y Elisenda estaban felices de cansancio, porque en menos de una semana atiborraron[23] de plata los dormitorios, y todavía la fila de peregrinos que esperaban turno para entrar llegaba hasta el otro lado del horizonte.

El ángel era el único que no participaba de su propio acontecimiento. El tiempo se le iba en buscar acomodo en su nido prestado, aturdido por el calor de infierno de las lámparas de aceite y las velas de sacrificio que le arrimaban a las alambradas. Al principio trataron de que comiera cristales de alcanfor,[24] que de acuerdo con la sabiduría de la vecina sabia era el alimento específico de los ángeles. Pero él los despreciaba, como despreció sin probarlos los apetitosos almuerzos que le llevaban los penitentes, y nunca se supo si fue por ángel o por viejo que terminó comiendo nada más que papillas de berenjena.[25] Su única virtud sobrenatural parecía ser la paciencia. Sobre todo en los primeros tiempos, cuando lo picoteaban[26] las gallinas en busca de los parásitos estelares que proliferaban en sus alas, y los inválidos le arrancaban plumas para tocarse con ellas sus defectos, y los menos piadosos le tiraban piedras tratando de que se levantara para verlo de cuerpo entero. La única vez que consiguieron alterarlo fue cuando le abrasaron el costado con un hierro de marcar novillos, porque llevaba tantas horas de estar inmóvil que lo creyeron muerto. Despertó sobresaltado, despotricando[27] en lengua hermética y con los ojos anegados de lágrimas, y dio un par de

---

[18]estúpidos. [19]*bustle*. [20]espalda. [21]poner una pared. [22]*buzzing*. [23]llenaron. [24]"cristales… alcanfor": *mothballs*. [25]"papilla… berenjena": *eggplant mush*. [26]*pecked*. [27]*ranting*.

aletazos[28] que provocaron un remolino de estiércol[29] de gallinero y polvo lunar, y un ventarrón de pánico que no parecía de este mundo. Aunque muchos creyeron que su reacción no había sido de cólera sino de dolor, desde entonces se cuidaron de no molestarlo, porque la mayoría entendió que su pasividad no era la de un serafín en uso de buen retiro sino la de un cataclismo en reposo.

El padre Gonzaga se enfrentó a la frivolidad de la muchedumbre con fórmulas de inspiración doméstica, mientras le llegaba un juicio terminante sobre la naturaleza del cautivo. Pero el correo de Roma había perdido la noción de la urgencia. El tiempo se perdía en esclarecer si el convicto tenía ombligo, si su dialecto tenía algo que ver con el arameo, si podía caber muchas veces en la punta de un alfiler, o si no sería simplemente un noruego con alas. Aquellas cartas de parsimonia[30] habrían ido y venido hasta el fin de los siglos, si un acontecimiento providencial no hubiera puesto término a las tribulaciones del párroco.

Sucedió que por esos días, entre muchas otras atracciones de feria, llevaron al pueblo el espectáculo errante de la mujer que se había convertido en araña por desobedecer a sus padres. La entrada para verla no sólo costaba menos que la entrada para ver al ángel, sino que daban permiso para hacerle toda clase de preguntas sobre su penosa condición, y para examinarla al derecho y al revés, de modo que nadie pusiera en duda la verdad del horror. Era una tarántula espantosa del tamaño de un carnero[31] y con la cabeza de una doncella triste. Pero lo más desgarrador no era su aspecto de disparate,[32] sino la sincera aflicción con que contaba los pormenores[33] de su desgracia. Siendo casi una niña se había escapado de la casa de sus padres para ir a un baile, y cuando regresaba por el bosque después de haber bailado sin permiso durante toda la noche, un trueno pavoroso abrió el cielo en dos mitades, y por aquella grieta salió el relámpago de azufre que la convirtió en araña. Su único alimento eran las bolitas de carne molida que las almas caritativas quisieran echarle en la boca. Semejante espectáculo, cargado de tanta verdad humana y de tan temible escarmiento,[34] tenía que derrotar sin proponérselo al de un ángel despectivo que apenas si se dignaba mirar a los mortales. Además, los escasos milagros que se atribuían al ángel revelaban un cierto desorden mental, como el del ciego que no recobró la visión pero le salieron tres dientes nuevos, y el del paralítico que no pudo andar pero estuvo a punto de ganarse la lotería, y el del leproso a quien le nacieron girasoles en las heridas. Aquellos milagros de consolación que más bien parecían entretenimientos de burla, habían quebrantado ya la reputación del ángel, cuando la mujer convertida en araña terminó de aniquilarla. Fue así como el padre Gonzaga se curó para siempre del insomnio, y el patio de Pelayo volvió a quedar tan solitario como en los tiempos en que llovió tres días y los cangrejos caminaban por los dormitorios.

Los dueños de casa no tuvieron nada que lamentar. Con el dinero recaudado[35] construyeron una mansión de dos plantas, con balcones y jardines, y con sardineles[36] muy altos

---

[28]"dio… aletazos": *he flapped his wings.* [29]*dung.* [30]inútiles. [31]*ram.* [32]*horrible.* [33]detalles. [34]lección. [35]ganado. [36]paredes.

para qué no se metieran los cangrejos del invierno, y con barras de hierro en las ventanas para que no se metieran los ángeles. Pelayo estableció además un criadero de conejos muy cerca del pueblo, y renunció para siempre a su mal empleo de alguacil, y Elisenda se compró unas zapatillas satinadas de tacones altos y muchos vestidos de seda tornasol, de los que usaban las señoras más codiciadas en los domingos de aquellos tiempos. El gallinero fue lo único que no mereció atención. Si alguna vez lo lavaron con creolina y quemaron lágrimas de mirra en su interior, no fue por hacerle honor al ángel, sino por conjurar la pestilencia de muladar[37] que ya andaba como un fantasma por toda la casa. Al principio, cuando el niño aprendió a caminar, se cuidaron de que no estuviera muy cerca del gallinero. Pero luego se fueron olvidando del temor y acostumbrándose a la peste, y antes de que el niño mudara los dientes se había metido a jugar dentro del gallinero, cuyas alambradas podridas se caían a pedazos. El ángel no fue menos displicente con el niño que con el resto de los mortales, pero soportaba las infamias más ingeniosas con una mansedumbre de perro sin ilusiones, y esto le permitió a Elisenda dedicar más tiempo a los oficios de la casa. Ambos contrajeron la varicela[38] al mismo tiempo. El médico que atendió al niño no resistió a la tentación de auscultar al ángel, y le encontró tantos soplos en el corazón y tantos ruidos en los riñones, que no le pareció posible que estuviera vivo. Lo que más le asombró, sin embargo, fue la lógica de sus alas. Resultaban tan naturales en aquel organismo completamente humano, que no podía entenderse por qué no las tenían también los otros hombres.

Cuando el niño fue a la escuela, hacía mucho tiempo que la casa nueva se había vuelto vieja. El sol y la lluvia desbarataron[39] el gallinero. El ángel liberado andaba arrastrándose por todas partes como un animal moribundo. Destruyó los sembrados de hortalizas.[40] Lo sacaban a escobazos[41] de un dormitorio, y un momento después lo encontraban en la cocina. Parecía estar en tantos lugares al mismo tiempo, que llegaron a pensar que se desdoblaba, que se repetía a sí mismo por toda la casa, y la exasperada Elisenda gritaba fuera de quicio[42] que era una desgracia vivir en aquel infierno lleno de ángeles. En el último invierno envejeció de un modo inconcebible. Apenas si podía moverse, y sus ojos de anticuario se le habían nublado hasta el punto de que tropezaba con los horcones,[43] y ya no le quedaban sino las cánulas peladas de las últimas plumas. Pelayo lo envolvió en una manta y le hizo la caridad de llevarlo a dormir en el cobertizo,[44] y sólo entonces advirtieron que pasaba las noches con calentura, quejándose con los quejidos sin gracia de los noruegos viejos. Fue ésa una de las pocas veces en que se alarmaron, porque pensaban que se iba a morir, y ni siquiera la vecina sabia había podido decirles qué se hacía con los ángeles muertos.

Sin embargo, no sólo sobrevivió a su peor invierno, sino que empezó a restablecerse con los primeros soles. Se quedó inmóvil varios días en el rincón más apartado del patio, y era que los vidrios de sus ojos volvían a ser diáfanos en diciembre, y que sus alas estaban

---

[37]*dungheap*. [38]*chicken pox*. [39]destruyeron. [40]plantas. [41]golpes con la escoba. [42]muy enfadada. [43]herramientas de palo. [44]*shed*.

echando plumas grandes y duras, plumas de pájaro viejo, que más bien parecían hechas para la muerte que para el vuelo. A veces, cuando nadie lo oía, cantaba canciones de navegantes bajo las estrellas.

Una mañana, Elisenda estaba cortando rebanadas[45] de cebollas para el almuerzo, y creyó que un viento de altamar había hecho saltar los cerrojos[46] de los balcones y se había metido en la casa. Entonces se asomó a la ventana del patio, y sorprendió al ángel en las primeras tentativas del vuelo. Eran tan torpes, que echó a perder las hortalizas como si hubiera llevado en las uñas una reja de arado, y estuvo a punto de desbaratar el cobertizo con aquellos aletazos indignos que resbalaban en la luz. Pero logró ganar altura. Elisenda exhaló un suspiro de descanso, por ella y por él, cuando lo vio pasar por encima de las últimas casas, sustentándose de cualquier modo con un azaroso aleteo de buitre senil. Siguió viéndolo hasta cuando acabó de cortar la cebolla, y siguió viéndolo hasta cuando ya no era posible que lo pudiera ver, porque entonces ya no era un estorbo[47] en su vida, sino un punto imaginario en el horizonte del mar.

Comprensión del texto

1. ¿Qué problemas de salud tiene el hijo de Pelayo y Elisenda?
2. ¿Qué pensaban Pelayo y Elisenda que era este hombre viejo caído en su casa?
3. ¿Qué futuro adivinaban para este viejo alado algunas personas?
4. ¿Qué decide hacer el Padre Gonzaga después de ver a este ser fantástico?
5. ¿Quiénes visitan al viejo en busca de ayuda?
6. Comente algunos de los milagros que hizo el viejo
7. ¿Qué metamorfosis experimenta el viejo, al final del cuento, cuando se aisló en un rincón del patio?

Análisis crítico

1. Comente el tipo de voz narrativa que tenemos en este relato. ¿Cuál es el tono de la narración? ¿Qué punto de vista predomina en el cuento?
2. ¿Cómo aparecen caracterizados, incluido el pueblo en su conjunto, los distintos personajes?
3. ¿Qué referencias temporales hay en el cuento? Comente algún tipo de juego o relación entre el tiempo real de la historia y el tiempo o tiempos del discurso.
4. ¿Dónde tienen lugar los acontecimientos narrativos? ¿Qué se propone el autor al crear este espacio específico?

---

[45]trozos. [46]*bolts.* [47]problema.

5. ¿Qué elementos del primer párrafo nos preparan para una lectura bíblica del cuento?
6. Comente el leitmotiv del circo, o del mundo como espectáculo.
7. ¿Encuentra algún elemento paródico importante en este cuento?
8. Discuta la crítica social y eclesiástica que hay en el cuento.

Mesa redonda

Como es de suponer, el cuento de García Márquez que hemos seleccionado cae dentro de una de las categorías de lo fantástico. Con sus compañeros de grupo, identifique el tipo de lo fantástico al que pertenece el cuento, y discuta los distintos elementos sobrenaturales que hay en el mismo y la reacción del pueblo ante ellos.

Sea creativo

Si usted hubiera sido coautor de este cuento, y Gabriel García Márquez le hubiera pedido que contribuyera con la creación de algunas anécdotas de carácter sobrenatural o fantástico, o con algunos milagros que produjeran un resultado inverso al propuesto, revelando un cierto "desorden mental", ¿qué anécdotas o milagros incluiría? Pueden trabajar en grupos de dos o tres estudiantes y, una vez completada esta actividad, compartirla con el resto de la clase.

Investigación

Por realismo mágico entendemos un movimiento o corriente literaria que comenzó a mediados del siglo xx y que abarca una variedad de conceptos e ideas. Escriba un breve ensayo comentando algunas de las características más destacadas de esta corriente literaria, y algunas de sus muestras literarias más representativas.

Álvaro Menéndez Leal: *Los robots deben ser atentos*

Vida, obra y crítica

Álvaro Menéndez Leal (1931-2000), que escribió bajo el seudónimo de Álvaro Menén Desleal, nació en Santa Ana, El Salvador, y estudió en una Academia Militar, de la que fue expulsado al tercer año, en 1952. En 1953 colaboró en *El Diario de Hoy*, pero ese mismo año fue detenido por conspirar contra el régimen del teniente coronel Óscar Osorio. En 1956 se reintegró a *El Diario de Hoy*, y en este mismo año fundó *Tele-periódico*, el primer noticiario televisivo de El Salvador. En 1962 fue nombrado catedrático de la Facultad de Economía de la Universidad de El Salvador.

Menén Desleal, junto a escritores como Manlio Argueta y otros, perteneció a la llamada "Generación Comprometida". Pasó algún tiempo en México, y durante esta estancia escribió el poemario existencialista *El extraño habitante* (1964). Como cuentista es autor de *La llave* (1962), y *Cuentos breves y maravillosos* (1962). Como dramaturgo es autor de, entre otras obras dramáticas, *El circo y otras piezas falsas* (1966), y *Luz negra* (1965), su obra más popular. *Luz negra*, representativa del teatro del absurdo, fue la ganadora del Primer Premio de los Juegos Florales Hispanoamericanos de Quezaltenango, Guatemala. Como ensayista, Menén Desleal es autor de *Ciudad, casa de todos* (1966), ganadora del segundo premio en el Certamen Nacional de Cultura de San Salvador. Póstumamente se publicó su obra *Tres novelas breves y poco ejemplares* (2000), y se conservan algunas otras obras inéditas tanto en poesía como en teatro y novela. Aunque Menén Desleal suele hacer uso de grandes dosis de humor, cinismo e ironía, hay en su obra una cruda y dura representación de la realidad socio-política de su país.

Guía de lectura

"Los robots deben ser atentos" forma parte de la colección de cuentos *La ilustre familia androide* (1972), y, como el mismo título sugiere, pertenece al subgénero de la ciencia ficción. La historia tiene por protagonistas a un Oficial de Quejas y una anciana, y la acción narrativa se desarrolla en una sociedad habitada por robots y seres humanos. El cuento comienza con la visita de la anciana a este Oficial de Quejas para expresarle, o quejarse de, la falta de atención y cortesía de los robots. El cuento concluye sorprendentemente con una nota irónica, pero esta ironía, que caracteriza otras obras de Menén Desleal, se extiende a toda la historia, y el lector termina preguntándose si, en realidad, los robots se han humanizado y aprendido mecánicamente unas reglas de comportamiento pertenecientes a nuestra sociedad.

Los robots deben ser atentos

El Oficial, de pie tras[1] el escritorio, la invitó a sentarse con un gesto cordial. La viejecita, más ágilmente de lo que era dable[2] esperar de una mujer de su edad, tomó asiento.

—Deseo presentar una queja —dijo la viejecita con un mohín[3] de indignación, y mientras los ojillos le relumbraban.[4]

El Oficial de Quejas sonrió solícito. Con una leve inclinación de cabeza la animó a proseguir.

—Sí; una queja. Una queja contra los robots.

El Oficial bajó los ojos y alistó[5] su maquinilla para tomar apuntes.

—Esas horribles máquinas —dijo la viejecita, con voz chillona[6]— son los seres más desatentos que conozco. Circulan por las calles de la ciudad y son incapaces de prestar el menor auxilio a una pobre anciana. Ahora sollozó,[7] la cara hundida en un pañuelo de encajes.[8]

—Ayer iba yo al Negociado de Seguros, y tuve que esperar cuarenta y cinco minutos (sí; cuarenta y cinco minutos, como lo oye) antes de poder atravesar la calle. El Robot de Tránsito se hizo todo ese tiempo de desentendido,[9] y no quiso detener la circulación de vehículos para que yo pasara al otro lado. El Oficial tomaba cuidadosamente apuntes.

—Y eso es lo de menos —agregó—. La semana pasada, en vista de que mi nuera guardaba cama[10] por un resfriado, me vi obligada a ir de compras. No hubo, en todo el camino de regreso, uno solo de esos malditos robots municipales que se ofreciera a llevarme la cesta... ¿Es que este gobierno jamás va a enseñar buenas maneras a los robots? —preguntó, con un todo de protesta muy comprensible.

El Oficial chasqueó[11] ligeramente la lengua. Se levantó y ofreció una taza de café a la viejecita, ofrecimiento que ella aceptó con un pujido.[12] El Oficial sirvió dos tazas, y dio una a la señora. Entre sorbo[13] y sorbo, siguió ella explicando sus puntos de vista.

He llegado a creer que es falso eso de las Tres Leyes Robóticas —dijo.

El Oficial se estremeció[14] en su asiento.

—Sí; como-lo-oye. Sostengo que esas Tres Leyes son pura propaganda. Además, esas mentadas[15] Leyes comenzaron como una elucubración[16] literaria, ¿no es cierto?... Se las puedo repetir de memoria,[17] ya que son el "Padre Nuestro" de esta era insolente...

—La viejecita entornó los ojos[18] en señal de aburrimiento, y empezó a recitar con voz pareja.[19]

Primera Ley: "Un robot no debe dañar a ser humano o, por falta[20] de acción, dejar que un ser humano sufra daño; segunda: un robot debe obedecer las órdenes que le son dadas

---

[1]tras: detrás. [2]dable: se podía. [3]mohí: gesto. [4]relumbraban: relumbrar, brillaban. [5]listó: preparó. [6]chillona: *boisterous.* [7]sollozó: *sobbed.* [8]encajes: *laces.* [9]se hizo... desentendido: en ningún momento me prestó atención. [10]guardaba cama: estaba en la cama. [11]chasqueó... lengua: *clicked his tongue slightly.* [12]pujido: ruido, sonido. [13]sorbo: *sip.* [14]se estremeció: *shuddered.* [15]mentadas: mencionadas. [16]elucubración: *lucubration.* [17]de memoria: *by heart.* [18]entornó los ojos: cerró parcialmente los ojos. [19]pareja: suave. [20]por falta de: *for lack of.*

por un ser humano, excepto cuando estas órdenes están en oposición con la primera ley; y, tercera: un robot debe proteger su propia existencia hasta donde esta protección no esté en conflicto con la primera o segunda ley". ¡Valientes leyes! El Oficial terminó su taza de café.   35

—Sé de casos en que los robots —dijo la anciana— han causado daños a los seres humanos...

El Oficial abrió más los ojos por la sorpresa.

He soportado frecuentemente la insolencia de los robots, que se han negado a obedecerme; y sé también de casos en que los robots han dejado sufrir daños a los seres humanos,   40
para protegerse a sí mismos. Como-lo-oye. ¡Egoístas!

El Oficial sabía que aquello no podía ser cierto; pero. De todas maneras, tomaba cuidadosamente apuntes.

—Ese Asimov debió agregar una cuarta Ley Robótica: "Los robots deben ser atentos, especialmente con los ancianos y los niños" —dijo, gimoteando[21] de nuevo entre el pañuelo.   45

El Oficial le dio seguridades de que su queja iba a ser considerada e investigada cuidadosamente: no era para menos saber que una persona tan simpática como ella tuviera quejas de esos groseros seres. La anciana sonrió coqueta:

—No hay como los seres humanos —dijo.

Luego agregó,[22] con una risita: 50

—Y no hay como los atentos Oficiales de Policía.

La viejecita se levantó y, ya animada su cara por la sonrisa, dijo:

—Muchas gracias por oírme, joven.

El Oficial sonrió a su vez, para corresponder las cortesías de su visitante.

El Oficial no tenía por qué acompañarla; pero la acompañó hasta la gran puerta de   55
acceso, tomándola dulcemente del brazo en todo el trayecto. La viejecita tenía sonrosadas las mejillas cuando estrechó pícaramente, y con un guiño[23] coqueto, la mano del apuesto Oficial. Todavía media cuadra más allá se detuvo y, girando la cabeza, sonrió de nuevo para agitar una última vez la mano, el pañuelo de encajes flotando al viento como una bandera amistosa. El Oficial, que se había quedado en la gran puerta, sonrió también y otra vez dijo   60
adiós. La viejecita se perdió en el tráfago[24] de gentes y robots de la gran ciudad, murmurando entre dientes: "¡Ah, qué diferencia! ¡No hay como los seres humanos!" El joven Oficial tomó el ascensor para su despacho. Entre el segundo y tercer piso, resonó la voz metálica de su oculto transmisor receptor:

—"Oficial de Quejas… Oficial de Quejas… Preséntese al Despacho del Director".   65

—Sí, señor —contestó el joven Oficial.

Pero fue un "sí, señor" más respetuoso que de costumbre, porque un robot debe ser atento.

---

[21]gimoteando: *whimpering.* [22]agregó: añadió. [23]guiño: *wink.* [24]tráfago: *hustle and bustle*

Comprensión del texto

1. ¿Quiénes son los dos personajes principales de "Los robots deben ser atentos"?
2. ¿De qué se queja la viejecita?
3. ¿Qué pide la viejecita para solucionar el problema?
4. ¿Cómo se puede solucionar el problema?
5. ¿Cómo llama la viejecita a este periodo de tiempo?
6. ¿Cómo transcurre la conversación entre la viejecita y el robot?
7. ¿Cómo responde el policía a la queja de la viejecita?
8. ¿Es el Oficial de Quejas un robot?

Análisis crítico

1. ¿Qué tipo de voz narrativa tenemos en este relato?
2. La palabra "seres" asume, en este cuento, un valor significativo, ¿cómo la interpretaría?
3. ¿Cree que el autor está tratando de mandar un mensaje acerca del trato que reciben los ancianos en nuestra sociedad?
4. ¿Qué hay de irónico al final del cuento?

Mesa redonda

Con sus compañeros de equipo, discuta qué rasgos o características de este cuento lo definen como perteneciente al subgénero de la ciencia ficción. Compartan sus opiniones con el resto de la clase.

Sea creativo

Piense en una historia de ciencia ficción centrada en el primer encuentro entre un ser humano y un extraterrestre. Escriba un par de páginas sobre el posible diálogo que podría tener lugar entre estos dos personajes.

Investigación

Escoja un cuento de ciencia-ficción y explique las características que lo definen como tal. Sugerimos, entre otras antologías, la editada por Sofía Rhei y Maielis González F., *Antología iberoamericana de ciencia ficción.*

Diccionario de términos literarios

Leitmotivo. El término procede de la música, y con él nos referimos a la recurrencia de un tema melódico a lo largo de una pieza musical. En literatura, el leitmotivo se refiere a una determinada palabra, expresión, motivo, verso o figura literaria que recurre frecuentemente en una obra.

Motivo. Se define como la unidad mínima en que pueden descomponerse los elementos constituyentes del tema de una obra literaria. Es decir, el motivo es la fracción temática mínima. En teoría dramática, sin embargo, la noción de motivo va unida a la de tema. Por ejemplo, el enfrentamiento entre las fuerzas del bien y del mal, la lucha contra un destino trágico, o progreso versus fuerzas tradicionales.

Unidad 7. Metaficción e Intertextualidad

La Metaficción

La metaficción, también llamada novela autoconsciente, autorreflexiva, autorreferencial, narcisista..., es una modalidad narrativa que encontramos en todos los períodos literarios. La vemos en el *Conde Lucanor*, de don Juan Manuel; en *Don Quijote de la Mancha*, de Miguel de Cervantes; en *El periquillo Sarniento* (1816), de José F. Lizardi, en escritores realistas de los siglos xix y xx y, de modo especial, en la novela postmoderna. La metaficción es un tipo de ficción que, de forma explícita, revela y analiza las convenciones y códigos (*codes*) narrativos de la novela que estamos leyendo o de otras novelas. En la metaficción, el escritor deja de ser temporalmente un fabulista, y de contar una historia ficticia, para convertirse en un crítico y/o teórico literario. Los recursos (*devices*) metafictivos utilizados por los escritores pueden ser de distinta índole (*kind*) y aparecer en cualquier tipo de novelas: realistas, fantásticas, históricas, etc. Veamos algunas de las funciones que desempeñan (*play*) algunos de los recursos metafictivos más comúnmente utilizados.

1. *Función reflexiva*. Esta función la encontramos en obras donde los recursos metafictivos se centran en el análisis o comentarios críticos sobre la novela que leemos o sobre otras novelas. Éste es, probablemente, el tipo de recurso metafictivo más empleado por los escritores, y lo encontramos, por poner un par de ejemplos, en las numerosas reflexiones crítico/teóricas sobre la escritura que hay en *Rayuela* (1963), de Julio Cortázar; y en *Fragmentos de apocalipsis* (1977), de Gonzalo T. Ballester. En esta última obra, concretamente, uno de los personajes le critica a la voz narrativa que su novela sea totalmente fragmentada y le falte (*lacks*) unidad, y le pide que no incluya a un determinado personaje en su ficción porque es: *un personaje completamente inútil... de una historia inverosímil.*

2. *Función autoconsciente*. Esta función la vemos en obras en las que el narrador, o un personaje ficticio, reconocen explícitamente el papel que desempeñan dentro de la obra de ficción. Un ejemplo de narrador consciente de su papel lo vemos en el siguiente ejemplo: *En la historia anterior quise narrar el proceso de una derrota... Sentí en la última página, que mi narración era un símbolo del hombre que yo fui, mientras la escribía* (Jorge L. Borges, "La busca de Averroes"). Un ejemplo de personaje que es consciente de su identidad ficticia lo vemos en el protagonista de *Quizá nos lleve el viento al infinito* (1984), de Gonzalo T. Ballester, quien reconoce que es: *un conjunto (*bunch*) de palabras.* En el caso de personajes que reconocen abiertamente su identidad ficticia, la obra de ficción nos hace pensar que nuestra existencia en este mundo es otra ficción, que somos los personajes de un libro escrito por Dios.

3. *Función metalingüística*. Esta función la vemos en obras en las que los recursos metaficticios llaman la atención sobre algún aspecto del lenguaje —el vocabulario, la sintaxis... — y/o sobre la incapacidad de éste para representar la realidad exterior. Por ejemplo, la voz narrativa de *Reivindicación del conde don Julián* (1970), de Juan Goytisolo, propone un discurso con: *una palabra sin historia... palabra-transparente, palabra reflejo... palabras simples para sentimientos simples.*

4. *Función especular*, o *mise-en-abyme*. El término *mise-en-abyme* viene de la heráldica (*heraldry*), y los escudos (*shields*) heráldicos se caracterizan por tener, generalmente en el centro, una copia en miniatura del escudo completo. En literatura, lo mismo que en la heráldica, la *mise-en abyme* se refiere a cómo un texto, situado dentro de otro, duplica, como un espejo, una, o varias veces, alguna de las partes o convenciones de la ficción que lo enmarca (*frames*). En las obras donde encontramos este tipo de recurso metaficticio es importante analizar la relación que existe entre las historias situadas en los distintos niveles (*levels*) narrativos. Por ejemplo, en el *Conde Lucanor*, la historia que cuenta Patronio, el consejero del conde, refleja un problema similar al que tiene el conde en la historia que enmarca a la anterior.

5. *Función paradójica*. Este tipo de función la encontramos en obras en las que los recursos metaficticios crean algún tipo de violación o subversión narrativas que desafían (*challenge*) nuestro sentido de la lógica. Lo vemos, por ejemplo, cuando una novela hace referencia dentro de la ficción al título de la novela misma, éste es el caso de *La paradoja del ave migratoria* (1987), de Luis Goytisolo, o de *Don Quijote de la Mancha*. Otro tipo de subversión lo vemos cuando la historia ficticia se va escribiendo al mismo tiempo que va sucediendo, como ocurre en *El cuarto de atrás* (1978), de Carmen Martín Gaite. Otro tipo de subversión tiene lugar cuando dentro de una obra de ficción hay un personaje que escribe una novela, y al final de nuestra lectura nos damos cuenta que esta novela que escribe el personaje es la novela que nosotros, los lectores, estamos leyendo. Éste es el caso de *Recuento* (1973), de Luis Goytisolo. Otro tipo de subversión lo vemos cuando un personaje ficticio aparece hablando con su creador, el escritor de la novela. Un ejemplo muy conocido lo encontramos en *Niebla* (1914), de Miguel

de Unamuno, donde el protagonista, Augusto Pérez, dialoga con Unamuno sobre su naturaleza ficticia.

6. *Función iconoclasta*. Esta función la encontramos en obras en las que el narrador utiliza recursos metafictivos como notas a pie de página (*footnotes*) para contar su historia, o deja páginas en blanco, o juega con el espacio textual o con el tipo de letra. Por ejemplo, en *Los trenes del verano* (1992), de José María Merino, aparecen páginas sombreadas (*shaded*) o de color negro, y a veces juega con los márgenes del texto o con los tipos de letra.

Intertextualidad

Entendemos por intertextualidad la incorporación de un texto en otro por medio de citas, alusiones, repeticiones, traducciones, etc. Dentro de este concepto también se incluyen los préstamos de convenciones literarias, o cualquier otro tipo de influencias conscientes o inconscientes. El texto en el que se encuentran representaciones de otros textos se llama *intertexto*. Por ejemplo, en *Reivindicación del conde don Julián*, de Juan Goytisolo, la voz narrativa habla de: *Ay qué terribles cinco de la tarde, cinco en punto en todos los relojes*, y ésta es una alusión intertextual al poema *Llanto por Ignacio Sánchez Mejías* (1935), de Federico García Lorca, que comienza: *A las cinco de la tarde/ eran las cinco en punto de la tarde.*

Laura Freixas: *Final absurdo*
Vida, obra y crítica

Laura Freixas Revuelta (1958-) se licenció en Derecho en 1980, pero se ha dedicado a la escritura, específicamente a la novela, el cuento, el ensayo y la crítica literaria. En 1987 fundó la colección literaria *El espejo de tinta* de la Editorial Grijalbo, y la dirigió hasta 1994. Además de la escritura creativa, Laura Freixas se ha dedicado a la investigación y a promocionar la literatura escrita por mujeres. Con este propósito, en 2009 funda "Clásicas y modernas", una asociación dedicada a la defensa de la igualdad de género, y desde enero de 2017 es presidenta de honor. Ha sido profesora invitada en varias universidades de Estados Unidos, Irlanda y Reino Unido, y ha impartido conferencias en la Biblioteca Nacional, la Fundación March, La Térmica, y otras instituciones.

Es autora, entre otras obras, de una colección de relatos, *Cuentos a los cuarenta* (2001); de las novelas *Último domingo en Londres* (1997), *Amor y lo que sea* (2005), y *Los otros son más felices* (2011); de una autobiografía, *Adolescencia en Barcelona hacia 1970* (2007); del ensayo *Literatura y mujeres* (2000), y dos volúmenes de su diario, *Una vida subterránea. Diario 1991-1994* (2013), y *Todos llevan máscara. Diario 1995-1996* (2018). Su último trabajo es una novela autobiográfica titulada *A mí no me iba a pasar* (2019). Laura Freixas es, asimismo, columnista de *La Vanguardia*, crítica literaria para *El País* y colaboradora de varias revistas literarias. Como traductora, ha traducido la novela *En Grand Central Station me senté y lloré*, de Elisabeth Smart, y ha formado parte del jurado del Premio Nacional de las Letras y del Premio Nacional de Narrativa.

Laura Freixas es una escritora experimental, y se mueve de la metaficción a la literatura confesional. En su obra literaria la mujer ocupa un lugar central y prioritario, y algunos de los temas que explora son los del matrimonio, la maternidad, la amistad entre mujeres, su vida privada, el feminismo y las contradicciones del ser humano.

Guía de lectura

"Final absurdo" es un cuento que forma parte de la colección de cuentos *El asesino en la muñeca* (1988), una obra en la que, entre otras de sus características, destaca el juego con los distintos planos de la realidad. La trama de "Final absurdo" se centra en el enfrentamiento de Luisa con un detective llamado Lorenzo Fresnos. Luisa es el personaje de una novela que ella cree que ha sido escrita por el detective, y a Luisa no le gusta cómo el autor la ha dejado sola y le ha dado un final absurdo a su vida, y a la novela. Molesta con ese final, Luisa saca una pistola y dispara a Lorenzo Fresnos. El lector, sin embargo, se da cuenta de que Luisa ha cometido un grave error.

En la lectura de este relato metafictivo el lector no puede dejar de pensar en *Niebla* (1914), de Miguel de Unamuno, una novela en la que Augusto Pérez, el protagonista de la novela, decide visitar a Unamuno en Salamanca antes de tomar la decisión de suicidarse. En el diálogo que mantienen los dos, Unamuno le dice que él, Augusto, es una ficción, y que él no está destinado a suicidarse sino a morir. Augusto regresa a su casa y muere, pero no sabemos si de muerte natural o si se ha suicidado. Las semejanzas entre ambos relatos, pues, son obvias, pero en el relato de Freixas hay un juego metafictivo ligeramente diferente al de Unamuno. "Final absurdo", pues, forma parte de una larga tradición literaria que tiene por antecedentes a escritores, como Calderón de la Barca, Francisco Delicado, Cervantes, Unamuno…, en los que se ve la intrusión del autor en la obra y la ruptura de niveles narrativos. En la lectura de este cuento, por tanto, el lector debe prestar especial atención a cómo se plantea la relación realidad/ficción a través de personajes que operan en distintos niveles narrativos, y a las reflexiones de carácter metafictivo que encontramos en el relato.

Final absurdo

Eran las ocho y media de la tarde, y el detective Lorenzo Fresnos estaba esperando una visita. Su secretaria acababa de marcharse; afuera había empezado a llover y Fresnos se aburría. Había dormido muy poco esa noche, y tenía la cabeza demasiado espesa[1] para hacer nada de provecho[2] durante la espera. Echó un vistazo a la biblioteca, legada[3] por el anterior ocupante del despacho,[4] y eligió un libro al azar.[5] Se sentó en su sillón y empezó a leer, bostezando.[6]

Le despertó un ruido seco: el libro había caído al suelo. Abrió los ojos con sobresalto[7] y vio, sentada al otro lado de su escritorio, a una mujer de unos cuarenta años, de nariz afilada[8] y mirada inquieta,[9] con el pelo rojizo recogido en un moño.[10] Al ver que se había despertado, ella le sonrió afablemente.[11] Sus ojos, sin embargo, le escrutaban[12] con ahínco.[13]

Lorenzo Fresnos se sintió molesto. Le irritaba que la mujer hubiese entrado sin llamar, o que él no la hubiese oído, y que le hubiera estado espiando[14] mientras dormía. Hubiera querido decir: "Encantado de conocerla, señora…" (era una primera visita) pero había olvidado el nombre que su secretaria le había apuntado[15] en la agenda. Y ella ya había empezado a hablar.

—Cuánto me alegro de conocerle —estaba diciendo—. No sabe con qué impaciencia esperaba esta entrevista. ¿No me regateará[16] el tiempo, verdad?

—Por supuesto, señora —replicó Fresnos, más bien seco. Algo, quizá la ansiedad que latía[17] en su voz, o su tono demasiado íntimo, le había puesto en guardia—. Usted dirá.

5

10

15

---

[1]pesada. [2]relevante, importante. [3]dejada. [4]oficina. [5]*at random.* [6]*yawning.* [7]susto, inquietud. [8]*sharp.* [9]nerviosa. [10]*bun.* [11]con simpatía. [12]examinaban. [13]determinación. [14]*spying.* [15]escrito. [16]discutirá, pondrá problemas. [17]se manifestaba.

20   La mujer bajó la cabeza y se puso a juguetear[18] con el cierre[19] de su bolso. Era un bolso antiguo y cursi.[20] Toda ella parecía un poco antigua, pensó Fresnos: el bolso, el peinado, el broche[21] de azabache...[22] Era distinguida, pero de una distinción tan pasada de moda que resultaba casi ridícula.

—Es difícil empezar... Llevo tanto tiempo pensando en lo que quiero decirle... Verá, yo... Bueno, para qué le voy a contar: usted sabe...

25   Una dama de provincias, sentenció Fresnos; esposa de un médico rural o de un notario. Las conocía de sobras:[23] eran desconfiadas, orgullosas, reacias[24] a hablar de sí mismas. Suspiró para sus adentros: iba a necesitar paciencia.

La mujer alzó la cabeza, respiró profundamente y dijo:

—Lo que quiero es una nueva oportunidad.

30   Lorenzo Fresnos arqueó[25] las cejas. Pero ella ya estaba descartando, con un gesto, cualquier hipotética objeción:

—¡No, no, ya sé lo que me va a decir! —se contestó a sí misma—. Que si eso es imposible; que si ya tuve mi oportunidad y la malgasté;[26] que usted no tiene la culpa. Pero eso es suponer que uno es del todo consciente, que vive con conocimiento de causa. Y no es verdad;

35   yo me engañaba. —Se recostó[27] en el sillón y le miró, expectante.

—¿Podría ser un poco más concreta, por favor? —preguntó Fresnos, con voz profesional. "Típico asunto de divorcio", estaba pensando. "Ahora me contará lo inocente que era ella, lo malo que es el marido, etc., etc., hasta el descubrimiento de que él tiene otra".

—Lo que quiero decir —replicó la mujer con fiereza—[28] es que mi vida no tiene sentido.

40   Ningún sentido, ¿me entiende? O, si lo tiene, yo no lo veo, y en tal caso le ruego que tenga la bondad de decirme cuál es. —Volvió a recostarse en el sillón y a manosear[29] el bolso, mirando a Fresnos como una niña enfadada. Fresnos volvió a armarse de paciencia.[30]

—Por favor, señora, no perdamos el tiempo. No estamos aquí para hablar del sentido de la vida. Si tiene la bondad de decirme, concretamente —recalcó[31] la palabra—, para qué

45   ha venido a verme...

La mujer hizo una mueca.[32] Parecía que se iba a echar a llorar.

—Escuche... —se suavizó[33] Fresnos. Pero ella no le escuchaba.

—¡Pues para eso le he venido a ver, precisamente! ¡No reniegue[34] ahora de su responsabilidad! ¡Yo no digo que la culpa sea toda suya, pero usted, por lo menos, me tenía que

50   haber avisado![35]

—¿Avisado? ¿De qué? —se desconcertó[36] Fresnos.

—¡Avisado, advertido, puesto en guardia, qué sé yo! ¡Haberme dicho que usted se desentendía de mi suerte,[37] que todo quedaba en mis manos! Yo estaba convencida de que usted velaba[38] por mí, por darle un sentido a mi vida...

---

[18]jugar. [19]*zipper*. [20]*tacky*. [21]*brooch*. [22]*jet*. [23]de sobras: muy bien. [24]contrarias. [25]*arched*. [26]perdí. [27]*lay down*. [28]agresividad. [29]tocar con las manos. [30]"armarse... paciencia": *be patient*. [31]enfatizó. [32]gesto. [33]tranquilizó. [34]rechace, niegue. [35]*warned*. [36]sorprendió. [37]"se... suerte": me dejaba sola. [38]cuidaba.

Aquella mujer estaba loca. Era la única explicación posible. No era la primera vez que tenía clientes desequilibrados. Eso sí, no parecía peligrosa; se la podría sacar de encima por las buenas.[39] Se levantó con expresión solemne.

—Lo siento, señora, pero estoy muy ocupado y...

A la mujer se le puso una cara rarísima: la boca torcida,[40] los labios temblorosos, los ojos mansos y aterrorizados.

—Por favor, no se vaya... no se vaya... no quería ofenderle —murmuró, ronca;[41] y luego empezó a chillar—:[42] ¡Es mi única oportunidad, la única! ¡Tengo derecho a que me escuche! ¡Si usted no...! —Y de pronto se echó a llorar.

Si algo no soportaba Fresnos era ver llorar a una mujer. Y el de ella era un llanto total, irreparable, de una desolación arrasadora.[43] "Está loca", se repitió, para serenarse.[44] Se volvió a sentar. Ella, al verlo, se calmó. Sacó un pañuelito de encaje[45] para enjugarse[46] los ojos y volvió a sonreír con una sonrisa forzada. "La de un náufrago[47] intentando seducir a una tabla", pensó Fresnos. Él mismo se quedó sorprendido: le había salido una metáfora preciosa, a la vez original y ajustada. Y entonces tuvo una idea. Pues Fresnos, como mucha gente, aprovechaba sus ratos libres para escribir, y tenía secretas ambiciones literarias. Y lo que acababa de ocurrírsele era que esa absurda visita podía proporcionarle[48] un magnífico tema para un cuento. Empezó a escucharla, ahora sí, con interés.

—Hubiera podido fugarme,[49] ¿sabe? —decía ella—. Sí, le confieso que lo pensé. Usted... —se esforzaba visiblemente en intrigarle,[50] en atraer su atención—, usted creía conocer todos mis pensamientos, ¿verdad?

Lorenzo Fresnos hizo un gesto vago, de los que pueden significar cualquier cosa. Estaría con ella un rato más, decidió, y cuando le pareciese que tenía suficiente material para un relato, daría por terminada la visita.

—¡Pues no! —exclamó la mujer, con tono infantilmente burlón—.[51] Permítame que le diga que no es usted tan omnisciente como cree, y que aunque he sido un títere[52] en sus manos, también tengo ideas propias. —Su mirada coqueta suavizaba apenas la agresividad latente en sus palabras. Pero Fresnos estaba demasiado abstraído[53] pensando en su cuento para percibir esos matices.[54]

—... Cuando me paseo por el puerto, ¿recuerda? —continuaba ella—. En medio de aquel revuelo[55] de gaviotas chillando, que parecen querer decirme algo, transmitirme un mensaje que yo no sé descifrar. —Se quedó pensativa, encogida.[56] "Como un pajarito", pensó Fresnos, buscando símiles. "Un pajarito con las plumas mojadas"—. O quizá el mensaje era, precisamente, que no hay mensaje —murmuró ella.

---

[39]"se... buenas": podía librarse, deshacerse, de ella de buena manera y sin grandes problemas. [40]*twisted.* [41]*hoarse voice.* [42]gritar. [43]"desolación arrasadora": tristeza muy grande. [44]calmarse. [45]*lace.* [46]secarse las lágrimas. [47]*shipwrecked person.* [48]darle. [49]escaparme. [50]despertarle su curiosidad. [51]*mocking.* [52]*puppet.* [53]*absorbed.* [54]pequeños detalles. [55]*din.* [56]*huddled up.*

Sacudió[57] la cabeza, volvió a fijar los ojos en Fresnos y prosiguió:

—Quería empezar de nuevo, despertarme, abrir los ojos y gobernar el curso de mi vida. Porque aquel día, por primera y desgraciadamente única vez, intuí[58] mi ceguera[59]

—"¿Ceguera?", se asombró Fresnos—. Esa ceguera espiritual que consiste en no querer saber que uno es libre, único dueño y único responsable de su destino, aunque no lo haya elegido; en dejarse llevar blandamente[60] por los avatares[61] de la vida.

—"Ah, Bueno", pensó Fresnos, algo decepcionado. Claro que en su cuento podía utilizar la ceguera como símbolo, no sabía bien de qué, pero ya lo encontraría.

—Por un momento —continuó la mujer —, jugué con la idea de embarcarme en cualquier barco y saltar a tierra en el primer puerto. ¡Un mundo por estrenar...![62] —exclamó, inmersa en sus fantasías—. A usted no le dice nada, claro, pero a mí... Donde todo hubiera sido asombro, novedad: con calles y caminos que no se sabe adonde llevan, y donde uno no conoce, ni alcanza siquiera a imaginar, lo que hay detrás de las montañas... Dígame una cosa —preguntó de pronto—: ¿el cielo es azul en todas partes?

—¿El cielo? Pues claro... —respondió Fresnos, pillado[63] por sorpresa. Estaba buscando la mejor manera de describir su rostro,[64] su expresión. "Ingenuidad" y "amargura" le parecían sustantivos apropiados, pero no sabía cómo combinarlos.

—¿Y el mar?

—También es del mismo color en todas partes —sonrió él.

—¡Ah, es del mismo color! —repitió la mujer—. ¡Del mismo color, dice usted! Si usted lo dice, será verdad, claro... ¡Qué lástima!

Miró al detective y le sonrió, más relajada.

—Me alegro de que hagamos las paces. Me puse un poco nerviosa antes, ¿sabe? Y también me alegro —añadió, bajando la voz— de oírle decir lo del cielo y el mar.

Tenía miedo de que me dijera que no había tal cielo ni tal mar, que todo eran bambalinas[65] y papel pintado.

Lorenzo Fresnos miró con disimulo su reloj. Eran las nueve y cuarto. La dejaría hablar hasta las nueve y media, y luego se iría a casa a cenar; estaba muy cansado.

La mujer se había interrumpido. Se hizo un silencio denso, cargado. Afuera continuaba lloviendo, y el cono[66] de luz cálida que les acogía[67] parecía flotar en medio de una penumbra[68] universal. Fresnos notó que la mujer estaba tensa; seguramente había sorprendido su mirada al reloj.

—Bueno, pues a lo que iba...[69] —continuó ella, vacilante—.[70] Que conste[71] que no le estoy reprochando que me hiciera desgraciada. Al contrario: tuve instantes muy felices, y sepa usted que se los agradezco.

—No hay de qué[72] —replicó Fresnos, irónico.

---

[57]*shook.* [58]*adiviné.* [59]*blindness.* [60]suavemente. [61]circunstancias y cambios. [62]descubrir. [63]*taken.* [64]cara. [65]mentiras. [66]*cone.* [67]cubría con su luz. [68]sombra. [69]"a... iba": volviendo al tema. [70]*hesitatingly.* [71]"Que conste": insisto. [72]"No... qué": *don't mention it.*

—Pero era —prosiguió[73] la mujer, como si no le hubiera oído— una felicidad proyectada hacia el porvenir, es decir, consistía precisamente en el augurio[74] (creía yo) de una felicidad futura, mayor y, sobre todo, definitiva... No sé si me explico. No se trata de la felicidad, no es eso exactamente... Mire, ¿conoce usted esos dibujos que a primera vista no son más que una maraña[75] de líneas entrecruzadas, y en los que hay que colorear ciertas zonas para que aparezca la forma que ocultan? Y entonces uno dice: "Ah, era eso: un barco, o un enanito,[76] o una manzana"... Pues bien, cuando yo repaso mi vida, no veo nada en particular; sólo una maraña.

"Bonita metáfora", reconoció Fresnos. La usaría.

—Cuando llegó el punto final —exclamó ella, mirándole de reojo—[77] le juro que no podía creérmelo. ¡Era un final tan absurdo! No me podía creer que aquellos sueños, aquellas esperanzas, aquellos momentos de exaltación, de intuición de algo grandioso..., creía yo..., terminaran en..., en agua de borrajas.[78] —suspiró—. Dígame —le apostrofó[79] repentinamente—: ¿por qué terminó ahí? ¡Siempre he querido preguntárselo!

—¿Terminar qué? —se desconcertó Fresnos.

—¡Mi historia! —se impacientó la mujer, como si la obligaran a explicar algo obvio—. Nace una niña..., promete mucho..., tiene anhelos, ambiciones, es un poquitín extravagante..., lee mucho, quiere ser escritora..., incluso esboza[80] una novela, que no termina —hablaba con pasión, gesticulando—, se enamora de un donjuán de opereta que la deja plantada...,[81] piensa en suicidarse, no se suicida..., llegué a conseguir una pistola, como usted sabe muy bien, pero no la usé, claro..., eso al menos habría sido un final digno, una conclusión de algún tipo..., melodramático, pero redondo, acabado..., pero ¡qué va!,[82] sigue dando tumbos[83] por la vida..., hace un poquito de esto, un poquito de aquello..., hasta que un buen día, ¡fin! ¡Así, sin ton ni son![84] ¿Le parece justo? ¿Le parece correcto? ¡Yo...!

—Pero ¿de qué diablos me está hablando? —la interrumpió Fresnos. Si no le paraba los pies,[85] pronto le insultaría, y eso ya sí que no estaba dispuesto a consentirlo.

La mujer se echó atrás y le fulminó con una mirada de sarcasmo. Fresnos observó fríamente que se le estaba deshaciendo el moño, y que tenía la cara enrojecida. Parecía una verdulera.[86]

—¡Me lo esperaba! —gritó —. Soy una de tantas, ¿verdad? Me desgracia[87] la vida, y luego ni se acuerda. Luisa, *Los desvelos*[88] *de Luisa*, ¿no le dice nada? ¡Irresponsable!

—Mire, señora —dijo Fresnos, harto—, tengo mucho que hacer, o sea, que hágame el favor...

—Y sin embargo, aunque lo haya olvidado —prosiguió ella, dramática, sin oírle—, usted me concibió. Aquí, en este mismo despacho: me lo imagino sentado en su sillón, con el codo en la mano, mordisqueando[89] el lápiz, pensando: "Será una mujer. Tendrá el pelo rojizo, la

---

[73]continuó. [74]premonición. [75]*jumble*. [76]*dwarf*. [77]"mirándole... reojo": *looking at him sideways*. [78]"agua... borrajas": nada. [79]dijo. [80]*drafts*. [81]"la... plantada": abandona. [82]"¡qué va!": ¡no!. [83]"dando tumbos": yendo de un lugar a otro. [84]"sin... son!": sin dar una explicación. [85]"si... pies": si no la ponía en sus pies. [86]*fishwife*. [87]destruye. [88]problemas y preocupaciones. [89]mordiendo.

nariz afilada, los ojos verdes; será ingenua, impaciente; vivirá en una ciudad de provincias..."
¿Y todo eso para qué? ¡Para qué, dígamelo! ¡Con qué finalidad, con qué objeto! ¡Pero ahora
lo entiendo todo! —vociferó—.[90] ¡Es usted uno de esos autores prolíficos y peseteros[91] que
fabrican las novelas como churros[92] y las olvidan en cuanto las han vendido! ¡Ni yo ni mis
desvelos le importamos un comino![93] ¡Sólo le importa el éxito, el dinero, su mísero pedacito
de gloria! ¡Hipócrita! ¡Impostor! ¡Desalmado![94] ¡Negrero![95]

"Se toma por un personaje de ficción", pensó Fresnos, boquiabierto.[96] Se quedó mirán-
dola sin acertar a[97] decir nada, mientras ella le cubría de insultos. ¡Aquello sí que era una
situación novelesca! En cuanto llegara a casa escribiría el cuento de corrido.[98] Sólo le faltaba
encontrar el final.

La mujer había callado al darse cuenta de que él no la escuchaba, y ahora le miraba de
reojo, avergonzada y temerosa, como si el silencio de él la hubiera dejado desnuda.

—Déme aunque sólo sean treinta páginas más —susurró—,[99] o aunque sean sólo veinte,
diez... Por favor, señor Godet...

—¿Señor Godet?... —repitió Fresnos. Ahora era ella la que le miraba boquiabierta.

—¿Usted no es Jesús Godet?

Lorenzo Fresnos se echó a reír a carcajadas. La mujer estaba aturdida.[100]

—Créame que lamento este malentendido[101] —dijo Fresnos. Estaba a punto de darle las
gracias por haberle servido en bandeja[102] un argumento para relato surrealista—. Me llamo
Lorenzo Fresnos, soy detective, y no conozco a ningún Jesús Godet. Creo que podemos dar
la entrevista por terminada. —Iba a levantarse, pero ella reaccionó rápidamente.

—Entonces, ¿usted de qué novela es? —preguntó con avidez.[103]

—Mire, señora, yo no soy ningún personaje de novela; soy una persona de carne y hueso.

—¿Qué diferencia hay? —preguntó ella; pero sin dejarle tiempo a contestar, continuó—:
Oiga, se me ha ocurrido una cosa. Ya me figuraba yo que no podía ser tan fácil hablar con
el señor Godet. Pues bien, ya que él no nos va a dar una nueva oportunidad, más vale que
nos la tomemos nosotros: usted pasa a mi novela, y yo paso a la suya. ¿Qué le parece?

—Me parece muy bien —dijo tranquilamente Fresnos—. ¿Por qué no vamos a tomar una
copa y lo discutimos con calma? —Sin esperar respuesta, se levantó y fue a coger su abrigo
del perchero.[104] Se dio cuenta de que no llevaba paraguas, y estaba lloviendo a mares.[105]
Decidió que cogería un taxi. Entonces la oyó gritar.

Estaba pálida como un cadáver mirando la biblioteca, que no había visto antes por estar
a sus espaldas. La barbilla[106] le temblaba cuando se volvió hacia él.

—¿Por qué me ha mentido? —gritó con furia—, ¿por qué? ¡Aquí está la prueba! —Señala-
ba, acusadora, los libros—. ¡Cubiertos de polvo, enmudecidos,[107] inmovilizados a la fuerza!

---

[90]grité. [91]*stingy.* [92]tipo de donut. [93]"le... comino": *you don't give a damn.* [94]cruel. [95]*slave trader.* [96]sorprendido.
[97]conseguir, lograr. [98]"de corrido": sin interrupción. [99]*whispered.* [100]*bewildered.* [101]*misunderstanding.* [102]"servido... bandeja": dado la idea. [103]*eagerly.* [104]*coat rack.* [105]"a mares": mucho. [106]*chin.* [107]silenciados.

¡Es aún peor de lo que me temía, los hay a cientos! Sus *Obras Completas*, ¿verdad? ¡Estará usted satisfecho! ¿Cuántos ha creado usted por diversión, para olvidarlos luego de esta manera? ¿Cuántos, señor Godet?

— ¡Basta! —gritó Fresnos—. ¡Salga inmediatamente de aquí o llamo a la policía!

Avanzó hacia ella con gesto amenazador, pero tropezó[108] con un libro tirado en el suelo junto a su sillón. Vio el título: *Los desvelos de Luisa*. Creyó comprenderlo todo. Alzó la cabeza. En ese momento menguó[109] la luz eléctrica; retumbó[110] un trueno, y la claridad lívida e intemporal[111] de un relámpago les inmovilizó. Fresnos vio los ojos de la mujer, fijos,[112] desencajados,[113] entre dos instantes de total oscuridad. Siguió un fragor[114] de nubes embistiéndose;[115] arreció[116] la lluvia; la lámpara se había apagado del todo. Fresnos palpaba[117] los muebles, como un ciego.

— ¡Usted dice que el cielo es siempre azul en todas partes! —La voz provenía[118] de una forma confusa y movediza[119] en la penumbra—. ¡Sí! —gritaba por encima del estruendo—, ¡menos cuando se vuelve negro, vacío para siempre y en todas partes! —¡Tú no eres más que un sueño! —vociferó Fresnos, debatiéndose angustiosamente—. ¡Soy yo quien te he leído y quien te está soñando! ¡Estoy soñando, estoy soñando! —chilló en un desesperado esfuerzo por despertar, por huir de aquella pesadilla.[120]

— ¿Ah, sí? —respondió ella burlona, y abrió el bolso. Enloquecido, Fresnos se abalanzó[121] hacia aquel bulto[122] movediza. Adivinó lo que ella tenía en sus manos, y antes de que le ensordeciera[123] el disparo tuvo tiempo de pensar: "No puede ser, es un final absurdo..."

"Ni más ni menos que cualquier otro", le contestó bostezando Jesús Godet mientras ponía el punto final.

Comprensión del texto

1. ¿Dónde tiene lugar la acción narrativa?
2. ¿Había arreglado Lorenzo Fresnos una cita con Luisa?
3. ¿Qué le pide Luisa a L. Fresnos?
4. ¿Qué problemas tuvo Luisa en su vida?
5. ¿Qué hace L. Fresnos en su tiempo libre?
6. ¿Qué proposición le hace Luisa a L. Fresnos?
7. ¿Por qué mata Luisa a L. Fresnos?
8. ¿Confunde Luisa a L. Fresnos con otra persona? ¿Es L. Fresnos el autor de *Los desvelos de Luisa*?

---

[108]*tripped*. [109]disminuyó. [110]*rumbled*. [111]*timeless*. [112]*staring*. [113]llenos de terror. [114]ruido. [115]chocando unas con otras. [116]intensificó. [117]tocaba. [118]venía. [119]que se movía. [120]*nightmare*. [121]*flung*. [122]*shape*. [123]*deafened*.

Análisis crítico

1. ¿Qué tipo de narrador tenemos en este relato?
2. ¿Juega el espacio algún papel relevante en este relato?
3. ¿Cómo aparece caracterizada Luisa?
4. ¿Es consciente Luisa del papel que juega en la vida?
5. ¿Cuánto tiempo dura la acción narrativa? ¿Hay ejemplos de analepsis o prolepsis?
6. ¿Se relacionan las condiciones atmosféricas descritas en el relato con los acontecimientos narrativos?
7. ¿Juega el color algún papel importante en este cuento?
8. ¿Quién es el autor de *Los desvelos de Luisa*?
9. ¿Cree que en el nombre "Jesús Godet" se esconde algún significado o valor simbólico?

Mesa redonda

"Final absurdo" es un ejemplo, como indicamos en la "guía de lectura", de metaficción. Con sus compañeros de grupo, identifique los distintos niveles narrativos que hay en el relato, los distintos papeles que desarrollan los tres personajes principales: Luisa, L. Fresnos y Jesús Godet, y las distintas instancias metafictivas que ve en este relato. Compartan sus opiniones con la clase.

Sea creativo

En la introducción al tema de la metaficción mencionamos algunas de las instancias metafictivas más comunes utilizadas por los escritores. Seleccione una de ellas y escriba el bosquejo de un relato metafictivo y una página emblemática en la que se puede ver cómo ejecuta o representa en su texto esta instancia metafictiva.

Investigación

Escoja un cuento metafictivo, como "Un personaje absorto" de la colección *El viajero perdido* de José M. Merino, o "Pierre Menard, autor del Quijote" de la colección *Ficciones* de Borges, o "Continuidad de los parques" de la colección *Final de juego* de Julio Cortázar, o cualquier otro relato metafictivo, y comente las instancias metafictivas que aparecen en dicho relato.

Diccionario de términos literarios

Bildungsroman. Con este término, de origen alemán, se designa un tipo de novela en la que a lo largo del relato se desarrolla la vida y personalidad del protagonista desde la adolescencia y juventud hasta la madurez. A través de sus experiencias en la vida vemos cómo este protagonista modela su carácter y su concepción del mundo. Uno de los motivos característicos de este tipo de novela es el de "búsqueda", y ésta suele ir acompañada de viajes, aventuras, riesgos etc. Todas estas experiencias le sirven al protagonista como iniciación a la vida, ruptura con su etapa anterior de adolescente o joven, y desarrollo de sus propios proyectos en la vida. Un ejemplo de este tipo de novela es *Camino de perfección* (1902), de Pío Baroja.

Metateatro. Término similar al de metaficción en prosa. En teatro se usa para designar obras en las que el tema central es la noción del mundo como un escenario donde se desarrolla el drama de la vida humana, u obras en las que hay dentro de ellas otra obra de teatro, o en las que los personajes reconocen su identidad ficticia, o en las que se incluye al dramaturgo o al director de la obra, o en las que se pone énfasis en la teatralidad de la obra dramática.

Unidad 8. Narrativa Mítica

Mitos

Numerosos escritores se han inspirado para la creación de sus personajes literarios, argumentos, temas, imágenes y anécdotas, en distintos mitos y arquetipos. ¿Qué son los mitos? Los mitos son historias anónimas que narran acontecimientos sagrados o fantásticos ocurridos en un tiempo primigenio. Antes de ser fijados en la escritura, los mitos se trasmitieron oralmente de generación en generación, y esto ha dado lugar a la creación de varias versiones de un mismo mito. Desde el punto de vista temático existen mitos cosmogónicos y cosmológicos sobre la creación y destrucción del mundo, mitos sobre el origen de los dioses, mitos sagrados relacionados con algún ritual religioso, y mitos centrados en la fundación de las ciudades, el funcionamiento de la sociedad, el tiempo y la eternidad, la muerte y el renacimiento, los ciclos de la naturaleza... En general, los mitos se caracterizan por revelar verdades universales sobre la condición humana y por presentar la lucha entre dos opuestos: el bien contra el mal, la vida contra la muerte, o dioses/semidioses contra hombres. Muchos de los protagonistas de estas historias son dioses, semidioses, gigantes, héroes, o figuras históricas o legendarias: Antígona, Sísifo, Perséfone, Electra, Edipo, Orfeo y su esposa Eurídice, Prometeo... Algunos pueblos de la antigüedad consideraban los mitos como historias sagradas y verdaderas, y eran revividos (*revived*), o actualizados, a través de la práctica de ciertos ritos, como el de la purificación por medio del agua, el de la circuncisión, o los de paso (*passage*). Uno de los ritos de paso que mayor influencia ha tenido en la literatura es el de iniciación, y lo vemos cuando un adolescente tiene que superar ciertas pruebas antes de integrarse como adulto en la sociedad o como miembro de una práctica religiosa.

Aunque los mitos más conocidos son los compilados en las mitologías de la antigüedad clásica greco-latina, existen otras muchas mitologías en el mundo: la india, la escandinava, la azteca, la maya, etc., y resulta curioso observar cómo, a veces, los mitos de diferentes culturas comparten algunos de sus temas. Esto nos lleva a pensar si, en realidad, existió algún tipo de comunicación entre pueblos de distintos continentes, o si, como veremos a continuación, estos temas forman parte de lo que Jung denomina el "inconsciente colectivo". Algunos de los mitos recurrentes en varias culturas son el del robo del fuego, el de la creación del mundo, o el del diluvio universal. Este último mito, que utiliza Alejo Carpentier en "Los advertidos", lo encontramos en la *Biblia*, pero también aparece en el *Popol Vuh* y en varias mitologías anteriores, como la sumeria —actual Irak— del siglo XVI a. C.

Arquetipos

Los mitos guardan una relación estrecha (*close*) con los arquetipos —personajes, símbolos, situaciones o tropos que se repiten en el curso del tiempo—, y el estudio de éstos nos lleva a Carl G. Jung. Según Jung, debajo del inconsciente personal se encuentra el inconsciente colectivo, que es comúnmente compartido por todos los hombres; y es aquí, en el inconsciente colectivo, donde se localizan los arquetipos. Jung los define como "imágenes primigenias" que se han formado a través de la repetición de experiencias en las vidas de nuestros antepasados (*ancestors*). Jung añade que estos patrones de comportamiento recurrentes se manifiestan en los mitos, las religiones, los sueños, los rituales y el arte. Algunos de los patrones arquetípicos más conocidos son el de la muerte y resurrección, el del viaje a los infiernos, el de la víctima propiciatoria (*scapegoat*), el de la pérdida de inocencia, el de la expulsión del paraíso, y el de la subida a los cielos. En cuanto a sus protagonistas, encontramos a dioses, personas como la mujer fatal, el demonio, el rey, el viejo sabio, el estafador (*swindler*), el padre, el héroe… o elementos naturales como el sol, el agua, etc. Los arquetipos han pasado de generación en generación a través de toda la historia, y se repiten en culturas que no han establecido ningún tipo de contacto.

Debemos señalar que, además de los arquetipos anteriormente mencionados, la literatura también ha creado sus propios arquetipos. Entre ellos podemos destacar el de Fausto, de origen alemán, como arquetipo del hombre que hace un pacto con el diablo a cambio de dinero, belleza, conocimiento… y el de Otelo, el personaje de la obra homónima de Shakespeare, como arquetipo del amante celoso.

En nuestras literaturas hispanas podemos mencionar a la Celestina, la protagonista de *La Celestina* (1499), de Fernando de Rojas, como arquetipo de la alcahueta (*go-between*) con rasgos (*traits*) de bruja; a Don Quijote, el protagonista de *Don Quijote de la Mancha*, de Miguel de Cervantes, como arquetipo del caballero idealista que quiere cambiar el mundo; a don Juan, el protagonista de *El burlador de Sevilla* (1630), de Tirso de Molina, como arquetipo del seductor y burlador; y a los Buendía, los protagonistas de *Cien años de soledad* (1967), de Gabriel García Márquez, como arquetipo de una saga familiar maldita (*doomed*).

Aunque muchos escritores y escritoras se han servido de distintos mitos y arquetipos desde la antigüedad, es importante señalar que un gran número de éstas ha expresado algunas de sus ideas feministas haciendo uso de algunos mitos de la antigüedad clásica greco-latina. Algunos de los mitos más usados son el de Apolo y Dafne, y el de Deméter y Koré. El primero de éstos, el de Apolo y Dafne, trata de cómo la ninfa Dafne se protege de los requerimientos (*advances*) amorosos de Apolo transformándose en un laurel. Este mito es utilizado por algunas escritoras para expresar un rechazo del orden patriarcal y proponer la idea de un mundo natural como refugio para la mujer. Un ejemplo de este mito lo vemos en *Espejo roto* (1974), de Mercè Rodoreda, donde la protagonista principal se aísla (*isolates*) del mundo patriarcal refugiándose en su propia casa y jardín, una especie de paraíso terrenal. El segundo mito, el de Deméter y Koré, se centra en el rapto (*abduction*) de Koré por Plutón, y en cómo Deméter, su madre, la rescata (*rescues*) de los infiernos. Esta historia ha servido a algunas escritoras para defender un orden matriarcal de la sociedad y celebrar la unión de distintas generaciones de mujeres; y este último aspecto del mito se ve en la relación de Sofía con su madre en *Nubosidad variable* (1992), de Carmen M. Gaite.

Debemos decir que, no siempre, los escritores adaptan fielmente los mitos o arquetipos en sus obras, y a veces hacen un uso paródico, satírico, burlesco... de los mismos acomodándolos o adaptándolos a sus propósitos creadores. Tal es el caso, por ejemplo, de Francisco de Quevedo en su soneto "A Apolo, siguiendo a Dafne", donde el poeta nos ofrece una recreación irónica del mito clásico al sugerir a Apolo que compre a Dafne con dinero.

Juan José Arreola: *Un pacto con el diablo*
Vida, obra, y crítica

Juan José Arreola (1918–2001), natural de México, desempeñó varios trabajos —comerciante, panadero, periodista, corrector para el Fondo de Cultura Económica, etc.— antes de dedicarse enteramente a la escritura. Arreola publicó su primer libro de cuentos, *Varia intención*, en 1949; su obra maestra, la colección de cuentos *Confabulario*, vio la luz en 1952, y algunos años más tarde publicó su única novela, *La feria* (1963), que puede considerarse semiautobiográfica. Otras de sus obras son *Palindroma* (1971) y *Bestiario* (1972), la cual completa una serie iniciada en 1958 con *Punta de plata*. Como dramaturgo es autor de *La obra de todos* (1954), y como ensayista de *Y ahora la mujer* (1975). Arreola, cuentista por excelencia, ha sido galardonado con numerosos premios, entre ellos el Premio Nacional de Lingüística y Literatura, en 1979; el Premio de Literatura Latinoamericana y del Caribe Juan Rulfo en 1992; y el Premio Internacional Alfonso Reyes en 1995.

Arreola, en quien se percibe la influencia de F. Kafka y Albert Camus, entre otros escritores, se caracteriza por escribir cuentos alegóricos y fantásticos, fábulas y parábolas, y en ellos suele hacer un estudio de la condición humana. Asimismo, se caracteriza por hacer uso de una gran variedad de estilos literarios, emplear un número reducido de personajes y simplificar sus argumentos. En su primera colección de cuentos, *Varia intención*, Arreola analiza el tema de la paranoia, la alienación, el amor y la fe religiosa; en *Punta de plata*, una obra escrita en prosa lírica, el autor describe un mundo de animales salvajes para representar alegóricamente la bestialidad del hombre; y en otras de sus colecciones de cuentos, presentadas a veces como ensayos, diarios, alegorías, etc. Arreola se distingue por jugar con símbolos y elementos paródicos, por su agudo humor, y por mostrar una inclinación a representar situaciones que reflejan lo absurdo de la vida, en especial lo absurdo de las creencias religiosas.

Guía de lectura

"Un pacto con el diablo" es un cuento que forma parte de su obra maestra, *Confabulario*, una colección de cuentos ampliada y revisada en sucesivas ediciones. Algunos de los cuentos de esta colección, en los que abundan los elementos autobiográficos, pertenecen al realismo mágico, otros se pueden categorizar como fábulas, y otros, por influencia de Kafka, tienen elementos absurdos, de angustia existencial y pesimismo. El cuento seleccionado trata de un hombre que llega tarde al cine, y de cómo aquí conoce a un hombre, un "desconocido", que le cuenta parte de la trama de la película: el pacto que ha realizado un tal Daniel Brown con el diablo. Nuestro protagonista, que se identifica con Daniel Brown, termina de ver la película, y después de rechazar una proposición de este "desconocido", regresa a casa donde le espera su esposa.

Como podemos deducir por su título, el cuento recrea el conocido mito fáustico, basado en una leyenda alemana, del hombre que vende su alma al diablo a cambio del conocimiento ilimitado y los placeres mundanos. El mito ha sido utilizado por numerosos escritores, desde el alemán Johann Spies en 1587, pasando por el inglés Christopher Marlowe en el Renacimiento inglés, y los alemanes Johann W. Goethe a principios del siglo XIX, y Thomas Mann en el siglo XX. Además ha sido utilizado en óperas, películas y canciones. En la lectura del cuento debemos prestar atención a cómo se textualiza el mito fáustico, al propósito que anima a Arreola a utilizar este mito, a los reflejos especulares o simetrías, y a los distintos niveles de realidad.

Un pacto con el diablo

Aunque me di prisa y llegué al cine corriendo, la película había comenzado. En el salón oscuro traté de encontrar un sitio. Quedé junto a un hombre de aspecto distinguido.

—Perdone usted —le dije—, ¿no podría contarme brevemente lo que ha ocurrido en la pantalla?[1]

—Sí. Daniel Brown, a quien ve usted allí, ha hecho un pacto con el diablo.

—Gracias. Ahora quiero saber las condiciones del pacto: ¿podría explicármelas?

—Con mucho gusto. El diablo se compromete a proporcionar[2] la riqueza a Daniel Brown durante siete años. Naturalmente, a cambio de su alma.

—¿Siete nomás?[3]

—El contrato puede renovarse. No hace mucho, Daniel Brown lo firmó con un poco de sangre.

Yo podía completar con estos datos el argumento de la película. Eran suficientes, pero quise saber algo más. El complaciente[4] desconocido[5] parecía ser hombre de criterio.[6] En tanto que[7] Daniel Brown se embolsaba[8] una buena cantidad de monedas de oro, pregunté:

—En su concepto, ¿quién de los dos se ha comprometido más?

—El diablo.

—¿Cómo es eso? —repliqué sorprendido.

—El alma de Daniel Brown, créame usted, no valía gran cosa en el momento en que la cedió.

—Entonces el diablo…

_____

[1]screen. [2]dar. [3]solamente. [4]amable. [5]stranger. [6]good judgment. [7]"En tanto que": mientras. [8]ganaba.

—Va a salir muy perjudicado en el negocio, porque Daniel se manifiesta muy deseoso de dinero, mírelo usted.

—Efectivamente, Brown gastaba el dinero a puñados.[9] Su alma de campesino se desquiciaba.[10] Con los ojos de reproche, mi vecino añadió:

—Ya llegarás al séptimo año, ya.

—Tuve un estremecimiento.[11] Daniel Brown me inspiraba simpatía. No pude menos de preguntar:

—Usted, perdóneme, ¿no se ha encontrado pobre alguna vez?

El perfil de mi vecino, esfumado[12] en la oscuridad, sonrió débilmente. Apartó los ojos de la pantalla, donde ya Daniel Brown comenzaba a sentir remordimientos, y dijo sin mirarme:

—Ignoro en qué consiste la pobreza, ¿sabe usted?

—Siendo así…

—En cambio, sé muy bien lo que puede hacerse en siete años de riqueza.

Hice un esfuerzo para comprender lo que serían esos años, y vi la imagen de Paulina, sonriente, con un traje nuevo y rodeada de cosas hermosas. Esta imagen dio origen a otros pensamientos:

—Usted acaba de decirme que el alma de Daniel Brown no valía nada: ¿cómo, pues, el diablo le ha dado tanto?

—El alma de ese pobre muchacho puede mejorar, los remordimientos pueden hacerla crecer —contestó filosóficamente mi vecino, agregando[13] luego con malicia—: entonces el diablo no habrá perdido su tiempo.

—¿Y si Daniel se arrepiente?…

Mi interlocutor parecía disgustado por la piedad que yo manifestaba. Hizo un movimiento como para hablar, pero solamente salió de su boca un pequeño sonido gutural. Yo insistí:

—Porque Daniel Brown podría arrepentirse, y entonces…

—No sería la primera vez que al diablo le salieran mal estas cosas. Algunos se le han ido ya de las manos[14] a pesar del contrato.

—Realmente es muy poco honrado —dije, sin darme cuenta.

—¿Qué dice usted?

—Si el diablo cumple,[15] con mayor razón debe el hombre cumplir —añadí como para explicarme.

—Por ejemplo… —y mi vecino hizo una pausa llena de interés.

—Aquí está Daniel Brown —contesté—. Adora a su mujer. Mire usted la casa que le compró. Por amor ha dado su alma y debe cumplir.

A mi compañero le desconcertaron[16] mucho estas razones.

—Perdóname —dijo—, hace un instante usted estaba de parte de Daniel.

---

[9]*by the handful.* [10]iba cayendo en pecado. [11]*shudder.* [12]casi invisible. [13]añadiendo [14]"se… manos": los ha perdido. [15]*complies.* [16]*baffled.*

—Y sigo de su parte. Pero debe cumplir.

—Usted, ¿cumpliría?

No pude responder. En la pantalla, Daniel Brown se hallaba sombrío.[17] La opulencia no bastaba para hacerle olvidar su vida sencilla de campesino. Su casa era grande y lujosa, pero extrañamente triste. A su mujer le sentaban mal las galas[18] y las alhajas.[19] ¡Parecía tan cambiada!

Los años transcurrían[20] veloces y las monedas saltaban rápidas de las manos de Daniel, como antaño[21] la semilla.[22] Pero tras[23] él, en lugar de plantas, crecían tristezas, remordimientos. Hice un esfuerzo y dije:

—Daniel debe cumplir. Yo también cumpliría. Nada existe peor que la pobreza. Se ha sacrificado por su mujer, lo demás no importa.

—Dice usted bien. Usted comprende porque también tiene mujer, ¿no es cierto?

—Daría cualquier cosa porque nada le faltase a Paulina.

—¿Su alma?

Hablábamos en voz baja. Sin embargo, las personas que nos rodeaban parecían molestas.[24] Varias veces nos habían pedido que calláramos. Mi amigo, que parecía vivamente interesado en la conversación, me dijo:

—¿No quiere usted que salgamos a uno de los pasillos? Podremos ver más tarde la película.

No pude rehusar[25] y salimos. Miré por última vez a la pantalla: Daniel Brown confesaba llorando a su mujer el pacto que había hecho con el diablo.

Yo seguía pensando en Paulina, en la desesperante estrechez[26] en que vivíamos, en la pobreza que ya soportaba[27] dulcemente y que me hacía sufrir mucho más. Decididamente, no comprendía yo a Daniel Brown, que lloraba con los bolsillos repletos.[28]

—Usted, ¿es pobre?

Habíamos atravesado el salón y entrábamos en un angosto[29] pasillo, oscuro y con un leve[30] olor de humedad. Al trasponer[31] la cortina gastada[32] mi acompañante volvió a preguntarme:

—Usted, ¿es muy pobre?

—En este día —le contesté—, las entradas al cine cuestan más baratas que de ordinario y, sin embargo, si supiera usted qué lucha para decidirme a gastar ese dinero. Paulina se ha empeñado[33] en que viniera; precisamente por discutir[34] con ella llegué tarde al cine.

—Entonces, un hombre que resuelve sus problemas tal como lo hizo Daniel, ¿qué concepto le merece?

—Es cosa de pensarlo. Mis asuntos marchan muy mal. Las personas ya no se cuidan de vestirse. Van de cualquier modo. Reparan[35] sus trajes, los limpian, los arreglan una y otra

[17]preocupado. [18]ropa elegante. [19]*jewelry.* [20]pasaban. [21]antes. [22]*seeds.* [23]detrás de él. [24]*annoyed.* [25]negarme. [26]dificultades económicas. [27]*put up with.* [28]llenos. [29]estrecho. [30]ligero. [31]*to push bach.* [32]muy usada. [33]insistió. [34]*to argue.* [35]arreglan.

vez. Paulina misma sabe entenderse muy bien. Hace combinaciones y añadidos, se improvisa trajes; lo cierto es que desde hace mucho tiempo no tiene un vestido nuevo.

95   —Le prometo hacerme su cliente —dijo mi interlocutor, compadecido—;[36] en esta semana le encargaré un par de trajes.

  —Gracias. Tenía razón Paulina al pedirme que viniera al cine; cuando sepa esto va a ponerse contenta.

  —Podría hacer algo más por usted —añadió el nuevo cliente—; por ejemplo, me gustaría
100 proponerle un negocio, hacerle una compra…

  —Perdón —contesté con rapidez—, no tenemos ya nada para vender: lo último, unos aretes[37] de Paulina…

  —Piense usted bien, hay algo que quizás olvida…

Hice como que meditaba un poco. Hubo una pausa que mi benefactor interrumpió con
110 voz extraña:

  —Reflexione usted. Mire, allí tiene usted a Daniel Brown. Poco antes de que usted llegara, no tenía nada para vender, y, sin embargo…

Noté, de pronto, que el rostro[38] de aquel hombre se hacía más agudo.[39] La luz roja de un letrero[40] puesto en la pared daba a sus ojos un fulgor[41] extraño, como fuego. Él advirtió[42] mi
115 turbación y dijo con voz clara y distinta:

  —A estas alturas,[43] señor mío, resulta por demás[44] una presentación. Estoy completamente a sus órdenes.

Hice instintivamente la señal de la cruz con mi mano derecha, pero sin sacarla del bolsillo. Esto pareció quitar al signo su virtud, porque el diablo, componiendo[45] el nudo[46] de su
120 corbata, dijo con toda calma:

  —Aquí, en la cartera, llevo un documento que…

Yo estaba perplejo. Volvía a ver a Paulina de pie en el umbral[47] de la casa, con su traje gracioso y desteñido, en la actitud en que se hallaba cuando salí: el rostro inclinado y sonriente, las manos ocultas en los pequeños bolsillos de su delantal.[48]

125 Pensé que nuestra fortuna estaba en mis manos. Esta noche apenas si teníamos algo para comer. Mañana habría manjares[49] sobre la mesa. Y también vestidos y joyas, y una casa grande y hermosa. ¿El alma?

Mientras me hallaba sumido[50] en tales pensamientos, el diablo había sacado un pliego[51] crujiente[52] y en una de sus manos brillaba una aguja.[53]

130 "Daría cualquier cosa porque nada te faltara". Esto lo había dicho yo muchas veces a mi mujer.

Cualquier cosa. ¿El alma? Ahora estaba frente a mí el que podía hacer efectivas mis palabras. Pero yo seguía meditando. Dudaba. Sentía una especie de vértigo. Bruscamente, me decidí:

---

[36]*moved.* [37]*earrings.* [38]cara. [39]*sharp-pointed.* [40]*sign.* [41]*luster.* [42]notó. [43]"A… alturas": en este momento. [44]innecesario. [45]ajustando. [46]*knot.* [47]*threshold.* [48]apron. [49]*delicacies.* [50]inmerso. [51]hoja de papel. [52]*crackling.* [53]*needle.*

—Trato hecho.[54] Sólo pongo una condición.

El diablo, que ya trataba de pinchar[55] mi brazo con su aguja, pareció desconcertado:

—¿Qué condición?

—Me gustaría ver el final de la película —contesté.

—¡Pero qué le importa a usted lo que ocurra a ese imbécil de Daniel Brown! Además, eso es un cuento. Déjelo usted y firme, el documento está en regla,[56] sólo hace falta su firma, aquí sobre esta raya.[57]

La voz del diablo era insinuante, ladina,[58] como un sonido de monedas de oro. Añadió:

—Si usted gusta, puedo hacerle ahora mismo un anticipo.[59]

Parecía un comerciante astuto. Yo repuse[60] con energía:

—Necesito ver el final de la película. Después firmaré.

—¿Me da usted su palabra?

—Sí.

Entramos de nuevo en el salón. Yo no veía en absoluto, pero mi guía supo hallar fácilmente dos asientos.

En la pantalla, es decir, en la vida de Daniel Brown, se había operado un cambio sorprendente, debido a no sé qué misteriosas circunstancias.

Una casa campesina, destartalada[61] y pobre. La mujer de Brown estaba junto al fuego, preparando la comida. Era el crepúsculo[62] y Daniel volvía del campo con la azada[63] al hombro.

Sudoroso, fatigado, con su burdo[64] traje lleno de polvo, parecía, sin embargo, dichoso.[65]

Apoyado[66] en la azada, permaneció junto a la puerta. Su mujer se le acercó, sonriendo.

Los dos contemplaron el día que se acababa dulcemente, prometiendo la paz y el descanso de la noche. Daniel miró con ternura a su esposa, y recorriendo luego con los ojos la limpia pobreza de la casa, preguntó:

—Pero, ¿no echas tú de menos nuestra pasada riqueza? ¿Es que no te hacen falta todas las cosas que teníamos?

La mujer respondió lentamente:

—Tu alma vale más que todo eso, Daniel…

El rostro del campesino se fue iluminando, su sonrisa parecía extenderse, llenar toda la casa, salir del paisaje. Una música surgió[67] de esa sonrisa y parecía disolver poco a poco las imágenes. Entonces, de la casa dichosa y pobre de Daniel Brown brotaron[68] tres letras blancas que fueron creciendo, creciendo, hasta llenar la pantalla.

Sin saber cómo, me hallé de pronto en medio del tumulto que salía de la casa, empujando, atropellando,[69] abriéndome paso con violencia. Alguien me cogió de un brazo y trató de sujetarme.[70] Con gran energía me solté,[71] y pronto salí a la calle.

---

[54]"trato hecho": *it is a deal.* [55]*to prick.* [56]"en regla": *in order.* [57]línea. [58]*shrewd.* [59]*advance.* [60]respondí. [61]en malas condiciones. [62]*dusk.* [63]*hoe.* [64]*rough.* [65]feliz [66]*leaning.* [67]*arose.* [68]*sprang up.* [69]*trampling.* [70]*to hold me down.* [71]*I freed.*

170 Era de noche. Me puse a caminar de prisa, cada vez más de prisa, hasta que acabé por[72] echar a[73] correr. No volví la cabeza ni me detuve hasta que llegué a mi casa. Entré lo más tranquilamente que pude y cerré la puerta con cuidado.

Paulina esperaba.

Echándome los brazos al cuello, me dijo:

175 —Pareces agitado.

—No, nada, es que…

—¿No te ha gustado la película?

—Sí, pero…

Yo me hallaba turbado.[74] Me llevé las manos a los ojos. Paulina se quedó mirándome, y

180 luego, sin poderse contener, comenzó a reír, a reír alegremente de mí, que deslumbrado[75] y confuso me había quedado sin saber qué decir. En medio de su risa, exclamó con festivo reproche:

—¿Es posible que te hayas dormido?

Estas palabras me tranquilizaron. Me señalaron un rumbo.[76] Como avergonzado, con-

185 testé:

—Es verdad, me he dormido.

Y luego, en son[77] de disculpa, añadí:

—Tuve un sueño, y voy a contártelo.

Cuando acabé mi relato, Paulina me dijo que era la mejor película que yo podía haberle

190 contado. Parecía contenta y se rió mucho.

Sin embargo, cuando yo me acostaba, puede ver cómo ella, sigilosamente,[78] trazaba[79] con un poco de ceniza[80] la señal de la cruz sobre el umbral de nuestra casa.

Comprensión del texto

1. ¿Qué pacto hace Daniel Brown con el diablo?
2. ¿Qué trabajo o profesión realizaba Daniel Brown antes de hacer el pacto?
3. ¿Por qué cree el diablo que, aunque el alma de Daniel Brown no valía nada, ha hecho un buen trato?
4. ¿Qué trabajo realiza el protagonista? ¿Cómo le va en su negocio?
5. ¿Cómo concluye la historia y la película sobre Daniel Brown? ¿Cuáles son las tres letras blancas que llenan la pantalla al final de la película?
6. ¿Qué le dice Paulina a su esposo al final del cuento cuando, supuestamente, ha regresado del cine?

---

[72]"acabé por": *I ended up by.* [73]*taking off.* [74]agitado. [75]*overwhelmed.* [76]dirección. [77]señal. [78]*secretly.* [79]*was drawing* [80]*ash.*

Análisis crítico

1. ¿Qué tipos de narrador y focalización tenemos en este relato?
2. ¿Podemos justificar de alguna manera la venta que hace Daniel Brown de su alma al diablo?
3. Comente cómo representa el autor los conceptos del tiempo y del espacio en este cuento.
4. ¿Aparece caracterizado el diablo como tal? En caso afirmativo, ¿puede mencionar algún ejemplo concreto en el que se realiza este tipo de caracterización?
5. ¿Por qué cree usted que Paulina traza la señal de la cruz en el umbral de su casa?
6. ¿Encuentra algún ejemplo de ironía en el cuento?
7. ¿Cuántos niveles narrativos puede identificar en el cuento?
8. ¿Cree que en la utilización del mito fáustico Arreola está intentando hacer una crítica social de la realidad de México?

Mesa redonda

Con sus compañeros de grupo, discuta cómo se materializan las reduplicaciones o juegos especulares que hay en el cuento. Piense en las semejanzas y diferencias que hay entre el protagonista del cuento y el de la película, y en el papel que juega el diablo en ambas historias. ¿Cree que la película ha tenido alguna influencia en la decisión que toma el protagonista del cuento? Compartan sus impresiones con el resto de la clase.

Sea creativo

En este cuento, es posible que Arreola esté tratando de adaptar el mito fáustico a una situación económica particular de México. Piense en un problema o deseo específicos que pueda tener un hombre diferente, en el trato o pacto que podría hacer con el diablo, y en los consejos que podría darle su esposa al respecto. Pueden trabajar en parejas y un estudiantes hace el papel del diablo y el otro el del hombre o mujer tentado por aquél. Compartan sus diálogos o comentarios con el resto de la clase.

Investigación

A lo largo de la historia, el mito fáustico ha sido representado de distintas maneras y utilizado con distintos propósitos. Escoja un escritor que ha utilizado este mito y vea cuáles son los términos o condiciones de los pactos que han hecho los hombres o mujeres con el diablo, cómo han concluido estos tratos, y con qué fin o propósito ha utilizado el escritor este mito.

Diccionario de términos literarios

Collage. El término *collage*, proveniente del francés, significa "encolado" (*glued*), y fue inicialmente utilizado en las artes plásticas para referirse a una composición en la que se combinan distintos materiales —hojas de periódico, trozos de metal o madera, cajas, etc— y se pegan, o encolan, a la superficie del cuadro. El término *collage* fue adoptado por los escritores futuristas y dadaístas para referirse a aquellos textos experimentales que combinan su escritura con elementos o fragmentos de otros textos. Tal incorporación se hace con fines desmitificadores, paródicos o con el de reivindicar una obra o autor ignorados por el público lector.

Locus amoenus. El "lugar ameno" es un tópico clásico que se cultivó de manera especial en la Edad Media y el Siglo de Oro. Se trata de un lugar idílico y umbrío, con un prado, varios árboles, un arroyo (*brook*) o una fuente, acompañados a veces por unas aves, la brisa del verano y el perfume de algunas flores.

Unidad 9. Narrativa Policiaca

Introducción

Los antecedentes de la narrativa policiaca se remontan (*date back*) al *Edipo rey* (430 ? a. C.) de Sófocles, a la *Biblia*, y a algunos cuentos de *Las mil y una noches*. Sin embargo, la forma moderna de este subgénero narrativo comienza en 1841 con la publicación de "The Murders in the Rue Morgue", de Edgar A. Poe. Poe creó una de las formas más populares de la narrativa de intriga y misterio: la narrativa policiaca, y estableció algunas de sus convenciones narrativas:

- Un detective racional que se basa en la lógica para descubrir al culpable de un crimen.
- Un criminal que deja pistas (*leads*) falsas.
- Agentes de la ley o policías que destacan (*stand out*) por su incompetencia.
- El misterio de las víctimas encontradas en una habitación cerrada con llave.

Hay dos tendencias literarias que se funden en la ficción de Poe: una con características filosóficas y racionales que encontramos en *Zadig* (1747), de Voltaire, y otra con elementos de aventura, suspense y lo irracional que viene de las novelas góticas de Horace Walpole, y Ann Radcliffe. Estas dos tendencias, la racional y la irracional, culminan en la obra de Arthur Conan Doyle, cuyo Sherlock Holmes se parece a Dupin, el detective de Poe.

En la primera mitad del siglo xx, el detective racional de Poe continúa su influencia en el Reino Unido, en la ficción conocida como "Whodunit". Este tipo de novela policiaca se caracteriza por sus argumentos complejos, y tiene como escritores representativos a Agatha Christie, y Dorothy L. Sayers. En los Estados Unidos, sin embargo, los escritores subvierten la tradición de Poe y escriben novelas criminales bastante gráficas que introducen más sexo y violencia en sus argumentos, y que tienen por protagonista a un detective duro, "hard-boiled", del tipo de Philip Marlowe que vemos en *The Big Sleep* (1939), de Raymond Chandler. Veamos éstas, y otras tendencias, que ha tomado la ficción policiaca en los siglos XX y XXI.

El "Whodunit"

El "whodunit" fue muy popular en el Reino Unido de 1920 a 1950, y su influencia se puede ver tanto en España —Emilia Pardo Bazán— como en Hispanoamérica —Alberto Edwards y Antonio Helú—. Agatha Christie fue la escritora que perfeccionó esta forma policiaca, y sus novelas ilustran algunas de las principales convenciones que la definen:

- Se narran dos historias: la del crimen y la de la investigación.
- Entre sus protagonistas destacan el detective, que es un amateur invulnerable; un ayudante, una especie de escudero; un criminal; y al menos una víctima.
- El criminal, que no debe ser el detective, debe matar por razones profesionales, tener un cierto status social, y ser uno de los principales personajes del relato.
- Hay varios sospechosos del crimen, pero la verdadera identidad del criminal se oculta hasta el final de la historia.
- El amor no juega un papel relevante en el desarrollo de la acción narrativa.
- La descripción y el análisis sicológico se hallan prácticamente ausentes del texto, pero en algunas obras policiacas de la posguerra española sí se ven elementos sicológicos.
- La investigación sigue un método racional y científico.
- El relato termina con un detective que resuelve el misterio del crimen y restaura el orden en la sociedad.

La novelas "Hard-boiled"

La segunda tendencia, la novela "hard-boiled", nació en EE.UU. durante el período dorado de la novela policiaca tradicional, y sus principales representantes son Dashiell Hammett y Raymond Chandler. Este tipo de relato policiaco tuvo una gran influencia en el nacimiento de la llamada "novela negra" del mundo hispano, entre cuyos seguidores (*followers*) destacan M. Vázquez Montalbán, de España; Paco Ignacio Taibo II, de México; y Ricardo Piglia, de Argentina. Veamos algunas de sus convenciones:

- La narración y la acción narrativas se mueven simultáneamente hacia adelante, yendo de causa a efecto, de los criminales preparando el crimen a la ejecución del plan. En el "whodunit", en cambio, la historia se mueve de efecto —una víctima— a causa —el descubrimiento del culpable y los móviles del crimen. Hay una dosis de crudo realismo, con un protagonista que nos descubre las distintas capas (*layers*) o niveles de inmoralidad y corrupción de la sociedad, como drogas, pornografía, corrupción política y policial... Sin embargo, el protagonista no cree que sus acciones vayan a cambiar la naturaleza corrupta de la sociedad.

- En lugar de un crimen, como ocurre con el "whodunit", aquí tenemos varios crímenes, y los culpables son caracterizados como estúpidos o mentalmente enfermos.
- Aunque el protagonista puede lidiar con (*deal with*) varios crímenes, no entra en juego el crimen organizado.
- El estilo es directo y coloquial, y abundan las descripciones y el uso de jerga (*slang*) y de estructuras gramaticales incorrectas.
- A diferencia del "whodunit", el narrador nos revela abiertamente desde el principio la identidad del criminal.
- El detective, contrariamente al del "whodunit", es vulnerable en su lucha contra los criminales. Además, suele ser un hombre solitario que no piensa en salvar la sociedad, y una de sus preocupaciones es la de sobrevivir realizando, a veces, trabajos mal remunerados (*paid*). Aunque a veces lo vemos como un ser alienado, cínico, idealista, y de moral ambigua, en realidad es una persona física y mentalmente duro.
- El paisaje idílico británico es sustituido por la ciudad y el mundo de los bajos fondos.

La Narrativa de Espionaje, El "Thriller" y la Novela Antipoliciaca

Estos tipos de ficción, relacionados con la ficción policiaca, han tenido menor influencia y repercusión en el mundo hispano que la novela policiaca anterior. La *ficción de espionaje* se centra en las aventuras de un agente secreto o espía, como James Bond de Ian Fleming. Este tipo de agente se involucra (*gets involved*) en los acontecimientos que investiga no para resolver un crimen, sino para desvelar alguna operación secreta que transgrede (*transgresses*) límites morales y legales, y en la que existen rivalidades de tipo político entre países diferentes.

En el *thriller*, a diferencia de otros tipos de ficción policiaca, el lector se encuentra con grandes dosis de violencia: tortura, sadomasoquismo, psicópatas, o grotescas descripciones de asesinatos. El héroe, por otro lado, debe vencer varios obstáculos para poder realizar una misión moral, y se debe enfrentar a un enemigo que, en teoría, es más fuerte que él. Asimismo, los crímenes son de mucha mayor magnitud que en los tipos de ficción policiaca anteriores: conspiraciones internacionales, asesinos en serie, invasiones, corrupción generalizada, terrorismo, derrocamientos de gobiernos, etc.

Otro tipo de ficción policiaca es la *novela antipoliciaca*, cuya aparición tuvo lugar a mediados del siglo xx. Estas novelas cuestionan la solución que vemos en las novelas policiacas tradicionales, a veces terminan sin castigar al criminal, y otras veces la solución se encuentra accidentalmente.

Isaac Aisemberg: *Jaque mate en dos jugadas*
Vida, obra, y crítica

Isaac Aisemberg (1918–1997) nació en la provincia de La Pampa, Argentina. Realizó sus primeros estudios en Córdoba y Buenos Aires, y después asistió a las universidades de Buenos Aires y de La Plata, donde estudió abogacía (*law*). En su vida realizó varios trabajos: asesor de la Secretaría de Cultura de la Nación, miembro del tribunal de guiones en el Instituto de Cinematografía, y Presidente de la Sociedad General de Autores de la Argentina (Argentores). Poco antes de ser presidente de esta asociación, Aisemberg fue distinguido con el Premio de Honor de Argentores, y también fue galardonado con dos premios Martín Fierro por su trabajo en televisión.

Como novelista, su primera obra fue una novela policiaca, *Tres negativos para un retrato* (1949), seguida de *La tragedia del cero* (1952), *Crimen en el río* (1978), *Es más tarde de lo que crees* (1985), y *La guerra del cuarto mundo* (1993), una novela de espionaje. Y como cuentista es autor de la colección de relatos *Jaque mate en dos jugadas y otros cuentos* (1994). Más que como escritor, sin embargo, el mayor éxito profesional de Aisemberg se produjo como guionista (*screenwriter*) de películas, entre las que podemos mencionar *El bote, el río y la gente* (1960), *Hombre de la esquina rosada* (1962), basada en el cuento homónimo de Jorge L. Borges; *Yo maté a Facundo* (1975), y *La rabona* (1979). Aisemberg, además, colaboró con René Mugica en dos librettos, *El señor* y *El despoblado*, premiados en el concurso de Cinematografía de 1979.

La obra literaria de Aisemberg destaca por su estilo claro y directo, y por su riqueza de imágenes. Aisemberg, de origen judío, se convirtió al catolicismo, y él mismo afirmó en una entrevista que esta decisión le permitió leer a escritores católicos, como Gilbert K. Chesterton y Graham Greene, cuya influencia, unida a la de Arthur Conan Doyle, se puede apreciar en su obra. En una entrevista con Juan José Delaney, Aisemberg comentó, además, que la religión y la novela policiaca se relacionan en cuanto que ambas ponen énfasis en la noción del misterio de la muerte y el problema de la culpa.

Guía de lectura

"Jaque mate en dos jugadas" (*checkmate in two moves*) es uno de los cuentos clásicos del género policiaco latinoamericano. La historia apareció por primera vez en la revista *Leoplán*, posteriormente fue incluida por Rodolfo Walsh en su antología *Diez cuentos policiacos argentinos* (1953), y después formó parte de la compilación de cuentos de Aisemberg, *Jaque mate en dos jugadas y otros cuentos*. Aisemberg comentó en una ocasión que la idea del cuento le vino cuando esperaba por su amigo Manuel Peyrou, reconocido escritor argentino del género policiaco, en la biblioteca del diario *La Prensa*. Durante la espera, Aisemberg comenzó a ojear (*to browse through*) un libro sobre medicina legal, y aquí vio una nota informativa sobre un veneno llamado coninina, un derivativo de la nicotina, que le serviría de inspiración para su historia.

La anécdota del cuento se centra en dos hermanos que conviven con un tío manipulador y autoritario. Cansados de depender de sus decisiones y de su control, ambos hermanos esperan la muerte de su tío. Sin embargo, como ésta no llega de forma natural, ambos hermanos contemplan la idea de asesinarlo. En la lectura de este cuento, el lector debe pensar en cómo se focaliza la narración de los acontecimientos narrativos, en la ironía del final de la historia, y en los rasgos (*traits*) policiacos que lo caracterizan.

Jaque mate en dos jugadas

Yo lo envenené.[1] En dos horas quedaba liberado. Dejé a mi tío Néstor a las veintidós.[2] Lo hice con alegría. Me ardían las mejillas. Me quemaban los labios. Luego me serené[3] y eché a caminar tranquilamente por la avenida en dirección al puerto.

Me sentía contento. Liberado. Hasta Guillermo resultaba socio[4] beneficiario en el asunto. ¡Pobre Guillermo! ¡Tan tímido, tan mojigato![5] Era evidente que yo debía pensar y obrar[6] por ambos. Siempre sucedió así. Desde el día en que nuestro tío nos llevó a su casa. Nos encontramos perdidos en su palacio. Era un lugar seco, sin amor. Únicamente el sonido metálico de las monedas.

—Tenéis que acostumbraros al ahorro, a no malgastar. ¡Al fin y al cabo, algún día será vuestro! —bramaba.[7] Y nos acostumbramos a esperarlo.

Pero ese famoso y deseado día se postergaba,[8] pese a[9] que tío sufría del corazón. Y si de pequeños[10] nos tiranizó, cuando crecimos colmó la medida.[11]

Guillermo se enamoró un buen día. A nuestro tío no le agradó[12] la muchacha. No era lo que ambicionaba para su sobrino.

—Le falta cuna...,[13] le falta roce...,[14] ¡puaf! Es una ordinaria —sentenció.

Inútil fue que Guillermo se prodigara[15] en encontrarle méritos. El viejo era terco[16] y caprichoso.

Conmigo tenía otra suerte de problemas. Era un carácter contra otro. Se empeñó[17] en doctorarme en bioquímica. ¿Resultado? Un perito[18] en póquer y en carreras de caballos.

Mi tío para esos vicios no me daba ni un centavo. Debí exprimir la inventiva para birlarle[19] algún peso.

Uno de los recursos era aguantarle[20] sus interminables partidas de ajedrez;[21] entonces cedía cuando le aventajaba para darle ínfulas,[22] pero él, en cambio, cuando estaba en posición favorable alargaba el final, anotando las jugadas con displicencia,[23] sabiendo de mi prisa por disparar[24] al club, gozaba con mi infortunio saboreando su coñac.

---

[1]*poisoned.* [2]a las diez de la noche. [3]*calmé.* [4]*partner.* [5]*sanctimonious.* [6]actuar. [7]*roared.* [8]se posponía. [9]a pesar de que. [10]cuando éramos niños. [11]"colmó la medida": nos tiranizó aún más. [12]gustó. [13]*lineage.* [14]clase. [15]intentara. [16]*stubborn.* [17]insistió. [18]experto. [19]quitarle. [20]tolerarle. [21]*chess.* [22]"cedía... ínfulas": *when I was ahead I would let him win to make him feel good.* [23]*dismissiveness.* [24]*to bolt.*

Un día me dijo con aire de perdonavidas:[25]

—Observo que te aplicas[26] en el ajedrez. Eso me demuestra dos cosas: que eres inteligente y un perfecto holgazán.[27] Sin embargo, tu dedicación tendrá su premio. Soy justo. Pero eso sí, a falta de diplomas, de hoy en adelante tendré de ti bonitas anotaciones de las partidas. Sí, muchacho, llevaremos sendas[28] libretas con las jugadas para cotejarlas.[29]

¿Qué te parece?

Aquello podría resultar un par de cientos de pesos, y acepté. Desde entonces, todas las noches, la estadística. Estaba tan arraigada[30] la manía en él, que en mi ausencia comentaba las partidas con Julio, el mayordomo.[31]

Ahora todo había concluido. Cuando uno se encuentra en un callejón sin salida, el cerebro trabaja, busca, rebusca, escarba.[32] Y encuentra. Siempre hay salida para todo. No siempre es buena. Pero es salida.

Llegaba a la Costanera.[33] Era una noche húmeda. En el cielo nublado, alguna chispa eléctrica.[34] El calorcillo mojaba las manos, resecaba[35] la boca.

En la esquina, un policía me encabritó[36] el corazón.

El veneno, ¿cómo se llamaba? Aconitina. Varias gotitas en el coñac mientras conversábamos. Mi tío esa noche estaba encantador. Me perdonó la partida.[37]

Haré un solitario[38] —dijo—. Despaché[39] a los sirvientes... ¡Hum! Quiero estar tranquilo. Después leeré un buen libro. Algo que los jóvenes no entienden... Puedes irte.

—Gracias, tío. Hoy realmente es... sábado.

—Comprendo.

¡Demonios! El hombre comprendía. La clarividencia del condenado.

El veneno surtía[40] un efecto lento, a la hora, o más, según el sujeto. Hasta seis u ocho horas. Justamente durante el sueño. El resultado: la apariencia de un pacífico ataque cardíaco, sin huellas[41] comprometedoras.[42] Lo que yo necesitaba. ¿Y quién sospecharía?

El doctor Vega no tendría inconveniente en suscribir[43] el certificado de defunción.[44] No en balde[45] era el médico de cabecera.[46] ¿Y si me descubrían? Imposible. Nadie me había visto entrar en el gabinete[47] de química. Había comenzado con general beneplácito[48] a asistir a la Facultad desde varios meses atrás, con ese deliberado propósito. De verificarse el veneno faltante,[49] jamás lo asociarían con la muerte de Néstor Álvarez, fallecido[50] de un síncope cardíaco. ¡Encontrar unos miligramos de veneno en setenta y cinco kilos, imposible!

Pero, ¿y Guillermo? Sí. Guillermo era un problema. Lo hallé[51] en el hall después de preparar la "encomienda"[52] para el infierno. Descendía la escalera, preocupado.

---

[25]*condescending.* [26]pones mucho esfuerzo. [27]*lazy bum.* [28]dos. [29]compararlas. [30]*rooted.* [31]*butler.* [32]*digs.* [33]avenida de Buenos Aires. [34]*lightning.* [35]*dried off.* [36]aceleró. [37]"Me... partida": *he excused me from the chess game.* [38]*solitaire.* [39]*I sent away.* [40]producía. [41]*traces.* [42]*incriminating.* [43]firmar. [44]muerte. [45]"No en balde": *to no avail.* [46]"médico de cabecera": *family doctor.* [47]laboratorio. [48]consentimiento. [49]*missing.* [50]muerto. [51]encontré. [52]se refiere al tío.

—¿Qué te pasa? —le pregunté jovial, y le hubiera agregado de mil amores—:[53] "¡Si supieras, hombre!".

—¡Estoy harto! —me replicó.

—¡Vamos! —le palmoteé[54] la espalda—. Siempre estás dispuesto a la tragedia...

—Es que el viejo me enloquece. Últimamente, desde que volviste a la Facultad y le llevas la corriente[55] con el ajedrez, se la toma conmigo.[56] Y Matilde...

—¿Qué sucede con Matilde?

—Matilde me lanzó un ultimátum: o ella, o tío.

—Opta por ella. Es fácil elegir. Es lo que yo haría...

—¿Y lo otro?

Me miró desesperado. Con brillo demoníaco en las pupilas; pero el pobre tonto jamás buscaría el medio de resolver su problema.

—Yo lo haría —siguió entre dientes—; pero, ¿con qué viviríamos? Ya sabes cómo es el viejo... Duro, implacable. ¡Me cortaría los víveres![57]

—Tal vez las cosas se arreglen de otra manera... —insinué bromeando—. ¡Quién te dice! ¡Bah!... —sus labios se curvaron con una mueca[58] amarga—. No hay escapatoria. Pero yo hablaré con el viejo sátiro. ¿Dónde está ahora?

Me asusté. Si el veneno resultaba rápido... Al notar los primeros síntomas podría ser auxiliado y...

—Está en la biblioteca —exclamé—; pero déjalo en paz. Acaba de jugar la partida de ajedrez, y despachó a la servidumbre.[59] ¡El lobo quiere estar solo en la madriguera![60]

Consuélate en un cine o en un bar.

Se encogió de hombros.[61]

—El lobo en la madriguera... —repitió. Pensó unos segundos y agregó, aliviado—: Lo veré en otro momento. Después de todo...

—Después de todo, no te animarías,[62] ¿verdad? —gruñí[63] salvajemente.

Me clavó la mirada.[64] Por un momento centelleó,[65] pero fue un relámpago.[66]

Miré el reloj: las once y diez de la noche.

Ya comenzaría a surtir[67] efecto. Primero un leve[68] malestar, nada más. Después un dolorcillo agudo, pero nunca demasiado alarmante. Mi tío refunfuñaba[69] una maldición para la cocinera. El pescado indigesto. ¡Qué poca cosa es todo! Debía de estar leyendo los diarios de la noche, los últimos. Y después, el libro, como gran epílogo. Sentía frío.

Las baldosas[70] se estiraban[71] en rombos.[72] El río era una mancha sucia cerca del paredón.

---

[53]"agregado... amores": añadido con gusto. [54]*I patted.* [55]"le... corriente": *you humor him.* [56]"se... conmigo": *he picks on me.* [57]"¡Me... víveres": *he would cut me off.* [58]*grimace.* [59]*staff.* [60]*den.* [61]"Se... hombros": *he shrugged his shoulders.* [62]*you wouldn't have the courage.* [63]grité. [64]"Me... mirada": *he fixed his gaze on me.* [65]*flashed.* [66]*lightning.* [67]producir. [68]*ligero.* [69]*grumbled.* [70]*tiles.* [71]*stretched out.* [72]*in the shape of diamonds.*

95   A lo lejos luces verdes, rojas, blancas. Los automóviles se deslizaban[73] chapoteando[74] en el asfalto.

    Decidí regresar, por temor a llamar la atención. Nuevamente por la avenida hasta Leandro N. Alem.[75] Por allí a Plaza de Mayo.[76] El reloj me volvió a la realidad. Las once y treinta y seis. Si el veneno era eficaz, ya estaría todo listo. Ya sería dueño de millones. Ya sería libre...
100 *ya sería asesino.*

    Por primera vez pensé en el adjetivo substantivándolo. Yo, sujeto, ¡asesino! Las rodillas me flaquearon. Un rubor[77] me azotó[78] el cuello, subió a las mejillas, me quemó las orejas, martilló[79] mis sienes.[80] Las manos transpiraban.[81] El frasquito de aconitina en el bolsillo llegó a pesarme una tonelada. Busqué en los bolsillos rabiosamente hasta dar con él.[82] Era un
105 insignificante cuentagotas[83] y contenía la muerte; lo arrojé[84] lejos.

    Avenida de Mayo. Choqué[85] con varios transeúntes.[86] Pensarían en un beodo.[87] Pero en lugar de alcohol, sangre.

    Yo, asesino. Esto sería un secreto entre mi tío Néstor y mi conciencia. Un escozor[88] dentro, punzante.[89] Recordé la descripción del tratadista: "En la lengua, sensación de hormigueo[90]
110 y embotamiento,[91] que se inicia en el punto de contacto para extenderse a toda la lengua, a la cara y a todo el cuerpo".

    Entré en un bar. Un tocadiscos atronaba[92] con un viejo *rag-time*. Un recuerdo que se despierta, vive un instante y muere como una falena.[93] "En el esófago y en el estómago, sensación de ardor[94] intenso". Millones. Billetes de mil, de quinientos, de cien. Póquer.
115 Carreras. Viajes... "Sensación de angustia, de muerte próxima, enfriamiento profundo generalizado, trastornos sensoriales, debilidad muscular, contracturas, impotencia de los músculos".

    Habría quedado solo. En el palacio. Con sus escaleras de mármol. Frente al tablero de ajedrez.[95] Allí el rey, y la dama, y la torre negra. Jaque mate.
120   El mozo se aproximó. Debió sorprender mi mueca de extravío,[96] mis músculos en tensión, listos para saltar.

—¿Señor?

—Un coñac...

—Un coñac... —repitió el mozo—. Bien, señor —y se alejó.
125   Por la vidriera[97] la caravana que pasa, la misma de siempre. El tictac del reloj cubría todos los rumores. Hasta los de mi corazón. La una. Bebí el coñac de un trago.[98]

    "Como fenómeno circulatorio, hay alteración del pulso e hipertensión que se derivan de la acción sobre el órgano central, llegando, en su estado más avanzado, al síncope cardíaco..."

---

[73]pasaban. [74]*splashing.* [75]calle de Buenos Aires. [76]plaza de Buenos Aires. [77]*blush.* [78]golpeó. [79]*hammered.* [80]*temples.* [81]*perspired.* [82]"hasta... él": *until I found it.* [83]*dropper.* [84]tiré. [85]*I bumped.* [86]*pedestrians.* [87]*drunkard.* [88]*burning pain.* [89]*sharp.* [90]*tingling.* [91]*dullness.* [92]hacía mucho ruido. [93]*moth.* [94]*heartburn.* [95]"tablero de ajedrez": *chessboard.* [96]perturbación. [97]ventana. [98]*gulped down.*

Eso es. El síncope cardíaco. La válvula de escape.

A las dos y treinta de la mañana regresé a casa. Al principio no lo advertí. Hasta que me cerró el paso. Era un agente de policía. Me asusté.

—¿El señor Claudio Álvarez?

—Sí, señor... —respondí humildemente.

—Pase usted... —indicó, franqueándome[99] la entrada.

—¿Qué hace usted aquí? —me animé a farfullar.[100]

—Dentro tendrá la explicación —fue la respuesta, seca, torpona.[101]

En el *hall*, cerca de la escalera, varios individuos de uniforme se habían adueñado[102] del palacio. ¿Guillermo? Guillermo no estaba presente.

Julio, el mayordomo, amarillo, espectral, trató de hablarme. Uno de los uniformados, canoso,[103] adusto,[104] el jefe del grupo por lo visto, le selló los labios[105] con un gesto. Avanzó hacia mí, y me inspeccionó como a un cobayo.[106]

—Usted es el mayor de los sobrinos, ¿verdad?

—Sí, señor... —murmuré.

Lamento decírselo, señor. Su tío ha muerto... asesinado —anunció mi interlocutor. La voz era calma, grave—. Yo soy el inspector Villegas, y estoy a cargo de la investigación.

¿Quiere acompañarme a la otra sala?

—¡Dios mío! —articulé anonadado—.[107] ¡Es inaudito![108]

Las palabras sonaron a huecas,[109] a hipócritas. (¡Ese dichoso[110] veneno dejaba huellas! ¿Pero cómo... cómo?).

—¿Puedo... puedo verlo? —pregunté.

—Por el momento, no. Además, quiero que me conteste algunas preguntas.

—Como usted disponga... —accedí azorado.[111]

Lo seguí a la biblioteca vecina.[112] Tras él se deslizaron[113] suavemente dos acólitos.[114] El inspector Villegas me indicó un sillón y se sentó en otro. Encendió con parsimonia[115] un cigarrillo y con evidente grosería no me ofreció ninguno.

—Usted es el sobrino... Claudio —Pareció que repetía una lección aprendida de memoria.[116]

—Sí, señor.

—Pues bien: explíquenos qué hizo esta noche.

Yo también repetí una letanía.

—Cenamos los tres, juntos como siempre. Guillermo se retiró a su habitación. Quedamos mi tío y yo charlando un rato; pasamos a la biblioteca. Después jugamos nuestra habitual partida de ajedrez; me despedí de mi tío y salí. En el vestíbulo me topé[117] con Guillermo que descendía por las escaleras rumbo a[118] la calle. Cambiamos unas palabras y me fui.

---

[99]dejándome libre. [100]decir. [101]*awkward*. [102]tomado posesión. [103]*grey-haired*. [104]*stern*. [105]"le... labios": le hizo callar. [106]*Guinea pig*. [107]*overwhelmed*. [108]*unheard-of*. [109]*hollow*. [110]maldito. [111]"accedí azorado": acepté preocupado. [112]cercana. [113]siguieron. [114]compañeros. [115]calma. [116]"de memoria": *by heart*. [117]*I bumped into*. [118]con dirección a.

—Y ahora regresa...

—Sí...

—¿Y los criados?

—Mi tío deseaba quedarse solo. Los despachó después de cenar. A veces le acometían[119] esas y otras manías.

—Lo que usted manifiesta concuerda en gran parte con la declaración del mayordomo. Cuando éste regresó, hizo un recorrido por el edificio. Notó la puerta de la biblioteca entornada[120] y luz adentro. Entró. Allí halló a su tío frente a un tablero de ajedrez, muerto. La partida interrumpida... De manera que jugaron la partidita, ¿eh?

Algo dentro de mí comenzó a botar[121] como una pelota contra las paredes del frontón.[122] Una sensación de zozobra,[123] de angustia, me recorría con la velocidad de un buscapiés.[124] En cualquier momento estallaría la pólvora.[125] *¡Los consabidos[126] solitarios de mi tío!*

—Sí, señor... —admití.

No podía desdecirme.[127] Eso también se lo había dicho a Guillermo. Y probablemente Guillermo al inspector Villegas. Porque mi hermano debía estar en alguna parte. El sistema de la policía: aislarnos, dejarnos solos, inertes,[128] indefensos, para pillarnos.[129]

—Tengo entendido[130] que ustedes llevaban un registro de las jugadas. Para establecer los detalles en su orden, ¿quiere mostrarme su libreta de apuntes, señor Álvarez?

Me hundía en el cieno.[131]

—¿Apuntes?

—Sí, hombre —el policía era implacable—, deseo verla, como es de imaginar. Debo verificarlo todo, amigo; lo dicho y lo hecho por usted. *Si jugaron como siempre...*

Comencé a tartamudear.[132]

—Es que... —Y después, de un tirón—:[133] ¡Claro que jugamos como siempre!

Las lágrimas comenzaron a quemarme los ojos. Miedo. Un miedo espantoso.[134] Como debió sentirlo tío Néstor cuando aquella "sensación de angustia... de muerte próxima..., enfriamiento profundo, generalizado... Algo me taladraba[135] el cráneo. Me empujaban. El silencio era absoluto, pétreo.[136] Los otros también estaban callados. Dos ojos, seis ojos, ocho ojos, mil ojos. ¡Oh, que angustia!

Me tenían... me tenían... Jugaban con mi desesperación... Se divertían con mi culpa...

De pronto el inspector gruñó:

—¿Y?

Una sola letra, ¡pero tanto!

—¿Y? —repitió—. Usted fue el último que lo vio con vida. Y además, muerto. El señor Álvarez no hizo anotación alguna esta vez, señor mío.

---

[119]tenía. [120]ajar. [121]to bounce. [122]pelota court. [123]ansiedad. [124]squib. [125]gun powder. [126]the well-known. [127]to retract. [128]inactive. [129]to catch us. [130]"tengo entendido": entiendo. [131]mud. [132]to stutter. [133]"de un tirón": all at once. [134]horrible. [135]drilled. [136]total.

No sé por qué me puse de pie. Tieso.[137] Elevé mis brazos, los estiré. Me estrujé[138] las manos, clavándome[139] las uñas, y al final chillé[140] con voz que no era la mía:

—¡Basta! Si lo saben, ¿para qué lo preguntan? ¡Yo lo maté! ¡Yo lo maté! ¿Y qué hay? ¡Lo odiaba con toda mi alma! ¡Estaba cansado de su despotismo! ¡Lo maté! ¡Lo maté!

El inspector no lo tomó tan a la tremenda.[141]

¡Cielos! —dijo—. Se produjo más pronto de lo que yo esperaba. Ya que se le soltó la lengua,[142] ¿dónde está el revólver?

—¿Qué revólver?

El inspector Villegas no se inmutó.[143] Respondió imperturbable.

—¡Vamos, no se haga el tonto ahora! ¡El revólver! ¿O ha olvidado que lo liquidó de un tiro?[144] ¡Un tiro en la mitad del frontal, compañero! ¡Qué puntería![145]

Comprensión del texto

1. ¿Qué piensa el tío Néstor de la novia de Guillermo?
2. ¿Qué quería el tío Néstor que estudiara Claudio? ¿A qué se dedicó éste, en cambio (*instead*)?
3. ¿Qué problemas de salud tenía el tío Néstor?
4. ¿Quién es Julio?
5. ¿A qué jugaban habitualmente el tío Néstor y Claudio?
6. ¿Qué ultimátum le da Matilde a Guillermo?
7. ¿Qué rutina seguía el tío Néstor por las noches antes de acostarse?
8. ¿Qué hace Claudio cuando sale de casa la noche que envenenó al tío Néstor?
9. ¿Quién es Villegas?

Análisis crítico

1. ¿Quién narra la historia? ¿Cuál es el tono de la misma? ¿Cambia la focalización en algún momento del relato? Mencione algún ejemplo de estilo directo, indirecto, indirecto libre, o de monólogo interior.
2. ¿Cómo se representa la cronología de esta historia policiaca? Comente algún tipo de relación entre el tiempo real de la historia y el tiempo o tiempos del discurso.
3. ¿Cómo aparecen caracterizados Guillermo, Claudio y el tío Néstor?
4. ¿Juega el espacio un papel importante en este cuento? Coméntelo.
5. ¿Qué plan prepara Claudio para asesinar a su tío?

---

[137]rígido. [138]*I squeezed*. [139]*jabbing*. [140]grité. [141]"a la tremenda": en serio. [142]"se... lengua": confesó. [143]no cambió de actitud. [144]*shot*. [145]"¡qué puntería!": *what an aim!*.

6. ¿Por qué se asusta (*gets scared*) Claudio cuando ve al policía al salir de casa?
7. ¿Qué reflexiones y pensamientos se suceden en la mente del narrador la noche del asesinato?
8. ¿Qué pruebas piensa Claudio que lo delatan (*denounce*) como culpable?
9. ¿Cuál es la ironía del final del cuento?
10. Explique el significado del título, "Jaque mate en dos jugadas".

Mesa redonda

Discuta con sus compañeros de grupo el tipo de modalidad policiaca en la que se podría incluir este cuento. Comente, asimismo, las características de este subgénero policiaco que aparecen reflejadas en este relato. Compartan sus opiniones con el resto de la clase.

Sea creativo

En el cuento que hemos leído sólo vemos una parte de la investigación, la centrada en el interrogatorio del inspector a Claudio. Con un compañero de clase, escriba en una o dos páginas el posible diálogo que pudo haber tenido lugar entre el inspector y Guillermo, o entre aquél y el mayordomo. Compartan sus diálogos con el resto de la clase.

Investigación

Escoja un cuento policiaco y centre (*focus*) su estudio en los aspectos policiacos que lo caracterizan. Pueden servir como referencia *Los mejores cuentos policiales*, una selección de cuentos policiacos internacionales de Jorge L. Borges y Adolfo Bioy Casares; o *Cuentos de crimen y misterio*, una antología del género policiaco de Juan-Jacobo Bajarlía.

Diccionario de términos literarios

Interlocutor. Es el receptor de un mensaje. En una obra de teatro los interlocutores son todas las personas que participan en un diálogo.

Isotopía. Se define como un conjunto repetitivo de categorías semánticas que hace posible una lectura uniforme de una historia. Por ejemplo, en el poema "Al partir", de Gertrudis Gómez de Avellaneda, hay una isotopía o campo semántico centrado en Cuba, y en torno a esta isotopía aparecen los términos de "¡Perla del mar!", ¡Estrella de Occidente!", "¡Patria feliz!" etc.

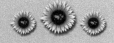

Jnidad 10. Novela Gráfica, Cómics y Tiras Cómicas

Introducción

No sabemos con certeza dónde se encuentra el origen de la novela gráfica y sus variantes, pero encontramos muestras de esta forma literaria en pinturas prehistóricas y papiros
egipcios que datan de hace más de 3.000 años y, posteriormente, en los dibujos de algunos
tapices y manuscritos de la Edad Media. A pesar de estos antecedentes, la crítica opina que
el verdadero creador de la novela gráfica fue el profesor suizo Rodolphe Töpffer (1799-1846),
quien a finales de la década de 1820 comenzó a publicar sus historietas con ayuda de dibujos.

Antes de nada, debemos diferenciar entre *tira cómica* (*comic strip*), *cómics* y *novela gráfica*.

- La *tira cómica* consta de tres o cuatro viñetas (*panels*), cuenta una situación o historia
muy breve que no tiene continuación, y suele aparecer publicada en los diarios. Un
autor de tiras cómicas de gran popularidad es el argentino Joaquín Salvador, conocido
como Quino (1932-2020), creador de *Mafalda* (1964-1973).

- El *cómic* es una revista de breve extensión, generalmente impresa en color, en la que,
a través de varios números, se cuentan distintas aventuras de sus protagonistas. En
España, a estas revistas se les da el nombre de *tebeos* debido a las historietas que se
publicaban en una de las primeras revistas dedicadas a esta forma literaria, *TBO* (1917-
1918). En Estados Unidos, uno de los más conocidos *cómics* es *Action Comic*, en cuyo
primer número de 1938 apareció Supermán. Dentro del mundo hispano, algunos de los
cómics más populares son, en España, *Mortadelo y Filemón* (1958), creado por Francisco
Ibáñez (1936-); y en Chile, *Condorito* (1949), de René Ríos (1911-2000).

- La *novela gráfica* se diferencia de los anteriores en que es más larga y compleja, y en
que la historia que cuenta empieza y termina en el mismo libro. Uno de los autores

más representativos de la novela gráfica es el peruano Javier Flórez (1934-), autor de *Selva misteriosa* (1932).

Un estudio de los cómics debe incluir tres categorías generales: iconografía, expresión literaria, y técnicas narrativas. Veamos de qué consta cada una de estas partes:

Iconografía

Antes de nada debemos aclarar que la *viñeta* (*panel*), la unidad básica de este género narrativo, contiene los dibujos y el texto, y representa un espacio ficticio en el que se desarrolla una acción narrativa de una cierta duración. Puede haber una o varias viñetas por página, y normalmente tienen un marco que separa unas de otras. El espacio entre las viñetas se denomina *calle* (*gutter*), y a veces el escritor continúa la acción de la viñeta en la calle.

- El *encuadre* (*framing*). Los encuadres de la novela gráfica, de modo similar al cine, se denominan *Plano General* (incluyen todo el cuerpo humano), el *plano Tres Cuartos* (incluyen hasta la rodilla), el *Plano Medio* (incluyen hasta la cintura), y el *Primer Plano* (*close-up*). A veces, un escritor nos da un primer plano de los ojos de un personaje para hacernos saber que la historia se narra bajo el punto de vista de este personaje. El encuadre le sirve al autor, entre otras cosas, para introducir su punto de vista. Así, nos puede mostrar la realidad *en picado* (vista desde arriba) o *en contrapicado* (vista desde abajo), o puede tratar de crear profundidad de campo.
- *Estereotipos*. Los cómics, como otros géneros literarios, han creado numerosos estereotipos y arquetipos: el héroe, el vagabundo, el rico, el borracho etc.
- *Gestuario*. El simbolismo gestual ha sido explotado extensivamente por este género narrativo. Ejemplos clásicos son los de mostrar los dientes para indicar un estado de enfado, o colocar las manos en el vientre para indicar un ataque de risa.
- *Situaciones arquetípicas*. Como en otros géneros literarios, en este género narrativo encontramos también situaciones arquetípicas, como las de peligro y persecución.
- *Símbolos cinéticos*. Aunque la acción dentro de una viñeta está caracterizada por su estatismo, los dibujantes inventaron algunos artificios gráficos (*movilgramas*) para indicar la movilidad de personajes y objetos. Los vemos, por ejemplo, en el uso de rayas o líneas punteadas para indicar el vuelo, huida, o caída de un personaje, movimiento de los brazos o de las piernas, disparos, mareos, miradas, el brillo del oro, etc.
- *Descomposición del movimiento*. Además de las rayas y las líneas punteadas, los dibujantes han utilizado otros recursos gráficos para representar el movimiento. Uno de ellos consiste en descomponer la figura en movimiento en múltiples contornos o en múltiples figuras que reflejan las distintas fases del movimiento que está realizando. Por ejemplo, en una misma viñeta puede aparecer Tarzán tomando una liana, a continuación lo vemos yendo de un árbol a otro, y, después, lo vemos cayendo al suelo.

- *Distorsión de la realidad*. Tales distorsiones suelen representar metafóricamente estados de ánimo o experiencias de los personajes. Las vemos, por ejemplo, cuando un personaje se desliza por debajo de una puerta como un gusano.
- *Metáforas visuales e ideogramas*. La ficción gráfica ha creado algunos ideogramas propios de ella; como, por ejemplo, utilizar una bombilla para indicar una idea brillante; representar por medio de unas estrellas los efectos de un golpe; o usar el corazón como representación del amor.

Expresión Literaria

- *Cartuchos* (*speech balloons*). Son las cápsulas insertas en las viñetas, o entre dos viñetas, y el texto inscrito en ellas cumple la función de explicar la acción narrativa o introducir algún comentario del narrador.
- *Globos o bocadillos* (*balloons*). Son los contenedores de los diálogos de los personajes que apuntan (*point to*) al emisor del mensaje. Un pensamiento se expresa generalmente con puntos o burbujas que van del personaje al bocadillo.

  En los globos debemos distinguir la línea delimitadora (*perigrama*), y el texto lingüístico; y aunque en un principio se crearon para exponer los diálogos de los personajes, con el tiempo sus funciones han aumentado. Por ejemplo, el cuchicheo (*whispering*) se expresa con una línea punteada en lugar de una línea continua, y la tristeza por medio de globos de los que parecen caer lágrimas. El sonido metálico emitido, por ejemplo, por una radio, se indica por medio de perigramas dentados o con deltas zigzagueantes; los monólogos interiores o pensamientos se expresan por medio de círculos que apuntan al emisor; y los sueños por medio de perigramas que toman la forma de una nube.
- *Rotulación* (*lettering*). La manera como trata gráficamente un escritor el texto literario puede servir para introducir ciertas connotaciones al sentido del texto. Por ejemplo, el uso de letras mayúsculas, en negrita o subrayados puede indicar énfasis o enfado, el uso de una rotulación delicada sugiere que habla un personaje femenino, y el uso de letras pequeñas puede indicar que se está comentando algo confidencialmente. El color, por otro lado, afecta a cómo el lector interpreta el cómic, y añade una dimensión significativa que merece ser estudiada. A veces el uso de la luz oscura sugiere misterio o anticipación de algo, mientras que el de la luz brillante tiene connotaciones positivas.
- *Idiomas exóticos*. A veces los escritores de la ficción gráfica inventan escrituras sin base real, y para ello usan signos que no pertenecen a ninguna escritura.
- *Palabrotas y enfados*. Por motivos de censura, las palabras feas o tacos normalmente son sustituidas por signos arbitrarios o símbolos que traducen estas palabrotas.
- *Voz en* **off**. Lo mismo que en el cine y en el teatro, en la ficción gráfica se usa la voz en off. Para representar ésta, la dirección del rabo o delta apunta al personaje que habla, el cual se encuentra fuera de los bordes de la viñeta.

- *Letreros*. Lo mismo que en el cine, en la ficción gráfica se usan letreros para dar algún tipo de información a los personajes y, al mismo tiempo, al lector.
- *Onomatopeyas*. En este tipo de ficción se usan numerosas onomatopeyas para representar el mundo acústico, no verbal. Por ejemplo "¡splash!" o "¡crack!"

Técnicas Narrativas

- *Montaje*. La viñeta es la unidad de la ficción gráfica, y la unión de distintas viñetas sirve para contar una historia. El escritor decide qué tamaño, forma y organización deben seguir las viñetas en la página. A esta disposición de las viñetas en la página es a lo que se conoce como *montaje*. En la literatura gráfica, el tiempo se expresa por medio del espacio. El paso de un panel a otro sugiere que hay un paso del tiempo; sin embargo, a veces una viñeta puede expresar varios momentos. Como regla general, muchos paneles pequeños sugieren un paso rápido del tiempo, mientras que los paneles grandes sugieren un paso más lento del mismo. Asimismo, el paso de una viñeta a otra puede indicar una visión retrospectiva (*flashback*) o prospectiva (*flash-forward*). Otra técnica de montaje es la conocida como *raccord*, y consiste en hacer que el espacio de la parte derecha de la viñeta se continúe en el espacio de la parte izquierda de la siguiente viñeta, de este modo se muestra una continuidad espacial entre ambas viñetas. Un tipo de *raccord*, conocido como *solapamiento*, ocurre cuando un personaje o acción de una viñeta invade el espacio de la otra. Por ejemplo, medio cuerpo de un personaje se encuentra en una viñeta y la otra mitad en la otra. Otra técnica de montaje es el *split-panel*, que consiste en dividir la viñeta en dos o más partes para representar distintas acciones, como dos personas conversando por teléfono.
- *Acciones paralelas*. Éstas son acciones que ocurren simultáneamente, pero tienen lugar en diferentes lugares y se muestran al lector sucesivamente. La técnica más normal para representar esta simultaneidad de acontecimientos es el uso de la forma adverbial *mientras tanto*.
- *Zoom*. Lo mismo que en el cine, el autor de cómics puede hacer una ampliación o reducción del tamaño de un objeto o persona con distintos propósitos.
- *Guiño al lector*. Este recurso narrativo consiste en que, a veces, los personajes de los cómics hablan o se comunican directamente con los lectores.

Juan Berrio: *Sueños*
Vida, obra, y crítica

Juan Berrio (1964-), natural de Valladolid pero residente en Madrid, es uno de los historietistas españoles de mayor prestigio. Berrio combina la actividad creativa del cómic con la fotografía y la ilustración de libros infantiles, de texto y revistas. Su producción literaria comenzó con la publicación de sus trabajos en la revista *Madriz*, y a partir de ahí su obra ha aparecido publicada en las más prestigiosas revistas —*NewsWeek* y *BusinessWeek*—, y periódicos —*El país* y *El periódico*—. En 2011 fue finalista del Premio Nacional de cómic con el álbum *Dentro de nada*, y un año más tarde su primera novela gráfica, *Miércoles*, recibió el Premio Fnac-Sins Entido de Novela Gráfica. Berrio colabora con agencias de publicidad y ha realizado numerosas exposiciones de sus trabajos fotográficos.

Además de las obras anteriormente mencionadas, Berrio es autor de una serie titulada "Cuentos tontos", escritos para la revista *Humo*. Estos cuentos fueron publicados posteriormente en las revistas *NSML* y *Barsowia*. En 2006 comenzó a publicar en el suplemento de *El periódico* una tira cómica titulada "La tirita", centrada en la vida de los niños, Pau y Ona. En 2008 publicó el libro infantil *El castaño, y en* 2010 el cómic infantil titulado *El zoo de Antón*. Pocos años después, en 2009, publicó *Calles contadas*, una obra en la que recoge anécdotas de la vida diaria. Es también autor de libros ilustrados, como *Plaza de Cibeles y Plaza de Oriente* (2011); de una selección de dibujos procedentes de su blog que lleva por título *Cuaderno de frases encontradas* (2013), y de obras inclasificables, como los calendarios palindrómicos. Asimismo, ha montado revistas como *La maleta*. Su última obra es el álbum *kiosko* (2014*)*, centrada en la descripción de un día en la vida de un camarero, un enamorado platónico.

Berrio se caracteriza por escribir sobre temas relacionados con la vida diaria, y cómo la monotonía de esta vida cotidiana suele verse interrumpida por algún incidente —el ruido de la radio o de una moto…—. Asimismo, predomina en su obra el uso de un lenguaje coloquial, la casualidad, el juego con el color, y los juegos visuales.

Guía de lectura

"Sueños" es una historieta que apareció publicada en *La novela gráfica*, una antología que incluye una selección de historietas escritas/dibujadas por algunos de los más notables historietistas de España. El argumento de esta historieta se centra en los sueños, muy diferentes el uno del otro, de una pareja. Mientras que el sueño del hombre tiene por tema una competición local, el de ella tiene por tema un viaje. Lo más sorprendente de los sueños, además de su posible carga simbólica, son las series de interferencias que se producen entre ellos. Estas interferencias parecen formar parte de la técnica narrativa de Berrio, quien, en su obra *La trenza*, un tebeo, también hace uso de un cruce de historias. En este cuento, y como es habitual en él, Berrio trata un tema de la vida diaria haciendo uso de un lenguaje coloquial. Pero, a pesar de esta aparente simplicidad, el final abierto de la historieta deja al lector en suspense.

En la lectura de esta historieta, el lector debe pensar en la caracterización de los personajes. Por ejemplo, ¿es sincera la mujer al final de la historieta cuando afirma que él no aparecía en su sueño? Igualmente, el lector debe pensar en los paralelismos que hay en el relato, en el uso del color, en las interferencias que se producen en ambos sueños, y en los distintos elementos técnicos —montaje, calles, viñetas …— que usa el autor en la elaboración de esta historieta.

sueños / juan berrio

¹tintero: *inkwell*. ²yema del dedo: *fingertip*.

³despegamos: *we take off*.

Comprensión del texto

1. ¿Quiénes son los protagonistas de esta historieta?
2. ¿Qué sueño tiene el chico?
3. ¿Qué sueño tiene la chica?
4. ¿Aparece el gato en alguno de los sueños?
5. ¿Qué pierde la chica en el sueño?
6. ¿Quién es el chico con la moto al final de la historia?

Análisis crítico

1. ¿Hay un diseño particular de las viñetas y las calles en esta historieta?
2. ¿Hay ejemplos de gestuario, y símbolos cinéticos?
3. ¿Qué tipo de encuadres utiliza el autor?
4. ¿Cómo expresa el autor el movimiento?
5. ¿Qué viñetas se centran más en la caracterización, la perspectiva, el tiempo, o la acción?
6. ¿Qué tipo de espacios encontramos en esta historieta?
7. ¿Cómo refleja el autor el paso del tiempo?
8. ¿Hay ejemplos de distorsión de la realidad?
9. ¿Hace uso especial el autor de los perigramas?
10. ¿Tiene algún valor significativo el uso del color en esta historieta?
11. ¿Sigue el autor alguna técnica especial de montaje?
12. ¿Nos revelan estos sueños algún rasgo o aspecto de la personalidad de los soñantes? ¿Cómo interpretas los sueños?
13. ¿Hay un sentido de lógica y coherencia en los sueños de los protagonistas?

Mesa redonda

En la creación de esta historieta, Juan Berrío ha creado varias situaciones paralelas y ejemplos de solapamiento. Reflexionen sobre el significado de los mismos y compartan sus impresiones con el resto de la clase.

Sea creativo

En la siguiente historieta de J. Berrio hemos suprimido los diálogos. Rellene los bocadillos con los diálogos que usted juzgue oportunos.

Investigación

Escoja una obra de ficción gráfica y analice los distintos elementos técnicos que le parecen más destacados. Siga las tres categorías mencionadas en la introducción de nuestro estudio y aplíquelas a su estudio. Le sugerimos la lectura del escritor argentino Alberto Breccia, autor de la tira cómica *Mariquita terremoto* (1941); el argentino Quino, autor de *Mafalda*, y cómics como *Mortadelo y Filemón o Condorito*, o novelas gráficas, como *Selva misteriosa* (1932), del peruano Javier Flórez, o *1874* (2013), del mexicano Bernardo Fernández.

Diccionario de términos literarios

Emblema. Es el resultado de la conjunción de dos lenguajes estéticos. El autor de *emblemas* integra un refrán, párrafos bíblicos o sentencias de escritores con un dibujo inspirado en la tradición. El *emblema* consta de tres partes: una imagen o figura, un título en forma de breve sentencia, y una explicación del contenido implícito en la imagen y en el título. La naturaleza críptica, simbólica y enigmática del *emblema* requiere una interpretación.

    Soliloquio. Es un tipo de presentación del habla de un personaje sin la intervención de la voz narrativa. Se ve en novela y teatro, y en éste es célebre el soliloquio de Segismundo en *La vida es sueño* (1635), de Calderón de la Barca.

EL ENSAYO

Introducción al Ensayo
Guía para el Análisis de un Ensayo
Modelo de Análisis Crítico. *Regresión,* (Miguel Ángel Asturias)
Análisis Crítico de *Regresión*

Unidad 1. Características del Ensayo

Introducción al Ensayo

El término "ensayo" viene del latín *exagium*, que significa "pesar", y más próximamente de la palabra francesa *essayer*, que significa "probar", o "intentar". Las fuentes, o germen, del ensayo se encuentran ya en la antigüedad grecolatina, en obras como los *Diálogos* (399–347 a. C.) de Platón. Sin embargo, la crítica considera que el francés Michel de Montaigne fue el primero en crear la forma moderna del ensayo tras (*after*) la publicación de sus *Essais* en 1580. Unos años después, el inglés Francis Bacon publicó sus *Essays* (1597), una obra que, junto con (*together with*) la de Montaigne, viene a sentar las bases (*to lay the foundations*) del género ensayístico moderno.

En España, los primeros antecedentes de este género literario se encuentran en la Edad Media, en algunos textos en prosa con carácter didáctico o moralizador. Uno de estos textos, del siglo XIII, es *Las siete partidas* (1251–1265), una compilación de leyes ordenada por el rey Alfonso X el Sabio. En siglos posteriores, el número de autores que escribe obras con carácter ensayístico es muy numeroso, podemos mencionar, entre otros, a Benito J. Feijoo, Mariano J. de Larra, José Ortega y Gasset, y Fernando Savater en España, y al argentino Domingo F. Sarmiento, el ecuatoriano Juan Montalvo, el uruguayo José E. Rodó, al argentino Jorge L. Borges, y a los mexicanos José Vasconcelos, y Octavio Paz.

Nociones básicas para el análisis de un ensayo

Desde el punto de vista crítico, es aconsejable que antes de comentar o analizar un ensayo lo leamos varias veces y tomemos notas. Una observación que debemos hacer es que tal vez no compartamos (*share*) las ideas del ensayista sobre el tema tratado; por ello, debemos leerlo con la mente abierta y respetar el punto de vista del autor. En la lectura del ensayo, debemos considerar la naturaleza del mismo, si es de **tipo** político, económico, religioso, deportivo... Además, debemos identificar su **tema** o **tesis,** los cuales, generalmente, se encuentran en el primer párrafo. En otras ocasiones, sin embargo, se localizan dentro del cuerpo del ensayo, y en otras debemos inferirlos porque no se presentan de forma explícita. Asimismo, debemos pensar en su **estructura**: en cómo cada párrafo puede contener un nuevo argumento o punto de vista sobre el tema, en cómo se presentan las ideas, en qué otras teorías o argumentos utiliza el ensayista, y si hay un contraste en la presentación de los distintos argumentos. Todo ensayo suele terminar con una **conclusión**, y el análisis de ésta es importante para conocer la posición que adopta el autor sobre el tema discutido. El estudio o análisis de un ensayo puede ir acompañado de un comentario de los **recursos** (*devices*) **formales** —el tipo de lenguaje, símbolos, metáforas, etc.— que usa el autor para expresar con mayor convicción sus argumentos. También es importante el estudio del **tono** del ensayo; es decir, la actitud —irónica, paródica, sarcástica, cómica— que mantiene el autor con respecto a la exposición de sus argumentos.

Guía para el Análisis de un Ensayo

- Lea el ensayo varias veces para tener una idea exacta del **propósito** y **objetivos** del mismo.
- Identifique la naturaleza o **tipo de ensayo** —científico, literario, político...—. Piense, asimismo, si el ensayo va dirigido a un público específico.
- Identifique la **tesis** o **tema** principal. Esta tesis suele aparecer en el primer párrafo, pero otras veces la encontramos en otra parte del ensayo, y otras veces aparece de forma implícita y el lector debe inferirla de las reflexiones o comentarios presentados en el ensayo.
- ¿Encuentra **digresiones** que se apartan del tema central?
- ¿Qué **estructura** u organización sigue el ensayo? Estudie de qué manera presenta o desarrolla el ensayista sus ideas. ¿Hay un contraste o comparación de opiniones diferentes? ¿Toma el ensayista una posición específica durante la argumentación? ¿Qué fuentes, teorías, o argumentos utiliza el ensayista? ¿Hace el ensayista un serio y exhaustivo análisis de la tesis o tema presentados en el ensayo?
- ¿Qué **conclusiones** nos da el autor? ¿Supone esta conclusión una importante contribución al estudio del tema presentado?
- ¿Qué **recursos formales** o **estilo** utiliza el ensayista? ¿Encuentra ejemplos de imágenes, metáforas, símbolos...?
- ¿Cuál es el **tono** del ensayo, —serio, irónico, sarcástico, jocoso (*humorous*)...?
- Si tiene que escribir un trabajo sobre un ensayo, piense en discutir sus ideas con un compañero, lea otros estudios sobre el tema que va a comentar, y escriba un bosquejo del mismo. En la organización del ensayo, comience con una introducción, pase al desarrollo de sus argumentos sobre el tema que discute, incluya otros argumentos a favor o en contra de los presentados por el ensayista, y termine con una conclusión que resuma los argumentos expuestos en el ensayo y muestre su opinión personal sobre el tema analizado.

Modelo de Análisis Crítico. *Regresión*, (Miguel Ángel Asturias)

Regresión

En los Estados Unidos —me decía un amigo que por sus años merece crédito y respeto— los guatemaltecos se ocupan de los menesteres[1] más duros, dando pruebas de una fuerte capacidad de trabajo. Quienes[2] trabajan en los ferrocarriles, quienes en la limpia de las calles, quienes en talleres mecánicos[3] de las fábricas de automóviles, quienes en los restaurantes, quienes en las canteras,[4] quienes por calles o estaciones ofreciendo hoteles a los viajeros que llegan. Otro amigo, que también merece crédito, me hablaba de los extranjeros que en Guatemala han llegado a ocupar situaciones prominentes, en el comercio, la agricultura o la industria, lo que es perfectamente lícito. Éstos a la fecha,[5] me decía el amigo en cuestión, son riquísimos, viven en las mejores casas y gastan automóvil, club y larga servidumbre.[6] Enfrentando ambos hechos, por un lado los guatemaltecos que en los Estados Unidos trabajan en menesteres aniquiladores,[7] y por otro, los extranjeros que en Guatemala trabajan de directores, salta a la vista[8] la falta de sentido común que priva[9] en nuestra manera de ser. Si fuésemos a ahondar[10] en las causas de esta situación a todas luces anormal, asignaríamos la mayor culpa a la escuela. La educación prociudad[11] que recibimos es la que nos hace olvidar nuestros campos, que están pidiendo quién los cultive, para ir al exterior con sacrificio de todo, a emplearnos en trabajos de segundo, tercero o ínfimo[12] orden. Culpa también, y muy grande, toca[13] a las familias que alimentan en sus hijos el afán[14] del bien vestir como suprema finalidad de la vida, de la apariencia que en nuestras calles y reuniones gasta sus cartuchos de ladrillo molido.[15] Los padres de familia vendados[16] por la vanidad e incomprensión que ésta acarrea,[17] no desvisten[18] a sus monigotes[19] bonitos para echarlos al campo y enseñarlos a cultivar la tierra. ¡Qué pensaría de ellos fulanito![20] ¡Cómo se escandalizaría la sociedad de que el hijo de don Mengano[21] fuese de peón[22] a una de nuestras haciendas, sin importarle, por otra parte, que lo que no hacen en su tierra vayan a hacerlo a los Estados Unidos, a la tierra extraña que reserva todo lo peor para el advenedizo![23] Si la escuela educa a los guatemaltecos para parásitos y haraganes[24] —parásitos y haraganes son los educadores con muy honrosas excepciones—, en el hogar esta educación hipócrita y cobarde, hace de cada uno de ellos, tipos cuya mentalidad la define perfectamente el hecho concreto de que se prefiera ir a trabajar a tierra extraña como lavaplatos,[25] a trabajar en el país como peón, poniéndonos en el peor de los casos. Nunca se ha medido en todo su tamaño el mal que la escuela ha hecho en Guatemala. Los campos abandonados a manos extrañas. La ciudad o ciudades llenas de profesionales. El creciente aumento de

---

[1]trabajos. [2]algunos. [3]"talleres mecánicos": *repair shops*. [4]*quarries*. [5]en este momento. [6]*servants*. [7]*exhausting*. [8]"salta... vista": es obvio. [9]existe. [10]profundizar. [11]a favor de la vida en la ciudad. [12]más bajo. [13]corresponde. [14]deseo. [15]"gasta... molido": está de moda. [16]*blinded*. [17]*conveys*. [18]*undress*. [19]chicos. [20]*so-and-so*. [21]*so-and-so*. [22]trabajador. [23]recién llegado. [24]*lazy bums*. [25]*dishwasher*.

la empleomanía[26] y la sinvergüenzada.[27] El estado fatal de nuestras cuentas espirituales y económicas como nación; todo, todo arranca[28] de la escuela prociudad tan celebrada por los que lean a los reformadores del 71 con cambios políticos, ya que no podemos juzgarlos como criminales o imbéciles, para creer que siguen aceptando de buena fe como notables las reformas escolares que nos llevaron a la ruina de donde ahora tratamos de salir. El hecho denunciado es un síntoma de nuestra regresión. Eso de que la juventud emigre a trabajar fuera, dejando a los extranjeros su tierra, su pasado, su derecho, por decirlo así, no se ve sino en pueblos que declinan, que se disuelven, que se liquidan. Guatemala se deshace[29] y se deshará bien pronto si no se pone coto[30] al mal. Los gritos son cada vez más angustiosos. Ya no se les calla con discursos. Hay algo imperativo en las generaciones que vienen y que tratan de apoderarse[31] del gobierno para hacer realidad, no para seguir soñando con fantasías lejanas y peligrosas. Mientras el pueblo se distancia de la tierra y, el extranjero, con todo derecho la toma —el dueño de tierras que no las trabaja debe ser despojado,[32] así se trate[33] de un paisano[34] como de un continente—, mientras parte de la juventud emigra a trabajar a los Estados Unidos y parte se queda en casa trabajando como profesionales o empleaduchos,[35] mientras el indio se muere intoxicado por el alcohol, debilitado[36] por las enfermedades tropicales y explotado por el patrón[37] que mantiene, como cadena[38] a su pie enclenque,[39] las deudas; los hombres que dirigen el país se gastan el tiempo en la política del momento, juego de manos mezquino[40] y ultrajante[41] para todo hombre de corazón bien puesto; en la factura[42] de proyectos de constitución que mueven a risa porque en el siglo de las aspiraciones hacia la igualdad económica, alzan la bandera, que ya no satisface a nadie, de la igualdad política; porque cuando todos esperábamos reformas sociales, se nos viene con[43] una serie de postulados[44] del más acendrado[45] espíritu individualista liberal. La campanada[46] del siglo. Enjuagatorios[47] para la parturienta.[48] Pobres hombres éstos que ya no están con el pasado en el cual, a pesar de ser viejos, no creen, ni con el presente que no es de ellos, muchas veces a pesar de ser jóvenes —decía Ingenieros—. Sin dar oídos[49] a la realidad que canta muy claro las reformas de que ha menester[50] Guatemala, se han encastillado[51] en sus criterios hechos, justificando sus desaciertos[52] y anacronismos con el número de veces que discutieron en común. ¡Qué discusiones serían aquéllas! Pero volvamos a la angustia de la hora, a la situación caótica que ya no esperará más de la ley lo que debe venir, porque ya trota[53] sobre nuestras almas y nuestros campos, para repetir por una vez más que hay hechos que en Guatemala lloran sangre y uno de éstos es el número de jóvenes guatemaltecos que, por culpa de la escuela, de la familia, de la sociedad y de los gobiernos, se expatrían y van lejos de su país natal a trabajar para ganarse el pan, en tanto[54] los extranjeros se apoderan

---

[26]empleos públicos. [27]falta de honestidad. [28]nace. [29]destruye. [30]"se pone coto": impide. [31]*to take over.* [32]*stripped of.* [33]"así se trate": *be it.* [34]ciudadano de Guatemala. [35]empleados en malos trabajos. [36]*weakened.* [37]jefe. [38]*chain.* [39]débil. [40]*small-minded.* [41]*insulting.* [42]realización. [43]"se... con": nos presentan. [44]políticas. [45]puro. [46]sorpresa. [47]*cleansers.* [48]*woman in labor.* [49]"dar oídos": escuchar. [50]"ha menester": necesita. [51]encerrado [52]errores. [53]*trots.* [54]*whereas.*

de nuestra vida económica manejando en sus manos ferrocarriles, luz eléctrica, compañías industriales y trabajos públicos.

70   Para concluir, volvemos a las antiguas:[55] la escuela prociudad nos ha preparado la ruina y de no reformarla nos hundiremos[56] para siempre.

Análisis Crítico de *Regresión*

La migración guatemalteca a la ciudad y EE. UU.

En este estudio vamos a centrarnos en un ensayo del escritor guatemalteco Miguel Ángel Asturias (1899–1974), Premio Nobel de Literatura en 1967. Miguel A. Asturias es uno de los precursores del llamado boom latinoamearicano, y además de ensayista es un destacado novelista, dramaturgo, poeta y periodista. En este ensayo, Miguel A. Asturias reflexiona sobre algunos de los motivos por los que los guatemaltecos han cambiado el campo (*farmland/countryside*) por la ciudad, o han emigrado a EE.UU, y en la lectura del mismo nos sorprende la repetición de algunas palabras claves (*key*), como "emigración", "campo", "educación prociudad", "regresión" y "culpables". Estos términos se relacionan con el estudio que vamos a realizar a continuación, y cuyo tema podríamos formular como "causas y consecuencias de la regresión económica de Guatemala".

La idea central de un ensayo suele aparecer en el primer párrafo del mismo, pero en este ensayo Miguel A. Asturias sólo nos adelanta una parte del tema: las consecuencias de la regresión económica de Guatemala, la emigración de guatemaltecos a EE.UU. y la ocupación de puestos (*jobs*) importantes del país por extranjeros. A continuación, en el cuerpo del ensayo, el autor menciona las causas y los culpables de esta regresión económica, y apunta, en primer lugar, a la escuela prociudad, culpable de no educar a los estudiantes para que tomen conciencia nacional y se preocupen de trabajar en el campo. En segundo lugar, culpa a los padres de familia porque éstos consideran que es una deshonra trabajar en el campo. En tercer lugar, culpa a los políticos por no crear programas en defensa del campo y por apoyar (*to support*) una política liberal, capitalista. Y, por último, culpa a la sociedad entera por mantenerse pasiva ante este problema socio-económico. Al final del ensayo, el autor vuelve a nombrar a todos los culpables de esta situación y menciona, una vez más, una de sus consecuencias más importantes: la emigración de guatemaltecos a EE.UU.

El tema que estudia Miguel A. Asturias en este breve ensayo es de gran actualidad, y su estudio, que podría ser complementado de múltiples maneras, demuestra cómo el ensayo nunca agota (*exhausts*) sus posibilidades y lo deja abierto a nuevos estudios. Miguel A. Asturias nos revela algunas de las causas y consecuencias de esta emigración, pero, en realidad, no trata de hacer un estudio exhaustivo de las mismas. A la información que nos facilita

---

[55]a lo que dijimos antes. [56]*we will sink.*

el autor guatemalteco, podríamos añadir algunos datos sobre el número de inmigrantes guatemaltecos en EE. UU., un número que, según las estadísticas, ronda en torno (*is around*) al 1.3 millones, aunque es difícil dar unas cifras exactas debido a la migración ilegal. Otras estadísticas, sin embargo, nos hablan de 2.3 millones, de los cuales más de medio millón, aproximadamente, son ilegales. Asimismo, a la migración de guatemaltecos a EE. UU. hay que añadir la que tiene lugar a nivel nacional, o local, y en este sentido Pedro Laso observa que la migración del campo a la ciudad ha sido muy intensa a lo largo de toda la historia, no solamente en la segunda parte del siglo xx. Añade Laso que diariamente cientos de mujeres y jóvenes, principalmente indígenas, buscan en la ciudad un futuro que el campo, en manos de latifundistas, le niega (22). En realidad, Miguel A. Asturias no hace un estudio exhaustivo de las causas de esta migración masiva de guatemaltecos a la ciudad y a EE. UU. y, además, las causas no han sido siempre las mismas. Por ejemplo, en la década de 1970 y 1980 muchos guatemaltecos emigraron del país huyendo de la violencia, la inestabilidad política y la corrupción, pero otras causas debemos buscarlas en la falta de empleo, en el cambio climático, el cual ha repercutido en la producción de café, plátano y maíz, en la crisis económica causada por el terremoto de 1976, y, como mencionamos anteriormente, en el hecho de que las tierras están en manos de unos pocos latifundistas. Todo esto, y especialmente el latifundismo, ha contribuido a que muchos guatemaltecos, y especialmente la población indígena, no pueda subsistir con sus pequeños lotes de tierra y se vean obligados a buscar un futuro en la ciudad. Por tanto, no es solamente que los padres, o la escuela, no les ayuden a quedarse en su tierra, el problema es más amplio y complejo. Es comprensible que muchos guatemaltecos abandonen el campo, o el país, cuando vemos que el 56 por ciento de la población de Guatemala, según algunos estudios, vive en la pobreza, y que el 21.5 por ciento de la misma subsiste con un dólar al día.

Un tema que no aborda en mayor detalle Miguel A. Asturias en este ensayo es el precio que ha tenido la migración para el país. Sabemos, por ejemplo, que la emigración ha tenido ciertos costos sociales, como la desintegración de la familia, la fuga de cerebros (*brain drain*), y la creación de un mercado clandestino dedicado al tráfico ilegal de emigrantes, pero esto sería motivo de estudio para otro u otros ensayos. A pesar de esto (*in spite of this*), y como nota positiva a esta situación, la mano de obra (*labor*) guatemalteca en EE.UU. remite (*sends*) a su país de origen unos cuatro billones de dólares al año, constituyendo una de las fuentes de ingresos (*income*) más importante del país. Estas remesas (*remittances*) de dinero sirven para disminuir la pobreza del país, y se suele gastar, según algunos estudios, en necesidades básicas, como comida, ropa y medios de transporte.

En este ensayo, y para concluir, el autor nos presenta un problema con algunas de sus causas y consecuencias, y espera que toda la sociedad guatemalteca participe en la solución del mismo. Podemos ver, igualmente, cómo este tema le preocupa al autor, y el tono de crítica y denuncia que vemos en el ensayo se debe a que el autor busca concienciar al lector sobre estos problemas y, al mismo tiempo, espera una respuesta y una solución a los mismos. Que es un motivo de preocupación para Miguel A. Asturias lo podemos ver en el hecho de que en varias ocasiones vuelve a tratar el mismo tema. En una de éstas, comenta que "la certeza de nuestra regresión es innegable… Guatemala es un país en vías de disolución", un país que ha abandonado sus valores y que ha sido víctima de los poderes militares, de las dictaduras, y del dinero. Y añade que hemos dejado de lado al artista, al hombre de ciencia, y al maestro, y lo hemos sustituido por los nuevos ricos (214). Miguel A. Asturias, pues, trata un tema actual con gran brevedad y desde un punto de vista subjetivo sin, apenas, citar otras fuentes o estudios relacionados con el mismo. Asimismo, al estudiar un tema tan controvertido (*controversial*), el ensayista está tratando de abrir las puertas a un diálogo con el lector, con la sociedad, para que tome conciencia y reflexione sobre la seriedad del problema. Es un tema que admite múltiples enfoques, y el autor deja abiertas muchas puertas, pero esto es lo que un buen ensayo debe hacer: provocar y estimular la discusión de un tema controvertido. Asimismo, el autor no utiliza un discurso muy sofisticado o culto, sino más bien coloquial, para así llegar y comunicarse con el mayor número posible de gente.

Bibliografía

Asturias, Miguel A. *Paris 1924-1933. Periodismo y creación literaria*. San José, Costa Rica: ALLCA XX, 1997.

Laso, Pedro. "Migración de la población indígena de Guatemala a la ciudad". *Revista guatemalteca de actualidad*. 32.4 (2018): 12-49.

Unidad 1. Características del Ensayo

Hoy día entendemos el ensayo como una breve composición en prosa, generalmente de carácter crítico o didáctico, cuyo propósito es el de expresar un determinado punto de vista, plantear (*to raise*) un problema, explorar un tema —literario, político, histórico, económico, científico, deportivo etc.—, o, simplemente, entretener a los lectores. Por encima de todo, el ensayo es normalmente subjetivo, y va orientado a convencer o persuadir al lector para que acepte sus tesis o puntos de vista. Además de la libertad con la que trata o estudia sus temas, el ensayo se caracteriza por las siguientes convenciones:

- *Actualidad y libertad*. El ensayista suele reflexionar sobre acontecimientos del presente; sin embargo, estas reflexiones suelen basarse en experiencias del pasado o especulaciones sobre el futuro. Otra cualidad esencial del ensayo es su libertad, ya que el ensayista se siente intelectualmente libre para escribir sobre cualquier tema, experiencia o idea.
- *Lo cotidiano* (*everyday life*). Muchos ensayistas suelen reflexionar sobre temas o problemas comunes, cotidianos, o aparentemente triviales. Montaigne, por ejemplo, escribe sobre temas elevados, como la imaginación y las cualidades de los embajadores, pero también escribe ensayos sobre los olores, el uso de los nombres o el sueño.
- *Brevedad*. Los ensayos de Montaigne, Bacon, y otros ensayistas, eran normalmente breves, algunas veces de no más de una o dos páginas. Los ensayos contemporáneos, sin embargo, suelen ser más largos, pero dejan el tema abierto a nuevos estudios y discusión.
- *Subjetivismo*. El ensayista se diferencia del filósofo, sociólogo o científico en que expresa sus sentimientos y emociones. Es decir, el ensayista tratará de proporcionarnos una interpretación personal y subjetiva de un tema particular.

- *Digresiones*. En muchos ensayos, el tema tratado ocupa un lugar secundario, y su riqueza y valor surgen (*spring out*) principalmente de las digresiones y comentarios al margen que hace el ensayista.
- *Carácter dialogal*. El ensayo tiene un fin conversacional, de diálogo, de ahí su carácter coloquial. Por tanto, el propósito del ensayista es que el lector piense, medite y participe activamente, como si se tratara de una conversación, en la discusión del tema estudiado.
- *Particularidad*. Muchas de las ciencias, por lo común, extraen conclusiones generales de circunstancias, evidencia, o datos específicos. El ensayista, en cambio, se preocupa menos por las conclusiones que por los particulares.
- *Sugerencias*. El ensayista generalmente hace uso de reflexiones filosóficas en sus ensayos, pero se diferencian de la filosofía en cuanto que no son sistemáticas, en que no tratan de crear una doctrina o ser parte de una escuela filosófica.
- *Imprecisión en las citas*. A diferencia de otras ciencias o disciplinas, el ensayista generalmente no cita a pie de página, y las citas que aparecen en el cuerpo del ensayo le sirven por su relación con el tema que estudia, sin importarle citar literalmente o darnos la identidad de la fuente.
- *Estilo*. El ensayo se basa en una interacción entre idea y estilo. El estilo, pues, tratará de armonizar la forma con la idea para expresar fielmente las reflexiones y actitud del ensayista hacia el tema tratado.
- *Estructura*. El ensayo generalmente se estructura en base a una introducción, un desarrollo del tema y una conclusión; pero no siempre ocurre así, y muchos ensayos no siguen un orden lógico riguroso, sino que se mueven por un proceso de asociación. Las conclusiones, además, suelen ser tentativas y provisionales.

Mariano José de Larra: *El casarse pronto y mal*

Vida, obra, y crítica

Mariano José de Larra (1809-1837), también conocido por su seudónimo de "Fígaro", nació en Madrid, y en 1812 se vio obligado a salir de España con su familia porque su padre había colaborado con los invasores franceses durante La Guerra de la Independencia (1808-1814). A su regreso en 1818, Espronceda estudió en las Universidades de Madrid y Valladolid, pero abandonó sus estudios para dedicarse a la literatura y al periodismo. Se casó a los 20 años y tuvo tres hijos, pero el matrimonio fue un verdadero fracaso. Larra se suicidó a los veintiocho años de edad, poco después de que su amante, una mujer casada de la corte, rompiera la relación con él.

Larra es autor de una novela histórico-legendaria, *El doncel de don Enrique el doliente* (1834), una obra romántica inspirada en las de Walter Scott. El tema que representa en esta obra lo llevará al teatro poco después en *Macías*, un drama histórico en el que Larra expone los problemas de tipo moral y legal que experimenta la pasión amorosa. Escribió, asimismo, una gran cantidad de artículos de crítica literaria en los que revela su fino sentido crítico. De entre ellos merecen mención los estudios realizados sobre *El sí de las niñas* (1801), de Leandro F. de Moratín, y *Los amantes de Teruel* (1837), de Hartzenbusch. Realizó también algunas traducciones, y compuso algunos poemas que no tienen la calidad de sus trabajos en prosa.

No obstante lo dicho, donde verdaderamente destaca la genialidad de Larra es en sus artículos de costumbres, publicados en distintos periódicos del país. En ellos, Larra nos revela su preocupación por la decadencia de España y su deseo de transformar social y moralmente el país. Con gran espíritu sarcástico, Larra satiriza algunos de los vicios más notables del pueblo español: el pésimo sistema educativo, la falta de competencia y profesionalidad, el rechazo de ideas progresistas, el deseo de trabajar en puestos burocráticos, y la falta de conciencia política, entre otros. Algunos de sus mejores cuadros de costumbres son "Vuelva usted mañana", "El castellano viejo", y el que vamos a estudiar a continuación, "El casarse pronto y mal".

Guía de lectura

El ensayo que vamos a leer, "El casarse pronto y mal", apareció publicado por primera vez el 30 de noviembre de 1832 en *El pobrecito hablador*, un periódico que defendía la libertad de expresión y la educación. La anécdota del ensayo se centra en el matrimonio del sobrino del narrador con una joven inmadura, los subsiguientes problemas económicos, la huida de ésta con un amigo del matrimonio, y la persecución que lleva a cabo el esposo de los amantes.

El ensayo pertenece a la primera época de Larra, caracterizada no por tratar temas políticos sino sociales. A diferencia de otros autores de cuadros de costumbres, como Mesonero Romanos y Estébanez Calderón, que se dedican a pintar tipos o costumbres populares, Larra ve el cuadro de costumbres como una forma de análisis y crítica constructiva de los problemas sociales que vive el país. Larra, a caballo entre el Neoclasicismo y el Romanticismo, plantea en este ensayo un problema típico de la Ilustración: la educación; pero junto a este tema aparecen otros que el lector podrá fácilmente identificar. El ensayo se estructura de modo similar a otros del autor: una introducción o prólogo, una historia, y una conclusión o epílogo. Además de su estructura, el lector deberá prestar atención al uso del lenguaje, al estilo, y a la actitud o tono del narrador con respecto a los problemas presentados.

El casarse pronto y mal

Así como tengo aquel sobrino de quien he hablado en mi artículo de empeños y desempeños,[1] tenía otro no hace mucho tiempo, que en esto suele venir a parar el tener hermanos. Éste era hijo de una hermana, la cual había recibido aquella educación que se daba en España no hace ningún siglo: es decir, que en casa se rezaba diariamente el rosario, se leía la vida del santo, se oía misa todos los días, se trabajaba los[2] de labor, se paseaba las tardes de los de guardar,[3] se velaba hasta las diez, se estrenaba vestido el domingo de Ramos, y andaba siempre señor padre, que entonces no se llamaba "papá", con la mano más besada que reliquia vieja, y registrando los rincones de la casa, temeroso de que las muchachas, ayudadas de su cuyo,[4] hubiesen a las manos algún libro de los prohibidos, ni menos aquellas novelas que, como solía decir, a pretexto de inclinar a la virtud, enseñan desnudo el vicio. No diremos que esta educación fuese mejor ni peor que la del día, sólo sabemos que vinieron los franceses, y como aquella buena o mala educación no estribaba[5] en mi hermana en principios ciertos, sino en la rutina y en la opresión doméstica de aquellos terribles padres del siglo pasado, no fue necesaria mucha comunicación con algunos oficiales de la guardia imperial para echar de ver que si aquel modo de vivir era sencillo y arreglado, no era sin embargo el más divertido. ¿Qué motivo habrá, efectivamente, que nos persuada que debemos en esta corta vida pasarlo mal, pudiendo pasarlo mejor? Aficionóse mi hermana de las costumbres francesas, y ya no fue el pan pan, ni el vino vino:[6] casóse, y siguiendo en la famosa jornada de Vitoria la suerte del tuerto Pepe Botellas,[7] que tenía dos ojos muy hermosos y nunca bebía vino, emigró a Francia.

Excusado es decir que adoptó mi hermana las ideas del siglo; pero como esta segunda educación tenía tan malos cimientos como la primera, y como quiera que esta débil huma-

---

[1]artículo en el que Larra critica la vanidad y apariencia de la alta burguesía. [2]los días. [3]días de fiesta. [4]amante [5]consistía. [6]"y ya… vino": no mostró interés por cosas simples. [7]José Bonaparte, rey de España de 1808-1813, y llamado "Pepe Botella" por su afición a la bebida.

nidad nunca supo detenerse en el justo medio, pasó del Año Cristiano a Pigault Lebrun,[8] y se dejó de misas y devociones, sin saber más ahora por qué las dejaba que antes por qué las tenía. Dijo que el muchacho se había de educar como convenía; que podría leer sin orden ni método cuanto libro le viniese a las manos, y qué sé yo qué más cosas decía de la ignorancia y del fanatismo, de las luces y de la ilustración, añadiendo que la religión era un convenio social en que sólo los tontos entraban de buena fe, y del cual el muchacho no necesitaba para mantenerse bueno; que "padre" y "madre" eran cosa de brutos, y que a "papá" y "mamá" se les debía tratar de tú, porque no hay amistad que iguale a la que une a los padres con los hijos (salvo algunos secretos que guardarán siempre los segundos de los primeros, y algunos soplamocos[9] que darán siempre los primeros a los segundos): verdades todas que respeto tanto o más que las del siglo pasado, porque cada siglo tiene sus verdades, como cada hombre tiene su cara.

No es necesario decir que el muchacho, que se llamaba Augusto, porque ya han caducado los nombres de nuestro calendario, salió despreocupado, puesto que la despreocupación es la primera preocupación de este siglo.

Leyó, hacinó,[10] confundió; fue superficial, vano, presumido, orgulloso, terco,[11] y no dejó de tomarse más rienda[12] de la que se le había dado. Murió, no sé a qué propósito, mi cuñado, y Augusto regresó a España con mi hermana, toda aturdida de ver lo brutos que estamos por acá todavía los que no hemos tenido como ella la dicha[13] de emigrar; y trayéndonos entre otras cosas noticias ciertas de cómo no había Dios, porque eso se sabe en Francia de muy buena tinta.[14] Por supuesto que no tenía el muchacho quince años y ya galleaba[15] en las sociedades, y citaba, y se metía en cuestiones, y era hablador y raciocinador como todo muchacho bien educado; y fue el caso que oía hablar todos los días de aventuras escandalosas, y de los amores de Fulanito[16] con la Menganita,[17] y le pareció en resumidas cuentas[18] cosa precisa para hombrear enamorarse.

Por su desgracia acertó a gustar a una joven, personita muy bien educada también, la cual es verdad que no sabía gobernar una casa, pero se embaulaba en el cuerpo[19] en sus ratos perdidos, que eran para ella todos los días, una novela sentimental, con la más desatinada afición que en el mundo jamás se ha visto; tocaba su poco de piano y cantaba su poco de aria de vez en cuando, porque tenía una bonita voz de contralto. Hubo guiños y apretones desesperados de pies y manos, y varias epístolas recíprocamente copiadas de la *Nueva Eloísa;*[20] y no hay más que decir sino que a los cuatro días se veían los dos inocentes por la ventanilla de la puerta y escurrían[21] su correspondencia por las rendijas, sobornaban con el mejor fin del mundo a los criados, y por último, un su amigo, que debía de quererle muy

---

[8]novelista y dramaturgo francés (1753-1835), autor de unos escritos contra el cristianismo. [9]*slap.* [10]*he hoarded.* [11]*stubborn.* [12]"de… rienda": de tomarse otras libertades. [13]suerte. [14]"de… tinta": muy bien. [15]*he put on airs.* [16]*so-and-so.* [17]*so-and-so.* [18]"en… cuentas": en conclusión. [19] "se… cuerpo": leía. [20]novela epistolar (1761) de Jean Jacques Rousseau. [21]metían.

mal, presentó al señorito en la casa. Para colmo de desgracia,[22] él y ella, que habían dado principio a sus amores porque no se dijese que vivían sin su trapillo,[23] se llegaron a imaginar primero, y a creer después a pies juntillas,[24] como se suele muy mal decir, que estaban verdadera y terriblemente enamorados. ¡Fatal credulidad! Los parientes, que previeron en qué podía venir a parar aquella inocente afición ya conocida, pusieron de su parte todos los esfuerzos para cortar el mar, pero ya era tarde. Mi hermana, en medio de su despreocupación y de sus luces, nunca había podido desprenderse del todo de cierta afición a sus ejecutorias[25] y blasones,[26] porque hay que advertir dos cosas: primera, que hay despreocupados por este estilo; y segunda, que somos nobles, lo que equivale decir que desde la más remota antigüedad nuestros abuelos no han trabajado para comer. Conservaba mi hermana este apego a[27] la nobleza, aunque no conservaba bienes; y ésta es una de las razones porque estaba mi sobrinito destinado a morirse de hambre si no se le hacía meter la cabeza en alguna parte, porque eso de que hubiera aprendido el oficio, ¡oh!, ¿qué hubieran dicho los parientes y la nación entera? Averiguóse, pues, que no tenía la niña un origen tan preclaro, ni más dote que su instrucción novelesca y sus duettos, fincas que no bastan para sostener el boato[28] de unas personas de su clase. Averiguó también la parte contraria que el niño no tenía empleo, y dándosele un bledo[29] de su nobleza, hubo aquello de decirle:

—Caballerito, ¿con qué objeto entra usted en mi casa?

—Quiero a Elenita —respondió mi sobrino.

—¿Y con qué fin, caballerito?

—Para casarme con ella.

—Pero no tiene usted empleo ni carrera…

—Eso es cuenta mía.

—Sus padres de usted no consentirán…

—Sí, señor; usted no conoce a mis papás.

—Perfectamente; mi hija será de usted en cuanto me traiga una prueba de que puede mantenerla, y el permiso de sus padres; pero en el ínterin, si usted la quiere tanto, excuse por su mismo decoro sus visitas…

—Entiendo.

—Me alegro, caballerito.

Y quedó nuestro Orlando[30] hecho una estatua, pero bien decidido a romper por todos los inconvenientes.

Bien quisiéramos que nuestra pluma, mejor cortada, se atreviese a trasladar al papel la escena de la niña con la mamá; pero diremos, en suma, que hubo prohibición de salir y de asomarse al balcón, y de corresponder al mancebo; a todo lo cual la malva[31] respondió

---

[22]"para… desgracia": *to make matters worse.* [23]ahorros. [24]*firmly.* [25]*letters patent of nobility.* [26]*coats of arms.* [27]*attachment.* [28]ostentación. [29]"dándosele un bledo": no importándole. [30]personaje de *As You like it* (1599), de Shakespeare, enamorado de Rosalinda. [31]chica.

con cuatro desvergüenzas acerca del libre albedrío y de la libertad de la hija para escoger marido, y no fueron bastantes a disuadirle las reflexiones acerca de la ninguna fortuna de su elegido: todo era para ella tiranía y envidia que los papás tenían de sus amores y de su felicidad; concluyendo que en los matrimonios era lo primero el amor, y que en cuanto a comer, ni eso hacía falta a los enamorados, porque en ninguna novela se dice que coman las Amandas y los Mortimers,[32] ni nunca les habían de faltar unas sopas de ajo.

Poco más o menos fue la escena de Augusto con mi hermana, porque aunque no sea legítima consecuencia, también concluía que los Padres no deben tiranizar a los hijos, que los hijos no deben obedecer a los padres: insistía en que era independiente; que en cuanto a haberle criado y educado, nada le debía, pues lo había hecho por una obligación imprescindible; y a lo del ser que le había dado, menos, pues no se lo había dado por él, sino por las razones que dice nuestro Cadalso,[33] entre otras lindezas sutilísimas de este jaez.[34]

Pero insistieron también los padres, y después de haber intentado infructuosamente varios medios de seducción y rapto, no dudó nuestro paladín, vista la obstinación de las familias, en recurrir al medio en boga[35] de sacar a la niña por el vicario. Púsose el plan en ejecución, y a los quince días mi sobrino había reñido ya decididamente con su madre; había sido arrojado[36] de su casa, privado de sus cortos alimentos, y Elena depositada en poder de una potencia neutral; pero se entiende, de esta especie de neutralidad que se usa en el día; de suerte que nuestra Angélica y Medoro[37] se veían más cada día, y se amaban más cada noche. Por fin amaneció el día feliz; otorgóse la demanda; un amigo prestó a mi sobrino algún dinero, uniéronse con el lazo conyugal, estableciéronse en su casa, y nunca hubo felicidad igual a la que aquellos buenos hijos disfrutaron mientras duraron los pesos duros[38] del amigo. Pero ¡oh, dolor!, pasó un mes y la niña no sabía más que acariciar a Medoro, cantarle una aria, ir al teatro y bailar una mazurca; y Medoro no sabía más que disputar. Ello sin embargo, el amor no alimenta, era indispensable buscar recursos.

Mi sobrino salía de mañana a buscar dinero, cosa más difícil de encontrar de lo que parece, y la vergüenza de no poder llevar a su casa con qué dar de comer a su mujer, le detenía hasta la noche. Pasemos un velo sobre las escenas horribles de tan amarga posición. Mientras que Augusto pasa el día lejos de ella en sufrir humillaciones, la infeliz consorte gime luchando entre los celos y la rabia. Todavía se quieren; pero en casa donde no hay harina todo es mohína;[39] las más inocentes expresiones se interpretan en la lengua del mal humor como ofensas mortales; el amor propio ofendido es el más seguro antídoto del amor, y las injurias acaban de apagar un resto de la antigua llama que amortiguada en ambos corazones ardía; se suceden unos a otros los reproches; y el infeliz Augusto insulta a la mujer que le

---

[32]personajes de la novela *The Children of the Abbey* (1796), de Regina Maria Roche. [33] José de Cadalso (1741-1782), escritor neoclásico español. [34]tipo. [35]"en boga": de moda. [36]expulsado. [37]amantes que aparecen en el poema épico Orlando furioso (1532), de Ludovico Ariosto. [38]"pesos duros": dinero. [39]"donde… mohína": donde hay pobreza hay peleas (refrán).

ha sacrificado su familia y su suerte, echándole en cara aquella desobediencia a la cual no mucho tiempo él mismo la inducía; a los continuos reproches se sigue, en fin, el odio. ¡Oh, si hubiera quedado aquí el mal! Pero un resto de honor mal entendido que bulle[40] en el pecho de mi sobrino, y que le impide prestarse para sustentar a su familia a ocupaciones groseras, no le impide precipitarse en el juego, y en todos los vicios y bajezas, en todos los peligros que son su consecuencia. Corramos de nuevo, corramos un velo sobre el cuadro a que dio la locura la primera pincelada, y apresurémonos a dar nosotros la última.

En este miserable estado pasan tres años, y ya tres hijos más rollizos[41] que sus padres alborotan la casa con sus juegos infantiles. Ya el himeneo[42] y las privaciones han roto la venda que ofuscaba la vista de los infelices: aquella amabilidad de Elena es coquetería a los ojos de su esposo; su noble orgullo, insufrible altanería; su garrulidad divertida y graciosa, locuacidad insolente y cáustica; sus ojos brillantes se han marchitado,[43] sus encantos están ajados,[44] su talle perdió sus esbeltas formas, y ahora conoce que sus pies son grandes y sus manos feas; ninguna amabilidad, pues, para ella, ninguna consideración. Augusto no es a los ojos de su esposa aquel hombre amable y seductor, flexible y condescendiente; es un holgazán, un hombre sin ninguna habilidad, sin talento alguno, celoso y soberbio, déspota y no marido… en fin, ¡cuánto más vale el amigo generoso de su esposo, que les presta dinero y les promete aun protección! ¡Qué adivinar los pensamientos y prevenir los deseos! ¡Qué no permitir que ella trabaje en labores groseras! ¡Qué asiduidad y qué delicadeza en acompañarla los días enteros que Augusto la deja sola! ¡Qué interés, en fin, el que se toma cuando le descubre, por su bien, que su marido se distrae con otra…! ¡Oh poder de la calumnia y de la miseria! Aquella mujer que, si hubiera escogido un compañero que la hubiera podido sostener, hubiera sido acaso una Lucrecia,[45] sucumbe por fin a la situación y a la falaz esperanza de mejor suerte.

Una noche vuelve mi sobrino a su casa; sus hijos están solos.

—¿Y mi mujer? ¿Y sus ropas?

Corre a casa de su amigo. ¿No está en Madrid? ¡Cielos! ¡Qué rayo de luz! ¿Será posible? Vuelve a la policía, se informa. Una joven de tales y tales señas con un supuesto hermano han salido en la diligencia[46] para Cádiz. Reúne mi sobrino sus pocos muebles, los vende, toma un asiento en el primer carruaje y hétele[47] persiguiendo a los fugitivos. Pero le llevan mucha ventaja y no es posible alcanzarlos hasta el mismo Cádiz. Llega: son las diez de la noche, corre a la fonda[48] que le indican, pregunta, sube precipitadamente la escalera, le señalan un cuarto cerrado por dentro; llama; la voz que le responde le es harto conocida y resuena en su corazón; redobla los golpes; una persona desnuda levanta el pestillo.[49] Augusto ya no es un hombre, es un rayo que cae en la habitación; un chillido agudo le convence de que le han conocido; asesta[50] una pistola, de dos que trae, al seno de su amigo, y el seductor

---

[40]*boils.* [41]fuertes. [42]matrimonio. [43]*withered.* [44]marchitados. [45]mujer de la Roma clásica, y símbolo de fidelidad conyugal, que se suicidó después de ser violada. [46]medio de transporte. [47]aquí lo vemos. [48]*inn.* [49]*latch.* [50]*shoots.*

cae revolcándose en su sangre; persigue a su miserable esposa, pero una ventana inmediata se abre y la adúltera, poseída del terror y de la cultura, se arroja, sin reflexionar, de una altura de más de sesenta varas.[51] El grito de la agonía le anuncia su última desgracia y la venganza más completa; sale precipitado del teatro del crimen, y encerrándose, antes de que le sorprendan, en su habitación, coge aceleradamente la pluma y apenas tiene tiempo para dictar a su madre la carta siguiente: 165

Madre mía: dentro de media hora no existiré; cuidad de mis hijos, y si queréis hacerlos verdaderamente despreocupados, empezad por instruirlos… Que aprendan en el ejemplo de su padre a respetar lo que es peligroso despreciar sin tener antes más sabiduría. Si no les podéis dar otra cosa mejor, no les quitéis una religión consoladora. Que aprendan a domar sus pasiones y a respetar a aquéllos a quienes lo deben todo. Perdonadme mis faltas: harto castigado estoy con mi deshonra y mi crimen; harto[52] cara pago mi falsa preocupación. Perdonadme las lágrimas que os hago derramar. Adiós para siempre. 170 175

Acabada esta carta, se oyó otra detonación que resonó en toda la fonda, y la catástrofe que le sucedió me privó para siempre de un sobrino, que, con el más bello corazón, se ha hecho desgraciado a sí y a cuantos le rodean.

No hace dos horas que mi desgraciada hermana, después de haber leído aquella carta, y llamándome para mostrármela, postrada en su lecho, y entregada al más funesto delirio, ha sido desahuciada[53] por los médicos. 180

"Hijo… despreocupación… boda… religión… infeliz…", son las palabras que vagan errantes sobre sus labios moribundos. Y esta funesta impresión, que domina en mis sentidos tristemente, me ha impedido dar hoy a mis lectores otros artículos más joviales que para mejor ocasión les tengo reservados. 185

Comprensión del texto

1. Mencione algunas muestras o ejemplos específicos de la educación que solía darse en España.
2. ¿Por qué mostraba gusto la hermana del narrador?
3. ¿Tenía la hermana del narrador sangre noble y muchos bienes económicos?
4. ¿Cómo reacciona Elenita cuando le prohíben ver a Augusto?
5. ¿Quién ayuda económicamente a la joven pareja?
6. ¿Cuántos años dura la relación de estos jóvenes esposos?
7. ¿A dónde huye Elenita con su amante? ¿Cómo concluye esta historia de amor?

[51]unos cincuenta metros. [52] muy. [53]declarada incurable.

Análisis crítico

1. ¿Qué diferencias, según este ensayo, existen entre el sistema educativo de España y el de Francia?
2. ¿Qué comentarios se hacen sobre la religiosidad de los españoles y la de los franceses?
3. ¿Toma el narrador alguna posición específica con respecto a alguna de las ideas o temas presentados aquí?
4. ¿Qué ideas defienden y representan los personajes principales?
5. ¿Qué distancia mantiene el narrador de este ensayo con respecto a los hechos narrados?
6. El tema central de este ensayo gira en torno a la educación; sin embargo, hay otros temas secundarios, ¿podría identificarlos y comentarlos?
7. El narrador, ocasionalmente, nos revela su sentido del humor y una fina ironía al hablar de algunos temas o personajes, ¿podría mencionar algunos ejemplos al respecto?
8. Llama la atención en este ensayo el uso del lenguaje. Así, hay ejemplos de asíndeton, polisíndeton, enumeraciones, refranes, y digresiones. ¿Podría identificar algunos ejemplos de estos tipos de figuras retóricas o usos lingüísticos?
9. El autor hace un uso curioso de la lengua en el siguiente párrafo, "corre a casa de su amigo... cerrado por dentro"(150-154). ¿En qué se diferencia, estilísticamente hablando, este párrafo de los temas del ensayo? ¿Qué está tratando de comunicar el autor?

Mesa redonda

En la introducción al estudio del ensayo mencionamos algunas de sus características principales, tales como "subjetivismo", "brevedad", etc. Con sus compañeros de grupo, comente cuáles de estas características reaparecen en el ensayo de Larra. A continuación, el portavoz del grupo expondrá las conclusiones del grupo al resto de la clase.

Sea creativo

Larra toca en este ensayo un tema capital dentro del período de la Ilustración: la educación. Con el paso del tiempo, este tema no ha perdido protagonismo y, por lo tanto, no ha dejado de ser un asunto preocupante para políticos, educadores, y estudiantes. Escoja uno o dos problemas relacionados con este tema que existen en su universidad y escriba un breve ensayo en el que expone sus causas, su naturaleza y las soluciones que propone. Comparta un resumen de sus ideas con la clase.

Investigación

Además del ensayo que hemos leído, Larra escribió otros que han quedado en la historia literaria española como verdaderos clásicos. Uno de estos ensayos es el titulado "corridas de toros", en el que Larra estudia el origen y la evolución histórica que ha seguido la corrida de toros en España desde la Edad Media hasta el siglo xix. Analice críticamente el ensayo y exponga su opinión personal sobre las corridas de toros.

Diccionario de términos literarios

Diatriba. Con este término se designaban inicialmente las lecciones de tema moral que impartían en Grecia ciertos filósofos estoicos y cínicos; pero en el siglo iv un filósofo cínico griego introduce en la *diatriba* la acepción de escrito agresivo y, a veces, injurioso que mantendrá en adelante. El verdadero iniciador de la *diatriba* moderna es el escritor francés Voltaire.

Arturo Uslar Pietri: *El progreso suicida*
Vida, obra, y crítica

Arturo Uslar Pietri (1906–2001) nació en Caracas, Venezuela. Se doctoró en ciencias políticas y sociales, y participó activamente en la vida política de su país. Al terminar su doctorado fue nombrado embajador de Venezuela en París y, posteriormente, de 1930 a 1933, fue promocionado a secretario de la delegación de la Liga de Naciones en Ginebra. A partir de 1939 ocupó los puestos de Ministro de Educación Pública, Ministro de Hacienda, Director del Partido Democrático Venezolano, y senador. Como escritor ha sido distinguido, entre otros, con el Premio Cervantes de Periodismo en 1952, y el Premio Príncipe de Asturias en 1990.

Uslar Pietri cultivó todos los géneros literarios, pero destacó principalmente en el ensayo, la novela y el cuento. Como ensayista es autor de *Letras y hombres de Venezuela* (1948), *De una a otra Venezuela* (1972), *Valores humanos* (1982), *Medio milenio de Venezuela* (1986), y *Los venezolanos en el petróleo* (1990). Como novelista es autor de *Las lanzas coloradas* (1931), una obra perteneciente al realismo mágico centrada en la guerra de independencia de Venezuela; *La isla de Róbinson* (1981), con la que ganó el Premio Nacional de Literatura en 1982; y *La visita en el tiempo* (1990), con la que recibió el prestigioso Premio Internacional de Novela Rómulo Gallegos. Como cuentista es autor de la colección de cuentos *Barrabás y otros relatos* (1928), y *Treinta hombres y sus sombras* (1949).

Uno de los temas dominantes en la obra de Uslar Pietri se centra en la representación de la realidad socio-política, económica y educativa de Venezuela. En torno a (*around*) estos temas, Uslar Pietri estudia otros, como el despilfarro (*waste*) del dinero generado por la producción de petróleo, la crisis del sistema educativo, la defensa de la democracia, y los sistemas dictatoriales. En otras obras, sin embargo, Uslar Pietri trata temas de carácter cultural, científico o existencialista.

Guía de lectura

En este ensayo, publicado originalmente en 1971 en *Vista desde un punto. Ensayos*, Uslar Pietri explora uno de los problemas más serios que vivía, y vive hoy día, la humanidad: la contaminación del medio ambiente (*environment*). El ensayista venezolano observa cómo el progreso industrial es el responsable de la contaminación de aguas, tierra y aire. Al tiempo que cita algunos ejemplos concretos de los efectos destructivos de la contaminación, Uslar Pietri afirma que todas las especies animales viven en un estado de mutua dependencia, y que la destrucción de una, o varias especies, provocará la desaparición de otras. Debemos notar que en este ensayo, de fácil lectura, Uslar Pietri nos anticipa, ya en 1971, uno de los problemas más graves a los que hoy día se enfrenta la humanidad: el progreso suicida.

El progreso suicida

Cada día millones de toneladas de desperdicios[1] tóxicos y esterilizantes son arrojadas[2] en el suelo, el aire y en el agua de las grandes concentraciones industriales. Hay ciudades, como Los Ángeles y en cierto modo Londres, en las que se forma un denso colchón[3] de niebla producido por la humedad, el humo y todos los gases de la actividad de los motores y quemadores[4] de toda clase. El resultado es que la gente respira un aire literalmente venenoso que afecta la vida, que ataca las plantas y que corroe[5] en muchas formas todas las cosas. En menos de un siglo a la intemperie[6] de la ciudad de Washington, un obelisco egipcio ha sufrido más grave deterioro[7] que en los tres mil años anteriores en que estuvo al aire abierto del valle del Nilo. El caso es igual con el agua. Los desperdicios de las cloacas[8] y de las fábricas llenan de sustancias nocivas[9] las corrientes de agua. Hay ríos, como el Delaware en los Estados Unidos, que, prácticamente, han dejado de contener vida. Han muerto los peces, los infusorios[10] y hasta las bacterias entre el aluvión[11] de ácidos disueltos que diariamente tiñen[12] al río de multicolores manchas. La esterilización de un río rompe una cadena de vida. Los seres del agua están estrechamente[13] conectados con las plantas y con los animales de tierra. Un río estéril termina por hacer estéril la tierra que lo rodea.[14] El agua utilizada para enfriar las plantas atómicas regresa a los ríos a temperaturas insoportables para la vida animal y vegetal. Muere el plancton, muere la bacteria y muere el pez. Los paisajes naturales desaparecen entre una constante niebla de gases industriales. De los escapes[15] de los automóviles salen cantidades aterradoras[16] de monóxido de carbono que tiene un efecto destructivo sobre los pulmones y el sistema nervioso. Los alrededores se convierten en cementerios de chatarra[17] y cada día son más raquíticos[18] y escasos los árboles, preludiando[19] un futuro de desolación.

Esto constituye uno de los problemas más graves y urgentes que afecta hoy directamente a los grandes países industriales y, al través de ellos y de la dinámica misma del desarrollo, a todos los hombres. Cada torre de chimenea que se alza,[20] cada motor que se enciende, cada cañería[21] de desperdicios que sale al agua, cada derrame[22] de petróleo en el mar, destruye vida y modifica negativamente una parte del medio natural.

Hace tiempo que los hombres de ciencia saben que no hay vida aislada ni medio separado. La vida es una sola red[23] que une, en la más continua y solidaria dependencia, a todos los seres orgánicos. Desde los microorganismos de la tierra hasta los mamíferos más eleva-

[1]*rubbish.* [2]*dumped.* [3]*layer.* [4]*burners.* [5]*corrodes.* [6]*out in the open.* [7]daño. [8]*sewers.* [9]*harmful.* [10]animales microscópicos. [11]gran cantidad. [12]*dye.* [13]*closely.* [14]*surrounds.* [15]*mufflers.* [16]muy grandes. [17]*junk.* [18]débiles. [19]anticipando. [20]es construida. [21]*pipe.* [22]*spill.* [23]*net.*

dos en la escala animal, hasta el hombre, están indisolublemente unidos y existen los unos porque existen los otros, y no puede eliminarse a ninguno sin que toda la cadena se rompa irremisiblemente.[24] Esto es lo que se llama la Ecología, que no es una ciencia solamente sino la condición fundamental de la existencia y de la preservación de la vida.

Cuando con los ojos de los astronautas hemos visto todos esa maravillosa esfera azul y blanca, con manchas ocres, que flota en el espacio, hemos tenido presente una inolvidable lección de la unidad de toda vida. No somos sino de la Tierra, hijos de las circunstancias ambientales que se han producido en ella, y no parece que tengamos otra posibilidad que la Tierra. Por eso reviste[25] un carácter de tan grave y trágica amenaza la destrucción constante del ambiente[26] natural que el desarrollo industrial y tecnológico ha traído. Es como la otra faz[27] temible[28] de la atrayente[29] imagen del progreso y del desarrollo. Podemos llegar a ser poderosos y altamente productivos, pero hasta ahora lo ha sido al precio de una desconsiderada y pavorosa[30] destrucción de las condiciones ambientales que han hecho la vida posible.

Éste es el problema de la ruina ambiental, de la destrucción de la naturaleza por el pillaje[31] humano o de la polución, como también se le llama, que hoy constituye una de las mayores preocupaciones de los gobiernos de los grandes países industriales y que es como el cáncer de la civilización y del progreso. Es como si nuestro progreso se hiciera al precio de la destrucción de la naturaleza y del ambiente, que es lo mismo que decir la autodestrucción del hombre.

Detener esta tendencia y sus efectos negativos y restablecer un equilibrio estable en la naturaleza requerirá un esfuerzo gigantesco y la cooperación de todos los hombres, para dominar y equilibrar el poder destructivo y casi suicida del progreso industrial y tecnológico.

Comprensión del texto y análisis crítico

1. ¿Qué ejemplos específicos nos da el autor sobre los daños causados por la contaminación del aire?
2. ¿Qué problemas ocasiona la esterilización de las aguas de un río?
3. ¿Qué ejemplos nos da el ensayista sobre los problemas causados por la contaminación del suelo?
4. ¿Cuál es el tema principal de este ensayo?
5. ¿Contrasta o compara el autor opiniones de otros investigadores o expertos en este tema? ¿Hay algún tipo de contraste en la información expuesta en este ensayo?
6. ¿Nos da el autor alguna conclusión o solución específicas?
7. ¿Podría identificar algún aspecto formal que le parece relevante?

---

[24]sin remedio posible. [25]tiene. [26]*environment*. [27]cara. [28]*frightful*. [29]*appealing*. [30]*terrifying*. [31]*plunder*.

8. ¿Cuál es el tono general de este ensayo?
9. Comente algunas de las características o convenciones generales del ensayo que aparecen en este ensayo de Uslar Pietri.

Mesa redonda

Escoja y discuta uno de los problemas medioambientales que menciona Uslar Pietri en este ensayo. Comente, asimismo, si este problema existe en la actualidad y si los gobiernos del mundo han llevado a cabo algún tipo de política o programa para resolver dicho problema. Otra sugerencia es escoger un problema medioambiental no mencionado por Pietri y discutir si los gobiernos del mundo han creado políticas o desarrollado programas para corregirlo. Compartan sus opiniones con el resto de la clase.

Sea creativo

Uslar Pietri menciona varios casos de contaminación del medio ambiente. Escoja uno de ellos y proponga alguna solución personal o política a dicho problema. Pueden realizar esta actividad creativa bien individualmente o en grupos. Compartan sus opiniones con la clase.

Investigación

Investigue algún caso específico de contaminación y escriba un breve ensayo mencionando las causas o motivos del mismo, el deterioro ocasionado al medio ambiente, la respuesta de la comunidad de ciudadanos, y las decisiones judiciales relativas a este caso, si las ha habido. Tres sugerencias serían la del cambio climático y el calentamiento global, el vertido (*spill*) de petróleo del Exxon Valdez en las costas de Alaska en 1989, y la sobrepesca (*overfishing*) de los mares.

Diccionario de términos literarios

Manifiesto. Es la publicación de un texto breve —en un periódico, revista, etc.— por parte de un grupo o movimiento político, artístico, filosófico, religioso o literario, en el que se exponen unas doctrinas o programas de acción revolucionarios o innovadores.

Gloria Anzaldúa: *La prieta*
Vida, obra y crítica

Gloria E. Anzaldúa (1942-2004) nació en el Valle del Río Grande, Texas, y recibió su M. A. en inglés y educación de la universidad de Texas en Austin. En 1977 se mudó a California, donde se dedicó a dar conferencias, escribir y, ocasionalmente, a dar clases sobre feminismo, estudios chicanos y escritura creativa en las universidades de San Francisco, de California en Santa Cruz y de Florida Atlantic, entre otras.

Es, junto con Cherrie Moraga, coautora de *This Bridge Called My Back: Writings by Radical Women of Color* (1981), y autora de *Making Face, Making Soul/Haciendo Caras: Creative and Critical Perspectives by Women of Color* (1990), y *Borderlands/La Frontera: The New Mestiza* (1987). Es, asimismo, autora de libros para niños, y obras de ficción y poesía.

Su obra, además de redefinir los postulados del feminismo, propone la existencia de una nueva mestiza que reconoce sus conflictos de identidad y desafía los tradicionales conceptos del binarismo occidental. Sus trabajos han ejercido una gran influencia en los campos de estudios chicanos, sobre la mujer, postcoloniales y sobre LGBT. Como es de suponer, algunos de los temas tratados en su obra se centran en la sexualidad, el feminismo, la espiritualidad, y su militancia política. Anzaldúa mezcla el inglés y el español en su obra, y le preocupa que algunos rechacen su propia lengua para encajar mejor en la sociedad americana. Uno de los conceptos que introduce en su obra es el de "nepantlera", con el que se refiere a gente que se mueve entre múltiples mundos conflictivos y que rehúsa alinearse con un grupo o creencia particular.

La obra de Anzaldúa ha sido distinguida con varios reconocimientos, entre los que podemos mencionar el premio Before Columbus Foundation American Book Award por su libro *This Bridge Called My Back: Writings by Radical Women of Color*, en 1988, y el premio de la American Studies Association Lifetime Achievement Award, en 2001.

Guía de lectura

"La prieta", uno de los ensayos más conocidos de Gloria Anzaldúa, apareció publicado por primera vez en *This Bridge Called My Back: Writings by Radical Women of Color*, una obra importante en el desarrollo del feminismo del tercer mundo que trata de presentarse como un puente que cruza líneas y fronteras que dividen. El ensayo de Anzaldúa anticipa una de sus obras maestras, *Borderlands/La Frontera: The New Mestiza* (1987), un trabajo que, junto al anterior, contribuye de manera significativa al estudio de teorías feminista, cultural y lésbica.

En este ensayo, "La prieta", de carácter autobiográfico, Anzaldúa nos habla de su nacimiento, de sus orígenes, de su trabajo en el campo, de su familia, de la trágica muerte de su padre, de la compleja relación que mantuvo con su madre y hermanos, y del papel revelador que tuvo la escritura. De la descripción de este microcosmos Anzaldúa pasa posteriormente a hablarnos de su sexualidad, de sus problemas de identidad, y del rol que va a cumplir como mujer. Ahora, con una nueva voz, Anzaldúa confiesa su pertenencia al Mundo Zurdo, un mundo que rompe con las tradicionales divisiones binarias a las que nos ha acostumbrado el sistema patriarcal, un mundo que, además, no se alinea necesariamente con los oprimidos o los tercermundistas.

La prieta

Cuando nací, Mamá grande Locha me inspeccionó las nalgas en busca de la mancha oscura, la señal del indio, o peor, de sangre mulata. Mi abuela (española, un poco de alemana, el rastro[1] aristocrático debajo de su piel pálida, de ojos azules y cabellos enroscados,[2] en un tiempo rubios) presumía[3] que su familia fue una de las primeras que se establecieron en el gran campo de pastizales[4] del sur de Tejas.

Qué lástima que nació m'ijita[5] morena, muy prieta,[6] tan morena y distinta de sus propios hijos güeros.[7] Pero quería a m'ijita como quiera.[8] Lo que me faltaba de blancura, tenía de inteligencia. Pero sí fue una pena que fui oscura como una india.

"No salgas al sol", mi mamá me decía cuando quería salir a jugar. "Si te pones más oscura pensarán que eres una india. Y no te ensucies la ropa. No quieres que la gente diga que eres una mexicana puerca". Nunca reconoció que aunque ya éramos americanos por seis generaciones, aún éramos mexicanos y todos los mexicanos son parte indios. Yo pasé mi adolescencia batallando con sus demandas incesantes de que me bañara, que fregara los pisos y los aparadores,[9] y que limpiara las ventanas y las paredes.

Y cuando nos subíamos atrás en la camioneta del patrón que nos llevaba a los sembrados,[10] me preguntaba, "¿dónde está tu gorra" (para el sol)?

Un día en medio del sembradío de algodón, tiré mi gorra y me puse un sombrero. Aunque no me protegía del sol tejano de 110 °F [43 °C] como la gorra, ahora podía ver en todas direcciones, sentir la brisa, secarme el sudor del cuello .

Cuando empecé a escribir este ensayo, hace casi dos años, el viento al que estaba acostumbrada de repente se convirtió en huracán. Abrió la puerta a imágenes viejas que me espantan,[11] fantasmas viejos y todas las heridas viejas. Cada imagen una espada que me atraviesa, cada palabra una prueba. Aterrorizada, guardé el bosquejo[12] de este ensayo por un año.

Estaba aterrorizada porque en esta escritura, tendré que ser dura con la gente de color que son las víctimas oprimidas. Aún tengo miedo porque tendré que llamarnos la atención

[5]

[10]

[15]

[20]

[25]

---

[1]*trace.* [2]*curly.* [3]*showed off.* [4]*pasture.* [5]*mi hija.* [6]*morena.* [7]*de piel clara.* [8]"como quiera": a pesar de eso. [9]*mueble.* [10]campos de agricultura. [11]*scare.* [12]*outline.*

a mucha mierda nuestra como nuestro propio racismo, nuestro miedo a las mujeres y a la sexualidad.

30 Con el terror acompañándome, me sumerjo en mi vida y empiezo el trabajo sobre mí. ¿Dónde empezó el dolor, las imágenes que me espantan?

Las imágenes que me espantan

Cuando tenía tres meses, unas viejas manchas rosadas empezaron a aparecer en mi pañal.[13] "Son sus rastros de esquimal", le dijo el doctor a mi mamá. "A las niñas esquimales les empieza la regla[14] temprano". A los siete años me empezaron a crecer los senos. Mi mamá
35 me los amarraba[15] con una faja[16] de algodón ajustada para que las criaturas en la escuela no los pensaran raros en comparación a sus propios pezones[17] que parecían lunares[18] morenos planos. Mi mamá me aseguraba un trapo doblado en mis pantaletas.[19] "Mantén las piernas cerradas, Prieta". Esto, el secreto negro entre nosotras, su castigo por haber fornicado antes de la ceremonia de boda, mi castigo por haber nacido. Y cuando se enojaba conmigo gritaba,
40 "¡He batallado más contigo que con todos los demás y no me lo agradeces!". Mi hermana empezó a sospechar el secreto nuestro —que había algo "irregular" conmigo. ¿Qué tanto puedes esconder de una hermana con quien has dormido desde la infancia en la misma cama?

Lo que quería mi mamá a cambio de haberme dado a luz y por criarme[20] era que me
45 sometiera a ella sin rebelión. ¿Acaso me trataba de enseñar la habilidad para sobrevivir? No objetaba tanto mi desobediencia como mi cuestionamiento de su derecho a exigir mi obediencia. En esta batalla por el poder, se mezclaban su culpa de haberle dado vida a una niña marcada "con la seña", y pensar que me había hecho víctima de su pecado.

Un día cuando tenía siete u ocho años, mi papá dejó caer en mi regazo[21] una novelita
50 de vaqueros del oeste de 25 centavos, el único tipo de libro que él podía conseguir en la botica.[22] El acto de leer me cambió para siempre. En las novelas de vaqueros que leía, todos los empleados, los villanos y las cantineras eran mexicanos. Pero yo sabía que los primeros vaqueros fueron mexicanos, que en Tejas éramos más numerosos que los anglos, que las estancias[23] de mi abuela fueron robadas por el anglo voraz. Sin embargo, entre las páginas de
55 estos libros, tanto el mexicano como el indio eran bichos.[24] El racismo que después reconocí en mis maestros y jamás podría ignorar, lo encontré en la primera novela de vaqueros que leí.

Mi papá muriéndose, la aorta se le reventó mientras que manejaba, la camioneta se
volteó,[25] arrojó[26] su cuerpo y la camioneta se volcó[27] sobre su cara. Sangre en el pavimento. Su muerte ocurrió cuando apenas entraba yo a la pubertad. El accidente destruyó irrevoca-
60 blemente el mito de que existía una figura masculina que me cuidaría.

---

[13]*diaper.* [14]*period.* [15]*sujetaba.* [16]*bandage.* [17]*nipples.* [18]*birthmark.* [19]*panties.* [20]*raise me.* [21]*lap.* [22]farmacia. [23]*cattle ranch.*
[24]personas marginales. [25]*turned over.* [26]*tiró.* [27]cayó.

Cada 24 días, fiebres violentas me quemaban el cerebro. Fluía de lleno la regla acompañada por calambres,[28] amigdalitis, y fiebres de 105° F [41 °C]. Cada mes un viaje a los médicos. "Pura imaginación" decían. "Cuando madures y te cases y tengas hijos el dolor se parará". Una letanía monótona de los hombres de blanco durante toda mi adolescencia.

Mi papá ya muerto, mi madre y yo nos consolamos. ¿No nos habíamos criado juntas? Habíamos sido como hermanas —ella tenía 16 años cuando me tuvo a mí. Aunque me quería, sólo lo demostraba cubiertamente— en el tono de su voz, en una mirada. No era así con mis hermanos —ahí estaba el amor para que todo el mundo lo viera.

Ver a mi madre buscar en mis hermanos la protección, los consejos -un acto irónico. Ella y yo sabíamos que no recibiría nada de ellos. Como la mayoría de los hombres, no tenían nada que dar, al contrario necesitaban de las mujeres. Resentía el hecho de que mis hermanos bien podían tocar y besar y coquetear con ella, pero no mi hermana ni yo. Resentía el hecho de que la intimidad física entre las mujeres era tabú, sucia.

Aun así no me podía descontar. "Machona,[29] india ladina" me llamaba porque no me comportaba como una buena chicanita se debe comportar: después, con el mismo aliento[30] me alababa y me regañaba, a menudo por la misma cosa —ser marimacho[31] y andar con botas, no tener miedo de las víboras ni de las navajas, demostrar mi desdén hacia los roles de las mujeres, partir para la universidad, no hacer hogar ni casarme, ser una política, estar del lado de los campesinos. Aun a pesar de que ella trataba de corregir mis humores más agresivos, mi madre secretamente estaba orgullosa de mi terquedad.[32] (Algo que nunca admitirá.) Orgullosa de que había trabajado para asistir a la universidad. Secretamente orgullosa de mis pinturas, de mi escritura, aunque mientras tanto se quejaba porque yo no ganaba dinero con eso.

Vergüenza

No hay belleza en la pobreza, en que mi madre solamente podía darle a uno de sus hijos el dinero para almorzar.

No fue culpa de mi madre que fuéramos pobres, sin embargo tanto de mi dolor y vergüenza provienen de la traición entre las dos. Pero mi madre siempre ha estado ahí para mí a pesar de nuestras diferencias y los golfos emocionales. Nunca ha dejado de pelear; es una sobreviviente. Aún hoy puedo oírla discutir con mi padre sobre cómo criarnos, insistiendo que todas las decisiones se hicieran entre los dos. La puedo oír llorando sobre el cuerpo muerto de mi padre. Ella tenía 28 años, fue poco educada, no tenía habilidades comerciales, y aun así al criarnos sola su fuerza fue más grande que la de la mayoría de los hombres. Después que murió mi padre, trabajé en la siembra[33] cada fin de semana y cada verano, aun cuando era estudiante en la universidad. (Solamente migramos una vez cuando tenía siete

---

[28]cramps. [29]tomboy. [30]pasión. [31]tomboy. [32]stubborness. [33]farmland.

años, viajamos en el trasero de la camioneta de mi padre con dos familias más a los campos de algodón de Tejas occidental. Cuando perdí unas semanas de escuela, mi padre decidió que esto no podría suceder otra vez.)

… los aviones descendían sobre nosotros, cincuenta o hasta cien de nosotros nos dejábamos caer a la tierra, mientras una nube de insecticida nos laceraba los ojos, tapándonos[34] las narices. Ni les importaba a los dueños de la industria agraria que no había sanitarios en las siembras anchas y abiertas, ni arbustos donde se pudiera una esconder. A través de los años, los confines de la vida agraria y ranchera empezaron a enfadarme. El rol tradicional de la mujer era una silla de montar que yo no me quería poner. Los conceptos "pasividad" y "obediencia" rastreaban sobre mi piel como espuelas y "matrimonio" e "hijos" me hacían embestir[35] más rápido que las serpientes de cascabel o los coyotes. Empecé a usar botas y pantalones de mezclilla[36] de hombre y andar con la cabeza llena de visiones, con hambre de más palabras y más palabras. Despacio, dejé de andar cabizbaja,[37] rechacé mi herencia y empecé a desafiar las circunstancias. Pero he pasado más de treinta años desaprendiendo la creencia inculcada en mí que ser blanco es mejor que ser moreno —algo que alguna gente de color nunca desaprenderá. Y es apenas ahora, que el odio de mí misma, el que pasé cultivando durante la mayor parte de mi adolescencia, se convierte en amor.

La muerte, la congelada reina de nieve

Escarbo una sepultura para enterrar[38] a mi primer amor, un pastor alemán. Entierro el segundo, tercero y cuarto perro. El último sufrió vómitos y convulsiones, envenenado por el insecticida. Lo enterré junto a los otros, cinco montones de tierra coronados por cruces de ramos que hice… Nunca más animales favoritos, nunca más amores —ahora cortejo[39] a la muerte…

Nunca más animales favoritos, nunca más amores… uno de mis amantes me decía que era frígida cuando no me llevaba al orgasmo… traje mi novio peruano a casa y mi madre decía que no quería que su "Prieta" tuviera a un "mojado"[40] de amante… Mi madre y hermanos me llamaban puta cuando les dije que había perdido la virginidad y que lo había hecho a propósito. Mi madre y hermanos me llamaban jota[41] cuando les dije que mis amigos eran homosexuales y lesbianas

Quién es mi gente

Soy una puente [sic] columpiada[42] por el viento, un crucero habitado por torbellinos,[43] Gloria, la facilitadora, Gloria, la mediadora, montada a horcajadas[44] en el abismo. "Tu lealtad es al Ter-

---

[34]cubriéndonos. [35]atacar. [36]"pantalones… mezclilla": *jeans.* [37]*with my head down.* [38]*to bury.* [39]*court.* [40]*wetback.* [41]homosexual. [42]*swung.* [43]*whirlwinds.* [44]*straddled.*

cer Mundo", me dicen mis amigos negros y asiáticos. "Tu lealtad es a tu género, a las mujeres", me dicen las feministas. También existe mi lealtad al movimiento gay, a la raza, género, orientación sexual, nación revolución socialista, a la Nueva era, a la magia y lo oculto. Y existe mi afinidad a la literatura, al mundo artístico. ¿Qué soy? Una lesbiana feminista tercermundista inclinada al marxismo y al misticismo. Me fragmentarán y a cada pequeño pedazo le pondrán una etiqueta. ¿Me dices que mi nombre es la ambivalencia? Piensa en mí como Shiva,[45] con un cuerpo de muchos brazos y piernas con un pie en la tierra color café, otro en lo blanco, otro en la sociedad heterosexual, otro en el mundo gay, otro en el mundo de los hombres, de las mujeres, un brazo en la clase obrera, los mundos socialistas y ocultos. Un tipo de mujer araña colgando por un hilo de su telaraña[46]. Mi identidad es de mujer. Quien ultraja a las mujeres me insulta a mí. Mi identidad es de lesbiana. Quien insulta a las lesbianas me ultraja[47] a mí. Mi identidad es de feminista. Quien menosprecia[48] el feminismo me desprecia a mí.

A quién le echamos la culpa

Yo no veo a los pueblos tercermundistas y a las mujeres como opresores sino como cómplices inconscientes de la opresión, legando a nuestros hijos y a nuestros amigos las ideologías de los opresores. No puedo descartar el rol de cómplice de que hago como cómplice, que todos hacemos de cómplices, ya que no gritamos lo suficiente recio[49] en protesta.

Estoy con lo que nos rompa las ataduras sin matar y mutilar. Estoy con lo que sea y con quien sea que nos saque de nuestras vistas limitadas y despierte en nosotros los potenciales atrofiados.

El mundo zurdo[50]

No puedo descontar el hecho de que miles se acuestan diariamente con hambre. Los miles que hacen el atontecedor trabajo de mierda ocho horas diarias toda su vida. Los miles a quienes matan y golpean todos los días. Los millones de mujeres a quienes han quemado, los millones a quienes han violado. ¿Dónde está la justicia para esto?

La mezcla de sangre y afinidades, en vez de confundirme o desequilibrarme, me ha forzado a lograr un cierto balance. Las dos culturas me niegan un lugar en su universo. Entre ellas y entre otras, yo construyo mi propio universo. El Mundo Zurdo. Yo me pertenezco a mí misma y no a cierto grupo.

La lógica, el patriarcado y el heterosexual han gobernado y han sido los dueños por mucho tiempo. Mujeres tercermundistas, lesbianas, feministas, y hombres orientados al feminismo de todos los colores se unen y se juntan para rectificar el balance. Solamente juntos podemos ser una fuerza. Nos veo como una red de espíritus emparentados, un tipo de familia.

---

[45]una de las principales deidades del hinduismo. [46]*spiderweb.* [47]ofende. [48]subestima. [49]fuerte. [50]*left handed.*

Somos los grupos raros, la gente que no pertenece a ningún sitio, ni al mundo dominante, ni completamente a nuestra propia cultura. Todos juntos abarcamos[51] tantas opresiones. Pero la opresión abrumadora[52] es el hecho colectivo que no cuadramos,[53] y porque no cuadramos somos una amenaza. No todos tenemos las mismas opresiones, pero tenemos empatía y nos identificamos con las opresiones de cada uno. No tenemos la misma ideología, ni llegamos a soluciones semejantes. Algunos de nosotros somos izquierdistas, algunos somos practicantes de la magia. Algunos de nosotros somos ambos. Pero estas afinidades distintas no se oponen. En el mundo zurdo yo con mis propias afinidades, y mi gente con las suyas, podemos vivir juntos y transformar al planeta.

Comprensión del texto y análisis crítico

1. ¿Quiénes son los antepasados de Gloria Anzaldúa?
2. ¿Qué creencia hay en la cultura chicana sobre el color de la piel?
3. ¿Qué función cumple la escritura en la vida de Anzaldúa?
4. ¿Qué problemas de salud tiene Anzaldúa?
5. ¿Qué imagen nos da la autora de su familia? ¿Es una familia tradicional, conservadora, supersticiosa…?
6. ¿Qué tipo de relación tiene Anzaldúa con su madre?
7. ¿En algún momento nos muestra la autora ejemplos de racismo y discriminación?
8. ¿Cómo aparecen representados los hombres en este ensayo?
9. ¿Cómo tratan los terratenientes a sus trabajadores del campo?
10. ¿Cómo se autodefine Anzaldúa? ¿Con quiénes se identifica?
11. ¿Qué entiende Anzaldúa por un mundo zurdo?

Mesa redonda

Con sus compañeros de grupo, discuta el papel que juegan los conceptos de sexualidad y género en este ensayo. ¿Qué opiniones tiene la autora al respecto? ¿Cómo responde su familia o la sociedad ante estas creencias?

Sea creativo

El ensayo de Gloria Anzaldúa se centra en el rol o papel que ella y la mujer juegan como víctimas de un sistema patriarcal opresivo. Escriba un breve ensayo comentando en mayor detalle algunos ejemplos, o muestras, de cómo la sociedad patriarcal ha marginado y sub-

---

[51]*encompass.* [52]*overwhelming.* [51]*fit in.*

estimado a la mujer en los últimos años. Piense no sólo en el ámbito sexual sino cultural, político o económico.

Investigación

Escoja uno de los ensayos que incluye Gloria Anzaldúa en su obra *Borderlands.La frontera. The New Mestiza*, y escriba un ensayo sobre el mismo. Consulte otras fuentes relativas al mismo tema. Sugerimos, por su relación con el ensayo anterior, los ensayos titulados "La conciencia de la mestiza: *towards a New Consciousness*", o "El retorno".

Diccionario de términos literarios

Panfleto. Es un escrito breve, en prosa o verso, de carácter satírico y agresivo, que se utiliza como forma de lucha en disputas ideológicas o literarias. A veces se usa como instrumento de difamación personal o de un grupo, en cuyo caso se denomina Libelo infamatorio.

EL CINE

Introducción al Cine

Guía para el Análisis de Películas

Modelo de Análisis Crítico. *El Laberinto del Fauno,*
(Guillermo del Toro)

Unidad 1. Técnicas Cinematográficas. El Arte de la Adaptación

Introducción al Cine

El cine, también llamado "el séptimo arte", nace en 1895 con los hermanos Lumière, de Francia; pero el primero en contar una historia en una película fue, a principios del siglo xx, el francés George Meliès. De Meliès hasta hoy día, numerosos directores de cine han experimentado con distintas técnicas cinematográficas: el inglés Alfred Hitchcock, el ruso Sergei Eisenstein, y el norteamericano Orson Welles. A la contribución de estos directores de cine debemos añadir dos fechas claves (*key*) en la historia del cine: una es la de 1927, cuando se rueda (*shoots*) la primera película con sonido, y la otra es la de 1935, cuando se incorpora el color al cine.

En cuanto (*with regard to*) al proceso que suele seguir toda película antes de su proyección en las pantallas (*screens*), podemos distinguir cuatro **fases**. En la primera, conocida como *preproducción*, el productor se encarga de (*takes care*) la organización general y de los asuntos financieros, y el guionista de la escritura del guión. En la segunda fase, de *producción*, se realiza el rodaje (*shooting*) de la película, y aquí las mayores responsabilidades recaen (*fall*) en el director de la película, quien se encarga de coordinar el trabajo de diseñadores, mezcladores de sonido, director de fotografía, unidad de efectos especiales, actores, extras, etc. En la tercera fase, de *postproducción*, el editor, también llamado montajista, se reúne con el director y el equipo de sonido para podar (*to cut out*) todos los miles de metros de película filmados y reducirlos a la copia final que se representará en la pantalla. Ésta es una de las fases más importantes porque el director y montajista deben seleccionar las mejores tomas, combinarlas y organizarlas para que el espectador pueda seguir con facilidad la historia que se proyecta en la pantalla. Y en la cuarta fase es cuando tiene lugar todo el proceso de *distribución* y *promoción* de la película.

Desde el punto de vista de los **temas** tratados en las películas, podríamos hacer una clasificación de los mismos en las siguientes categorías: *documentales*, caracterizados por presentar información sobre hechos reales; películas *de ficción*, en las que los personajes y sus actividades son ficticios; películas en las que, lo mismo que ocurre con la novela, se mezcla la ficción con la realidad; películas de *dibujos animados* (*cartoons*); y, finalmente, tenemos el cine *experimental*, caracterizado por subvertir los códigos del cine tradicional. Otra clasificación de las películas corresponde al género, y aquí podríamos destacar las *comedias*, los *melodramas*, las *comedias musicales*, películas de *terror*, del *oeste*, *policiacas*...

Nociones básicas para el análisis de una película

En cuanto al análisis crítico de una película, hay dos tipos de enfoque que podemos seguir. El primero se centraría en el análisis de alguno de los **temas** de la historia y, como ésta sigue una forma narrativa, los conceptos teóricos que hemos visto para el estudio de un texto en prosa nos pueden servir también para el cine. Sin embargo, no debemos olvidar que el cine es un arte visual y, por tanto, nuestro estudio puede centrarse en el estudio de alguna de las **técnicas cinematográficas** que utiliza el director de la película, y esto es lo que vamos a estudiar en el próximo capítulo. Un posible estudio podría estar centrado en el uso de los distintos *planos*, otro aspecto técnico que podemos estudiar es el de la *angulación* (*camera angle*), o las *puestas en escena*, o en la actuación de los actores y actrices.

Guía para el Análisis de Películas

Ya que el cine y la literatura comparten el mismo propósito de contar una historia, para el estudio de los componentes de ésta nos pueden ser útiles, como ya dijimos, los conceptos crítico/teóricos que hemos estudiado para el análisis de textos en prosa. Sin embargo, como el cine es un arte visual, es importante que el estudio de la historia vaya relacionado con algunos de los aspectos técnicos que sirven para darle expresión. Veamos, pues, algunos de estos aspectos técnicos:

- Los **planos**. Podemos preguntarnos, ¿qué tipo de planos utiliza el director de la película? ¿Qué duración tienen unos y otros planos? ¿Con qué propósito u objetivo cambia el director de planos?
- La **angulación**. Podemos preguntarnos, ¿qué clase de angulación predomina en la película? ¿Con qué propósito utiliza el director de fotografía uno u otro tipo de angulación?
- Los **desplazamientos de la cámara**. ¿Hay algún tipo de movimiento o desplazamiento de la cámara? ¿Qué intenta comunicarnos el director de la película al mover o desplazar la cámara para captar el campo visual (*visual field*)?
- La **puesta en escena**. Ésta es una de las partes que mayor trabajo requiere en el cine y, por ello, es muy importante comentar la función que juegan los distintos elementos que forman parte de aquélla —el vestuario, el maquillaje, la iluminación, el sonido . . .
- **Efectos especiales**. Hoy día muchos directores de cine se sirven de sofisticados efectos visuales. Podemos preguntarnos cuál es la función de los mismos, y cómo han sido creados.
- El **montaje**. Ésta es otra de las partes importantes de una película. Algunas de las preguntas que podemos hacernos al respecto son: ¿cómo realiza el montajista la transición de un encuadre (*frame*) a otro? ¿Introduce alguna técnica especial? ¿Fluye (*flows*) la historia con normalidad y podemos seguirla fácilmente? ¿Hay alguna escena que debería ser acortada (*shortened*) o sustituida?
- Finalmente, un estudio crítico puede estar centrado en la **actuación de los actores**.

Modelo de Análisis Crítico. El *Laberinto del Fauno*,* (Guillermo del Toro)

La iniciación de Ofelia

Guillermo del Toro (1964–) nació en Guadalajara, México, y es uno de los directores de cine más prestigiosos del mundo hispano. Además de *El laberinto del fauno* (*Pan's Labyrinth*) (2006), ha dirigido películas como *El espinazo del diablo* (2001), *Hellboy* (2004), y *La forma del agua* (2017), y ha recibido numerosos premios internacionales por su labor como director cinematográfico. El tema central de la película se centra en la huida de una niña de un mundo real, cruel y represivo, y su refugio en un mundo mágico y fantástico en el que existe la paz y el amor. Para liberarse (*to free herself*) de este poder opresor y entrar en un mundo de paz, justicia y felicidad, Ofelia debe pasar por una especie de rito de paso o iniciación, y en este estudio me propongo estudiar las distintas fases o etapas por las que debe pasar la protagonista, Ofelia, para superar con éxito sus pruebas, y los leitmotivos y contrastes que contribuyen a la representación de estas fases. El rito de paso, como es sabido, es un rito o ritual que tiene lugar cuando un individuo deja un grupo por otro, y según el investigador Van Gennep estos ritos pasan por tres fases: de separación de un mundo previo, de tránsito, y de incorporación a otro mundo (21).

Una noche, poco después de llegar con su familia al molino (*mill*) donde se encuentran las fuerzas fascistas, Ofelia descubre un laberinto donde conoce a un fauno, y éste, que será una especie de guía espiritual de la niña, le dice que es una princesa del inframundo (*underworld*), y que si completa con éxito tres pruebas (*tasks*) antes de llegar la luna llena (*full moon*) podrá reunirse con su difunto (*deceased*) padre. El laberinto aparece en muchos ritos de iniciación, y es un símbolo del alma o espíritu de una persona que busca la verdad en un mundo complejo y difícil. Completadas las pruebas, a pesar de algún error, Ofelia es asesinada por su padrastro, desciende al inframundo, y allí se reúne con su padre y su madre, muerta poco antes que su hija. Una vez aquí, Ofelia se convertirá en princesa de este reino, y la entrada en ese reino se anticipa en la película a través de un leitmotivo: el regreso a la matriz (*womb*). Veamos ahora las distintas pruebas que debe superar Ofelia para entrar en este reino, y la presencia del leitmotivo de la matriz en aquéllas.

La primera de las pruebas que debe superar Ofelia, y que completa con éxito, consiste en recuperar una llave que se encuentra en el vientre de un sapo que habita dentro de una higuera (*fig tree*). La entrada en el árbol se asemeja a (*resembles*) la vulva del órgano femenino, y el interior de la higuera, circular, aparece representado como el útero de la mujer. Igualmente, en el libro que le regala el fauno a Ofelia aparece un útero que se va llenando de sangre, y esta imagen nos anticipa la muerte de su madre al dar a luz. La segunda prueba que debe superar

---

*para algunos de los conceptos comentados aquí me he servido de algunos estudios, entre ellos los de Laura Hubner y de Emilio Mejías.

Ofelia consiste en recuperar la daga (*dagger*) que se encuentra en un subterráneo (*underground*) donde habita un hombre pálido (*pale*) rodeado de comida. Ofelia entra en el subterráneo y, tentada por la fruta, come unas uvas, desobedeciendo (*disobeying*) el consejo del fauno. El hombre pálido, que ha comido niños, persigue a Ofelia, pero ésta logra escapar. A continuación vemos al capitán vidal celebrando un banquete con algunos de sus oficiales y un sacerdote, y es obvio que Guillermo del Toro está tratando de comparar la crueldad del hombre pálido con la del capitán Vidal. Ofelia, al salir del subterráneo, se encuentra en el mundo exterior donde debe lidiar con (*deal with*) los problemas de la vida real, como es la muerte de su madre, y la represión de un padrastro devorador, como Crono. La tercera prueba que le presenta el fauno a Ofelia es la de traer a su hermanastro (*stepbrother*) al laberinto para que le extraiga (*to draw*) unas gotas de sangre, pero ella se niega. La prueba, por cierto, tiene lugar una noche de luna llena, tiempo tradicionalmente apropiado para completar una transformación espiritual dentro del ocultismo. Es en este momento cuando aparece el capitán Vidal y mata a Ofelia, y la sangre que derrama (*spills*) servirá para completar su rito de iniciación. Ofelia, entonces, entra en un gran salón, representado como una matriz (*womb*), donde se encuentran sus padres, y es en este mundo donde se convierte en una princesa y vivirá una felicidad plena. La entrada en este otro mundo de vida eterna y felicidad plena sólo tiene lugar cuando la protagonista ha muerto a un mundo terreno, limitado e injusto. Comenta al respecto Mircea Eliade que "it is imposible to attain to a higher mode of being, it is imposible to participate in a new irruption of sanctity into the world or into history, except by dying to profane, inenlightened existence and being reborn to a new, regenerated life" (86).

Guillermo del Toro utiliza varios leitmotivos para expresar el cumplimiento de las distintas pruebas y fases del rito de iniciación. Uno de estos leitmotivos es el de la vista, y por extensión los ojos. La película comienza con una escena en negro, al tiempo que oímos la respiración entrecortada (*faltering*) de Ofelia que está agonizando (*dying*) y de tránsito a ese reino donde se encuentran sus padres. A continuación, y con gran brevedad de detalles, se nos narra la historia de una princesa, Moanna, que deja el reino del inframundo, donde su padre era rey, y sale al mundo exterior donde el sol le borra la memoria y muere. Sin embargo, nos dice el narrador de la historia, su espíritu tomará cuerpo en otra persona y regresará a este reino. A continuación, vemos a Ofelia en compañía de su madre viajando en un coche al molino donde se encuentra su padre, y cuando desciende del coche para dar un paseo se encuentra con el monumento de un fauno al que le falta un ojo. Más tarde, vemos cómo el capitán Vidal golpea en un ojo a un supuesto colaborador de los *maquis* que se encontraba cazando conejos (*rabbits*) y, poco después, vemos el episodio del hombre pálido, del que hablaremos después, quien pone sobre sus manos unos ojos que están en la mesa y persigue a Ofelia. Podríamos preguntarnos ¿qué relación tiene este leitmotivo recurrente con alguno de los temas de la película? Y posiblemente, Del Toro nos quiere decir que cada uno ve la realidad de forma diferente, que el capitán Vidal, por ejemplo, está limitado a ver la de este mundo físico que le rodea, y que Ofelia, contrariamente, puede ver, además de esta realidad, la de un mundo mágico y fantástico donde habitan las hadas y los faunos.

Unido a este leitmotivo se encuentra el del reloj, que vemos repetidamente relacionado con el capitán Vidal, y es fácil suponer que el reloj hace referencia al tiempo. El capitán Vidal, como ya dijimos, es un hombre cruel y sádico que oprime a todos los que le rodean (*surround*), y representa el conocido complejo de Crono. Éste, como sabemos, es un titán que personifica el tiempo y la muerte, y en la mitología griega se cuenta cómo, por temor a perder su poder, devora a sus propios hijos. En la historia de la película, las víctimas del capitán Vidal son Ofelia y su esposa, por un lado, y en el campo político, por otro, el pueblo español, oprimido por un poder fascista.

Otro aspecto de la película que puede ser estudiado es el de los contrastes, centrados en oposiciones binarias que se relacionan con el tema anterior del viaje iniciático de la protagonista. Algunos de estas oposiciones tienen que ver con el enfrentamiento del bien contra el mal, otras con la oposición del mundo de la realidad exterior con el mundo fantástico o mágico, y otras operan a nivel artístico. La primera de estas oposiciones la vemos representada en el capitán Vidal quien, como hemos visto, es la encarnación del mal y de la opresión, y en el lado opuesto se encuentran Ofelia y los *maquis*. La segunda oposición la volvemos a ver representada en el capitán Vidal y las fuerzas fascistas, por un lado, y en la realidad mágica de las hadas y de los que habitan el mundo subterráneo, por otro. Asimismo, y desde un punto de vista filosófico, otro contraste lo vemos en el uso de dos tiempos diferentes. Así, el tiempo por el que se rige el capitán Vidal, y los que comparten el mundo de los seres humanos, es un tiempo físico lineal que termina en la muerte; mientras que el de Ofelia, una vez que entra en el reino de sus padres, es un tiempo circular que se repite eternamente. Es reveladora (*revealing*), en este sentido, la historia que cuenta Ofelia a su hermanastro sobre la rosa de la montaña que concedía la inmortalidad, y cómo ningún ser humano se acercaba a ella por temor a las espinas (*thorns*) que estaban en el camino que conducía a ella. Asimismo, la estructura narrativa de la película, al comenzar y terminar con la muerte de Ofelia, nos muestra en su circularidad su carácter recurrente, es decir de un tiempo eterno. Podemos añadir que esta circularidad se relaciona, igualmente, con el leitmotivo, anteriormente comentado, de la matriz de la mujer.

Las oposiciones entre los distintos mundos también se manifiestan a nivel artístico, y en varias ocasiones el espectador puede ver cómo en el mundo fantástico predominan las formas circulares o curvas —el interior de la higuera, o el salón donde los padres de Ofelia la están esperando—, mientras que en el mundo de la realidad exterior se pone énfasis en las líneas rectas o lineales. Las oposiciones también las encontramos en el campo de la iluminación, y un ejemplo claro lo vemos en el uso de una luz fría en el salón donde el capitán celebra un banquete, dentro del mundo real, y de una iluminación dorada y tonos más suaves en el salón donde el hombre pálido tiene preparado un banquete, dentro del mundo mágico. Otro tipo de oposición lo vemos en el contraste de los colores rojo y blanco dentro de una misma escena. Ejemplos concretos los vemos en el color rojo de la sangre de la moribunda (*dying*) Ofelia con la luz blanca de la luna llena, o en la combinación de unas gotas de sangre con leche en el recipiente donde se encuentra la raíz de la mandrágora, o en el rojo de una matriz ensangrentada (*bloody*) que aparece en la página en blanco del libro que tiene Ofelia, o en el contraste del vestido blanco de Carmen y el rojo de la sangre cuando da a luz y muere. El valor simbólico de la sangre y del color blanco podemos interpretarlos aquí, respectivamente, como la muerte de Ofelia y de su madre a una vida terrena (*earthly*) y su renacimiento a otra dentro de un mundo fantástico e inmortal lleno de felicidad. Por cierto, Guillermo del Toro, que prestó especial atención al contraste de colores en esta película, denominó este recurso artístico como "rima visual".

Estas oposiciones binarias, sin embargo, no se hallan separadas por una línea infranqueable (*unsurmountable*). Así, vemos cómo Ofelia, en su relación con las hadas, el fauno, y el mundo real, se mueve y convive en ambos mundos. Lo mismo ocurre con la raíz de la mandrágora (*mandrake root*) —una planta asociada con el demonio— que le da el fauno a Ofelia para que la ayude a curar a su madre. Esta planta termina pasando del reino mágico del fauno al del capitán Vidal, quien, al descubrirla, la tira al fuego. Incluso dentro del mundo de los seres humanos esta línea divisoria también se encuentra difuminada (*blurred*); y así, entre los fascistas encontramos algunos infiltrados de los *maquis*, como el doctor Ferreiro y la empleada (*maid*) Mercedes.

Como hemos visto hasta ahora, los leitmotivos de la vista, el reloj, el laberinto, y la matriz se relacionan, primero, con la entrada de Ofelia en un mundo en el que el tiempo no está sujeto al de las agujas del reloj, como es el caso del tiempo que vive el capitán Vidal. Y, segundo, con la superación de unas pruebas que todo rito iniciático requiere, aunque no siempre son superadas estas pruebas. Ofelia, sin embargo, supera con éxito estas pruebas y se reúne con sus padres en otro reino donde vivirá feliz eternamente. Hemos hecho un estudio de un tema de la película, pero un estudiante puede centrarse en un estudio de algún o algunos aspectos técnicos de la misma. Por ejemplo, podemos estudiar cómo prepara el director la puesta en escena, o el tipo de planos y angulación usados por el director de la película, o, especialmente, en esta película, los efectos especiales utilizados por Guillermo del Toro, especialmente cuando trata de representar el mundo mágico de las hadas, el fauno, y el hombre pálido.

Bibliografía

Eliade, Mircea. *Rites and Symbols of Initiation. The Mysteries of Birth and Rebirth.* Woodstock, CT: Spring Pub., 1998.

Van Gennep, Arnold. *Les rites de passage.* Paris: Émile Nourry, 1909.

Unidad 1. Técnicas Cinematográficas. El Arte de la Adaptación

Técnicas Cinematográficas: El encuadre (frame), y el montaje (editing)

Antes de nada, debemos señalar que la *toma* (*shot*) es la unidad visual básica y física de la filmación, y se corresponde con la filmación ininterrumpida de una secuencia (*scene*), o fragmento de la realidad fílmica, hasta que se produce un corte (*cut*). Una toma por ejemplo, puede mostrar a un hombre entrando en un bar, sentándose y tomando un café; pero si a continuación lo vemos en un avión, entonces tenemos una nueva toma. En una película, lo normal es realizar varias tomas de una secuencia, pero después, a través de un proceso de selección, el espectador sólo ve una de estas tomas. Veamos algunos de los rasgos característicos de una toma:

I. *El Encuadre*. El *encuadre* se realiza en el momento en que se hacen las distintas tomas de una película, y expresa el punto de vista bajo el que el director ve esa parte de la realidad fílmica. El encuadre se define como una unidad espacio-temporal ininterrumpida, e incluye una dimensión expresiva (los planos (*shots*), los ángulos (*angles*), y el significado derivado de los movimientos de la cámara, si los hay), y una dimensión física (la puesta en escena). Veamos cada una de estas partes:

1. *El plano* se refiere a la distancia, la proximidad o lejanía, a la que el espectador ve los objetos o personajes que aparecen en el campo visual (*visual field*) del encuadre. El *campo visual* es el espacio incluido dentro del encuadre; es decir, la realidad que el espectador ve representada en la pantalla (*screen*). En el cine es importante diferenciar entre el espacio que se encuentra dentro del campo visual, y el que está fuera de éste, o *espacio en off*. El espacio en off es todo lo que queda fuera del encuadre,

y comprende el espacio que queda a los lados, hacia adelante o atrás, hacia arriba o hacia abajo, e incluso (*even*) el espacio que queda dentro del campo visual del encuadre pero que está oculto a la vista del espectador. Entre el campo visual y el espacio en off pueden existir muchas relaciones, y su conexión se puede establecer por medio de la mirada de un personaje, coches que entran y salen, voces, sonidos, etc. Podemos hacer una clasificación de los planos en:

A. *Gran plano general*, o vista panorámica (*extreme long shot*). Estos planos cubren una gran extensión espacial —ciudades enteras, desiertos, etc.—, suelen tener una función descriptiva, y nos dan información sobre el contexto espacial donde se va a desarrollar la acción fílmica.

B. *Plano general* (*long shot*). Este plano cubre una extensión espacial más reducida que el anterior. Aquí podemos ver a personajes moviéndose, y es común en la representación de escenas con caravanas, batallas, aeropuertos...

C. *Plano de conjunto* (*medium long shot*). Este plano nos muestra un grupo de personas u objetos. Es un plano caracterizado por la acción, y sirve para representar, por poner un ejemplo, la acción violenta en películas policiacas.

D. *Plano entero* (*medium shot*). Representa el cuerpo entero de la figura humana o un objeto en su totalidad.

E. *Plano medio*, o de medio cuerpo (*medium close-up*). Representa el cuerpo humano de la cintura (*waist*) para arriba o para abajo, y se usa generalmente en escenas con diálogos.

F. *Primer plano* (*close-up*). Representa la cara de un personaje, cortada a la altura de los hombros o el cuello. Otras veces representa una parte del cuerpo o un objeto. Es un plano muy usado para representar pensamientos o sentimientos íntimos de los personajes.

G. *Gran primer plano* (*extreme close-up*). Representa una parte del cuerpo o de un objeto más pequeña, como los ojos, o la punta de un bolígrafo.

2. *La angulación* (*camera angle*). Si los planos se refieren a la distancia que nos separa de los objetos del campo visual, la angulación nos revela la posición desde la que el espectador ve el contenido del encuadre. El número de ángulos es muy variado, veamos algunos de ellos:

A. *Angulación normal* (*neutral shot*). Es la más común, y se manifiesta cuando el espectador ve el campo visual grabado por una cámara situada a su misma altura o nivel, y uno de los propósitos es darnos una visión clara de lo que ocurre en la escena.

B. *Angulación en picado* (*bird's eye shot*). En este caso la cámara se sitúa en una posición alta, y equivale a nuestra perspectiva cuando miramos al suelo desde un tejado. El uso de este tipo de angulación puede servir para sugerir una idea de algo pequeño, de derrota, de soledad, o también puede tener un fin descriptivo.

C. *Angulación en contrapicado* (*low-angle shot*). Aquí los elementos del campo visual son presentados desde un punto de vista bajo. Esta perspectiva se usa a veces para crear mayor dramatismo, o para dar al objeto representado una idea de superioridad, dignidad o poder.

3. *Movimientos de la cámara.* La cámara se puede mantener fija, es decir en posición estacionaria, pero normalmente cambia de posición. La cámara se mueve para acercarse o alejarse de un personaje, para dar mayor dinamismo a los hechos filmados, para describir un paisaje, o con otros propósitos. A veces, este desplazamiento se hace utilizando un medio de transporte, y en este caso la cámara se mueve al mismo tiempo que el camarógrafo (*cameraman*). En este caso tenemos una cámara viajera (*travelling camera*), y el objetivo es acercarse o alejarse del campo visual. Este movimiento de la cámara tiene, por lo general, un fin narrativo, y se ve frecuentemente en películas donde hay persecuciones. Un dispositivo (*device*) que nos permite ver los objetos o personajes del campo visual más cerca o más lejos es el *zoom*. El *zoom* es un tipo de lente que permite acercar (*zoom in*) o alejar (*zoom out*) los elementos del campo visual y, a diferencia de la cámara viajera, no cambia de posición. Asimismo, la cámara se puede mantener fija en un trípode y moverse de arriba abajo (*tilt shot*) o de izquierda a derecha (*pan shot*) —lo que se conoce como movimiento panorámico o paneo—, y uno de sus propósitos es el de poder representar las figuras móviles dentro del campo visual. Otra alternativa es la de llevar la cámara en la mano, lo cual da la impresión de que el espectador participa de la acción filmada.

4. *La puesta en escena.* "Puesta en escena", o *mise en scène*, significa escenificar una acción, y se aplicó originalmente al teatro. En el cine, el término se utiliza para designar todo lo que aparece en el campo visual: el escenario, la expresión y movimiento de las figuras, el vestuario (*wardrobe*) y el maquillaje (*make-up*), la iluminación y el color, y el sonido. Veamos cada uno de ellos:

   A. *Escenario.* Los escenarios, o decorados, sirven principalmente como telón de fondo (*background*) para el desarrollo de la acción fílmica. Los escenarios pueden ser naturales, ya existentes en la naturaleza o en la ciudad, artificiales, creados artificialmente en los platós de los estudios cinematográficos, o simulados de forma digital. Los decorados sirven para recrear un espacio y un tiempo específicos, y recrean el espíritu de la película.

   B. *Expresión y movimiento de las figuras. Espacio y tiempo.* Dos factores importantes relacionados con la puesta en escena son el espacio y el tiempo. El director de la película debe pensar cuidadosamente en cómo distribuir en el espacio del campo visual los personajes y los elementos de interés. Una, entre muchas opciones, consiste en colocar estos elementos y los personajes de forma simétrica; y la otra en colocar a un determinado personaje en el centro de la pantalla. El tiempo, por otro lado, tiene que ver con la duración que el director asigna a una determinada secuencia, haciéndola durar más o menos tiempo, y con ello dotándola (*endowing it*) de mayor o menor relevancia, o de mayor o menor suspense.

C. *Vestuario y maquillaje*. El vestuario puede cumplir multitud de funciones en una película, desde ayudar en la caracterización de un personaje hasta reflejar el estado económico o social del mismo. Hay prendas (*articles of clothing*) que tienen un alto valor figurativo, y el cine nos ha dejado numerosos ejemplos, como el sombrero, el bastón (*cane*) y los zapatos de Chaplin, o la capa de Drácula. El maquillaje, por otra parte, se usa para resaltar los rasgos faciales de un personaje, y se comenzó a utilizar en el cine porque las caras de los personajes no quedaban bien grabadas (*recorded*) en la película.

D. *Iluminación y color*. La luz sirve para guiar nuestra atención hacia ciertos objetos, personajes o acciones. Una zona iluminada nos puede revelar algo, y una oscura puede ocultar algo a fin de (*in order to*) crear mayor suspense. El responsable de los cambios de luz es el director de fotografía, encargado de controlar la luz de todos los encuadres, los lentes, filtros y stocks de las películas utilizadas. Uno de los aspectos que el director de fotografía debe considerar es la procedencia, o dirección, de la luz que ilumina los elementos del campo visual.

El color, por otro lado, nació con la idea de dar mayor realismo y naturalidad a las películas en blanco y negro. Sin embargo, los sistemas de color de la industria cinematográfica no han logrado reproducir con total fidelidad las diferentes gamas (*range*) de colores que aparecen en el campo visual. En términos generales, podemos decir que los directores de cine usan el color con distintos fines: para dar una visión más exacta de la realidad, para dar más relieve a algunas áreas del campo visual, con valor simbólico, o para provocar una respuesta emocional en el espectador.

E. *El sonido*. El cine es un medio audiovisual, y depende de una combinación de imágenes y sonidos. En el cine sonoro el sonido forma parte de la banda sonora (*soundtrack*), e incluye la voz humana, la música y todo tipo de ruidos. La voz humana se manifiesta principalmente en los diálogos y tiene, principalmente, una función informativa y connotativa. La música sirve de acompañamiento, crea el tono y ambiente de la película, recrea una época, añade dramatismo, y da unidad a las distintas escenas. Los ruidos —un golpe en la mesa, un disparo...— contribuyen a crear mayor realismo, pero a veces tienen un valor connotativo. Por ejemplo, un trueno (*thunder*) puede anticiparnos una desgracia o tragedia. Los sonidos que tienen lugar fuera del espacio visual se conocen como *sonidos en off*, y tienen múltiples funciones.

II. *El Montaje*. El montaje es la operación que permite seleccionar y ordenar todos los encuadres de una película, y es un trabajo realizado por el editor o montajista. Una de las funciones del montaje es la narrativa; es decir, su propósito es crear una historia coherente y lógica para que el espectador pueda seguirla sin dificultad. Como la película se basa en la unión de distintos encuadres, la transición de uno a otro encuadre se puede realizar de múltiples maneras. A veces se pasa un encuadre a otro directamente, sin que exista ningún elemento óptico de unión entre ellos. Por ejemplo, dos personas caminan a una cafetería, y en el siguiente encuadre las vemos tomando café —Corte seco (*cut*)—. Pero es muy normal que al pasar de un encuadre a otro el director utilice algunos efectos ópticos; por ejemplo, mientras una imagen se va difuminando (*fading out*) hasta desaparecer, la otra se superpone y sustituye a la anterior; y con ello se sugiere la idea del paso del tiempo —*Fundido encadenado* (*dissolve out, dissolve in*).

El Arte de la Adaptación

Según las estadísticas, cerca del 40% de las películas producidas al año se basa en la adaptación de obras literarias. La adaptación supone la conversión de un medio de expresión verbal en uno visual, y uno de los trabajos que implica este proceso es el de la condensación; es decir, a veces se impone la necesidad de eliminar subtramas, temas y/o personajes de la obra literaria. Por el contrario, cuando es un cuento el adaptado, el proceso funciona al revés, y se hace necesario añadir personajes, temas, o subtramas. A pesar de las diferentes opiniones que tienen los críticos al respecto, sí hay cierto consenso a la hora de hacer una clasificación tripartita de los distintos tipos de adaptación:

En un primer grupo se incluirían películas que se sirven de un original como pretexto para crear una obra de arte diferente y, hasta cierto punto, original. Ejemplos de este tipo de adaptación serían las películas *Apocalypse Now* (1979), de Francis F. Coppola, basada en *Heart of Darkness* (1902), de Joseph Conrad; y *Bodas de sangre* (1981) de Carlos Saura, adaptada de la obra de teatro homónima (1933) de F. García Lorca.

En un segundo grupo tendríamos novelas que son adaptadas a la pantalla con algunas alteraciones intencionadas, parodias de algunos temas, o ampliaciones o reducciones del texto original. Ejemplos de este tipo de adaptación serían *Barry Lindon* (1975), de Stanley Kubrick, adaptada de la novela *The Luck of Barry Lindon* (1844) de William M. Thackeray; y *Fortunata y Jacinta* (1969), de Angelino Fons, adaptada de la novela homónima (1886–87) de Benito Pérez Galdós.

Finalmente, en un tercer grupo, encontramos películas que siguen fielmente el texto original. Ejemplos de este tipo de películas serían *Tom Jones* (1963), de Tony Richardson, adaptada de la novela homónima (1749) de Henry Fielding; y *Kiss of the Spider Woman* (1985), de Hector Babenco, adaptada de la novela homónima (1976) de Manuel Puig.

Ya que la literatura y el cine se sirven de distintos medios de expresión, hay diferencias notables entre ambas formas artísticas. Veamos algunas de ellas:

- Una imagen del cine puede darnos detalles que una novela requeriría muchas páginas en describir.

- Para la novela, y la literatura en general, es más fácil dar una visión interior, subjetiva, de un personaje que para el cine.
- La novela, generalmente, nos puede dar más información sobre el contexto histórico.
- En la novela, el tiempo suele moverse de un pasado lejano a un pasado cercano, mientras que en el cine el tiempo suele tener lugar en un momento presente.

Luis Buñuel: *Los olvidados*
Vida, obra, y crítica

Luis Buñuel (1900–1983) es uno de padres de la cinematografía española. Estudió bachillerato con los jesuitas de Zaragoza, y luego se trasladó a Madrid para hacerse ingeniero agrónomo. Aquí, se hospedó en la famosa Residencia de Estudiantes, donde conoció a García Lorca, Salvador Dalí, y otros escritores. Pronto, sin embargo, cambió de vocación y se dedicó al estudio de Filosofía y Letras, carrera que terminó en 1923. Pocos años después se fue a París, y aquí decidió dedicarse definitivamente al cine. En 1949 trabajó como conservador de películas en el Museo de Arte Moderno de Nueva York, y tres años después se estableció en México, su segunda patria.

Su primer film, en colaboración con Salvador Dalí, fue *Un perro andaluz* (1929), una película que produjo un gran escándalo pero que, al mismo tiempo, le brindó el éxito y el reconocimiento como director de cine. Le siguen *La edad de oro* (1930), surrealista como la anterior, y *Las Hurdes, tierra sin pan* (1933), un crudo documental sobre la pobreza en España. En los años siguientes Buñuel abandonó el surrealismo y viajó a Estados Unidos, pero no le sedujo Hollywood.

A partir de 1950, Buñuel comienza a rodar sus mejores películas, comenzando con *Los olvidados* (1950), siguiendo con *Subida al cielo* (1951), *Nazarín* (1958), adaptación de una novela de Galdós; *Viridiana* (1961), basada en una novela de Galdós, una sátira religiosa con la que ganó la Palma de Oro en el festival de Cannes; y *Tristana* (1970), también basada en una novela de Galdós. En su etapa final, francesa (1956-1977), sus películas retratan la hipocresía y egoísmo de la burguesía. Merecen mención, *El Ángel exterminador* (1962), *El discreto encanto de la burguesía* (1972), ganadora del Oscar a la mejor película extranjera; y *Ese oscuro objeto del deseo* (1977).

Guía de la película

Durante su estancia en México, Luis Buñuel fue invitado por el productor Oscar Dancingers a rodar una película sobre los niños pobres en dicho país. Concluida la filmación de lo que sería *Los olvidados*, su estreno tuvo lugar en 1950 en México, resultando en un verdadero fracaso por la imagen negativa que ofrecía del país. Un año después, sin embargo, la película sería galardonada con el premio a la mejor dirección en el festival de Cannes, y a partir de entonces se convertiría en una clásica del cine. *Los olvidados* ha sido nombrada Memoria del Mundo por la Unesco, una distinción que sólo han recibido *Metrópolis* (1927) de Fritz Lang, el cine de los hermanos Lumière, y *El mago de Oz* (1939) de Victor Fleming. El escenario de los acontecimientos de la película se sitúa en los arrabales (*outskirts*) de México, en las llamadas "ciudades perdidas". Aquí, en los bajos e infernales fondos, viven Jaibo y Pedro, protagonistas de la película, y otros miembros de su pandilla (*gang*) de delincuentes. La película comienza mostrándonos cómo Jaibo se escapó de un correccional, cómo se convierte en jefe de la pandilla y cómo lleva a cabo algunas de sus diarias actividades delictivas, como el ataque a don Carmelo, un ciego que ha contratado a un niño indio abandonado como lazarillo; o el asesinato de Julián por haberlo denunciado. La película concluye, como es de esperar, con un final trágico que no anticipa una resolución a los problemas sociales planteados.

La película se adhiere a dos tendencias estéticas: el neorrealismo italiano, y el surrealismo; por lo tanto, al ver la película debemos tratar de ver qué aspectos pertenecen a cada una de estas tendencias. Asimismo, el lector debe prestar atención, entre otros aspectos, al simbolismo de las gallinas y el perro, al sueño de Pedro, a la representación del mundo sexual y de la violencia, y a los componentes técnicos de la película.

Comprensión de la película

1. ¿Por qué mata Jaibo a Julián?
2. ¿Por qué odia Marta a Pedro?
3. ¿Qué trabajo hace el ciego?
4. ¿Quién es el padre de Pedro? ¿Por qué lo arrestan?
5. ¿Por qué delata Pedro a Jaibo como causante del asesinato de Julián?
6. ¿Quién es "ojitos"?
7. ¿Qué recuerdos tiene Jaibo de sus padres?

Análisis crítico

1. Al principio de la película vemos tres ciudades que se presentan por medio de fundidos encadenados y una voz en off, ¿con qué propósito cree que las incluyó Buñuel al principio de la película?
2. ¿Cuáles son los temas más destacados de la película?
3. ¿Cómo se presenta el desarrollo del tiempo?
4. En la introducción hablamos de los aspectos neorrealistas y surrealistas de la película. Mencione brevemente algunos ejemplos pertenecientes a una u otra tendencia.
5. ¿Podríamos hablar también de una influencia del naturalismo en cuanto a que algunos personajes parecen estar determinados por el entorno social en el que nacen y no pueden salir de este círculo vicioso? Explique.
6. ¿En qué espacios o escenarios se desarrolla la acción de la película? ¿Qué significado asigna a los mismos?
7. ¿Cómo aparece reflejada la violencia?

8. Comente cómo aparecen caracterizados los personajes, especialmente Pedro, Marta, Jaibo y el ciego.
9. ¿Cómo podríamos relacionar el rechazo de Pedro por su madre con el tema central de la película?
10. ¿Cómo interpreta la aparición recurrente de las gallinas y el perro?
11. Cree que en la relación de Pedro con su madre hay una representación del conocido complejo de Edipo?
12. ¿Cómo aparece representada la sexualidad? ¿Nos muestra Buñuel algún ejemplo de pederastia?
13. ¿Cómo interpreta la escena en la que Pedro lanza un huevo a la cámara?
14. Comente el significado que encuentra en el leitmotivo de los ojos.
15. ¿Podríamos caracterizar a alguno/s de los personajes como supersticioso?
16. ¿Qué opinión le merece la música? ¿Encuentra alguna conexión entre ésta y la representación de algunos acontecimientos de la película?
17. ¿Utiliza Buñuel algún recurso especial en la transición de alguna de las escenas a otra?
18. Comente alguno de los planos o tipos de angulación.

Mesa redonda

El sueño de Pedro, que ha recibido gran atención por parte de la crítica, nos mete en el mundo onírico y también en el simbólico. Con sus compañeros de grupo, discuta el significado del mismo y señale alguno de los posibles recursos técnicos utilizados por Buñuel para la representación del mismo.

Sea creativo

Unos años después de su muerte se encontraron en la casa de Luis Buñuel algunas tomas de esta película en las que se puede ver un final alternativo a la misma. Si usted hubiera tenido la oportunidad de darle otro final, ¿cuál le habría dado?

Investigación

Escoja una de las películas de Luis Buñuel perteneciente a la llamada "fase francesa" y haga un estudio centrado en la crítica que realiza Buñuel de la burguesía.

Diccionario de términos literarios

Pixilación. Es una técnica utilizada en el cine consistente en fotografiar una escena realizando un fotograma a la vez, y en mover el modelo después de cada toma.

Gregory Nava: *El Norte*
Vida, obra, y crítica

Gregory Nava (1949–) nació en San Diego, California. Realizó sus estudios universitarios en la escuela de cine de UCLA, donde se graduó con un máster en Fine Arts en 1976. Durante su estancia en esta universidad dirigió el corto (*short*) *The Journal of Diego Rodríguez Silva*, basado en la vida del poeta español Federico García Lorca, con el que ganó el Best Dramatic Film Award en el National Student Film Festival. Este mismo año, mientras impartía clases de cinematografía en Moorpark College, dirigió su primer largometraje (*full-length film*), *The Confessions of Amans*, con el que ganó el Best First Feature Award en el Chicago International Film Festival en 1976. En 1983 dirigió la película *El norte*, y en 1997 *Selena*, esta última basada en la vida de la famosa cantante chicana Selena. Otras películas, en colaboración con su esposa Anna Thomas, incluyen *A Time of Destiny* (1988), *My Family* (1995), y *Frida* (2002). De 2003 a 2004 produjo para PBS la serie televisiva *American Family: Journey of Dreams*. Fue, asimismo, productor de la película *Killing Pablo* (2005), basada en la vida del famoso narcotraficante colombiano Pablo Escobar. Además de los premios anteriormente mencionados, Gregory Nava ha recibido otras muchas distinciones: dos Alma Awards por *Selena*, en 1997, y por *Why Do Fools Fall in Love*, en 1999; y un Luminaria Award en el Santa Fe Film Festival en 2006.

El cine de Gregory Nava se caracteriza por tratar temas fronterizos y de compromiso con la realidad socio-política. Éste es el caso de *El norte*, que veremos a continuación, y de *Bordertown*, una película que trata de los misteriosos asesinatos de cientos de mujeres en Ciudad Juárez, México. En esta última película, además, Gregory Nava critica el Tratado de libre comercio entre EE.UU. y México por crear una injusta situación laboral para las mujeres mexicanas.

Guía de la película

El norte fue la película que lanzó a Gregory Nava a la fama. Con ella ganó en 1983 el Grand Prix des Ameriques en el Montréal World Film Festival; y este mismo año, el guión de la misma, escrito por Gregory Nava en colaboración con su esposa Anna Thomas, fue nominado como mejor guión en el Writers Guild of America Award. La película fue realizada con un bajo presupuesto, y fue parcialmente subvencionada (*subsidized*) por PBS. *El norte* trata el tema de la emigración de ciudadanos latinoamericanos a EE.UU. en busca del llamado "sueño americano", y se divide en tres partes, correspondientes a los diferentes temas y lugares donde se desarrolla la acción fílmica. La primera parte trata de la represión política y la explotación económica que vive la familia Xuncax, de ascendencia maya, en Guatemala. La historia de la película nos muestra cómo el padre de la familia, Arturo Xuncax, fue asesinado por fuerzas del gobierno, cómo la esposa de éste "desapareció", y cómo sus hijos, Enrique y Rosa, deciden emigrar a EE.UU., "el norte". La segunda parte nos relata las aventuras de los dos hermanos mientras viajan por México, y su intento de cruzar la frontera con la ayuda de un "coyote". Y la tercera parte nos cuenta las distintas experiencias que tienen los dos hermanos mientras se encuentran en California.

A la hora de ver la película, es importante pensar en la representación de la realidad política y económica de Guatemala, y su contraste con la de EE.UU. Asimismo, debemos considerar el significado simbólico de algunas escenas que se repiten en la película, como la de la cabeza del padre de Enrique, el pavo real, y el pez en una bandeja (*tray*). Otros aspectos relevantes que merecen ser analizados son el uso de distintas formas lingüísticas, y la representación del "sueño americano".

Comprensión de la película

1. ¿Por qué matan las fuerzas del gobierno a Arturo Xuncax?
2. ¿Por qué deciden los dos hermanos, Enrique y Rosa, emigrar a EE.UU.?
3. ¿Qué aventuras tienen los dos hermanos cuando cruzan México y la frontera?
4. ¿En qué ciudad se quedan los dos hermanos justo antes de cruzar la frontera?
5. ¿Qué problemas tienen Enrique y Rosa con el primer "coyote"? ¿Quién es Raimundo Gutiérrez?
6. ¿Dónde trabajan los dos hermanos cuando llegan a Los Ángeles?
7. ¿Qué problemas de salud tiene Rosa? ¿Quién se los ha causado?
8. ¿Tienen alguna dificultad los dos protagonistas en adaptarse a la nueva realidad de EE.UU.?
9. ¿Qué trabajo hace Arturo después de haber trabajado en el restaurante?

Análisis crítico

1. ¿Cuál es el contexto político y económico de Guatemala en la década de 1980 que trata de representar Gregory Nava? Arturo Xuncax le dijo en una ocasión a su hijo que, para el rico, el pobre no era más que un par de brazos fuertes, ¿cree que este comentario es válido sólo en Guatemala o también lo es en EE.UU.?
2. Identifique y comente algunos ejemplos de acciones o acontecimientos que ocurren simultáneamente.
3. ¿Cómo se refleja la nostalgia que sienten los dos hermanos de su país? ¿Qué nos revelan las alucinaciones de Rosa?

4. ¿Se corresponden los sueños de EE.UU. que tienen Enrique y Rosa con la realidad?
5. ¿Qué visión nos da Gregory Nava de EE.UU. en esta película? ¿Cree que es una visión realista o estereotipada?
6. ¿Nos muestra la película la existencia de distintos niveles económicos entre los hispanos que viven en EE.UU.?
7. ¿Cree que hay elementos melodramáticos en esta película? En caso afirmativo, coméntelos.
8. ¿Con qué propósito cree que Gregory Nava utiliza distintos registros lingüísticos?
9. Algunas de los encuadres de la película nos revelan el uso de planos distintos. Comente alguno de ellos y su significado. Escoja un encuadre de la película y comente cómo ha realizado Gregory Nava la puesta en escena

Mesa redonda

Con sus compañeros de grupo discuta el significado simbólico que tienen el pez en la bandeja, el pavo real y la cabeza de Arturo colgando de un árbol. Compartan sus opiniones con el resto de la clase.

Sea creativo

En esta película vemos las dificultades y problemas que experimentan Arturo y Rosa antes y después de su llegada a EE.UU. Si usted fuera director de cine y tuviera la oportunidad de rodar una película sobre un tema similar, ¿qué situaciones o problemas cree que podrían encontrar unos jóvenes inmigrantes en su viaje de un país latinoamericano a EE.UU. y en su adaptación a una cultura diferente? Pueden realizar esta actividad creativa bien individualmente o en grupos. Compartan sus opiniones con la clase.

Investigación

La película de Gregory Nava que hemos visto trata, parcialmente, del mundo y la vida de los hispanos en EE.UU. Escoja una de las siguientes películas: *Zoot Suit* (1981), *La Bamba* (1987), *Born in East L.A.* (1987), o *Stand and Deliver* (1988), y analice algún aspecto de tipo cultural, sociológico o económico de la comunidad hispana representado en la película seleccionada.

Diccionario de términos literarios

Animación cel. Es un tipo de animación que se sirve de una serie de dibujos en piezas de celuloide, y de ahí la forma abreviada de "cel". Consiste en introducir ligeros cambios en los dibujos para crear la ilusión de movimiento.

Joshua J. Marston: *María, llena eres de gracia*
Vida, obra, y crítica

Joshua J. Marston (1968–) es un cineasta norteamericano nacido en California. Antes de dedicarse al cine, Marston trabajó para la revista *Life* en París, después fue corresponsal para la ABC News durante la Guerra del Golfo (1990–91), y poco más tarde enseñó inglés en Praga (República de Checoslovaquia) por un año. De vuelta en EE.UU., Marston asistió a la Universidad de Chicago, donde recibió un máster en ciencias políticas, y poco después un máster en Fine Arts por la New York University.

Marston comenzó su carrera cinematográfica en 1999 dirigiendo varios cortos, entre los que destacan la dirección de un episodio para *Six Feet Under*, y un segmento de la película *New York, I Love You*. Ha dirigido dos largometrajes, el primero es *María, llena eres de gracia* (2004), una coproducción colombiano-americana que ha recibido, entre otros, el premio a la Mejor Dirección Novel, concedido por el Círculo de Críticos de Nueva York. Asimismo, Catalina Sandino, la protagonista de la película, recibió el Oso de Oro a la mejor actriz en el 54 Festival de Cine de Berlín. Su segundo largometraje lleva por título *The Forgiveness of Blood* (2011), y ha sido la ganadora del Oso de Plata al mejor guión. Esta película tiene por escenario el norte de Albania, y su trama combina una historia de amor entre dos jóvenes estudiantes con una de venganza sangrienta en la que se ven involucrados (*involved*) el padre y el tío del joven estudiante.

En una reciente entrevista, publicada por *Filmmaker Magazine*, Marston reconoció que su cine se inspira en la escuela realista del cine británico y brasileño. Una influencia concreta es la del director de cine británico Ken Loach, quien se interesa por representar en sus películas contextos socio-políticos. Marston se encuentra trabajando en la actualidad en una película centrada en la vida de una familia de Tennessee que ha perdido su trabajo como consecuencia del cambio de una economía capitalista basada en la manufactura a otra dedicada a los servicios.

Guía de la película

Joshua Marston concibió la idea de realizar una película sobre traficantes de droga, o "mulas" (*drug "mules"*), durante su residencia en Brooklyn, donde conoció a numerosos colombianos que le contaron historias similares a la que trata en su película. Para familiarizarse más con el tema, Marston viajó a Colombia, visitó plantaciones de rosas, y se puso en contacto con Orlando Tobón, un conocido líder de la comunidad colombiana que ha ayudado a la policía norteamericana a repatriar los cuerpos de más de 400 personas que han muerto a causa del tráfico de drogas. Por cierto, Orlando Tobón, agente de viajes en la vida real, aparece en la película haciendo el papel de Fernando.

María, llena eres de gracia nos cuenta la historia de María, una joven colombiana de 17 años que mantiene a su familia con el bajo salario que gana en una plantación de rosas. Un día, embarazada y después de dejar el trabajo, recibe la tentadora oferta de trabajar como "mula" y llevar unas pepas (*pellets*) de heroína a EE.UU. María acepta la oferta y, en compañía de su amiga Blanca, realiza un viaje que podemos verlo como una especie de rito iniciático, un viaje que la lleva a un destino en el que cambia un tipo de vida por otra y con otras responsabilidades en EE.UU. La película no trata de hacer un análisis exhaustivo del mundo de la droga, sino que, más bien, intenta mostrarnos las decisiones que puede llegar a tomar la gente cuando vive una difícil situación económica.

En el análisis de esta película debemos prestar atención a las pruebas que debe superar María durante este viaje a EE.UU., a la compleja personalidad de la protagonista, al leitmotivo del estómago, y a las distintas técnicas cinematográficas, especialmente la del uso de distintos planos y los movimientos de la cámara.

Comprensión de la película

1. ¿Con quién vive María?
2. ¿Por qué motivo deja María su trabajo en la plantación de rosas?
3. ¿Cómo son preparadas las "pepas" antes de ser enviadas a EE.UU.?
4. ¿Por qué termina la relación entre María y su novio?
5. ¿Por qué no le hacen la prueba de los rayos X a María?
6. ¿Quién es Lucy? ¿Tiene alguna hermana en Nueva York? ¿Tuvo Lucy algún problema con la droga?
7. ¿Dónde vive María cuando llega a EE.UU.?
8. ¿Qué trabajo hace Fernando en Nueva York?
9. ¿Cómo tratan los narcotraficantes a María y Blanca en EE.UU.? ¿Reciben el dinero que les habían prometido?

Análisis crítico

1. La primera imagen de la película nos muestra una luz prendida a la entrada de una casa en medio de la oscuridad de la noche. Poco después, en otra escena, vemos a María, abrazada a su novio, que mira al cielo y sube la pared de una vieja casa. ¿Cree que estas dos escenas tienen algún valor simbólico?
2. El estómago es un leitmotivo importante en esta película. Comente las referencias al mismo y su significado.
3. ¿Qué contexto socio-económico nos presenta Marston en esta película? ¿Qué imagen nos da de EE.UU.? ¿Son retratos realistas o estereotipados?
4. ¿Cómo interpreta el título de la película? Por cierto, "gracia", en la jerga del mundo de la droga, significa "heroína".
5. En la "guía de la película" hicimos alusión al rito iniciático por el que pasa María. Comente las pruebas que debe superar la protagonista para pasar de una fase de su vida a otra.

6. ¿Qué tipo de planos predominan en la película? ¿Qué trata de comunicarnos el director de la película con el uso ocasional de primeros planos?
7. Mencione algunos tipos de movimiento de la cámara a lo largo de la película.
8. ¿Cree que el montajista ha hecho un buen trabajo a la hora de organizar las distintas tomas para contar la historia de María? ¿Utiliza el montajista alguna técnica especial para pasar de un encuadre a otro?
9. ¿Qué significado tiene el sonido de la guitarra acústica que oímos en algunas ocasiones?
10. ¿Qué piensa de la actuación de María y de los demás personajes?

Mesa redonda

Con sus compañeros de grupo, comente las decisiones que toma María. ¿Cree que es justificable dejar el trabajo que tiene para buscar el sueño americano de una vida mejor? Discuta, asimismo, algunos de los complejos, y quizá contradictorios, rasgos de la personalidad de la protagonista. Compartan sus impresiones con el resto de la clase.

Sea creativo

La película termina con dos decisiones opuestas. María, por un lado, quedándose en EE.UU., y Blanca regresando a Colombia. Si usted tuviera que dar una continuación a este final de la película ¿Qué nuevas experiencias añadiría a las vidas de estas dos jóvenes? ¿Qué futuro cree que les espera? Pueden realizar esta actividad creativa bien individualmente o en grupos. Compartan sus opiniones con la clase.

Investigación

Una película que también trata el tema de la droga es *La virgen de los sicarios* (2000), de Barbet Schroeder. Esta película nos relata el regreso de un escritor colombiano a Medellín (Colombia), después de 30 años de ausencia, para encontrarse con una ciudad dominada por la violencia y la guerra entre los carteles de la droga. Tome esta película, u otra relacionada con este mismo tema, y estudie el impacto social o económico que tiene el negocio de la droga en la sociedad.

Diccionario de términos literarios

Synthespian. Un actor generado por computadora que, algunos creen, más tarde o más temprano sustituirá a los actores de carne y hueso.

Luis Valdez: Zoot Suit
Vida, obra y crítica

Luis Valdez (1940-) nació en Delano, California, y desde niño mostró interés por el teatro. Asistió a la universidad estatal de San José, donde ganó en 1961 un concurso por su obra en un acto *The Theft*. Poco después, su obra *The Shrunken Head of Pancho Villa* fue representada en esta misma universidad.

Después de graduarse, Luis Valdez pasó algunos meses con la San Francisco Troupe, y en 1965 trabajó en la organización de un sindicato para los trabajadores agrícolas. Uno de sus proyectos más significativos consistió en unir a los trabajadores agrícolas con estudiantes para formar el conocido Teatro Campesino, un tipo de teatro que se verá influido por la tradición cultural mexicana, la commedia dell'arte, y técnicas dramáticas del teatro de Bertolt Brecht y Erwin Piscator. Sus primeras representaciones dramáticas tuvieron lugar en los viñedos de California del Valle de S. Joaquín, en Delano, y su propósito era el de educar a los trabajadores agrícolas y al público. Los temas tratados en estas obras tenían que ver con experiencias de los trabajadores y la cultura chicana, y para llegar al público solía hacer uso de grandes dosis de humor. Valdez deja el Teatro Campesino en 1967, y en la década de 1970 alcanzó su mayor éxito con obras de otros dramaturgos chicanos.

En 1967 Luis Valdez funda el Centro Cultural Chicano en Del Rey, California, y en 1989, junto con otros oficiales de la Academia Hispánica de las Artes, funda el Latino Writers Group para ayudar a escritores latinos en Hollywood. En 1969 dirige la película *I am Joaquin*, en 1978 publica su obra de teatro *Zoot Suit*, y en 1981 la adaptará al cine. En 1987 dirige otro de sus grandes éxitos cinematográficos, *La Bamba*, y en 1994 *The Cisco Kid*. Luis Valdez ha trabajado además como actor y guionista de otras películas.

Entre otros premios y distinciones, Luis Valdez ha recibido la Presidential Medal of Arts (2016) y el Hispanic Heritage Award en literatura (1992)

Guía de la película

Zoot Suit, como indicamos anteriormente, es una adaptación que el mismo Luis Valdez hizo de su obra homónima de teatro. Luis Valdez crea la historia basándose en los hechos reales del juicio de veintidós jóvenes chicanos acusados injustamente de asesinato, lo que provocó una serie de manifestaciones conocidas como las "zoot suit riots". Estas manifestaciones tuvieron lugar del 3 al 8 de junio de 1943 en Los Angeles, y en ellas se enfrentaron soldados y ciudadanos blancos a chicanos y afroamericanos. La trama de la película se centra en las peleas (*fights*) y rivalidad entre la pandilla conocida como la 38th Street gang, dirigida por Henry Reyna, y la

Downey gang. Después de una fiesta, Henry Reyna y su novia se dirigen a Sleepy Lagoon, un lugar frecuentado por hispanos, y aquí ven cómo la pandilla rival ataca un rancho de residentes. Henry se acerca al rancho, y en la confrontación y confusión de la pelea muere José Williams, un residente del rancho. Henry Reyna es acusado del crimen y enviado a la cárcel, donde recibe la ayuda legal de un abogado, George Shearer, y una activista, Alice Bloomfield, de la que se enamora. Más tarde, Henry Reyna, y otros chicanos de la pandilla son liberados de la prisión y al final el lector es dejado con la duda de cómo termina la vida de Henry Reyna.

Zoot Suit, protagonizada por Daniel Valdez y Edward J. Olmos, fue nominada en 1982 para la mejor película musical en los Golden Globe Awards, en 1983 Luis Valdez recibió el Critics Award en un festival de Francia, y en 2019 la película fue seleccionada para ser preservada en el National Film Registry por la Biblioteca del Congreso debido a su importante significado cultural, histórico y estético.

En el análisis de esta película debemos considerar que el título de la película procede de un tipo de ropa usado por minorías chicanas, afroamericanas, filipinoamericanos e italoamericanos. Esta ropa, los zoot suit, consistía de pantalones anchos con la cintura muy alta y chaquetas muy largas. Un aspecto importante en el análisis de la película es la presencia o introducción que hace Luis Valdez de la técnica metacinematográfica, similar a la de la metaficción en prosa. Igualmente, el lector, o espectador, debe pensar en las transgresiones o violaciones en el desarrollo cronológico de la historia, en la presencia del Pachuco —Edward Olmos—, en los elementos culturales chicanos, y en cómo los pachucos —jóvenes chicanos que en las décadas de los 1930 y 1940 vestían los zoot suits— y los chicanos en general sufren la discriminación y opresión por parte del sistema político, judicial y militar.

Comprensión de la película

1. ¿Qué anuncia el Pachuco al principio de la película?
2. ¿Quién es Rudy?
3. ¿Con quién se pelea Henry en la fiesta en la que participan las dos pandillas?
4. ¿Quién es Alice?
5. ¿Qué decisión toma Rudy cuando Henry está en la cárcel?
6. ¿Quién es Tommy?
7. ¿Cuándo tienen lugar las manifestaciones conocidas como las "zoot suit riots"?
8. ¿Qué hacen normalmente los chicanos en el Sleep Lagoon?
9. ¿Cuál es una de las primeras quejas que le hace el abogado, G. Shearer, al juez?
10. ¿Por qué es enviado Henry a una celda aislado del resto de los prisioneros?

Análisis crítico

1. ¿Qué papel cumplen los medios de comunicación? ¿Son prejuiciosos?
2. ¿Qué significado tiene la ropa, los zoot suits, para los chicanos?

3. ¿Cómo se representa la discriminación contra los chicanos?
4. ¿Cómo muestra el sistema judicial —el juez y fiscal— su discriminación hacia los chicanos?
5. ¿Cómo hace Luis Valdez que Henry alcance el nivel o status de una figura mítica?
6. ¿Qué elementos culturales ve en la película?
7. ¿Qué elementos metacinematográficos encuentra en la película?
8. ¿Cómo aparece el tiempo representado en la película? ¿Siguen los acontecimientos un desarrollo cronológico?
9. ¿Podría mencionar algún ejemplo de humor en la obra?
10. Desde el punto de vista técnico ¿Podría mencionar algún ejemplo que le parece novedoso?
11. ¿Qué piensa del vestuario de los actores?

Mesa redonda

Con sus compañeros de equipo, comente las distintas funciones que cumple el Pachuco en la película. ¿Cómo aparece caracterizado? Compartan sus opiniones con el resto de la clase.

Sea creativo

Escoja una escena o tema de la película de contenido discriminatorio, como, por ejemplo, un intercambio o debate entre el abogado de Henry, G. Shearer, y el fiscal, y lo amplíe. A continuación, piense en cómo prepararía una toma teniendo en cuenta los elementos que participan en la puesta en escena.

Investigación

El "movimiento chicano", o "movimiento", son términos que describen un periodo de protesta por parte de los chicanos a partir de la década de los 1960, y en esta lucha contribuyeron personas como César Chávez y Luis Valdez. Escriba un trabajo centrado en la historia de este movimiento y en los principios que defendían.

Diccionario de términos literarios

Pastiche. Término usado originalmente en pintura para designar las imitaciones de cuadros. En literatura suele tener un sentido peyorativo, y se refiere a la imitación afectada de un escritor.

Ramón Menéndez: *Stand and Deliver*
Vida, obra y crítica

Ramón Menéndez (1950-), director cinematográfico norteamericano oriundo de Cuba, creció en California, y cursó estudios en la universidad del estado de San Francisco y en la escuela cinematográfica de UCLA. Sus inicios en el cine tienen lugar como ayudante de dirección de Oliver Stone en la película *Salvador* (1986) y como actor secundario en dicha película.

A Ramón Menéndez le llegó el éxito con la película *Stand and Deliver* (1988), un film del que fue, además de director, guionista. La película ganó dos Independent Spirit Awards, uno por mejor dirección y el otro por mejor guión, y Edward James fue nominado como mejor actor en los premios de la 61 Academy Awards. En 2001 se reconoció el valor cultural, histórico y estético de esta película y fue seleccionada para ser preservada en el National Film Registry de la Biblioteca del Congreso. Posteriormente, Ramón Menéndez dirigió otras películas, como *Money for Nothing* (1993), una comedia de crimen biográfica basada en la historia de Joey Coyle, quien en 1981 encontró un millón y pico de dólares que había caído de un vehículo blindado (*armored*) y trató de quedarse con él. Años después realizó el guión para la película *Tortilla Soup* (2001), y dirigió *Gotta Kick It up* (2002) para el canal de Disney, una película basada en la historia real de un grupo de estudiantes latinas de escuela secundaria. Ramón Menéndez ha trabajado también para la televisión dirigiendo algunos episodios de *Tales from the Crypt* y *Perversions of Science* (1997). Además de director y guionista, Ramón Menéndez ha trabajado como actor en las películas *Life is most Important* (1987) y *Madame X* (1991). Asimismo, ha colaborado frecuentemente con el director cinematográfico Tom Musca.

Guía de la película

Stand and Deliver, indudablemente la película más exitosa de Ramón Menéndez, trata del trabajo que realiza un profesor de matemáticas, Jaime Escalante, en una escuela secundaria, James A. Garfield, del este de Los Ángeles. Los estudiantes que asisten a esta escuela proceden de un nivel económico bajo, y además tienen serios problemas de tipo social. El objetivo de Escalante es que los estudiantes tomen el examen de cálculo de AP en su último año de escuela, y a pesar de las reticencias, o desconfianza, de algunos profesores de la escuela, aquéllos comienzan su preparación. Una vez tomado el examen de AP, los estudiantes de la escuela son acusados de plagio por la organización encargada de su administración, ETS (Educational Testing Service). Escalante defiende a sus estudiantes y propone a ETS que sus estudiantes retomen el examen. La mayoría de aquéllos retomaron el test, y todos los que lo hicieron lo pasaron con éxito.

El film está basado en la historia de Jaime Escalante (1930-2010), un profesor de matemáticas de escuela secundaria. Escalante nació en La Paz, Bolivia, y poco después de llegar a EE. UU. comenzó a ofrecer clases de cálculo de AP a los estudiantes de la Garfield. Con el paso de los años, el número de estudiantes que tomaba esta clase aumentaba, y lo mismo el porcentaje de los que lo pasaban. Uno de estos años, en 1982, la escuela recibió atención mediática porque ETS notó cómo los estudiantes de esta escuela cometieron el mismo error en el mismo problema. A catorce de los estudiantes se les pidió que retomaran el examen, y los doce que lo retomaron lo pasaron. En 1991, el número de estudiantes de esta escuela que tomó el examen de AP en matemáticas y otras asignaturas subió a 570, y ese mismo año, por problemas de tipo político y celos del profesorado, Escalante deja la escuela. A partir de entonces, el número de estudiantes que pasó el examen de AP bajó en un 80%.

En una de las entrevistas que le hicieron a Escalante sobre la fidelidad de la película a los hechos reales, el profesor de matemáticas observó que el 90% de los acontecimientos eran reales, y el 10% drama. En el análisis de esta película, el lector debe prestar atención no sólo a la biografía de un exitoso profesor de escuela, sino también a cómo el director nos revela algunos aspectos culturales, económicos, sociales, de raza y género de la comunidad hispana de EE. UU. Igualmente, el lector debe considerar si el director hace una representación estereotipada de la comunidad hispana, y el papel que cumple el uso ocasional del español entre los protagonistas.

Comprensión de la película

1. ¿Qué iba a enseñar originalmente el profesor Escalante en la escuela de Garfield?
2. ¿Qué comportamiento o actitud de Escalante sorprende al principio a sus estudiantes?
3. ¿Qué castigo impone Escalante a los estudiantes que no estudian mucho?
4. ¿Qué trabajos realizan algunos de sus estudiantes fuera de la escuela?
5. ¿Cómo aparece representada la administración de la escuela?
6. ¿Es víctima Escalante de algún tipo de agresión por parte de sus estudiantes?
7. ¿Qué planes tiene Ángel para cuando salga de la escuela?
8. ¿Qué papel juega Lupe Escobar en casa?
9. ¿Cómo se gana Escalante a sus estudiantes?
10. ¿Es justificable la sospecha de plagio de los estudiantes de Garfield que tiene ETS?

Análisis crítico

1. ¿Qué significado tiene "ganas" para Escalante? ¿Cuál era su sistema pedagógico?
2. En un momento de la película los estudiantes le dicen a su profesor que está equivocado. ¿Aclara la película si realmente Escalante estaba equivocado?
3. ¿Muestra la película cómo son vistos los estudiantes hispanos por la sociedad?
4. ¿Nos da Menéndez en esta película una visión estereotipada de los hispanos o de algunas de sus actividades? ¿Cómo se representan las actividades delictivas de los hispanos?

5. ¿Cómo aparecen retratadas las fuerzas policiales?
6. ¿Cómo aparece representada la situación socio-económica de los hispanos en la película?
7. ¿Cómo interpretas el graffiti que dice "we are not a minority"?
8. ¿Qué símbolos de la comunidad hispana ve en la película?
9. ¿Cómo se manifiestan los temas de raza y de género en la película?
10. Desde el punto de vista técnico, ¿predomina el uso de algún tipo específico de plano?
11. ¿Podría mencionar algún ejemplo de angulación específica?
12. Escoja una toma de la película y comente el tipo de puesta en escena que ha llevado a cabo Menéndez.

Mesa redonda

Comente con sus compañeros de grupo cómo evoluciona Ángel. ¿Qué relación mantiene con su pandilla y con Escalante? ¿Es la suya una historia a imitar? ¿Al final lo vemos triunfar o fracasar? Compartan sus opiniones con la clase.

Sea creativo

Si usted fuera el guionista y director de una película centrada en un grupo minoritario de EE. UU., ¿Qué tema o aspectos de la vida socio-económica o cultural resaltaría en su película? Escriba un breve diálogo entre dos de los protagonistas en el que trata alguno de estos temas.

Investigación

Haga un estudio centrado en alguna contribución artística concreta, tanto en el cine como en las artes, de algún miembro de la comunidad hispana de EE. UU.

Gabriel García Márquez: *La increíble y triste historia de la cándida Eréndira y de su abuela desalmada*

Vida, obra y crítica

Para un estudio de la vida y obra de Gabriel García Márquez consúltese el capítulo dedicado a lo fantástico y la ciencia ficción. La lectura de la novela corta *La increíble y triste historia de la Cándida Eréndira y de su abuela desalmada* puede leerla en línea.

Ruy Guerra: *Eréndira*
Vida, obra y crítica

Ruy Guerra (1931-) es un director de cine nacido en Mozambique que en la actualidad tiene doble nacionalidad, brasileña y portuguesa. En 1952 comenzó sus estudios en el IDHEC de París, y dio sus primeros pasos en el cine como ayudante de director en la filmación de algunas películas francesas. Posteriormente emigró a Brasil, donde dirigió su primera película, *Os Cafajestes* (1962). En 1964 dirigió *Os Fuzis*, una película de contenido social que lo sitúa al frente del emergente movimiento Cinema Novo, y con la que ganó el Oso de Plata en el 14 Festival Internacional Cinematográfico de Berlín. Debido a los problemas políticos que vivió Brasil en la década de 1970, Guerra dejó de hacer cine hasta1976, año en el que dirigió la película *A Queda*, y con la que volvió a ganar el Oso de Plata en la el 28 Festival Internacional Cinematográfico de Berlín.

En 1980 regresó a Mozambique, donde dirigió *Mueda, Memória e Massacre*, la primera película dirigida por un mozambiqueño en este país. Una vez aquí dirigió numerosos cortos y ayudó en la creación del Instituto Nacional del Cine. En México, en 1982, Guerra dirigió *Eréndira*, uno de sus mejores trabajos, y que discutiremos a continuación. Pocos años después dirigió la comedia musical *A Ópera do Malandro* (1985), basada en la libre adaptación dramática de Chico Buarque de *Threepenny Opera*, de Bertold Brecht. Y en el 2004 dirigió *Portugal S.A.*, la única película realizada en Portugal, y con la que participó en el 26 Festival Internacional de Cine de Moscú.

Guerra ha trabajado como actor en varias películas, y quizá su papel más importante haya sido el de Pedro de Ursúa en la película de Werner Herzog, *Aguirre, la cólera de Dios* (1972). Además de director de cine y actor, Guerra trabajó en el campo de la música, escribiendo con Chico Buarque el "Fado Tropical" en 1973, un álbum que sufrió la censura y del que sólo se publicaron algunas canciones en versión instrumental. En 1974 el cantante francés Georges Moustaki interpretaría este álbum dedicándolo a la Revolución de los Claveles, el levantamiento militar de 1974 que restauró la democracia en Portugal.

Guía de la película

La película *Eréndira* (1983) está basada en la novela corta *La increíble y triste historia de la Cándida Eréndira y de su abuela desalmada*. La anécdota de la novela, y de la película, se centra en una adolescente que trabaja para su abuela en una mansión situada en el desierto. Un día, accidentalmente, Eréndira se olvidó de apagar una vela, y ésta, con la ayuda del viento, provoca un incendio que destruye la mansión. La abuela, entonces, le dice a Eréndira que para pagarle los daños causados debe trabajar como prostituta. Aquí se inicia un largo viaje por distintas partes del desierto hasta que llegan al mar, y en este viaje Eréndira conoce a todo tipo de personas: carteros, contrabandistas, soldados, misioneros…, y un joven llamado Ulises, quien al final jugará un papel muy importante en la lucha por la liberación de Eréndira de la esclavitud a la que la tiene sometida su abuela.

En la lectura de esta novela corta debemos pensar en la representación de la abuela en su papel de matriarca, en los elementos fantásticos, en los distintos espacios físicos donde se sitúa la acción narrativa, en algunos letimotivos —el agua, Ulises…—, en las descripciones de algunos de los personajes, en las canciones que escucha la abuela, en el papel de la voz narrativa y el cambio de la misma hacia el final de la novela, el de los intercambios comerciales o mundo de los negocios, y, obviamente, en las diferencias que hay entre la novela corta de García Márquez y su adaptación por Ruy Guerra.

La película *Eréndira* fue dirigida por Ruy Guerra y el guión de la misma fue escrito por Gabriel García Márquez. Debemos mencionar que los personajes de Eréndira y de la abuela aparecen también, aunque con escaso protagonismo, en *Cien años de soledad* (1967), y que la anécdota del senador Onésimo Sánchez forma parte de otro cuento, "Muerte constante más allá del amor".

Comprensión del texto/película

1. ¿Quiénes son los amadises? ¿Cómo murieron?
2. ¿Qué tareas domésticas tiene que hacer Eréndira?
3. ¿Quién es el tendero del pueblo? ¿Cómo trata a Eréndira?
4. ¿Quién es el holandés?
5. ¿Qué hace Eréndira en el convento? ¿Cómo la libera su abuela?
6. ¿Qué problemas tiene la abuela con el fotógrafo?
7. ¿Qué negocio tiene el padre de Ulises?
8. ¿Qué procedimientos utiliza Ulises para matar a la abuela?
9. ¿Qué hace Eréndira al final de la novela?

Análisis crítico

1. ¿Qué función cumplen los sueños en la novela?
2. ¿Qué semejanzas encuentra entre esta novela corta y el cuento "Un señor muy viejo con unas alas enormes"?
3. ¿Qué importancia tiene en esta obra el mundo del intercambio comercial y de los negocios?
4. ¿Qué imagen nos da el autor de las autoridades civiles y eclesiásticas?

5. ¿Existen elementos relacionados con el mundo de la superstición?
6. ¿Qué leitmovitos encuentra en la novela? ¿Qué función cumplen los cuatro elementos: tierra, aire, fuego y agua?
7. ¿Quién es la voz narrativa del relato? ¿Cambia a lo largo del texto?
8. ¿Qué papel juega el amor en este relato? ¿Está enamorada Eréndira de Ulises?
9. ¿Qué significado le das a los distintos espacios donde se sitúa la acción?
10. ¿Cree que la abuela representa una figura matriarcal?
11. ¿Hay elementos que pertenecen al mundo de lo grotesco y carnavalesco? ¿Cómo es descrita la abuela?
12. ¿Es ésta una fiel adaptación cinematográfica de la novela?
13. Escoja una escena concreta de la película y comente los elementos técnicos que, en su opinión, tuvo que tener en cuenta el director de la película a la hora de filmarla.

Mesa redonda

Con sus compañeros de grupo, comente los elementos pertenecientes al mundo de lo fantástico que encuentra tanto en el mundo de la novela como en el de la película. ¿A qué categoría de lo fantástico pertenecen?

Sea creativo

Con sus compañeros de equipo, escoja una escena o episodio de la novela corta de García Márquez y comente cómo la filmaría. Piense en el tipo de planos que usaría, la angulación, y todos los elementos que entran en juego en la puesta en escena. Compartan sus opiniones con el resto de la clase.

Investigación

Escoja otra novela de García Márquez, como *El coronel no tiene quien le escriba* (1961), o el cuento de Borges titulado "El sur", u otra novela o cuento y escriba un ensayo comentando las diferencias que encuentra entre el original y su adaptación al cine.

LA POESÍA

Introducción a la Poesía. Tipos de Poesía
Guía para el Análisis de Poesía
Modelo de Análisis Crítico. *El cisne,* (Rubén Darío)
Análisis Crítico de *El Cisne*

Unidad 1. El Verso. Práctica
Unidad 2. La Estrofa y el Poema. Práctica
Unidad 3. El Lenguaje Figurado. Práctica
Poemas

Introducción a la Poesía

El término "poesía" viene de la palabra griega "poiesis", que significa "creación", pero en la época clásica griega este término se refería a todos los géneros literarios. El origen y fecha de nacimiento de lo que hoy entendemos por poesía son difíciles de precisar, pero sí sabemos que veinticinco siglos antes del nacimiento de Cristo ya se escribían poemas en forma de jeroglíficos en Egipto, y que los largos poemas de *La Ilíada* y *La Odisea*, de Homero, fueron escritos ochocientos años antes de Cristo.

La misma dificultad que tenemos en identificar la fecha de nacimiento de la poesía es la que tenemos con respecto a su definición. En su *Poética* (335? a. C.), Aristóteles la definió como una forma artística que busca imitar, duplicar, y representar la vida a través del ritmo y de la lengua. Otros, en cambio, la han definido como expresión de los sentimientos y de la belleza. Una de las razones por las que resulta difícil definir la poesía se debe a que ésta comparte muchas de sus convenciones con los otros géneros literarios. Podemos afirmar que la diferencia fundamental entre la poesía y los otros géneros literarios no se encuentra a nivel (*level*) temático, ya que todos hacen uso de los mismos temas, sino a nivel formal. Así, algunas de las convenciones que distinguen a la poesía son: la recurrencia de imágenes visuales, la economía de medios lingüísticos, la condensación del significado, el valor connotativo y evocativo de la palabra, la musicalidad y el ritmo. Otra distinción que debemos hacer es entre poesía y prosa poética, y la diferencia principal se encuentra en que la prosa poética no tiene ni rima ni métrica. Ahora bien, ¿cómo podemos distinguir el poema de versos libres, en los que no hay ni rima ni métrica, de la prosa poética? Pues bien, la diferencia fundamental es que el poema de versos libres, contrariamente a la prosa poética, se presenta tipográficamente en líneas sangradas (*indented*), como el poema convencional.

Tipos de Poesía

Aristóteles y otros clásicos grecolatinos hicieron una clasificación de la poesía en *lírica*, *épica* y *dramática*. Esta división, sin embargo, se ha visto cuestionada en el transcurso del tiempo porque hay características de un tipo de poesía que se traslapan (*overlap*) con las del otro. A pesar de esto, es importante recordar las diferencias que los clásicos establecían entre estos tres tipos de poesía.

I. *Poesía lírica*. Este tipo de poesía solía ser recitada con acompañamiento de un instrumento musical, generalmente la lira, y de ahí su nombre. La poesía lírica es de carácter subjetivo, y expresa emociones, estados de ánimo o sentimientos íntimos. Algunas de las composiciones poéticas que, normalmente, forman parte de este tipo de poesía son la elegía, la sátira, la égloga y la oda.

II. *Poesía épica*. Este tipo de poesía, cultivada en la Europa de los siglos VIII al XV, se caracteriza por su objetividad, y por contar en tono elevado hechos históricos, legendarios, o heroicos de importancia nacional o internacional. Algunas de sus variantes son la epopeya, el cantar de gesta, el romance y la leyenda; y un ejemplo de poema épico es el *Poema de Mío Cid* (1140?).

III. **Poesía dramática**. Este tipo de poesía, en la que se unen el carácter subjetivo de la poesía lírica y el objetivo de la poesía épica, es la que encontramos en la mayoría de las obras dramáticas del Siglo de Oro español. Estas obras combinan la objetiva representación dramática de una situación de la vida con la subjetiva de los problemas íntimos de algunos de los personajes.

Además de estos tres tipos de poesía, existen otros, como la llamada *poesía visual*, o *concreta*. Este tipo de poesía es un híbrido que combina el lenguaje verbal —la palabra— y el icónico —la imagen— para expresar un mensaje. Las primeras muestras de este tipo de poesía datan de la Grecia del siglo III a. C. Dos de las manifestaciones más importantes de este tipo de poesía son los *caligramas* y los *ideogramas*. En los caligramas, también llamados "poemas pintados", el texto escrito se dispone de tal manera que crea un dibujo o imagen. Los *ideogramas*, por otro lado, son poemas visuales formados por grafemas que representan un objeto o una idea, tal es el caso de los caracteres chinos o las señales que vemos en los aeropuertos. Los poetas que practican la poesía visual juegan con los colores, experimentan con el diseño tipográfico, crean figuras geométricas, realizan todo tipo de permutaciones y repeticiones de frases, palabras o letras, violan la sintaxis gramatical, o arrojan letras y palabras al azar (*at random*) sobre la página en blanco. Un representante destacado es el español Joan Brossa.

Otros tipos de poesía

- *Biopoesía*. Es un tipo de poesía que denuncia los avances científicos y tecnológicos, y se propone como defensora de la vida en todas sus manifestaciones. Uno de los representantes más conocido es el peruano Alex Pimentel.
- *Poesía ecologista*. Es una poesía que denuncia la degradación del medio ambiente (*environment*) y pronostica (*foretells*) un futuro apocalíptico para la humanidad. Un representante de este tipo de poesía es el chileno Nicanor Parra.
- *Metapoesía*. Es una poesía que reflexiona sobre algún aspecto de la poesía misma; es decir, la poesía se convierte en el tema mismo del poema. Por ejemplo, "Un soneto me manda hacer Violante", de Lope de Vega, se centra en las distintas estrofas que forman un soneto.
- *Poesía hallada*. Es un tipo de poesía en la que el poeta utiliza palabras, frases o párrafos de textos ya existentes. Por ejemplo, José Hierro, como veremos más adelante, elabora un poema a partir de (*starting form*) una esquela mortuoria (*death notice*).
- *Ciberpoesía*. Es la poesía que utiliza medios digitales o tecnológicos como soporte.

Nociones básicas para el análisis de un poema

El análisis de un texto poético suele intimar más que el de otros textos literarios debido a su economía lingüística, la condensación del significado, y el énfasis puesto más en el valor connotativo que denotativo de la palabra. El primer paso que debemos dar es analizarlo formalmente porque es en la forma donde se encuentra encerrada, además de su valor artístico, gran parte del contenido del poema. El análisis formal puede comenzar con el **cómputo silábico** de los versos, el **ritmo** del poema, las **pausas**, **cesuras**, **encabalgamientos** y la **rima**. En algunos casos, no obstante, los versos del poema no tienen rima ni siguen un mismo patrón en cuanto a la medida, y en este caso hablamos de **versos libres**. Un paso muy importante en el análisis de un poema es el estudio del **lenguaje figurado**, el uso de las distintas figuras estilísticas y tropos, debemos interpretar el significado de los mismos. El análisis formal debe ser completado con un estudio de la **voz poética** y de los **temas** expuestos en el poema.

Guía para el Análisis de Poesía

A continuación vamos a dar algunas reglas básicas sobre cómo leer y analizar un poema desde un punto de vista crítico:

- Lea el **título** y el **poema** varias veces para tener una idea general del tema del tratado.
- **Cómputo silábico**. Comience realizando el cómputo silábico de los versos prestando atención a dos factores importantes:
  1. La posición del acento en la última palabra del verso, lo cual le ayudará a identificar el verso como *llano*, *agudo*, o *esdrújulo*.
  2. La existencia de dos vocales seguidas en una misma palabra, o al final de una palabra y principio de la siguiente.

Una vez realizado el cómputo silábico sabremos si los versos son de *arte menor* — hasta ocho sílabas— *arte mayor* —de nueve a once sílabas— o si es un *verso compuesto*, con doce o más sílabas. A continuación procederemos a nombrarlos como *versos heptasílabos, octosílabos, alejandrinos*, etc.

- La **rima**, la **estrofa** y el **poema**. Al analizar el poema debemos ver si el poema tiene rima, o si los versos son blancos. En caso de tener rima, debemos distinguir entre *rima consonante* y *asonante*; y marcamos estas rimas con letras minúsculas, si son versos de arte menor; o con letras mayúsculas, si son de arte mayor. Después debemos identificar si el poema es **estrófico, no estrófico**, o si es un poema de **versos libres**. Si es un *poema estrófico* debemos identificar el tipo de estrofas que lo componen, y si es *no estrófico* el tipo de poema que es.
- El siguiente paso requiere tener en cuenta la colocación de las **pausas**, y la posible existencia de **cesuras** y **encabalgamientos**.

- El **lenguaje figurado**. Un paso muy importante en el estudio de un poema es el del análisis de las *figuras estilísticas* y los *tropos* —aliteración, metáfora, símbolo...
- Identifique al hablante, o **yo poético**, del poema y a quien se dirige.
- Identifique y comente el **tema** y **subtemas** del poema, y su relación con la forma.
- Comente el **tono** del poema.
- El **ritmo**. Para identificar el ritmo de un poema debemos saber dónde van colocados todos los acentos del verso. Debido a su dificultad, hemos incluido una explicación aparte en el apéndice dedicado a la poesía.

Modelo de Análisis Crítico. *El Cisne*, (Rubén Darío)

El Cisne

Fue en una hora divina para el género humano.
El cisne antes cantaba sólo para morir.
Cuando se oyó el acento del Cisne wagneriano
fue en medio de una aurora, fue para revivir.

Sobre las tempestades del humano océano
se oye el canto del Cisne; no se cesa de oír,
dominando el martillo del viejo Thor germano
o las trompas que cantan la espada de Argantir.

¡Oh Cisne! ¡Oh sacro pájaro! Si antes la blanca Helena
del huevo azul de Leda brotó de gracia llena,
siendo de la Hermosura la princesa inmortal,

bajo tus blancas alas la nueva Poesía
concibe en una gloria de luz y de armonía
la Helena eterna y pura que encarna el ideal.

Análisis Crítico de *El Cisne*

Análisis formal de "El cisne". Expresión artística de los postulados modernistas

A continuación vamos a realizar una lectura crítica de "El Cisne", un poema del poeta nicaragüense Rubén Darío (1867–1916), incluido en su obra *Prosas profanas y otros poemas* (1896). Primero, vamos a proceder al análisis de un poema desde el punto de vista formal, una tarea que realizará el estudiante en clase con cada uno de los poemas que lea. Y a continuación vamos hacer un estudio del poema pensando en cómo escribiría su monografía o trabajo sobre este poema.

I. En primer lugar, y después de haber leído el poema varias veces, vamos a proceder con la **escansión de los versos del poema**. De acuerdo con la posición del acento en la última palabra de los versos, vemos en los ocho primeros versos una alternancia de versos *llanos* —"hum**a**no", "wagner**ia**no"...— y *agudos* —"mor**ir**", "revi**vir**"... —En los últimos seis versos, en cambio, tenemos dos series de dos versos llanos —"Hel**e**na", "ll**e**na"— seguidos de uno agudo —"inmor**tal**"...—.

A continuación pasamos a realizar el *cómputo silábico* del poema y, como es de esperar, encontramos varias sinalefas y diptongos. Por ejemplo, en el tercer verso podemos ver dos sinalefas, indicadas con un subrayado, y dos diptongos, indicados en negrita (*bold*):

Cuan/do/ se o/yó el/ a/cen/to/ del/ Cis/ne/ wag/ne/ria/no.
  1   2   3   4   5   6   7   8   9 10   11 12 13 14

Si tenemos en cuenta las sinalefas y diptongos, y el hecho de que es un verso llano, el cómputo silábico de este verso nos da 14 sílabas. El verso anterior, el segundo, en el que hay una sinalefa —"cisne antes"— tiene 13 sílabas, pero al ser agudo añadimos una más y computamos 14 sílabas. Todos los versos del poema tienen 14 sílabas, es decir son versos alejandrinos. El verso alejandrino, al tener más de 11 sílabas, cae en la categoría de *verso compuesto*, y está formado por dos versos simples de 7 sílabas cada uno. Debemos notar que en cada uno de estos versos hay una *cesura* que divide el verso en dos *hemistiquios* iguales que llamamos *isostiquios*. Sin embargo, el primer isostiquio del verso noveno puede plantear (*to raise*) una ligera dificultad:

¡Oh/ Cis/ne!/ ¡Oh/ sa/cro/ pá/ja/ro!//   Si an/tes/ la/ blan/ca He/le/na.
  1   2   3   4   5   6 7 8 (8–1 = 7) 1   2   3   4   5   6   7

El cómputo silábico del primer isostiquio nos da 8 sílabas, pero debemos recordar que las condiciones de la cesura son iguales a las de un verso simple; y en este caso, al ser un verso esdrújulo, restamos una sílaba y nos quedan 7. Además de las cesuras que hay en cada uno de los versos, encontramos varias *pausas versales* —Vs. 1, 2, 4, 6, 8, 10, 11 y 14—, cuatro *pausas estróficas* —Vs. 4, 8, 11 y 14—, y algunos ejemplos de *encabalgamiento* —Vs. 3 y 4, 5 y 6, 7 y 8, 9 y 10, y del 12 al 14.

En cuanto a la posición de los acentos, podemos ver cómo el *acento estrófico* va colocado en todos los versos en la decimotercera sílaba, y todos los versos tienen *acentos rítmicos y extrarrítmicos*. Vamos a escoger el primer verso del poema e indicaremos en negrita la posición de los acentos:

Fu**e** en/ **u**/na **ho**/ra/ di/**vi**/na// **pa**/ra el/ **gé**/ne/ro hu/**ma**/no.
    1   2   3   4   5 6 7   8   9   10 11   12   13 14

Como el acento estrófico cae en sílaba impar, los acentos rítmicos son los que caen en sílabas impares, y en este verso corresponderían a la primera y tercera sílabas. Los acentos extrarrítmicos, por el contrario, son los que caen en sílabas pares, y en este verso corresponderían a las sílabas 2, 6, 8 y 10.

Pasando al estudio de la *rima*, apreciamos cómo todos los versos tienen *rima consonante*, o *total*. En cuanto a su disposición, vemos cómo las primeras ocho rimas de los versos, al estar dispuestas alternativamente, caen dentro de la categoría de *rimas encadenadas*, o *cruzadas*. En cambio, los versos 9 y 10, por un lado, y 12 y 13, por otro, tienen *rima gemela*. El poema que analizamos está compuesto de cuatro estrofas, las dos primeras son dos *serventesios*, ya que riman en A, B, A, B y son versos de arte mayor; y las dos últimas son dos *tercetos encadenados* con rima en C, C, D — E, E, D. Nos encontramos, pues, ante un *poema estrófico* correspondiente a un *soneto*.

A continuación vamos a proceder con el estudio del *lenguaje figurado*; es decir, vamos a identificar las *figuras estilísticas* y los *tropos* que embellecen y contribuyen al significado del poema. Una de las figuras es la del *hipérbaton*, que aparece en los versos 5 y 6, y 10 y 11. Otra es la *metáfora*, en el uso de "acento" por "canto" (v. 3), de "tempestades" por "conflictos" (v. 4), y de "océano" por "mundo" (v. 4). Otra figura es la *hipérbole*, en "hora divina" (v. 1), "Sobre las tempestades… del Cisne" (Vs. 5, 6), "sacro pájaro" (v. 9), y "princesa inmortal" (v. 11). Hay dos *apóstrofes*, en "¡Oh Cisne! ¡Oh sacro pájaro!" (v. 9). Hay un *epíteto*, en "blancas alas" (v. 12). Encontramos varias *personificaciones*, en "las trompas que cantan" (v. 8), y en "la nueva Poesía/concibe" (vs. 12, 13). Hay una *aliteración* en "t" en "el martillo del viejo Thor germano/o las trompas que cantan la espada de Argantir" (Vs. 7, 8). Hay una *metonimia*, en "Helena eterna y pura" (v. 14) para referirse a la "hermosura y belleza". Y encontramos dos símbolos, "Helena" como símbolo de la belleza femenina, y "el Cisne" como símbolo del Modernismo.

II. A continuación vamos a hacer un estudio de cómo este poema de Rubén Darío nos anuncia el nacimiento de una nueva poesía o, más bien, la metamorfosis de la vieja poesía en la poesía modernista, una poesía de la cual este mismo poema se convierte en manifiesto y expresión artística de las ideas modernistas del autor. El Modernismo, por cierto, es un movimiento literario que triunfó principalmente en Latinoamérica a finales del siglo XIX y principios del siglo XX.

Comenzaremos el estudio de este tema con la primera estrofa, cuyo inicio nos recuerda a la rima I de Gustavo Adolfo Bécquer, un poeta postromántico español de finales del siglo XIX:

> Yo sé un himno gigante y extraño que
> anuncia en la noche del alma una aurora.

Tanto en Bécquer como en Rubén Darío, las primeras estrofas sirven como anuncio del advenimiento o llegada de una nueva expresión poética, y en el caso de Rubén Darío la nueva poesía es la modernista, de la que el cisne es símbolo. La estrofa comienza con el verbo "fue", repetido dos veces en el cuarto verso, para hacer hincapié (*to emphasize*) en un acontecimiento consumado, ya realizado. Podemos ver, asimismo, cómo el yo poético, un portavoz del Modernismo, y un alter ego de Rubén Darío, contrasta el canto tradicional del Cisne, "sólo para morir", y el del Cisne wagneriano, "para revivir". En este momento podemos preguntarnos ¿qué relación tiene el Cisne wagneriano con el tema de este poema?; y esto nos lleva a investigar el papel del cisne en Richard Wagner, un compositor alemán del siglo XIX conocido por sus óperas. En una de sus óperas románticas, *Lohengrin*, representada por primera vez en

1850, aparece un cisne tirando de una barca en la que viaja Lohengrin, un caballero del Santo Grial que trata de restituir (*to restore*) el honor de Elsa, acusada falsamente de matar a su hermano por Telramund y su esposa, una hechicera (*witch*). Lohengrin se enfrenta y vence a Telramund y se casa con Elsa, pero, inmediatamente después de las ceremonias nupciales, Lohengrin se va porque Elsa rompió una promesa al preguntarle a aquél quién era y de dónde venía. En el momento de la despedida, aparece un cisne, Lohengrin reza para que Elsa recupere a su hermano, y a continuación el cisne se submerge en las aguas del río y emerge como Gottfried, el hermano de Elsa, quien había sido transformado en cisne por las artes mágicas de la hechicera. Al final, Lohengrin se va y Elsa se muere de pena. Esta referencia a la ópera de Wagner está cargada de significado metafórico porque, lo mismo que en el poema de Rubén Darío, encontramos en Gottfried, metamorfoseado en un cisne, la misma oposición binaria de muerte/renacimiento (vida) y metamorfosis que vemos en la primera estrofa del poeta nicaragüense; además de que el cisne, como ya señalamos anteriormente, es el símbolo de la poesía modernista.

Si esta primera estrofa, entonces, podemos leerla como el anuncio y celebración de la aparición de una nueva poesía, que nace de la muerte de una poesía precedente; en la segunda estrofa volvemos a encontrar la misma polarización de ideas en torno a los temas muerte/vida. Aquí, sin embargo, la oposición binaria muerte/vida se halla simbólicamente representada por el Cisne y dos fuerzas antagónicas: Thor y Argantir; y, lo mismo que en la ópera wagneriana, nos vemos obligados a identificar estas dos figuras y el papel que juegan en este soneto. Thor, como sabemos, es el dios del trueno, en la mitología nórdica y alemana, que hace uso de un martillo en la lucha contra sus enemigos. Argantir, por otro lado, es un legendario guerrero islandés famoso por su espada centelleante (*sparkling*) que heredó de sus padres. Ambas figuras, Thor y Argantir, unidas en el poema al martillo y las trompas —un instrumento musical de viento—, tienen connotaciones negativas, y nos dan una idea de algo viejo y ancestral, de un mundo bárbaro y cruel que se representa en el poema por medio de esas "tempestades del humano océano". Sin embargo, en contraposición al sonido amenazante y ensordecedor (*deafening*) de ese mundo se oye el delicado y triunfante "canto del Cisne". Si en estas dos primeras estrofas percibimos una estructura paralelística en la repetición de los temas muerte/vida, el mismo tipo de estructura paralelística es la que vemos en las siguientes estrofas, pero ahora el tema predominante es el de la concepción, y uno secundario sería el de la metamorfosis.

En el primer terceto aparecen dos figuras de la mitología griega: Leda y Helena. Leda, según la mitología, era la esposa de Tindáreo, pero Zeus, metamorfoseado en cisne, la violó. Esa misma noche Leda durmió con su esposo y, como resultado de ambas relaciones, Leda puso dos huevos de los que nacieron dos hijos inmortales de Zeus: Helena y Polux, y dos mortales de Tindáreo: Clitemnestra y Cástor. Este primer terceto, entonces, celebra la concepción y nacimiento de Helena, símbolo de la belleza femenina. Debemos notar, sin embargo, que el sintagma —grupo de palabras que tienen una unidad sintáctica— "¡Oh sacro pájaro!" dota (*endows*) al cisne de cualidades divinas, una caracterización apropiada ya que Zeus era el padre de los dioses del Olimpo, y este carácter divino se hace extensivo a la poesía modernista, de la que el cisne es símbolo.

El último terceto, caracterizado por la aceleración del tiempo de dos versos *encabalgantes* y otros dos *encabalgados*, se centra en otra concepción, ahora de la nueva poesía, una poesía, lo mismo que Helena, caracterizada por su gran belleza.

Un concepto que nos puede ayudar a profundizar en el análisis de un poema, o de cualquier otro texto literario, es el de la *isotopía*, definido como una serie de categorías semánticas que se repiten en una obra literaria y que hacen posible una lectura uniforme del texto. Por ejemplo, en este poema existen varias isotopías fonéticas en las rimas, o sea en la repetición de fonemas: "humano/wagneriano", "morir/revivir", etc. Encontramos, asimismo, una isotopía rítmica en la repetición del acento estrófico en la penúltima sílaba de cada verso. Y encontramos dos isotopías semánticas, una la vemos en la muerte de la poesía precedente, y la otra en la metamorfosis o renacimiento de aquélla en una nueva poesía. En torno al primer eje semántico, al de la muerte, encontramos lexemas como "morir", "tempestades", "martillo", etc. Y en torno al segundo eje semántico, el de la metamorfosis de la vieja poesía en una nueva poesía, vemos lexemas como "revivir", "aurora", "brotó", "concibe", "Cisne", "Luz", "Helena", "armonía", etc.

Otro aspecto que nos ayuda a conocer mejor la estética modernista debe venir del estudio del lenguaje. Podemos preguntarnos, ¿qué tipo de sustantivos o adjetivos utiliza el poeta? En este poema debemos destacar que Rubén Darío pone énfasis en el carácter musical, cromático y religioso de la lengua. La musicalidad del poema no sólo deriva de la rima, el ritmo, las pausas y los encabalgamientos, sino también de la contraposición, o antítesis, a nivel temático, de la música de Wagner, en la primera estrofa, con los sonidos que pueden emitir el trueno o las trompas, en la segunda estrofa. Por otro lado, el carácter cromático se ve en la contraposición de la oscuridad de "las tempestades" con la luz de la vida de la "aurora" o "gloria de luz". Es más, la "aurora" capta (*captures*) metafóricamente, al marcar el paso de la noche al día, la transformación de la vieja poesía en una nueva: la poesía modernista. Finalmente, el carácter religioso de algunos de los términos lingüísticos se percibe en "hora divina", "¡Oh sacro pájaro", "revivir", "gracia llena", o "gloria de luz", términos que apuntan al nacimiento de una nueva poesía como un acontecimiento milagroso, de naturaleza divina. Es más, los únicos nombres comunes que aparecen capitalizados en el poema —Cisne, Hermosura, Poesía— se refieren a la poesía modernista, y no debe parecernos casual, o accidental, después de haber visto el carácter religioso de muchos de los términos utilizados en el poema, que esta trilogía lingüística se esté haciendo eco de otra: la de la Santísima Trinidad. Si las religiones cristianas sostienen que las tres personas del Padre, Hijo y Espíritu Santo contienen la unidad divina de Dios, el yo poético parece sugerirnos que los tres términos capitalizados: Cisne, Hermosura y Poesía, contienen la unidad de la poesía modernista.

Podemos concluir señalando que hay en este poema un tono de euforia, alegría y exultación, y este tono se justifica si tenemos en cuenta que el poema es un canto y un manifiesto a favor del nacimiento de una nueva poesía. Asimismo, y como es característico de la poesía modernista, en este poema vemos un rechazo de las anteriores formas poéticas, un deseo de experimentación con metros clásicos —como la resurrección del verso alejandrino de catorce sílabas, usado principalmente en la Edad Media—, el empleo de temas y motivos exóticos, mitológicos y legendarios, la armonía de sus partes constituyentes, un énfasis en la perfección formal, la musicalidad y el ritmo, y la búsqueda de la belleza y la hermosura por medio del uso de imágenes sensoriales y de la lengua. Es decir, a diferencia del sonido y simplicidad de las trompas que cantan a Argantir, y el martillo o trueno, con los que se asocia a Thor, y que representan a la vieja poesía, la nueva poesía modernista destaca por una suma de cualidades estéticas comparable a la ópera de Wagner, en la que se mezclan música, trama argumental, escenografía, vestuario, luminotecnia, etc. para constituir una belleza armónica total.

Unidad 1. El Verso

Cómputo Silábico

La métrica es la disciplina que se dedica al estudio de la versificación, y comprende tres partes: el verso, la estrofa y el poema. Para el análisis del verso, la primera de estas tres partes que vamos a estudiar, es necesario comenzar con el cómputo silábico, un proceso que requiere tener en cuenta tres factores:

    I. La posición del acento en la última palabra del verso.

    II. La presencia de dos vocales seguidas en una palabra.

    III. Los fenómenos conocidos como *sinalefa*, *hiato*, *diéresis* y *sinéresis*.

I. El acento

Antes de nada, debemos señalar que por acento entendemos la fuerza de la entonación —acento prosódico— o el acento escrito —acento ortográfico— que, respectivamente, cae o colocamos en una de las sílabas de una palabra. Dependiendo de la posición del acento, las palabras se dividen en **agudas**, cuando el acento cae en la última sílaba: can**ción**, sa**bor**; **llanas**, cuando el acento cae en la penúltima sílaba: can**tan**te, **án**gel; o **esdrújulas**, cuando el acento cae en la antepenúltima sílaba: **mú**sica, **úl**timo. Los versos, lo mismo que las palabras, se pueden clasificar en *agudos*, *llanos*, y *esdrújulos*.

    1. *Verso agudo*. Es el verso que termina en una palabra aguda. En este caso, al número de sílabas fonológicas, o comunes, añadimos una más para tener el total de sílabas métricas. Esto se hace porque la sílaba aguda de la última palabra requiere más tiempo en su pronunciación:

Ma/dre:/ pa/ra/ des/can/**sar**,
1   2   3   4   5   6   7 (7+1)= 8
Mo/**rir**.
1   2 (2+1) = 3
(Manuel MACHADO, *Morir, dormir...*)

2. *Verso llano*. Es el más común en español, y es el verso que termina en una palabra llana. En este caso, el número de sílabas fonológicas y métricas es el mismo:

De/ja/ron/ un/ pan/ en/ la/ **me**/sa,
1 2 3   4   5   6   7   8 9   = 9
Mi/tad/ que/ma/do,/ mi/tad/ **blan**/co.
1 2   3   4   5   6   7   8   9   = 9
(Gabriela MISTRAL, *Pan*)

3. *Verso esdrújulo*. Es el verso que termina en una palabra esdrújula. En este caso, al número de sílabas fonológicas le restamos (*substract*) una para tener el total de sílabas métricas. La explicación es que, al caer el acento en la antepenúltima sílaba, las sílabas siguientes se pronuncian con mayor rapidez:

Mis/ o/jos/ va/ga/bun/dos   (verso llano)
 1   2 3   4   5   6   7   = 7
Co/no/cen/ no/ches/ **trá**/gi/cas,   (verso esdrújulo)
 1   2   3   4   5   6 7 8   (8–1) = 7
Sa/ben/ de/ pe/nas/ **ú**/ni/cas.   (verso esdrújulo)
 1   2   3   4   5   6 7 8   (8–1) = 7
(León DE GREIFF, *Balada del mar no visto...*)

II. Dos vocales seguidas dentro de una palabra

En español, las vocales se dividen en fuertes —a, e, o— y débiles —i, u—, y las distintas combinaciones que pueden adoptar cuando dos de ellas van seguidas dentro de una palabra afecta al cómputo silábico. Veamos:

1. Si las dos vocales son fuertes —a, e, o—, cada una de ellas cuenta como una sílaba:

Mis/ me/jo/res/ p**o**/**e**/mas,
 1   2 3   4   5 6 7   = 7
No/ son/ ta/les,/ son/ car/tas.
 1   2   3   4   5   6   7 = 7
(Gloria FUERTES, *Mis mejores poemas*)

2. Por otro lado, la combinación de una vocal fuerte —a, e, o— y una débil —i, u— da lugar a la formación de un diptongo, y se cuenta como una sola sílaba:

Bo/tas/ f**ue**r/tes,/ man/ta/ re/c**ia**,
 1   2   3   4   5   6   7   8   = 8
(José Moreno Villa, *El hombre del momento*)

3. Sin embargo, si la vocal débil aparece acentuada, el diptongo se rompe y las dos vocales se computan como dos sílabas:

Ten/go/ los/ bra/zos/ c**a**/**í**/dos
 1   2   3   4   5   6 7 8   = 8
(Sara de Ibáñez, *No puedo*)

III. Otros fenómenos que afectan al cómputo silábico

Otros fenómenos métricos que afectan al cómputo silábico son la *sinalefa*, el *hiato*, la *sinéresis* y la *diéresis*.

1. *Sinalefa*. Este fenómeno tiene lugar cuando una palabra termina en una vocal, o vocales, y la siguiente comienza con una o más vocales, o con una "h" seguida de una vocal. En estos casos, las vocales se computan como una sola sílaba:

So/bre es/te/ mu/ro/ frí/o/ me han/ de/ja/do
 1   2   3   4   5   6   7   8   9 10 11   = 11
Con/ la/ som/bra/ ce/ñi/da a/ la/ gar/gan/ta.
 1   2   3   4   5   6   7   8   9   10   11   = 11
(Sara de Ibáñez, *Atalaya*)

2. *Hiato*. Contrariamente a la sinalefa, el hiato es una licencia poética que permite computar como sílabas diferentes la vocal o vocales finales de una palabra y la primera o primeras vocales de la palabra siguiente:

Lo/ que/ co/rre/ de/ mi/ fren/te
 1   2   3   4   5   6   7   8   = 8
a/ mis/ pies/ ca/len/tu/rien/tos;
 1   2   3   4   5   6   7   8   = 8
Es/ta/ Is/la/ de/ mi/ san/gre.
 1 2   3   4   5   6   7   8   = 8
(Gabriela Mistral, *Último árbol*)

Todos los versos de este poema tienen ocho sílabas métricas, y para que el tercer verso de esta estrofa llegue a ocho sílabas métricas es preciso hacer un hiato en las vocales subrayadas.

3. *Sinéresis*. La *sinéresis* consiste en unir dos vocales fuertes —a, e, o— en el interior de una palabra para formar una sola sílaba métrica. Este mismo fenómeno ocurre cuando una vocal fuerte y una débil acentuada se unen para formar una sola sílaba métrica, como en "po-nía" o "río":

Pues/ que/ vue/la/ la e/dad,/ an/de/ la/ lo/za (*earthenware*)
1   2   3   4   5   6   7   8   9   10   11   = 11
y/ si/ pa/sa/re/ tra/gos/ (*misfortunes*), sean/ de/ ta/za.
1 2 3 4 5 6 7   8   9 10 11   = 11

(Francisco DE QUEVEDO, *Despídese de la ambición y de la corte*)

A/mi/gos/ muer/tos/ con/ que/ co/mía/lo
1 2 3   4   5   6   7   8   9   10   = 10
En/ o/tros/ va/lles,/ sien/tan/ el/ va/ho (*smell*).
1 2 3   4   5   6   7   8 9 10   = 10

(Gabriela MISTRAL, *Pan*)

Todos los versos de la primera estrofa tienen once sílabas, y para que el segundo verso llegue a once sílabas métricas es necesario hacer una sinéresis con las vocales "ea" de "sean". Lo mismo ocurre con el segundo ejemplo, donde todos los versos de la estrofa tienen diez sílabas, y para que el primer verso llegue a diez sílabas métricas debemos hacer una sinéresis con las vocales "ía" de "comíalo".

4. *Diéresis*. La diéresis se produce cuando dos vocales que forman diptongo, y se computan normalmente como una sílaba métrica, se separan para dar lugar a dos sílabas métricas:

Al/ ca/pi/tán/ ro/ma/no
1 2 3 4   5 6 7   = 7
La/ vi/da, y/ no/ la/ sed,/ qui/tó el/ be/bi/do
1 2 3   4 5 6   7   8   9 10 11   = 11
Te/so/ro per/si/a/no.
1 2 3   4 5 6 7   = 7

(Fray Luis DE LEÓN, *A Felipe Ruiz*)

Todos los versos de este poema son endecasílabos y heptasílabos, y para que el tercer verso llegue a siete sílabas métricas es necesario contar como dos sílabas métricas las dos vocales del diptongo de "persiano".

Clasificación de los Versos Según el Número de Sílabas

De acuerdo al número de sílabas métricas, los versos se dividen en versos de *arte menor*, y versos de *arte mayor*.

1. Versos de *arte menor*. Son los versos que tienen de dos a ocho sílabas métricas. En este grupo incluimos los versos *bisílabo*, de dos sílabas; *trisílabo*, de tres sílabas; *tetrasílabo*, de cuatro sílabas; *pentasílabo*, de cinco sílabas; *hexasílabo*, de seis sílabas; *heptasílabo*, de siete sílabas; y *octosílabo*, de ocho sílabas. Dentro de este grupo los versos más comunes son el *heptasílabo* y el *octosílabo*.

2. Versos de *arte mayor*. En este grupo se incluyen el *eneasílabo*, un verso de nueve sílabas; el *decasílabo*, de diez sílabas; y el *endecasílabo*, de once sílabas. El *endecasílabo*, el más popular de estos versos, apareció en la literatura española en la Edad Media, y es comúnmente usado en *sonetos*, *silvas* y en la estrofa conocida como la *lira*. Veamos un ejemplo de versos endecasílabos en la siguiente estrofa de un soneto:

> Retirado en la paz de estos desiertos,
> con pocos, pero doctos libros juntos,
> vivo en conversación con los difuntos
> y escucho con mis ojos a los muertos.
> (Francisco DE QUEVEDO, *Desde la torre*)

Los versos que hemos visto hasta ahora se consideran versos *simples*, pero a partir de doce sílabas los versos se consideran *compuestos*; es decir, formados por dos versos simples separados por una *cesura* (/) —Discutiremos la cesura más adelante—. El más popular de los versos compuestos es el verso *alejandrino*, de catorce sílabas:

> Los Estados Unidos / son potentes y grandes.
> cuando ellos se estremecen / hay un hondo temblor
> que pasa por las vértebras / enormes de los Andes.
> (Rubén DARÍO, *A Roosevelt*)

[Otro aspecto importante en el estudio de un texto poético es el del **ritmo**, pero debido a su dificultad que puede tener para los estudiantes de este nivel de español lo hemos incluido en el apéndice dedicado a la poesía]

La Pausa y el Encabalgamiento

1. La *pausa* se define como el descanso requerido al final de la emisión de un enunciado fónico. Los tres tipos de pausa más destacados son:

- La *pausa versal*, la que ocurre al final de un verso.
- La *pausa estrófica*, la que ocurre al final de una estrofa.
- La *cesura* (*caesura*), la que tiene lugar en el interior de un verso compuesto dividiéndolo en dos versos llamados *hemistiquios* (*hemistich*). Si estos dos versos, o hemistiquios, tienen el mismo número de sílabas se llaman *isostiquios*, y si no lo tienen se llaman *heterostiquios*. Las condiciones de la cesura son:
  - **A.** Debe darse en el interior del verso.
  - **B.** Impide la sinalefa.
  - **C.** Si el primer hemistiquio es agudo se computará una sílaba más, y si es esdrújulo se computará una sílaba menos:

```
Los/ a/ro/mas,/ las/ lu/ces,// los/ e/cos,/ los/ ru/i/dos,
 1   2 3   4     5   6   7      8  9  10   11  12 13 14          = 14
Co/mo en/ on/das/ a/tá/vi/cas/     me/ tra/en/ a/ño/ran/zas (yearnings).
 1    2    3   4  5  6  7 8 (–1)      8   9  10 11 12 13  14          = 14
```

(Rubén Darío, Epístola a la señora de Leopoldo Lugones)

Cada uno de estos dos versos alejandrinos, de catorce sílabas, tiene una pausa versal al final del verso; y la cesura divide cada uno de estos dos versos compuestos en dos hemistiquios de siete sílabas cada uno, o sea dos isostiquios. Debemos notar que el primer isostiquio del segundo verso es esdrújulo, por consiguiente computamos siete sílabas en lugar de ocho.

2. El *encabalgamiento* (*enjambment*) es el desequilibrio que ocurre entre la pausa versal y la sintaxis del verso. En estos casos, la oración del *verso encabalgante* continúa en el siguiente verso, al que llamamos *encabalgado*:

```
U/na/ tar/de/ par/da y/ frí/a
1 2   3   4   5    6    7  8    = 8
de in/vier/no./ Los/ co/le/gia/les
  1     2    3    4    5  6  7   8   = 8
es/tu/dian./ Mo/no/to/ní/a (...)
1  2   3     4  5  6  7  8      = 8
```

(Antonio Machado, *Recuerdo infantil*)

Práctica

Analice los siguientes versos o estrofas teniendo presente las siguientes preguntas y sugerencias:
  1. Cómputo silábico de cada verso. Indique si son versos *agudos*, *llanos* o *esdrújulos*, y si existen dos vocales seguidas o algún otro fenómeno que afecte al *cómputo silábico* de los versos.

2. ¿Son los versos de arte *mayor* o *menor, simples* o *compuestos*? De acuerdo al número de sílabas, ¿cómo se clasifican estos versos?

3. Apunte las distintas *pausas* que encuentra en estos versos y comente de qué tipo son. ¿Existe algún *encabalgamiento*? ¿Encuentra algún verso *compuesto*? ¿Dónde se encuentra la *cesura*? ¿Qué tipo de *hemistiquios* hay?

4. [Opcional] ¿Cuál es el *ritmo* de estos versos? Seleccione algunos de ellos y marque los acentos *estróficos, rítmicos* y *extrarrítmicos*.

1. Yo quiero salir del mundo
   por la puerta natural:
   en un carro de hojas verdes
   a morir me han de llevar.
   (José MARTÍ, *Versos sencillos*, "XXIII")

2. Cisnes, los abanicos de vuestras alas frescas
   den a las frentes pálidas sus caricias más puras.
   (Rubén DARÍO, *Los cisnes*)

3. Y cuando llegue el día del último viaje
   y esté al partir la nave que nunca ha de tornar.
   (Antonio MACHADO, *Retrato*)

4. En esto era gran práctico y teórico
   un gato, pedantísimo retórico,
   que hablaba en un estilo tan enfático
   como el más estirado (*stuck-up*) catedrático.
   (Tomás DE IRIARTE, *El gato, el lagarto y el grillo*)

5. A niño tan dormido
   no me lo recordéis.
   Dormía así en mi entraña
   con mucha dejadez (*calmness*).
   (Gabriela MISTRAL, *Sueño grande*)

6. En mi jardín hay pájaros con cantos de cristal:
   no te los doy, que tienen
   alas para volar…
   (Dulce María LOYNAZ, *Eternidad*)

7. La más bella niña
   de nuestro lugar,
   hoy viuda y sola,
   ayer por casar.
   (Luis DE GÓNGORA, *La más bella niña*)

Unidad 2. La Estrofa y el Poema

La Rima

Antonio Quilis define la rima como "la total o parcial semejanza acústica, entre dos o más versos, de los fonemas situados a partir de la última vocal acentuada". La rima se indica con letras mayúsculas si los versos son de arte mayor, y minúsculas si son de arte menor. El signo Ø se usa para indicar que el verso es *blanco* o *suelto*, o sea que no rima con ningún otro verso. Este verso, debemos aclarar, no se debe confundir con el *verso libre*, el cual no sólo no rima con ningún otro verso sino que, además, no comparte la misma medida. Podemos dividir la rima en *rima consonante* y *rima asonante*.

1. *Rima consonante* o *total*. Esta rima ocurre cuando todos los fonemas, vocálicos y consonánticos, situados después de la última vocal acentuada muestran una identidad acústica total:

> ¡Ay, qué larga es esta v**ida**!
> ¡qué duros estos desti**erro**s (*exile*),
> esta cárcel y estos hi**erros**
> en que está el alma met**ida**!
>
> (Santa Teresa DE JESÚS,
Vivo sin vivir en mí)

Todos estos versos riman en consonante. El primero y el cuarto en –ida y el segundo y el tercero en –erros.

2. *Rima asonante* o *parcial*. Esta rima tiene lugar cuando sólo los fonemas vocálicos situados después de la última vocal acentuada muestran una identidad acústica total:

Verde que te quiero verde.
Verde viento. Verdes ramas.
El barco sobre la mar
y el caballo en la montaña.
(F. García Lorca, *Romance sonámbulo*)

Lorca emplea la rima asonante en "a-a" en los versos pares, mientras que los impares quedan *sueltos*, son *versos blancos*.

Es importante notar que, en caso de que haya un diptongo en las vocales que forman la rima asonante, la vocal débil del mismo no se cuenta a efectos de la rima:

La miro como la miraba;
me da un extraño pensamiento
y juego, lenta, con esa agua
como con pez o con misterio.
(Gabriela Mistral, *Cosas*)

Los versos impares de esta estrofa riman en "a-a", y los pares en "e-o".

Tipos de Rima

De acuerdo a la disposición que las rimas puedan adoptar en la estrofa, aquéllas se clasifican en *rima gemela*, *rima abrazada*, *rima encadenada* y *rima cruzada*.

1. *Rima gemela*. Esta rima se produce cuando hay dos rimas continuas —aa, bb, cc, o AA, BB, CC. etc.—, dando lugar a la estrofa de dos versos llamada *pareado*:

Cerca del agua te quiero llevar	A
porque tu arrullo (*cooing*) trascienda del mar.	A
Cerca del agua te quiero tener	B
porque te aliente (*encourages*) su vívido ser.	B
Cerca del agua te quiero sentir	C
porque la espuma te enseñe a reír.	C

(Miguel Hernández, *Cancionero y romancero de ausencias* "II")

2. *Rima abrazada*. Este tipo de rima se da cuando dos versos con rima gemela están enmarcados por dos versos que riman entre sí —abba, o ABBA, bccb, etc.:

Ya llega la bailarina,	a
soberbia y pálida llega.	b

¿Cómo dicen que es gallega?   b
Pues dicen mal: es divina.   a
(José Martí, *Versos sencillos*, "X")

3. *Rima continua.* Esta rima ocurre cuando todos los versos de una estrofa comparten la misma rima, dando lugar a la estrofa *monorrima*:

Otro milagro más os querría contar   A
que aconteció a un monje de hábito reglar (*religious order*):   A
el demonio lo quiso duramente espantar,   A
mas la Madre gloriosa súposela vedar (*to prevent*).   A
(Gonzalo de Berceo, *Milagros de nuestra Señora*)

4. *Rima encadenada* o *cruzada.* Esta rima tiene lugar cuando dos pares de rimas riman alternativamente —abab, cdcd, o ABAB, CDCD, etc.:

Juan me llamo, Juan Todos, habitante   A
de la tierra, más bien su prisionero,   B
sombra vestida, polvo caminante,   A
el igual a los otros, Juan Cordero.   B
Sólo mi mano para cada cosa   C
—mover la rueda, hallar hondos metales—   D
mi servidora para asir la rosa   C
y hacer girar las llaves terrenales.   D
(Jorge Carrera Andrade, *Juan sin Cielo*)

Tipos de Estrofa

La unión de dos o más versos forma una unidad estructural que llamamos estrofa, y de acuerdo al número de versos que la componen podemos distinguir los siguientes tipos:

Dos Versos

Pareado. Con rima en AA, BB, CC, o aa, bb, cc, etc.:

Allí la Vida llora y la Muerte sonríe   A
y el Tedio, como un ácido, corazones deslíe (*melts*).   A
(Guillermo Valencia, *Leyendo a Silva*)

Tres Versos

Terceto. Los versos del terceto suelen asumir medidas y rimas muy variadas; las más comunes son: AØA, o, ABA:

Yo soy como el ciprés del canto mío,	A
que por lejana estrella suspirando,	Ø
se vuelve más delgado y más sombrío.	A

     (Leopoldo LUGONES, *La estrella y el ciprés*)

Terceto encadenado. Consiste en una serie de tercetos endecasílabos con rima en ABA, BCB, CDC, DED, etc.:

Es como tu conciencia mi cabeza,	A
ancha, bien repartida, suficiente	B
para mostrar por señas mi agudeza (*wit*).	A
No es de tu avara condición mi frente;	B
que es larga y blanca, con algunas viejas	C
heridas, testimonio de valiente.	B

     (Francisco DE QUEVEDO, *Sátira a una dama*)

Cuatro Versos

Redondilla. Estrofa de arte menor con rima en abba:

Hombres necios que acusáis	a
a la mujer sin razón,	b
sin ver que sois la ocasión	b
de lo mismo que culpáis.	a

     (Sor Juana Inés DE LA CRUZ,
     Arguye de inconsecuentes el gusto...)

Cuarteto. Estrofa de arte mayor y rima en ABBA:

Yo os quiero confesar, don Juan, primero:	A
que aquel blanco y color de doña Elvira	B
no tiene de ella más, si bien se mira,	B
que el haberle costado su dinero.	A

     (Bartolomé L. DE ARGENSOLA,
     A una mujer que se afeitaba...)

Cuarteta. Estrofa de arte menor con rima en abab:

Yo me arrimé (*came closer*) a un pino verde	a
por ver si me consolaba;	b
y el pino, como era verde,	a
de verme llorar, lloraba	b

   (Augusto FERRÁN, *Cantares del pueblo*, "XXXII")

Serventesio. Estrofa de arte mayor con rima en ABAB:

Larga es la noche, Tachia. Oscura y larga	A
como mis brazos hacia el cielo. Lenta	B
como la luna desde el mar. Amarga	A
como el amor: yo llevo bien la cuenta.	B

          (Blas DE OTERO, *Paso a paso*)

Entre las estrofas de cuatro versos también podemos incluir la *seguidilla simple*, la *seguidilla gitana*, la *estrofa sáfica* y el *tetrástrofo monorrimo* (Consúltese el DTL).

Cinco Versos

Lira. Es la más conocida de las estrofas de cinco versos, y consta de dos versos endecasílabos —el segundo y el quinto—, y tres heptasílabos. La rima es en aBabB:

¡Oh bosques y espesuras,	a
plantadas por la mano del amado!	B
¡oh prado de verduras,	a
de flores esmaltado (cubierto)!	b
decid si por vosotros ha pasado.	B

(San Juan DE LA CRUZ, *Cántico espiritual*)

Otros dos tipos de estrofas de cinco versos son la *quintilla* y el *quinteto*. (Consúltese el DTL).

Seis Versos

La más popular es la *sextilla*, un estrofa de arte menor. Otras estrofas de seis versos son la *sextina*, y el *sexteto-lira* (Consúltese el DTL).

Siete Versos

Estas estrofas son poco comunes en nuestra literatura. Destacan la *séptima* y la *seguidilla compuesta* (Consúltese el DTL).

Ocho Versos

La más popular de estas estrofas es la *octava real*, cuya rima sigue el siguiente esquema: ABABABCC:

Cerca del Tajo, en soledad amena (agradable),	A
de verdes sauces hay una espesura (bosque),	B
toda de hiedra (*ivy*) revestida y llena,	A
que por el tronco (*trunk*) va hasta la altura,	B
y así la teje (*weaves*) arriba y encadena,	A
que el sol no halla paso a la verdura;	B
el agua baña el prado con sonido,	C
alegrando la hierba y el oído.	C

(Garcilaso DE LA VEGA, *Égloga III*)

Otras estrofas de ocho versos que podemos destacar son la *copla de arte mayor*, la *octava italiana*, y la *octavilla* (Consúltese el DTL).

Diez Versos

La más conocida es la *décima*, una estrofa de 10 versos octosílabos cuya rima sigue el siguiente esquema: abbaaccddc. Otras estrofas de diez versos son la *copla real*, y el *ovillejo* (Consúltese el DTL).

El Poema

El poema es la unidad poética superior, y puede estar formado por una o varias estrofas. Los poemas se dividen en *estróficos*, cuando están compuestos de estrofas; y *no estróficos*, cuando el poema carece de una división en estrofas.

1. Poemas estróficos

Soneto. Es el poema estrófico más popular, y consta de catorce versos estructurados en dos cuartetos y dos tercetos. La rima más comúnmente utilizada para el soneto es ABBA, ABBA,

CDC, DCD; sin embargo, y a través de la historia literaria, los poetas han utilizado una gran variedad de tipos de rimas y metros:

Un soneto me manda hacer Violante,	A
que en mi vida me he visto en tanto aprieto (dificultad);	B
catorce versos dicen que es soneto;	B
burla burlando van los tres delante.	A
Yo pensé que no hallara consonante,	A
y estoy a la mitad de otro cuarteto;	B
mas si me veo en el primer terceto,	B
no hay cosa en los cuartetos que me espante.	A
Por el primer terceto voy entrando,	C
y parece que entré con pie derecho,	D
pues fin con este verso le voy dando.	C
Ya estoy en el segundo, y aun sospecho	D
que voy los trece versos acabando;	C
contad si son catorce, y está hecho.	D

(Lope DE VEGA, *Un soneto me manda hacer Violante*)

Letrilla. Este poema comienza con un *estribillo*, de dos o cuatro versos, y le sigue el *pie*, una estrofa de seis a diez versos de la que el último rima con el último verso del estribillo. El *estribillo* se repite a lo largo de la composición, pero el *pie* va cambiando:

Poderoso caballero	a
es don Dinero	a
Madre, yo al oro me humillo;	b
él es mi amante y mi amado,	c
pues de puro enamorado,	c
de continuo anda amarillo;	b
que pues, doblón o sencillo,	b
hace todo cuanto quiero,	a
poderoso caballero	a
es don Dinero.	a

(Francisco DE QUEVEDO,
Poderoso caballero es don Dinero)

Otros ejemplos de poemas estróficos son el *zéjel*, y el *villancico* (Consúltese el DTL).

2. Poemas no estróficos

Dentro de los poemas no estróficos merecen mención el *romance*, la *silva* y el poema de *versos libres*.

El *romance*. Éste es un poema que consta de un número ilimitado de versos octosílabos con rima consonante o asonante en los versos pares, y en el que quedan sueltos los impares:

Que por mayo era por mayo,	Ø
cuando hace el calor,	a
cuando los trigos encañan	Ø
y están los campos en flor,	a
cuando canta la calandria	Ø
y responde el ruiseñor (*nightingale*),	a
cuando los enamorados	Ø
van a servir al amor...	a

(Anónimo, *Romance del prisionero*)

Hay, no obstante lo cual, muchas variantes del *romance*, como la *endecha*, el *romancillo* y el *romance heroico* (Consúltese el DTL).

La *silva*. Es un poema formado por versos endecasílabos y heptasílabos, combinados de distinta manera, que riman en consonante:

¡Salve, fecunda zona,	a
que al sol enamorado circunscribes	b
en vago curso, y cuanto ser se anima	c
en cada diario clima,	c
acariciada de su luz, concibes!	b
Tú tejes en verano su guirnalda (*garland*)	d
de granadas (*seeded*) espigas; tú la uva	e
das a la hirviente cuba (*barrel*):	e
no de purpúrea fruta o roja o gualda (*amarilla*)	d
a tus florestas bellas	f
falta matiz alguno; y bebe en ellas	f
aromas mil el viento...	g

(Andres Bello, *La agricultura en la zona tórrida*)

El poema de *versos libres*. Este poema rompe con la forma tradicional del poema al carecer de estrofas, rima y un patrón en la medida de sus versos:

Un hombre dijo:

—El momento más grave de mi vida estuvo en la batalla del Marne cuando fui herido en el pecho.

Otro hombre dijo:

—El momento más grave de mi vida, ocurrió en un maremoto de Yokohama, del cual salvé milagrosamente, refugiado bajo el alero (*eaves*) de una tienda de lacas (*lacquer*)...

(César VALLEJO, *El momento más grave de la vida*)

Práctica

Analice las siguientes estrofas o poemas teniendo presente las siguientes preguntas y sugerencias:

1. Indique el tipo de rima que tienen los siguientes versos o poemas. ¿Es rima *consonante* o *asonante*? ¿Cuál es la disposición de las rimas?

2. ¿Qué tipo de estrofas forman los versos que vemos a continuación? En el caso de los poemas, ¿son *estróficos* o *no estróficos*? De ser estrófico/s, indique las estrofas que conforman dicho/s poema/s

   a.   Tómame ahora que aún es temprano
      y que llevo dalias nuevas en la mano.
      (Juana DE IBARBOUROU, *La hora*)

   b.   Quiero, a la sombra de un ala,
      contar este cuento en flor:
      la niña de Guatemala,
      la que se murió de amor.
      (José MARTÍ, *Versos sencillos* "IX")

   c.   ¡Con qué ligeros pasos vas corriendo!
      ¡Oh, cómo te me ausentas, tiempo vano!
      ¡Ay, de mi bien y de mi ser tirano,
      cómo tu altivo (arrogante) brazo voy sintiendo!
      (Luis CARRILLO y S., *A la ligereza y pérdida del tiempo*)

   d.   No me mueve, mi Dios, para quererte
      el cielo que me tienes prometido:
      ni me mueve el infierno tan temido
      para dejar por eso de ofenderte.
      Tú me mueves, Señor; muéveme el verte
      clavado en una cruz y escarnecido
      muéveme ver tu cuerpo tan herido;

muévenme tus afrentas y tu muerte.
Muéveme, en fin, tu amor, y en tal manera,
que aunque no hubiera cielo, yo te amara,
y aunque no hubiera infierno, te temiera.
No tienes que me dar porque te quiera;
pues aunque cuanto espero no esperara,
lo mismo que te quiero te quisiera.

(Anónimo, *A Cristo crucificado*)

e.   Yo quiero ser llorando el hortelano (*gardener*)
de la tierra que ocupas y estercolas,
compañero del alma, tan temprano.

(Miguel HERNÁNDEZ, *Elegía*)

f.   ¡Qué descansada vida
la del que huye del mundanal (*worldly*) ruido
y sigue la escondida
senda, por donde han ido
los pocos sabios que en el mundo han sido.

(Fray Luis DE LEÓN, *Canción de la vida solitaria*)

g.   Unos con sed rabiosa de venganza
por la afrenta (*affront*) y oprobio (*ignominy*) recibido,
otros con la codicia (*greed*) y esperanza
del oficio y bastón ya pretendido,
antes que sosegase (*calmed*) la tardanza (*delay*)
el ánimo del pueblo removido,
daban calor y fuerzas a la guerra
incitando a furor toda la tierra.

(Alonso DE ERCILLA, *La Araucana*)

h.   —Mal me quieren en Castilla
los que me habían de aguardar (*to wait*);
los hijos de doña Sancha
mal amenazado me han,
que me cortarían las faldas
por vergonzoso (*shameful*) lugar,
y cebarían (*would fatten*) sus halcones (*falcons*)
dentro de mi palomar (*dovecote*),
y me forzarían mis damas,
casadas y por casar...

(Anónimo, *Las quejas de doña Lambra*)

Unidad 3. El Lenguaje Figurado

Con lenguaje figurado nos referimos al que hace uso de figuras estilísticas y tropos. Las preceptivas tradicionales establecen tres categorías en el lenguaje figurado: **figuras de dicción**, **figuras de pensamiento** y **tropos**.

Figuras de Dicción

Las figuras de dicción dependen de la colocación de las palabras en el verso, y si alteramos este orden específico la figura desaparece. Estas figuras se forman de varias maneras:

1. Añadiendo palabras

Epíteto. Es el adjetivo que expresa una cualidad característica de una persona: Alfonso X "El Sabio". Otra de sus acepciones define el epíteto como el adjetivo que acompaña al sustantivo y expresa la misma cualidad que éste: "Se parece a la pura y blanca nieve" (Juan Arolas "Sé más feliz que yo").

2. Omitiendo palabras

Asíndeton. Consiste en la omisión de conjunciones para dar mayor velocidad y dinamismo al verso:

Descaminado, enfermo, peregrino en
tenebrosa noche, con pie incierto...
(Luis DE GÓNGORA, Soneto "CIII")

Otros ejemplos de este tipo de figuras son la *elipsis* y el *zeugma* (Consúltese el DTL).

3. Repitiendo palabras

Anáfora. Consiste en la repetición de palabras al principio de frases similares o de cada verso:

¡Amado sea aquél que tiene chinches (*bedbugs*),
el que lleva zapato roto bajo la lluvia,
el que vela el cadáver de un pan con dos cerillas,
el que se coge un dedo en una puerta,
el que no tiene cumpleaños,
el que perdió su sombra en un incendio.
(César VALLEJO, *Traspié entre dos estrellas*)

Polisíndeton. Esta figura se basa en la repetición innecesaria de conjunciones para dar a la frase mayor lentitud y solemnidad:

Y ángeles ve en las mujeres,
y amor, y luz, y placeres,
en la senda del vivir,
y por su mágico prisma...
(Enrique GIL Y CARRASCO,
Un recuerdo de los templarios)

Retruécano. Consiste en la repetición de una frase o palabras, pero invirtiendo el orden de las mismas:

Teniendo por mejor en mis verdades,
consumir vanidades de la vida
que consumir la vida en vanidades.
(Sor Juana Inés DE LA CRUZ, Soneto "146")

Otra figura basada en la repetición de palabras es la *reduplicación*. (Consúltese el DTL).

4. Combinando palabras

Aliteración. Consiste en la repetición de sonidos similares (vocálicos o consonánticos) al principio de un verso, frase, o estrofa.

¿Mar de mi soledad, mar de mi vida,
soy mar del mar y al mar sigo esperando?
Mar de mi vida el mar sin mí me llama:
nombres del mar mi voz tan sólo encuentra.
(Emilio PRADOS, *Nombres del mar*)

Onomatopeya. Consiste en la imitación de sonidos o movimientos reales a través del ritmo de las palabras o los sonidos:

El cerdo en el fango (*mud*) gruñe: pru-pru-prú
el sapo (*toad*) en la charca (*pond*) sueña: cro-cro-cró.
(Luis PALÉS MATÓS, *Danza negra*)

Hipérbaton. Consiste en invertir el orden sintáctico habitual de las palabras en la frase:

Un torrente es su barba impetuoso.
(Luis DE GÓNGORA, *Fábula de Polifemo y Galatea*)

Otra figura basada en la combinación de palabras es la *paronomasia*. (Consúltese el DTL).

Figuras de Pensamiento

Las figuras de pensamiento tienen que ver con las ideas. Veamos algunas de ellas:

1. **Figuras patéticas**. Este tipo de figuras se caracteriza por dar a la expresión de las ideas un tono emocional o sentimental. Las más destacadas son las siguientes:

   Apóstrofe. Es una invocación o pregunta dirigida por el yo poético a un ser animado o inanimado, presente o ausente:

   Tú, poesía,
   sombra más misteriosa
   que la raíz oscura de los añosos (*aged*) árboles.
   (Miguel OTERO SILVA, *La poesía*)

Hipérbole. Esta figura se basa en la exageración desmedida de las cosas o de las cualidades físicas y/o morales de las personas. La deformación de lo que se describe puede seguir el camino del engrandecimiento o empequeñecimiento:

Este vivir, ¿qué será?
Mil muertes se me hará.
(San Juan DE LA CRUZ
Que muero porque no muero)

Prosopopeya, o *personificación*. Consiste en atribuir cualidades de seres animados a seres inanimados, o cualidades y acciones de personas a seres animados o inanimados:

La tierra canta con los astros hermanos.
(Vicente HUIDOBRO, *La raíz de la voz*)

2. **Figuras lógicas**. Estas figuras tratan de enfatizar la idea que se comunica, y destacan las siguientes:

Símil o *comparación*. Esta figura presenta una comparación o relación de similitud entre dos conceptos o entre un hecho real y otro imaginado:

Que el verso sea como una llave
que abra mil puertas.
(Vicente HUIDOBRO, *Arte poética*)

Oxímoron. Consiste en la unión de dos palabras que tienen un significado opuesto:

Relámpago (*lightning*) congelado.
(Luis PALÉS MATOS, *El gallo*)

Antítesis o *contraste*. Consiste en la oposición o contraposición de dos ideas o conceptos:

Quiere, aborrece, trata bien, maltrata
y es la mujer, al fin, como sangría,
que a veces da salud y a veces mata.
(Lope DE VEGA, *Rimas humanas*, "CXCI")

Paradoja. Esta figura, según Pelayo H. Fernández, es "una antítesis superada que hermana (*links*) ideas contrarias en un solo pensamiento". A diferencia de la antítesis, la paradoja trata de revelar a través de la contraposición de ideas una verdad profunda:

¿Qué muerte habrá que se iguale
a mi vivir lastimero (*pitiful*),
pues si más vivo, más muero?
(San Juan DE LA CRUZ,
Que muero porque no muero)

Gradación o *clímax*. Consiste en expresar palabras o ideas de forma ascendente o descendente:

Y tú te quedas pálida y fundida,
sale el oro hecho tú de tus dos ojos
que son mi paz, mi fe, mi sol: ¡mi vida!
(Juan RAMÓN JIMÉNEZ, *El color de tu alma*)

Otra de las figuras lógicas es el *epifonema* (Consúltese el DTL).

3. **Figuras oblicuas**. Estas figuras se caracterizan por expresar las ideas, o referirse a algo, de modo indirecto, y la más destacada es la *perífrasis*.
   Perífrasis o *circunlocución*. Esta figura consiste en un rodeo de palabras para referirse a algo que podría decirse con una o pocas palabras. A veces se usa para evitar la repetición de un nombre o de una expresión vulgar. La perífrasis está estrechamente relacionada con el símil, la hipérbole, y la metáfora:

Era del año la estación florida   (la primavera)
en que el mentido robador de Europa,   (Júpiter disfrazado de toro)
media luna las armas de su frente.   (los cuernos)
(Luis DE GÓNGORA, *Soledades*)

Tropos

La palabra "tropo" es, etimológicamente hablando, de procedencia griega, y significa "vuelta", "giro", "cambio". Por tropo, entonces, entendemos todo cambio en el significado de una palabra o frase. Los tropos más importantes son los siguientes:
   Sinécdoque. Esta figura consiste en designar el todo con el nombre de la parte, o viceversa; o nombrar lo abstracto por lo concreto, o viceversa; o sustituir el nombre del contenido por el del continente, o viceversa; y entre unos y otros existe algún tipo de relación de contigüidad o coexistencia:

Diez velas se hicieron a la mar.
("Diez velas" se refiere a diez barcos).

Los españoles ganaron el campeonato mundial de baloncesto en el año 2006.
("Los españoles" se refiere al equipo de baloncesto, no a todos los españoles).

El estadio vibró de emoción.
("El estadio" se refiere a las personas que estaban en este lugar).

Metonimia. Esta figura se basa en designar una cosa u objeto con el nombre de otra/o en virtud de una relación de causa u origen.

En cuyo ser unió naturaleza
la cuna alegre y triste sepultura.
(Sor Juana Inés de la Cruz, *En que da moral censura...*)
("La cuna" se refiere al nacimiento, y "sepultura" a la muerte).

Lee a Cervantes.
("Cervantes" se refiere a la obra literaria escrita por Miguel de Cervantes)

Se tomó un Rioja.
("Rioja" se refiere al vino procedente de esta región española)

Metáfora. La metáfora es el tropo más común, y consiste en identificar un objeto con otro partiendo de una relación de semejanza o analogía que existe entre ellos:

Y tú, corazón, uva
roja, la más ebria (*drunk*), la que menos
vendimiaron (*harvested*) los hombres...
(Claudio Rodríguez, *Canto del caminar*)

La luna es araña de plata.
(José Juan Tablada, *Li-po*)

Sinestesia. Se llama sinestesia al intercambio que se produce en la descripción de experiencias sensoriales, o en la de experiencias sensoriales y sentimientos:

Y olvidando los votos y plegarias
que en las sordas tinieblas se perdían.
        (oído) (vista)
        (El Duque de Rivas, *El faro de Malta*)

Se visten una blusa silenciosa y dorada
de sudor silencioso.
    (olfato) (oído)
            (Miguel Hernández, *El sudor*)

Alegoría. La alegoría es una metáfora continuada; es decir, es una metáfora o imagen poética que prosigue o continúa a lo largo de una parte o de todo el poema. En el siguiente ejemplo vemos cómo el poeta describe la vejez:

Hoja seca solitaria
que te vi tan lozana ayer
¿Dónde de polvo cubierta
vas a parar? —No lo sé;
lejos del nativo ramo (*branch*)
me arrastra (*drags*) el cierzo (viento) crüel, desde el valle a la colina,
del arenal al vergel.

(Juan Nicasio Gallego, *Sobre la vejez*)

La alegoría también se encuentra en obras dramáticas o narrativas. Un ejemplo en teatro es *El gran teatro del mundo* (1655), de Calderón de la Barca, en la que los personajes de la obra: el autor, los actores, sus papeles, y los aplausos del público se corresponden, respectivamente, con Dios, los seres humanos, el comportamiento moral de éstos durante su vida, y la recompensa o premio final por sus obras.

Parábola. La parábola es una alegoría con fin didáctico y/o moral. Son conocidas las parábolas de la *Biblia*.

Símbolo. El símbolo se caracteriza por apuntar a una realidad abstracta, y entre el signo y este significado abstracto hay una cierta analogía. Por ejemplo, la cruz como símbolo del cristianismo, o la rosa como símbolo de la belleza efímera:

Rosa divina que en gentil cultura
eres, con tu fragante sutileza,
magisterio purpúreo de la belleza.
(Sor Juana Inés de la Cruz, *A una rosa*)

Práctica

Identifique y comente las distintas figuras estilísticas y tropos que aparecen en los siguientes versos o estrofas. En algunos de los ejemplos hay más de una figura estilística o tropo.

1. Permitiendo que goce yo las flores como fiel mariposa.
   (Juan Pablo Forner, *A Lucinda en el fin del año*)

2. (...) porque deseastes
   verme morir entre memorias tristes.
   (Garcilaso de la Vega, *Soneto "X"*)

3. Para el kikirikí
   de los gallos del Sur
   las estrellas del alba son granos de maíz.
   (José Juan Tablada, *El alba en la gallera*)

4. No tengo un centavo.

5. Hortelano era Belardo
   de las huertas de Valencia.
   (Lope de Vega,
   Hortelano era Belardo)

6. Como en la oscura noche del Egeo
   busca el piloto el eminente faro (*lighthouse*).
   (Andrés Fernández de Andrada,
   Epístola moral a Fabio)

7. Y el mar fue y le dio un nombre,
   y un apellido el viento
   y las nubes un cuerpo
   y un alma el fuego.
   (Rafael Alberti, *El ángel ángel*)

8. Allá muevan feroz guerra
   ciegos reyes
   por un palmo (*span*) más de tierra.
   (José de Espronceda, *Canción del pirata*)

9. La muerte me está mirando
   desde las torres de Córdoba.
   (Federico García Lorca,
   Canción del jinete)

10. Era un hielo ardiente.

11. Y una tarde
    (¡olas inmensas del mar, olas que ruedan los vientos!)
    se te han de cerrar los ojos contra la rosa lejana.
    (Dámaso Alonso, *Vida del hombre*)

12. Al dulce son (*sound*) del bandolín (*mandolin*) sonoro.
    (Julián del Casal, *Salomé*)

13. En el hoy y mañana y ayer, junto
    pañales (*diapers*) y mortaja (*shroud*)...
    (Francisco de Quevedo, *Represéntase la
    brevedad de lo que se vive...*)

14. En la rama el expuesto cadáver se pudría,
    como un horrible fruto colgante junto al tallo (*stem*).
    (Salvador Díaz Mirón, *Ejemplo*)

15. Mostrando cuán cerca habitan
    el gozo (*enjoyment*) y el padecer (*suffering*),
    que no hay placer sin lágrimas, ni pena
    que no traspire en medio del placer.
    (José de Espronceda, *El mendigo*)

16. Más que el jinete (*rider*)
    el caballo
    clópeti clópeti
    clop
    sobre el suelo de un camión.
    (Claribel Alegría,
    Unicornio cimarrón)

17. ¡Luces tristes! ¡Tinieblas alumbradas!
    (Ramón de Campoamor, *El tren expreso*)

18. Y abajo, en la yerba verde...
    (José Zorrilla, *Oriental*)

19. El árbol soñoliento cabecea (*nods*).
    (Julián del Casal, *Paisaje del trópico*)

20. De tus ojos, a veces,
    salen tristes océanos que en cuerpo te caben,
    pero que en tí no caben.
    (Manuel del Cabral, *Negro sin nada en tu casa*)

21. No hallar fuera del bien centro y reposo,
    mostrarse alegre, triste, humilde, altivo (*arrogante*),
    enojado, valiente, fugitivo,
    satisfecho, ofendido, receloso (*distrustful*).
    (Lope de Vega, *Rimas humanas*, "54")

22. El poeta es un pequeño Dios.
    (Vicente Huidobro, *Arte poética*)

23. La aurora ayer me dio cuna,
    la noche ataúd (*coffin*) me dio.
    (Luis de Góngora, *Alegoría de la
    brevedad de las cosas humanas*)

24. Te abriste como una granada,
    como una ubre (*udder*) te henchiste (*swelled*),
    como una espiga te erguiste (*stood*),
    a toda raza congojada (*distressed*),
    a toda humanidad triste;
    a los errabundos (*wanderers*) y parias.
    (Rubén Darío, *Canto a la Argentina*)

25. Hay una línea de Verlaine que no volveré a recordar,
    hay una calle próxima que está vedada (prohibida) a mis pasos,
    hay un espejo que me ha visto por última vez;
    hay una puerta que he cerrado hasta el fin del mundo.
    (Jorge Luis Borges, *Límites*)

26. Hay que pensar antes de hablar, y no hablar antes de pensar.
    (Dicho popular)

27. ¡Perla del mar! ¡Estrella de Occidente!
    ¡Hermosa Cuba! tu brillante cielo la noche cubre con su opaco velo.
    (Gertrudis Gómez de Avellaneda, *Al partir*)

28. —¡Tun-tun!
    —¿Quién es? Es el diablo
    —Una rosa y un clavel (*carnation*)...
    (Nicolás Guillén, *La muralla*)

29. Pequeños arroyos (*streams*) y gruesos caudales (*flows*),
    y ríos de fama caminan al mar,
    y el hombre a la tumba que sorbe (*sucks up*) los males,
    y bienes y risas, y enojo y pesar.
    (Juan Arolas, *Sé más feliz que yo*)

30. Navega; velero mío,
    sin temor,
    que ni enemigo navío,
    ni tormenta, ni bonanza
    tu rumbo a torcer (*change*) alcanza,
    ni a sujetar (*hold down*) tu valor.
    (José de Espronceda, *Canción del pirata*)

Anónimo: *Amor más poderoso que la muerte*

Guía de lectura

Según Ramón Menéndez Pidal, un distinguido medievalista español del S. xx, los romances (*ballads*) son breves poemas épico-líricos que se cantaban con acompañamiento de un instrumento musical. Originalmente, su forma métrica era una tirada de versos de dieciséis sílabas con rima asonante monorrima. Los romances existían con anterioridad al siglo xv, y se transmitieron oralmente, pero a principios del siglo xvi empezaron a ser imprimidos en pliegos sueltos (*loose-leaf pamphlets*), y más tarde se recopilaron en colecciones de romances llamadas *romanceros*. Los romances creados hasta mediados del siglo xvi se conocen con el nombre de *romances viejos*, y se dividen en dos grupos: *romances tradicionales* y *romances juglarescos*.

1. Los *romances tradicionales* son los más antiguos que conocemos y consisten de fragmentos derivados de las canciones de gesta. La variedad que conservamos de cada uno de ellos se debe a los cambios que introducían los que los cantaban. Los protagonistas de estos romances son los mismos que los de los relatos épicos: el Cid, los infantes de Lara, Bernardo del Carpio, etc. y algunos de sus temas se centran en las hazañas de algún héroe, como el Cid o Bernardo del Carpio, o en la venganza por alguna ofensa recibida, como la del conde don Julián en "El rey don Rodrigo y la pérdida de España".

2. Los *romances juglarescos*, compuestos por los juglares, aparecen a mediados del siglo xv, y hay en ellos más elementos fantásticos y riqueza de imágenes que en los anteriores. De acuerdo al tema, estos romances se han dividido en a) *históricos*, basados en personajes de la historia española y grecolatina; b) *carolingios*, basados en las canciones de gesta francesas y leyendas bretonas c) *novelescos*, sobre asuntos legendarios o de la vida diaria; d) *líricos*, centrados en la expresión de algún sentimiento amoroso; e) *fronterizos*, centrados en las guerras entre moros y cristianos; y f) *moriscos*, en los que hay una idealización de la vida musulmana.

Después del siglo xvi los poetas cultos empiezan a componer lo que conocemos como *romances nuevos*. Estos romances, en los que predomina lo lírico sobre lo épico, tratan de temas mitológicos, religiosos, sentimentales, etc. y sus representantes más destacados son Góngora, Lope de Vega y Francisco de Quevedo. A fines del siglo xviii se reanuda (*resumes*) el cultivo del romance, y en el siglo xx lo cultivaron poetas como Federico García Lorca y Rafael Alberti.

El romance que hemos seleccionado es uno de los más difundidos por la tradición oral, y se estima que existen unas setenta y cinco versiones del mismo. En algunas de estas versiones aparece bajo el título de "Romance del Conde niño", en otras como "Romance del conde Olinos", y Menéndez Pidal, teniendo en cuenta algunas versiones más modernas halladas en España, América, Marruecos y Oriente, elaboró otra con el título de "Amor más poderoso que la muerte".

Nos encontramos aquí con un romance de autor anónimo, dialogado, directo, típico en cuanto a su forma, y en el que destaca la economía de medios ornamentales. Este romance nos presenta el tópico del trágico destino de dos enamorados por las objeciones que presenta a su amor la madre de la novia. En la lectura de este romance el estudiante debe tener presente la fecha en la que ocurre parte de la acción: la fiesta de san Juan. Esta festividad, que casi coincide con el solsticio de verano, se celebra el veinticuatro de junio en honor de san Juan Bautista, y es una fecha cargada de connotaciones mágicas. Igualmente, es importante notar cómo la madre de Albaniña confunde el canto del Conde Niño con el de una sirena. Las sirenas son figuras mitológicas que a veces aparecen en literatura como manifestación de la perversidad femenina, otras veces aparecen dotadas de un sentido profético, y en otras vemos que sus cantos tienen connotaciones negativas, como ocurre en *La Odisea* de Homero. El análisis de este romance deber ir acompañado de un comentario sobre las sucesivas metamorfosis que experimentan los dos enamorados una vez muertos.

Amor más poderoso que la muerte

Conde Niño por amores
es niño y pasó la mar;
va a dar agua a su caballo
la mañana de San Juan.
5 Mientras el caballo bebe,
él canta dulce cantar;
todas las aves del cielo
se paraban a escuchar,
caminante que camina
10 olvida su caminar,
navegante que navega
la nave vuelve hacia allá.
La reina estaba labrando,[1]
la hija durmiendo está:
15 —Levantaos, Albaniña,
de vuestro dulce folgar,[2]
sentiréis cantar hermoso
la sirenita del mar.

—No es la sirenita, madre,
la de tan bello cantar,
sino es el conde Niño
que por mí quiere finar.[3]
¡Quién le pudiese valer[4]
en su tan triste penar![5]
—Si por tus amores pena,
¡oh, malhaya[6] su cantar!,
y porque nunca los goce,
yo le mandaré matar.
—Si le manda matar, madre,
juntos nos han de enterrar.
Él murió a la medianoche,
ella a los gallos cantar;[7]
a ella como hija de reyes
la entierran en el altar;
a él como hijo de conde
unos pasos más atrás.

[1] *embroidering*. [2] dormir. [3] morir. [4] ayudar. [5] sufrir. [6] maldito. [7] "a... cantar": al amanecer.

De ella nació un rosal blanco,
dél nació un espino albar;[8]
crece el uno, crece el otro,
los dos se van a juntar;
las ramitas que se alcanzan
fuertes abrazos se dan,
y las que no se alcanzaban
no dejan de suspirar.[9]

La reina llena de envidia
ambos los dos mandó cortar;
el galán[10] que los cortaba
no cesaba[11] de llorar.
De ella naciera una garza,[12]
de él un fuerte gavilán,[13]
juntos vuelan por el cielo,
juntos vuelan par a par.[14]

50

Análisis crítico

1. ¿Cuántas sílabas tiene cada uno de los versos de este poema? ¿Son versos *agudos*, *llanos* o *esdrújulos*? Mencione algún fenómeno que afecte al *cómputo silábico*.
2. ¿Los versos de este poema son de arte *mayor* o *menor*, *simples* o *compuestos*?
3. ¿Qué tipo de *ritmo* hay en estos versos? Escoja un par de versos del poema e indique los distintos acentos *estróficos*, *rítmicos* y *extrarrítmicos*.
4. Indique algunas de las *pausas* del poema y algún *encabalgamiento*, si los hay.
5. ¿Qué tipo de rima tienen los versos de este poema, *consonante* o *asonante*? ¿Cuál es la disposición de las rimas?
6. ¿Es un poema *estrófico* o *no estrófico*? De ser *estrófico*, ¿Qué estrofas conforman el poema?
7. Identifique y comente las figuras estilísticas y tropos del poema. ¿Qué figura estilística o tropo encuentra en "ella a los gallos cantar" (v. 32)? ¿Cree que el mar y el caballo tienen algún valor simbólico?
8. ¿Dentro de qué categoría de romances incluiría el que hemos estudiado?
9. ¿Nos da el autor del romance las razones por las que muere el Conde Niño?
10. Explique el significado de la confusión del canto del Conde Niño con el de una sirenita.
11. Explore los distintos paralelismos que hay en el poema.
12. ¿Cuándo tiene lugar la acción? ¿Es significativa esta fecha? ¿Hay elementos mágicos o maravillosos en este romance?

Mesa redonda

Comente con sus compañeros de grupo las distintas metamorfosis de los amantes. Piensen si hay una gradación en las mismas, y si las plantas o animales en los que se metamorfosean tienen algún valor simbólico.

---

[8]arbusto rosáceo que da pequeñas flores blancas. [9]*to sigh.* [10]trabajador. [11]dejaba de. [12]*heron.* [13]*sparrowhawk.* [14]juntos.

Sea creativo

El tema de la metamorfosis es central en este poema y, de hecho, existen versiones de este romance en las que el juglar o poeta añade otras metamorfosis de los amantes. Ponga en práctica su imaginación poética y trate de crear, en verso o prosa, otra posible metamorfosis de los amantes. Pueden realizar esta actividad creativa bien individualmente o en grupos. Compartan sus opiniones con la clase.

Investigación

Hagan un estudio comparativo entre este romance y otras versiones del mismo prestando especial atención a las diferentes metamorfosis que experimentan los amantes en cada una de ellas. Para conocer otras versiones de este romance pueden visitar el siguiente sitio de la red: http://parnaseo.uv.es/Lemir/Revista/Revista6/OLINOS/estolinos.htm

Otra opción es leer el romance de "El infante Arnaldos", que incluimos a continuación, y hacer un estudio comparativo del mismo con el de "Amor más poderoso que la muerte". Preste especial atención a la forma, y al carácter mágico de la fecha en que ocurre la acción.

¡Quién hubiera tal ventura[1]
sobre las aguas del mar
como hubo el infante Arnaldos
la mañana de San Juan!
5 Andando a buscar la caza
para su falcón[2] cebar,[3]
vio venir una galera[4]
que a tierra quiere llegar;
las velas trae de sedas,
10 la ejarcia[5] de oro torzal,[6]
áncoras[7] tiene de plata,
tablas de fino coral.
Marinero que la guía,
diciendo viene un cantar,

que la mar ponía en calma,
los vientos hace amainar;[8]
los peces que andan al hondo,
arriba los hace andar;
las aves que van volando,
al mastil[9] vienen posar.[10]
Allí habló el infante Arnaldos,
bien oiréis lo que dirá
—Por tu vida, el marinero,
dígasme ora[11] ese cantar.
Respondióle el marinero,
tal respuesta le fue a dar:
—Yo no digo mi canción
sino a quien conmigo va.

Diccionario de términos literarios

Planto. Poema elegíaco en el que se lamenta la muerte de una persona o la desgracia sufrida por una comunidad.

---

[1]suerte. [2]halcón, ave de presa. [3]alimentar. [4]barco. [5]*ropes.* [6]hilo grueso. [7]anclas. [8]calmar. [9]*mast.* [10]*to perch.* [11]ahora.

Garcilaso de la Vega: *Soneto XIII*
Vida, obra, y crítica

Garcilaso de la Vega (1501–1536) nació en Toledo, España, en el seno de (*within*) una familia noble. Contrajo matrimonio con Elena de Zúñiga, pero su gran amor fue Isabel Freyre, una dama portuguesa. Participó activamente en las guerras de su tiempo al servicio del emperador Carlos I, y murió en el asalto a una fortaleza de Muy, Francia. Además de valiente soldado, Garcilaso fue un afamado poeta renacentista, cortés en el mundo de las relaciones sociales, conocedor de los clásicos, y amante apasionado; y por estas cualidades es reconocido como el prototipo del "cortesano" renacentista.

La obra poética de Garcilaso no es muy extensa y, prácticamente, se reduce a una epístola, cinco canciones, dos elegías, treinta y ocho sonetos y tres églogas. De sus canciones, la más conocida es la que dedica a una desdeñosa (*disdainful*) dama italiana, "A la flor de Gnido", con la que introduce en España la estrofa italiana de cinco versos conocida como "lira". De sus sonetos merecen destacarse los que comienzan con "A Dafne ya los brazos le crecían", "En tanto que de rosa y azucena", "Hermosas ninfas que en el río metidas", y el que hemos seleccionado. La culminación de su obra poética, sin embargo, se encuentra en las tres églogas, pertenecientes al género pastoril.

En algunos poemas de Garcilaso de la Vega encontramos un espíritu melancólico que, unido al análisis de los sentimientos afectivos, revelan la influencia de F. Petrarca, un poeta italiano del S. XIV. Además del amor, dos de los temas que dominan en su poesía, y en los que se percibe la influencia del poeta latino Horacio, son el del *carpe diem*, o disfrute del momento presente, y el del *beatus ille*, centrado en la alabanza de la vida del campo y en la descripción de una naturaleza bucólica. La poesía de Garcilaso de la Vega se caracteriza por su musicalidad, elegancia, sobriedad y naturalidad; y su influencia se dejó sentir en Bécquer y en muchos de los poetas del siglo XX español.

Guía de lectura

El soneto que hemos seleccionado de Garcilaso de la Vega es uno de los más petrarquistas e innovadores por la expresión de los sentimientos más íntimos del poeta y por la elección que hace el poeta renacentista español de un tema amoroso de origen mitológico. El mito que recrea Garcilaso es el de Apolo y Dafne, y para ello se inspira en *Las metamorfosis* del poeta latino Ovidio (43 a. C-17 d. C.). Según el mito, Apolo, hijo de Zeus, se burló (*mocked*) del niño Cupido. Éste, ofendido, hirió a Apolo con una de sus flechas doradas para incitarlo al amor, y también hiere a la ninfa Dafne, pero a ésta lo hace con una flecha de plomo que provoca el odio y el rechazo. Dafne, una mujer virtuosa y casta, era hija del río-dios Peneo, y vive dedicada a la caza en la vida retirada del bosque. Un día Apolo va al bosque, ve a Dafne, y requiere su amor, pero es rechazado. Dafne huye, Apolo la persigue, y Peneo la ayuda a transformarse en un laurel para evitar ser forzada por Apolo. Éste, entonces, decide llevar el laurel a su palacio e impone la tradición de que los vencedores de los Juegos Píticos y los poetas sean coronados con las hojas de este laurel.

Los mitos eran usados frecuentemente en la poesía renacentista castellana, y Garcilaso selecciona este mito porque, muy apropiadamente, le sirve como pretexto para representar una situación amorosa similar a la que él vivió con la dama portuguesa Isabel Freyre. Desde el punto de vista temático, el poema se puede dividir en dos partes claramente diferenciables, y hay en él una estructura paralelística que se puede ver en la correspondencia de las partes del cuerpo con otras del mundo vegetal. Es un poema rico en figuras retóricas, y el lector debe prestar atención particular al uso de epítetos, hipérbatos y metáforas. Asimismo, el lector debe considerar el tono del poema y la representación que hace el poeta del yo lírico.

Soneto XIII

A Dafne ya los brazos le crecían,
y en luengos[1] ramos[2] vueltos se mostraba;
en verdes hojas vi que se tornaban
los cabellos que el oro escurecían.

5

De áspera corteza[3] se cubrían
los tiernos miembros,[4] que aun bullendo[5] estaban:
los blancos pies en tierra se hincaban,[6]
y en torcidas[7] raíces se volvían.

10

Aquel que fue la causa de tal daño,
a fuerza[8] de llorar, crecer hacía
este árbol que con lágrimas regaba.

¡Oh miserable estado! ¡oh mal tamaño!
¡Que con llorarla crezca cada día
la causa y la razón porque lloraba!

---

[1]largos. [2]*boughs.* [3]*bark.* [4]*limbs.* [5]moviéndose. [6]arrodillaban. [7]*crooked.* [8]a fuerza: *by dint*

Análisis crítico

1. Analice formalmente el poema.
2. ¿Qué figuras retóricas y tropos podría identificar en el poema? Además de las que mencionamos en la guía de lectura, ¿podría mencionar algún ejemplo de apóstrofe y aliteración?
3. ¿Quién es "Aquel" (v. 9)?
4. Comente la estructura, o división temática del poema.
5. Mencione algunos ejemplos de la estructura paralelística.
6. ¿Sigue el poeta algún orden específico en la descripción de las partes que se metamorfosean?
7. ¿Cuál es el tema del poema?
8. ¿Cuál es el tono del poema? ¿Qué efecto produce el lamento del poeta?
9. La isotopía del dolor aparece representada claramente en las dos últimas estrofas, ¿qué términos forman parte de este campo semántico? ¿Podría identificar alguna otra isotopía en el poema?
10. ¿Utiliza el poeta aquí elementos de tipo visual o sensorial?

Mesa redonda

Dafne, en este poema de Garcilaso, guarda paralelismos y semejanzas con la dama renacentista que reaparece en multitud de poemas. Con sus compañeros de grupo, identifiquen las características de ésta que aparecen en la Dafne de este poema. Compartan sus opiniones con el resto de la clase.

Sea creativo

Con un compañero de clase, identifique los sentimientos contrarios que podrían tener Dafne y Apolo. ¿Qué consejos le darían a uno y otro para aliviar y calmar su situación?

Investigación

Al tiempo que escribe este soneto, Garcilaso de la Vega escribe parte de la Égloga III, y en los versos 145-168 el poeta renacentista describe cómo la ninfa Dinámene teje (*weaves*) en un tapiz (*tapestry*) la historia de Apolo y Dafne. Escriba un trabajo identificando y comentando las semejanzas y diferencias que hay en la recreación de este mito.

Diccionario de términos literarios

Beatus ille: Parte del verso inicial de un poema de Horacio en el que éste ensalza la vida retirada en el campo porque aquí es donde uno puede encontrar la paz espiritual.

San Juan de la Cruz: *Noche oscura*
Vida, obra, y crítica

San Juan de la Cruz (1542–1591), aunque su verdadero nombre era Juan de Yepes, nació en Ávila, España. De familia humilde, trabajó como enfermero en el hospital de Medina y, posteriormente, ingresó en la Orden del Carmelo. Estudió en Salamanca, y fue encarcelado ocho meses en un convento de Toledo por colaborar con Santa Teresa de Jesús en la reforma de la Orden del Carmelo. Vivió la mayor parte de su vida en Andalucía, donde desempeñó (*held*) altos cargos en la Orden carmelitana.

Con San Juan de la Cruz, hombre de gran formación religiosa, la poesía lírica española alcanza una de las más altas cimas (*peaks*). Es autor, como poeta, de *Cántico espiritual* (1576) y de los poemas "Noche oscura", y "Llama de amor viva". *Cántico espiritual*, inspirada en el *Cantar de los cantares* de la *Biblia*, es el poema más extenso, y en él describe alegóricamente el proceso místico de purgación, iluminación y unión del alma con Dios a través de las figuras del amado y la amada. "Llama de amor viva", por otro lado, es un poema lleno de exclamaciones en el que se describe el alma quemada por la llama del amor de Dios. Escribió otros poemas de menor importancia, generalmente alegorías, en los que sigue tratando temas de poesía amorosa tradicional "a lo divino".

Escribió, asimismo, cuatro tratados en prosa de carácter crítico y didáctico en los que explica tres de los poemas anteriormente mencionados. En *La subida del Monte Carmelo* (1578–1583) y *Noche oscura del alma* explica el significado de la "noche" y el papel que juega Dios en el poema "Noche oscura". En *Cántico espiritual* (1584) interpreta el poema del mismo título, y en *Llama de amor viva* (1584) comenta el poema del mismo nombre. Sus influencias literarias proceden principalmente de la *Biblia*, Garcilaso de la Vega, la poesía culta del *Cancionero*, y la lírica tradicional popular.

Guía de lectura

En "Noche oscura", uno de los poemas más representativos de la literatura mística, San Juan de la Cruz nos describe el viaje que una noche realiza la amada en busca de su amado. Pero esta lectura literal, o erótica, debe ir acompañada de otra en la que es necesario interpretar el valor figurativo de los distintos símbolos que hay en el poema. Para esto, debemos entender que éste es un poema místico, y que en la mística los tratadistas identifican tres fases, o "vías", que conducen a la unión con Dios:

1. *Vía purgativa*, o etapa ascética, en la que el alma se purifica de sus vicios y pecados por medio de la oración y mortificación. Esta fase depende exclusivamente de la voluntad y raciocinio humanos.

2. *Vía iluminativa*, o fase perteneciente ya a la mística, en la que el alma, liberada de sus pecados y de sus vínculos terrenales, comienza a disfrutar de la presencia divina gracias a la acción sobrenatural de la gracia.

3. *Vía unitiva*, fase en la que el alma llega a la unión íntima con Dios, y que se encuentra simbolizada poéticamente en la consumación del matrimonio entre el esposo y la amada.

Así pues, en nuestra lectura del poema debemos tratar de ver cómo y dónde aparecen representadas estas tres fases o vías y, por consiguiente, es importante interpretar el significado de los distintos símbolos que hay en el poema. La "noche", uno de ellos, es frecuentemente utilizado en la poesía mística, y San Juan de la Cruz lo trata de manera bastante original. La crítica lo ha interpretado de distintas maneras: como la negación por parte del alma del mundo de los sentidos, como el vacío espiritual, o como las dificultades que el hombre debe vencer para alcanzar la purificación del alma. Sin embargo, la lectura del poema queda incompleta sin el análisis de otros símbolos, como el de la luz, el aire, o el de los mismos amantes, y de otras figuras estilísticas y tropos.

Noche oscura

En una noche oscura
con ansias[1] en amores inflamada,
¡oh dichosa ventura!
5 salí sin ser notada
estando ya mi casa sosegada.[2]

A escuras,[3] y segura
por la secreta escala disfrazada,
¡oh dichosa ventura!
10 a escuras, y en celada,[4]
estando ya mi casa sosegada.

En la noche dichosa,
en secreto, que nadie me veía,
ni yo miraba cosa,
15 sin otra luz y guía,
sino la que en el corazón ardía.

Aquesta[5] me guiaba
más cierto que la luz del mediodía,
a donde me esperaba
20 quien yo bien me sabía,
en parte donde nadie parecía.

¡Oh noche, que guiaste,
oh noche amable más que el alborada;[6]
oh noche, que juntaste
Amado con amada, 25
amada en el Amado transformada!

En mi pecho florido,
que entero para él solo se guardaba,
allí quedó dormido,
y yo le regalaba,[7] 30
y el ventalle[8] de cedros[9] aire daba.

El aire de la almena,[10]
cuando yo sus cabellos esparcía,[11]
con su mano serena
en mi cuello hería, 35
y todos mis sentidos suspendía.[12]

Quedéme, y olvidéme,
el rostro recliné sobre el Amado,
cesó[13] todo, y dejéme,
dejando mi cuidado[14] 40
entre las azucenas[15] olvidado.

---

[1]deseos. [2]calmada. [3]a oscuras. [4]a escondidas. [5]ésta. [6]amanecer. [7]acariciaba. [8]abanico. [9]*cedars*. [10]*turret*. [11]*parted*. [12]detenía. [13]paró. [14]preocupación. [15]*lilies*.

Análisis crítico

1. Analice formalmente el poema.
2. ¿Qué símbolos, además de "la noche", encuentra en este poema? Por ejemplo, qué valor simbólico tienen "la casa", "la amada", "el amado", "la luz", "el aire"...?
3. ¿Qué otras figuras retóricas y tropos ve en el poema? ¿Qué figura describe la lectura de todo un poema como una especie de metáfora prolongada?
4. ¿Por qué cree que este poema se categoriza como poesía erótica a lo divino?
5. ¿Quién es el yo poético?
6. ¿Qué espacios encontramos representados en este poema?
7. ¿Cuál es el tono del poema?

Mesa redonda

Discuta con sus compañeros de grupo las distintas fases, o vías, del proceso místico que San Juan de la Cruz representa en este poema. Una pista (*hint*) es que estas tres fases se materializan en los versos 1–10, 11–20, y 21–25, respectivamente. Comente también el significado complementario de los versos que siguen hasta el final del poema. Compartan sus impresiones con el resto de la clase.

Sea creativo

Los poetas místicos utilizan distintos símbolos o imágenes para describir la unión del alma con dios. Si usted tuviera que describir esta unión en un poema, ¿qué imágenes o símbolos cree que podrían captar esta experiencia mística? O bien, ¿qué anécdota o historia podría representar a nivel literal este tipo de sublime comunión? Pueden realizar esta actividad creativa bien individualmente o en grupos. Compartan sus opiniones con la clase.

Investigación

El reinado de Felipe II, segunda mitad del siglo XVI, coincide con la época de mayor producción de literatura religiosa, con más de tres mil obras pertenecientes al ascetismo y el misticismo. Escoja un poema de un escritor de una de estas dos tendencias y comente algunas de sus características. Una opción puede ser el poema "Vivo sin vivir en mí", de Santa Teresa de Jesús.

Diccionario de términos literarios

Pastorela. Composición lírica cuyo tema es el encuentro de un caballero con una pastora a la que aquél intenta seducir.

Luis de Góngora y Argote: *Soneto CLXVI*
Vida, obra, y crítica

Luis de Góngora y Argote (1561–1627) nació en Córdoba, España. Estudió en la universidad de Salamanca, se ordenó de sacerdote al final de su vida, y ejerció de capellán de honor del rey Felipe III en Madrid durante varios años. Cansado de la vida en la corte regresó a Córdoba donde murió.

La producción poética de Góngora se divide en dos grupos. El primero duró hasta 1610, y en él se incluyen sus composiciones populares en metros cortos, sus letrillas, en las que trata una variedad de temas: sentimentales, satíricos..., y sus romances, centrados en temas amorosos, burlescos, moriscos, de cautivos, etc. Al Góngora de esta primera fase se le conoce como el "Príncipe de la Luz". Al segundo grupo, que comenzó en 1610, pertenece su poesía escrita en metros cultos. En este grupo se incluyen sus sonetos, en los que trata temas muy diversos, y sus dos obras maestras: la *Fábula de Polifemo y Galatea* (1612), centrada en los celos (*jealousy*) del cíclope Polifemo por los amores del pastor Acis y la ninfa Galatea; y las *Soledades*, en las que el poeta hace uso de una gran variedad de recursos poéticos para cantar a una naturaleza arcádica donde el hombre puede alcanzar la felicidad. Góngora comenzó la escritura de esta obra en 1613, y la concibió en cuatro partes, pero sólo escribió la primera y dejó inconclusa la segunda. El Góngora de esta segunda fase, debido a la dificultad de su poesía, es conocido como el "Príncipe de las Tinieblas". Escribió tres obras de teatro, pero no logró igualar con ellas el éxito de su obra poética.

Góngora es el exponente más representativo del *culteranismo*, una corriente estética barroca caracterizada por la abundancia de recursos retóricos y la complicación de la sintaxis de la frase. Fiel a esta tendencia, Góngora utilizó en su poesía un lenguaje culto, rico en figuras estilísticas y neologismos, con el que logra grandes efectos musicales y cromáticos. A pesar de las duras críticas que sufrió en vida por la oscuridad de su poesía, su influencia se ha dejado sentir, entre otros muchos, en los escritores de la Generación del 27. Hoy Góngora es considerado como uno de los grandes maestros de la lírica española del Siglo de Oro.

Guía de lectura

"Mientras por competir con tu cabello" fue escrito en 1582, y es uno de los sonetos de Góngora más analizado. Dos de los antecedentes inmediatos de este poema son el soneto de Garcilaso de la Vega, "En tanto que de rosa y azucena", y el de Bernardo Tasso, "Mentre che l'aureo crin v'ondeggia intorno"; pero existen otros antecedentes más remotos en la poesía grecolatina. En ésta, lo mismo que en la poesía renacentista y barroca de varios países occidentales, varios poetas expresaron los tópicos del *tempus fugit* —la fugacidad de la vida—, y del *carpe diem* —disfrute de los placeres de la vida—. Sin embargo, y a diferencia de los poetas anteriores, Góngora introduce en este soneto un nuevo tópico característico del barroco: el de la llegada de la muerte. Este soneto, pues, nos presenta la noción del "desengaño" barroco en cuanto que, por un lado, invita a la mujer a disfrutar de la vida y, por otro, la alerta de la llegada de la muerte. Al plantearnos estos dos tópicos en el poema, Góngora nos está reflejando la noción barroca del claroscuro, es decir el contraste de dos mundos opuestos.

En la lectura de este poema, el lector debe tratar de identificar y explicar las figuras estilísticas que utiliza el poeta para expresar los tópicos anteriormente mencionados. Asimismo, debe comentar la estructura del poema y las partes del cuerpo de la mujer que son contrastadas o comparadas con distintos elementos naturales y artificiales.

Soneto CLXVI

Mientras por competir con tu cabello,
oro bruñido[1] al sol relumbra en vano;
mientras con menosprecio[2] en medio el llano
mira tu blanca frente el lilio[3] bello;

mientras a cada labio, por cogello,[4]
siguen más ojos que al clavel[5] temprano;
y mientras triunfa con desdén[6] lozano
del luciente cristal tu gentil cuello:

goza cuello, cabello, labio y frente,
antes que lo que fue en tu edad dorada
oro, lilio, clavel, cristal luciente,

no sólo en plata o vïola[7] troncada[8]
se vuelva, mas tú y ello juntamente
en tierra, en humo, en polvo, en sombra, en nada.

Análisis crítico

1. Analice formalmente el poema.
2. Identifique y comente las figuras estilísticas y tropos de este soneto.
3. ¿En qué partes podríamos dividir este poema desde el punto de vista temático?

---

[1]*burnished.* [2]*scorn.* [3]*lily.* [4]cogerlo, besarlo. [5]*carnation* [6]*scorn.* [7] violeta. [8]rota.

4. ¿Dónde se representa el tema del *carpe diem*? ¿Qué noción del barroco expresan los dos últimos tercetos?
5. ¿Podría identificar alguna o algunas isotopías en este poema?
6. De las dos fases que caracterizan la obra de Góngora, ¿en cuál incluiría este soneto?
7. ¿Cómo es descrita la mujer en este poema? ¿Se refiere solamente a su físico? Piense cuidadosamente en el verso 13.

Mesa redonda

Las dos primeras estrofas presentan un contraste, típico del barroco, entre algunas partes del cuerpo de la mujer y algunos elementos naturales y artificiales. Expliquen esta comparación prestando atención, entre otros aspectos, al uso de los colores. Compartan sus impresiones con el resto de la clase.

Sea creativo

Este soneto concluye con un terceto en el que el yo poético alerta, supuestamente, a una joven sobre la llegada de la muerte. Si usted tuviera que reescribir el último terceto, ¿qué advertencia haría a esta joven? Pueden realizar esta actividad creativa bien individualmente o en grupos. Compartan sus opiniones con la clase.

Investigación

Como indicamos en la guía de lectura, existen ciertas semejanzas entre este soneto de Góngora y el de Garcilaso de la Vega que comienza con "En tanto que de rosa y azucena". Estudie sus semejanzas y diferencias.

Diccionario de términos literarios

Carpe diem. La frase, procedente de las *Odas* de Horacio, alude al paso del tiempo y la fugacidad de la vida. A lo largo de la literatura los escritores han hecho uso de este tópico de forma distinta. En la Edad Media, por ejemplo, se alude a la brevedad de la vida y a la conveniencia de prepararse para una buena muerte. En el Renacimiento, en cambio, se ve desde una perspectiva epicúrea, como invitación a disfrutar de la juventud.

Félix Lope de Vega Carpio: *Rimas humanas, CXCI*

Vida, obra, y crítica

Félix Lope de Vega Carpio (1562–1635) nació en Madrid, y se cree que asistió a la universidad de Alcalá, aunque no llegó a concluir sus estudios universitarios. Participó en una de las campañas navales de la Armada Invencible, y sirvió de secretario a varios nobles. Se casó dos veces, y tras la muerte de su segunda esposa se ordenó sacerdote a los cincuenta y dos años. Esta decisión, sin embargo, no le impidió que continuara su activa vida amorosa. Debido a su ingenio y poder creador, Cervantes lo llamó el "Monstruo de la naturaleza". Lope de Vega escribió un tratado teórico sobre el teatro, *Arte nuevo de hacer comedias* (1609), cuyas innovadoras propuestas tuvieron una gran influencia en el teatro español y europeo de su tiempo. Se calcula que escribió unas mil quinientas obras de teatro, pero sólo conservamos unas quinientas. Merecen mención *Peribañez y el Comendador de Ocaña* (1605?), centrada en el intento de seducción de un Comendador a la esposa de un campesino (*farmer*); *Fuenteovejuna* (1612?), en la que Lope de Vega vuelve a dramatizar el mismo conflicto; y *El caballero de Olmedo* (1620?), en la que un hecho con base histórica le sirve para contrastar los placeres de la vida con la sombra de la muerte. Escribió varias comedias de capa y espada, como *La dama boba* (1613); y unos cuatrocientos autos religiosos. Los temas que trata en su obra dramática tienen que ver principalmente con el honor, algún episodio o personaje históricos, y la religión.

Como poeta es autor de romances, églogas, elegías, odas y de unos tres mil sonetos, algunos de los cuales cantan el amor humano y otros revelan una profunda devoción religiosa. Dos de los poemarios en los que se encuentran algunos de estos sonetos son *Rimas humanas* (1602), y *Rimas sacras* (1614). Escribió también largos poemas narrativos, como *La Dragontea* (1598), sobre el pirata Drake; y *La Gatomaquia* (1634), una parodia de la épica italiana. Como prosista merecen mención *La Dorotea* (1632), una novela dialogada; y *La Arcadia* (1598), una novela pastoril.

Guía de lectura

El poema de Lope de Vega que hemos seleccionado forma parte de su poemario *Rimas humanas*. El término "rimas" del título se refiere a la diversidad de metros y estilos que utiliza el poeta en esta colección, así como a la variedad de temas tratados: mitológicos, históricos, pastoriles, y sentimentales. En estos poemas, Lope de Vega proyecta una variedad de sentimientos a través de los que se transparenta su propia personalidad y espíritu humano.

En el presente poema, Lope de Vega nos presenta un retrato de la mujer bajo una doble perspectiva: positiva y negativa. Al leer este poema, el estudiante puede ver cómo esta visión de la mujer se manifiesta a través de una serie de figuras estilísticas que reflejan el sentir del yo poético sobre la mujer en general.

Rimas humanas, CXCI

Es la mujer del hombre lo más bueno,
y locura decir que lo más malo,
su vida suele ser y su regalo,
5 su muerte suele ser y su veneno.

Cielo a los ojos cándido y sereno,
que muchas veces al infierno igualo,
por raro al mundo su valor señalo,
por falso al hombre su rigor condeno.

10 Ella nos da su sangre, ella nos cría,
no ha hecho el cielo cosa más ingrata;
es un ángel, y a veces una arpía.[1]

Quiere, aborrece, trata bien, maltrata,
y es la mujer, al fin, como sangría,[2]
15 que a veces da salud y a veces mata.

Análisis crítico

1. Analice formalmente el poema.
2. Identifique y comente las figuras estilísticas y tropos que hay en el poema.
3. ¿Hay algún comentario sobre el hombre en este poema?
4. ¿Qué quiere decir el yo poético cuando afirma que la mujer es "como sangría" (v. 13)?
5. En este poema existen varias antítesis, ¿puede identificarlas y comentarlas?

Mesa redonda

Discuta con sus compañeros de grupo el tono y la actitud del yo poético hacia la mujer. ¿Manifiesta algún tipo de prejuicio hacia ésta? ¿Podríamos categorizar a este yo poético como representación de un sistema patriarcal? Compartan sus opiniones con la clase.

---

[1]monstruo fabuloso con cara de mujer y cuerpo de ave de rapiña. [2]*bloodletting*.

Sea creativo

Si tuviera que escribir un poema sobre el hombre actual, de la misma manera que hizo Lope de Vega sobre la mujer, ¿qué cualidades y aspectos, positivos o negativos, le parece que podrían formar parte de su composición poética? Trate de escribir un terceto a modo de conclusión. Pueden realizar esta actividad creativa bien individualmente o en grupos. Compartan sus opiniones con la clase.

Investigación

Escoja uno de los poemas que componen el poemario *Rimas humanas* y estudie algún aspecto de su personalidad que nos revela Lope de Vega. Complemente el estudio analizando las figuras estilísticas y los tropos que haya en el poema.

Diccionario de términos literarios

Sarcasmo. Es una burla irónica y cruel que tiene el propósito de ofender a alguien.

Francisco de Quevedo: *Salmo XVII*
Vida, obra, y crítica

Francisco de Quevedo (1580–1645) nació en Madrid en el seno de una familia que servía a miembros de la Casa Real. Recibió una excelente educación humanística, estudiando lenguas clásicas y modernas y teología. Protegido por el duque de Osuna, y por recomendación de éste, fue nombrado secretario de Hacienda. Fue encarcelado cuatro años por criticar al Conde Duque de Olivares, y murió poco después de salir de prisión.

Su obra poética, publicada después de su muerte con los títulos de *El parnaso español* (1648) y *Las tres últimas* (1670), se divide en dos partes:

1. Poesía seria y solemne de carácter doctrinal. Esta poesía trata asuntos ascéticos y políticos con un tono satírico, y algunos de sus temas tienen que ver con la vanidad, la fugacidad del tiempo, la caducidad de los bienes materiales, y la decadencia moral y económica de España.

2. Poesía de temas amorosos y burlescos, en la que alterna el tono serio con el cómico.

Su obra en prosa, por otro lado, revela la misma dualidad y variedad que la poética. En su obra satírica Quevedo critica con gran agudeza y crueldad ciertos vicios y defectos de la sociedad española, y lo mismo hace con algunos escritores destacados de su tiempo, como Góngora y Ruiz de Alarcón. Escribió, asimismo, obras festivas, como *Cartas del Caballero de la Tenaza* (1645), que destacan por su comicidad. Es, igualmente, autor de una de las mejores novelas picarescas, *El buscón* (1603), en la que Quevedo nos da una visión cómica y grotesca de la realidad española de su época. En 1627 publicó otra de sus obras más importantes, *Los sueños*, en la que realiza una sátira de tipos y costumbres de su tiempo. Dentro de sus obras ascéticas merece mención *La cuna y la sepultura* (1635), en la que funde la moral cristiana con el estoicismo de Séneca. Publicó también obras políticas, como *Política de Dios, gobierno de Cristo, tiranía de Satanás* (1626); y realizó algunas traducciones. Quevedo es uno de los representantes más destacados del *conceptismo*, una corriente estética del barroco español que enfatiza la concisión en la expresión y el uso de palabras con múltiples significados.

Guía de lectura

El "Salmo XVII", uno de los más difundidos e interpretados por la crítica, fue escrito por Quevedo en 1603, y publicado en 1613 en el *Heráclito cristiano*. Quevedo lo revisó varias veces a lo largo de su vida, y la versión que hemos seleccionado, la más conocida de las seis existentes, fue originalmente publicada por Joseph A. González Salas en 1648. La crítica observa que Quevedo fue influido o por la decimosegunda epístola de Séneca a Lucilo, en la que Séneca afirma: "dondequiera que miro, no veo sino evidencia de mi vejez", o por un verso de Ovidio procedente de su *Tristia* (libro I, poema XI, V. 23): "dondequiera que miré, nada vi que no fuera imagen de la muerte".

El poema desarrolla uno de los tópicos del barroco, el del *memento mori*, o "recuerda que vas a morir", y ha sido interpretado desde el punto de vista político, metafísico, existencial, moral, etc. Por ejemplo, el primer verso, ¿se está refiriendo el poeta al estado político, social, militar o económico de España? o, por el contrario, ¿se está refiriendo al estado físico o moral del yo poético?

Además de la existencia de varias figuras estilísticas y tropos, el lector encontrará varias imágenes relacionadas temáticamente que forman un campo semántico, es decir una isotopía. Asimismo, debemos notar los desplazamientos espaciales del yo poético. Así, el poema empieza con un yo poético mirando los muros de su patria, luego se desplaza al campo, después se va a la casa, y concluye centrándose en su propio cuerpo.

Salmo XVII

Miré los muros de la patria mía,
si un tiempo fuertes, ya desmoronados,[1]
de la carrera de la edad cansados,
por quien caduca[2] ya su valentía.

Salíme al campo; vi que el sol bebía
los arroyos[3] del yelo[4] desatados,[5]
y del monte quejosos[6] los ganados,
que con sombras hurtó su luz al día.

Entré en mi casa; vi que, amancillada,[7]
de anciana habitación era despojos;[8]
mi báculo,[9] más corvo[10] y menos fuerte.

Vencida de la edad sentí mi espada,
y no hallé cosa en que poner los ojos
que no fuese recuerdo de la muerte.

Análisis crítico

1. Analice formalmente el poema.
2. Identifique y comente las figuras estilísticas y tropos del poema. ¿Cómo interpreta los términos "muros" (v. 1), "ganados" (v. 7), "báculo" (v. 11), y "espada" (v. 12)? ¿Qué significado tiene la imagen que vemos en los versos 5 y 6, "vi... desatados"?

---

[1]caídos. [2]termina. [3]*brooks.* [4]hielo. [5]liberados. [6]*grumbling.* [7]manchada, deshonrada. [8]*rubble.* [9]bastón. [10]*bent.*

3. ¿Cuál es, en su opinión, el tema de este poema?
4. Comente las referencias temporales que hay en el poema. ¿Cómo se expresa la noción del paso del tiempo?
5. ¿A qué muerte se refiere el yo poético en el último verso?
6. ¿Existen algunos paralelismos sintácticos o semánticos en este poema?
7. Anteriormente mencionamos la existencia de una isotopía, ¿puede identificarla? ¿Qué unidades semánticas se agrupan en torno a ella?
8. ¿Cuál es el tono del poema?
9. De las varias lecturas que ha generado este poema —política, existencial...—, ¿con cuál estaría usted más de acuerdo? Justifique su elección.

Mesa redonda

En la guía de lectura mencionamos la representación de distintos espacios. Con sus compañeros de grupó discuta e interprete estos espacios que van, gradualmente, de lo general a lo más concreto e individual. Compartan sus observaciones con la clase.

Sea creativo

Piense en un famoso muro, como el de Berlín, o la muralla china, o en una cerca (*fence*), como la que describe Robert Frost en su poema "Mending Wall", y escriba un cuarteto haciendo hincapié en los beneficios o perjuicios que este tipo de frontera puede tener para un país o para una persona. La pared no tiene que ser una pared física y real, sino que puede ser utilizada a nivel metafórico o simbólico para referirse a otro tipo de realidad. Compartan sus opiniones con la clase.

Investigación

Haga un estudio sobre algunas de las diferencias entre el *conceptismo* y el *culteranismo*, dos corrientes estéticas dentro del Barroco español.

Diccionario de términos literarios

Ubi sunt?. Expresión latina que significa "¿dónde están?" y con la que se designa un tópico consistente en la enunciación de interrogaciones retóricas relativas al destino final —la muerte— de personajes célebres de la historia.

Sor Juana Inés de la Cruz: *A su retrato*
Vida, obra, y crítica

Sor Juana Inés de la Cruz (1648–1695) nació cerca de la ciudad de México, y fue hija natural de un militar español y una criolla mexicana. A la edad de tres años ya sabía leer, y a la de ocho ya componía poemas. En 1665 la virreina de la Nueva España la invitó a la corte para que la sirviera de dama; pero, a pesar del éxito que disfrutó aquí, la joven Juana Inés decidió abandonar este mundo para hacerse monja y escritora.

Sor Juana, una de las primeras defensoras de los derechos de la mujer en la América latina, cultivó los tres géneros: poesía, teatro y prosa. En su poesía, escrita principalmente en romances, sonetos, liras y redondillas, Sor Juana trata, además de los tópicos del Barroco como el desengaño, el *carpe diem*, o la vana ilusión de la esperanza, otros temas, como la marginación de la mujer y el Nuevo Mundo. En sus conocidas redondillas, "Hombres necios que acusáis", Sor Juana defiende a la mujer de las críticas injustas que le hace el hombre; y en *El sueño* (1685), su obra capital de 975 versos, poetiza la búsqueda infructuosa del alma por comprender el universo. Es autora, asimismo, de varios villancicos para algunas catedrales mexicanas, y en ellos defiende a las clases marginadas de su sociedad: el indio, el negro y la mujer.

De su obra dramática destacan algunas loas, en las que da muestras de (*shows*) sus conocimientos mitológicos; tres autos sacramentales: *El cetro de José* y *El mártir del Sacramento*, *San Hermenegildo*, ambos escritos hacia 1685; y el más importante de ellos, *El divino Narciso* (1689), en el que realiza una alegorización de la figura de Narciso convirtiéndolo en Cristo. Es, asimismo, autora de dos comedias de capa y espada: *Los empeños de una casa* (1683) y *Amor es más laberinto* (1689). De su obra en prosa destaca el ensayo *Respuesta a Sor Filotea de la Cruz*, en la que Sor Juana explica su vocación de escritora y su pertenencia a una tradición de mujeres intelectuales que la han precedido. Esta última obra constituye uno de los mejores ejemplos de escritura en prosa del Barroco.

Guía de lectura

Los retratos que escribió Sor Juana, en número de dieciséis, continúan una tradición fuertemente arraigada (*rooted*) entre los escritores españoles —Garcilaso de la Vega, Calderón de La Barca, Góngora, Quevedo, y otros muchos—. Sor Juana dedica generalmente sus retratos a mujeres, y en ellos toca a veces temas relacionados con el amor. En el presente poema, influido por Góngora, el yo poético nos revela sus sentimientos ante la contemplación de su propio retrato. En la lectura de este poema debemos tener en cuenta que éste es un ejemplo de poema ekphrástico; es decir, la poeta presenta una relación entre la literatura y la pintura. No menos importante es el análisis de la actitud del yo poético ante el paso del tiempo y, por ello, el poema nos revela un contraste, aspecto típico del Barroco, entre el presente actual del yo poético, y el pasado irrecuperable del retrato. [El estudiante puede encontrar útil para el análisis de este poema la lectura de nuestra introducción a la ekphrasis en el apéndice dedicado a la poesía].

A su retrato

(Procura desmentir los elogios que a un retrato de la poetisa inscribió la verdad, que llama pasión.)

Este, que ves, engaño[1] colorido,[2]
que del arte ostentando[3] los primores,[4]
con falsos silogismos[5] de colores
es cauteloso[6] engaño del sentido;

5   éste, en quien la lisonja[7] ha pretendido
excusar de los años los horrores,
y venciendo del tiempo los rigores,
triunfar de la vejez y del olvido:

es un vano artificio del cuidado,[8]
10   es una flor al viento delicada,
es un resguardo[9] inútil para el hado,[10]

es una necia[11] diligencia[12] errada,
es un afán[13] caduco[14] y, bien mirado,
es cadáver, es polvo, es sombra, es nada.

Análisis crítico

1. Analice formalmente el poema.
2. Identifique y comente las figuras estilísticas y tropos.
3. ¿Cuál es el objetivo propuesto por el retrato? ¿Lo consigue?
4. ¿Con qué compara el yo poético al retrato?
5. ¿Cómo expresa la poeta su desconfianza en el retrato?

---

[1]mentira, ilusión. [2]de colores. [3]mostrando. [4]delicadeza, cuidado. [5]razonamiento. [6]premeditado. [7]*flattery*. [8]trabajo hecho con dedicación. [9]*sanctuary*, prueba. [10]*fate*. [11]tonta. [12]trabajo. [13]deseo. [14]de corta duración.

6. ¿Cómo relacionaría el último verso con los precedentes del poema? ¿Puede explicar el sentido de cada uno de los términos de este último verso?

Mesa redonda

Con sus compañeros de grupo comente la actitud del yo poético al ver su propio retrato. ¿Qué nos revelan sus comentarios de su estado emocional actual? ¿Cuál es el tono del poema? Compartan sus opiniones con la clase.

Sea creativo

Imagínese que en su vejez ve un retrato de cuando era joven, y decide escribir un poema sobre el mismo. Piense y escriba en una columna las cualidades físicas que ha perdido o que el tiempo ha marchitado, y en otra columna las cualidades intelectuales, u otras relacionadas con la sabiduría, que ha ganado con el paso del tiempo. Trate de escribir una estrofa revelando su actitud o reacción personal ante el paso del tiempo. Pueden realizar esta actividad creativa bien individualmente o en grupos. Compartan sus opiniones con la clase.

Investigación

Escoja uno de los retratos de Sor Juana Inés de la Cruz, o uno de los poemas del poemario *Apolo. Teatro pictórico*, de Manuel Machado, y escriba un ensayo sobre la relación existente entre el texto poético y la pintura.

Diccionario de términos literarios

Afectación. Defecto consistente en la falta de naturalidad y sencillez en el habla o en la escritura.

Félix María Samaniego: La cigarra y la hormiga
Vida, obra, y crítica

Félix María Samaniego (1745–1801) nació en Laguardia, España. De familia noble, estudió en un colegio de Francia y al regresar a España cursó la carrera de leyes (*law*) sin llegar a terminarla. Su admiración por los enciclopedistas franceses tal vez nació de su temprana educación en Francia, y la influencia de éstos se percibe claramente en sus fábulas. Debido al espíritu anticlerical de algunas de éstas, y al grado de erotismo y anticlericalismo que tenían algunos de sus poemas, fue perseguido por la Inquisición y recluido (*confined*) varios meses en un convento de la provincia de Álava.

Samaniego ha pasado a la literatura como uno de los fabulistas más populares de la literatura española. Es autor de *Fábulas en verso castellano para el uso del Real Seminario Bascongado* (1781), una colección de doscientas cincuenta y siete fábulas, repartidas en nueve libros, que originalmente fueron escritas para los estudiantes del Real Seminario Bascongado. La fábula, como es sabido, se relaciona con el apólogo medieval, cuyo propósito era el de dar una enseñanza moral a través de una anécdota simple. Samaniego expresó en sus fábulas la preocupación didáctica que caracterizaba a su época, y en ellas se puede ver la influencia de Esopo, Fedro y La Fontaine, entre otros. Samaniego se sirve de la fábula para satirizar, a veces con ironía y a veces con humor, algunos de los pecados del hombre —orgullo, hipocresía, vanidad, etc.—, ciertas costumbres sociales, y el funcionamiento de algunas instituciones religiosas y políticas. Entre sus fábulas más populares merecen especial mención "La paloma", "Congreso de ratones", "La lechera", "Las ranas pidiendo rey", y "El cuervo y el zorro". Samaniego escribió también una colección de poesía altamente erótica, cómica y burlesca, *El jardín de Venus*, que se publicó póstumamente por primera vez en 1921.

Guía de lectura

La fábula tuvo gran éxito durante la Ilustración, o el Siglo de las Luces (S. XVIII), y durante este período literario se consideraba que uno de los fines de la poesía era el de educar. La fábula, además de cumplir un fin didáctico, entretenía y divertía al lector, con lo cual se hacía realidad el principio de Horacio conocido como *utile dulci*. Dos elementos claves de la fábula, su espíritu didáctico y satírico, se encuentran precisamente en la fábula que hemos seleccionado. Los orígenes inmediatos de "La cigarra y la hormiga" se encuentran en La Fontaine, pero, como es sabido, el fabulista francés se inspiró en Esopo. Sin embargo, las conclusiones que le dan La Fontaine y Samaniego a sus fábulas difieren de la que le da Esopo. A diferencia de las de aquéllos, en la fábula de Esopo se ve que la hormiga sí le regala unos granos de arroz a la cigarra.

Aunque la lectura de esta fábula no es difícil, debemos recordar que es un poema y, por lo tanto, es necesario analizarlo formalmente. Por otro lado, no podemos olvidar que esta fábula, perteneciente al período neoclásico, tiene un fin didáctico y una moraleja que fácilmente podremos deducir. Asimismo, no debemos pasar por alto (*to ignore*) la caracterización de las dos protagonistas, un aspecto que los predecesores de Samaniego parecen dejar en un segundo plano.

La cigarra y la hormiga

Cantando la cigarra
pasó el verano entero,
sin hacer provisiones
allá para el invierno;   5
los fríos la obligaron
a guardar el silencio
y a acogerse al abrigo[1]
de su estrecho aposento.[2]
Vióse desproveída   10
del[3] precioso sustento:[4]
sin mosca, sin gusano,[5]
sin trigo y sin centeno.[6]
Habitaba la hormiga
allí tabique[7] en medio,   15
y con mil expresiones
de atención y respeto
la dijo: "Doña hormiga,
pues que en vuestro granero[8]
sobran las provisiones   20
para vuestro alimento,
prestad alguna cosa
con que viva este invierno
esta triste cigarra,

que, alegre en otro tiempo,   25
nunca conoció el daño,
nunca supo temerlo.
No dudéis en prestarme,
que fielmente prometo
pagaros con ganancias,   30
por el nombre que tengo".
La codiciosa[9] hormiga
respondió con denuedo,[10]
ocultando a la espalda
las llaves del granero: 35
"¡Yo prestar lo que gano
con un trabajo inmenso!
Dime, pues, holgazana,
¿qué has hecho en el buen tiempo?".
"Yo", dijo la cigarra,   40
"a todo pasajero
cantaba alegremente,
sin cesar ni un momento".
"¡Hola! ¿conque[11] cantabas
cuando yo andaba al remo?[12]   45
Pues ahora, que yo como,
baila, pese a[13] *tu cuerpo".*

---

[1]"acogerse al abrigo": *to lodge.* [2]*lodging.* [3]"desproveída del": sin el. [4]comida. [5]*worm.* [6]*rye.* [7]pared. [8]*barn.* [9]*greedy.* [10]*boldness.* [11]*so.* [12]"andaba al remo": trabajaba. [13]a pesar de.

Análisis crítico

1. Analice formalmente el poema.
2. Identifique y comente las figuras estilísticas y tropos.
3. ¿Cuál es el tema de esta fábula?
4. ¿Qué propósito puede tener el autor al escoger por protagonistas a animales en lugar de personas?
5. ¿Qué moraleja podemos extraer de esta fábula?
6. ¿Cómo aparecen caracterizadas la hormiga y la cigarra? ¿Se podría relacionar la actividad de la cigarra con la creación artística que realizan algunas personas en nuestra sociedad? En caso afirmativo, ¿qué piensa de la moraleja final?

Mesa redonda

Discuta con sus compañeros de grupo el posible mensaje político de esta fábula. Es decir, ¿creen ustedes que podemos interpretarla desde el punto de vista de la organización social de las hormigas frente a la forma de vida de las cigarras? ¿Podríamos aplicar esta lectura de la fábula al funcionamiento socio-económico de nuestra sociedad? Compartan sus observaciones con la clase.

Sea creativo

Es obvio que en la escritura de esta fábula Samaniego toma partido con la hormiga. Sin embargo, ¿no cree que hay aspectos positivos en la actividad de la cigarra? Piense en algunas de las características positivas que podrían redimir a la cigarra en su oficio o tarea de pasarse el tiempo cantando. Escriba una breve composición defendiendo a la cigarra y trate de concluirla con una breve moraleja en pareado. Pueden realizar esta actividad creativa bien individualmente o en grupos. Compartan sus opiniones con la clase.

Investigación

El Neoclasicismo es un período literario caracterizado, entre otras cosas, por la imitación de los clásicos. Escriba un ensayo explicando algunas de las principales características de este período literario.

Diccionario de términos literarios

Anacreóntica. Composición poética que exalta los placeres producidos por el disfrute o goce de la naturaleza, la comida, el vino o una experiencia amorosa.

José María Heredia: *En una tempestad*
Vida, obra, y crítica

José María Heredia (1803–1839) nació en Cuba, pero pasó parte de su adolescencia y juventud en Venezuela y México. Estudió en la Universidad de La Habana, donde obtuvo el título de Bachiller en Leyes. Al ser acusado de conspirar contra el régimen colonial español de la isla caribeña, se vio obligado a exilarse, tomando refugio primeramente en EE.UU. y, posteriormente, en México. Aquí, Heredia trabajó como juez y residió la mayor parte de su vida.

Heredia, conocido como el "poeta nacional" de Cuba, publicó un solo poemario en vida, *Poesías* (1825), y siete años después, durante su estancia en México, lo reeditó y amplió a dos volúmenes. Su poesía se clasifica en amorosa, revolucionaria, filosófica, histórica y descriptiva; y los distintos temas que trata reflejan un profundo conocimiento de la condición humana. La crítica distingue varias etapas en su obra poética: en una primera se percibe la influencia de los poetas latinos Horacio y Virgilio, en otra trata temas amorosos en los que se nota la influencia de algunos poetas españoles del Neoclasicismo, después se ve su transición al Romanticismo, más tarde vuelve a simpatizar con el Neoclasicismo, y finalmente escribe una poesía altamente intimista.

Aunque su fama se debe principalmente a su obra poética, Heredia escribió varias obras dramáticas, tradujo algunas obras literarias del inglés, francés e italiano al español; y escribió varios trabajos de crítica, didáctica y política. Colaboró, asimismo, como redactor en varios periódicos, y fundó las revistas *Biblioteca de damas* y *Miscelánea*. Esta última se publicó en México de 1829 a 1832, y en ella aparecieron publicados varios cuentos de carácter fantástico que la crítica no ha podido aclarar si fueron escritos por él o por otros escritores.

Guía de lectura

Heredia, como indicamos anteriormente, alternó sus simpatías por el Neoclasicismo y el Romanticismo, y con la publicación de sus poemas "En el Teocalli de Cholula" y "Niágara" introdujo el movimiento romántico en Hispanoamérica. Una diferencia importante entre el Neoclasicismo y el Romanticismo es que los escritores neoclásicos creían en un mundo ordenado y armónico que estaba sujeto a las leyes divinas, y sus obras trataban de reflejar temática y formalmente este orden. Los escritores románticos, por el contrario, representan mundos caóticos en los que parece estar ausente la figura de Dios.

En el poema que hemos seleccionado, "En una tempestad", fechado en (*dated*) 1822, el yo poético expresa con gran fuerza emotiva y dinamismo la inminente llegada de un huracán, las emociones que este fenómeno natural le despierta, los efectos que produce en la naturaleza, y la elevación de aquél ante la presencia del Señor. Podemos ver, asimismo, un cambio de perspectiva en la descripción de los hechos poetizados. Mientras que en la mayor parte del poema el yo poético se concentra en describir la fuerza devastadora del huracán, en la última estrofa la atención se centra en el yo poético mismo.

En este poema, de inspiración romántica, debemos prestar atención no sólo a la descripción de los efectos causados por esta fuerza natural, sino también a cómo se refleja este violento ataque en la presentación formal del poema. No menos importante para la comprensión del mismo es el estudio de la proyección de la conciencia del yo poético en la descripción de este fenómeno natural.

En una tempestad

Huracán, huracán, venir te siento,
y en tu soplo[1] abrasado[2]
respiro entusiasmado
5   del señor de los aires el aliento.[3]

En las alas del viento suspendido
vedle rodar por el espacio inmenso,
silencioso, tremendo, irresistible
en su curso veloz. La tierra en calma
0   siniestra; misteriosa,
contempla con pavor[4] su faz[5] terrible.
¿Al toro no miráis? El suelo escarban,[6]
de insoportable ardor sus pies heridos:
la frente poderosa levantando,
5   y en la hinchada[7] nariz fuego aspirando,
llama la tempestad con sus bramidos.[8]

¡Qué nubes! ¡qué furor! El sol temblando
vela en triste vapor su faz gloriosa,
y su disco nublado sólo vierte[9]
20   luz fúnebre y sombría,
que no es noche ni día...
¡Pavoroso calor, velo de muerte!
Los pajarillos tiemblan y se esconden

al acercarse el huracán bramando,
y en los lejanos montes retumbando[10]   25
le oyen los bosques, y a su voz responden.

Llega ya... ¿No le veis? ¡Cuál desenvuelve[11]
su manto aterrador y majestuoso...!
¡Gigante de los aires, te saludo...!
En fiera confusión el viento agita   30
las orlas[12] de su parda[13] vestidura...
¡ved...! ¡En el horizonte
los brazos rapidísimos enarca,[14]
y con ellos abarca[15]
cuanto alcanzó a mirar de monte a monte!   35

¡Oscuridad universal!... ¡Su soplo
levanta en torbellinos[16]
el polvo de los campos agitados...!
En las nubes retumba despeñado[17]
el carro del Señor, y de sus ruedas   40
brota[18] el rayo veloz, se precipita,
hiere y aterra[19] el suelo,
y su lívida luz inunda el cielo.

¿Qué rumor? ¿Es la lluvia...? Desatada
cae a torrentes, oscurece el mundo,   45

---

[1]*blow.* [2]muy caliente. [3]*breath.* [4]miedo. [5]cara. [6]*dig.* [7]*swollen.* [8]*roars.* [9]*spills.* [10]*rumbling.* [11]*unfolds.* [12]*borders.* [13]*brown.* [14]*opens up.* [15]contiene. [16]*whirlwinds.* [17]*thrown over a cliff.* [18]*springs up.* [19]*frightens.*

y todo es confusión, horror profundo.
Cielo, nubes, colinas, caro bosque,
¿dó[20] estáis...? Os busco en vano:
Desaparecisteis... La tormenta umbría
en los aires revuelve un océano
que todo lo sepulta...[21]
Al fin, mundo fatal, nos separamos:
El huracán y yo solos estamos.

¡Sublime tempestad! ¡Cómo en tu seno,
de tu solemne inspiración henchido,[22]

al mundo vil y miserable olvido,
y alzo la frente, de delicia lleno!
¿Dó está el alma cobarde
que teme tu rugir...?[23] Yo en ti me elevo
al trono del Señor; oigo en las nubes
el eco de su voz; siento a la tierra
escucharle y temblar. Ferviente lloro
desciende por mis pálidas mejillas,
y su alta majestad trémulo adoro.

Análisis crítico

1. Analice formalmente el poema. ¿Encuentra algunas irregularidades desde el punto de vista formal? ¿Qué piensa de los numerosos signos de puntuación?
2. Identifique y comente las figuras estilísticas y tropos.
3. ¿Qué imágenes utiliza Heredia para expresar la llegada del huracán?
4. ¿A quién se dirige el yo poético?
5. ¿Qué efectos produce el huracán en la naturaleza?
6. ¿Cómo expresa el poeta el sentido de inmediatez ante la llegada del huracán?
7. Heredia se refiere en este poema a los cuatro elementos naturales —tierra, agua, aire y fuego—, ¿cuál cree que es su propósito?
8. ¿Cómo interpreta la última estrofa del poema?
9. Teniendo en cuenta las distintas partes en las que se divide el poema, comente el tema o temas del mismo.

Mesa redonda

Una de las características del Romanticismo es, como mencionamos anteriormente, la proyección de la conciencia del yo poético en la descripción de la naturaleza. Con sus compañeros de grupo, discuta cómo se materializa este recurso o técnica empleada por el poeta. Compartan sus observaciones con la clase.

Sea creativo

Heredia escogió un fenómeno natural, el huracán, para expresar a través de varias imágenes fuertemente emotivas sus efectos devastadores. Imagínese otro fenómeno natural de

---

[20]dónde. [21]*buries.* [22]lleno. [23]*roar.*

esta índole, como un tornado, o alguna belleza natural impresionante, como el cañón de Colorado, y trate de crear algunas imágenes poéticas que capten la impresión que le produce. Piense, para concluir, en algún tipo de experiencia espiritual que la contemplación y descripción de este fenómeno natural podrían despertar en usted. Pueden realizar esta actividad creativa bien individualmente o en grupos. Compartan sus opiniones con la clase.

Investigación

"Niágara" es uno de los poemas románticos más conocidos de Heredia. Analice el poema prestando atención a las figuras estilísticas y tropos que utiliza el poeta para describir esta belleza natural, y a cómo aparece reflejada la conciencia del yo poético en la descripción de este fenómeno natural.

Diccionario de términos literarios

Ditirambo. Composición lírica que en la Grecia antigua era interpretada y bailada por un grupo de coristas, y que algunos han visto como origen de la tragedia.

Gertrudis Gómez de Avellaneda: *A él*
Vida, obra, y crítica

Gertrudis Gómez de Avellaneda (1814–1873) nació en lo que hoy es Camagüey, Cuba, pero vivió un buena parte de su vida en España. En 1836, poco después de establecerse con su familia en España, la Avellaneda visitó Sevilla, y aquí mantuvo una corta pero apasionada relación amorosa con Ignacio de Cepeda, quien inspiraría muchos de sus escritos. En 1855 la Avellaneda se estableció en Cuba, pero después de la muerte de su esposo, en 1863, hizo varios viajes a EE.UU., y en 1865 regresó de nuevo a España en donde vivió hasta su muerte.

La Avellaneda, o "Tula", como también era llamada, gozó de una enorme popularidad en vida y, aunque su popularidad ha decrecido (*decreased*) con el paso del tiempo, hoy día es considerada como una de las precursoras del feminismo moderno. La Avellaneda destacó en el cultivo de la poesía, el teatro, la novela y la autobiografía, y en estos escritos expone el problema de la discriminación racial, de género y de clase social.

Como poeta debemos mencionar la publicación, en distintas ediciones, de sus *Poesías líricas* (1841–1914), que la crítica literaria recibió clamorosamente. La poesía de la Avellaneda sobresale (*stands out*) por su cualidad rítmica, el uso variado de rimas y metros, un nivel de lirismo comparable al de las *Rimas* de Bécquer, su actitud feminista ante el sistema patriarcal, su amor por Cuba, y la tristeza derivada de sus desilusiones y fracasos amorosos. Como dramaturga es autora de obras románticas con temas extraídos del pasado histórico o legendario de España y de la *Biblia*, como *Alfonso Nunio* (1844), centrada en la vida de Alfonso X; o *Saúl* (1849). Su mayor éxito, sin embargo, lo alcanzó con *Baltazar* (1858), un drama inspirado en *Sardanapalus* (1821) de Byron. Como novelista escribió once novelas, y sus temas preferidos fueron la pasión amorosa y el destino fatal. Su novela más conocida, *Sab* (1841), ha sido comparada a *Uncle Tom's Cabin* (1852), de Harriet Beecher Stowe, y se considera la primera novela antiesclavista romántica del continente americano. Escribió también una larga novela histórica e indianista, *Guatimozín, último emperador de Méjico* (1846), basada principalmente en una crónica de Bernal Díaz del Castillo.

Guía de lectura

Poco después de su primer viaje a España, la Avellaneda visitó Andalucía, de donde era originario su padre. Es aquí donde la Avellaneda se enamoró de Ignacio de Cepeda, un estudiante de Derecho (*law*) de la universidad de Sevilla. Ignacio, sin embargo, no correspondió a la pasión sentimental que le tributaba la Avellaneda, al parecer porque ella no era ni suficientemente rica, ni muy femenina, y porque, además, era demasiado agresiva como mujer. A pesar del fracaso sentimental, ambos mantuvieron una relación epistolar que duró de 1839 a 1854, y en estas cartas se puede notar cómo va remitiendo (*decreasing*) la pasión sentimental de la poeta cubana por Ignacio.

El poema que hemos seleccionado fue escrito en 1840, y una primera versión del mismo, de las varias que escribió, apareció en sus *Poesías* (1841). El poema, de carácter autobiográfico, expresa el adiós de un yo poético, supuestamente la Avellaneda, a su amado, supuestamente Ignacio de Cepeda. El poema se centra en un yo poético que rememora el pasado amoroso con su amado, al tiempo que deja traslucir una variedad de emociones y sentimientos en el momento presente de la escritura. Al declarar el final de esta relación sentimental, podemos ver cómo al yo poético, o amada, le cuesta resignarse a esta pérdida. En la lectura del poema es importante prestar atención a la confusión emocional que expresa la voz poética de la mujer ante el dolor producido por la pérdida de un amor.

A él

No existe lazo[1] ya; todo está roto:
plúgole al Cielo[2] así; ¡bendito sea!
Amargo cáliz con placer agoto;[3]
mi alma reposa[4] al fin; nada desea.

Te amé, no te amo ya; piénsolo, al menos.
¡Nunca, si fuere error, la verdad mire!
Que tantos años de amarguras llenos
trague[5] el olvido; el corazón respire.

Lo has destrozado sin piedad; mi orgullo
una vez y otra vez pisaste[6] insano...
mas nunca el labio exhalará un murmullo
para acusar tu proceder[7] tirano.

De graves faltas vengador[8] terrible,
dócil[9] llenaste tu misión; ¿lo ignoras?

No era tuyo el poder que, irresistible,
postró[10] ante ti mis fuerzas vencedoras.

Quísolo Dios, y fue. ¡Gloria a su nombre!
Todo se terminó; recobro[11] aliento.[12]
¡Ángel de las venganzas!, ya eres hombre...
Ni amor ni miedo al contemplarte siento.

Cayó tu cetro,[13] se embotó[14] tu espada...
mas, ¡ay, cuán triste libertad respiro!
Hice un mundo de ti, que hoy se anonada,[15]
y en honda y vasta soledad me miro.

¡Vive dichoso tú! Si en algún día
ves este adiós que te dirijo eterno,
sabed que aún tienes en el alma mía
generoso perdón, cariño tierno.

Análisis crítico

1. Analice formalmente el poema.

[1] *bond.* [2] "plúgole al Cielo": el Cielo lo quiso. [3] *I empty.* [4] descansa. [5] *swallows.* [6] *you treaded on.* [7] *behavior.* [8] *avenger.* [9] *gentle.* [10] *casted down.* [11] *I recover.* [12] *breath.* [13] poder. [14] *weakened.* [15] ha quedado reducido a nada.

2. Identifique y comente las figuras estilísticas y tropos.
3. ¿Cómo interpreta el verso tercero, "Amargo cáliz con placer agoto"?
4. ¿Cómo caracteriza el yo poético a su ex-amante? ¿Cómo la trató a ella mientras duró la relación?
5. ¿A quién asigna el yo poético el poder que él tuvo sobre ella?
6. ¿Cómo fue la relación amorosa de estos dos amantes?
7. ¿Qué imagen de la mujer nos da el poema?
8. ¿Cuál es el tono del poema?

Mesa redonda

Discuta con sus compañeros de grupo la mezcla de sentimientos pasados y presentes que evoca la voz poética en el poema. ¿Podríamos afirmar que hay una combinación contradictoria de emociones? Compartan sus observaciones con la clase.

Sea creativo

Escriba una carta explicando los motivos del final de una relación sentimental o de una amistad que haya tenido. Concluya dicha carta con una estrofa de cuatro versos en la que resume la determinación o decisión finales de no continuar esta relación. Pueden realizar esta actividad creativa bien individualmente o en grupos. Compartan sus opiniones con la clase.

Investigación

La correspondencia epistolar entre Gertrudis Gómez de Avellaneda e Ignacio de Cepeda duró unos quince años, de 1839 a 1854. Existen varias publicaciones que han recogido esta correspondencia, como Gertrudis G. de Avellaneda, *Autobiografía: Cartas a Ignacio Cepeda*; y Gertrudis G. de Avellaneda, *Diario íntimo*. En estas cartas, la autora cubana nos deja un retrato de su identidad femenina y de algunos de sus sentimientos amorosos hacia Ignacio de Cepeda. Escoja una de estas cartas y comente algunos de los aspectos emocionales o ideas que comparte la autora con su amado.

Diccionario de términos literarios

Himno. Composición poética destinada a cantar la gloria de Dios, las hazañas de un héroe o una victoria importante en la historia de un pueblo.

Gustavo Adolfo Bécquer: *Rima LIII*
Vida, obra, y crítica

Gustavo Adolfo Bécquer (1836–1870) nació en Sevilla, España, y tras (*after*) quedarse huérfano a los once años se mudó con su madrina (*godmother*). Estudió pintura durante unos años, pero en 1854 dejó estos estudios y se fue a Madrid, donde vivió con muchas dificultades económicas realizando distintos trabajos. En 1861 se casó, y en 1868 se separó de su esposa y se fue con sus dos hijos a Toledo a vivir con su hermano. Murió a los treinta y cuatro años de la llamada "enfermedad romántica", la tuberculosis, sin haber conocido en vida el éxito.

Junto con Rosalía de Castro, Bécquer lideró el movimiento de renovación poética al fundir la poesía de inspiración popular con una corriente influida por la lírica germánica. Las *Rimas* de Bécquer, y el poemario *En las orillas del Sar* (1884), de Rosalía de Castro, renuevan la poesía lírica en la segunda mitad del siglo xix. Para Bécquer, la poesía es sentimientos, sensaciones, música y emociones, y reconoce la dificultad de articular estas experiencias por medio de la lengua. Su obra maestra es las *Rimas* (1871), una colección de casi cien breves poemas en los que predomina la rima asonantada, y su influencia en la poesía moderna española fue decisiva. El poeta Gerardo Diego las clasifica de acuerdo a su tema en los siguientes grupos:

1. Rimas I-IX: centradas en la poesía y el poeta.
2. "   X-XXIX: su tema es el amor en sentido optimista y esperanzador.
3. "   XXX-LI: caracterizadas por su espíritu de tristeza y desolación.
4. "   LII al final: cargadas de un fuerte sentido de soledad y desesperación.

En prosa, Bécquer escribió una *Historia de los templos de España* (1857), centrada en un estudio del arte cristiano; nueve *Cartas desde mi celda* (1864), en las que destacan la belleza de las descripciones y su espíritu reflexivo; y una colección de *Leyendas* (1871), en las que predomina un espíritu misterioso y mágico. Los protagonistas de esta última obra son fantasmas o caballeros en busca de lo imposible que habitan ambientes medievales, monasterios o palacios. Algunas de las leyendas más conocidas son "Los ojos verdes", "El monte de las ánimas" y "Maese Pérez el organista".

Guía de lectura

La rima LIII de Bécquer, quizá la más antologada y popular de sus *Rimas*, comparte con algunas otras el uso de la rima asonante, una estructura paralelística, y la expresión de unos sentimientos muy personales. El poema trata de un amante, el yo poético, que recuerda con profunda nostalgia el final de una historia de amor. Este yo poético hace uso de un mundo natural —las golondrinas y las madreselvas— para expresar, o más bien comparar, dos estados emocionales distintos. El poema toca tangencialmente el tópico del *ubi sunt*, o "¿dónde están?", tópico muy común en la época latina, en la Edad Media, el Renacimiento y el Barroco, y que se refiere a la fugacidad de la vida. Estamos ante un poema romántico en el que la naturaleza y la expresión de sentimientos y pasiones son muy importantes. Sin embargo, y a diferencia de Heredia y otros poetas románticos, no hay paisajes o fenómenos naturales de grandeza épica, como el huracán o las cataratas del Niágara.

En el estudio de este poema debemos prestar atención a cómo expresa el yo poético sus sentimientos íntimos, a las numerosas figuras estilísticas y tropos, a su estructura paralelística, y a cómo se divide estructural y temáticamente cada una de las estrofas.

Rima LIII

Volverán las oscuras golondrinas[1]
en tu balcón sus nidos a colgar,
y otra vez con el ala a sus cristales
jugando llamarán;

pero aquéllas que el vuelo refrenaban[2]
tu hermosura y mi dicha[3] a contemplar,
aquéllas que aprendieron nuestros nombres,
ésas... ¡no volverán!

Volverán las tupidas[4] madreselvas[5]
de tu jardín las tapias[6] a escalar,
y otra vez a la tarde, aun más hermosas,
sus flores se abrirán;

pero aquéllas, cuajadas[7] de rocío,[8]
cuyas gotas mirábamos temblar
y caer, como lágrimas del día...
ésas... ¡no volverán!

Volverán del amor en tus oídos
las palabras ardientes a sonar;
tu corazón, de su profundo sueño
tal vez despertará;

pero mudo y absorto[9] y de rodillas,
como se adora a Dios ante su altar,
como yo te he querido..., desengáñate:[10]
¡así no te querrán!

Análisis crítico

1. Analice formalmente el poema.
2. Identifique y comente las figuras estilísticas y tropos.
3. La anadiplosis es una figura retórica que consiste en empezar un verso con la misma palabra que termina el anterior. ¿Encuentra algún ejemplo de este tipo de figura en el poema?
4. ¿Puede indicar dónde y cómo se manifiestan los distintos paralelismos que hay en este poema?

---

[1]*swallows*. [2]*restrained*. [3]felicidad. [4]espesas. [5]*honeysuckles*. [6]paredes. [7]*laden*, llenas. [8]*dew*. [9]*entranced*. [10]créeme.

5. ¿Cómo podríamos dividir temática y estructuralmente cada una de las estrofas?
6. ¿Cómo se contrasta el uso del pasado y el futuro?

Mesa redonda

En esta rima se puede ver cómo el yo poético expresa sus más íntimos sentimientos ante la pérdida de su amor. Comente con sus compañeros de grupo la naturaleza de estos sentimientos, el tono, y el abundante uso de adjetivos. Compartan sus observaciones con la clase.

Sea creativo

Las rimas de Bécquer se perdieron poco antes de ser publicadas, y el autor tuvo que recordar y recrear sus rimas una segunda vez. Si usted se hubiera encontrado las cuatro primeras estrofas y tuviera que concluir el poema con dos más; ¿cómo lo terminaría? No se olvide del uso del "Volverán" y, más tarde, del "pero". Pueden realizar esta actividad creativa bien individualmente o en grupos. Compartan sus opiniones con la clase.

Investigación

Anteriormente señalamos la importante influencia de Bécquer en la poesía española del siglo XX. Haga un estudio de los aspectos de su poesía que influyeron en algunos de los poetas españoles más destacados del siglo XX español.

Diccionario de términos literarios

Estribillo. Verso o versos que aparecen al principio de un poema y que se repiten total o parcialmente después de cada estrofa.

Rosalía de Castro: *Las canciones que oyó la niña*

Vida, obra, y crítica

Rosalía de Castro (1837–1885) nació en Santiago de Compostela, en la región española de Galicia, y es una de las figuras más destacadas del movimiento romántico gallego conocido como el "Rexurdimento", o Resurgimiento. Rosalía de Castro se opuso a todo abuso de autoridad, se hizo eco de la destrucción masiva que experimentaba la naturaleza de su tierra, y fue una gran defensora de los derechos de las mujeres. Su obra poética, que se haya impregnada (*permeated*) de un profundo lirismo, nos recuerda a la de Gustavo A. Bécquer. Lo mismo que en éste, la poesía de Rosalía de Castro trata de revelar un algo presentido por su espíritu que resulta indefinible e inefable.

De su obra poética merecen especial mención tres poemarios. El primero, *Cantares gallegos* (1863), fue escrito en gallego, y en él trata del paisaje de su tierra, de la vida rural —romerías, amores típicos de los pueblos...—, y de la emigración de sus paisanos a tierras de Castilla. En *Follas novas* (1880), escrito también en gallego, la realidad del mundo exterior funciona sólo como pretexto para expresar sus más íntimos sentimientos. Y *En las orillas del Sar* (1884), escrito en español, Rosalía de Castro acentúa las notas de pesimismo y muestra una predilección obsesionante por temas relacionados con la muerte y el paso inexorable del tiempo.

Es autora de varias novelas, pero la más elogiada por la crítica es *El caballero de las botas azules* (1867). En esta obra, Rosalía de Castro mezcla lo real con lo fantástico, y satiriza algunas costumbres o prácticas habituales de la época. Por ejemplo, se burla de las mujeres burguesas por su deseo de aparentar (*to show off*), censura la ociosidad en que viven las aristócratas, y critica la falta de talento de los críticos y escritores de su época.

Guía de lectura

"Las canciones que oyó la niña" es un poema que forma parte del poemario *En las orillas del Sar*. Lo mismo que en otros poemas de esta colección, existe en el poema seleccionado un sentido de ilusión frustrada, de desesperanza, y de deseos irrealizables. El poema consta de dos partes, o canciones, y en ambas, el yo poético, que no se corresponde con el yo femenino de la autora, expresa sus íntimos deseos amorosos hacia una joven de la que desconocemos su identidad y sus sentimientos. El lector puede admirar en este poema la musicalidad y la extraordinaria sensibilidad de unos versos que reflejan la intensidad emocional del yo poético. Además del análisis de estos sentimientos, el lector debe pensar en el aire de irrealidad que impregna el poema, y la perspectiva del yo poético ante la visión de la chica.

Las canciones que oyó la niña

Una

Tras de los limpios cristales
se agitaba la blanca cortina,
y adiviné que tu aliento[1]
perfumado la movía.

Sola estabas en tu alcoba,[2]
y detrás de la tela blanquísima
te ocultabas, ¡cruel! a mis ojos...
mas mis ojos te veían.

Con cerrojos[3] cerraste la puerta,
pero yo penetré en tu aposento[4]
a través de las gruesas paredes,
cual penetran los espectros;
porque no hay para el alma cerrojos,
ángel de mis pensamientos.

Codicioso[5] admiré tu hermosura,
y al sorprender los misterios
que a mis ojos velabas...[6] ¡perdóname!,
te estreché contra mi seno.

Mas... me ahogaba el aroma purísimo
que exhalabas de tu pecho,

y hube de soltar mi presa[7]
lleno de remordimiento.

Te seguiré adonde vayas,   25
aunque te vayas muy lejos,
y en vano echarás cerrojos
para guardar tus secretos;
porque no impedirá que mi espíritu
pueda llegar hasta ellos.   30

Pero... ya no me temas, bien mío,
que aunque sorprenda tu sueño,
y aunque en tanto estés dormida
a tu lado me tienda[8] en tu lecho,[9]
contemplaré tu semblante,[10]   35
mas no tocaré tu cuerpo,
pues lo impide el aroma purísimo
que se exhala de tu seno.
Y como ahuyenta[11] la aurora
los vapores soñolientos   40
de la noche callada y sombría,
así ahuyenta mis malos deseos.

Otra

Hoy uno y otro mañana,
rodando, rodando el mundo,
si cual te amé no amaste todavía,
al fin ha de llegar el amor tuyo.

¡Y yo no quiero que llegue...
ni que ames nunca, cual te amé, a ninguno;
antes que te abras de otro sol al rayo,
véate yo secar, fresco capullo![12]

Análisis crítico

1. Analice formalmente el poema.
2. Identifique y comente las figuras estilísticas y tropos.

---

[1]breath. [2]dormitorio. [3]bolts. [4]dormitorio. [5]greedy. [6]ocultabas. [7]prey. [8]I lay. [9]cama. [10]cara. [11]scares away. [12]flower bud.

3. Hay un sentido de virginal pureza en la descripción de la joven, o niña, del poema. ¿Cómo se expresa lingüísticamente esta cualidad? ¿Por qué la llama "niña"?
4. A juzgar por la expresión de las emociones del yo poético, ¿cómo aparece caracterizado éste? ¿Hay algún cambio de tono en sus sentimientos o emociones hacia la joven a lo largo de todo el poema?
5. ¿Qué visión o imagen de la chica nos da el yo poético?
6. ¿Cómo aparece representada en este poema la noción del paso del tiempo?
7. ¿Cómo interpreta los dos últimos versos del poema? ¿Qué tipo de figura estilística o tropo encontramos aquí?

Mesa redonda

Hay un cierto sentido de ambigüedad en este poema que le da un aire de irrealidad. Discuta con sus compañeros de grupo si el yo poético es un voyeurista que está viendo una realidad concreta o si, por el contrario, lo que parece ver pertenece a un mundo de la imaginación y la fantasía. Compartan sus observaciones con la clase.

Sea creativo

En ambas canciones de este poema sólo vemos la expresión de los sentimientos y emociones del yo poético. Escriba uno o dos párrafos explicando las razones por las que la chica podría rechazar al yo poético. Pueden realizar esta actividad creativa bien individualmente o en grupos. Compartan sus opiniones con la clase.

Investigación

El *Rexurdimento* —Resurgimiento— y el *Renaixença* fueron dos importantes movimientos culturales que se desarrollaron paralela y respectivamente en las regiones españolas de Galicia y Cataluña. Escoja uno de estos movimientos y analice sus principales características y propuestas.

Diccionario de términos literarios

Asimetría. Falta de regularidad silábica en los versos que componen un poema, o entre las estrofas que forman un poema.

José Martí: *Dos patrias*
Vida, obra, y crítica

José Martí (1853–1895), cubano, fue hijo de padres españoles, pero esto no le impidió que participara en la lucha por la independencia de su país. Por sus ideas independentistas, Martí fue condenado a trabajos forzados (*hard labor*), y más tarde desterrado a España, donde vivió de 1871 a 1874. De 1875 a 1879 residió en México, donde dirigió la *Revista Universal*, y Guatemala. A partir de 1880 vivió la mayor parte del tiempo en EE.UU., donde se dedicó al periodismo. En 1895 regresó a Cuba, y este mismo año murió en un enfrentamiento con los españoles.

A pesar de su corta vida, Martí fue un escritor muy prolífico. Su obra, compilada en veintisiete volúmenes, incluye poesía, prosa, y teatro. Como poeta es autor de *Ismaelillo* (1882), una obra que marca el inicio del Modernismo hispanoamericano. Los elementos modernistas de esta obra —el uso del color y la creación de imágenes exóticas— seguirán reapareciendo en otras de sus obras futuras, como *Versos libres*, escrita de 1878 a 1882; *Flores del destierro*, escrita de 1885 a 1895; y *Versos sencillos* (1891). En *Versos libres* introduce un tema nuevo: la soledad a la que se ve condenado el individuo por la sociedad capitalista, y en *Versos sencillos* trata uno de los temas predominantes del Modernismo: el cosmopolitismo.

Su obra en prosa refleja la influencia de algunos escritores españoles —Santa Teresa de Jesús— y franceses —Victor Hugo—, y se caracteriza por su sencillez y la abundancia de recursos poéticos. Sus trabajos en prosa incluyen una novela, *Amistad funesta* (1885); y varios cuentos, crónicas, ensayos, discursos, cartas, etc. En sus crónicas y ensayos canta a algunos de los héroes latinoamericanos que lucharon contra la opresión política y social; y sus discursos, entre los que destacan los dedicados a Simón Bolívar y al poeta Heredia, lo confirman como un gran orador. Como dramaturgo es autor, entre otras obras, del poema dramático romántico *Abdala* (1869), y del drama indio *Patria y libertad* (1877).

Guía de lectura

"Dos patrias" forma parte del poemario *Flores del destierro*, una colección de poemas en la que Martí se confirma como precursor del Modernismo. En este poema, precisamente, podemos ver algunas de las características de esta corriente estética: un sentido de angustia y soledad, espíritu patriótico, creación de imágenes plásticas relacionadas con el mundo de los sentidos, y uso del color. El poema tiene por contexto histórico la lucha revolucionaria e independentista de Cuba contra España, en la que participa el yo poético.

Este yo poético nos confiesa que ha llegado el momento de luchar contra los españoles, y él mismo se presenta como una posible víctima en su búsqueda por la libertad de Cuba, la "viuda triste" del poema. En la lectura de este poema debemos tener presente el contexto histórico del poema, y el uso de algunos elementos característicos del Modernismo.

Dos patrias

Dos patrias tengo yo: Cuba y la noche.
¿O son una las dos? No bien retira
su majestad el sol, con largos velos
y un clavel[1] en la mano, silenciosa
5   Cuba cual viuda triste me aparece.
¡Yo sé cuál es ese clavel sangriento
que en la mano le tiembla! Está vacío
mi pecho, destrozado está y vacío
en donde estaba el corazón. Ya es hora
10   de empezar a morir. La noche es buena
para decir adiós. La luz estorba[2]
y la palabra humana. El universo
habla mejor que el hombre.

15   Cual bandera
que invita a batallar, la llama roja
de la vela flamea.[3] Las ventanas
abro, ya estrecho en mí. Muda, rompiendo
las hojas del clavel, como una nube
20   que enturbia[4] el cielo, Cuba, viuda,
pasa...

Análisis crítico

1. Analice formalmente el poema. ¿Cree que los encabalgamientos contribuyen de alguna manera a la expresión del mensaje del poema?
2. Identifique y comente algunas de las figuras estilísticas y tropos.
3. ¿Cómo interpreta los versos 12 y 13: "El universo/habla mejor que el hombre"?
4. ¿Cómo describiría el espíritu o las emociones del yo poético?

---

[1]*carnation.* [2]*is a barrier* [3]*flutters.* [4]*esconde.*

5. ¿Cómo interpreta esos puntos suspensivos con los que concluye el poema?
6. ¿Cómo aparece representada Cuba?

Mesa redonda

El cromatismo, o uso del color, cobra gran importancia en este poema. ¿Qué colores predominan? Discuta con sus compañeros el valor simbólico de los colores y su relación con el contenido del poema. Compartan sus observaciones con la clase.

Sea creativo

En este poema somos testigos de cómo el yo poético está dispuesto a sacrificar su vida por la independencia de Cuba. Piense en una causa actual que, en su opinión, podría ser motivo de un sacrificio similar. Trate de crear alguna imagen con elementos cromáticos que exprese este deseo. Pueden realizar esta actividad creativa bien individualmente o en grupos. Compartan sus opiniones con la clase.

Investigación

El Modernismo hispanoamericano trajo consigo una importantísima renovación estética que se manifiesta no sólo en el uso del lenguaje, sino también en la selección de los temas. Escriba un ensayo comentando algunas de sus principales características.

Diccionario de términos literarios

Dolora. Tipo de composición poética creada por R. de Campoamor en la que prevalece el contenido sobre la forma, y se caracteriza por su didacticismo y retoricismo.

Rubén Darío: *Canción de otoño en primavera*

Vida, obra, y crítica

Rubén Darío (1867–1916), uno de los poetas más prestigiosos de la literatura latinoamericana, nació en Nicaragua. Fue criado por una tía, y una buena parte de su educación la recibió de los jesuitas. Rubén Darío fue un poeta precoz, y a los catorce años era conocido como el "poeta niño". En 1882 se fue a El Salvador, donde trabajó como profesor de gramática. En 1884 regresó a Nicaragua, y en 1886 se estableció en Chile, donde colaboró en varios periódicos y se familiarizó con la literatura francesa. De 1893 a 1899 residió en Argentina, y de esta fecha hasta su muerte en Nicaragua, residió en España y Francia.

Rubén Darío escribió su primera obra, *Poesías y artículos en prosa*, a los catorce años, y en 1887 *Abrojos y rimas*, un libro de carácter biográfico en el que ya se empiezan a ver algunas de las características del Modernismo. Un año más tarde publicó *Azul...*, una obra que marcó un paso decisivo en el desarrollo del movimiento modernista, y en la que combina poesía con prosa poética para tratar temas relacionados con el amor, la muerte, la mujer, y la realidad social. En 1896 publicó *Prosas profanas,* en la que se ve la influencia de los simbolistas y parnasianos franceses y en la que destaca el uso de un lenguaje refinado, con gran ritmo y musicalidad. Algunos de los escenarios que predominan aquí son jardines, palacios lujosos, fuentes, y animales, como cisnes (*swans*) y pavos reales (*peacoks*). En 1905 publicó *Cantos de vida y esperanza*, en la que recoge poemas escritos entre 1892 y 1905, y en la que introduce el concepto innovador del "mundonovismo", un concepto basado en la exaltación de valores típicamente hispanoamericanos.

Las obras que escribió Rubén Darío después de *Cantos de vida y esperanza* no alcanzaron el éxito artístico de las anteriores. En *El canto errante* (1897) trata temas autobiográficos y de carácter metafísico, y en *Poema de otoño y otros poemas* (1910) estudia temas como el amor, la muerte o el sentido de nuestra existencia. Además de poesía, Darío publicó una colección de ensayos, *Los raros* (1896), en los que hace un estudio de José Martí y de un grupo de poetas simbolistas y parnasianos franceses.

Guía de lectura

"Canción de otoño en primavera" forma parte del poemario *Cantos de vida y esperanza*, una obra en la que Rubén Darío, además de introducir el concepto del "mundonovismo", trató temas de tipo metafísico y experimentó con distintos metros y combinaciones estróficas. En el poema que hemos seleccionado, el yo poético recuerda sus amores pretéritos y el intento fracasado de encontrar a su "princesa". El poema nos presenta el choque entre dos dioses: Crono, dios del tiempo, y Eros, dios del amor; y aunque el lector puede intuir que hay una nota de nostalgia y pesimismo en estos recuerdos, el final del poema, sin embargo, parece introducir una nota optimista.

Al leer este poema debemos pensar que, al tratarse de un poema modernista, el autor ha puesto un énfasis especial en su construcción formal: el lenguaje, el ritmo, y un uso abundante de figuras estilísticas. Desde otro punto de vista, el de su contenido, Darío nos hace pensar en unas experiencias universales, las de nuestros amores pasados, que van entrelazadas (*intertwined*) con el inexorable paso del tiempo.

Canción de otoño en primavera

Juventud, divino tesoro,
¡ya te vas para no volver!
Cuando quiero llorar, no lloro...
y a veces lloro sin querer...

Plural ha sido la celeste
historia de mi corazón.
Era una dulce niña, en este
mundo de duelo y de aflicción.

Miraba como el alba pura;
sonreía como una flor.
Era su cabellera[1] oscura
hecha de noche y de dolor.

Yo era tímido como un niño.
Ella, naturalmente, fue,
para mi amor hecho de armiño,[2]
Herodías[3] y Salomé...[4]

Juventud, divino tesoro,
¡ya te vas para no volver!
Cuando quiero llorar, no lloro...
y a veces lloro sin querer...

La otra fue más sensitiva,
y más consoladora y más
halagadora[5] y expresiva,
cual no pensé encontrar jamás.   25

Pues a su continua ternura
una pasión violenta unía.
En un peplo[6] de gasa[7] pura
una bacante[8] se envolvía...

En sus brazos tomó mi ensueño[9]   30
y lo arrulló[10] como a un bebé...
Y lo mató, triste y pequeño,
falto de[11] luz, falto de fe...

Juventud, divino tesoro,
¡te fuiste para no volver!   35
Cuando quiero llorar, no lloro...
y a veces lloro sin querer...

Otra juzgó que era mi boca
el estuche[12] de su pasión;
y que me roería,[13] loca,   40
con sus dientes el corazón.

---

[1]pelo. [2]*ermine.* [3]segunda esposa de Herodes. [4]hija de Herodías que pidió la cabeza de San Juan Bautista en pago a sus bailes. [5]*flattering.* [6]vestidura usada por mujeres en la antigua Grecia. [7]tela suave y transparente. [8]mujer que participaba en las fiestas de Baco, dios del vino (bacanales). [9]fantasías. [10]*she lulled.* [11]"falto de": sin. [12]caja. [13]*she would gnaw.*

Poniendo en un amor de exceso
la mira[14] de su voluntad,
mientras eran abrazo y beso
síntesis de la eternidad;

y de nuestra carne ligera
imaginar siempre un Edén,
sin pensar que la Primavera
y la carne acaban también...

Juventud, divino tesoro,
¡ya te vas para no volver!
Cuando quiero llorar, no lloro...
y a veces lloro sin querer.

¡Y las demás! En tantos climas,
en tantas tierras siempre son,
si no pretextos de mis rimas,
fantasmas de mi corazón.

En vano busqué a la princesa
que estaba triste de esperar.
La vida es dura. Amarga y pesa.
¡Ya no hay princesa que cantar!

Mas a pesar del tiempo terco,[15]
mi sed de amor no tiene fin;
con el cabello gris, me acerco
a los rosales del jardín...

Juventud, divino tesoro,
¡ya te vas para no volver!
Cuando quiero llorar, no lloro...
y a veces lloro sin querer...

¡Mas es mía el Alba de oro!

Análisis crítico

1. Analice formalmente el poema.
2. Identifique y comente las figuras estilísticas y tropos.
3. ¿Cómo aparecen caracterizados el yo poético y sus distintas amantes? ¿Cómo concluye cada una de estas historias? ¿Qué impacto tienen en el yo poético?
4. ¿Qué quiere decir el yo poético cuando se refiere a otras mujeres como "fantasmas de mi corazón" (v. 56)?
5. El yo poético usa el presente de indicativo en el estribillo para hablar de la juventud, *"¡ya te vas para no volver!"*, pero en el tercer estribillo vemos cómo el presente es sustituido por el pretérito, *"¡te fuiste para no volver!"*; ¿Qué cree que nos está sugiriendo el autor con este cambio de tiempos verbales?
6. ¿Cómo interpreta la segunda parte del estribillo, *"cuando quiero llorar... sin querer"*?
7. ¿Cómo interpreta el título del poema?
8. El último verso, *"¡Mas es mía el Alba de oro!"*, ha dado lugar a distintas interpretaciones entre los críticos. ¿Qué interpretación le da usted?

[14]objetivo. [15]*obstinate.*

Mesa redonda

A lo largo de este poema hay varios antagonismos o mundos opuestos. En el título mismo del poema y en la persona del yo poético tenemos dos ejemplos, pero hay más. Con sus compañeros de grupo estudie la función y significado de estos antagonismos. Compartan sus observaciones con la clase.

Sea creativo

El yo poético nos describe en este poema a algunas protagonistas de sus historias de amor, y al final del poema (estrofa 15) nos menciona a esa princesa "que estaba triste de esperar". Escriba una o dos estrofas describiendo cómo podría ser esa mujer para el yo poético. Puede empezar la estrofa con los siguientes versos:

> Por suerte encontré a la princesa
> que estaba triste de esperar...

Pueden realizar esta actividad creativa bien individualmente o en grupos. Compartan sus opiniones con la clase.

Investigación

El "mundonovismo", o nuevo mundo, se propone exaltar o reivindicar los valores, las raíces y la herencia cultural de los pueblos de Hispanoamérica. Numerosos escritores, como José Eustasio Rivera (1888–1928) o Rubén Darío, participaron de este movimiento tan relevante en las letras hispanas. Escriba un ensayo destacando los postulados e ideas más destacadas del "mundonovismo".

El poeta romántico inglés Samuel Taylor Coleridge (1772–1834) estudió en su poema "Youth and Age" el tema de la juventud perdida o pasada. Compare este poema con el que hemos leído de Rubén Darío enfocando su estudio en el tópico del paso del tiempo, en los recuerdos que los yo poéticos tienen de ese pasado, y en la reacción personal ante esta realidad.

Diccionario de términos literarios

Palimpsesto. Tipo de manuscrito en el que se ha borrado el texto original y se ha vuelto a escribir un nuevo texto.

Delmira Agustini: *El cisne*
Vida, obra, y crítica

Delmira Agustini (1886–1914), uruguaya, recibió de su familia el apoyo económico y el estímulo para que cultivara su vocación poética desde niña. Fue conocida como la "niña poeta" debido a su precocidad, y mantuvo una tormentosa y apasionada relación sentimental con Enrique Job Reyes, con quien se casó en 1913. Sin embargo, pocas semanas después de que Agustini pidiera el divorcio, fue asesinada por su marido.

Su primer poemario fue *El libro blanco* (1907), una obra repleta de poemas sensuales que la llevaron a la popularidad. Le sigue *Cantos de la mañana* (1910), en la que Agustini continúa escribiendo una poesía femenina y sensual haciendo uso de símbolos religiosos. Y en 1913 publica *Los cálices vacíos*, una obra que marca su entrada en el movimiento literario de "la vanguardia", y en la que se percibe la influencia de Baudelaire en la polarización de sentimientos que habitan en el espíritu del yo poético: vida/muerte, amor/dolor, bien/mal, etc. En 1924 se publicaron dos obras póstumas, *El rosario de Eros*, y *Los astros del abismo*, en las que se reunió toda su producción poética con algunos poemas inéditos; y en 1969 salió a la luz su correspondencia epistolar más íntima. Agustini ejerció una gran influencia en la obra de otras dos excelentes poetas latinoamericanas: Alfonsina Storni y Juana de Ibarbourou.

Agustini forma parte de la generación de 1900, una generación que incluye escritores como su compatriota Julio Herrera y Reissig, Leopoldo Lugones, y el máximo exponente del Modernismo, Rubén Darío, a quien consideraba su maestro. Darío la comparó a Santa Teresa de Jesús por ser, después de ésta, la primera poeta que se expresó como mujer. Agustini fue la primera poeta latinoamericana que dio expresión a temas de tipo erótico, y este aspecto, unido al carácter subjetivo e introspectivo de su obra, han dado lugar a que sea conocida como una poeta "místico-erótica".

Guía de lectura

"El cisne" es un poema que forma parte de la colección *Los cálices vacíos*, una obra dedicada a Eros, el dios del amor y del deseo. Esta obra trata, entre otros temas, de las dudas que siente la voz poética sobre su verdadera identidad, y de su rebelión contra el rol de género que el sistema patriarcal ha impuesto en la mujer.

En el poema que hemos seleccionado, como es habitual en otros de este poemario, Delmira Agustini defiende el derecho de la mujer a rechazar y subvertir las ideas y el discurso patriarcal que hay en la poesía de Rubén Darío y en la sociedad de su tiempo. Una forma de rebelión se manifiesta en cómo el yo poético expresa abiertamente su deseo sexual como un sujeto activo. En la lectura de este poema debemos reconocer y explicar las imágenes eróticas con las que el yo poético pone de manifiesto su sensualidad y sus deseos femeninos, cómo trasciende del mundo concreto erótico al mundo abstracto de la creación poética, la relación que se establece entre el yo poético y el cisne, y cómo este yo poético subvierte algunos de los principios del Modernismo.

El cisne

Pupila azul de mi parque
es el sensitivo espejo
de un lago claro, muy claro!...
Tan claro que a veces creo
que en su cristalina página
se imprime mi pensamiento.

Flor del aire, flor del agua,
alma del lago es un cisne
con dos pupilas humanas,
grave y gentil como un príncipe;
alas lirio, remos[1] rosa...
Pico[2] en fuego, cuello triste
y orgulloso, y la blancura
y la suavidad de un cisne...

El ave cándida y grave
tiene un maléfico[3] encanto;
clavel[4] vestido de lirio,[5]
trasciende a llama y milagro!...
Sus alas blancas me turban[6]
como dos cálidos brazos;
ningunos labios ardieron
como su pico en mis manos;
ninguna testa[7] ha caído
tan lánguida en mi regazo;[8]
ninguna carne tan viva
he padecido[9] o gozado:

viborean[10] en sus venas
filtros dos veces humanos!

Del rubí de la lujuria   30
su testa está coronada:
y va arrastrando[11] el deseo
en una cauda[12] rosada...

Agua le doy en mis manos
y él parece beber fuego,   35
y yo parezco ofrecerle
todo el vaso de mi cuerpo...

Y vive tanto en mis sueños,
y ahonda[13] tanto en mi carne,
que a veces pienso si el cisne   40
con sus dos alas fugaces,
sus raros ojos humanos
y el rojo pico quemante,
es sólo un cisne en mi lago
o es en mi vida un amante...   45

Al margen del lago claro
yo le interrogo en silencio...
y el silencio es una rosa
sobre su pico de fuego...
Pero en su carne me habla   50
y yo en mi carne le entiendo.
—A veces ¡toda! soy alma;

---

[1]sculls. [2]beak. [3]wicked. [4]carnation. [5]lily. [6]they disturb. [7]cabeza. [8]lap. [9]sufrido. [10]they snake along. [11]it is trailing. [12]cola. [13]penetra.

y a veces ¡toda! soy cuerpo—.
Hunde[14] el pico en mi regazo
y se queda como muerto...

Y en la cristalina página,
en el sensitivo espejo

del lago que algunas veces
refleja mi pensamiento,
¡el cisne asusta, de rojo,
y yo, de blanca, doy miedo!

Análisis crítico

1. Analice formalmente el poema.
2. Identifique y comente las figuras estilísticas y tropos. ¿Qué figura estilística o tropo constituye el lago del poema? ¿Cómo lo interpretaría?
3. ¿Cómo es descrito el cisne?
4. ¿Qué elementos eróticos encuentra en este poema?
5. ¿Podríamos considerar este poema como feminista? Justifique su respuesta.
6. Aquí encontramos algunas dualidades, ¿puede identificarlas y comentarlas? ¿Cómo interpreta los versos "es sólo un cisne en mi lago / o es en mi vida un amante..." (vs. 43 y 44)?
7. ¿Cuál es el tono de este poema?

Mesa redonda

Discuta con sus compañeros de grupo la relación que se establece entre el yo poético y el cisne, y cómo Delmira Agustini trata de trascender del mundo erótico al mundo abstracto de la creación e inspiración poéticas. Compartan sus opiniones con la clase.

Sea creativo

Delmira Agustini utiliza el símbolo modernista del cisne para atacar y reaccionar contra los principios que este símbolo representa. Piense en algunos de los principios que caracterizan a esta corriente estética y en cómo haría usted una crítica de los mismos. Pueden realizar esta actividad creativa bien individualmente o en grupos. Compartan sus opiniones con la clase.

Investigación

El poema de Delmira Agustini que acabamos de estudiar y "Tuércele el cuello al cisne", de Enrique González Martínez, representan dos ataques contra la estética del Modernismo.

---

[14]mete.

Lea el poema "El Cisne" que aparece en la primera parte de esta sección, en "Análisis de 'El Cisne', (Rubén Darío)", y comente el valor simbólico del cisne y cómo Agustini y González Martínez atacan los principios modernistas representados por este símbolo.

Diccionario de términos literarios

Subtexto. Se refiere a lo que no se expresa abierta sino implícitamente. Un subtexto es consciente o inconscientemente creado por el autor, y puede ser descubierto, pero no creado, por el lector. Un término teórico relacionado es el de "sugerencia", que significa que el escritor intencionadamente le da ciertas pistas al lector para que realice nuevas lecturas del texto.

Alfonsina Storni: *Peso ancestral*
Vida, obra, y crítica

Alfonsina Storni (1892–1938) nació en Suiza, pero en 1896 emigró a Argentina con su familia. En 1907 se unió a una compañía de teatro con la que recorrió parte del país y, posteriormente, trabajó en una compañía importadora de petróleo y como maestra de un colegio. En 1938, tres años después de haber sido diagnosticada con un cáncer, se suicidó tirándose al agua en Mar del Plata. Storni fue la primera mujer que formó parte de un importante círculo literario, "Anaconda", del que también eran miembros los escritores Horacio Quiroga y Leopoldo Lugones.

Su producción poética, en la que más destacó, se divide en dos fases. A una primera fase pertenecen sus obras *La inquietud del rosal* (1916), *El dulce daño* (1918), *Irremediablemente* (1919) y *Languidez* (1920), con la que ganó el segundo Premio Nacional de Literatura. En esta etapa, Storni nos habla de sus experiencias amorosas desde un punto de vista testimonial y confesional. Y en la segunda etapa, que incluye obras como *Ocre* (1925), *Mundo de siete pozos* (1934) y *Mascarilla y trébol* (1938), se percibe una voz poética más objetiva que busca el papel que la mujer se ve obligada a cumplir en la sociedad del momento. Esta búsqueda la lleva a reflexionar sobre la represión ejercida por el sistema patriarcal contra la mujer en una sociedad en la que ésta no tiene los mismos derechos que el hombre. En otras obras, como *Mundo de siete pozos*, Storni trata el tema de la soledad y alienación del hombre en la sociedad capitalista de su tiempo. Desde el punto de vista formal, Storni hace uso en sus rimas de formas poéticas tradicionales, pero con el paso del tiempo muestra predilección por el verso libre.

Storni publicó varios artículos periodísticos, en los que defendió sus ideas feministas, y dos novelas breves en 1919.

Guía de lectura

"Peso ancestral" forma parte del poemario *Irremediablemente* y, como es habitual en algunos de los poemas de Storni, se caracteriza por su economía de medios expresivos. Es decir, es un poema impresionista en el que la autora ahorra explicaciones minuciosas o detalladas sobre el tema que trata y, por su brevedad y condensación, sugiere varias lecturas e interpretaciones. El poema se presenta como una reflexión y, al mismo tiempo, como un diálogo entre el yo poético y su madre centrado en dos mundos antagónicos: el del hombre y el de la mujer.

En la lectura del poema, y desde el punto de vista formal, debemos notar el uso de versos de pie quebrado —versos de cinco sílabas que alternan con otros más largos—, la escasez de figuras estilísticas, el uso predominante de verbos y sustantivos, y la escasez de adjetivos. A pesar de que es un poema de lectura relativamente fácil, debemos recordar que su contenido se abre a varias interpretaciones.

Peso ancestral

Tú me dijiste: no lloró mi padre;
tú me dijiste: no lloró mi abuelo;
no han llorado los hombres de mi raza,
eran de acero.[1]

Así diciendo te brotó una lágrima
y me cayó en la boca... más veneno
yo no he bebido nunca en otro vaso
así pequeño.

Débil mujer, pobre mujer que entiende,
dolor de siglos conocí al beberlo.
¡Oh, el alma mía soportar no puede
todo su peso!

Análisis crítico

1. Analice formalmente el poema.
2. Identifique y comente las figuras estilísticas y tropos.
3. ¿Quién es el yo poético? ¿A quién se dirige?
4. ¿Cómo interpreta el término "lágrima" de la segunda estrofa? ¿Cómo se relaciona este término con el mensaje de la última estrofa?
5. ¿A qué se refiere el yo poético cuando afirma en los versos 11 y 12 que "soportar no puede/todo su peso!"?
6. ¿Qué es lo que entiende la "Débil mujer, pobre mujer" del verso 9?
7. ¿Cómo interpreta el título del poema?

Mesa redonda

Storni, una de las voces feministas más conocidas de Hispanoamérica en la primera mitad del siglo xx, nos hace reflexionar sobre dos mundos opuestos: el del orden patriarcal y el de la mujer. Con sus compañeros de grupo discuta la imagen que nos da

---

[1] *steel.*

la poeta de estos dos mundos antagónicos en el poema. Compartan sus impresiones con el resto de la clase.

Sea creativo

El poema que hemos leído comienza con una voz poética que repite lo que su madre le ha dicho sobre su padre y abuelo. Escriba unos versos comenzando con "Yo te digo…", y refleje sus propios sentimientos o impresiones sobre la opresión/discriminación ejercidas por el hombre en la mujer de la sociedad actual. Trate de crear alguna imagen, metáfora o símbolo, como hace Storni en la segunda estrofa de este poema, que refleje algún aspecto de esta relación entre el hombre y la mujer. Pueden realizar esta actividad creativa bien individualmente o en grupos. Compartan sus opiniones con la clase.

Investigación

En otros de sus poemas, como "Tú me quieres blanca", "Veinte siglos" o "Bien pudiera ser", del poemario *El dulce daño*, Storni vuelve a reflexionar sobre la represión ejercida por el sistema patriarcal en la mujer. Escoja uno de estos poemas y escriba un ensayo comentando este tema.

Diccionario de términos literarios

Sátira. Es una composición en verso o prosa en la que se hace una crítica de las costumbres y vicios de personas o grupos sociales con fines moralizadores, lúdicos o burlescos. Aunque sus orígenes se encuentran en Grecia, es en Roma donde la *sátira* se configura como verdadero subgénero literario.

Antonio Machado: *Proverbios y cantares,* XXIX

Vida, obra, y crítica

Antonio Machado (1875–1939) nació en Sevilla, pero pasó su juventud en Madrid y residió algunas temporadas en París. Trabajó como profesor de lengua francesa en un instituto de Soria, ciudad en la que permanecería cinco de sus años más importantes. Posteriormente vivió en Segovia y Madrid, y al final de la guerra civil española (1936–1939) se exilió en Francia, donde murió.

Su primera obra fue *Soledades* (1903), reeditada en 1907 con el título de *Soledades, galerías y otros poemas,* un poemario caracterizado por el uso de formas sencillas y una nota de desaliento (*discouragement*) y tristeza. En 1912 publica su obra maestra, *Campos de Castilla,* en la que Machado abandona la ornamentación formal que vemos en los poemas de *Soledades,* y en la que trata temas que tienen que ver con la muerte, el tiempo, el paisaje, o con reflexiones metafísicas sobre la vida. A veces, sin embargo, introduce poemas de contenido trágico, como el romance "La tierra de Alvargonzález", en el que relata cómo unos agricultores, movidos por el egoísmo, matan a su padre. Esta obra fue reeditada en 1917 y 1928 con nuevos temas bajo el título de *Poesías completas.* En su tercer libro, *Nuevas canciones* (1924), Machado usa metros cortos de la poesía popular para expresar sus reflexiones personales y filosóficas.

Machado, uno de los poetas más representativos de la generación del 98, creía que la auténtica poesía debía expresar la "palpitación del espíritu" y los sentimientos del hombre. Algunos de los temas que trata en su obra tienen que ver con su vida personal —recuerdos de su infancia y juventud, o el amor y muerte de su joven esposa—, la realidad histórica España, el paisaje castellano, y temas filosóficos relacionados con el tiempo, la vida y la muerte. Desde el punto de vista formal, Machado muestra preferencia por el cultivo de la rima asonante, el romance, el cantar, el soneto, y la silva.

Guía de lectura

El poema que hemos seleccionado forma parte de la sección "Proverbios y cantares", del poemario *Campos de Castilla.* Muchos de los poemas de esta sección son de carácter lírico, y contienen proverbios o breves reflexiones sobre la vida, la muerte, la religión, la literatura o la política. En este breve poema, Machado reflexiona de forma subjetiva e íntima sobre la experiencia única que todo hombre tiene de la vida y del paso del tiempo.

Al leer este poema debemos notar la escasez de adjetivos y la abundancia de sustantivos y verbos pertenecientes al mismo campo semántico, es decir que están relacionados temáticamente. Asimismo, podemos ver cómo la brevedad del poema se ve compensada con la riqueza de significados encerrados en las distintas figuras estilísticas y tropos.

Proverbios y cantares, XXIX

Caminante, son tus huellas[1]
el camino y nada más;
caminante, no hay camino:
se hace camino al andar.
Al andar se hace el camino,
y al volver la vista atrás
se ve la senda[2] que nunca
se ha de volver a pisar.
Caminante, no hay camino,
sino estelas[3] en la mar.

Análisis crítico

1. Analice formalmente el poema.
2. Identifique y comente las figuras estilísticas y tropos.
3. ¿En qué partes podríamos dividir el poema?
4. Comente la existencia de una importante isotopía semántica existente en este poema. (Consulte el "Análisis de 'El Cisne', (Rubén Darío)", en la "Introducción a la poesía", para más detalles sobre este concepto).
5. ¿Expresa este poema alguna o algunas nociones del paso del tiempo?
6. ¿Cuál es el tono del poema?
7. ¿Conoce algún poeta hispano, o de otra lengua, que utilice el camino, o una variante del mismo —el río, la senda (path)...— para expresar una idea similar? Piense en Jorge Manrique o en el poeta norteamericano Robert Frost.

Mesa redonda

Los dos últimos versos del poema han sido interpretados de distinta manera por la crítica. Interprete con sus compañeros el significado de estos dos versos teniendo en cuenta la presencia del "mar" al final del poema. Compartan sus opiniones con la clase.

---

[1]*footprints.* [2]*path.* [3]*wake.*

Sea creativo

Antonio Machado utiliza "el camino", y otros términos relacionados con éste, para reflexionar, de forma simbólica, sobre la vida y el ser humano. ¿Qué símbolo, o símbolos, crearía usted para expresar una idea similar? Pueden realizar esta actividad creativa bien individualmente o en grupos. Compartan sus opiniones con la clase.

Investigación

El camino, o una variante del mismo, aparece frecuentemente en la poesía de Antonio Machado con valor simbólico. Analice el significado simbólico del camino en "Yo voy soñando caminos", o "He andado muchos caminos", ambos incluidos en *Soledades*, o en "Caminos", incluido en *Campos de Castilla*.

Diccionario de términos literarios

Aforismo. Sentencia breve que resume una regla, un axioma, o una máxima instructiva. El aforismo guarda relación con el adagio, el refrán, el proverbio, y la máxima.

Juan Ramón Jiménez: *Vino, primero, pura*
Vida, obra, y crítica

Juan Ramón Jiménez (1881–1958) nació en Moguer, España. En 1896 se fue a Sevilla a estudiar Derecho (*law*), pero pronto abandonó sus estudios y regresó a su pueblo natal. Desde su adolescencia sufrió unas crisis nerviosas que le obligaron a permanecer en distintos sanatorios de España y Francia. Al comienzo de la guerra civil española (1936–1939) salió de España y residió en EE.UU., Cuba y Puerto Rico. De los numerosos premios literarios recibidos destaca la concesión del Premio Nobel de literatura en 1956. Sus primeras obras, entre las que destacan *Arias tristes* (1903), *Jardines lejanos* (1904), y *Laberinto* (1913), se ven influidas por el Modernismo, y en ellas Juan Ramón Jiménez revela un interés por la música, el color y un sentimentalismo melancólico. El metro que más utiliza en esta primera etapa es el octosílabo, y su poema predilecto es el romance. Posteriormente, y todavía compartiendo algunos de los principios de la estética modernista, el poeta andaluz cultivó una poesía más apasionada, amplió la variedad de colores, e introdujo los versos alejandrinos y endecasílabos.

Con la publicación de *Diario de un poeta recién casado* (1916), Juan Ramón Jiménez inicia una nueva fase caracterizada por la falta de elementos decorativos, la concisión y la sobriedad; y de esta fase destacan sus obras *Eternidades* (1917) y *Belleza* (1923). Durante su estancia en América publicó dos de sus obras maestras, *La estación total* (1946) y *Animal de fondo* (1949), obras caracterizadas por la abstracción y un mayor grado de intelectualidad. En *Animal de fondo*, concretamente, el poeta expresa la unión del mundo exterior con el interior, y revela algunas de sus preocupaciones religiosas.

Escribió varias obras en prosa, entre las que sobresale *Platero y yo* (1914), centrada en la relación de un hombre con un burro, y en la que combina el mundo de la realidad con el de la fantasía.

Guía de lectura

"Vino, primero, pura" forma parte del poemario *Eternidades*, obra perteneciente a la etapa conocida como "poesía desnuda", aunque otros la llaman "época intelectual". En esta fase, la poesía de Juan Ramón Jiménez se vuelve más abstracta e intelectual, y hay en ella una tendencia a la condensación conceptual. En el poema que nos ocupa, breve como la mayor parte de los poemas de esta colección, vemos los distintos estados emocionales que experimenta el yo poético ante la contemplación de una mujer. En el análisis del poema, el lector debe tratar de entender lo que representa la mujer, así como su evolución y cambios. Asimismo, es importante comentar el tipo de figura estilística o tropo que ocupa todo el espacio del poema.

Vino, primero, pura

Vino, primero, pura,
vestida de inocencia;
y la amé como un niño.

Luego se fue vistiendo
de no sé qué ropajes;[1]
y la fui odiando, sin saberlo.

Llegó a ser una reina,
fastuosa[2] de tesoros...
¡Qué iracundia de yel[3] y sin sentido!

Mas se fue desnudando,
y yo le sonreía.

Se quedó con la túnica[4]
de su inocencia antigua.
Creí de nuevo en ella.

Y se quitó la túnica,
y apareció desnuda toda...
¡Oh pasión de mi vida, poesía
desnuda, mía para siempre!

15

Análisis crítico

1. Analice formalmente el poema. ¿Hay regularidad en la métrica?
2. Identifique y comente las figuras estilísticas y tropos. ¿Qué representa la mujer de la que habla el yo poético? ¿Qué figura estilística o tropo ocupa todo el espacio del poema?
3. ¿Quién es el yo poético? ¿Con quién lo identificaría?
4. ¿Qué cambios o evolución vemos en el poema?
5. ¿Cuál es el tono del poema?

Mesa redonda

Al final de este poema, Juan Ramón Jiménez nos habla de una "poesía desnuda" por la que se muestra apasionado. Discuta con sus compañeros de grupo lo que creen que quiere decir el poeta con esta afirmación, y cómo lleva a la práctica esta idea, o estética, en el poema que hemos leído. Compartan sus opiniones con la clase.

Sea creativo

Juan Ramón Jiménez, lo mismo que otros muchos poetas, tiene sus propias ideas acerca de cómo se debe escribir poesía. Si usted fuera poeta, ¿qué principios estéticos seguiría, o crearía, para su obra poética? Escriba estos principios en una página y piense en una figura estilística o tropo que capte algunos de los principios de su "estética". Pueden realizar esta actividad creativa bien individualmente o en grupos. Compartan sus opiniones con la clase.

---

[1]ropa. [2]*pompous.* [3]"iracundia de yel": *bitter ire.* [4]vestido.

Investigación

En el poema que acabamos de estudiar, Juan Ramón Jiménez reflexiona sobre el tipo de poesía que a él le gusta. Lea el poema "Inteligencia, dame", incluido en *Eternidades*, y comente el "arte poética" que propone el poeta en este poema.

Diccionario de términos literarios

Flor. Con este término se designa una colección antológica de poemas, relatos, sentencias, etcétera.

César A. Vallejo: *Masa*
Vida, obra, y crítica

César A. Vallejo (1892–1938) nació en Santiago de Chuco, Perú, y fue el menor de once hermanos. Estudió Filosofía y Derecho, pero abandonó sus estudios para trabajar como maestro en Trujillo. Acusado falsamente de robo e incendio, fue encarcelado cuatro meses. En 1923 se estableció en París, donde pasó serios problemas económicos, pero logró sobrevivir ejerciendo de periodista y realizando algunas traducciones.

Aunque cultivó todos los géneros literarios, Vallejo destacó como poeta. Su producción poética se ha dividido en tres etapas: modernista, vanguardista y revolucionaria. En la primera etapa se percibe la influencia del Modernismo, y destaca su poemario *Los heraldos negros* (1918). En esta obra, centrada en algunos recuerdos de su infancia y los indios del Perú, Vallejo trata temas que tienen que ver con la vida diaria, la muerte, el destino y el sufrimiento del hombre. De su segunda fase, la vanguardista, destaca *Trilce* (1922), una obra en la que Vallejo nos deja constancia de (*describes*) las duras experiencias de su vida y del dolor del ser humano en la sociedad cruel, absurda y deshumanizada en que vive. Hay en esta obra, además, una revolución del lenguaje poético que podemos ver en la creación de neologismos, el empleo de distintos registros lingüísticos —arcaísmos, vulgarismos...—, la violación la sintaxis gramatical y la incorporación de numerosas figuras retóricas y tropos. En una tercera etapa, conocida como revolucionaria, se incluyen sus obras póstumas, *Poemas humanos* (1939), y *España, aparta de mí este cáliz*, escrita entre 1937 y 1938. En estas dos últimas obras Vallejo trata temas similares a las obras anteriores, pero con un tono más esperanzador y, quizá por su ideología marxista, abandona la experimentación formal para hacer una poesía más accesible al pueblo.

En prosa sobresale su novela *Tungsteno* (1931), en la que trata el problema de la explotación laboral en una mina de los Andes, y una colección de relatos y estampas, *Escalas melografiadas* (1931). Como dramaturgo es autor de *Colacho Hermanos o presidentes de América* (1934), en la que hace una crítica mordaz de los gobiernos latinoamericanos aliados con EE.UU. De su producción ensayística cabe mencionar *Contra el secreto profesional*, escrita de 1923 a 1929, y *El arte y la revolución*, escrita de 1929 a 1931.

Guía de lectura

"Masa", escrito en noviembre de 1937, forma parte del poemario *España, aparta de mí este cáliz*, una obra inspirada por la guerra civil española (1936–1939). En esta obra, Vallejo se sirve de los dos bandos contendientes como representación metafórica de las fuerzas del bien, los republicanos, y del mal, los nacionalistas. El poema seleccionado comienza con un final, el de una batalla, y finaliza con un comienzo, el de un soldado que empieza a andar. Entre estos dos puntos se desarrolla la acción dramática de un hombre que, a pesar de los ruegos (*pleas*) de mucha gente, se muere o sigue muerto, hasta que al final, por mediación de toda la humanidad congregada (*gathered*) en torno suyo, regresa a la vida. El lector puede ver cómo la acción del poema sigue una gradación ascendente que concluye con un clímax, y cómo el poema alude a dos guerras, la que acaba de librarse (*to take place*) entre dos ejércitos y la que libra (*wages*) el hombre moribundo (*dying*) entre la vida y la muerte.

En la lectura de este poema se hace obligatorio referirnos a las creencias religiosas de Vallejo. Vallejo fue educado en un medio católico tradicional; sin embargo, muchos opinan que, como militante marxista, Vallejo no era un católico ortodoxo. Al margen de esta controversia, lo que sí es cierto es que en muchos de sus poemas, como el que vamos a leer a continuación, podemos ver varias alusiones, imágenes, y símbolos tomados de la *Biblia*.

Masa

Al fin de la batalla,
y muerto ya el combatiente,[1] vino hacia él un hombre
y le dijo: "¡No mueras, te amo tanto!"
5   Pero el cadáver ¡ay! siguió muriendo.

Se le acercaron dos y repitiéronle:
"¡No nos dejes! ¡Valor! ¡Vuelve a la vida!"
Pero el cadáver ¡ay! siguió muriendo.

Acudieron[2] a él veinte, cien, mil, quinientos mil,
10   clamando:[3] "¡Tanto amor y no poder nada contra la muerte!"
Pero el cadáver ¡ay! siguió muriendo.

Le rodearon[4] millones de individuos,
con un ruego común: "¡Quédate, hermano!"
Pero el cadáver ¡ay! siguió muriendo.

15   Entonces, todos los hombres de la tierra
le rodearon; les vio el cadáver triste, emocionado; incorporóse[5] lentamente,
abrazó al primer hombre; echóse a andar...

---

[1]*combatant.* [2]*rushed.* [3]*shouting.* [4]*surrounded.* [5]*rose up.*

Análisis crítico

1. Analice formalmente el poema.
2. Identifique y comente las figuras estilísticas y tropos del poema.
3. ¿Por qué cree que Vallejo no nos da el nombre o la identidad de los personajes que participan en el desarrollo de la acción del poema?
4. ¿Cómo explica la contradicción, o paradoja, del hombre que sigue muriendo?
5. Comente la gradación ascendente creada por los distintos acontecimientos del poema.
6. ¿Cómo interpreta el título del poema?
7. ¿Qué piensa del tipo de lengua que utiliza Vallejo en este poema? ¿Cree que en su elección hay un mensaje político?

Mesa redonda

Con sus compañeros de grupo explique el final del poema. ¿Hay una alusión en este final a algún acontecimiento bíblico? ¿Cree que Vallejo, siendo marxista, nos propone una lectura religiosa de este final? Compartan sus opiniones con la clase.

Sea creativo

En la última estrofa vemos cómo el combatiente echa a andar. Sin embargo, en las cuatro primeras estrofas no hace nada, salvo morir. Añada un nuevo verso al final de cada una de estas estrofas que sirva para que el combatiente explique por qué sigue muriendo. Pueden realizar esta actividad creativa bien individualmente o en grupos. Compartan sus opiniones con la clase.

Análisis crítico

Escoja un poema de cada uno de los poemarios representativos de sus distintas fases o etapas —modernista, vanguardista y revolucionaria— y comente los aspectos formales y temáticos que los vinculan (*link*) con cada una de las susodichas (*aforementioned*) fases.

Diccionario de términos literarios

Máxima. Expresión de un pensamiento moral en el que se resume una norma de conducta.

Juana de Ibarbourou: *La hora*
Vida, obra, y crítica

Juana de Ibarbourou (1892–1979) nació en Melo, Uruguay. A la edad de veinte años se casó con el capitán Lucas Ibarbourou, y adoptó el apellido de su marido. Una vez casada vivió en varias partes de Uruguay, pero en 1918 se instaló definitivamente en Montevideo. En 1927, y en reconocimiento a su labor poética, Juana de Ibarbourou recibió el título de "Juana de América", y en 1959 se le concedió el Gran Premio Nacional de Literatura.

Juana de Ibarbourou comenzó a escribir poesía a los ocho años, y algunos de estos primeros poemas aparecieron publicados en periódicos locales, como *La razón*. Sus primeros poemarios incluyen *Las lenguas de diamante* (1919), *El cántaro fresco* (1920), y *Raíz salvaje* (1922), obras en las que se percibe la influencia del Modernismo. Con el paso del tiempo, Juana de Ibarbourou abandonó los elementos modernistas y cultivó una poesía de carácter vanguardista, y algunas de las obras más representativas de esta segunda etapa son los poemarios *La rosa de los vientos* (1930), *Perdida* (1950), y *Azor* (1953).

Juana de Ibarbourou es también autora de algunas obras en prosa con carácter místico, como *Estampas de la Biblia* (1934), y *Los loores de Nuestra Señora* (1934), y de obras dirigidas a un público infantil, como *Ejemplario* (1925), y *Chico Carlo* (1944).

La poesía de Juana de Ibarbourou se caracteriza por su sencillez, la expresión de sentimientos profundos, la presencia de una naturaleza que se convierte en cómplice de las relaciones entre dos amantes, y el uso recurrente de imágenes caracterizadas por su cromatismo. En su primera etapa, los temas predominantes son los del amor, generalmente visto desde una perspectiva erótica, la maternidad, la libertad, y el elogio de la belleza física. En una segunda etapa, sin embargo, su poesía se vuelve más melancólica y reflexiva, y algunos de los temas tratados se relacionan con el paso del tiempo, la muerte y el destino.

Guía de lectura

"La hora" es un poema perteneciente al poemario *Las lenguas de diamante*, una obra caracterizada por el uso de un lenguaje sencillo, la exaltación de la belleza, y la representación de una naturaleza marcada por sus connotaciones eróticas. En el poema seleccionado, que representa el tópico tradicional horaciano del *carpe diem*, la autora utiliza metáforas tomadas del mundo natural para expresar la urgencia e impaciencia de un yo poético femenino que insta (*urges*) a su amante a que se aproveche del momento presente, de la juventud, antes de que llegue la vejez. Lo que nos sorprende de este poema es que sea una voz femenina la que tome la iniciativa, y en este sentido podemos decir que Juana de Ibarbourou subvierte los patrones tradicionales asignados a la mujer.

El lector debe prestar atención al uso que hace la autora de las distintas formas gramaticales para comunicar el mensaje del poema. Por ejemplo, el uso recurrente del imperativo, de adverbios o frases adverbiales que apuntan a un tiempo específico, y de sustantivos y adjetivos que designan dos etapas diferentes de la vida. Asimismo, es de notar el uso continuo de metáforas y de distintas imágenes sensoriales —auditivas, olfativas, táctiles o visuales.

La hora

Tómame ahora que aún es temprano
y que llevo dalias nuevas en la mano.

Tómame ahora que aún es sombría
esta taciturna[1] cabellera[2] mía.

Ahora que tengo la carne olorosa
y los ojos limpios y la piel de rosa.

Ahora que calza[3] mi planta[4] ligera
la sandalia viva de la primavera.

Ahora que mis labios repica[5] la risa
como una campana sacudida[6] aprisa.

Después..., ¡ah, yo sé
que ya nada de eso más tarde tendré!

Que entonces inútil será tu deseo,
como ofrenda[7] puesta sobre un mausoleo.   15

¡Tómame ahora que aún es temprano
y que tengo rica de nardos[8] la mano!

Hoy, y no más tarde. Antes que anochezca
y se vuelva mustia[9] la corola fresca.

Hoy, y no mañana. ¡Oh amante! ¿no ves
que la enredadera[10] crecerá ciprés?   20

Análisis crítico

1. Analice formalmente el poema.
2. Identifique y comente las figuras estilísticas y tropos.
3. ¿En qué dos partes podría dividir este poema? ¿Qué criterio sigue para esta división?
4. Analice la función del imperativo y de los distintos adverbios y frases adverbiales que hay en el poema.
5. Comente el uso de sustantivos y adjetivos. ¿Podríamos dividirlos en dos o más categorías diferentes dependiendo de las fases de la vida a las que se refieren?
6. ¿Cómo interpretaría el cuarto dístico?
7. Los nardos son flores que se abren de noche y desprenden un fuerte olor. ¿Qué simbolizan estas flores en la relación de los amantes?
8. El ciprés es un árbol que en la antigua Grecia se usaba para honrar a los muertos, y hoy día se ve frecuentemente en los cementerios. ¿Qué significado tiene el ciprés en este poema?

---

[1]silent. [2]head of hair. [3]wears. [4]pie. [5]rings. [6]shaken. [7]offering. [8]spikenards. [9]withered. [10]creeper.

9. ¿Qué sugieren los puntos suspensivos del decimoprimer verso?
10. En la "guía de lectura" mencionamos que el yo poético es una mujer. ¿Cómo podríamos justificar esta identidad femenina?

Mesa redonda

En la "guía de lectura" mencionamos el uso de distintas imágenes sensoriales —táctiles, olfativas...— que juegan un papel importante en la comunicación del mensaje poético. Identifíquelas y comente con sus compañeros de grupo el significado de las mismas. Compartan sus opiniones con la clase.

Sea creativo

La naturaleza juega un papel muy importante en las imágenes sensoriales del poema. Escoja un par de estas imágenes y trate de sustituirlas por otras del mundo natural que expresen una idea similar. Pueden realizar esta actividad creativa bien individualmente o en grupos. Compartan sus opiniones con la clase.

Investigación

A pesar de que algunos de los grandes escritores hispanos, como Juan Ramón Jiménez, Juana de Ibarbourou e Isabel Allende, han cultivado la literatura infantil, este género literario no ha recibido la atención crítica que se merece. Escoja una de las obras de Juana de Ibarbourou dirigidas a un público infantil y analice cómo la autora recrea algunas de sus experiencias de la infancia.

Diccionario de términos literarios

Prosaísmo. Se aplica a un estilo, utilizado especialmente en poesía, caracterizado por una falta de emoción lírica y por un uso poco original y creativo en la elección del vocabulario.

Vicente Huidobro: *Arte poética*
Vida, obra, y crítica

Vicente Huidobro (1893–1948) nació en el seno de una familia chilena acomodada (*wealthy*). Después de estudiar en un colegio jesuita y asistir a la universidad, Huidobro viajó y pasó largas temporadas en Europa, donde se relacionó con algunos de los grandes intelectuales de la época —Pablo Picasso, Apollinaire, Tzara. En el campo de la política, Huidobro se afilió al partido comunista, pero pronto abandonó estas ideas izquierdistas. Participó, asimismo, en la guerra civil española del lado de los republicanos, y fue candidato a la presidencia de Chile en los comicios (*elections*) de 1925.

Además de la política, Huidobro se interesó por el cine, la pintura y la música, y en literatura cultivó todos los géneros. Como novelista podemos destacar sus dos novelas *Mio Cid Campeador* (1929) y *Sátiro* (1939), pero su fama ha quedado principalmente como poeta. Huidobro comenzó su carrera literaria dentro del Modernismo, y dentro de esta tendencia destaca su poemario *Ecos del alma* (1911), pero pronto dejó esta estética poética para fundar su propio movimiento poético conocido como el "Creacionismo". El principio fundamental del "Creacionismo" consiste en hacer del poeta una especie de semidiós capaz de crear una realidad poética independiente que no es una imitación del mundo exterior; es decir, una creación autónoma similar a la creación del mundo por Dios. Para lograr esto, Huidobro utiliza un lenguaje poético basado en la creación de imágenes originales, largas enumeraciones de frases y la yuxtaposición de oraciones y palabras. Dentro de esta tendencia, su obra en prosa más representativa es *Temblor de cielo* (1931), y en poesía sus poemarios *Pasando, pasando* (1914), *El espejo del agua* (1916), y su obra maestra, *Altazor* (1931).

De 1917 a 1925 publicó varias obras en francés con sus respectivas traducciones al español, y entre ellas merecen mención *Horizon Carré* (1917) y *Tour Eiffel* (1918). En los últimos años de su vida, Huidobro escribió una poesía sencilla y accesible a todo el público, y de esta nueva tendencia sobresalen su poemarios *Ver y palpar* (1941) y *El ciudadano del olvido* (1941).

Guía de lectura

"Arte poética", uno de los poemas más emblemáticos de Vicente Huidobro, fue publicado en *El espejo del agua*, una breve colección de nueve poemas. El poema seleccionado, y los que lo acompañan en este poemario, se propone como un manifiesto estético del "Creacionismo". Este movimiento estético es una amalgama (*blend*) de algunas tendencias artísticas del vanguardismo de principios del siglo xx, a las que se suman la influencia del Neo-platonismo del siglo xvi y la del escritor norteamericano Ralph Waldo Emerson. La idea del poeta como un dios o demiurgo, sin embargo, le vino, según el mismo Huidobro, de un desconocido poeta sudamericano, quien afirmó en una ocasión: "el poeta es un dios; no cantes a la lluvia, poeta, haz llover". Reiterando lo dicho anteriormente, el "Creacionismo" defiende un arte puro en el que la lengua pierde su poder referencial; es decir, la lengua no tratará de recrear la realidad exterior y el mundo natural, sino que creará su propio mundo, un mundo autónomo, dentro del poema. "Arte poética" es un poema en el que el lector puede ver con claridad la estética poética que el yo poético rechaza y la que propone en su lugar.

Arte poética

Que el verso sea como una llave
que abra mil puertas.
Una hoja cae; algo pasa volando;
cuanto miren los ojos creado sea,
y el alma del oyente quede temblando.[1]

Inventa mundos nuevos y cuida tu palabra;
el adjetivo, cuando no da vida, mata.

Estamos en el ciclo de los nervios.
El músculo cuelga,

como recuerdo, en los museos;
mas no por eso tenemos menos fuerza:
el vigor verdadero
reside en la cabeza.

Por qué cantáis la rosa, ¡oh Poetas!
Hacedla florecer[2] en el poema;

Sólo para nosotros
viven todas las cosas bajo el Sol.

El Poeta es un pequeño Dios

Análisis crítico

1. Analice formalmente el poema. ¿Qué irregularidades o particularidades destacaría en este poema desde el punto de vista de la métrica o estrófico?
2. Identifique y comente las figuras estilísticas y tropos.
3. ¿Cómo interpreta el verso siete?
4. ¿Qué valor simbólico tiene la rosa de los versos catorce y quince?
5. ¿Qué valor connotativo tienen los "nervios" y el "músculo"?
6. ¿A quién se dirige el yo poético?
7. ¿Cuál es el tono del poema?

Mesa redonda

En la biografía sobre Vicente Huidobro, y en la "guía de lectura", hemos mencionado algunas de las características del "Creacionismo". Con sus compañeros de grupo discuta

[1]*trembling.* [2]*to bloom.*

cómo aparecen reflejadas dichas características en este poema. Compartan sus opiniones con la clase.

Sea creativo

Si usted se propusiera crear una nueva tendencia poética, ¿cuáles serían algunos de los principios estéticos que propondría para su nuevo movimiento poético? Trabajen en grupos para esta actividad y compartan sus opiniones con la clase.

Investigación

Lea uno de los poemas de *El espejo del agua* y el ensayo "El Creacionismo", también de Huidobro, publicado en *Manifiestos* (1925). A continuación, escriba un trabajo sobre algunos de los principios estéticos formulados en este ensayo que reaparecen en el poema seleccionado.

Diccionario de términos literarios

Coloquio. Obra literaria dialogada, en verso o en prosa, en la que los personajes exponen bajo un punto de vista crítico diferentes opiniones de tipo social, filosófico o moral.

Federico García Lorca: *Romance de la luna, luna*

Vida, obra, y crítica

Federico García Lorca (1898–1936) nació en un pueblo de la provincia de Granada, España. Realizó sus estudios de bachillerato y universitarios, y de joven su interés se centró más en la música que en la literatura. En 1919 se fue a Madrid, y aquí se hospedó (*lodged*) en la famosa Residencia de Estudiantes, donde conocería a destacados intelectuales y artistas: Rafael Alberti, Vicente Aleixandre, Luis Buñuel, y Salvador Dalí. De 1929 a 1930 vivió en Nueva York, y en 1936, al comienzo de la guerra civil española (1936–1939), fue asesinado.

Lorca cultivó los tres géneros literarios, pero destacó como poeta y dramaturgo. Como poeta, su primera obra fue *Libro de poemas* (1921), en la que anticipa algunos de los temas que cultivará en el futuro, como el de la esterilidad de la mujer. En 1927 publicó *Canciones*, y en 1929 *Romancero gitano*, una colección de dieciocho romances, protagonizados por gitanos, en los que trata temas como la pasión sexual reprimida y otros tipos de represión que terminan por provocar la muerte. En 1930 saca a la luz *Poema del cante jondo*, y algunos de los temas que trata aquí tienen que ver con el amor, el destino y la muerte. Influido por su estancia en Nueva York, escribe en 1930 *Poeta en Nueva York*, una obra surrealista en la que trata temas como el de la alienación del ser humano en una sociedad capitalista. Su última obra poética fue *Llanto por la muerte de Ignacio Sánchez Megías* (1935), una elegía sobre la muerte en el ruedo (*bullring*) de este torero.

Como dramaturgo, su primera obra importante fue *Mariana Pineda* (1925), en la que desarrolla el trágico amor de la protagonista. De 1926 a 1930 escribe *La zapatera prodigiosa*, que estudiaremos en la parte dedicada al teatro, y en 1930 publica *El público*, obra simbólica centrada en el amor y el paso del tiempo. En años posteriores, Lorca escribe su conocida trilogía rural, integrada por *Bodas de sangre* (1931), cuyos temas predominantes son la pasión amorosa y el deseo de venganza; *Yerma* (1934), sobre la mujer estéril y frustrada que mata a su marido; y *La casa de Bernarda Alba* (1936), una tragedia sobre la mujer reprimida por el sistema patriarcal.

Guía de lectura

El "Romance de la luna, luna" forma parte del *Romancero gitano*, una colección de poemas en la que Lorca utiliza una forma tradicional de la lírica española: el romance. En una conferencia sobre el *Romancero gitano*, Lorca comentó que uno de sus objetivos fue el de fundir el romance narrativo con el lírico sin que perdieran calidad alguna. No obstante lo cual, en el romance que nos ocupa, a estos dos elementos debemos añadir el dramático. La anécdota de este romance se centra en la muerte de un niño gitano en una noche de luna llena. Algunos críticos lo interpretan como una canción de cuna (*lullaby*) que invita al niño gitano a dormir, y otros como una representación del rito iniciático en el que un niño pasa de la inocencia a la adolescencia, pero hay más lecturas de este romance.

En la lectura de este romance necesitamos identificar y explicar el significado de las figuras estilísticas y tropos, las distintas partes en que se divide el poema, los elementos narrativos, líricos y dramáticos, y los cambios de tiempo y espacio.

Romance de la luna, luna

La luna vino a la fragua[1]
con su polisón[2] de nardos.[3]
El niño la mira mira.
El niño la está mirando.

En el aire conmovido[4]
mueve la luna sus brazos
y enseña, lúbrica[5] y pura,
sus senos de duro estaño.[6]

Huye luna, luna, luna.
Si vinieran los gitanos,
harían con tu corazón
collares y anillos blancos.

Niño, déjame que baile.
Cuando vengan los gitanos,
te encontrarán sobre el yunque[7]
con los ojillos cerrados.

Huye luna, luna, luna,
que ya siento sus caballos.

Niño, déjame, no pises   20
mi blancor almidonado.[8]

El jinete[9] se acercaba
tocando el tambor[10] del llano.
Dentro de la fragua el niño,
tiene los ojos cerrados.   25

Por el olivar[11] venían,
bronce y sueño, los gitanos.
Las cabezas levantadas
y los ojos entornados.[12]

¡Cómo canta la zumaya,[13]   30
ay cómo canta en el árbol!
Por el cielo va la luna
con un niño de la mano.

Dentro de la fragua lloran,
dando gritos, los gitanos.   35
El aire la vela,[14] vela.
El aire la está velando.

Análisis crítico

1. Analice formalmente el poema.
2. Identifique y comente las distintas figuras estilísticas y tropos que hay en este romance.

---

[1]*forge.* [2]*bustle.* [3]*spikenards.* [4]*feverish.* [5]*lewd.* [6]*tin.* [7]*anvil.* [8]*starched.* [9]*rider.* [10]*drum.* [11]*campo de olivos.* [12]*semicerrados.*
[13]*night owl.* [14]*watches.*

3. Desde el punto de vista temático, ¿en qué partes podría dividir este poema?

4. Localice dónde se encuentran las partes narrativa, lírica y dramática de este romance.

5. El yo poético utiliza el verbo "vino", en lugar de "fue", en el primer verso. ¿Nos sugiere esta selección del verbo algo con respecto al punto de vista del yo poético?

6. ¿Cómo aparece caracterizada y descrita la luna? ¿Qué simboliza?

7. ¿En qué lugares ocurre la acción? ¿Hay algún acontecimiento que esté ocurriendo simultáneamente a otro? ¿Le recuerda esto a alguna técnica narrativa o cinematográfica?

8. ¿Podríamos decir que el baile de la luna se relaciona con los tradicionales bailes o danzas de la muerte?

9. ¿Cómo interpreta la conclusión del poema?

Mesa redonda

A lo largo de este romance, Lorca hace uso de varias referencias sensoriales —la vista, el oído, el tacto y el olfato—. Comente con sus compañeros de grupo el significado de estas referencias. Compartan sus opiniones con la clase.

Sea creativo

Con los mismos compañeros del grupo anterior, sustituya las partes dialogadas con sus propias palabras. A continuación, escojan dos estudiantes del grupo para que las escenifiquen (*act*). En el reparto (*cast*) de papeles, uno de los componentes del grupo se encargará de leer las partes narrativas. Representen sus papeles en frente de la clase.

Investigación

Algunos de los símbolos recurrentes en la obra lorquiana —la luna, el caballo, y el aire— reaparecen en este romance. Investigue el significado de estos símbolos en otros poemas del *Romancero gitano*.

Diccionario de términos literarios

Estrambote. Conjunto de versos que se añaden al final de un poema de estructura fija. Generalmente aparecen como complemento de sonetos.

Luis Cernuda: *Despedida*
Vida, obra, y crítica

Luis Cernuda (1902–1963) nació en Sevilla, y estudió derecho en la universidad de esta misma ciudad. De 1928 a 1929 trabajó como lector de español en la universidad francesa de Toulouse, y después de regresar a Madrid apoyó a los republicanos en su lucha contra la derecha nacionalista de Franco. De 1939 a 1947 trabajó como lector de español en varias universidades inglesas, y en 1947 se exilió en EE.UU. y se dedicó a la enseñanza de lengua y literatura españolas en Mount Holyoke College. En 1952 se instaló en la Ciudad de México y siguió ejerciendo la docencia en la U.N.A.M. y en varias universidades californianas.

La obra poética de Cernuda se puede dividir en dos fases. En la primera, integrada por obras como *El perfil del aire* (1924–27), y *Égloga, elegía y oda* (1927–28), se percibe la influencia de Garcilaso de la Vega; y en *Un río, un amor* (1929) y *Los placeres prohibidos* (1931) encontramos abundantes elementos surrealistas. A partir de 1932, y dentro de esta primera fase, Cernuda mostró mayor interés por el cultivo de una poesía metafísica y el uso de un lenguaje coloquial. A este período pertenecen obras como *Donde habite el olvido* (1934), e *Invocaciones* (1935). En una segunda fase, en la que se incluyen obras como *Las nubes* (1937–40) y *Desolación de la quimera* (1956–62), Cernuda trata temas relacionados con la guerra civil española y el exilio. En prosa es autor de *Ocnos* (1942), en la que evoca su infancia; y de varios estudios de crítica literaria, como *Estudios sobre poesía española contemporánea*. Es, asimismo, autor de una obra de teatro escrita en la década de los treinta: *La familia interrumpida*.

Uno de los temas centrales en la poesía de Cernuda es el del enfrentamiento del yo poético con un mundo, o realidad, que le impide realizar sus deseos. Junto a éste, y relacionados con él, Cernuda trata otros temas, como el amor insatisfecho o inalcanzable (*unreachable*), el paso del tiempo, y la soledad derivada de su condición de exilado y homosexual.

Guía de lectura

El poema que hemos seleccionado, "Despedida", pertenece al libro *Desolación de la quimera*, una obra que ha ejercido una gran influencia entre los poetas jóvenes actuales. A través de varios paralelismos y antítesis, Cernuda nos presenta en este poema dos mundos opuestos: el de la alegría y despreocupación de la juventud, y el de la desilusión y desengaño de la vejez. Asimismo, encontramos aquí algunos de los temas centrales que definen la obra poética del poeta sevillano, como el conflicto entre la realidad y el deseo, el amor, la muerte, el paso del tiempo y una reflexión metafísica sobre los mismos.

Debemos citar, además, dos ejemplos notables de intertextualidad. En el primero, vemos cómo el poema de Cernuda mantiene un diálogo intertextual con el popular tango de Carlos Gardel, "Adiós muchachos":

Adiós muchachos, compañeros de mi vida, barra querida de aquellos tiempos. Me toca a mí hoy emprender la retirada...

Y en el segundo, se puede apreciar cómo el final del poema se relaciona con las palabras que Cervantes escribió en el "Prólogo" a *Los trabajos de Persiles y Segismunda* en 1616, cuatro días antes de su muerte:

Adiós gracias, adiós donaires (*witticism*); adiós regocijados (*rejoiced*) amigos; que yo me voy muriendo. Tiempo vendrá, quizá, donde, anudado (*tied*) el roto hilo (*thread*), diga lo que aquí me falta y lo que me convenía. Adiós, regocijados amigos; que yo me voy muriendo, y deseando veros presto contentos en otra vida.

Despedida

Muchachos
que nunca fuisteis compañeros de mi vida,
adiós.
5   Muchachos
que no seréis nunca compañeros de mi vida,
adiós.

El tiempo de una vida nos separa
infranqueable:[1]
10 a un lado la juventud libre y risueña;[2]
a otro la vejez humillante e inhóspita.[3]

De joven no sabía
ver la hermosura, codiciarla,[4] poseerla;
de viejo la he aprendido
15 y veo a la hermosura, mas la codicio inútilmente.

Mano de viejo mancha
el cuerpo juvenil si intenta acariciarlo.
Con solitaria dignidad el viejo debe
pasar de largo junto a la tentación tardía.

---

[1]*impassable.* [2]*alegre.* [3]*inhospitable.* [4]*to covet.*

Frescos y codiciables son los labios besados,
labios nunca besados más codiciables y frescos aparecen.
¿Qué remedio, amigos? ¿Qué remedio?
bien lo sé: no lo hay.

Qué dulce hubiera sido
en vuestra compañía vivir un tiempo:
bañarse juntos en aguas de una playa caliente,
compartir bebida y alimento en una mesa.
Sonreír, conversar, pasearse
mirando cerca, en vuestros ojos, esa luz y esa música.

Seguid, seguid así, tan descuidadamente,
atrayendo al amor, atrayendo al deseo.
No cuidéis de la herida que la hermosura vuestra y vuestra gracia abren
en este transeúnte[5] inmune en apariencia a ellas.

Adiós, adiós, manojos[6] de gracia y donaires.
Que yo pronto he de irme, confiado,
adonde, anudado el roto hilo, diga y haga
lo que aquí falta, lo que a tiempo decir y hacer aquí no supe.

Adiós, adiós, compañeros imposibles.
Que ya tan sólo aprendo
a morir, deseando
veros de nuevo, hermosos igualmente
en alguna otra vida.

Análisis crítico

1. Analice formalmente el poema.
2. Identifique y comente las figuras estilísticas y tropos que hay en el poema. Comente algunos ejemplos de repeticiones, paralelismos y antítesis.
3. ¿Cómo interpreta la frase del verso 35, "anudado el roto hilo"?
4. ¿Qué tiempo verbal predomina en el poema? ¿Qué puede sugerir esto?
5. ¿Cuál es el estado de ánimo del yo poético al reflexionar sobre los jóvenes que ve y sobre la juventud? ¿Hay comunicación entre ellos? ¿Vemos aquí un ejemplo de ese mencionado conflicto entre la realidad y el deseo?
6. ¿Qué tipo de lenguaje utiliza el poeta en este poema?

---

[5]*passer-by.* [6]*handful.*

Mesa redonda

En la "Guía de lectura" mencionamos la relación intertextual que existe entre el texto de Cervantes y el de Cernuda. Discuta con sus compañeros de grupo si hay en el texto poético de Cernuda una imitación fiel del texto cervantino o si, por el contrario, el poeta sevillano transforma y se sirve del texto original con propósitos o fines diferentes a los de Cervantes. Compartan sus opiniones con la clase.

Sea creativo

Si escribiera un poema desde el punto de vista de un hombre de edad avanzada, ¿qué aspecto o aspectos de la juventud representaría y echaría más de menos? ¿Qué imagen o símbolo cree que podría captar este aspecto o aspectos de la época juvenil que ha escogido para su poema? Pueden realizar esta actividad creativa bien individualmente o en grupos. Compartan sus opiniones con la clase.

Investigación

En el poema "Precio de un cuerpo", que forma parte de una serie de poemas titulada "Poemas para un cuerpo", y que aparece en *Con las horas contadas* (1950–56), Cernuda expresa el deseo del yo poético por el cuerpo hermoso de un hombre. Estudie este poema prestando especial atención al choque entre los deseos del yo poético y la realidad.

Diccionario de términos literarios

Bucólica. Obra literaria en la que se idealiza la naturaleza, y en la que se representa una experiencia amorosa entre unos pastores. Generalmente, los pastores hacen partícipes de su felicidad o desventuras a los elementos naturales que les rodean: árboles, ríos, animales, etc.

Nicanor Parra: *Ecopoema*
Vida, obra, y crítica

Nicanor Parra (1914–2018) nació en San Fabián de Alico, Chile. Asistió al Instituto Pedagógico de la Universidad de Chile, donde se licenció en mecánica teórica y matemáticas. Una beca del Institute of International Education le permitió estudiar mecánica avanzada en Brown University, y tres años después, en 1948, fue nombrado director de la Escuela de Ingeniería de la Universidad de Chile. Nicanor Parra ha sido nombrado doctor Honoris Causa por varias universidades, y ha recibido numerosos premios literarios, como el Premio Nacional de Literatura en 1969, el Premio Internacional Juan Rulfo en 1991, y el Premio Cervantes en 2011.

En su primer poemario, *Cancionero sin nombre* (1937), se percibe una fuerte influencia de Federico García Lorca; pero a partir de su segunda obra, *Poemas y antipoemas* (1954), Nicanor Parra inicia el cultivo de un tipo de poesía diferente e iconoclasta que él califica de "antipoesía". Muestras representativas de esta nueva trayectoria las encontramos en *La cueca larga* (1958), *Versos de salón* (1962), *Deux poèmes* (1963), *Canciones rusas* (1967), *Ecopoemas* (1982), y *Chistes par(a) desorientar a la (policía) poesía* (1983), la cual consiste en una reelaboración de refranes, aforismos y slóganes.

La llamada "antipoesía" de Nicanor Parra se caracteriza por romper con los moldes y cánones preestablecidos por la poesía tradicional, solemne y seria. Desde el punto de vista formal, esta ruptura se manifiesta en el uso de un lenguaje coloquial y en la subversión de las convenciones que caracterizan la construcción del verso y la estrofa tradicionales. Desde el punto de vista temático, la "antipoesía" muestra de manera irónica, sarcástica o cínica, la explotación del hombre actual por el sistema capitalista, ataca los valores convencionales, los prejuicios, y la hipocresía, y descree (*does not believe*) de toda ideología política o religiosa.

Guía de lectura

El siguiente ecopoema, sin un título específico, forma parte de una plaquette, o breve colección, de poemas titulada *Ecopoemas*. En esta obra, Nicanor Parra reflexiona sobre los desastres ecológicos, causados, según él, por la codicia y el egoísmo de una sociedad capitalista de libre mercado. A esta preocupación de la poesía por la naturaleza es lo que en crítica literaria se conoce como visión ecopoética de la realidad; y aunque ya se insinúa en su segunda obra, *Poemas y antipoemas*, con el paso del tiempo cobrará mayor relevancia. En el poema que sigue, Nicanor Parra funde (*blends*) el discurso ecológico con el político para hacer una crítica del consumismo y de los sistemas capitalista y socialista, culpables, por igual, de los desastres ecológicos. En su preocupación por los problemas del medio ambiente, Nicanor Parra se autodefine como "eco-antipoeta", y el poema que sigue sería un ejemplo de eco-antipoesía, ya que la exposición del problema ecológico se realiza a través de un medio que rompe con los cánones poéticos convencionales. En la lectura del poema es importante notar, a nivel formal, el espíritu iconoclasta del poema; y a nivel temático, la denuncia de los distintos sistemas políticos por su irresponsabilidad en la conservación de los ecosistemas de la tierra.

Ecopoema

dice compañero léase ecompañero
"compromiso"   ecompromiso
"constitución
hay que luchar x[1] una econstitución

Como su nombre lo indica
el Capitalismo está condenado
a la pena capital:
crímenes ecológicos imperdonables
y el socialismo burrocrático
no lo hace nada de peor tampoco

poco serio Sr. Alcalde
todavía quedan algunas palmeras en pie
en la Av. La Paz
y algo que no tiene color a nada:
veo pocas señoras prostitutas
ojo Sr. Alkalde
esto ya no parece Santiago de Chile

Qué le dijo Milton Friedman[2]
a los pobrecitos alacalufes?[3]
—A comprar a comprar
quel mundo se vacabar!

Análisis crítico

1. Analice formalmente el poema. ¿Qué tipo de subversiones a nivel de léxico, sintaxis, verso o estrofa encuentra en el poema?
2. Identifique y comente las figuras estilísticas y tropos.
3. ¿Qué quiere decir el yo poético con "ecompañero", "ecompromiso" y "econstitución"?
4. Comente los versos 6 y 7, "el Capitalismo está condenado/a la pena capital" ¿Cómo califica el yo poético al socialismo?
5. ¿Qué visión nos da el autor del capitalismo?
6. ¿Cree que este tipo de poesía ayuda a la gente a tomar conciencia sobre los problemas ecológicos y políticos?
7. ¿Cuál es el tono del poema?

[1]léase "por". [2]M. Friedman (1912–2006) fue un economista americano que defendía un sistema económico de libre mercado que no estuviera regulado por el gobierno. [3]tribu indígena, casi extinguida, que habita cerca del estrecho de Magallanes, al sur de Chile.

Mesa redonda

Comente con sus compañeros de grupo la propuesta ecológica que hace Nicanor Parra en este poema. Amplíe la discusión al impacto que tienen las políticas económicas de muchos países en la destrucción del medio ambiente. Compartan sus opiniones con la clase.

Sea creativo

Si tuviera que escribir un eco-antipoema, ¿qué problema ecológico específico escogería? ¿Qué tipo de violaciones o subversiones realizaría a nivel formal? Trate de escribir una estrofa y refleje en ella una parte de su estética eco-antipoética. Pueden realizar esta actividad creativa bien individualmente o en grupos. Compartan sus opiniones con la clase.

Investigación

Haga un estudio de la definición, irónica por cierto, que da Nicanor Parra del antipoeta y de la antipoesía en su poema "Test", incluido en *Obra gruesa*. O bien, comente la diferencia existente entre un poema convencional y un antipoema partiendo de un análisis de "Retrato", de Antonio Machado, incluido en *Campos de Castilla* (1912), y "Autorretrato", de Nicanor Parra, incluido en *Poemas y antipoemas*.

Diccionario de términos literarios

Jitanjáfora. Tipo de composición poética constituida por palabras o expresiones generalmente inventadas, carentes de significado, y cuyo valor poético reside en sus cualidades fónicas.

Joan Brossa: *Faula. Poema objeto*
Vida, obra, y crítica

Joan Brossa (1919–1998), natural de Barcelona, España, quedó huérfano a temprana edad, y fue criado (*raised*) por su familia materna, de tendencia conservadora. Participó en la guerra civil española del lado republicano, y al término de ésta se dedicó a vender libros prohibidos por el franquismo. Creó con otros artistas, como el pintor Antoni Tàpies, la revista "Dau al Set", cuyo objetivo era el de promocionar la vida cultural catalana.

Su creación artística se extiende de la poesía a la pintura, el teatro, la música, la ópera y el cine. Con la publicación de *Poesía rara* (1970), Brossa pasó a ser reconocido por el público, y a partir de ahora continuará escribiendo y publicando obras inéditas que había escrito durante el franquismo. Como dramaturgo escribió unas 380 piezas, y casi todas ellas pertenecen al teatro del absurdo. Destaca, entre otras, *Or i sal*, estrenada en la década de 1960. Escribió, asimismo, varios guiones cinematográficos, libretos de ópera, libros de arte, obras en prosa, como *Vivàrium* (1973); y unos cien libros de poesía visual, entre los que podemos mencionar *Sonets de Carnixa* (1949), *Poemes visuals* (1975) y *Mirall* (1991).

Su reconocimiento universal se debe principalmente a su poesía visual. En ella, Brossa reflejó constantemente su compromiso social, y el rechazo de toda política autoritaria. Sus lecturas sobre el zen, por otro lado, lo llevaron a buscar la sencillez y el equilibrio. Cultivó la poesía visual en casi todas sus manifestaciones o modalidades: caligramas, ideogramas, etc. Además de su compromiso socio-político, su poesía se caracteriza por la reflexión sobre las palabras y las letras, y por proyectar una visión irónica o sarcástica de la realidad. La primera exposición antológica de su obra tuvo lugar en la Fundación Miró en 1986, y desde entonces recibió numerosos premios y distinciones, como el Lletra d'Or en 1981, y la Medalla Picasso de la Unesco en 1986.

Guía de lectura

Los dos poemas seleccionados forman parte de una pequeña colección titulada *Joan Brossa. Poesía visual. Poemes objecte. Cartells* (1983). La economía de medios visuales y verbales que vemos en estos dos poemas provoca una respuesta inmediata en el lector. Aparte del impacto visual producido por la unión de la imagen y la palabra, los dos poemas revelan varias posibles lecturas interpretativas. En el primer poema, "Faula" en catalán, "Fábula" en castellano, las señales de tránsito parecen tratar de alertarnos acerca de los posibles peligros que puede tener el viajero en el curso de su viaje por el camino de la vida, pero la última señal de tráfico, en la que aparece la palabra "foc" en catalán, "fuego" en español, parece introducir una extraña novedad. En el segundo poema, "Poema objeto", se puede ver la descontextualización o extrañamiento (*strangement*) de un objeto, reducido, aparentemente, al absurdo. La palabra "poema", superpuesta a la lámpara, genera otra u otras lecturas de este poema. Recomendamos a los estudiantes la lectura de la breve introducción a la poesía visual en el apéndice dedicado a la poesía.

"Faula"   "Sin título"

Vocabulario

Faula: fábula Foc: fuego

Mesa redonda

Con sus compañeros de grupo comente el efecto visual producido por la combinación de imágenes y palabras, así como las posibles lecturas que provoca cada poema. Preste especial atención, en el primer poema, a la última imagen y, en el segundo poema, a la yuxtaposición de la palabra "poema" a una lámpara. Compartan sus opiniones con la clase.

Sea creativo

Trate de crear un poema visual. Puede pensar, por ejemplo, en un animal, después lo dibuja, y a continuación escriba un texto dentro del dibujo con el que guarde algún tipo de relación. Otra opción es utilizar la foto de un objeto colocándolo cerca de otro, o superponiéndolo, y escribir una palabra o frase que haga pensar en una posible relación entre ambos. Pueden realizar esta actividad creativa bien individualmente o en grupos. Compartan sus opiniones con la clase.

Investigación

Escoja uno o varios poemas de las siguientes colecciones: *Horizon Carré*, o *Canciones en la noche*, de Vicente Huidobro; *Vuelta*, de Octavio Paz; *Poesía visual*, de Joan Brossa; o *Mitogramas*, de Fernando Millán, y escriba un informe prestando atención al mensaje del poema y al efecto artístico producido por la fusión de la palabra y la imagen.

Diccionario de términos literarios

Acróstico. El acróstico consiste en la combinación vertical de las letras iniciales de los versos de un poema para formar palabras con las que se da el nombre de una persona o un mensaje.

José Hierro: *Réquiem*
Vida, obra, y crítica

José Hierro (1922–2002) nació en Madrid, pero a los dos años su familia se mudó a Santander, ciudad en la que vivió gran parte de su vida. El estallido (*outbreak*) de la guerra civil le hizo abandonar sus estudios de electromecánica; y al término de la misma, y por su ayuda a los presos políticos, entre los que se encontraba su padre, fue encarcelado cuatro años. En 1999 fue elegido miembro de la Real Academia Española, y este reconocimiento ha ido acompañado de la concesión de numerosos premios literarios, entre los que cabe mencionar el Premio Adonais en 1947, el Premio de la Crítica en 1964, y el Premio Cervantes en 1998.

Hierro perteneció a la "Generación de medio siglo", y como poeta es autor de *Tierra sin nosotros* (1947), un poemario con elementos autobiográficos un tanto pesimistas; *Con las piedras, con el viento* (1950), en la que reflexiona sobre un fracaso amoroso; *Quinta del 42* (1953), en la que analiza su vida interior; *Libro de las alucinaciones* (1964), en la que se aleja de una fiel representación de la realidad; y *Cuaderno de Nueva York* (1998), su obra maestra, en la que se sirve de la ciudad de Nueva York para reflexionar, compasiva y solidariamente, sobre gente marginada, como el hispano, el huérfano o el inmigrante judío que se salvó de los campos de concentración. Hierro fue uno de los fundadores de la revista de poesía *Proel*, y colaboró en varias revistas de poesía, como *Corcel y Espadaña*. Es asimismo autor de un texto filosófico, *Problemas del análisis del lenguaje moral* (1970).

Aunque Hierro comienza escribiendo una poesía testimonial, pronto adopta un tono más existencial al tratar temas como el paso del tiempo y el recuerdo de un pasado feliz. En el prólogo a su antología de poemas, *Cuanto sé de mí* (1974), Hierro distingue dos tipos de poesía en su creación poética: las "crónicas", un tipo de poesía testimonial en la que la materia poética es tratada de manera directa y coloquial; y las "alucinaciones", una poesía más intimista en la que a veces se encuentran elementos surrealistas.

Guía de lectura

El poema "Réquiem" forma parte del poemario *Cuanto sé de mí*. La primera estrofa del poema reproduce, con ligeras modificaciones, una esquela (*death notice*) aparecida en un periódico neoyorquino escrito en español. Este poema, por tanto, pertenece a un tipo de poesía conocida como "poesía encontrada", o "hallada", consistente en que palabras, frases o fragmentos de un texto del autor, o de otra persona, pasan a formar parte de un nuevo poema. El título del poema viene de la palabra latina "requiem", que significa "descanso", y dentro de algunos ritos cristianos la "misa de réquiem" es el nombre dado a la misa celebrada en honor de los difuntos.

El poema que hemos seleccionado es una elegía, y esta forma poética no sólo se ha utilizado para expresar temas relacionados con la muerte, sino que, ocasionalmente, ha servido para expresar temas de carácter político, moral, militar, etc. En este caso nos encontramos frente a una elegía funeral, y este tipo de elegías se componen con motivo de la muerte de un ser querido. En español son celebradas la de Jorge Manrique, "Coplas a la muerte de su padre", de finales del siglo xv, y la de Federico García Lorca, *Llanto por la muerte de Ignacio Sánchez Megías* (1935). La elegía tradicional consta de cuatro partes: 1. presentación de un acontecimiento; 2. lamentación; 3. panegírico, o elogio; y 4. consolación. Sin embargo, no podemos olvidar que éste es un poema moderno, y no debe sorprendernos que Hierro rompa con la tradición elegíaca.

El poema se centra en la muerte de un español en Nueva York, y el poeta contrasta el destino de este español con el de otros que, siglos anteriores, arribaron a tierras de América. El presente poema es un ejemplo de poesía testimonial, y el mismo Hierro, en una entrevista, lo catalogó como "casi, casi un reportaje periodístico". Como es habitual en Hierro, encontramos un lenguaje directo y sin grandes complicaciones formales, como suele ser el caso del lenguaje empleado en los obituarios. Debemos observar que, a pesar de ser un poema testimonial, hay un elemento metapoético en la última estrofa del poema.

Réquiem

Manuel del Río, natural
de España, ha fallecido[1] el sábado
11 de mayo, a consecuencia
de un accidente. Su cadáver
5   está tendido[2] en D'Agostino
Funeral Home. Haskell. New Jersey.
Se dirá una misa cantada
a las 9.30 en St. Francis

10 Es una historia que comienza
con sol y piedra, y que termina
sobre una mesa, en D'Agostino,
con flores y cirios[3] eléctricos
Es una historia que comienza
15 en una orilla del Atlántico.
Continúa en un camarote[4]
de tercera, sobre las olas

—sobre las nubes— de las tierras
sumergidas ante Platón.
Halla en América su término
con una grúa[5] y una clínica,
con una esquela y una misa
cantada, en la iglesia St. Francis.

Al fin y al cabo, cualquier sitio
da lo mismo para morir:
el que se aroma[6] de romero,
el tallado en piedra o en nieve,
el empapado[7] de petróleo.
Da lo mismo que un cuerpo se haga
piedra, petróleo, nieve, aroma.
Lo doloroso no es morir
acá o allá...

---

[1]muerto. [2]*lies.* [3]*candles.* [4]*cabin.* [5]*crane.* [6]*scents.* [7]*soaked.*

Requiem aeternam,[8]
Manuel del Río. Sobre el mármol
en D'Agostino, pastan[9] toros
de España, Manuel, y las flores
(funeral de segunda,
caja que huele a abetos[10] del invierno),
cuarenta dólares. Y han puesto
unas flores artificiales
entre las otras que arrancaron[11]
al jardín... *Libera me Domine
de morte aeterna...*[12] Cuando mueran
James o Jacob verán las flores
que pagaron Giulio o Manuel...

Ahora descienden a tus cumbres[13]
garras[14] de águila. *Dies irae.*[15]
Lo doloroso no es morir
Dies illa[16] acá o allá,
sino sin gloria...

Tus abuelos
fecundaron la tierra toda,
la empapaban de la aventura.
Cuando caía un español
se mutilaba el universo.
Los velaban no en D'Agostino
Funeral Home, sino entre hogueras,[17]
entre caballos y armas. Héroes
para siempre. Estatuas de rostro[18]
borrado. Vestidos aún
sus colores de papagayo,[19]
de poder y de fantasía.

Él no ha caído así. No ha muerto
por ninguna locura hermosa.

(Hace mucho que el español   65
muere de anónimo y cordura,[20]
o en locuras desgarradoras[21]
entre hermanos: cuando acuchilla[22]
pellejos de vino[23] derrama[24]
sangre fraterna). Vino un día   70
porque su tierra es pobre. El mundo
Libera me Domine es patria.
Y ha muerto. No fundó ciudades.
No dio su nombre a un mar. No hizo
más que morir por diecisiete   75
dólares (él los pensaría
en pesetas) *Requiem aeternam.*
Y en D'Agostino lo visitan
los polacos, los irlandeses,
los españoles, los que mueren   80
en el week-end.

Requiem aeternam.
Definitivamente todo
ha terminado. Su cadáver
está tendido en D'Agostino   85
Funeral Home. Haskell. New Jersey.
Se dirá una misa cantada
por su alma.

Me he limitado
a reflejar aquí una esquela   90
de un periódico de New York.
Objetivamente. Sin vuelo[25]
en el verso. Objetivamente.
Un español como millones
de españoles. No he dicho a nadie   95
que estuve a punto de llorar.

---

[8]descanso eterno. [9]comen. [10]*spruces.* [11]sacaron. [12]*"Libera... aeterna"*: líbrame Señor de la muerte eterna. [13]*summits.* [14]*claws.* [15]himno latino del siglo XIII, centrado en el Juicio Final, que formaba parte antiguamente de la misa de réquiem. [16]"aquel día". Junto con "Dies irae" forman el primer verso de este himno latino. [17]fuegos. [18]cara. [19]*parrot.* [20]*good sense.* [21]*heartbreaking.* [22]*slashes.* [23]*wineskins.* Alusión al acuchillamiento de los pellejos de vino por don Quijote. [24]*spills.* [25]sin mucha ornamentación.

Análisis crítico

1. Analice formalmente el poema. ¿Puede mencionar algún ejemplo de rima interna? ¿Qué tipo de estrofa es la primera? ¿Puede explicar por qué hay tantos encabalgamientos?

2. Identifique y comente las figuras estilísticas y tropos del poema.

3. En el primer lexema (término) del poema, "Manuel", hay una aféresis (supresión de una o más letras al principio de la palabra) de "Emanuel", nombre bíblico dado a Jesucristo y que significa "Dios con nosotros". ¿Cómo interpreta el nombre de Manuel en el poema de Hierro? ¿Qué connotaciones tiene el apellido "del Río" que acompaña al nombre de "Manuel"?

4. ¿Cómo es descrito Manuel? ¿Qué diferencias establece el yo poético entre Manuel del Río y otros españoles que, como él, dejaron su país de origen?

5. ¿Cómo se refleja en este poema la noción de alejamiento o desplazamiento de Manuel? ¿Qué contexto social nos representa Hierro en este poema?

6. ¿Puede mencionar alguna isotopía semántica en torno a la cual se reúnen ideas similares? Piense en el tema del poema.

7. ¿Cómo interpreta el texto entre paréntesis de la estrofa sexta, "(Hace mucho que... sangre fraterna)"?

8. Comente los aspectos metapoéticos del poema que aparecen en la última estrofa.

9. ¿Cómo es el tono del poema?

Mesa redonda

La elegía funeral se compone, generalmente, para elogiar a un individuo notable, distinguido o querido para el yo poético; y consta, como hemos mencionado anteriormente, de cuatro partes. Discuta con sus compañeros de grupo si esta elegía se estructura de manera similar a una elegía tradicional, si ha sido compuesta para elogiar un ser querido, y si Hierro subvierte algunas de las convenciones que caracterizan a la elegía tradicional. Compartan sus opiniones con la clase.

Sea creativo

Como ya explicamos anteriormente, la "poesía encontrada" es un tipo de poesía en la que el poeta se sirve para la composición de un poema de palabras, frases o fragmentos de otros textos. Tome unas palabras, frases o un fragmento de un texto y escriba una o dos estrofas realizando los cambios que estime convenientes. Uno o dos estudiantes pueden crear un fragmento de un posible poema y otro u otros dos continuar con la creación de una o dos estrofas. Compartan sus opiniones con la clase.

Investigación

En *Cuaderno de Nueva York*, su obra maestra, Hierro escoge distintos personajes advenedizos (*foreign*) de la sociedad neoyorquina para reflejar, con gran espíritu compasivo, el dolor y sufrimiento de aquéllos que tratan de encontrar en esta ciudad la esperanza de una nueva vida. Escoja y analice uno de los poemas de esta colección pensando en cómo Hierro da dimensión universal a una experiencia individual.

Diccionario de términos literarios

Epigrama. Originalmente tenía una función funeraria, siendo usado como inscripción verbal en una escultura o lápida mortuoria. En su nacimiento, los temas tratados eran de carácter épico y elegíaco, pero posteriormente, de la literatura latina a nuestros días, van de lo erótico, a lo moral y lo político.

Meira Delmar: *Nueva presencia*
Vida, obra, y crítica

Meira Delmar (1922–2009) nació en Barranquilla, Colombia, de padres oriundos (*native*) del Líbano. Su nombre de pila era Olga Isabel Chams Eljach, y de niña estudió bachillerato en el Colegio Barranquilla para Señoritas. Posteriormente estudio música en la Universidad del Atlántico de Barranquilla, e historia del arte y literatura en el Centro Dante Alighieri de Roma. De 1958 a 1994 fue directora de la Biblioteca Pública Departamental del Atlántico, y en 1989 fue elegida miembro de la Academia Colombiana de la Lengua. Meira Delmar ha recibido numerosos premios y reconocimientos, como la Medalla Simón Bolívar del Ministerio de Educación y el Premio Nacional de Poesía por Reconocimiento de la Universidad de Antioquía.

Meira Delmar comenzó a escribir poesía a los once años, y aunque cultivó la prosa, fue en el género de la poesía en el que sobresalió. Entre sus poemarios podemos mencionar *Alba de olvido* (1942), *Sitio del amor* (1944), *Verdad del sueño* (1946), *Secreta isla* (1951), *Laúd memorioso* (1995), y *Viaje al ayer* (2003).

En sus primeras obras, Meira Delmar usó formas tradicionales, como el soneto, el romance y la copla, pero con el paso del tiempo mostró predilección por el verso libre. Su obra poética se caracteriza por un gran lirismo, sensualidad y musicalidad, y algunos de los temas que trata tienen que ver con el amor, la muerte, la soledad, el paso del tiempo, la memoria, y el olvido. Estos temas los expresa en tono nostálgico y con el uso recurrente de imágenes tomadas del mundo natural, como el mar, el sol, la rosa, la lluvia, la primavera, etc. La crítica percibe una influencia de la filosofía sufí en su representación de la belleza, del amor y de una naturaleza armónica.

Guía de lectura

"Nueva presencia" forma parte del cuarto poemario de Meira Delmar, *Secreta isla*, una colección de poemas en los que abundan historias de amores no consumados, irrealizables, o distantes, y en los que domina un tono nostálgico y melancólico. En una entrevista, Meira Delmar confesó que si tuviera que escoger dos poemas de toda su producción poética para una antología, su elección recaería (*would fall*) en "Raíz antigua" y "Nueva presencia".

El poema que vamos a estudiar trata de un reencuentro entre dos amantes que han estado separados durante un tiempo. Es un poema lleno de lirismo en el que la extraña realidad representada parece dominada por un sentido de lo etéreo y lo irreal. El primer verso del poema nos anuncia la llegada del amante de un lugar lejano, y el resto del poema explica la reacción emocional del yo poético a través de una serie de imágenes tomadas del mundo natural. Además del estudio de estas imágenes, es importante que el lector preste atención al empleo innovador de una forma estrófica tradicional, y al significado del uso alternativo de los tiempos pretérito e imperfecto.

Nueva presencia

Venías de tan lejos como de algún recuerdo.

Nada dijiste. Nada. Me miraste los ojos.
Y algo en mí, sin olvido, te fue reconociendo.

Desde una azul distancia me caminó las venas
una antigua memoria de palabras y besos,

y del fondo de un vago país entre la niebla
retornaron[1] canciones oídas en el sueño.

Mi corazón, temblando, te llamó por tu nombre.
Tú dijiste mi nombre... Y se detuvo el tiempo.

La tarde reclinaba[2] su frente pensativa
en las trémulas manos de los lirios[3] abiertos,

y a través de las nubes los pájaros errantes
abrían sobre el campo la página del vuelo.

Con los hombros cargados de frutas y palomas
interminablemente pasaba el mismo viento,

y en el instante claro de los bronces mi alma,
llena de ángeles, era como un sitio en el cielo.

Una vez, antes, antes, yo te había perdido.
En la noche de estrellas, o en el alba de un verso.

Una vez. No sé dónde... Y el amor fue, tan sólo,
encontrarte de nuevo.

Análisis crítico

1. Analice formalmente el poema. ¿Subvierte la estrofa que escoge Meira Delmar para este poema su forma tradicional? ¿Piensa que este tipo de estrofa puede tener relación con el tema del poema?

---

[1]regresaron. [2]apoyaba. [3]*lilies.*

2. Identifique y comente las figuras estilísticas y los tropos del poema.
3. ¿Por qué cree que el primer verso está solo?
4. ¿Cree que en el uso del pretérito y del imperfecto la poeta nos está tratando de comunicar o diferenciar dos realidades diferentes?
5. ¿Qué referencias temporales encuentra?
6. En los versos 10–15 podemos ver varias imágenes significativas, ¿cómo interpreta estas imágenes? ¿Qué otras imágenes o elementos del mundo natural encuentra?
7. ¿Cree que hay en el poema una gradación que lleva a un punto de ascensión o elevación?
8. ¿Cómo definiría el tema del poema?
9. ¿Cuál es el tono del poema?

Mesa redonda

Hay en este poema un sentido de lo etéreo, de lo irreal, como si los eventos descritos formaran parte de otro mundo ajeno al de nuestra realidad diaria. Comente con sus compañeros de grupo este aspecto del poema mencionando ejemplos concretos. Compartan sus opiniones con la clase.

Sea creativo

En los versos 10–15 la poeta utiliza varias imágenes tomadas del mundo natural. Si usted tuviera que reescribir estos versos, ¿qué imágenes utilizaría en sustitución de las empleadas por la poeta? Pueden realizar esta actividad creativa bien individualmente o en grupos. Compartan sus opiniones con la clase.

Investigación

Meira Delmar escribió una continuación a este poema, "Otra presencia", contenido en *Laúd memorioso*. Analice este poema prestando atención a las imágenes que utiliza la poeta y al carácter irreal y misterioso con el que se representa el encuentro de los dos amantes.

Diccionario de términos literarios

Epitafio. Es un poema elegíaco o fúnebre, escrito con ocasión de la muerte de una persona. Ocasionalmente se grababa en la lápida sepulcral (*gravestone*).

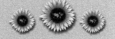

Tino Villanueva: *Que hay otra voz*
Vida, obra, y crítica

Tino Villanueva (1941–), hijo de obreros inmigrantes, nació en San Marcos, Texas. Fue reclutado (*drafted*) por el ejército americano en 1963, y sirvió en el Canal de Panamá por dos años. Obtuvo su B.A de la Texas State University-San Marcos, el máster de SUNY Buffalo, y el doctorado de Boston University. Ha enseñado en Wellesley College y en la actualidad trabaja como Senior lecturer en Boston University. Además de su trabajo en la docencia, Tino Villanueva es un renombrado poeta, crítico, editor, traductor y pintor. En 1995 su carrera artística fue reconocida con el Distinguished Alumnus Award por la Texas State University-San Marcos.

De su obra poética podemos destacar los poemarios bilingües *Hay otra voz. Poems* (1972), y *Shaking off the Dark* (1984), y los poemarios monolingües *Crónica de mis años peores* (1987), en español, y *Scenes from the movie GIANT* (1993), en inglés, con la que ganó el American Book Award. Ha editado una antología, *Chicanos: Antología histórica y literaria* (1980), y es el editor de *Imagine: International Chicano Poetry Journal*. Ha traducido *La llaman América*, de Luis J. Rodríguez; y como pintor ha expuesto su obra en distintas ciudades de EE.UU. y Europa.

Tino Villanueva comienza su carrera poética formando parte de The Chicano Literary Renaissance, un movimiento literario a través del cual los chicanos trataban de afirmar su identidad étnica. En su obra poética, influida por Dylan Thomas y César Vallejo, se ve la vida de un hombre, y un pueblo, viviendo entre dos culturas. Su compromiso con la realidad socio-política le ha llevado a escribir sobre temas como la pobreza rural, el trabajo de los inmigrantes, la lucha por la igualdad de derechos, y la discriminación étnica, de género y de identidad. No obstante lo cual, junto a estos temas encontramos otros relacionados con el amor, la creatividad, o la lucha de un joven que trata de superarse y alcanzar el éxito.

Guía de lectura

El poema seleccionado forma parte del poemario *Hay otra voz. Poems*, una colección en la que Tino Villanueva cubre una variedad de temas que van del amor a la opresión e injusticias que sufren los obreros inmigrantes por parte de sus patrones. Este poema nos ofrece una estampa bastante fiel, y con detalles expresivos, de la realidad socio-económica que viven muchos obreros inmigrantes. Concretamente, el poema nos presenta un cuadro de la rutina diaria que vive un trabajador, el ciclo en el que se ve envuelta su vida, los desplazamientos de un lugar a otro en busca de trabajo, y el trato que recibe de su patrón. Además de prestar atención a cómo se desarrolla el trabajo diario y estacional (*seasonal*) de un inmigrante, el lector debe considerar la forma o formas lingüísticas que dan expresión al poema, es decir la combinación del inglés con el español. Los lingüistas definirían este fenómeno como una alternancia de códigos, pero Tino Villanueva habla de una "bisensibilidad", o la posibilidad de experimentar algo desde un contexto chicano o desde uno anglosajón. Otros críticos (Bruce-Novoa), por el contrario, afirman que estos dos códigos lingüísticos constituyen la síntesis de dos lenguas en una tercera. El lector podrá sacar sus propias conclusiones al respecto.

Que hay otra voz

God prepares those who have to
suffer and take punishment.
Otherwise, how could we exist?
     César CHÁVEZ TIME, July 4, 1969

5

... que hay otra voz que quiere hablar;
que hay un perfil[1] de tez[2] bronceada
que de rodillas
arrastrándose[3] camina por los

10 Cotton-fields de El Campo y Lubbock, Texas.
—¿A dónde voy?—, pregunta.
¿A los cucumber patches de Joliet,
a las vineyards de San Fernando Valley,
a los beet fields de Colorado?

15 Hay ciertas incertidumbres[4] ciertas:
lo amargo[5] de piscar[6] naranjas
lo lloroso[7] de cortar cebollas.

…

Horarios inalterables:
20 la madrugada mecánicamente despierta el
reloj de timbre[8] (¿de qué tamaño es el
         [tiempo?)
Viene el desayuno: huevos rancheros,
tortillas de harina,[9]
un cafecito.

¡Y éntrale[10] otra vez con la frescura!
Éntrale a los surcos[11] agridulces[12] más
      [largos que la vida misma:

plums	beans
grapes	cotton
betabel[13]	pepinos
pruning	leafing
potatoes	apricots
chopping	plucking
soybeans	cebollas

no importa,
hay que comer, hacer pagos, sacar la ropa
del Lay-Away; '55 Chevy engine tune-up;
los niños en seventh-grade piden lápices
con futuro. Hay otra voz que quiere hablar.

…

Tú,
cómotellamas, mexicano, latino, Meskin,
skin, Mex-guy, Mex-Am, Latin-American,
Mexican-American, Chicano,

---

[1]profile. [2]piel. [3]dragging himself. [4]uncertainties. [5]bitterness. [6]recoger. [7]de llorar. [8]alarm clock. [9]flour. [10]empieza a trabajar. [11]furrows. [12]bittersweet. [13]sugar beet.

tú,
de los ojos tibios[14] como el color de la tierra,

tú,
de las sudadas coyunturas[15] hechas sal por
el solazo[16] desgraciado,

tú,
de las manos diestras,[17] y la espalda
empapada[18] desde que cruzó tu abuelo
[el Río,

tú,
de la tostada rabadilla[19] por donde
resbala[20] el sol con tu epidérmico sudor,[21]

tú,
con ubérrimos terrones[22] en los puños,[23]
en los calcetines y zapatos,

tú,
de los *blue-jeans* nuevos
pareces
retoñar[24] cada año como fuerza elemental,
temporal —arraigado[25] entre el ser y el estar
de un itinerario. Eres ganapán,[26]
estás aquí de paso.[27]

El aplastante[28] verano se ha quedado en
los ayeres: el perenne azadón[29] se recuesta,[30]
sediento,[31] en la topografía de tu memoria;
las ampollas[32] hoy son callos.[33]
Es el golpe helado del *Panhandle* que
penetra ahora
tu chaqueta desteñida[34]
tu injuriada[35] sangre
tus rodilleras desgastadas.[36]

Las mañanas llegan a tiempo aquí también,
cubiertas de escalofrío[37] y escarcha.[38]
En tus sienes[39] te pesa haber nacido; pesas
tu saco de algodón —cien libras
que en los sábados se convierten en pesos   80
miserables.

Pero en los sábados de noche
te endomingas[40] con corbata, y con la
luna en la frente cadenciosamente[41]
                                        [zapateas[42]   85
polkas del *Top-Ten*:
—¡Aviéntate[43] otra Isidro López!
¡Que toquen *rock n' roll* Alfonso Ramos!
porque mañana es otro día y no lo es.

...   90

En la ida y vuelta de tus pensamientos
anticipas
Central Texas.
Enraizado[44] estás en ver de nuevo al
tax-collector   95
(a la parentela[45] y camaradas hasta el día
siguiente).
Los escolares regresan a las estereotipadas
aulas; desde atrás contestan que no saben la
respuesta. Maestros que ni ven, ni oyen,   100
que hay otra voz que quiere hablar.

...

Las estaciones siguen en su madura marcha
de generación en generación, de mapa en
                                        [mapa,   105
de patrón en patrón, de surco en surco.

---

[14]*lukewarm.* [15]*sweaty joints.* [16]*sol muy intenso.* [17]*skilful.* [18]*mojada.* [19]*coccyx.* [20]*slides.* [21]*sweat.* [22]"ubérrimos terrones": *exceptionally fertile lumps of dirt.* [23]*cuffs of a shirt.* [24]*to sprout.* [25]*rooted.* [26]*casual labourer.* [27]*por poco tiempo.* [28]*crushing.* [29]*hoe.* [30]*descansa.* [31]*thirsty.* [32]*blisters.* [33]*calluses.* [34]*que ha perdido el color.* [35]*reviled.* [36]"rodilleras desgastadas": *worn-out knee pads.* [37]*chill.* [38]*frost.* [39]*temples.* [40]*te vistes elegantemente.* [41]*rhytmically.* [42]*you tap with your feet.* [43]*baila.* [44]*firme, seguro.* [45]*parientes.*

Surcos, viñas,
de donde ha brotado[46] el grito audaz:
las huelgas siembran[47] un día nuevo.

El *boycott* es religión,
y la múltiple existencia se confirma en
[celdas.[48]

Análisis crítico

1. Analice formalmente el poema.
2. Identifique las figuras estilísticas y los tropos del poema.
3. ¿Qué indican los puntos suspensivos con los que empieza la primera estrofa?
4. ¿Cómo es descrito el yo poético? ¿Qué trabajo hace?
5. ¿A quién se refiere el "tú" de la tercera estrofa? ¿Cómo es descrito?
6. Comente cómo aparece reflejado el mundo sensorial en el poema.
7. ¿Qué comentarios nos da el yo poético sobre la rutina diaria y estacional de los trabajadores inmigrantes?
8. ¿Qué interpretación le da al verso ochenta y nueve, "porque mañana es otro día y no lo es"?
9. ¿Cómo aparecen representados los niños de los inmigrantes?
10. Identifique y comente algunos de los registros lingüísticos del poema. ¿Está usted de acuerdo con la noción de "bisensibilidad" del autor?
11. ¿Cómo interpreta la última estrofa del poema?

Mesa redonda

Discuta con sus compañeros de grupo cómo refleja Tino Villanueva en este poema la situación laboral de los obreros inmigrantes y la relación que mantienen con sus patrones. Comente la última estrofa del poema, relacionada con el tema anterior. Compartan sus opiniones con la clase.

Sea creativo

Tino Villanueva nos presenta aquí la situación laboral de los obreros inmigrantes. Escriba una estrofa, usando similares registros lingüísticos, que sustituya la última estrofa del poema. En esta actividad, puede expresar una visión optimista y esperanzadora de los obreros inmigrantes. Puede realizar esta actividad creativa individualmente y compartir su creación con el resto de la clase.

---

[46]*sprung up.* [47]*sow.* [48]*prison cells.*

Investigación

En la biografía sobre el autor mencionamos cómo Tino Villanueva empezó su carrera literaria formando parte del movimiento conocido como The Chicano Literary Renaissance. Escriba un ensayo sobre las ideas y escritores más importantes de este grupo. Otra sugerencia es la de estudiar la figura del dirigente sindicalista César Chávez (1927–1993), fundador del "United Farm Workers", quien luchó incansablemente (*tiredlessly*) para mejorar las condiciones laborales de los trabajadores inmigrantes.

Diccionario de términos literarios

Epitalamio. En la literatura grecolatina era el nombre designado a un tipo de canción que solía ser cantada por jóvenes y muchachas en la noche de bodas a la puerta o cerca del dormitorio de los recién casados.

Margarita Cota-Cárdenas: *Enigma*
Vida, obra y crítica

Margarita Cota-Cárdenas (1941-) nació en Heber, California, de padre mexicano y madre de Nuevo México, y pasó su infancia en el Imperial Valley de California. Recibió el título de Masters por la universidad de California en Davis (1968) y el de doctorado por la universidad de Arizona (1980). Desde 1981 enseñó cursos de español bilingüe y literatura chicana en la universidad del estado de Arizona. En el campo editorial, Margarita Cota-Cárdenas ha sido la cofundadora de la compañía Scorpion Press, dedicada a publicar obras de mujeres bilingües y biculturales.

Es autora de la novela *Puppet: A Chicano Novella* (185), de carácter semiautobiográfico. En esta novela, postmoderna y experimental, Margarita Cota-Cárdenas mezcla realidad y ficción para explorar temas de tipo social, de raza, género y etnicidad durante el movimiento chicano. Su segunda novela, *Sanctuaries of the Heart/Santuarios del corazón* (2005), trata de la injusticia social, el impacto de la cultura en la literatura y las complejidades de la conciencia chicana. En poesía es autora de *Noches despertando en conciencias* (1976) y *Marchitas de Mayo* (1989).

Margarita Cota-Cárdenas se caracteriza por tratar temas de índole social, feminista y relacionados con la mujer, en especial la mujer chicana. Estos temas suelen ir unidos a otros, como el amor, la maternidad, la identidad chicana, la raza, la revolución chicana y, ocasionalmente, de tipo metafísico. Frecuentemente, y con fines diferentes, encontramos en su obra referencias a personajes históricos, como Sor Juana Inés de la Cruz, o la Malinche. En términos generales, Margarita Cota-Cárdenas nos revela en su obra un espíritu subversivo al criticar las dictaduras de Hispanoamérica y la discriminación del chicano, y defender los derechos humanos. Desde el punto de vista formal, podemos apreciar cómo alterna en su obra el uso del inglés y el español.

Guía de lectura

Aunque Margarita Cota-Cárdenas trató en su poesía temas de carácter lírico y metafísico, como indicamos anteriormente, predominan en su obra los de índole social o los relacionados con la mujer chicana. En este poema, la autora nos presenta a dos familias hispanas que acuden a un centro de ayuda social para quejarse del hecho que tienen que compartir una sola casa con dos recámaras, o habitaciones. La empleada de la oficina, una mujer perteneciente a una minoría social, les comunica, sin embargo, que su agencia tiene casos más urgentes que resolver. Es un poema de fácil lectura en el que el lector puede contemplar vívidamente una escena real del drama que viven estas dos familias hispanas y, por extensión, todos aquéllos que dependen de una organización de beneficencia. Asimismo, el lector debe considerar el elemento irónico que hay en el poema, la presentación formal del mismo, y la fusión del inglés y el español, un rasgo muy característico en toda su producción literaria.

La Lady morena de la Housing Office
no tiene tiempo
pa'[1] hacer caso al teléfono.
Está ocupada explicando
por qué no hay remedio
a los 10 Pérez y a los 6 Gómez
que viven
en una sola casa
de dos recámaras.

"You don't meet our requirements"
dice la señora de la Housing Office
a la niñita Pérez
quien habla inglés
y de trenzas[2] bien largas
ojazos vivaces.
La niña explica a sus padres,
los padres confundidos se preguntan.
–"Hay otros casos más urgentes,
people living in cars and such,
lo siento…" continúa la lady de
la Housing Office.

Ni en inglés
ni en español
no sabe decirles   25
a su satisfacción de conciencia
diremos
por qué no se levanta con ellos
por qué no reclama que
devuelvan el corazón al Estado   30
y a los que mandan allí mero[3]
donde 16 personas pobres y morenas
no hallan ni auxilio ni respuesta.
La Lady apunta:
"Dejar este puesto".   35
Y cerrando los ojos
para no sentir los otros
murmura: –De veras, lo siento,
no puedo ayudarles, ni conozco
a nadie con palanca[4] y que pueda–   40
El teléfono tampoco le perdona y suena
para que ella como autómata conteste:
"Southwest City Housing Office,
can I help you"?

Análisis crítico

1. Analice formalmente el poema. ¿De qué manera subvierte este poema la presentación formal de un poema tradicional?
2. Identifique las figuras retóricas y tropos que hay en el poema. ¿Encuentra alguna figura retórica en los versos 22 y 23? ¿Y en el verso "El teléfono tampoco le perdona…"?
3. ¿Es la "Lady" de la Housing Office una representación del sistema estatal, una mala empleada, o una víctima del sistema?
4. ¿Es justa la petición que hacen los hispanos a la Housing Office? ¿Dónde se encuentra el contenido social del poema?
5. ¿Cómo aparece representado el sistema? ¿Sabemos que la acción tiene lugar en EE. UU.?
6. ¿Cuál es el tono del poema?

---

[1]para. [2]*braids*. [3]enseguida. [3]influencia.

Mesa redonda

Con sus compañeros de grupo, discuta la ironía que hay en el poema. Piense, especialmente, en la misma empleada de la Housing Office y en el final del poema. Compartan sus opiniones con el resto de la clase.

Sea creativo

Margarita Cota-Cárdenas ha escrito un poema desde el punto de vista de la comunidad hispana. Escriba usted el bosquejo (*outline*) de un poema con una situación similar, pero desde el punto de vista de un empleado del gobierno federal.

Investigación

Lea los poemas "Serie compraventa", "Buitres", "El son de dos caras" y "To a Young Son", de Margarita Cota-Cárdenas, y comente cómo representa la autora algunos de los problemas de la comunidad chicana.

Ana Rosetti: *Cierta secta feminista se da consejos prematrimoniales*

Vida, obra, y crítica

Ana Rosetti (1950–), aunque su verdadero nombre es Ana Bueno de la Peña, nació en San Fernando, España. Se mudó a Madrid en 1969, y aquí participó con otros intelectuales en la lucha política contra la dictadura de Franco. Rosetti es una de las voces poéticas más destacadas de la España postfranquista, y por los temas que trata en su poesía, y por su estilo de vida personal, ha sido bautizada por algunos críticos como la "Madonna de las letras españolas".

Como poeta es autora, entre otras obras, de *Los devaneos de Erato* (1980), Premio Gules; *Dióscuros* (1982), *Devocionario* (1982), Premio Rey Juan Carlos; *Punto umbrío* (1996), y *Mapa de la espera* (2010). En prosa ha escrito *Plumas de España* (1988), una novela que capta la vibrante vida cultural de Madrid conocida como "la movida"; *Prendas íntimas* (1989), una colección de relatos eróticos; *Alevosías* (1991), ganadora del Premio La Sonrisa Vertical de Novela erótica; y la novela policíaca *El botón de oro* (2003). Es, asimismo, autora de varias obras de literatura infantil y juvenil, como *Un baúl lleno de memorias* (1997), y un libreto para ópera sobre Oscar Wilde con música de Manuel Balboa titulado "El secreto enamorado". Ha escrito también guiones para televisión y canciones de rock.

Rosetti se caracteriza por escribir una poesía altamente erótica en la que la palabra apunta a la carne, al mundo de los sentidos. La mística e iconografía católicas, la moda, e iconos de la cultura popular son algunos de los referentes, o discursos, que utiliza la poeta para subvertir y desmitificar la poesía erótica tradicional y el discurso de la tradición patriarcal —las convenciones sociales, políticas, religiosas o de género tradicionalmente aceptadas como norma—. El espíritu subversivo de Rosetti se manifiesta en la representación del cuerpo desde el punto de vista de la mujer, y en esta representación el cuerpo aparece como instrumento de satisfacción sexual y de placer. Ella misma se ha considerado heredera de San Juan de la Cruz, el poeta místico español del siglo XVI que destacó por su poesía "erótica a lo divino". Pero si San Juan utiliza lo erótico como medio de expresión de lo divino, Rosetti, en cambio, erotiza el discurso divino para expresar lo físico, lo sexual; es decir, una realidad terrenal.

Guía de lectura

El poema que hemos seleccionado, "Cierta secta feminista se da consejos prematrimoniales", se encuentra en el poemario *Los devaneos de Erato* (1980), una obra en la que Ana Rossetti trata temas de la tradición clásica, mitos e iconografía de la religión católica, y los subvierte con el fin de parodiar el mundo patriarcal. La representación paródica de temas y personajes de la tradición clásica suele ir acompañada, además, de una imitación de la sintaxis y el léxico de las fuentes latinas que la inspiran.

El poema va precedido de una cita de Andrea de Nerciat (1739-1800), un escritor francés que trabajó temas de contenido erótico. El poema de Rossetti trata de la exhortación de un yo poético a unas mujeres para que disfruten de su cuerpo y se entreguen a los placeres eróticos antes de casarse para que sus futuros esposos no las encuentren puras y castas. Esta voz del yo poético, pues, pide solidaridad a las mujeres para hacer un frente común y resistir el ataque de los hombres. En la lectura de este poema, por lo tanto, aconsejamos que el lector considere cómo el cuerpo de la mujer se convierte en un espacio de resistencia para aquélla, cómo funciona el erotismo en el poema, y cómo la lengua, especialmente el lenguaje metafórico, sirve como expresión y articulación de esta lucha feminista.

Cierta secta feminista se da consejos prematrimoniales

«...Trabajada despiadadamente por un autómata
que cree que el cumplimiento de un cruel deber es un asunto de honor."

Andrea DE NERCIAT

5 Y besémonos, bellas vírgenes, besémonos.
Démonos prisa desvalijándonos[1]
destruyendo el botín[2] de nuestros cuerpos.
Al enemigo percibo respirar tras el muro,
la codicia se yergue[3] entre sus piernas.

10 Y besémonos, bellas vírgenes, besémonos.
No deis pródigamente[4] a la espada,
oh viril fortuna, el inviolado himen.
Que la grieta, en el blanco ariete[5]
de nuestras manos, pierda su angostura.[6]

15 Y besémonos, bellas vírgenes, besémonos.
Ya extendieron las sábanas
y la felpa[7] absorbente está dispuesta.
para que los floretes[8] nos derriben[9]
y las piernas empapen[10] de amapolas.

Y besémonos, bellas vírgenes, besémonos.
Antes que el vencedor la ciudadela
profane, y desvele su recato[11]
para saquear del templo los tesoros,
es preferible siempre entregarla a las llamas.

Y besémonos, bellas vírgenes, besémonos.
Expolio[12] singular: enfebrecidas
en nuestro beneficio arrebatemos[13]
la propia dote.[14] Que el triunfador altivo[15]
no obtenga el masculino privilegio.

Y besémonos, bellas vírgenes, besémonos.
Con la secreta fuente humedecida
en el licor de Venus,
anticipémonos,
de placer mojadas, a Príapo.[16]

[1]*ransacking ourselves.* [2]*booty.* [3]*is rising.* [4]*wastefully.* [5]blanco ariete: *battering-ram.* [6]*tightness.* [7]*plush.* [8]*fencing-sword.* [9]derroten. [10]llenen. [11]"desvele... recato": pierda todo cuidado. [12]*plundering.* [13]quitemos. [14]*dowry.* [15]arrogante. [16]divinidad grecolatina, símbolo de la fertilidad masculina, y representado con un pene desmesurado.

y con la sed de nuestros cuerpos,
[embriaguémonos.[17]

Y besémonos, bellas vírgénes, besémonos.
Rasgando[18] el azahar,[19] gocémonos,
[gocémonos[20]

del premio que celaban[21] nuestros muslos.
El falo, presto[22] a traspasarnos[23]
encontrará, donde creyó virtud, burdel.[24]

40

Análisis crítico

1. Analice formalmente el poema.
2. Identifique y comente algunas de sus figuras retóricas y tropos. ¿Cómo interpreta el término "llamas" en el verso 20?
3. ¿Cómo relacionaría la cita que precede al poema con el tema o temas de dicho poema?
4. ¿Cómo aparece representado el hombre en el poema?
5. La isotopía relacionada con la guerra aparece a lo largo de todo el poema. ¿Qué léxico entraría a formar parte de este campo semántico? ¿Qué significado tiene?
6. ¿Cuál es el tono del poema?

Mesa redonda

Con sus compañeros de grupo, comente el tema del erotismo en este poema. ¿Qué tipo de relación sexual propone el yo poético? ¿Podríamos leer el poema como una invitación del yo poético al homoerotismo? Compartan sus opiniones con el resto de la clase.

Sea creativo

Algunos críticos hacen una lectura homoerótica de este poema; sin embargo, la autora no da muchos datos específicos sobre dicho tema. Si usted tuviera que dar datos o hechos específicos sobre cómo el sistema patriarcal ha reprimido las relaciones homoeróticas, ¿de qué acusaría a este sistema? Haga una lista de algunos ejemplos específicos y compártala con la clase.

Investigación

En la poesía de Ana Rossetti encontramos frecuentemente el tema del deseo homosexual, y ejemplos concretos los tenemos en poemas como "A un joven con abanico", "Un señor casi

---

[17]emborrachémonos. [18]rompiendo. [19]flor de azahar, *orange blossom*. [20]disfrutémonos. [21]guardaban. [22]listo. [23]pasarnos de un lado a otro. [24]*brothel*.

amante de mi marido, creo, se empeña en ser joven", "Advertencias de abuela a Carlota y Ana", o "De cómo resistí las seducciones de mi compañera de cuarto, no sé si para bien o para mal". Haga un estudio de uno de estos poemas y preste atención a cómo las normas restrictivas del sistema patriarcal interfieren en la relación homoerótica.

Diccionario de términos literarios

Epopeya. Tipo de poema transmitido oralmente en el que se cuentan las hazañas de algún héroe, legendario o histórico, relacionado con el nacimiento o destino de una nación.

EL TEATRO

Introducción al Teatro
Guía para el Análisis de Obras Dramáticas
Modelo de Análisis Crítico. *El Retablo de las Maravillas,*
(Miguel de Cervantes)

Introducción al Teatro

El teatro es un género literario que puede aparecer escrito en prosa o en verso, y se basa principalmente en el diálogo. A diferencia de los otros géneros literarios, el teatro es concebido con el propósito fundamental de ser representado en un escenario (*stage*) por actores, y se caracteriza por contar una historia en la que hay un conflicto provocado por el enfrentamiento entre dos ideologías opuestas.

El teatro clásico nació en Grecia en los siglos v y vi a. C., y su origen se encuentra en los ritos celebrados en honor de Dionisio, dios del vino y de la vegetación. Vemos, por lo tanto, en su nacimiento, un carácter religioso que es similar al de otras culturas. Los griegos, además, introdujeron en el teatro la coreografía, la música y algunas máquinas para crear efectos especiales. A partir del (*starting in*) siglo ii. d. C. el teatro entra en decadencia, y no resurge (*reappears*) hasta la Edad Media. En este período, el **teatro de España**, como el del resto de Europa, era de carácter religioso, y se representaba dentro de la iglesia. Con el paso de los años, se empezaron a añadir a estas obras elementos cómicos y profanos, y por este motivo las representaciones comenzaron a realizarse fuera de la iglesia, en la plaza. Durante el Siglo de Oro tuvo lugar un acontecimiento muy importante en el mundo del teatro español: la construcción de corrales de comedias, salas de teatro que tuvieron un gran impacto en la creación de obras dramáticas, en la asistencia del público al teatro, y en el desarrollo de la escenografía. Más tarde, durante el neoclasicismo, los dramaturgos (*playwrights*) concedieron (*gave*) mucha importancia a la escenografía y a la figura del actor. Posteriormente, en el siglo xix, aparece la figura del director de teatro, una figura que ya existía antes, pero sin las responsabilidades que va a tener ahora. A partir de este momento, el director de teatro se encargará (*will take care*) de la interpretación del texto dramático, de todos los aspectos de la producción dramática, y de la actuación de los actores. La importancia adquirida por la figura del director de teatro continúa en los siglos xx y xxi, y es en estos siglos cuando aparecen algunas de la teorías más influyentes relacionadas con la dirección de obras de teatro y con técnicas de actuación, como veremos más adelante.

Dentro del contexto de las **culturas prehispánicas** de Latinoamérica, debemos observar que el teatro fue cultivado por los mayas, aztecas e incas. Hasta principios del siglo xix, el teatro latinoamericano recibió una fuerte influencia del teatro español, pero posteriormente ha tratado de recrear la realidad socio-política de sus respectivos países, ha incorporado teorías dramáticas de otros lugares, y ha desarrollado algunas formas y técnicas propias de expresión.

Nociones básicas para el análisis de una pieza dramática

Al analizar una obra de teatro debemos recordar que algunos conceptos que hemos visto para el análisis de una obra en prosa, poesía o cine, nos pueden servir para el análisis de una obra dramática. Por ejemplo, las nociones teóricas que hemos estudiado en prosa con respecto a la caracterización y a las distintas *modalidades narrativas* —lo fantástico, la metaficción, narrativa mítica, etc.— se pueden aplicar al estudio de una obra de teatro, y lo mismo podemos decir de conceptos como el tiempo y el espacio, los cuales pueden servirnos de ayuda a la hora de estudiar la regla de "las tres unidades": *unidad de acción, de lugar, y de tiempo*. En una obra que sigue esta regla encontramos, primero, un solo argumento (*plot*), que correspondería a la unidad de acción; segundo, una acción dramática que se desarrolla en el mismo espacio, o unidad de lugar; y, finalmente, unos acontecimientos dramáticos que no deben durar más de un día, o unidad de tiempo. Igualmente, las observaciones que hicimos sobre "*la puesta en escena*" en el cine nos pueden ser útiles para analizar la *escenografía* de una obra dramática.

Guía para el Análisis de Obras Dramáticas

Veamos algunos conceptos básicos que el lector debe considerar cuando analiza una obra de teatro.

- **Contextualice** al **autor** y la **obra** dramática dentro del período literario e histórico a los que pertenecen.
- Identifique las diferentes partes en las que se estructura la obra dramática —**Exposición, complicación, clímax, resolución** y **conclusión**—. Podemos preguntarnos, ¿cuáles son las fuerzas antagónicas que participan en el conflicto dramático? ¿Qué clase de conflicto —político, sicológico, económico...— se dramatiza en la obra? ¿Cuándo y por qué llegan estas fuerzas antagónicas a este momento de mayor tensión en la obra? ¿Se termina el conflicto al final de ésta? ¿Sugiere este final de la obra la posibilidad de una repetición del mismo conflicto?
- Identifique el **tema principal** de la obra dramática ¿Presenta el dramaturgo algún o algunos temas secundarios?
- Algunas obras dramáticas siguen la regla de "**las tres unidades**", y podemos preguntarnos si la obra que estudiamos sigue esta regla. Algunas de las preguntas al respecto serían, ¿dónde se desarrolla la acción dramática? ¿Es un lugar real o imaginario?¿Cambia en cada acto? ¿Tiene este espacio un valor simbólico? ¿Cuánto tiempo dura el desarrollo de la acción dramática? ¿Siguen los acontecimientos dramáticos un orden cronológico?
- Identifique la **forma dramática** a la que pertenece la obra. ¿Es una tragedia, comedia, tragicomedia, farsa...? ¿Qué convenciones de esta forma dramática sigue?
- Haga un estudio de la **caracterización** de los distintos personajes. ¿Representan a un determinado grupo social? ¿Quiénes son los protagonistas? ¿Quiénes son los antagonistas? ¿Qué personajes caen en la categoría de tipos o estereotipos?
- Comente si el dramaturgo trata de provocar una **respuesta emocional** en el espectador o si, por el contrario, busca un distanciamiento *y* un análisis **intelectual** del problema presentado.

- Si hay **apartes** en la obra, trate de ver qué propósito tienen.
- Analice el **tono** de la obra —cómico, trágico, irónico, humorístico...
- Analice los elementos **metatreales**, **fantásticos**, **míticos** o **arquetípicos** que pueda haber en la obra dramática.
- Comente cómo la **escenografía** contribuye a recrear el tiempo, el espacio y el ambiente de la obra dramática. ¿Qué tipo de **accesorios** y **actantes** utiliza el dramaturgo? ¿Qué papel juegan en la obra? ¿Existe algún tipo especial de decorado? ¿Cómo contribuye el vestuario y el maquillaje a la caracterización de los personajes? ¿Juega un papel importante la iluminación? ¿Sirve la música, o algún otro tipo de sonido, para crear un cierto ambiente, dar información sobre un período histórico específico, o representar algún estado emocional o sicológico de los personajes?
- Comente, si ve la obra representada en un escenario, la **actuación de los actores**.

Modelo de Análisis Crítico. El Retablo[1] de las Maravillas, (Miguel de Cervantes)

El Retablo de las Maravillas (adaptación)

Personajes

CHANFALLA	JUAN
CHIRINOS	CASTRADA
RABELÍN	TERESA
GOBERNADOR	REPOLLA
CAPACHO	SOBRINO
BENITO	FURRIER

(*Salen* chanfalla *y la* chirinos.)

CHANFALLA.— No te olvides, Chirinos, de mis advertencias, principalmente las que te he dado para este nuevo engaño, que ha de ser tan conocido como el pasado del llovista.[2]

CHIRINOS.— Chanfalla ilustre, no lo olvidaré, que tanta memoria[3] tengo como entendimiento, y a éstos se une mi voluntad de satisfacerte siempre, la cual excede a las demás potencias; pero dime: ¿de qué te sirve este Rabelín[4] que hemos tomado? Nosotros dos solos, ¿no podríamos realizar este engaño?   5

CHANFALLA.— Lo necesitamos como el pan de la boca, para tocar en los espacios que tardan en salir las figuras del Retablo de las Maravillas.

CHIRINOS.— Maravilla será si no nos apedrean[5] por sólo el Rabelín; porque, tan desventurada criaturilla,[6] no la he visto en todos los días de mi vida.   10

(*Entra el* rabelín.)

RABELÍN.— ¿Se va a hacer algo en este pueblo, señor Autor?[7] Que ya me muero porque vuestra merced[8] vea qué útil puedo serlo.

CHIRINOS.— Cuatro cuerpos de los vuestros no harán un tercio,[9] cuanto más una carga; si no sois más gran músico que grande, mal estamos.   15

RABELÍN.— La verdad es que me han escrito para entrar en una compañía de partes,[10] por chico[11] que soy.

---

[1]en un principio se llamó así a una tabla que representaba una historia sagrada (Miguel Herrero); y después a una caja que contenía figuras de madera movidas por cuerdas y que representaban una historia (Eugenio Asensio). [2]otro engaño. Consiste en que un estudiante pícaro hace creer a unos campesinos que tiene poderes para provocar la lluvia. [3]las tres potencias del alma eran "memoria", "entendimiento" y "voluntad" (Asensio). [4]persona que toca el instrumento musical llamado rabel. [5]tiran piedras. [6]se refiere al Rabelín. [7]el empresario u hombre de negocios. A lo que hoy llamamos "autor", en tiempos de Cervantes lo llamaban "poeta". [8]"vuestra merced": usted. [9]medida que "vale la mitad de una carga que se lleva al lomo" (Covarrubias). [10]en estas compañías los actores se repartían las ganancias de acuerdo a la categoría del papel que representaban, a partes iguales o de acuerdo a lo arreglado entre ellos (Asensio). [11]pequeño.

20 CHANFALLA.— Si os van a dar la parte a medida del cuerpo, casi será invisible. Chirinos, poco a poco estamos ya en el pueblo, y éstos que aquí vienen deben de ser, como lo son sin duda, el Gobernador y los Alcaldes.[12] Salgámosles al encuentro, y trata de adularlos,[13] pero sin exagerar. (*Salen el* gobernador, benito repollo, alcalde, juan castrado, regidor, *y* pedro capacho, escribano.) Beso a vuestras mercedes las manos: ¿quién de vuestras mercedes es el Gobernador de este pueblo?

25 GOBERNADOR.— Yo soy el Gobernador; ¿qué es lo que queréis, buen hombre?

CHANFALLA.— Si tuviera yo dos onzas[14] de entendimiento, habría visto que esa peripatética y anchurosa[15] presencia no podía ser de otro que del dignísimo Gobernador de este honrado pueblo; pero que con mucho gusto habría aceptado el puesto de gobernador de las Algarrobillas.[16]

30 CHIRINOS.— En vida de la señora y de los señoritos, si es que el señor Gobernador los tiene.

CAPACHO.— El señor Gobernador no está casado.

CHIRINOS.— Para cuando lo esté: que no se perderá nada.

GOBERNADOR.— Y bien, ¿qué es lo que queréis, hombre honrado?

CHIRINOS.— Honrados días viva vuestra merced, que así nos honra; en fin, la encina[17] da
35 bellotas;[18] el pero,[19] peras; la parra, uvas, y el honrado, honra, sin poder hacer otra cosa.

BENITO.— Sentencia ciceronianca,[20] sin lugar a dudas perfecta.

CAPACHO.— *Ciceroniana* quiso decir el señor alcalde Benito Repollo.

BENITO.— Siempre quiero decir lo que es mejor, pero la mayor parte de las veces me equivoco; en fin, buen hombre, ¿qué queréis?

40 CHANFALLA.— Yo, señores míos, soy Montiel, el que trae el Retablo de las Maravillas: me han enviado a llamar de la corte los señores cofrades[21] de los hospitales, porque no hay autor de comedias en ella, y con mi ida se remediará todo.

GOBERNADOR.— Y ¿qué quiere decir *Retablo de las Maravillas*?

CHANFALLA.— Por las maravillosas cosas que en él se enseñan y muestran, es llamado
45 Retablo de las Maravillas; el cual fabricó y compuso el sabio Tontuelo debajo de tales paralelos, astros y estrellas, con tales puntos, caracteres y observaciones, que ninguno puede ver las cosas que en él se muestran, que tenga alguna raza de confeso,[22] o no haya sido procreado por padres de legítimo matrimonio; y el que se haya contagiado de estas dos enfermedades, no podrá ver las cosas, jamás vistas ni oídas, de mi
50 Retablo.

BENITO.— Ahora puedo ver cómo cada día se ven en el mundo cosas nuevas. Y ¡qué! ¿Se

---

[12]*mayors.* [13]*to flatter them.* [14]*ounces.* [15]*gorda.* [16]Algarrobillas es un pueblo de la provincia de Cáceres, famoso en ese tiempo por sus jamones. [17]*holm oak.* [18]*acorns.* [19]se refiere al peral (*pear tree*). [20]se refiere a Cicerón, orador, político y escritor latino del siglo I a. C. [21]los hospitales dependían de ciertas cofradías. Estas cofradías, dueñas de los corrales, destinaban una parte de las ganancias que sacaban con la representación de obras de teatro al mantenimiento de los hospitales (María del Pilar Palomo). [22]de ascendencia mora o judía.

llamaba Tontonelo el sabio que el Retablo compuso?

CHIRINOS.— Tontonelo se llamaba, nacido en la ciudad de Tontonela: hombre de quien hay fama que le llegaba la barba a la cintura.

BENITO.— Por la mayor parte, los hombres de grandes barbas son sabihondos.[23]

GOBERNADOR.— Señor regidor Juan Castrado, yo determino, con su permiso, que esta noche se despose[24] la señora Teresa Castrada, su hija, de quien yo soy padrino, y, para alegría de la fiesta, quiero que el señor Montiel muestre en vuestra casa su Retablo.

JUAN.— Eso tengo yo por servir al señor Gobernador, con cuya opinión estoy totalmente de acuerdo, aunque haya otra cosa en contrario.

CHIRINOS.— La cosa que hay en contrario es que, si no se nos paga primero nuestro trabajo, no verán el Retablo. ¿Y vuestras mercedes, señores Justicias, tienen conciencia y alma en esos cuerpos? ¡Bueno sería que entrase esta noche todo el pueblo en casa del señor Juan Castrado, y viese lo contenido en el tal Retablo, y mañana, cuando quisiésemos mostrarlo al pueblo, no hubiese nadie que lo quisiese ver! No, señores, no, señores; *ante omnia*[25] nos han de pagar lo que es justo.

BENITO.— Señora Autora, aquí no os va a pagar ninguna Antona, ni ningún Antoño; el señor regidor Juan Castrado os pagará más que honradamente, y si no, el Concejo. ¡Bien conocéis el lugar, por cierto! Aquí, hermana, no esperamos a que ninguna Antona pague por nosotros.

CAPACHO.— ¡Pecador de mí, señor Benito Repollo, qué poco entiende de lo que dice Chirinos! No dice la señora Autora que pague ninguna Antona, sino que le paguen por adelantado y ante todas las cosas, que eso quiere decir *ante omnia*.

BENITO.— Mirad, escribano Pedro Capacho, haced vos que me hablen claro, que yo entenderé bien; vos, que sois leído y escribido, podéis entender esas palabras incomprensibles, pero yo no.

JUAN.— Ahora bien; ¿se contentará el señor Autor si yo le doy adelantados media docena de ducados? Y más, que cuidaremos de que no entre gente del pueblo esta noche en mi casa.

CHANFALLA.— Soy contento; porque yo me fío de la diligencia de vuestra merced y de su buen término.

JUAN.— Pues véngase conmigo, recibirá el dinero, y verá mi casa, y la comodidad que hay en ella para mostrar ese Retablo.

CHANFALLA.— Vamos, y no se olviden de las cualidades que han de tener los que se atrevan a mirar el maravilloso Retablo.

BENITO.— Yo asumo esa responsabilidad, y debo decirle que, por mi parte, puedo ir seguro a juicio, pues tengo padres de legítimo matrimonio, y soy cristiano viejo por los cuatro costados de mi linaje: ¡miren si veré el tal Retablo!

CAPACHO.— Todos lo pensamos ver, señor Benito Repollo.

---

[23]*wise.* [24]case. [25]*"ante omnia":* (latín) antes de nada.

JUAN.— No somos gente pobre, señor Pedro Capacho.

GOBERNADOR.— Todo será menester, según voy viendo, señores Alcalde, Regidor y Escribano.

JUAN.— Vamos, Autor, y manos a la obra;[26] que Juan Castrado me llamo, hijo de Antón Castrado y de Juana Macha; y no digo más, que con toda seguridad y tranquilidad podré ponerme cara a cara delante del referido retablo.

CHIRINOS.— ¡Dios lo haga!

(Éntranse juan castrado y chanfalla.)

GOBERNADOR.— Señora autora, ¿qué poetas[27] de fama se usan ahora en la corte, especialmente de los llamados cómicos? Porque yo soy un conocido poeta y me gusta el mundo del teatro. Veinte y dos comedias tengo, todas nuevas, escritas una después de la otra, y estoy esperando la oportunidad de ir a la corte y enriquecer con ellas a media docena de autores.

CHIRINOS.— A lo que vuestra merced, señor Gobernador, me pregunta de los poetas, no le sabré responder; porque hay tantos que quitan el sol, y todos piensan que son famosos. Los poetas cómicos son los ordinarios y que siempre se usan, y así no hay para qué nombrarlos. Pero dígame vuestra merced, por su vida: ¿cómo es su buena gracia? ¿Cómo se llama?

GOBERNADOR.— A mí, señora Autora, me llaman el Licenciado Gomecillos.

CHIRINOS.— ¡Válgame Dios! ¿Y qué, vuesa merced es el señor Licenciado Gomecillos, el que compuso aquellas coplas[28] tan famosas de *Lucifer estaba malo* y *Tómale mal de fuera*?

GOBERNADOR.— Malas lenguas hubo que me quisieron atribuir esas coplas. Las que yo compuse, y no lo quiero negar, fueron aquéllas que trataron del diluvio de Sevilla; que, puesto que los poetas son ladrones unos de otros, nunca me gustó robar nada a nadie: con mis versos me ayude Dios, y robe el que quiera.

(*Vuelve* chanfalla.)

CHANFALLA.— Señores, vuestras mercedes vengan, que todo está a punto,[29] y no falta más que comenzar.

CHIRINOS.— ¿Está ya el dinero *in corbona*?[30]

CHANFALLA.— Y entre las telas del corazón.

CHIRINOS.— Pues te aviso, Chanfalla, que el Gobernador es poeta.

CHANFALLA.— ¿Poeta? ¡Cuerpo del mundo![31] Pues considéralo engañado, porque toda esta gente es descuidada, crédula y no nada maliciosa.

BENITO.— Vamos, Autor; que me saltan los pies por ver esas maravillas.

(Éntranse *todos. Salen* juana castrada y teresa repolla, *labradoras: la una como desposada*,[32] *que es la* castrada.)

CASTRADA.— Aquí te puedes sentar, Teresa Repolla amiga, que tendremos el Retablo

---

[26]"manos... obra": vamos a empezar. [27]dramaturgos. [28]composiciones poéticas breves. [29]está listo. [30]"*in corbona*": en la bolsa. [31]"¡Cuerpo del mundo!": ¡Dios mío!. [32]en traje de novia, ya que se celebra su boda.

enfrente; y pues sabes las condiciones que han de tener los espectadores del Retablo, no te descuides, que sería una gran desgracia. 125

TERESA.— Ya sabes, Juana Castrada, que soy tu prima, y no digo más. ¡Tan cierto tuviera yo el cielo como tengo cierto ver todo aquello que el Retablo muestre! ¡Por el siglo de mi madre, que me sacase los mismos ojos de mi cara, si alguna desgracia me aconteciese![33] ¡Bonita soy yo para eso! 130

CASTRADA.— Sosiégate,[34] prima; que toda la gente viene.

(*Entran el* gobernador, benito repollo, juan castrado, pedro capacho, *el autor y la* autora, *y el* músico, *y otra gente del pueblo, y un* sobrino de benito, *que ha de ser aquel gentil hombre que baila.*)

CHANFALLA.— Siéntense todos; el Retablo ha de estar detrás de este repostero,[35] y la Autora también, y aquí el músico. 135

BENITO.— ¿Músico es éste? Métanle también detrás del repostero, que no quiero verlo ni oírlo.

CHANFALLA.— No tiene vuestra merced razón, señor alcalde Repollo, de molestarse con el músico, que en verdad que es muy buen cristiano, e hidalgo de solar[36] conocido. 140

GOBERNADOR.— ¡Cualidades son bien necesarias para ser buen músico!

BENITO.— De solar, bien podrá ser; mas de sonar,[37] *abrenuncio.*[38]

RABELÍN.— ¡Eso se merece el tonto que se viene a sonar delante de...!

BENITO.— ¡Pues por Dios, que hemos visto aquí sonar a otros músicos t...!

GOBERNADOR.— Quédese esta razón en el *de* del señor Rabel y en el *tan* del Alcalde, que será proceder en infinito; y el señor Montiel comience su obra. 145

BENITO.— Pocos accesorios trae este autor para tan gran Retablo.

JUAN.— Todo debe de ser de maravillas.

CHANFALLA.— Atención, señores, que comienzo. ¡Oh tú, quien quiera que fuiste, que fabricaste este Retablo con tan maravilloso artificio,[39] que alcanzó renombre *de las maravillas*: por la virtud que en él se encierra, te conjuro, apremio[40] y mando que luego *incontinenti*[41] muestres a estos señores algunas de las tus maravillosas maravillas, para que se regocijen y tomen placer, sin escándalo alguno! Ea, que ya veo que has otorgado[42] mi petición, pues por aquella parte aparece la figura del valentísimo Sansón, abrazado a las columnas del templo, para tirarlo por el suelo y tomar venganza de sus enemigos. ¡Alto, valeroso caballero, alto, por la gracia de Dios Padre; no hagas tal destrucción, o matarás a toda la noble gente que aquí se ha juntado! 150 155

BENITO.— ¡Alto, señor! ¡Bueno sería que, en lugar de disfrutar, terminemos muertos! ¡Alto, señor Sanson, a pesar de mis males, que se lo ruegan buenos!

CAPACHO.— ¿Lo veis vos, Castrado? 160

---

[33]sucediese. [34]tranquilízate. [35]tapiz (*tapestry*), pero aquí se refiere, burlescamente, a la manta de Chanfalla. [36]ascendencia. [37]tocar música. [38]no lo creo. [39]habilidad. [40]ruego. [41]enseguida. [42]concedido.

JUAN.— Pues ¿no lo había de ver? ¿Tengo yo los ojos en el colodrillo?[43]

CAPACHO.— Milagroso caso es éste: así veo yo a Sansón ahora, como el Gran Turco. [44]Pues en verdad que me tengo por legítimo y cristiano viejo.

165 CHIRINOS.— ¡Cuidado, hombre, que sale el mismo toro que mató al joven de Salamanca! ¡Échate,[45] hombre; échate, hombre; Dios te libre, Dios te libre!

CHANFALLA.— ¡Échense todos, échense todos! Hucho ho!, ¡hucho ho!, ¡hucho![46] (Échanse todos y alborótanse.)[47]

BENITO.— El diablo lleva en el cuerpo el torillo; sus partes tiene de hosco y de bragado;[48] si no me tiendo,[49] me pilla.

170 JUAN.— Señor Autor, haga, si puede, que no salgan figuras que nos alboroten; y no lo digo por mí, sino por estas muchachas, que no les ha quedado gota de sangre en el cuerpo, de la ferocidad del toro.

CASTRADA.— ¡Y cómo, padre! No pienso recobrar el conocimiento en tres días; ya me vi en sus cuernos, que los tiene agudos como una lesna.[50]

175 JUAN.— No fueras tú mi hija, y no lo vieras.

GOBERNADOR.— Basta, que todos ven lo que yo no veo; pero al fin habré de decir que lo veo, por la negra honrilla.[51]

CHIRINOS.— Esa manada[52] de ratones que allá va, desciende por línea recta de aquellos que se criaron en el arca de Noé; algunos son blancos, otros albarazados,[53] otros jaspeados[54]
180 y otros azules; y, finalmente, todos son ratones.

CASTRADA.— ¡Jesús! ¡Ay de mí! ¡Ténganme, que me arrojaré por aquella ventana! ¿Ratones? ¡Desdichada! Amiga, apriétate[55] las faldas, y mira no te muerdan; y ¡monta que son pocos! ¡Por el siglo de mi abuela, que pasan de mil!

REPOLLA.— Yo sí soy la desdichada, porque se me entran sin reparo ninguno; un ratón more-
185 nico[56] me tiene asida de una rodilla: ¡socorro venga del cielo, pues en la tierra me falta!

BENITO.— Aun bien que tengo gregüescos:[57] que no hay ratón que se me entre, por peque-ño que sea.

CHANFALLA.— Esta agua, que con tanta prisa cae de las nubes, es de la fuente que da ori-gen y principio al río Jordán.[58] Toda mujer a quien toca en el rostro se le volverá como
190 de plata bruñida,[59] y a los hombres se les volverán las barbas como de oro.

CASTRADA.— ¿Oyes, amiga? Descubre el rostro,[60] pues ves lo que te importa. ¡Oh, qué licor tan sabroso! Cúbrase, padre, no se moje.

JUAN.— Todos nos cubrimos, hija.

---

[43]cogote, parte trasera de la cabeza. [44]"Gran Turco": sultán de Constantinopla. [45]*lie down.* [46]voz interjecional que servía para provocar al toro. [47]*they get all excited.* [48]"hosco y de bragado": malvado y falso. [49]*lie down.* [50]*awl.* [51]honra. [52]una gran cantidad. [53]mezcla de negro y rojo. [54]blanco y grisáceo. [55]ajústate. [56]*brown.* [57]calzones o pantalones cortos. [58]se decía que las aguas del río Jordán tenían el poder de rejuvenecer a todos los que se bañaban en ellas. [59]*polished.* [60]cara.

BENITO.— Por las espaldas me ha llegado el agua hasta el trasero.

CAPACHO.— Yo estoy más seco que un esparto.

GOBERNADOR.— ¿Qué diablos puede ser esto, que aun no me ha tocado una gota, donde todos se ahogan? Mas ¿si viniera yo a ser bastardo entre tantos legítimos?

BENITO.— Quítenme de allí aquel músico; si no, voto a Dios que me vaya sin ver más figura. ¡Válgate el diablo por músico aduendado,[61] y cómo es posible que cante sin instrumento musical ni música!

RABELÍN.— Señor alcalde, no se enfade conmigo; que yo toco como Dios ha sido servido de enseñarme.

BENITO.— ¿Dios te había de enseñar, maldito? ¡Métete tras la manta; si no, por Dios que te arroje[62] este banco!

RABELÍN.— El diablo creo que me ha traído a este pueblo.

CAPACHO.— Fresca es el agua del santo río Jordán; y, aunque me cubrí lo que pude, todavía me alcanzó un poco en los bigotes, y apostaré que los tengo rubios como un oro.

BENITO.— Y aun peor cincuenta veces.

CHIRINOS.— Allá van hasta dos docenas de leones y de osos; todo ser viviente se cuide; que, aunque fantásticos, no dejarán de causar daño.

JUAN.— Ea, señor Autor, ¡cuerpo de Dios! ¿Y ahora nos quiere llenar la casa de osos y de leones?

BENITO.— ¡Mirad qué ruiseñores[63] y calandrias[64] nos envía Tontonelo, sino leones y dragones! Señor Autor, o salgan figuras más apacibles,[65] o aquí nos contentamos con las vistas, y Dios le guíe, y no pare más en el pueblo un momento.

CASTRADA.— Señor Benito Repollo, deje salir ese oso y leones, al menos por nosotras, y recibiremos mucho contento.

JUAN.— Pues, hija, ¿antes te espantabas de los ratones, y ahora pides osos y leones?

CASTRADA.— Todo lo nuevo gusta, señor padre.

CHIRINOS.— Esta doncella, que ahora se muestra tan galana y tan compuesta,[66] es la llamada Herodías, cuyo baile alcanzó en premio la cabeza del Precursor de la vida.[67] Si hay quien la ayude a bailar, verán maravillas.

BENITO.— ¡Ésta sí, cuerpo del mundo!, que es figura hermosa, apacible y reluciente. ¡Hideputa, y cómo que se vuelve la muchacha! Sobrino Repollo, tú que sabes de bailes, ayúdala, y tendremos una gran fiesta.

SOBRINO.— Con mucho gusto, tío Benito Repollo.

(*Tocan la zarabanda.*)[68]

CAPACHO.— ¡Toma[1] mi abuelo, si es antiguo el baile de la zarabanda y de la chacona![69]

---

[61]maravilloso. [62]tire. [63]*nightingales.* [64]*calandra larks.* [65]tranquilas. [66]tan elegante. [67]alude a San Juan Bautista. Vida se refiere a Jesucristo. Chirinos confunde a Salomé, la bailarina, con su madre Herodías. Aquélla fue la que pidió la cabeza de San Juan Bautista. [68]tipo de baile.

230 BENITO.— Ea, sobrino, baila, baila con esa tonta judía, ¿cómo ve estas maravillas?

CHANFALLA.— Todas las reglas tienen excepción, señor Alcalde.

(*Suena una trompeta o corneta*[70] *dentro del teatro, y entra un* furrier[71] *de compañías.*)

FURRIER.— ¿Quién es aquí el señor Gobernador?

GOBERNADOR.— Yo soy. ¿Qué manda vuestra merced?

235 FURRIER.— Que ahora mismo permita alojarse[72] a treinta hombres de armas que llegarán aquí dentro de media hora, y aun antes, que ya suena la trompeta; y adiós.

(*Vase.*)

BENITO.— Yo apostaré que los envía el sabio Tontonelo.

CHANFALLA.— No hay tal; que ésta es una compañía de caballos, que estaba alojada dos leguas[73] de aquí.

240 BENITO.— Ahora yo conozco bien a Tontonelo, y sé que vos, aquél, y el músico sois unos grandísimos tontos; y mirad que os ordeno que pidáis a Tontonelo que no envíe estos hombres de armas, que le haré dar doscientos azotes[74] en las espaldas.

CHANFALLA.— ¡Digo, señor alcalde, que no los envía Tontonelo!

BENITO.— Digo que los envía Tontonelo, como ha enviado las otras criaturas que yo he visto.

245 CAPACHO.— Todos las hemos visto, señor Benito Repollo.

BENITO.— No digo yo que no, señor Pedro Capacho. No toques más, músico de entre sueños,[75] que te romperé la cabeza.

(*Vuelve el* furrier.)

FURRIER.— Ea, ¿Está ya hecho el alojamiento? Que ya están los caballos en el pueblo.

250 BENITO.— ¿Qué, todavía ha salido con la suya Tontonelo? ¡Pues yo os voto a tal, Autor de maravillas, que me lo habéis de pagar!

CHANFALLA.— Séanme testigos que me amenaza el Alcalde.

CHIRINOS.— Séanme testigos que dice el Alcalde que lo que dice S. M. lo manda el sabio Tontonelo.

255 BENITO.— Atontoneleada te vean mis ojos, ruega a Dios Todopoderoso.

GOBERNADOR.— Yo para mí tengo que verdaderamente estos hombres de armas no deben de ser de burlas.[76]

FURRIER.— ¿De burlas habían de ser, señor Gobernador? ¿Está en su seso?[77]

260 JUAN.— Bien pudieran ser atontoneleados; como esas cosas que hemos visto aquí. Por vida del Autor, que haga salir otra vez a la doncella Herodías, porque vea este señor lo que nunca ha visto; quizá con esto lo obligaremos a que se vaya inmediatamente de este lugar.

CHANFALLA.— Eso en buena hora, y aquí vuelve ella, y hace señas a su bailador para que

---

[69]"zarabanda... chacona.": bailes populares y un tanto lascivos. [70]*bugle*. [71]*quatermaster*. [72]*to lodge*. [73]medida de distancia. Dos leguas equivalen a unos once kilómetros, o siete millas. [74]*lashes*. [75]referencia al pequeño tamaño del músico. [76]de mentira, irreales. [77]"¿Está en su seso?": ¿está cuerdo?.

de nuevo la ayude.

SOBRINO.— Por mí no hay problema, por cierto.

BENITO.— Eso sí, sobrino, cánsala, cánsala; vueltas y más vueltas; ¡vive Dios, no se cansa la muchacha! ¡Vamos, vamos!

FURRIER.— ¿Está loca esta gente? ¿Qué diablos de doncella es ésta, y qué baile, y qué Tontonelo?

CAPACHO.— Luego, ¿no ve a la doncella Herodías el señor Furrier?

FURRIER.— ¿Qué diablos de doncella voy a ver?

CAPACHO.— Basta: de *ex illis* es.[78]

GOBERNADOR.— De *ex ilis* es, de *ex illis* es.

JUAN.— De ellos es, de ellos el señor Furrier, de ellos es.

FURRIER.— ¡Soy de la mala puta que os parió;[79] y, por Dios vivo, que, si echo mano a la espada, que os haga salir por las ventanas, que no por la puerta!

CAPACHO.— Basta: de *ex illis* es.

BENITO.— Basta: de ellos es, pues no ve nada.

FURRIER.— Malditos: si otra vez me dicen que soy de ellos, no les dejaré hueso sano.

BENITO.— Nunca los confesos[80] ni bastardos fueron valientes; y por eso no podemos dejar de decir: de ellos es, de ellos es.

FURRIER.— ¡Cuerpo de Dios con los villanos! ¡Esperad!

(*Mete mano a la espada, y acuchíllase[81] con todos; y el alcalde aporrea[82] al rabellejo; y la chirinos descuelga[83] la manta y dice*):

CHIRINOS.— El diablo ha sido la trompeta y la llegada de los hombres de armas; parece que los llamaron con campanilla.

CHANFALLA.— El suceso ha sido extraordinario; la virtud del Retablo ha sido demostrada, y mañana lo podemos mostrar al pueblo; y nosotros mismos podemos cantar el triunfo de esta batalla, diciendo: ¡Vivan Chirinos y Chanfalla!

265

270

275

280

285

290

---

[78]"ex... es": de ellos es. Perífrasis para decir que es converso, de sangre judía o mora. [79]forma vulgar por "engendró". [80]judíos que se convirtieron al cristianismo. [81]lucha con la espada. [82]golpea. [83]quita.

Análisis Crítico de El *Retablo de las Maravillas*

Metateatralidad y limpieza de sangre en "El retablo de las maravillas"

"El retablo de las maravillas es uno de los ocho entremeses publicados por Cervantes poco antes de su muerte en 1616, y uno de los antecedentes de esta obra se encuentra en un cuento oriental anónimo, adaptado por don Juan Manuel en el *Conde Lucanor* (1335) bajo el título "De lo que contesció a un rey con los burladores que ficieron el paño". Este cuento, por cierto, volvería a ser adaptado, siglos después, por Hans Christian Andersen en "El traje del emperador" (1837). Ambos cuentos nos relatan la historia de cómo unos pícaros (*rogues*) engañan al rey haciéndole creer que le han hecho un traje, y cómo los habitantes de su reino se ven obligados a fingir que lo ven vestido cuando el rey se pasea desnudo por la ciudad. Al final, sin embargo, alguien se atreve (*dares*) a decir la verdad, el resto de la gente deja de fingir (*to pretend*) ver lo que no ven, y el rey reconoce el engaño. Cervantes retoma esta idea siglos después para expresar una idea discriminatoria, y en mi trabajo me propongo demostrar cómo Cervantes utiliza elementos metateatrales en esta obra para expresear el concepto discriminatorio de limpieza de sangre.

El retablo de las maravillas pertenece al género de los entremeses, caracterizados por ser piezas breves que se representaban en el descanso (*break*) de una obra de tres actos. El antecedente inmediato de los entremeses lo encontramos en el siglo XVI, en "los pasos" de Lope de Rueda, piezas breves, cómicas, de carácter popular, lenguaje coloquial y personajes que se corresponderían con lo que hoy conocemos como tipos. El cultivo de este subgénero dramático decayó después del Siglo de Oro español, pero resurgió (*reappeared*) en los siglos XIX y XX. Cervantes se sirve de esta forma dramática tradicional, pero como es habitual en él, innovando o transformando su forma original, y en este caso lo hace introduciendo elementos metatreales para presentar un tema tabú en esa época, el de limpieza de sangre. Cervantes ya hace uso de estos elementos metateatrales en varias de sus obras dramáticas, como *La Numancia* (1585?) y *El viejo celoso* (1615). En *El retablo de las maravillas*, una de las manifestaciones metateatrales es la de la obra de teatro dentro de otra, pero Cervantes juega con esta idea y rompe con los límites que separan un nivel (*level*) de realidad del otro o, más bien, un nivel de ficción del otro.

En un primer nivel de ficción tenemos a las autoridades locales como espectadores del drama representado en el retablo: el Gobernador, Benito Repollo (alcalde), Juan Castrado (regidor) y otros personajes. Y a ellos les advierte Chanfalla:

> Que ninguno puede ver las cosas que en él se muestran, que tenga alguna raza de confeso, o no haya sido procreado o padres de legítimo matrimonio; y el que se haya contagiado de estas dos enfermedades, no podrá ver las cosas, jamás vistas ni oídas, de mi Retablo (3).

Y en un segundo nivel de ficción tenemos la acción dramática presentada en el retablo. El retablo, debemos aclarar, es un pequeño teatro en el que los actores son marionetas (*puppets*), y el que trae Chanfalla recibe el nombre de "el retablo de las maravillas" por las cosas maravillosas que se ven en él. El autor de este retablo es el sabio Tontuelo, y los personajes que, supuestamente, aparecen en él durante la representación son Sansón, un toro, ratones, leones, osos, el agua del río Jordán y Herodías. En un principio los acontecimientos dramáticos se sitúan dentro del retablo, como es el caso de la referencia a Sansón, pero muy pronto vemos cómo la línea que separa ambos niveles de ficción se rompe, y los personajes y acontecimientos de ambos niveles aparecen mezclados. Por ejemplo, los ratones, supuestamente, salen del retablo de Chanfalla, y Repolla afirma que "un ratón morenico me tiene asida (*seized*) de una rodilla" (4). Benito, por otro lado, se queja de que el agua del río Jordán le ha mojado las espaldas, y el momento climático ocurre cuando el sobrino del gobernador termina bailando con uno de los personajes de la obra, Herodías. El crítico Joaquín Casalduero afirma al respecto que:

> Hemos llegado al clímax de la breve acción. No es un bailarín que baila solo, es un hombre que baila con la nada hecha palabra, y el autor dominante, imperioso, implacable, va dirigiendo el movimiento y sometiendo a su entusiasmo el ritmo de la humanidad. (207)

Toda la audiencia, como hemos visto, acepta los hechos dramáticos de carácter maravilloso por temor a ser acusados de tener sangre mora o judía, o ser hijos bastardos. El Gobernador, sin embargo, los acepta pero sin convicción: "Basta, que todos ven lo que yo no veo; pero al fin habré de decir que lo veo, por la negra honrilla" (5). Y al final de la obra, cuando el furrier rompe con la realidad ilusoria creada por los espectadores del retablo, el Gobernador es el único que reconoce la realidad del furrier, mientras que los demás espectadores creen que forma parte de la farsa presentada por Chanfalla y la Chirinos.

Además de los recursos metateatrales de incluir una obra dentro de otra y de romper los niveles de distintos niveles de ficción, Cervantes introduce la instancia metateatral con carácter reflexivo o crítico. Lo vemos claramente cuando la Chirinos no cree que sea necesaria la participación de Rabelín en la pieza dramática, pero Chanfalla se opone arguyendo que su presencia es necesaria para llenar los espacios de silencio cuando el escenario queda vacío: "Lo necesitamos como el pan de la boca, para tocar en los espacios que tardan en salir las figuras del Retablo de las Maravillas" (1). Otro ejemplo de carácter reflexivo o crítico lo encontramos cuando el Gobernador le pregunta a la Chirinos por los autores que triunfan (*succeed*) en la corte, a lo que la Chirinos responde que "hay tantos que quitan el sol, y todos piensan que son famosos. Los poetas cómicos son los ordinarios y que siempre se usan, y así no hay para que nombrarlos". Éste es un comentario metateatral de carácter reflexivo, y es posible que con él Cervantes esté haciendo una crítica de los dramaturgos cómicos de la corte y de los espectadores que veían este tipo de obras.

¿Qué efectos, o propósito, persigue el dramaturgo con este tipo de recurso (*device*) dramático? Posiblemente, Cervantes trata de decirnos que no hay diferencia entre realidad y ficción, que nuestra realidad es otra ficción creada por un autor llamado Dios, una ficción en la que nosotros somos los personajes de una obra dramática que es nuestra vida. Este tema se relaciona con el tópico del *theatrum mundi*, o el mundo es un teatro, un tópico ya existente entre los clásicos grecolatinos y que fue popularizado, principalmente, por dramaturgos como Shakespeare en Inglaterra y Calderón de la Barca en España. Sin embargo, ésta es una idea muy general, y probablemente Cervantes utilice este recurso para expresar también un tema candente en la realidad de su tiempo: el de la limpieza de sangre.

Si pensamos en la audiencia de la obra —autoridades civiles del pueblo como el Gobernador, el Alcalde, el Escribano— podríamos precisar o clarificar que el tema es una sátira contra la institucionalización de la creencia en la limpieza de sangre, una creencia que refleja una realidad histórica. Esta creencia, o prejuicio, duró, aproximadamente, desde algo antes del final de la Reconquista (1492) hasta el siglo XIX, y se basaba en la sospecha (*suspicion*) que los judíos o moros convertidos al cristianismo seguían practicando su antigua religión a escondidas (*secretly*), y no se podía confiar en ellos a la hora de ocupar cargos (*jobs*) oficiales. Asimismo, podemos conjeturar que lo mismo que los personajes que asisten a la representación del Retablo de las Maravillas han sido engañados por los pícaros Chanfalla y la Chirinos y aceptan una realidad inexistente, del mismo modo el pueblo acepta un prejuicio impuesto por la iglesia u otras autoridades civiles. Cervantes, pues, trata de comunicar al público de su tiempo que los cristianos viejos de España están aceptando a ciegas una idea discriminatoria. Igualmente, podríamos añadir que Cervantes nos está diciendo que los cristianos viejos, con sus prejuicios raciales y religiosos institucionalizados, han traicionado (*betrayed*), su verdadera fe y a Dios.

El tema de la traición va, en cierto modo, unido al tema de la limpieza de sangre y se manifiesta en algunas de las anécdotas o historias "narradas" por Chanfalla y la Chirinos. La primera de éstas es la de Sansón y Dalila, una historia tomada del Antiguo Testamento en la que se nos narra cómo Dalila traiciona a Sansón en favor de los filisteos por unas monedas de plata. Y la otra historia, también con origen bíblico, es la del baile de Herodías con Repollo, aunque según la *Biblia* la mujer que baila para Herodes es Salomé, la hija de Herodías. La bíblica Salomé ejecutó su baile tan bien que Herodes, en un momento de emoción incontrolada, le prometió que le daría lo que pidiera, a lo que ella respondió que quería la cabeza de San Juan Bautista. Herodes tenía encarcelado a San Juan Bautista, y no quería ni le interesaba matarlo, pero traicionó sus deseos por una promesa a Salomé. Lo mismo que Herodes, todos los espectadores de *El retablo de las maravillas* traicionan sus verdaderas creencias, pues están afirmando ver algo que saben que no está ocurriendo en el escenario.

En conclusión, he intentado identificar algunos recursos metatetreales incorporados por Cervantes en este entremés, y cómo estos recursos se relacionan con dos temas prevalentes en la obra: el de la limpieza de sangre y el de la traición. En mi opinión, y como he venido indicando anteriormente, Cervantes está tratando de poner frente al público de su época un espejo en el que puedan ver sus propios prejuicios y el carácter discriminatorio de los mismos.

Unidad 1. El Texto Dramático

I. El Dramaturgo y la Obra Dramática

Al hablar de teatro debemos distinguir entre el texto dramático y el espectáculo teatral. El texto dramático consiste de un *guión* que contiene los *diálogos* de los personajes, y las *acotaciones*, o direcciones escénicas que nos da el dramaturgo para la representación de la obra. Desde el punto de vista estructural, la obra dramática no ha experimentado cambios substanciales a lo largo de la historia. En su *Poética* (335 a. C.), Aristóteles definió el teatro como "la imitación de una acción", y aclaró que ésta debía tener un principio, una parte intermedia y un final. Por lo tanto, al hablar de "acción", Aristóteles se está refiriendo a una serie de acontecimientos relacionados que llevan a una conclusión final. Si analizamos la naturaleza de estos acontecimientos, podemos ver que muchos de ellos se ajustan a (*follow*) unos patrones que suelen repetirse en la historia del teatro, incluso en la prosa y el cine. Algunos de estos patrones son el de la lucha del bien contra el mal, el de la conquista y pérdida del poder, y el de la transformación. Este último patrón, concretamente, lo vemos con frecuencia en la iniciación del adolescente en el mundo de la sociedad como adulto. El desarrollo de estos patrones va generalmente acompañado de crisis, tensiones y conflictos, y algunos de estos conflictos básicos se centran en el enfrentamiento del hombre contra el hombre, en el del hombre consigo mismo, y en el del hombre contra unas fuerzas externas —la sociedad, la naturaleza, Dios, el destino, etc.— que son más fuertes que él. Si pensamos en cómo aparecen representados estos patrones y conflictos en la obra dramática, podemos hacer una división de la misma en cinco partes:

1. *Exposición*. Esta parte nos da la información necesaria para entender los acontecimientos que se van a desarrollar en el curso de la obra. La exposición se puede

hacer por medio de un prólogo, el monólogo de un personaje y, más comúnmente, a través del diálogo de dos o más personajes. La exposición debe ser clara y breve, y no debe retardar (*to delay*) el desarrollo de la acción dramática.

2. *Complicación*. Esta segunda parte se da cuando en un determinado momento de la exposición ocurre un acontecimiento que provoca una serie de complicaciones. Estas complicaciones son acontecimientos que llevarán a un enfrentamiento entre las dos fuerzas en conflicto, crecen en intensidad, crean suspense y aumentan el interés del público.

3. *Clímax*. El clímax, o momento culminante, conlleva (*implies*) una confrontación entre las distintas fuerzas antagónicas, o sea en conflicto. Esta confrontación marca el final de las tensiones dramáticas y cambia el curso de la obra.

4 y 5. *Resolución* y *Conclusión*. Durante la resolución se resuelven las complicaciones precedentes, y de aquí deriva la conclusión con la que se pone punto final al conflicto de la obra para marcar un nuevo comienzo. Generalmente, estas dos últimas partes suelen tener una duración mucho más breve que las partes anteriores.

En una obra dividida en tres actos, estas cinco partes suelen distribuirse de la siguiente manera. La exposición y la complicación inicial se presentan en el primer acto. Las subsiguientes (*following*) complicaciones en el segundo acto; y el clímax, la resolución y la conclusión en el tercer acto. Este tipo de estructura es útil para analizar muchas obras, pero no todas se ajustan a este esquema. Hay obras con una estructura circular en la que los escasos cambios forman parte de un ininterrumpido ciclo recurrente; hay otras, como la clásica *Esperando a Godot* (1952), de Samuel Beckett, en las que hay una negación absoluta de cambio; y hay otras, como *Madre Coraje y sus niños* (1941), de Bertolt Brecht, en la que los distintos episodios de la obra son independientes y sólo les une un tema común. No hay, por consiguiente, una estructura común y universal aplicable a todas las obras, y muchos dramaturgos de la postmodernidad experimentan con nuevas estructuras para reflejar una visión personal de la realidad.

Si hasta ahora hemos visto la división interna de una obra dramática, desde el punto de vista externo las obras se dividen en *actos*. Horacio recomendaba en su *Ars Poetica* (18 a. C.) que la obra se dividiera en cinco actos, y ésta fue la norma para la mayor parte de los dramaturgos durante muchos siglos. Sin embargo, a partir de Lope de Vega, en el siglo XVII, esta división se redujo a tres actos, aunque ésta no es una medida standard seguida por todos los dramaturgos. Los actos, a su vez, se suelen dividir en *escenas*, y siempre que entra o sale un personaje en el escenario tenemos un cambio de escena.

Otro aspecto que debemos tener en cuenta al estudiar las obras dramáticas es el de la regla de "las tres unidades". Estas reglas, sin embargo, no fueron seguidas estrictamente por todos los dramaturgos de los distintos periodos literarios, y a partir del Romanticismo cayó en desuso (*became obsolete*).

II. Formas Dramáticas

Desde los tiempos de Platón y Aristóteles, y en base al argumento, carácter, tono y efecto, las obras dramáticas se han clasificado de diferente manera. Aquí nos vamos centrar en cinco: tragedia, comedia, tragicomedia, farsa y melodrama; pero debemos recordar que, a lo largo de la historia, estas cinco formas dramáticas han experimentado múltiples variaciones y combinaciones híbridas. Veamos a continuación algunas de las características principales de estas formas dramáticas.

La Tragedia

Se cree que la tragedia tiene su origen en los ritos que celebraban la muerte y resurrección de un dios que controlaba el cambio de las estaciones del año, y en Grecia se asociaba con Dionisio, dios del vino y de la vegetación. Otros investigadores, en cambio, creen que nació, simplemente, como forma de contar una historia en la que el protagonista termina fracasando. Lo que sí sabemos con certeza es que en el año 534 a. C. la tragedia formaba parte de un festival celebrado en Atenas, y que dos siglos más tarde Aristóteles definió esta forma dramática identifccando sus principales características:

- El protagonista es un hombre honrado y de alto nivel social que tiene una *falla trágica* (*tragic flaw*) —Hamartia—. Esta falla no significa que el protagonista es malo, sino que comete un error de juicio, o tiene alguna debilidad, y en su confrontación con fuerzas sobrenaturales, los dioses o un destino adverso, sale derrotado.
- La acción dramática tiene incidentes que despiertan *compasión* y *temor* en un espectador que se identifica con el protagonista, y estas dos emociones o sentimientos producirán en el lector un sentido de *catarsis*, o purificación.
- Los temas de la tragedia son serios y universales.
- La tragedia sigue la regla de "las tres unidades", y no debe tener una duración muy larga. Aunque el estudio que hace Aristóteles de la tragedia nos sirve para una discusión de esta forma dramática, muchas de las tragedias escritas después del Renacimiento abandonan algunas de las premisas formuladas por aquél, y no es fácil establecer una serie de características comunes a todas ellas. En algunas tragedias vemos cómo el protagonista no es un héroe, sino un antihéroe; a veces no es de clase social alta; y a veces no es el individuo, sino toda la sociedad la que fracasa. Por ejemplo, los protagonistas de las tragedias de Federico García Lorca suelen ser gente común y normal, y las fuerzas contra las que luchan no son sobrenaturales. Así, Adela, en *La casa de Bernarda Alba* (1936), representa una heroína de la clase media que lucha contra un mundo de represión, autoritarismo, y prejuicios sociales representado por su madre, Bernarda Alba. Otras diferencias de la tragedia moderna con respecto a la tragedia clásica las vemos en el llamado "teatro del absurdo", representado por obras de Samuel Beckett, Osvaldo Dragún o Griselda Gambaro. En estas obras, la lucha del héroe con un orden sobrenatural da paso (*gives way*) a una visión de la condición humana como absurda.

La Comedia

La comedia, nos dice Aristóteles, nació de las llamadas canciones Fálicas de la Grecia clásica, las cuales formaban parte de unos ritos anuales de la fertilidad en los que se pedía una buena cosecha (*harvest*). A diferencia de la tragedia, la comedia es una forma dramática caracterizada por:

- Protagonistas que podemos calificar de antihéroes y que encarnan (*embody*) algún vicio, pecado o falta moral, como el de la mentira, la avaricia (*greed*), la infidelidad, etc.
- Presentar problemas o situaciones comunes de la sociedad.
- Dramatizar un conflicto en el que vemos enfrentado al antihéroe con una sociedad tradicional o conservadora.
- Tener un carácter cómico y, a veces, moralizante.
- Denunciar la corrupción social y exponer la pérdida de valores tradicionales.
- Concluir con un final feliz en el que se defiende el mantenimiento de los valores sociales preexistentes.

Existen numerosos tipos de comedias, y por ello difieren las características de unas a otras.

La Tragicomedia

El nombre de tragicomedia se lo debemos al dramaturgo romano Plauto, del siglo III a. C. En su prólogo a *Anfitrión* (220 a. C.), el personaje Mercurio, dios mensajero y del comercio, consideraba dicha obra como una "tragicomedia" porque en ella se mezclaban reyes y dioses con un sirviente. La tragicomedia se caracteriza por:

- Ser una forma híbrida y popular que combina personajes nobles de la tragedia con personajes de clases más bajas, como los que vemos en la comedia.
- Mezclar los argumentos de la tragedia y la comedia.
- Mostrar un héroe que está a punto de fracasar o al borde de (*on the verge of*) un desastre, pero al final hay un cambio de circunstancias y un final feliz. Los ejemplos de tragicomedia del Renacimiento se inclinan del lado de la tragedia y muestran predilección por protagonistas nobles que viven en mundos cómicos protegidos. Los protagonistas de la tragicomedia moderna, en cambio, se encuentran en un mundo trágico y sin sentido, y actúan de manera bastante ridícula y absurda.

La Farsa

La farsa es una forma de comedia caracterizada por:

- La exageración y malentendidos (*misunderstandings*).
- Personajes unidimensionales y grotescos de las clases bajas.
- Dramatizar situaciones improbables y temas considerados tabú.

- Provocar la risa.
- Funcionar, frecuentemente, como componente de una pieza cómica más grande. Muchos de las grandes cómicos, como Charlie Chaplin, Buster Keaton, W. C. Fields, y Woody Allen han llevado la farsa al cine, y algunas de las situaciones que vemos en el llamado teatro del absurdo caen en la categoría de farsas.

El Melodrama

El término melodrama viene de la palabra griega "melos", que significa "canción", y "drama", que significa "acción", y como forma dramática aparece completamente desarrollada en el siglo XVIII. En los siglos XVIII y XIX se aplicaba a obras con acompañamiento musical, y su popularidad fue inmensa. El melodrama se caracteriza por:

- No seguir un desarrollo basado en los principios de causa y efecto.
- Estar protagonizado por personajes planos y estereotipados.
- Presentar situaciones fuera de lo normal que provocan fuertes emociones en el público debido a sus elementos sentimentales y lacrimógenos (*tear-producing*).
- Ofrecer soluciones claras y simples a los problemas de la humanidad.
- Presentar una visión optimista de la condición humana.
- Mostrar al público un héroe que triunfa al final y defiende los valores convencionales de la sociedad —familia, nación, y honor.

Los hermanos Quintero: *Mañana de sol*
Vida, obra, y crítica

Serafín Álvarez Quintero (1871–1938) y **Joaquín Álvarez Quintero** (1873–1944), más conocidos como "los hermanos Quintero", nacieron en un pueblo de la provincia de Sevilla, España. En 1889 se mudaron a Sevilla, y aquí se ganaron la vida trabajando para el Ministerio de Hacienda (*IRS*) y colaborando en algunas publicaciones, como *El diablo cojuelo*. Pocos años después se desplazaron (*moved*) a Madrid, donde se dedicaron exclusivamente a la literatura. En 1907 recibieron la Cruz de Alfonso XII y en 1920 y 1925, respectivamente, Serafín y su hermano fueron elegidos miembros de la Real Academia Española de la Lengua.

Los hermanos Quintero debutaron (*made their début*) en el teatro en 1888, con la obra *Esgrima y amor*, representada en el Teatro Cervantes de Sevilla. El éxito de esta obra los llevó a Madrid, donde llegaron a componer unas doscientos obras dramáticas. Aunque escribieron dramas, su mayor éxito lo obtuvieron con la representación de sus comedias, sainetes, libretos de zarzuela y piezas cómicas. Además de la obra anterior, merecen mención las siguientes obras dramáticas: *El ojito derecho* (1897), *Las flores* (1901), *Mañana de sol* (1905), *Puebla de las mujeres* (1912), y *Mariquilla Terremoto* (1930); y entre sus libretos de zarzuela destacan *Diana cazadora* (1915) y *La reina mora* (1903).

Los hermanos Quintero, junto con Carlos Arniches, son los representantes más notables del teatro costumbrista español del siglo xx. Este tipo de teatro se caracteriza por su brevedad, y por tener como objetivo principal entretener al público representando costumbres y tradiciones del pueblo español sin abordar (*dealing*) los verdaderos problemas sociales del país. En el teatro de los hermanos Quintero abundan elementos cómicos, diálogos que fluyen con naturalidad, y personajes graciosos que, en muchos casos, caen en la categoría de tipos. Estas cualidades les sirvieron para que, en los años treinta, el cine les pidiera que escribieran algunos guiones cinematográficos. A pesar de su talento, se les ha criticado por dar una visión "rosa" de la condición humana y por su excesivo sentimentalismo.

Guía de lectura

Mañana de sol es uno de los sainetes más populares de los hermanos Quintero. Los sainetes solían representarse en el intermedio de una obra de tres actos o al final de ésta, y se caracterizan por su brevedad, su carácter cómico, y por dramatizar las costumbres o tradiciones de las clases bajas. Los precedentes del sainete los encontramos en los "pasos" de Lope Rueda, del siglo xvi, los "entremeses" de Miguel de Cervantes en el siglo xvii, los sainetes de Ramón de la Cruz en el siglo xviii, y los sainetes de Ricardo de la Vega en el siglo xix.

En el sainete que hemos seleccionado, los hermanos Quintero dramatizan la conversación de dos ancianos mientras comparten el banco de un parque. El diálogo se inicia con una disputa sobre quién tiene derecho a sentarse en dicho banco, y continúa hasta llegar al descubrimiento de una experiencia que ambos compartieron en su adolescencia. En este sainete, con algunas dosis de humor y unos diálogos que fluyen con naturalidad, vemos dos personajes que terminan despertándonos una profunda simpatía por los sentimientos que comparten y que, simultáneamente, se ocultan. Son personajes realistas y creíbles que recrean, con toques de fantasía, el futuro que cada uno de ellos tuvo después de esa experiencia compartida en su adolescencia. La obra, que ha sido traducida a varios idiomas, expande el tema de una de las "doloras" de Ramón de Campoamor, poeta español del siglo XIX. Las "doloras" y las "humoradas" son breves poemas en los que encontramos, respectivamente, elementos irónicos y cómicos. La "dolora" que inspira a los hermanos Quintero es la dolora XLIII, citada textualmente dentro del sainete.

Mañana de sol

Personajes
DOÑA LAURA   DON GONZALO
PETRA   JUANITO

Lugar apartado[1] de un paseo público, en Madrid. Un banco[2] a la izquierda del actor. Es una mañana de otoño templada[3] y alegre.

(Doña laura y petra *salen por la derecha.* doña laura *es una viejecita setentona,*[4] *muy pulcra,*[5] *de cabellos*[6] *muy blancos y manos muy finas y bien cuidadas. Aunque está en la edad de chochear,*[7] *no chochea. Se apoya*[8] *de una mano en una sombrilla,*[9] *y de la otra en el brazo de* petra, *su criada.*)   5

DOÑA LAURA.— Ya llegamos... Gracias a Dios. Temí que me hubieran quitado el sitio. Hace una mañanita tan templada...

PETRA.— Pica el sol.[10]

DOÑA LAURA.— A ti, que tienes veinte años. (*Siéntase en el banco.*) ¡Ay!... Hoy me he cansado más que otros días. (*Pausa. Observando a* petra, *que parece impaciente.*) Vete, si   10
quieres, a charlar con tu guarda.

PETRA.— Señora, el guarda no es mío; es del jardín.

DOÑA LAURA.— Es más tuyo que del jardín. Anda en su busca, pero no te alejes.[11]

PETRA.— Está allí esperándome.

DOÑA LAURA.— Diez minutos de conversación, y aquí en seguida.   15

---

[1]remote. [2]bench. [3]fair. [4]en sus setenta años. [5]neat. [6]pelo. [7]to be senile. [8]she leans. [9]umbrella. [10]it's hot. [11]no vayas muy lejos.

20 PETRA.— Bueno, señora.

DOÑA LAURA.— (*Deteniéndola.*) Pero escucha.

PETRA.— ¿Qué quiere usted?

DOÑA LAURA.— ¡Que te llevas las miguitas[12] de pan!

PETRA.— Es verdad; ni sé dónde tengo la cabeza.

25 DOÑA LAURA.— En la escarapela[13] del guarda.

PETRA.— Tome usted. (*Le da un cartucho[14] de papel pequeñito y se va por la izquierda.*)

DOÑA LAURA.— Anda con Dios. (*Mirando hacia los árboles de la derecha.*) Ya están llegando los tunantes.[15] ¡Cómo me han cogido la hora![16] (*Se levanta, va hacia la derecha y arroja adentro, en tres puñaditos,[17] las migas de pan.*) Éstas, para los más atrevidos...[18] Éstas,

30 para los más glotones... Y éstas, para los más granujas,[19] que son los más chicos...[20] Je... (*Vuelve a su banco y desde él observa complacida el festín de los pájaros.*) Pero, hombre, que siempre has de bajar tú el primero. Porque eres el mismo: te conozco. Cabeza gorda, boqueras[21] grandes... Igual a mi administrador. Ya baja otro. Y otro. Ahora dos juntos. Ahora tres. Ese chico va a llegar hasta aquí. Bien; muy bien; aquél coge su miga y se

35 va a una rama a comérsela. Es un filósofo. Pero, ¡qué nube! ¿De dónde salen tantos? Se conoce que ha corrido la voz...[22] Je, je... Gorrión[23] habrá que venga desde la Guindalera.[24] Je, je. Vaya, no pelearse[25] que hay para todos. Mañana traigo más.

(*Salen don Gonzalo y Juanito por la izquierda del foro.[26] Don Gonzalo es un viejo contemporáneo de doña Laura, un poco cascarrabias.[27] Al andar arrastra[28] los pies. Viene de mal temple[29] del*

40 *brazo de Juanito, su criado.*)

DON GONZALO.— Vagos,[30] más que vagos... Más valía que estuvieran diciendo misa...

JUANITO.— Aquí se puede usted sentar: no hay más que una señora.

(*Doña Laura vuelve la cabeza y escucha el diálogo.*)

DON GONZALO.— No me da la gana, Juanito. Yo quiero un banco solo.

45 JUANITO.— ¡Si no lo hay!

DON GONZALO.— ¡Es que aquél es mío!

JUANITO.— Pero si se han sentado tres curas...

DON GONZALO.— ¡Pues que se levanten!... ¿Se levantan, Juanito?

JUANITO.— ¡Qué se han de levantar! Allí están de charla.

50 DON GONZALO.— Como si los hubieran pegado[31] al banco... No; si cuando los curas cogen un sitio... ¡cualquiera los echa![32] Ven por aquí, Juanito, ven por aquí.

(*Se encamina hacia la derecha resueltamente.[33] Juanito lo sigue.*)

DOÑA LAURA.— (*Indignada.*) ¡Hombre de Dios!

---

[12]*crumbs.* [13]*cockade.* [14]*roll.* [15]*rascals.* [16]"¡Cómo... la hora!": ya saben a qué hora llego. [17]*little handfuls.* [18]*daring.* [19]*roguish.* [20]pequeños. [21]esquinas de la boca. [22]"ha... voz": *the word has gotten out.* [23]*sparrow.* [24]barrio de Madrid. [25]*don't fight.* [26]parte trasera del escenario. [27]*grumpy.* [28]*he drags.* [29]humor. [30]*lazy bums.* [31]*they had glued.* [32]¡cualquiera... echa!": nadie los puede echar. [33]con determinación.

Don Gonzalo.— (*Volviéndose.*)[34] ¿Es a mí?

Doña Laura.— Sí, señor, a usted.

Don Gonzalo.— ¿Qué pasa?

Doña Laura.— ¡Que me ha espantado[35] usted los gorriones, que estaban comiendo miguitas de pan!

Don Gonzalo.— ¿Y yo qué tengo que ver con los gorriones?[36]

Doña Laura.— ¡Tengo yo!

Don Gonzalo.— ¡El paseo es público!

Doña Laura.— Entonces no se queje usted de que le quiten el asiento los curas.

Don Gonzalo.— Señora, no estamos presentados.[37] No sé por qué se toma usted la libertad de dirigirme la palabra. Sígueme, Juanito.

(*Se van los dos por la derecha.*)

Doña Laura.— ¡El demonio del viejo! No hay como[38] llegar a cierta edad para ponerse
impertinente. (*Pausa.*) Me alegro; le han quitado aquel banco también. ¡Anda! para
que me espante los pajaritos. Está furioso... Sí, sí; busca, busca. Como[39] no te sientes
en el sombrero... ¡Pobrecillo! Se limpia el sudor... Ya viene, ya viene... Con los pies
levanta más polvo[40] que un coche.

Don Gonzalo.— (*Saliendo por donde se fue y encaminándose*[41] *a la izquierda.*) ¿Se habrán ido
los curas, Juanito?

Juanito.— No sueñe usted con eso, señor. Allí siguen.

Don Gonzalo.— ¡Por vida...! (*Mirando a todas partes perplejo.*) Este Ayuntamiento[42] que
no pone más bancos para estas mañanas de sol... Nada, que me tengo que conformar
con el de la vieja (*Refunfuñando,*[43] *se sienta al otro extremo que* doña laura, *y la mira con
indignación.*) Buenos días.

Doña Laura.— ¡Hola! ¿Usted por aquí?

Don Gonzalo.— Insisto en que no estamos presentados.

Doña Laura.— Como me saluda usted, le contesto.

Don Gonzalo.— A los buenos días se contesta con los buenos días, que es lo que ha
debido usted hacer.

Doña Laura.— También usted ha debido pedirme permiso para sentarse en este banco
que es mío.

Don Gonzalo.— Aquí no hay bancos de nadie.

Doña Laura.— Pues usted decía que el de los curas era suyo.

Don Gonzalo.— Bueno, bueno, bueno... se concluyó. (*Entre dientes.*)[44] Vieja chocha...[45]
Podía estar haciendo calceta.[46]

---

[34]*turning around.* [35]*frightened.* [36]*"¿Y... gorriones?": and what do I have to do with the sparrows?.* [37]*introduced.* [38]*"No hay como": no hay nada como.* [39]*unless.* [40]*dust.* [41]*yendo.* [42]*city government.* [43]*grumbling.* [44]*muttering.* [45]*senile.* [46]*"haciendo calceta": knitting.*

Doña Laura.— No gruña[47] usted porque no me voy.

90   Don Gonzalo.— (*Sacudiéndose*[48] *las botas con el pañuelo.*) Si regaran[49] un poco más, tampoco perderíamos nada.

Doña Laura.— Ocurrencia[50] es: limpiarse las botas con el pañuelo de la nariz.

Don Gonzalo.— ¿Eh?

Doña Laura.— ¿Se sonará usted con un cepillo?[51]

95   Don Gonzalo.— ¿Eh? Pero, señora, ¿con qué derecho...?

Doña Laura.— Con el de vecindad.[52]

Don Gonzalo.— (*Cortando por lo sano.*)[53] Mira, Juanito, dame el libro; que no tengo ganas de oír más tonterías.

Doña Laura.— Es usted muy amable.

100   Don Gonzalo.— Si no fuera usted tan entrometida...[54]

Doña Laura.— Tengo el defecto de decir todo lo que pienso.

Don Gonzalo.— Y el de hablar más de lo que conviene.[55] Dame el libro, Juanito.

Juanito.— Vaya, señor. (*Saca del bolsillo un libro y se lo entrega.*)

(*Paseando luego por el foro, se aleja hacia la derecha y desaparece.* Don Gonzalo, *mirando a* doña

105 Laura *siempre con rabia, se pone unas gafas prehistóricas, saca una gran lente,*[56] *y con el auxilio de toda esa cristalería*[57] *se dispone a leer.*)

Doña Laura.— Creí que iba usted a sacar ahora un telescopio.

Don Gonzalo.— ¡Oiga usted!

Doña Laura.— Debe usted de tener muy buena vista.

110   Don Gonzalo.— Como cuatro veces mejor que usted.

Doña Laura.— Ya, ya se conoce.

Don Gonzalo.— Algunas liebres[58] y algunas perdices[59] lo pudieran atestiguar.[60]

Doña Laura.— ¿Es usted cazador?[61]

Don Gonzalo.— Lo he sido... Y aún... aún...

115   Doña Laura.— ¿Ah, sí?

Don Gonzalo.— Sí, señora. Todos los domingos, ¿sabe usted? cojo mi escopeta[62] y mi perro, ¿sabe usted? y me voy a una finca[63] de mi propiedad, cerca de Aravaca...[64] A matar el tiempo, ¿sabe usted?

Doña Laura.— Sí, como no mate usted el tiempo... ¡lo que es otra cosa!

120   Don Gonzalo.— ¿Conque no? Ya le enseñaría yo a usted una cabeza de jabalí[65] que tengo en mi despacho.[66]

---

[47]*don't growl.* [48]limpiándose. [49]"Si regaran": *if they watered.* [50]¡Qué idea!. [51]"¿Se... cepillo?": *do you blow your nose with a shoebrush?.* [52]*neighborhood.* [53]"Cortando... sano": terminando la discusión. [54]*nosy.* [55]es necesario. [56]*magnifying glass.* [57]*glassware.* [58]*hares.* [59]*partridges.* [60]*testify to it.* [61]*hunter.* [62]*shotgun.* [63]*ranch.* [64]localidad cercana a Madrid. [65]*wild boar.* [66]oficina.

Doña Laura.— ¡Toma!⁶⁷ Y yo a usted una piel de tigre que tengo en mi sala. ¡Vaya un argumento!⁶⁸

Don Gonzalo.— Bien está, señora. Déjeme usted leer. No estoy por darle a usted más palique.⁶⁹

Doña Laura.— Pues con callar, hace usted su gusto. 125

Don Gonzalo.— Antes voy a tomar un polvito. (*Saca una caja de rapé.*)⁷⁰ De esto sí le doy. ¿Quiere usted?

Doña Laura.— Según.⁷¹ ¿Es fino?

Don Gonzalo.— No lo hay mejor. Le agradará.

Doña Laura.— A mí me descarga mucho la cabeza.⁷² 130

Don Gonzalo.— Y a mí.

Doña Laura.— ¿Usted estornuda?⁷³

Don Gonzalo.— Sí, señora: tres veces.

Doña Laura.— Hombre, y yo otras tres: ¡qué casualidad!

(*Después de tomar cada uno su polvito, aguardan⁷⁴ los estornudos haciendo visajes,⁷⁵ y estornudan* 135
alternativamente.)

Doña Laura.— ¡Ah... chis!

Don Gonzalo.— ¡Ah... chis!

Doña Laura.— ¡Ah... chis!

Don Gonzalo.— ¡Ah... chis! 140

Doña Laura.— ¡Ah... chis!

Don Gonzalo.— ¡Ah... chis!

Doña Laura.— ¡Jesús!

Don Gonzalo.— Gracias. Buen provechito.⁷⁶

Doña Laura.— Igualmente. (Nos ha reconciliado el rapé.) 145

Don Gonzalo.— Ahora me va usted a dispensar⁷⁷ que lea en voz alta.

Doña Laura.— Lea usted como guste; no me incomoda.

Don Gonzalo.— (*Leyendo.*)

Todo en amor es triste;

mas, triste y todo, es lo mejor que existe. 150

De Campoamor, es de Campoamor.

Doña Laura.— ¡Ah!

Don Gonzalo.— (*Leyendo.*)

Las niñas de las madres que amé tanto,

me besan ya como se besa a un santo. 155

Éstas son humoradas.

---

⁶⁷*come on!*. ⁶⁸"¡Vaya... argumento!": ¡qué justificación tan estúpida!. ⁶⁹"No... palique": no quiero continuar conversando con usted. ⁷⁰*snuff*. ⁷¹*it depends*. ⁷²"A... cabeza": *it clears my head*. ⁷³*do you sneeze?*. ⁷⁴esperan. ⁷⁵*faces*. ⁷⁶"Buen provechito": *enjoy*. ⁷⁷excusar.

DOÑA LAURA.— Humoradas, sí.

DON GONZALO.— Prefiero las doloras.

DOÑA LAURA.— Y yo.

160 DON GONZALO.— También hay algunas en este tomo. (*Busca las doloras y lee.*) Escuche usted ésta:

Pasan veinte años; vuelve él...

DOÑA LAURA.— No sé qué me da[78] verlo a usted leer con tantos cristales.

DON GONZALO.— ¿Pero es que usted, por ventura,[79] lee sin gafas?

165 DOÑA LAURA.— ¡Claro!

DON GONZALO.— ¿A su edad?... Me permito dudarlo.

DOÑA LAURA.— Déme usted el libro. (*Lo toma de mano de* don gonzalo *y lee:*)

Pasan veinte años; vuelve él, y, al verse, exclaman él y ella:
—(¡Santo Dios! ¿Y éste es aquél?...)

170 —(¡Dios mío! ¿Y ésta es aquélla?...)
(*Le devuelve el libro.*)

DON GONZALO.— En efecto: tiene usted una vista envidiable.

DOÑA LAURA.— (¡Como que me sé los versos de memoria!)

DON GONZALO.— Yo soy muy aficionado a los buenos versos... Mucho. Y hasta los com-
175 puse en mi mocedad.[80]

DOÑA LAURA.— ¿Buenos?

DON GONZALO.— De todo había.[81] Fui amigo de Espronceda, de Zorrilla, de Bécquer...[82] A Zorrilla lo conocí en América.

DOÑA LAURA.— ¿Ha estado usted en América?

180 DON GONZALO.— Varias veces. La primera vez fui de seis años.

DOÑA LAURA.— ¿Lo llevaría a usted Colón en una carabela?[83]

DON GONZALO.— (*Riéndose.*) No tanto, no tanto... viejo soy, pero no conocí a los Reyes Católicos.

DOÑA LAURA.— Je, je...

DON GONZALO.— También fui gran amigo de éste: de Campoamor. En Valencia nos cono-
185 cimos... Yo soy valenciano.

DOÑA LAURA.— ¿Sí?

DON GONZALO.— Allí me crié;[84] allí pasé mi primera juventud... ¿Conoce usted aquello?[85]

DOÑA LAURA.— Sí, señor. Cercana a Valencia, a dos o tres leguas[86] de camino, había una finca que si aún existe se acordará de mí. Pasé en ella algunas temporadas.[87] De esto
190 hace muchos años; muchos. Estaba próxima al mar, oculta entre naranjos y limoneros... Le decían...[88] ¿cómo le decían?... *Maricela.*

---

[78]"No... da": no sé lo que siento de. [79]*by any chance.* [80]youth. [81]"De... había": *there were all kinds.* [82]poetas románticos españoles del siglo XIX. [83]tipo de barco. [84]*I grew up.* [85]esa región. [86]una legua es, aproximadamente, cinco
kilómetros. [87]períodos de tiempo. [88]llamaban.

Don Gonzalo.— ¿*Maricela*?

Doña Laura.— *Maricela*. ¿Le suena a usted el nombre?

Don Gonzalo.— ¡Ya lo creo![89] Como que si yo no estoy trascordado[90] —con los años se va la cabeza— allí vivió la mujer más preciosa que nunca he visto. ¡Y ya he visto algunas en mi vida!... Deje[91] usted, deje usted. Su nombre era Laura... El apellido no lo recuerdo... (*Haciendo memoria*.)[92] Laura... Laura... ¡Laura Llorente!

Doña Laura.— Laura Llorente...

Don Gonzalo.— ¿Qué?

(*Se miran con atracción misteriosa*.)

Doña Laura.— Nada... Me está usted recordando a mi mejor amiga.

Don Gonzalo.— ¡Es casualidad!

Doña Laura.— Sí que es peregrina[94] casualidad. La *Niña de Plata*.

Don Gonzalo.— La *Niña de Plata*... Así le decían los huertanos[94] y los pescadores. ¿Querrá usted creer que la veo ahora mismo, como si la tuviera presente, en aquella ventana de las campanillas[95] azules?... ¿Se acuerda usted de aquella ventana?

Doña Laura.— Me acuerdo. Era la de su cuarto. Me acuerdo.

Don Gonzalo.— En ella se pasaba horas enteras. En mis tiempos, digo.

Doña Laura.— (*Suspirando*.)[96] Y en los míos también.

Don Gonzalo.— Era ideal, ideal... Blanca como la nieve... Los cabellos muy negros... Los ojos muy negros y muy dulces... De su frente parecía que brotaba[97] luz... Su cuerpo era fino, esbelto,[98] de curvas muy suaves... ¡Qué formas de belleza soberana[99] modela Dios en la escultura humana! Era un sueño, era un sueño...

Doña Laura.— (¡Si supieras que la tienes al lado, ya verías lo que los sueños valen!) Yo la quise de veras,[100] muy de veras. Fue muy desgraciada.[101] Tuvo unos amores muy tristes.

Don Gonzalo.— Muy tristes.

(*Se miran de nuevo*.)

Doña Laura.— ¿Usted lo sabe?

Don Gonzalo.— Sí.

Doña Laura.— (¡Qué cosas hace Dios! Este hombre es aquél.)

Don Gonzalo.— Precisamente el enamorado galán,[102] si es que nos referimos los dos al mismo caso...

Doña Laura.— ¿Al del duelo?[103]

Don Gonzalo.— Justo: al del duelo. El enamorado galán era... era un pariente mío, un muchacho de toda mi predilección.

---

[89]"¡Ya... creo!": por supuesto. [90]equivocado. [91]espere. [92]"Haciendo memoria": tratando de recordar. [93]extraña. [94]*farmers*. [95]flores. [96]*sighing*. [97]*gushed forth*. [98]*slender*. [99]suprema. [100]mucho. [101]infeliz. [102]hombre. [103]"¿Al... duelo?": *to the one in the duel?*.

DOÑA LAURA.— Ya, vamos, ya. Un pariente... A mí me contó ella en una de sus últimas cartas, la historia de aquellos amores, verdaderamente románticos.

DON GONZALO.— Platónicos. No se hablaron nunca.

230 DOÑA LAURA.— Él, su pariente de usted, pasaba todas las mañanas a caballo por la veredilla[104] de los rosales[105] y arrojaba[106] a la ventana un ramo[107] de flores, que ella cogía.

DON GONZALO.— Y luego, a la tarde, volvía a pasar el gallardo jinete,[108] y recogía un ramo de flores que ella le echaba. ¿No es esto?

DOÑA LAURA.— Eso es. A ella querían casarla con un comerciante, un cualquiera,[109] sin
235 más títulos que el de enamorado.

DON GONZALO.— Y una noche que mi pariente rondaba[110] la finca para oírla cantar, se presentó de improviso[111] aquel hombre.

DOÑA LAURA.— Y le provocó.

DON GONZALO.— Y se enzarzaron.[112]

240 DOÑA LAURA.— Y hubo desafío.[113]

DON GONZALO.— Al amanecer[114] en la playa. Y allí se quedó malamente herido el provocador. Mi pariente tuvo que esconderse primero, y luego que huir.

DOÑA LAURA.— Conoce usted al dedillo[115] la historia.

DON GONZALO.— Y usted también.

245 DOÑA LAURA.— Ya le he dicho a usted que ella me la contó.

DON GONZALO.— Y mi pariente a mí... (Esta mujer es Laura... ¡Qué cosas hace Dios!)

DOÑA LAURA.— (No sospecha quién soy: ¿para qué decírselo? Que conserve aquella ilusión...)

DON GONZALO.— (No presume que habla con el galán... ¿Qué ha de presumirlo?... Callaré.) (Pausa.)

250 DOÑA LAURA.— ¿Y fue usted, acaso, quien le aconsejó a su pariente que no volviera a pensar en Laura? (¡Anda con ésa!)[116]

DON GONZALO.— ¿Yo? ¡Pero si mi pariente no la olvidó un segundo!

DOÑA LAURA.— Pues ¿cómo se explica su conducta?

DON GONZALO.— ¿Usted sabe?... Mire usted, señora: el muchacho se refugió primero en
255 mi casa —temeroso[117] de las consecuencias del duelo con aquel hombre, muy querido allá— luego se trasladó[118] a Sevilla; después vino a Madrid. Le escribió a Laura ¡qué sé yo el número de cartas! —algunas en verso, me consta—.[119] Pero sin duda las debieron de interceptar los padres de ella, porque Laura no contestó. Gonzalo, entonces, desesperado, desengañado,[120] se incorporó al ejército de África, y allí, en una trinchera[121]
260 encontró la muerte, abrazado a la bandera[122] española y repitiendo el nombre de su amor: Laura... Laura... Laura...

---

[104]path. [105]rose bushes. [106]tiraba. [107]bouquet. [108]"gallardo jinete": handsome horseman. [109]nobody. [110]was making the rounds of. [111]"de improviso": inesperadamente. [112]they quarreled. [113]challenge. [114]at dawn. [115]muy bien los detalles. [116]"¡Anda... ésa!": take that!. [117]fearful. [118]he moved. [119]estoy segura. [120]dissillusioned. [121]trench. [122]flag.

DOÑA LAURA.— (¡Qué embustero!)[123]

DON GONZALO.— (No me he podido matar de un modo más gallardo.)[124]

DOÑA LAURA.— ¿Sentiría usted a par del alma[125] esa desgracia?

DON GONZALO.— Igual que si se tratase de mi persona. En cambio, la ingrata, quién sabe   265
si estaría a los dos meses cazando mariposas en su jardín, indiferente a todo...

DOÑA LAURA.— Ah, no señor; no señor...

DON GONZALO.— Pues es condición de mujeres.

DOÑA LAURA.— Pues aunque sea condición de mujeres, la *Niña de Plata* no era así. Mi
amiga esperó noticias un día, y otro, y otro... y un mes, y un año... y la carta no llegaba   270
nunca. Una tarde, a la puesta del sol,[126] con el primer lucero[127] de la noche, se la vio salir
resuelta[128] camino de la playa... de aquella playa donde el predilecto[129] de su corazón se
jugó[130] la vida. Escribió su nombre en la arena —el nombre de él— y se sentó luego en
una roca, fija la mirada en el horizonte. Las olas murmuraban su monólogo eterno... e
iban poco a poco cubriendo la roca en que estaba la niña... ¿Quiere usted saber más?   275
Acabó de subir la marea...[131] y la arrastró[132] consigo...

DON GONZALO.— ¡Jesús!

DOÑA LAURA.— Cuentan los pescadores de la playa que en mucho tiempo no pudieron
borrar[133] las olas aquel nombre escrito en la arena. (¡A mí no me ganas[134] tú a finales
poéticos!)   280

DON GONZALO.— (¡Miente más que yo!)

(*Pausa.*)

DOÑA LAURA.— ¡Pobre Laura!

DON GONZALO.— ¡Pobre Gonzalo!

DOÑA LAURA.— (¡Yo no le digo que a los dos años me casé con un fabricante de cervezas!)   285

DON GONZALO.— (¡Yo no le digo que a los tres meses me largué[135] a París con una bailarina!)

DOÑA LAURA.— Pero, ¿ha visto usted cómo nos ha unido la casualidad, y cómo una
aventura añeja[136] ha hecho que hablemos lo mismo que si fuéramos amigos antiguos?

DON GONZALO.— Y eso que empezamos riñendo.[137]   290

DOÑA LAURA.— Porque usted me espantó los gorriones.

DON GONZALO.— Venía muy mal templado.

DOÑA LAURA.— Ya, ya lo vi. ¿Va usted a volver mañana?

DON GONZALO.— Si hace sol, desde luego. Y no sólo no espantaré los gorriones, sino que
también les traeré miguitas...   295

DOÑA LAURA.— Muchas gracias, señor. Son buena gente; se lo merecen todo. Por cierto

---

[123]mentiroso. [124]elegante. [125]"a... alma": profundamente. [126]"puesta... sol": *sunset*. [127]estrella. [128]*resolutely.*
[129]favorito. [130]*gambled.* [131]*tide.* [132]*it dragged away.* [133]*to erase.* [134]*beat.* [135]fui. [136]vieja. [137] "Y... riñendo": *in spite the fact we started arguing.*

que no sé dónde anda mi chica... (*Se levanta.*) ¿Qué hora será ya?

DON GONZALO.— (*Levantándose.*) Cerca de las doce. También ese bribón[138] de Juanito. (*Va hacia la derecha.*)

DOÑA LAURA.— (*Desde la izquierda del foro, mirando hacia dentro.*) Allí la diviso con su guarda...

(*Hace señas con la mano para que se acerque.*)[139]

DON GONZALO.— (*Contemplando, mientras, a la señora.*) (No... no me descubro... Estoy hecho un mamarracho tan grande...[140] Que recuerde siempre al mozo que pasaba al galope y le echaba las flores a la ventana de las campanillas azules.

DOÑA LAURA.— ¡Qué trabajo le ha costado despedirse! Ya viene.

DON GONZALO.— Juanito, en cambio... ¿Dónde estará Juanito? Se habrá engolfado[141] con alguna niñera.[142] (*Mirando hacia la derecha primero, y haciendo señas como doña Laura después.*) Diablo de muchacho...

DOÑA LAURA.— (*Contemplando al viejo.*) (No... no me descubro... Estoy hecha una estantigua...[143] Vale más que recuerde siempre a la niña de los ojos negros, que le arrojaba las flores cuando él pasaba por la veredilla de los rosales...)

(JUANITO *sale por la derecha y* petra *por la izquierda.* petra *trae un manojo*[144] *de violetas.*)

DOÑA LAURA.— Vamos, mujer; creí que no llegabas nunca.

DON GONZALO.— Pero, Juanito, ¡por Dios! que son las tantas...[145]

PETRA.— Estas violetas me ha dado mi novio para usted.

DOÑA LAURA.— Mira qué fino... Las agradezco mucho... (*Al cogerlas se le caen dos o tres al suelo.*) Son muy hermosas...

DON GONZALO.— (*Despidiéndose.*) Pues, señora mía, yo he tenido un honor muy grande... un placer inmenso...

DOÑA LAURA.— (*Lo mismo.*) Y yo una verdadera satisfacción...

DON GONZALO.— ¿Hasta mañana?

DOÑA LAURA.— Hasta mañana.

DON GONZALO.— Si hace sol...

DOÑA LAURA.— Si hace sol... ¿Irá usted a su banco?

DON GONZALO.— No, señora; que vendré a éste.

DOÑA LAURA.— Este banco es muy de usted.

(*Se ríen.*)

DON GONZALO.— Y repito que traeré miga para los gorriones...

(*Vuelven a reírse.*)

DOÑA LAURA.— Hasta mañana.

DON GONZALO.— Hasta mañana.

---

[138]*rascal.* [139]*to approach.* [140]*"Estoy... grande": I have become such a scarecrow.* [141]*he will have got involved.* [142]*babysitter.* [143]*hag.* [144]*bunch.* [145]*"son... tantas": es muy tarde.*

(Doña Laura *se encamina con* Petra *hacia la derecha.* Don Gonzalo, *antes de irse con* Juanito *hacia la izquierda, tembloroso y con gran esfuerzo se agacha*[146] *a coger las violetas caídas.* Doña Laura *vuelve naturalmente el rostro y lo ve.*)

335

Juanito.— ¿Qué hace usted, señor?

Don Gonzalo.— Espera, hombre, espera...

Doña Laura.— (No me cabe[147] duda; es él...)

Don Gonzalo.— (Estoy en lo firme;[148] es ella...)

(*Después de hacerse un nuevo saludo de despedida.*)

340

Doña Laura.— (¡Santo Dios! ¿y éste es aquél?...)

Don Gonzalo.— (¡Dios mío! ¿y ésta es aquélla?...)

(*Se van, apoyado cada uno en el brazo de su servidor y volviendo las caras sonrientes, como si él pasara por la veredilla de los rosales y ella estuviera en la ventana de las campanillas azules.*)

Telón

345

Preguntas de comprensión

1. ¿Cómo es descrita doña Laura?
2. ¿Adónde va Petra cuando se separa de doña Laura?
3. ¿Por qué no se puede sentar don Gonzalo en el banco que considera suyo?
4. ¿Por qué se enfada doña Laura con don Gonzalo al principio de su encuentro?
5. ¿Tiene problemas con la vista don Gonzalo? ¿Cómo lo sabemos?
6. ¿Qué hobby tiene don Gonzalo los domingos?
7. ¿Por qué no se materializó el matrimonio de los dos jóvenes enamorados?
8. Según los protagonistas del sainete, ¿cómo murieron el pariente de don Gonzalo y Laura Llorente?
9. ¿Qué le promete al final del sainete don Gonzalo a Laura?

Análisis crítico

1. Comente la división de la obra en sus distintas partes —explicación, complicación, climax. ¿Sigue esta obra la regla de "las tres unidades"?
2. ¿Dentro de qué forma dramática podríamos incluir esta obra? ¿Qué convenciones de esta forma dramática sigue?
3. ¿Cuál es el tema de la obra? Relacione los fragmentos poéticos de Ramón Campoamor con el tema de la obra.
4. ¿Qué elementos irónicos y cómicos encuentra en este sainete?

---

[146]*he bends over.* [147]tengo. [148]"en lo firme": seguro.

5. ¿Cómo se describe la relación amorosa de Laura Llorente y el pariente de don Gonzalo?
6. Al final del sainete vemos cómo se le caen a doña Laura dos o tres violetas que le dio a Petra su novio. ¿Cómo relacionaría este hecho anecdótico con el tema principal de la obra?
7. ¿Qué explicación podría dar a las partes o textos entre paréntesis?
8. ¿Por qué no se revelan los protagonistas su verdadera identidad?
9. ¿Qué actantes hay en la obra?
10. Comente el tipo de escenario y escenografía que podría utilizar un director de teatro en la representación de esta obra.

Mesa redonda

Hay un elemento metateatral, de una obra dramática dentro de otra (*play within a play*), en este sainete. Con sus compañeros de grupo discuta el significado de la representación dramática que llevan a cabo los protagonistas dentro de este sainete. Compartan sus impresiones con el resto de la clase.

Sea creativo

La obra concluye con una despedida de los dos protagonistas del sainete y una cita para el día siguiente. Escriba un diálogo, de una o dos páginas, sobre la posible conversación que tendrán doña Laura y don Gonzalo en su siguiente reencuentro. Pueden realizar esta actividad creativa en grupos. Un par de estudiantes trabaja con el papel de Laura y otros dos con el de Gonzalo. Compartan sus opiniones con la clase.

Investigación

Escoja uno de los sainetes de los hermanos Quintero, o de uno de los autores mencionados en la guía de lectura, o del uruguayo Florencio Sánchez, y comente los elementos o aspectos dramáticos que lo caracterizan como sainete.

Diccionario de términos literarios

Actante. Hay distintas definiciones de este término. Para algunos críticos los actantes incluyen a todos los personajes y elementos que participan en la comunicación de un mensaje en una obra literaria. Para otros, como A. J. Greimas, si el actor se identifica con el personaje, el *actante* sería una fuerza no antropomórfica, es decir un objeto (una pistola, una carta...), que cumple una determinada función en el desarrollo de la trama.

    Aparte. Es un recurso teatral por el que un personaje, hablando consigo mismo y aceptando que los demás personajes no le oyen, comunica al público algunas de sus opiniones sobre la intriga de la obra o sobre otros personajes.

Componentes kinésicos. Por componentes kinésicos entendemos los movimientos, gestos, expresiones de la cara, o posturas realizados por los personajes; y constituyen una de las partes más dinámicas del discurso dramático. En la creación de su teatro épico, Bertolt Brecht concedió una importancia capital al gesto, y algunos teóricos del teatro occidental han admirado la riqueza semántica de los cientos de gestos que se encuentran en algunas tradiciones del teatro oriental. El gesto va unido a la lengua en la producción del discurso dramático, y una de sus funciones es la de dar más énfasis, o un tono determinado, a un enunciado. En las representaciones dramáticas tradicionales, los gestos son interpretados por el espectador como un índice que apunta a algún aspecto sicológico, fisiológico, o social del personaje dramático.

Dramatis personae. Expresión latina que significa "personajes del drama", y se refiere a la lista de personajes que intervienen en la representación de la obra. Esta lista aparece antes del texto dramático.

Unidad 2. El Espectáculo Teatral

Arquitectura del Teatro

En la historia del teatro, el espacio escénico ha sido interpretado de distintas maneras. En sus comienzos, el espacio y la forma del teatro griego fueron concebidos a imitación de un lugar sagrado dedicado al dios Dionisio, y su elemento arquitectónico más importante era un altar dedicado a este dios. Desde los clásicos griegos hasta hoy día las formas arquitectónicas del teatro han experimentado notables cambios, y estos cambios han tenido una considerable influencia en la creación y representación de las obras dramáticas, y en la manera cómo el espectador las ve.

El **teatro griego**, el primero del que tenemos noticia en el mundo occidental, se encontraba al aire libre (*outdoors*), como el romano, y se hallaba dividido en cuatro partes:

1. Un *semicírculo*, *graderío* o *auditorio*, destinado para el público, cuyas gradas (*tiers*) se disponían sobre la vertiente (*slope*) de una colina (*hill*).
2. Un *círculo*, u *orchestra*, donde los coros cantaban y bailaban acompañando el desarrollo de la acción dramática, y en cuyo centro estaba el altar dedicado a Dionisio.
3. Una *plataforma*, o *proscenio*, donde se representaba el drama y a la que se accedía o llegaba desde la orchestra a través de unas escaleras.
4. Una parte posterior, el *escenario*, o *skené*, donde los actores se cambiaban de ropa y de máscara.

Es importante mencionar que los griegos inventaron varios artefactos mecánicos (*mechanical devices*) que contribuyeron a la creación de ciertos efectos especiales. Los más conocidos eran el *deus ex machina*, que era una especie de grúa (*crane*) que servía para subir y bajar a un personaje en funciones de Dios; y una plataforma movible con ruedas —*ecciclema*— que se desplazaba (*moved*) del escenario o skené hacia la orchestra, y servía para revelar al público hechos acontecidos en el interior de este escenario, como el cuerpo sin vida de alguien asesinado en una conjura (*conspiracy*).

A diferencia del griego, el **teatro romano** no se construyó sobre una colina, sino sobre una superficie plana. Además, el escenario era más grande y muy decorado; la orchestra era más pequeña y de forma semicircular; y el auditorio, que consistía de un semicírculo exacto, era algo menor que el griego.

Algunos ejemplos de espacios escénicos

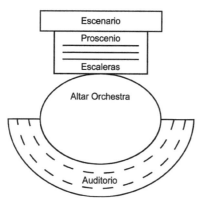

Escenario del teatro griego.

Escenario de proscenio.

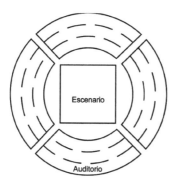

Escenario arena.

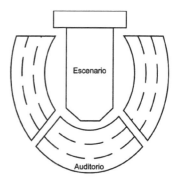

Escenario de corbata.

Después de varios siglos de escasa actividad dramática, el teatro resurgió en la Edad Media con dramas litúrgicos de tema religioso que se representaban fuera de la iglesia, y en este período se usaron varios tipos de escenarios. Uno de ellos fue el escenario consistente en una plataforma con una cortina (*curtain*) en la parte trasera (*in the back*); y otro tipo consistía de dos o tres escenarios que se utilizaban simultáneamente durante la representación de obras religiosas. En el siglo XVI aparece un tipo de teatro muy importante: el *corral de comedias*. El *corral de comedias* era una casa, o edificio grande, que constaba de una serie de galerías, para uso del público —*auditorio*—, que rodeaban (*surrounded*) la planta baja (*ground floor*) del corral donde se encontraba el *escenario*, el cual consistía de una plataforma saliente (*protuberant*). Además de este escenario había otro en la parte trasera que estaba cubierto con una cortina, y las representaciones dramáticas tenían lugar al aire libre.

En el siglo XVII, en el año 1618 exactamente, se acabó de construir el teatro Farnese de Parma —Italia—, y con él nace el primer *escenario de proscenio* moderno. El diseño de este escenario, que se generalizó en toda la Europa occidental, consistía de una pequeña plataforma saliente rectangular, el *arco del proscenio*, y un *escenario* detrás y unido a esta plataforma. El escenario estaba situado a un nivel superior al de la primera fila de asientos, y tenía una cortina que lo separaba del *auditorio*. La abertura en la pared, a través de la cual se ve la representación dramática, enmarca (*frames*) la representación dramática y crea una especie de "ventana" para que la audiencia vea la acción dramática. A esta parte del escenario que da a la audiencia se le llama *cuarta pared*, y cuando el actor se dirige al público directamente en una representación dramática decimos que "está rompiendo la cuarta pared". Claramente, el escenario proscenio sitúa a los actores y al público en dos dominios diferentes, los primeros actúan, y los segundos ven una obra y necesitan ser convencidos de que lo que ven a través de una "pared transparente" es la ilusión de una realidad creada por los actores dentro de una habitación. Todo lo que vemos en este tipo de escenario tiene una doble dimensión, y por ello el diseñador debe tratar de crear profundidad y resaltar la presencia tridimensional de los actores. Algunas de las objeciones que se han hecho a este tipo de espacio escénico son la dificultad de realizar el cambio de escenografía en obras con muchas escenas, y la falta de interacción directa entre actores y público. Estas objeciones dieron lugar a la experimentación con nuevos tipos de escenario, como el *escenario arena* y el *escenario de corbata*.

Hacia 1940 se experimentó extensamente en EE.UU. con el *escenario arena*, o circular, caracterizado por tener un *auditorio* que rodea el *escenario*, y por crear mayor intimidad o acercamiento entre el público y los actores. A diferencia del *escenario de proscenio*, donde los espectadores ven a los actores casi sólo frontalmente, con el *escenario arena* se crea la novedad de la multiplicidad de perspectivas, ya que el público ve a los actores en tres dimensiones. Como inconvenientes de este *escenario* se pueden citar la casi imposibilidad de colocar decorados, el que los espectadores ven a veces de espalda a los actores, y la dificultad de jugar con la luz.

En la segunda mitad del siglo XX se generalizó el *escenario de corbata*, bastante similar al *corral de comedias* en su disposición. Este tipo de escenario consiste de una plataforma que sale como una prolongación del *escenario de proscenio*. El escenario de corbata se encuentra rodeado por el público en unas tres cuartas partes, y tiene como ventajas el hecho de que todos los espectadores pueden ver y oír bien, es fácil pasar de una escena a otra sin necesidad de cambiar de decorado, y se crea entre actores y espectadores un sentido de inmediatez similar al creado por el *escenario arena*. Como inconvenientes de este tipo de *escenario* se han señalado la necesidad de colocar los accesorios (*props*) de tal modo que todos los espectadores, de uno y otro lado, puedan verlos; y la difícil movilidad de los actores en el escenario.

Otros experimentos modernos con el espacio escénico incluyen el *teatro ambiental*, que se representa en un garaje y trata de crear una experiencia comunal al involucrar al público en la acción dramática; el *teatro en la calle*, que consiste en llevar el teatro a las calles o parques y hacer de éstos su escenario; y el conocido como *"espacio encontrado"*, consistente en la utilización o aprovechamiento de un espacio preexistente —unas escaleras, un autobús, una plaza ...— como escenario de la obra dramática. El objetivo de estos experimentos es el de llevar el teatro al público, en lugar de que éste vaya al teatro.

Escenografía

Por *escenografía* entendemos el arte de configurar el espacio escénico, e incluye todos los elementos que lo conforman —decorados, accesorios, vestuario, maquillaje (*make up*), iluminación, etc.—. Debemos aclarar (*clarify*) que el teatro incorpora dos escenarios: el *físico*, que trata de representar el mundo de la obra dramática, y el *ficticio*, que es creado por los actores. Por lo tanto, al estudiar una obra de teatro necesitamos tener en cuenta ambos escenarios.

1. El *escenario físico*. Aunque ya existían elementos ornamentales en el escenario griego, el origen de la escenografía moderna se encuentra en las representaciones teatrales celebradas en las cortes principescas (*princely*) de la Italia renacentista. Es aquí donde, por primera vez, los escenarios del teatro eran pintados con decorados que reflejaban la situación socio-política y religiosa desarrollada en la acción dramática. En el siglo XIX, la influencia italiana en el mundo de la escenografía dio paso a (*gave way to*) diseños realistas, y las superficies pintadas fueron reemplazadas por accesorios reales y estructuras tridimensionales.

   Pero la verdadera revolución en el arte escénico vino de la mano del inglés Gordon Craig (1872–1966) y del suizo Adolph Appia (1862–1928), quienes sentaron (*established*) las bases de una nueva teoría que ponía el decorado al servicio del actor y que privilegiaba el valor plástico de las formas y la iluminación. Craig pensaba que el diseño del escenario debía consistir de un reducido, pero simbólico, número de accesorios; es decir, un diseño simple en el que hubiera una clara relación entre acción y decorado. Además, estaba a favor de los juegos de luz y sombra, y del uso de los colores con valor connotativo. Appia, que también concedía una gran importancia a la luz, propuso diseños que privilegiaran al actor y mantuvieran la atención del público centrada en éste. Poco después, en la década de 1920, el llamado *teatro* épico de Erwin

Piscator (1894–1966) y Bertolt Brecth (1898–1956) introdujo algunas novedades en el diseño, como diapositivas (*slides*), posters, mapas, y gráficas para dramatizar las distintas fuerzas sociales representadas por los personajes. Otra contribución destacada a la escenografía fue la del checo Josef Svoboda (1920–2002), quien llegó a proyectar en una pantalla diapositivas y películas durante la representación de una obra de teatro. Más recientemente, los diseñadores han experimentado con la eliminación total del decorado, con excepción de la luz, para impedir distracciones y concentrar la atención del espectador en la obra.

Pasemos ahora a estudiar los elementos que componen el espacio escénico. El diseñador del escenario, con la ayuda de muchos expertos, debe pensar en el *vestuario*, el *maquillaje*, la disposición de los distintos *accesorios* que aparecen en el escenario, y los efectos creados con la *luz* y el *sonido*. Todos estos elementos se unen al texto de la obra para contribuir a una experiencia dramática total. Veamos cada uno de ellos:

El vestuario. La contribución más notable al desarrollo del vestuario moderno viene del duque de Saxemeiningen —Alemania—, considerado el primer director de teatro moderno. Este duque alemán propuso que el vestuario debía ser apropiado a la época histórica, el lugar geográfico, y la clase social de los personajes. La ropa, lo mismo que el resto de la escenografía, sirve para documentar un tiempo y un lugar específicos, contribuye a definir la identidad de los personajes y el significado de sus acciones, ayuda al actor a sentirse más cerca del personaje que representa, y añade color al espectáculo de la representación dramática. Con el paso de los años, los directores de teatro y los diseñadores del vestuario han experimentado de muchas maneras con el vestuario.

El *maquillaje*. El maquillaje sirve para resaltar algunos de los rasgos faciales de los personajes, ayuda al actor a que se parezca al personaje de la obra que representa, y revela algunas de las cualidades sicológicas de los personajes.

Los *accesorios*. Hay accesorios que forman parte de la escena, como mesas, sillas, cortinas y cuadros, y accesorios que llevan los personajes, como dinero o armas. Los accesorios, obviamente, dan información sobre una determinada época o lugar y sobre la gente que los posee. Igualmente, sirven para que el mundo de la obra dramática parezca más real o fantástico, pueden tener un valor simbólico, y contribuyen a expresar el espíritu y significado de la obra dramática.

Iluminación. Hasta el Renacimiento, las obras dramáticas se representaban al aire libre, pero a partir de este período comenzaron a ser representadas en locales cerrados que requerían el uso de velas (*candles*) para iluminar el escenario. Sin embargo, con la invención de la luz eléctrica en 1879, ésta se comenzó a aplicar al teatro con múltiples propósitos. Fue por estas fechas cuando el diseñador Appia creó las bases para la iluminación en el teatro y, basándose en él, los diseñadores han identificado las siguientes funciones de la luz: iluminar el escenario, recrear un tiempo y un lugar específicos, crear con el uso de las sombras la ilusión de múltiples espacios, unificar y reconciliar todos los elementos que hay en el escenario, crear un cierto ambiente, comunicar ideas y sentimientos al público, modelar los actores y el decorado en tres dimensiones, y dirigir la atención del público a un lugar específico.

Sonido/música. La música juega un papel clave en los melodramas, óperas, zarzuelas (*typical Spanish musical comedies*) y comedias musicales. En el caso del teatro convencional, el uso de la música se remonta (*dates back*) al teatro griego clásico, y en el siglo xx fue utilizado, entre otros muchos, por dramaturgos como B. Brecht y Federico García Lorca. La música y las canciones ofrecen un comentario al desarrollo de la acción dramática, revelan algunos de los significados o temas de la obra dramática, crean un ambiente apropiado al tema de la obra, y sirven para recrear todo tipo de sonidos, como truenos, cantos de animales, etc.

2. El *escenario ficticio*. El segundo escenario de una obra dramática viene creado por los actores. El actor cumple tres papeles fundamentales en una obra: representar a un personaje ficticio, interaccionar con otros personajes de la obra, y funcionar como un sustituto y un modelo para el público. El actor, asimismo, al representar el papel de personajes que admiramos, amamos, con los que nos identificamos, o que odiamos, lo que hace es actualizar en el escenario los sueños, temores (*fears*), y sentimientos de la audiencia. En una representación dramática, el público es un observador que no forma parte del diálogo; sin embargo, hay obras con *apartes* en las que sí hay una comunicación directa del actor con el público. Los personajes de una obra de teatro se pueden dividir en *actores*, los transmisores de las ideas fundamentales de la obra dramática; y *actantes*, los personajes, animales u objetos que no tienen un papel protagónico pero que contribuyen al desarrollo de la acción dramática.

A lo largo de la historia del teatro, los estilos y convenciones relativas a la preparación del actor han variado. Si los actores tradicionales se caracterizaban por su exhibicionismo y manifestación emocional en el escenario, a partir del siglo xix encontramos un estilo más relajado y simple que trata de reflejar los estados sicológicos de los personajes. La representación de una obra de teatro depende del director de la misma, y éste, lo mismo que el lector de cualquier texto literario, la interpretará y representará de una manera particular. El director de la obra busca establecer una conexión, o *empatía*, entre el público y la obra, y esta preocupación ha sido subrayada (*underscored*) por un método de actuación realista desarrollado por el director de teatro ruso **Konstantin Stanislasky**, el innovador más destacado en métodos de actuación en el siglo xx.

Stanislavsky creó una técnica que ayudaba al actor a controlar su cuerpo, física y sicológicamente, para que pudiera interpretar más eficientemente al personaje de la obra. Para llegar al control de uno mismo, Stanislavsky llevaba a cabo un programa de adiestramiento (*training*) que incluía baile, esgrima (*fencing*), creación por parte de los actores de situaciones similares a las de la obra, análisis de ésta y de los personajes, ejercicios con la voz, y prácticas de concentración, improvisación y relajación.

Stanislavsky creía que el actor, a través de sus propias experiencias, podía descubrir los sentimientos y esencia del personaje que representaba, y de este modo llegar a una total identificación con éste a lo largo de los ensayos (*rehearsals*) y de la representación dramática. Las ideas de Stanislavsky funcionaban bien en obras realistas, pero no resultaban muy prácticas en obras como farsas, comedias, o el teatro contemporáneo, donde se enfatiza la teatralidad de la obra. A pesar de esto, Stanislavsky ejerció una enorme influencia en varias generaciones de directores dedicadas a la preparación de los actores, como el ruso Vsevolod Meyerhold, el alemán Bertolt Brecht, el polaco Jerzy Grotowsky, el francés Antonin Artaud y el americano Lee Strasberg, directores de teatro que, eventualmente, seguirían caminos diferentes.

Meyerhold se opuso a los métodos de Stanislavsky y buscó, a diferencia de éste, llegar a la esencia del personaje desde fuera, desde el exterior. El sistema o programa de Meyerhold, conocido como "bio-mecánica", se basaba en un control por parte del actor de sus cualidades físicas y verbales, y en una serie de juegos acrobáticos. **Bertolt Brecht**, por su lado, trabajó para crear en el público un sentido de distanciamiento emocional y de acercamiento intelectual a la obra dramática. En sus programas de adiestramiento, Brecht hacía hincapié en (*emphasized*) el desarrollo intelectual del actor y en que éste tomara conciencia de los problemas sociales representados en la obra. **Grotowsky**, por otro lado, requería que los actores realizaran una gran cantidad de ejercicio físico para llegar a un total control de su cuerpo durante las representaciones dramáticas; y pensaba que era muy importante cultivar una relación muy cercana entre el actor y la audiencia. Más recientemente, dramaturgos como **Antonin Artaud** han experimentado con la relación actor-público, animando a éste a participar activamente en la acción del escenario o mezclando los actores con el público. En EE.UU., quizá el discípulo más destacado de Stanislavsky haya sido **Lee Strasberg,** quien creía en someter a sus actores a la realización de ejercicios de improvisación y de tipo emocional para que proyectaran en sus actuaciones un sentido de "verdadera emoción".

Federico García Lorca: *La casa de Bernarda Alba*
Vida, obra y crítica

Federico García Lorca *(Consúltese la sección de poesía para una introducción a la vida y obras del autor).*

Guía de lectura

La casa de Bernarda Alba es la tercera y última tragedia de la trilogía rural que incluye *Bodas de sangre* y *Yerma*, y Lorca la terminó de escribir el 19 de junio de 1936. No obstante lo cual, y debido a la Guerra Civil que daba comienzo en España, su estreno tuvo lugar el 8 de marzo de 1945 en Buenos Aires, Argentina. En cuanto a su inspiración o influencia, Lorca confesó en una entrevista que en un pueblo de Granada, en una casa próxima a la que tenían sus padres, vivía una viuda, de nombre Bernarda, que ejercía un control tiránico sobre sus hijas solteras. Además de esta influencia, la crítica ha destacado que la figura de Bernarda Alba tiene por antecedentes al viejo Carrizales de "El celoso extremeño" (1613), de Miguel de Cervantes, y a doña Perfecta, la protagonista de *Doña Perfecta* (1836), de Benito Pérez Galdós. También se ha mencionado la influencia de los dramas de honor de Pedro Calderón de la Barca, en particular *El médico de su honra* (1637), un drama en el que don Gutierre Solís mantiene encerrada en una casa de campo a su joven esposa Mencía.

La trama de la tragedia de Lorca se centra en una mujer de 60 años que, después de haber enviudado por segunda vez, impone sobre sus cinco hijas su autoridad férrea y una vida de clausura y represión. La primogénita, Angustias, es la hija con más esperanzas de salir de este infierno, ya que confía en casarse con Pepe el Romano; pero su hermana menor, Adela, se interpone en esta relación y provoca el desenlace trágico de la obra. La obra, pues, es una tragedia sobre el drama de la mujer oprimida por el sistema patriarcal y, ante la imposibilidad de vencer a este sistema, la única alternativa que le queda a Adela para alcanzar la libertad es la muerte, y, en el caso de María Josefa, su refugio en la locura. La represión ejercida por Bernarda Alba en su casa, símbolo de la matriz estéril, hace que las mujeres se olviden de su condición de hermanas para dejarse guiar por sus instintos naturales. Estamos, pues, ante una obra realista, y el mismo Lorca lo dejó claro cuando, al principio de la tragedia, afirmó que "estos tres actos tienen la intención de un documento fotográfico".

En la lectura de esta obra, el lector debe pensar en la caracterización de cada una de las protagonistas, el simbolismo de los segadores, el caballo, el calor, la casa, el cromatismo, los distintos espacios en los que se desarrolla la obra, y el de algunos actantes; la clara e infranqueable jerarquía de poder, la onomástica, la estructura de la obra, el conflicto dramático, y, obviamente, el mensaje que trata de comunicarnos el autor.

La casa de Bernarda Alba

Personajes

BERNARDA, 60 años.

ANGUSTIAS, (hija), 39 años.

MAGDALENA, (hija), 30 años.

AMELIA, (hija), 27 años.

MARTIRIO, (hija), 24 años.

ADELA, (hija), 20 años.

MARÍA JOSEFA, madre de Bernarda, 80 años.

LA PONCIA, 60 años.

CRIADA, 50 años.

MENDIGA, con niña.

MUJERES DE LUTO.

MUCHACHA

MUJER 1

MUJER 2

MUJER 3

MUJER 4

El poeta advierte que estos tres actos tienen la intención de un documental fotográfico.

Acto primero

Habitación blanquísima del interior de la casa de BERNARDA. Muros[1] gruesos. Puertas en arco con cortinas de yute[2] rematadas con madroños y volantes.[3] Sillas de anea.[4] Cuadros con paisajes inverosímiles de ninfas o reyes de leyenda. Es verano. Un gran silencio umbroso se extiende por la escena. Al levantarse el telón está la escena sola. Se oyen doblar[5] las campanas. (Sale la CRIADA.)   5

CRIADA.— Ya tengo el doble de esas campanas metido entre las sienes.[6]

LA PONCIA.— *(Sale comiendo chorizo[7] y pan.)* Llevan ya más de dos horas de gori-gori.[8] Han venido curas de todos los pueblos. La iglesia está hermosa. En el primer responso se desmayó la Magdalena.

CRIADA.— Es la que se queda más sola.   10

LA PONCIA.— Era la única que quería al padre. ¡Ay! ¡Gracias a Dios que estamos solas un poquito! Yo he venido a comer.

CRIADA.— ¡Si te viera Bernarda...!

LA PONCIA.— ¡Quisiera que ahora, que no come ella, que todas nos muriéramos de hambre! ¡Mandona! ¡Dominanta![9] ¡Pero se fastidia![10] Le he abierto la orza[11] de chorizos.   15

CRIADA.— *(Con tristeza, ansiosa)* ¿Por qué no me das para mi niña, Poncia?

LA PONCIA.— Entra y llévate también un puñado de garbanzos. ¡Hoy no se dará cuenta!

VOZ *(Dentro)*: ¡Bernarda!

LA PONCIA.— La vieja. ¿Está bien cerrada?

CRIADA.— Con dos vueltas de llave.   20

LA PONCIA.— Pero debes poner también la tranca.[12] Tiene unos dedos como cinco ganzúas.[13]

VOZ: ¡Bernarda!

---

[1]paredes. [2]*jute.* [3]"rematadas... volantes": *edged with tassels and ruffles.* [4]*bulrush.* [5]tocar. [6]*temples.* [7]tipo de salchicha. [8]canto fúnebre. [9]"¡Mandona! ¡Dominanta!: autoritaria. [10]"se fastidia": *hard luck.* [11]*jar.* [12]*bolt.* [13]*picklocks.*

LA PONCIA.— (*A voces*.) ¡Ya viene! (*A la* CRIADA.) Limpia bien todo. Si Bernarda no ve relucientes[14] las cosas me arrancará los pocos pelos que me quedan.

CRIADA.— ¡Qué mujer!

LA PONCIA.— Tirana de todos los que la rodean. Es capaz de sentarse encima de tu corazón y ver cómo te mueres durante un año sin que se le cierre esa sonrisa fría que lleva en su maldita cara. ¡Limpia, limpia ese vidriado![15]

CRIADA.— Sangre en las manos tengo de fregarlo todo.

LA PONCIA.— Ella, la más aseada;[16] ella, la más decente; ella, la más alta. Buen descanso ganó su pobre marido. (*Cesan las campanas.*)

CRIADA.— ¿Han venido todos sus parientes?

LA PONCIA.— Los de ella. La gente de él la odia. Vinieron a verlo muerto, y le hicieron la cruz.

CRIADA.— ¿Hay bastantes sillas?

LA PONCIA.— Sobran. Que se sienten en el suelo. Desde que murió el padre de Bernarda no han vuelto a entrar las gentes bajo estos techos. Ella no quiere que la vean en su dominio. ¡Maldita sea!

CRIADA.— Contigo se portó bien.

LA PONCIA.— Treinta años lavando sus sábanas; treinta años comiendo sus sobras; noches en vela cuando tose; días enteros mirando por la rendija[17] para espiar a los vecinos y llevarle el cuento; vida sin secretos una con otra, y sin embargo, ¡maldita sea! ¡Mal dolor de clavo le pinche en los ojos![18]

CRIADA.— ¡Mujer!

LA PONCIA.— Pero yo soy buena perra; ladro cuando me lo dice y muerdo los talones de los que piden limosna cuando ella me azuza;[19] mis hijos trabajan en sus tierras y ya están los dos casados, pero un día me hartaré.

CRIADA.— Y ese día...

LA PONCIA.— Ese día me encerraré con ella en un cuarto y le estaré escupiendo un año entero. "Bernarda, por esto, por aquello, por lo otro", hasta ponerla como un lagarto machacado[20] por los niños, que es lo que es ella y toda su parentela.[21] Claro es que no le envidio la vida. La quedan cinco mujeres, cinco hijas feas, que quitando a Angustias, la mayor, que es la hija del primer marido y tiene dineros, las demás mucha puntilla bordada,[22] muchas camisas de hilo,[23] pero pan y uvas por toda herencia.

CRIADA.— ¡Ya quisiera tener yo lo que ellas!

LA PONCIA.— Nosotras tenemos nuestras manos y un hoyo en la tierra de la verdad.

CRIADA.— Ésa es la única tierra que nos dejan a las que no tenemos nada.

LA PONCIA.— (*En la alacena.*)[24] Este cristal tiene unas motas.[25]

---

[14]brillantes. [15]*glazed earthenware.* [16]limpia. [17]*crack.* [18]*may needles prick out her eyes!.* [19]incita. [20]destruido. [21]parientes. [22]"puntilla bordada": *embroidered lace.* [23]*linen.* [24]*cupboard.* [25]manchas.

CRIADA.— Ni con el jabón ni con bayeta[26] se le quitan.

(*Suenan las campanas.*)

LA PONCIA.— El último responso. Me voy a oírlo. A mí me gusta mucho cómo canta el párroco.[27] En el "Pater noster" subió, subió, subió la voz que parecía un cántaro[28] llenándose de agua poco a poco. ¡Claro es que al final dio un gallo,[29] pero da gloria oírlo! Ahora que nadie como el antiguo sacristán,[30] Tronchapinos. En la misa de mi madre, que esté en gloria, cantó. Retumbaban[31] las paredes, y cuando decía amén era como si un lobo hubiese entrado en la iglesia. (*Imitándolo.*) ¡Ameeeén! (*Se echa a toser.*)

CRIADA.—Te vas a hacer el gaznate polvo.[32]

LA PONCIA.— ¡Otra cosa hacía polvo yo! (*Sale riendo.*)

(*La CRIADA limpia. Suenan las campanas.*)

CRIADA.— (*Llevando el canto.*) Tin, tin, tan. Tin, tin, tan. ¡Dios lo haya perdonado!

MENDIGA.— (*Con una niña.*) ¡Alabado sea Dios!

CRIADA.— Tin, tin, tan. ¡Que nos espere muchos años'. Tin, tin, tan.

MENDIGA.— (*Fuerte con cierta irritación.*) ¡Alabado sea Dios!

CRIADA.— (*Irritada.*) ¡Por siempre!

MENDIGA.— Vengo por las sobras.[33]

(*Cesan las campanas.*)

CRIADA.— Por la puerta se va a la calle. Las sobras de hoy son para mí.

MENDIGA.— Mujer, tú tienes quien te gane. ¡Mi niña y yo estamos solas!

CRIADA.— También están solos los perros y viven.

MENDIGA.— Siempre me las dan.

CRIADA.— Fuera de aquí. ¿Quién os dijo que entrarais? Ya me habéis dejado los pies señalados.[34] (*Se van. Limpia.*) Suelos barnizados con aceite, alacenas, pedestales, camas de acero, para que traguemos[35] quina las que vivimos en las chozas[36] de tierra con un plato y una cuchara. ¡Ojalá que un día no quedáramos ni uno para contarlo! (*Vuelven a sonar las campanas.*) Sí, sí, ¡vengan clamores! ¡venga caja con filos[37] dorados y toallas de seda para llevarla!; ¡que lo mismo estarás tú que estaré yo! Fastídiate, Antonio María Benavides, tieso[38] con tu traje de paño y tus botas enterizas. ¡Fastídiate! ¡Ya no volverás a levantarme las enaguas[39] detrás de la puerta de tu corral! (*Por el fondo, de dos en dos, empiezan a entrar mujeres de luto con pañuelos grandes, faldas y abanicos negros. Entran lentamente hasta llenar la escena.*) (*Rompiendo a gritar.*) ¡Ay Antonio María Benavides, que ya no verás estas paredes, ni comerás el pan de esta casa! Yo fui la que más te quiso de las que te sirvieron. (*Tirándose del cabello.*) ¿Y he de vivir yo después de verte marchar? ¿Y he de vivir?

(*Terminan de entrar las doscientas mujeres y aparece BERNARDA y sus cinco hijas.*)

---

[26]baize. [27]cura. [28]pitcher. [29]screech. [30]sexton. [31]rumbled. [32]"Te... polvo": *you are going to strain your windpipe*. [33]leftovers. [34]dirty footprints. [35]swallow. [36]shack. [37]hilos. [38]stiff. [39]petticoat.

BERNARDA.— (*A la CRIADA.*) ¡Silencio!

CRIADA.— (*Llorando.*) ¡Bernarda!

BERNARDA.— Menos gritos y más obras. Debías haber procurado que todo esto estuviera más limpio para recibir al duelo.[40] Vete. No es éste tu lugar. (*La CRIADA se va sollo- zando.*) Los pobres son como los animales. Parece como si estuvieran hechos de otras sustancias.

MUJER 1.—: Los pobres sienten también sus penas.

BERNARDA.— Pero las olvidan delante de un plato de garbanzos.

MUCHACHA.— (*Con timidez.*) Comer es necesario para vivir.

BERNARDA.— A tu edad no se habla delante de las personas mayores.

MUJER 1.— Niña, cállate.

BERNARDA.— No he dejado que nadie me dé lecciones. Sentarse. (*Se sientan. Pausa.*) (*Fuer- te.*) Magdalena, no llores. Si quieres llorar te metes debajo de la cama. ¿Me has oído?

MUJER 2.— (*A BERNARDA.*) ¿Habéis empezado los trabajos en la era?[41]

BERNARDA.— Ayer.

MUJER 3.— Cae el sol como plomo.[42]

MUJER 1.— Hace años no he conocido calor igual.

(*Pausa. Se abanican*[43] *todas.*)

BERNARDA.— ¿Está hecha la limonada?

LA PONCIA.— (*Sale con una gran bandeja llena de jarritas blancas, que distribuye.*) Sí, Bernarda.

BERNARDA.— Dale a los hombres.

LA PONCIA.— Ya están tomando en el patio.

BERNARDA.— Que salgan por donde han entrado. No quiero que pasen por aquí.

MUCHACHA.— (*A ANGUSTIAS.*) Pepe el Romano estaba con los hombres del duelo.

ANGUSTIAS.— Allí estaba.

BERNARDA.— Estaba su madre. Ella ha visto a su madre. A Pepe no lo ha visto ni ella ni yo.

MUCHACHA.— Me pareció...

BERNARDA.— Quien sí estaba era el viudo de Darajalí. Muy cerca de tu tía. A ése lo vimos todas.

MUJER 2.— (*Aparte y en baja voz.*) ¡Mala, más que mala!

MUJER 3.— (*Aparte y en baja voz.*) ¡Lengua de cuchillo!

BERNARDA.— Las mujeres en la iglesia no deben mirar más hombre que al oficiante, y a ése porque tiene faldas. Volver la cabeza es buscar el calor de la pana.[44]

MUJER 1.— (*En voz baja.*) ¡Vieja lagarta recocida! [45]

LA PONCIA.— (*Entre dientes.*)[46] ¡Sarmentosa por calentura de varón! [47]

BERNARDA.— (*Dando un golpe de bastón en el suelo.*) ¡Alabado sea Dios!

---

[40]*mourners.* [41]*threshing floor.* [42]muy intensamente. [43]*fan.* [44]de los pantalones (hombres). [45]*"¡vieja... recocida!": you old bag!.* [46]"Entre dientes": *muttering.* [47]"¡Sarmentosa... varón": ¡ansiosa por tener un hombre!.

TODAS.— (*Santiguándose.*)[48] Sea por siempre bendito y alabado.

BERNARDA.— ¡Descansa en paz con la santa compaña de cabecera![49]

TODAS.— ¡Descansa en paz!

BERNARDA.— Con el ángel San Miguel y su espada justiciera   135

TODAS.— ¡Descansa en paz!

BERNARDA.— Con la llave que todo lo abre y la mano que todo lo cierra.

TODAS.— ¡Descansa en paz!

BERNARDA.— Con los bienaventurados y las lucecitas del campo.

TODAS.— ¡Descansa en paz!   140

BERNARDA.— Con nuestra santa caridad y las almas de tierra y mar.

TODAS.— Descansa en paz!

BERNARDA.— Concede el reposo a tu siervo Antonio María Benavides y dale la corona de tu santa gloria.

TODAS.— Amén.   145

BERNARDA.— (*Se pone de pie y canta.*) "Requiem aeternam dona eis, Domine".[50]

TODAS.— (*De pie y cantando al modo gregoriano.*) "Et lux perpetua luceat eis".[51] (*Se santiguan.*)

MUJER 1.— Salud para rogar por su alma. (*Van desfilando.*)

MUJER 3.— No te faltará la hogaza[52] de pan caliente.   150

MUJER 2.— Ni el techo para tus hijas. (*Van desfilando[53] todas por delante de BERNARDA y saliendo.*)

(*Sale ANGUSTIAS por otra puerta, la que da al patio.*

MUJER 4.— El mismo trigo de tu casamiento lo sigas disfrutando.

LA PONCIA.— (*Entrando con una bolsa.*) De parte de los hombres esta bolsa de dineros para   155
responsos.[54]

BERNARDA.— Dales las gracias y échales una copa de aguardiente. [55]

MUCHACHA.— (*A MAGDALENA.*) Magdalena...

BERNARDA.— (*A MAGDALENA, que inicia el llanto.*) Chist. (*Golpea con el bastón.*) (*Salen todas.*) (*A las que se han ido.*) ¡Andar a vuestras cuevas a criticar todo lo que habéis   160
visto! ¡Ojalá tardéis muchos años en pasar el arco de mi puerta!

LA PONCIA.— No tendrás queja ninguna. Ha venido todo el pueblo.

BERNARDA.— Sí, para llenar mi casa con el sudor de sus refajos[56] y el veneno de sus lenguas.

AMELIA.— ¡Madre, no hable usted así!

BERNARDA.— Es así como se tiene que hablar en este maldito pueblo sin río, pueblo de   165
pozos,[57] donde siempre se bebe el agua con el miedo de que esté envenenada.

---

[48]haciéndose la señal de la cruz. [49]"con... cabecera": en compañía de Dios. [50]"Requiem... Domine": que el señor les conceda el descanso eterno. [51]"Et... eis": y brille la luz eterna para ellos. [52]*large loaf*. [53]pasando. [54]oraciones por los difuntos. [55]bebida alcohólica. [56]*underskirt*. [57]*wells*.

LA PONCIA.— ¡Cómo han puesto la solería![58]

BERNARDA.— Igual que si hubiera pasado por ella una manada[59] de cabras. (*LA PONCIA limpia el suelo.*) Niña, dame un abanico.

AMELIA.— Tome usted. (*Le da un abanico redondo con flores rojas y verdes.*)

BERNARDA.— (*Arrojando el abanico al suelo.*) ¿Es éste el abanico que se da a una viuda? Dame uno negro y aprende a respetar el luto de tu padre.

MARTIRIO.— Tome usted el mío.

BERNARDA.— ¿Y tú?

MARTIRIO.— Yo no tengo calor.

BERNARDA.— Pues busca otro, que te hará falta. En ocho años que dure el luto no ha de entrar en esta casa el viento de la calle. Haceros cuenta que hemos tapiado[60] con ladrillos puertas y ventanas. Así pasó en casa de mi padre y en casa de mi abuelo. Mientras, podéis empezar a bordaros[61] el ajuar.[62] En el arca tengo veinte piezas de hilo con el que podréis cortar sábanas y embozos.[63] Magdalena puede bordarlas.

MAGDALENA.— Lo mismo me da.

ADELA.— (*Agria.*) Si no queréis bordarlas irán sin bordados. Así las tuyas lucirán más.

MAGDALENA.— Ni las mías ni las vuestras. Sé que yo no me voy a casar. Prefiero llevar sacos al molino.[64] Todo menos estar sentada días y días dentro de esta sala oscura.

BERNARDA.— Eso tiene ser mujer.

MAGDALENA.— Malditas sean las mujeres.

BERNARDA.— Aquí se hace lo que yo mando. Ya no puedes ir con el cuento a tu padre. Hilo y aguja para las hembras. Látigo y mula para el varón. Eso tiene la gente que nace con posibles.[65]

(*Sale ADELA.*)

VOZ: ¡Bernarda!, ¡déjame salir!

BERNARDA.— (*En voz alta.*) ¡Dejadla ya!

(*Sale la CRIADA.*)

CRIADA.— Me ha costado mucho trabajo sujetarla. A pesar de sus ochenta años tu madre es fuerte como un roble.

BERNARDA.— Tiene a quien parecérsele. Mi abuelo fue igual.

CRIADA.— Tuve durante el duelo que taparle varias veces la boca con un costal[66] vacío porque quería llamarte para que le dieras agua de fregar siquiera, para beber, y carne de perro, que es lo que ella dice que tú le das.

MARTIRIO.— ¡Tiene mala intención!

BERNARDA.— (*A la CRIADA.*) Déjala que se desahogue[67] en el patio.

---

[58]"¡cómo... solería!": ¡qué sucio han dejado el suelo!". [59]*flock.* [60]puesto una pared. [61]*embroider.* [62]*trousseau.* [63]la parte superior de la sábana que se dobla. [64]*mill.* [65]"con posibles": con dinero. [66]saco. [67]alivie su dolor.

CRIADA.— Ha sacado del cofre[68] sus anillos y los pendientes de amatistas, se los ha puesto y me ha dicho que se quiere casar.

(*Las hijas ríen.*)

BERNARDA.— Ve con ella y ten cuidado que no se acerque al pozo. 205

CRIADA.— No tengas miedo que se tire.

BERNARDA.— No es por eso... Pero desde aquel sitio las vecinas pueden verla desde su ventana.

(*Sale la CRIADA.*)

MARTIRIO.— Nos vamos a cambiar la ropa. 210

BERNARDA.— Sí, pero no el pañuelo de la cabeza. (*Entra ADELA.*) ¿Y Angustias?

ADELA.— (*Con retintín.*) La he visto asomada a la rendija del portón.[69] Los hombres se acababan de ir.

BERNARDA.— ¿Y tú a qué fuiste también al portón?

ADELA.— Me llegué a ver si habían puesto[70] las gallinas. 215

BERNARDA.— ¡Pero el duelo de los hombres habría salido ya!

ADELA.— (*Con intención.*) Todavía estaba un grupo parado por fuera.

BERNARDA.— (*Furiosa.*) ¡Angustias! ¡Angustias!

ANGUSTIAS.— (*Entrando.*) ¿Qué manda usted?

BERNARDA.— ¿Qué mirabas y a quién? 220

ANGUSTIAS.— A nadie.

BERNARDA.— ¿Es decente que una mujer de tu clase vaya con el anzuelo[71] detrás de un hombre el día de la misa de su padre? ¡Contesta! ¿A quién mirabas?

(*Pausa.*)

ANGUSTIAS.— Yo... 225

BERNARDA.— ¡Tú!

ANGUSTIAS.— ¡A nadie!

BERNARDA.— (*Avanzando con el bastón.*) ¡Suave! ¡dulzarrona! (*Le da.*)

LA PONCIA.— (*Corriendo.*) ¡Bernarda, cálmate! (*La sujeta.*) (*ANGUSTIAS llora.*)

BERNARDA.— ¡Fuera de aquí todas! (*Salen.*) 230

LA PONCIA.— Ella lo ha hecho sin dar alcance a[72] lo que hacía, que está francamente mal. ¡Ya me chocó[73] a mí verla escabullirse[74] hacia el patio! Luego estuvo detrás de una ventana oyendo la conversación que traían los hombres, que, como siempre, no se puede oír.

BERNARDA.— ¡A eso vienen a los duelos! (*Con curiosidad.*) ¿De qué hablaban? 235

LA PONCIA.— Hablaban de Paca la Roseta. Anoche ataron a su marido a un pesebre[75] y a ella se la llevaron a la grupa[76] del caballo hasta lo alto del olivar.

BERNARDA.— ¿Y ella?

---

[68]*box.* [69]*puerta grande.* [70]*had laid eggs.* [71]*hook.* [72]"dar... a": pensar. [73]sorprendió. [74]escaparse. [75]*manger.* [76]*rump.*

LA PONCIA.— Ella, tan conforme. Dicen que iba con los pechos fuera y Maximiliano la llevaba cogida como si tocara la guitarra. ¡Un horror!

BERNARDA.— ¿Y qué pasó?

240 LA PONCIA.— Lo que tenía que pasar. Volvieron casi de día. Paca la Roseta traía el pelo suelto y una corona de flores en la cabeza.

BERNARDA.— Es la única mujer mala que tenemos en el pueblo.

LA PONCIA.— Porque no es de aquí. Es de muy lejos. Y los que fueron con ella son también hijos de forasteros. Los hombres de aquí no son capaces de eso.

245 BERNARDA.— No, pero les gusta verlo y comentarlo, y se chupan los dedos[77] de que esto ocurra.

LA PONCIA.— Contaban muchas cosas más.

BERNARDA.— (*Mirando a un lado y a otro con cierto temor.*) ¿Cuáles?

LA PONCIA.— Me da vergüenza referirlas.

BERNARDA.— ¿Y mi hija las oyó?

250 LA PONCIA.— ¡Claro!

BERNARDA.— Ésa sale[78] a sus tías; blancas y untuosas[79] que ponían ojos de carnero[80] al piropo[81] de cualquier barberillo.[82] ¡Cuánto hay que sufrir y luchar para hacer que las personas sean decentes y no tiren al monte[83] demasiado!

LA PONCIA.— ¡Es que tus hijas están ya en edad de merecer![84] Demasiada poca guerra[85]
255 te dan. Angustias ya debe tener mucho más de los treinta.

BERNARDA.— Treinta y nueve justos.

LA PONCIA.— Figúrate. Y no ha tenido nunca novio...

BERNARDA.— (*Furiosa.*) ¡No, no ha tenido novio ninguna, ni les hace falta! Pueden pasarse muy bien.

260 LA PONCIA.— No he querido ofenderte.

BERNARDA.— No hay en cien leguas a la redonda quien se pueda acercar a ellas. Los hombres de aquí no son de su clase. ¿Es que quieres que las entregue a cualquier gañán?[86]

LA PONCIA.— Debías haberte ido a otro pueblo.

BERNARDA.— Eso, ¡a venderlas!

265 LA PONCIA.— No, Bernarda, a cambiar... ¡Claro que en otros sitios ellas resultan las pobres!

BERNARDA.— ¡Calla esa lengua atormentadora!

LA PONCIA.— Contigo no se puede hablar. ¿Tenemos o no tenemos confianza?

BERNARDA.— No tenemos. Me sirves y te pago. ¡Nada más!

CRIADA.— (*Entrando.*) Ahí está don Arturo, que viene a arreglar las particiones.[87]

270 BERNARDA.— Vamos. (*A la CRIADA.*) Tú empieza a blanquear[88] el patio. (*A LA PONCIA.*) Y tú ve guardando en el arca grande toda la ropa del muerto.

---

[77]"se... dedos": les gusta. [78]se parece. [79]demasiado cariñosas. [80]*sheep*. [81]*compliment*. [82]persona insignificante. [83]"no... monte": no hagan lo que no deban. [84]merecer esposo. [85]"poca guerra": pocos problemas. [86]campesino vulgar. [87]distribución de los bienes de la herencia. [88]*whitewash*.

LA PONCIA.— Algunas cosas las podríamos dar...

BERNARDA.— Nada. ¡Ni un botón! ¡Ni el pañuelo con que le hemos tapado la cara! (*Sale lentamente apoyada en el bastón y al salir vuelve la cabeza y mira a sus criadas. Las criadas salen después.*)   275

(*Entran AMELIA y MARTIRIO.*)

AMELIA.— ¿Has tomado la medicina?

MARTIRIO.— ¡Para lo que me va a servir!

AMELIA.— Pero la has tomado.

MARTIRIO.— Yo hago las cosas sin fe, pero como un reloj.   280

AMELIA.— Desde que vino el médico nuevo estás más animada.

MARTIRIO.— Yo me siento lo mismo.

AMELIA.— ¿Te fijaste? Adelaida no estuvo en el duelo.

MARTIRIO.— Ya lo sabía. Su novio no la deja salir ni al tranco de la calle.[89] Antes era alegre; ahora ni polvos se echa en la cara.[90]   285

AMELIA.— Ya no sabe una si es mejor tener novio o no.

MARTIRIO.— Es lo mismo.

AMELIA.— De todo tiene la culpa esta crítica que no nos deja vivir. Adelaida habrá pasado mal rato.

MARTIRIO.— Le tienen miedo a nuestra madre. Es la única que conoce la historia de su padre y el origen de sus tierras. Siempre que viene le tira puñaladas en el asunto.[91] Su padre mató en Cuba al marido de su primera mujer para casarse con ella. Luego aquí la abandonó y se fue con otra que tenía una hija y luego tuvo relaciones con esta muchacha, la madre de Adelaida, y se casó con ella después de haber muerto loca la segunda mujer.   290   295

AMELIA.— Y ese infame, ¿por qué no está en la cárcel?

MARTIRIO.— Porque los hombres se tapan unos a otros las cosas de esta índole[92] y nadie es capaz de delatar.

AMELIA.— Pero Adelaida no tiene culpa de esto.

MARTIRIO.— No, pero las cosas se repiten. Y veo que todo es una terrible repetición. Y ella tiene el mismo sino[93] de su madre y de su abuela, mujeres las dos del que la engendró.   300

AMELIA.— ¡Qué cosa más grande!

MARTIRIO.— Es preferible no ver a un hombre nunca. Desde niña les tuve miedo. Los veía en el corral uncir los bueyes[94] y levantar los costales de trigo entre voces y zapatazos, y siempre tuve miedo de crecer por temor de encontrarme de pronto abrazada por ellos. Dios me ha hecho débil y fea y los ha apartado definitivamente de mí.   305

AMELIA.— ¡Eso no digas! Enrique Humanas estuvo detrás de ti y le gustabas.

---

[89]"ni... calle": de casa. [90]"ni... cara": no se maquilla. [91]"le... asunto": lo critica. [92]clase. [93]destino. [94]"uncir... bueyes": *yoking the oxen.*

MARTIRIO.— ¡Invenciones de la gente! Una vez estuve en camisa detrás de la ventana hasta que fue de día, porque me avisó con la hija de su gañán que iba a venir, y no vino. Fue todo cosa de lenguas. Luego se casó con otra que tenía más que yo.

AMELIA.— ¡Y fea como un demonio!

MARTIRIO.— ¡Qué les importa a ellos la fealdad! A ellos les importa la tierra, las yuntas[95] y una perra sumisa que les dé de comer.

AMELIA.— ¡Ay! (Entra MAGDALENA.)

MAGDALENA.— ¿Qué hacéis?

MARTIRIO.— Aquí.

AMELIA.— ¿Y tú?

MAGDALENA.— Vengo de correr las cámaras. Por andar un poco. De ver los cuadros bordados en cañamazo[96] de nuestra abuela, el perrito de lanas y el negro luchando con el león, que tanto nos gustaba de niñas. Aquélla era una época más alegre. Una boda duraba diez días y no se usaban las malas lenguas. Hoy hay más finura. Las novias se ponen velo blanco como en las poblaciones, y se bebe vino de botella, pero nos pudrimos por el qué dirán.[97]

MARTIRIO.— ¡Sabe Dios lo que entonces pasaría!

AMELIA.— (A MAGDALENA.) Llevas desabrochados[98] los cordones de un zapato.

MAGDALENA.— ¡Qué más da!

AMELIA.— ¡Te los vas a pisar y te vas a caer!

MAGDALENA.— ¡Una menos!

MARTIRIO.— ¿Y Adela?

MAGDALENA.— ¡Ah! Se ha puesto el traje verde que se hizo para estrenar[99] el día de su cumpleaños, se ha ido al corral y ha comenzado a voces: "¡Gallinas, gallinas, miradme!"

¡Me he tenido que reír!

AMELIA.— ¡Si la hubiera visto madre!

MAGDALENA.— ¡Pobrecilla! Es la más joven de nosotras y tiene ilusión. ¡Daría algo por verla feliz!

(Pausa. ANGUSTIAS cruza la escena con unas toallas en la mano.)

ANGUSTIAS.— ¿Qué hora es?

MAGDALENA.— Ya deben ser las doce.

ANGUSTIAS.— ¿Tanto?

AMELIA.— ¡Estarán al caer!

(Sale ANGUSTIAS.)

MAGDALENA.— (Con intención.) ¿Sabéis ya la cosa...? (Señalando a ANGUSTIAS.)

---

[95]un par de bueyes. [96]"bordados... cañamazo": *embroidered with needlepoint*. [97]"el... dirán": la opinión de la gente. [98]*untied*. [99]poner por vez primera.

AMELIA.— No.

MAGDALENA.— ¡Vamos!   345

MARTIRIO.— ¡No sé a qué cosa te refieres...!

MAGDALENA.— Mejor que yo lo sabéis las dos. Siempre cabeza con cabeza como dos
   ovejitas, pero sin desahogaros con nadie. ¡Lo de Pepe el Romano!

MARTIRIO.— ¡Ah!

MAGDALENA.— (*Remedándola*.)[100] ¡Ah! Ya se comenta por el pueblo. Pepe el Romano viene   350
   a casarse con Angustias. Anoche estuvo rondando[101] la casa y creo que pronto va a
   mandar un emisario.

MARTIRIO.— ¡Yo me alegro! Es buen hombre.

AMELIA.— Yo también. Angustias tiene buenas condiciones.

MAGDALENA.— Ninguna de las dos os alegráis.   355

MARTIRIO.— ¡Magdalena! ¡Mujer!

MAGDALENA.— Si viniera por el tipo de Angustias, por Angustias como mujer, yo me ale-
   graría, pero viene por el dinero. Aunque Angustias es nuestra hermana aquí estamos
   en familia y reconocemos que está vieja, enfermiza, y que siempre ha sido la que ha
   tenido menos méritos de todas nosotras, porque si con veinte años parecía un palo   360
   vestido, ¡qué será ahora que tiene cuarenta!

MARTIRIO.— No hables así. La suerte viene a quien menos la aguarda.

AMELIA.— ¡Después de todo dice la verdad! Angustias tiene el dinero de su padre, es
   la única rica de la casa y por eso ahora, que nuestro padre ha muerto y ya se harán
   particiones, vienen por ella!   365

MAGDALENA.— Pepe el Romano tiene veinticinco años y es el mejor tipo de todos estos
   contornos.[102] Lo natural sería que te pretendiera a ti, Amelia, o a nuestra Adela, que
   tiene veinte años, pero no que venga a buscar lo más oscuro de esta casa, a una mujer
   que, como su padre, habla con la nariz.

MARTIRIO.— ¡Puede que a él le guste!   370

MAGDALENA.— ¡Nunca he podido resistir tu hipocresía!

MARTIRIO.— ¡Dios nos valga!

(*Entra ADELA*.)

MAGDALENA.— ¿Te han visto ya las gallinas?

ADELA.— ¿Y qué querías que hiciera?   375

AMELIA.— ¡Si te ve nuestra madre te arrastra del pelo!

ADELA.— Tenía mucha ilusión con el vestido. Pensaba ponérmelo el día que vamos a
   comer sandías a la noria.[103] No hubiera habido otro igual.

MARTIRIO.— ¡Es un vestido precioso!

ADELA.— Y me está muy bien. Es lo que mejor ha cortado Magdalena.   380

---

[100]imitándola. [101]paseando alrededor de. [102]lugares. [103]*waterwheel*.

MAGDALENA.— ¿Y las gallinas qué te han dicho?

ADELA.— Regalarme unas cuantas pulgas que me han acribillado[104] las piernas. (*Ríen.*)

MARTIRIO.— Lo que puedes hacer es teñirlo de negro.

385 MAGDALENA.— Lo mejor que puedes hacer es regalárselo a Angustias para la boda con Pepe el Romano.

ADELA.— (*Con emoción contenida.*) ¡Pero Pepe el Romano...!

AMELIA.— ¿No lo has oído decir?

ADELA.— No.

MAGDALENA.— ¡Pues ya lo sabes!

390 ADELA.— ¡Pero si no puede ser!

MAGDALENA.— ¡El dinero lo puede todo!

ADELA.— ¿Por eso ha salido detrás del duelo y estuvo mirando por el portón? (*Pausa.*) Y ese hombre es capaz de...

MAGDALENA.— Es capaz de todo.

395 (*Pausa.*)

MARTIRIO.— ¿Qué piensas, Adela?

ADELA.— Pienso que este luto me ha cogido en la peor época de mi vida para pasarlo.

MAGDALENA.— Ya te acostumbrarás.

ADELA.— (*Rompiendo a llorar con ira.*) ¡No, no me acostumbraré! Yo no quiero estar ence-
400 rrada. No quiero que se me pongan las carnes como a vosotras. ¡No quiero perder mi blancura en estas habitaciones! ¡Mañana me pondré mi vestido verde y me echaré a pasear por la calle! ¡Yo quiero salir!

(*Entra la CRIADA.*)

MAGDALENA.— (*Autoritaria.*) ¡Adela!

405 CRIADA.— ¡La pobre! ¡Cuánto ha sentido a su padre! (*Sale.*)

MARTIRIO.— ¡Calla!

AMELIA.— Lo que sea de una será de todas.

(*ADELA se calma.*)

MAGDALENA.— Ha estado a punto de oírte la criada.

410 (*Aparece la CRIADA.*)

CRIADA.— Pepe el Romano viene por lo alto de la calle.

(*AMELIA, MARTIRIO y MAGDALENA corren presurosas.*)

MAGDALENA.— ¡Vamos a verlo! (*Salen rápidas.*)

CRIADA.— (*A ADELA.*) ¿Tú no vas?

415 ADELA.— No me importa.

CRIADA.— Como dará la vuelta a la esquina, desde la ventana de tu cuarto se verá mejor.

---

[104]picado.

(*Sale la CRIADA.*) (*ADELA queda en escena dudando. Después de un instante se va también rápida hacia su habitación.*

Salen BERNARDA y LA PONCIA.)

BERNARDA.— ¡Malditas particiones!

LA PONCIA.— ¡Cuánto dinero le queda a Angustias!

BERNARDA.— Sí.

BERNARDA.— las otras, bastante menos.

BERNARDA.— Ya me lo has dicho tres veces y no te he querido replicar. Bastante menos, mucho menos. No me lo recuerdes más.

(*Sale ANGUSTIAS muy compuesta[105] de cara.*)

BERNARDA.— ¡Angustias!

ANGUSTIAS.— Madre.

BERNARDA.— ¿Pero has tenido valor de echarte polvos en la cara? ¿Has tenido valor de lavarte la cara el día de la misa de tu padre?

ANGUSTIAS.— No era mi padre. El mío murió hace tiempo. ¿Es que ya no lo recuerda usted?

BERNARDA.— ¡Más debes a este hombre, padre de tus hermanas, que al tuyo! Gracias a este hombre tienes colmada[106] tu fortuna.

ANGUSTIAS.— ¡Eso lo teníamos que ver!

BERNARDA.— ¡Aunque fuera por decencia! ¡Por respeto!

ANGUSTIAS.— Madre, déjeme usted salir.

BERNARDA.— ¿Salir? Después que te hayas quitado esos polvos de la cara. ¡Suavona! ¡Yeyo! ¡Espejo de tus tías![107] (*Le quita violentamente con su pañuelo los polvos.*) ¡Ahora vete!

LA PONCIA.— ¡Bernarda, no seas tan inquisitiva!

BERNARDA.— Aunque mi madre esté loca, yo estoy con mis cinco sentidos y sé perfectamente lo que hago.

(*Entran todas.*)

MAGDALENA.— ¿Qué pasa?

BERNARDA.— No pasa nada.

MAGDALENA.— (*A ANGUSTIAS.*) Si es que discutís por las particiones, tú, que eres la más rica, te puedes quedar con todo.

ANGUSTIAS.— ¡Guárdate la lengua en la madriguera![108]

BERNARDA.— (*Golpeando con el bastón en el suelo.*) ¡No os hagáis ilusiones de que vais a poder conmigo. ¡Hasta que salga de esta casa con los pies adelante[109] mandaré en lo mío y en lo vuestro!

(*Se oyen unas voces y entra en escena MARÍA JOSEFA, la madre de BERNARDA, viejísima, ataviada con[110] flores en la cabeza y en el pecho.*)

---

[105]maquillada. [106]aumentada en gran medida. [107]exclamaciones insultantes. [108]"Guárdate… madriguera": cállate. [109]"con… adelante": muerta. [110]"ataviada con": llevando.

455 MARÍA JOSEFA.— Bernarda, ¿dónde está mi mantilla? Nada de lo que tengo quiero que sea para vosotras, ni mis anillos, ni mi traje negro de moaré,[111] porque ninguna de vosotras se va a casar. ¡Ninguna! ¡Bernarda, dame mi gargantilla[112] de perlas!

BERNARDA.— (*A la* CRIADA.) ¿Por qué la habéis dejado entrar?

CRIADA.— (*Temblando.*) ¡Se me escapó!

460 MARÍA JOSEFA.— Me escapé porque me quiero casar, porque quiero casarme con un varón hermoso de la orilla del mar, ya que aquí los hombres huyen de las mujeres.

BERNARDA.— ¡Calle usted, madre!

MARÍA JOSEFA.— No, no me callo. No quiero ver a estas mujeres solteras, rabiando por la boda, haciéndose polvo el corazón,[113] y yo me quiero ir a mi pueblo. ¡Bernarda, yo quiero un varón para casarme y tener alegría!

465 BERNARDA.— ¡Encerradla!

MARÍA JOSEFA.— ¡Déjame salir, Bernarda!

(*La* CRIADA *coge a* MARÍA JOSEFA.)

BERNARDA.— ¡Ayudadla vosotras! (*Todas arrastran a la vieja.*)

470 MARÍA JOSEFA.— ¡Quiero irme de aquí! ¡Bernarda! ¡A casarme a la orilla del mar, a la orilla del mar!

Telón rápido

Acto Segundo

Habitación blanca del interior de la casa de BERNARDA. *Las puertas de la izquierda dan a los dormitorios. Las hijas de* BERNARDA *están sentadas en sillas bajas, cosiendo.* MAGDALENA
475 *borda. Con ellas está* LA PONCIA.

ANGUSTIAS.— Ya he cortado la tercera sábana.

MARTIRIO.— Le corresponde a Amelia.

MAGDALENA.— Angustias, ¿pongo también las iniciales de Pepe?

ANGUSTIAS.— (*Seca.*) No.

480 MAGDALENA.— (*A voces.*) Adela, ¿no vienes?

AMELIA.— Estará echada en la cama.

LA PONCIA.— Ésa tiene algo. La encuentro sin sosiego,[114] temblona, asustada, como si tuviera una lagartija entre los pechos.[115]

MARTIRIO.— No tiene ni más ni menos que lo que tenemos todas.

485 MAGDALENA.— Todas, menos Angustias.

ANGUSTIAS.— Yo me encuentro bien, y al que le duela que reviente.[116]

---

[111]tela de seda. [112]collar. [113]"haciéndose… corazón": destrozándose. [114]"sin sosiego": intranquila. [115]"como… pechos": como si guardara un secreto. [116]*go to hell.*

MAGDALENA.— Desde luego hay que reconocer que lo mejor que has tenido siempre ha sido el talle[117] y la delicadeza.

ANGUSTIAS.— Afortunadamente pronto voy a salir de este infierno.

MAGDALENA.— ¡A lo mejor no sales! 490

MARTIRIO.— ¡Dejar esa conversación!

ANGUSTIAS.— Y, además, ¡más vale onza en el arca que ojos negros en la cara![118]

MAGDALENA.— Por un oído me entra y por otro me sale.

AMELIA.— (A LA PONCIA.) Abre la puerta del patio a ver si nos entra un poco el fresco. (LA PONCIA lo hace.) 495

MARTIRIO.— Esta noche pasada no me podía quedar dormida del calor.

AMELIA.— ¡Yo tampoco!

MAGDALENA.— Yo me levanté a refrescarme. Había un nublo[119] negro de tormenta y hasta cayeron algunas gotas.

LA PONCIA.— Era la una de la madrugada y salía fuego de la tierra. También me levanté yo. 500

Todavía estaba Angustias con Pepe en la ventana.

MAGDALENA.— (Con ironía.) ¿Tan tarde? ¿A qué hora se fue?

ANGUSTIAS.— Magdalena, ¿a qué preguntas, si lo viste?

AMELIA.— Se iría a eso de la una y media. 505

ANGUSTIAS.— Sí. ¿Tú por qué lo sabes?

AMELIA.— Lo sentí toser y oí los pasos de su jaca.[120]

LA PONCIA.— ¡Pero si yo lo sentí marchar a eso de las cuatro!

ANGUSTIAS.— ¡No sería él!

LA PONCIA.— ¡Estoy segura! 510

AMELIA.— A mí también me pareció...

MAGDALENA.— ¡Qué cosa más rara!

(Pausa.)

LA PONCIA.— Oye, Angustias, ¿qué fue lo que te dijo la primera vez que se acercó a tu ventana? 515

ANGUSTIAS.— Nada. ¡Qué me iba a decir! Cosas de conversación.

MARTIRIO.— Verdaderamente es raro que dos personas que no se conocen se vean de pronto en una reja[121] y ya novios.

ANGUSTIAS.— Pues a mí no me chocó.[122]

AMELIA.— A mí me daría no sé qué.[123] 520

ANGUSTIAS.— No, porque cuando un hombre se acerca a una reja ya sabe por los que van y vienen, llevan y traen, que se le va a decir que sí.

[117]figura. [118]"más... cara": es mejor tener dinero que belleza física. [119]cloud. [120]caballo pequeño. [121]bars of a window. [122]sorprendió. [123]"A... qué": a mí sí me sorprendería.

MARTIRIO.— Bueno, pero él te lo tendría que decir.

ANGUSTIAS.— ¡Claro!

525 AMELIA.— (*Curiosa.*) ¿Y cómo te lo dijo?

ANGUSTIAS.— Pues, nada: "Ya sabes que ando detrás de ti, necesito una mujer buena, modosa, y ésa eres tú, si me das la conformidad."

AMELIA.— ¡A mí me da vergüenza de estas cosas!

ANGUSTIAS.— Y a mí, ¡pero hay que pasarlas!

530 LA PONCIA.— ¿Y habló más?

ANGUSTIAS.— Sí, siempre habló él.

MARTIRIO.— ¿Y tú?

ANGUSTIAS.— Yo no hubiera podido. Casi se me salía el corazón por la boca.[124] Era la primera vez que estaba sola de noche con un hombre.

535 MAGDALENA.— Y un hombre tan guapo.

ANGUSTIAS.— No tiene mal tipo.

LA PONCIA.— Esas cosas pasan entre personas ya un poco instruidas, que hablan y dicen y mueven la mano... La primera vez que mi marido Evaristo el Colorín vino a mi ventana... ¡Ja, ja, ja!

540 AMELIA.— ¿Qué pasó?

LA PONCIA.— Era muy oscuro. Lo vi acercarse y, al llegar, me dijo: "Buenas noches." "Buenas noches", le dije yo, y nos quedamos callados más de media hora. Me corría el sudor[125] por todo el cuerpo. Entonces Evaristo se acercó, se acercó que se quería meter por los hierros, y dijo con voz muy baja: "¡Ven que te tiente!"[126]

545 (*Ríen todas.*)

(*AMELIA se levanta corriendo y espía por una puerta.*)

AMELIA.— ¡Ay! Creí que llegaba nuestra madre.

MAGDALENA.— ¡Buenas nos hubiera puesto![127] (*Siguen riendo.*)

AMELIA.— Chisst... ¡Que nos va a oír!

550 LA PONCIA.— Luego se portó bien. En vez de darle por otra cosa, le dio por criar colorines[128] hasta que murió. A vosotras, que sois solteras, os conviene saber de todos modos que el hombre a los quince días de boda deja la cama por la mesa, y luego la mesa por la tabernilla. Y la que no se conforma se pudre[129] llorando en un rincón.

AMELIA.— Tú te conformaste.

555 LA PONCIA.— ¡Yo pude con él!

MARTIRIO.— ¿Es verdad que le pegaste algunas veces?

LA PONCIA.— Sí, y por poco lo dejo tuerto.[130]

MAGDALENA.— ¡Así debían ser todas las mujeres!

---

[124]"Casi... boca": *I had my heart in my mouth.* [125]*sweat.* [126]"¡Ven... tiente!": *come here and let me feel you!.* [127]"Buenas... puesto": se habría enfadado con nosotras. [128]*linnets.* [129]*rots.* [130]ciego de un ojo.

LA PONCIA.— Yo tengo la escuela de tu madre. Un día me dijo no sé qué cosa y le maté todos los colorines con la mano del almirez.[131] (*Ríen.*)   560

MAGDALENA.— Adela, niña, no te pierdas esto.

AMELIA.— Adela. (*Pausa.*)

MAGDALENA.— ¡Voy a ver! (*Entra.*)

LA PONCIA.— ¡Esa niña está mala!

MARTIRIO.— Claro, ¡no duerme apenas!   565

LA PONCIA.— Pues, ¿qué hace?

MARTIRIO.— ¡Yo qué sé lo que hace!

LA PONCIA.— Mejor lo sabrás tú que yo, que duermes pared por medio.[132]

ANGUSTIAS.— La envidia la come.

AMELIA.— No exageres.   570

ANGUSTIAS.— Se lo noto en los ojos. Se le está poniendo mirar de loca.

MARTIRIO.— No habléis de locos. Aquí es el único sitio donde no se puede pronunciar esta palabra

(*Sale MAGDALENA con ADELA.*)

MAGDALENA.— Pues, ¿no estabas dormida?   575

ADELA.— Tengo mal cuerpo.

MARTIRIO.— (*Con intención.*) ¿Es que no has dormido bien esta noche?

ADELA.— Sí.

MARTIRIO.— ¿Entonces?

ADELA.— (*Fuerte.*) ¡Déjame ya! ¡Durmiendo o velando,[133] no tienes por qué meterte en lo mío! ¡Yo hago con mi cuerpo lo que me parece!   580

MARTIRIO.— ¡Sólo es interés por ti!

ADELA.— Interés o inquisición. ¿No estabais cosiendo? Pues seguir. ¡Quisiera ser invisible, pasar por las habitaciones sin que me preguntarais dónde voy!

CRIADA.— (*Entra.*) Bernarda os llama. Está el hombre de los encajes.[134] (*Salen.*)   585

(*Al salir, MARTIRIO mira fijamente a ADELA.*)

ADELA.— ¡No me mires más! Si quieres te daré mis ojos, que son frescos, y mis espaldas, para que te compongas la joroba[135] que tienes, pero vuelve la cabeza cuando yo pase.

(*Se va MARTIRIO.*)

LA PONCIA.— ¡Adela, que es tu hermana, y además la que más te quiere!   590

ADELA.— Me sigue a todos lados. A veces se asoma[136] a mi cuarto para ver si duermo. No me deja respirar. Y siempre: "¡Qué lástima de cara! ¡Qué lástima de cuerpo, que no va a ser para nadie!" ¡Y eso no! Mi cuerpo será de quien yo quiera.

LA PONCIA.— (*Con intención y en voz baja.*) De Pepe el Romano, ¿no es eso?

---

[131]"mano... almirez": *pestle.* [132]"pared... medio": en la habitación de al lado. [133]despierta. [134]"hombre... encajes": *lace pedlar.* [135]*hump.* [136]mira.

600   ADELA.— (*Sobrecogida.*)[137] ¿Qué dices?

LA PONCIA.— ¡Lo que digo, Adela!

ADELA.— ¡Calla!

LA PONCIA.— (*Alto.*) ¿Crees que no me he fijado?

ADELA.— ¡Baja la voz!

605   LA PONCIA.— ¡Mata esos pensamientos!

ADELA.— ¿Qué sabes tú?

LA PONCIA.— Las viejas vemos a través de las paredes. ¿Dónde vas de noche cuando te levantas?

ADELA.— ¡Ciega debías estar!

610   LA PONCIA.— Con la cabeza y las manos llenas de ojos cuando se trata de lo que se trata. Por mucho que pienso no sé lo que te propones. ¿Por qué te pusiste casi desnuda con la luz encendida y la ventana abierta al pasar Pepe el segundo día que vino a hablar con tu hermana?

ADELA.— ¡Eso no es verdad!

615   LA PONCIA.— ¡No seas como los niños chicos! Deja en paz a tu hermana y si Pepe el Romano te gusta te aguantas.[138] (*ADELA llora.*) Además, ¿quién dice que no te puedas casar con él? Tu hermana Angustias es una enferma. Ésa no resiste el primer parto. Es estrecha de cintura, vieja, y con mi conocimiento te digo que se morirá. Entonces Pepe hará lo que hacen todos los viudos de esta tierra: se casará con la más joven, la más hermosa, y ésa eres tú. Alimenta esa esperanza, olvídalo. Lo que quieras, pero no vayas contra la ley de Dios.

620

ADELA.— ¡Calla!

LA PONCIA.— ¡No callo!

ADELA.— Métete en tus cosas, ¡oledora! ¡pérfida!

625   LA PONCIA.— ¡Sombra tuya he de ser!

ADELA.— En vez de limpiar la casa y acostarte para rezar a tus muertos, buscas como una vieja marrana[139] asuntos de hombres y mujeres para babosear[140] en ellos.

LA PONCIA.— ¡Velo![141] Para que las gentes no escupan al pasar por esta puerta.

ADELA.— ¡Qué cariño tan grande te ha entrado de pronto por mi hermana!

630   LA PONCIA.— No os tengo ley[142] a ninguna, pero quiero vivir en casa decente. ¡No quiero mancharme de vieja!

ADELA.— Es inútil tu consejo. Ya es tarde. No por encima de ti, que eres una criada, por encima de mi madre saltaría para apagarme este fuego que tengo levantado por piernas y boca. ¿Qué puedes decir de mí? ¿Que me encierro en mi cuarto y no abro la puerta? ¿Que no duermo? ¡Soy más lista que tú! Mira a ver si puedes agarrar la liebre[143] con tus manos.

635

---

[137]asustada. [138]*keep away.* [139]cerda. [140]*to slobber.* [141]*I watch!.* [142]*loyalty.*[143]*hare.*

LA PONCIA.— No me desafíes.[144] ¡Adela, no me desafíes! Porque yo puedo dar voces, encender luces y hacer que toquen las campanas.

ADELA.— Trae cuatro mil bengalas[145] amarillas y ponlas en las bardas[146] del corral. Nadie podrá evitar que suceda lo que tiene que suceder.

LA PONCIA.— ¡Tanto te gusta ese hombre!

ADELA.— ¡Tanto! Mirando sus ojos me parece que bebo su sangre lentamente.

LA PONCIA.— Yo no te puedo oír.

ADELA.— ¡Pues me oirás! Te he tenido miedo. ¡Pero ya soy más fuerte que tú!

(*Entra ANGUSTIAS.*)

ANGUSTIAS.— ¡Siempre discutiendo!

LA PONCIA.— Claro, se empeña[147] en que, con el calor que hace, vaya a traerle no sé qué cosa de la tienda.

ANGUSTIAS.— ¿Me compraste el bote de esencia?

LA PONCIA.— El más caro. Y los polvos. En la mesa de tu cuarto los he puesto.

(*Sale ANGUSTIAS.*)

ADELA.— ¡Y chitón! [148]

LA PONCIA.— ¡Lo veremos!

(*Entran MARTIRIO, AMELIA y MAGDALENA.*)

MAGDALENA.— (*A ADELA.*) ¿Has visto los encajes?

AMELIA.— Los de Angustias para sus sábanas de novia son preciosos.

ADELA.— (*A MARTIRIO, que trae unos encajes.*) ¿Y éstos?

MARTIRIO.— Son para mí. Para una camisa.

ADELA.— (*Con sarcasmo.*) ¡Se necesita buen humor!

MARTIRIO.— (*Con intención.*) Para verlos yo. No necesito lucirme ante nadie.

LA PONCIA.— Nadie la ve a una en camisa.

MARTIRIO.— (*Con intención y mirando a ADELA.*) ¡A veces! Pero me encanta la ropa interior. Si fuera rica la tendría de holanda. Es uno de los pocos gustos que me quedan.

LA PONCIA.— Estos encajes son preciosos para las gorras[149] de niño, para mantehuelos de cristianar.[150] Yo nunca pude usarlos en los míos. A ver si ahora Angustias los usa en los suyos. Como le dé por tener crías vais a estar cosiendo mañana y tarde.

MAGDALENA.— Yo no pienso dar una puntada.[151]

AMELIA.— Y mucho menos cuidar niños ajenos. Mira tú cómo están las vecinas del callejón, sacrificadas por cuatro monigotes.[152]

LA PONCIA.— Ésas están mejor que vosotras. ¡Siquiera allí se ríe y se oyen porrazos![153]

MARTIRIO.— Pues vete a servir con ellas.

LA PONCIA.— No. ¡Ya me ha tocado en suerte este convento!

640

645

650

655

660

665

670

675

---

[144]*defy.* [145]*flares.* [146]parte superior de la pared. [147]"se empeña": insiste. [148]¡silencio!. [149]*caps.* [150]"mantehuelos de cristianar": *christening gown.* [151]*stitch.* [152]hijos. [153]golpes fuertes.

(Se oyen unos campanillos lejanos, como a través de varios muros.)

MAGDALENA.— Son los hombres que vuelven al trabajo.

LA PONCIA.— Hace un minuto dieron las tres.

MARTIRIO.— ¡Con este sol!

680 ADELA.— *(Sentándose.)* ¡Ay, quién pudiera salir también a los campos!

MAGDALENA.— *(Sentándose.)* ¡Cada clase tiene que hacer lo suyo!

MARTIRIO.— *(Sentándose.)* ¡Así es!

AMELIA.— *(Sentándose.)* ¡Ay!

LA PONCIA.— No hay alegría como la de los campos en esta época. Ayer de mañana lle-
685 garon los segadores. Cuarenta o cincuenta buenos mozos.

MAGDALENA.— ¿De dónde son este año?

LA PONCIA.— De muy lejos. Vinieron de los montes. ¡Alegres! ¡Como árboles quemados! ¡Dando voces y arrojando piedras! Anoche llegó al pueblo una mujer vestida
de lentejuelas[154] y que bailaba con un acordeón, y quince de ellos la contrataron para
690 llevársela al olivar. Yo los vi de lejos. El que la contrataba era un muchacho de ojos
verdes, apretado[155] como una gavilla de trigo.[156]

AMELIA.— ¿Es eso cierto?

ADELA.— ¡Pero es posible!

LA PONCIA.— Hace años vino otra de éstas y yo misma di dinero a mi hijo mayor para
695 que fuera. Los hombres necesitan estas cosas.

ADELA.— Se les perdona todo.

AMELIA.— Nacer mujer es el mayor castigo.

MAGDALENA.— Y ni nuestros ojos siquiera nos pertenecen.

(Se oye un canto lejano que se va acercando.)
700 LA PONCIA.— Son ellos. Traen unos cantos preciosos.

AMELIA.— Ahora salen a segar.[157]

CORO: Ya salen los segadores en busca de las espigas;[158] se llevan los corazones de las
muchachas que miran.

(Se oyen panderos[159] y carrañacas.[160] Pausa. Todas oyen en un silencio traspasado por el sol.)
705 AMELIA.— ¡Y no les importa el calor!

MARTIRIO.— Siegan entre llamaradas.[161]

ADELA.— Me gustaría segar para ir y venir. Así se olvida lo que nos muerde.

MARTIRIO.— ¿Qué tienes tú que olvidar?

ADELA.— Cada una sabe sus cosas.

710 MARTIRIO.— *(Profunda.)* ¡Cada una!

LA PONCIA.— ¡Callar! ¡Callar!

---

[154] *sequins.* [155]*fuerte.* [156]*"gavilla… trigo": sheaf of wheat.* [157]*to harvest.* [158]*heads of wheat.* [159]*tambourines.* [160]instru-
mentos musicales de madera. [161]*calor muy grande.*

CORO: (*Muy lejano.*) Abrir puertas y ventanas las que vivís en el pueblo; el segador[162] pide rosas para adornar su sombrero.

LA PONCIA.— ¡Qué canto!

MARTIRIO.— (*Con nostalgia.*) Abrir puertas y ventanas las que vivís en el pueblo... 715

ADELA.— (*Con pasión.*)... el segador pide rosas para adornar su sombrero.

(*Se va alejando el cantar.*)

LA PONCIA.— Ahora dan la vuelta a la esquina.

ADELA.— Vamos a verlos por la ventana de mi cuarto.

LA PONCIA.— Tened cuidado con no entreabrirla[163] mucho, porque son capaces de dar un 720 empujón para ver quién mira.

(*Se van las tres. MARTIRIO queda sentada en la silla baja con la cabeza entre las manos.*)

AMELIA.— (*Acercándose.*) ¿Qué te pasa?

MARTIRIO.— Me sienta mal el calor.

AMELIA.— ¿No es más que eso? 725

MARTIRIO.— Estoy deseando que llegue noviembre, los días de lluvia, la escarcha;[164] todo lo que no sea este verano interminable.

AMELIA.— Ya pasará y volverá otra vez.

MARTIRIO.— ¡Claro! (*Pausa.*) ¿A qué hora te dormiste anoche?

AMELIA.— No sé. Yo duermo como un tronco.[165] ¿Por qué? 730

MARTIRIO.— Por nada, pero me pareció oír gente en el corral.

AMELIA.— ¿Sí?

MARTIRIO.— Muy tarde.

AMELIA.— ¿Y no tuviste miedo?

MARTIRIO.— No. Ya lo he oído otras noches 735

AMELIA.— Debíamos tener cuidado. ¿No serían los gañanes?

MARTIRIO.— Los gañanes llegan a las seis.

AMELIA.— Quizá una mulilla sin desbravar.

MARTIRIO.— (*Entre dientes y llena de segunda intención.*) ¡Eso, eso!, una mulilla sin desbravar.[166] 740

AMELIA.— ¡Hay que prevenir!

MARTIRIO.— ¡No, no! No digas nada. Puede ser un barrunto[167] mío.

AMELIA.— Quizá. (*Pausa. AMELIA inicia el mutis.*)[168]

MARTIRIO.— Amelia.

AMELIA.— (*En la puerta.*) ¿Qué? 745

(*Pausa.*)

MARTIRIO.— Nada.

[162]*harvester.* [163]abrirla un poco. [164] *frost.* [165]"como... un tronco": profundamente. [166]*untamed.* [167]sospecha. [168]salida.

AMELIA.— ¿Por qué me llamaste?

(*Pausa.*)

750 MARTIRIO.— Se me escapó. Fue sin darme cuenta.

(*Pausa.*)

AMELIA.— Acuéstate un poco.

ANGUSTIAS.— (*Entrando furiosa en escena, de modo que haya un gran contraste con los silencios anteriores.*) ¿Dónde está el retrato de Pepe que tenía yo debajo de mi almohada? ¿Quién
755 de vosotras lo tiene?

MARTIRIO.— Ninguna.

AMELIA.— Ni que Pepe fuera un San Bartolomé de plata.

ANGUSTIAS.— ¿Dónde está el retrato?

(*Entran LA PONCIA, MAGDALENA y ADELA.*)

760 ADELA.— ¿Qué retrato?

ANGUSTIAS.— Una de vosotras me lo ha escondido.

MAGDALENA.— ¿Tienes la desvergüenza de decir esto?

ANGUSTIAS.— Estaba en mi cuarto y no está.

MARTIRIO.— ¿Y no se habrá escapado a medianoche al corral? A Pepe le gusta andar con
765 la luna.

ANGUSTIAS.— ¡No me gastes bromas! Cuando venga se lo contaré.

LA PONCIA.— ¡Eso, no! ¡Porque aparecerá! (*Mirando a ADELA.*)

ANGUSTIAS.— ¡Me gustaría saber cuál de vosotras lo tiene!

ADELA.— (*Mirando a MARTIRIO.*) ¡Alguna! ¡Todas, menos yo!

770 MARTIRIO.— (*Con intención.*) ¡Desde luego!

BERNARDA.— (*Entrando con su bastón.*) ¿Qué escándalo es éste en mi casa y con el silencio del peso del calor? Estarán las vecinas con el oído pegado a los tabiques.[169]

BERNARDA.— Me han quitado el retrato de mi novio.

BERNARDA.— (*Fiera.*) ¿Quién? ¿Quién?

775 ANGUSTIAS.— ¡Éstas!

BERNARDA.— ¿Cuál de vosotras? (*Silencio.*) ¡Contestarme! (*Silencio. A LA PONCIA.*) Registra los cuartos, mira por las camas. Esto tiene no ataros más cortas.[170] ¡Pero me vais a soñar![171] (*A ANGUSTIAS.*) ¿Estás segura?

ANGUSTIAS.— Sí.

780 BERNARDA.— ¿Lo has buscado bien?

ANGUSTIAS.— Sí, madre.

(*Todas están en medio de un embarazoso silencio.*)

---

[169]paredes. [170]"Esto... cortas": esto sucede por daros demasiada libertad. [171]"¡Pero... soñar!": os vais a acordar de mí.

BERNARDA.— Me hacéis al final de mi vida beber el veneno más amargo que una madre puede resistir. (*A LA PONCIA*.) ¿No lo encuentras?

LA PONCIA.— (*Saliendo*.) Aquí está.　　785

BERNARDA.— ¿Dónde lo has encontrado?

LA PONCIA.— Estaba...

BERNARDA.— Dilo sin temor.

LA PONCIA.— (*Extrañada*.) Entre las sábanas de la cama de Martirio.

BERNARDA.— (*A MARTIRIO*.) ¿Es verdad?　　790

MARTIRIO.— ¡Es verdad!

BERNARDA.— (*Avanzando y golpeándola con el bastón*.) ¡Mala puñalada te den, mosca muerta! ¡Sembradura de vidrios![172]

MARTIRIO.— (*Fiera*.) ¡No me pegue usted, madre!

BERNARDA.— ¡Todo lo que quiera!　　795

MARTIRIO.— ¡Si yo la dejo! ¿Lo oye? ¡Retírese usted!

BERNARDA.— No faltes a tu madre.

ANGUSTIAS.— (*Cogiendo a BERNARDA*.) Déjela. ¡Por favor!

BERNARDA.— Ni lágrimas te quedan en esos ojos.

MARTIRIO.— No voy a llorar para darle gusto.　　800

BERNARDA.— ¿Por qué has cogido el retrato?

MARTIRIO.— ¿Es que yo no puedo gastar una broma a mi hermana? ¿Para qué otra cosa lo iba a querer?

ADELA.— (*Saltando llena de celos*.) No ha sido broma, que tú no has gustado nunca de juegos. Ha sido otra cosa que te reventaba el pecho por querer salir. Dilo ya claramente.　　805

MARTIRIO.— ¡Calla y no me hagas hablar, que si hablo se van a juntar las paredes unas con otras de vergüenza!

ADELA.— ¡La mala lengua no tiene fin para inventar!

BERNARDA.— ¡Adela!

MAGDALENA.— Estáis locas.　　810

AMELIA.— Y nos apedreáis[173] con malos pensamientos.

MARTIRIO.— Otras hacen cosas más malas.

ADELA.— Hasta que se pongan en cueros[174] de una vez y se las lleve el río.

BERNARDA.— ¡Perversa!

ANGUSTIAS.— Yo no tengo la culpa de que Pepe el Romano se haya fijado en mí.　　815

ADELA.— ¡Por tus dineros!

ANGUSTIAS.— ¡Madre!

BERNARDA.— ¡Silencio!

MARTIRIO.— Por tus marjales[175] y tus arboledas.

---

[172]exclamaciones para maldecir a Martirio. [173]golpeáis. [174]"en cueros": desnudas. [175]*marshes*.

820   MAGDALENA.— ¡Eso es lo justo!

BERNARDA.— ¡Silencio digo! Yo veía la tormenta venir, pero no creía que estallara tan pronto. ¡Ay, qué pedrisco[176] de odio habéis echado sobre mi corazón! Pero todavía no soy anciana y tengo cinco cadenas para vosotras y esta casa levantada por mi padre para que ni las hierbas se enteren de mi desolación. ¡Fuera de aquí! (*Salen. BERNAR-*
825   *DA* se sienta desolada. LA PONCIA está de pie arrimada a los muros. BERNARDA reacciona, da *un golpe en el suelo y dice*:) ¡Tendré que sentarles la mano![177] Bernarda, ¡acuérdate que ésta es tu obligación!

LA PONCIA.— ¿Puedo hablar?

BERNARDA.— Habla. Siento que hayas oído. Nunca está bien una extraña en el centro de
830   la familia.

LA PONCIA.— Lo visto, visto está.

BERNARDA.— Angustias tiene que casarse en seguida.

LA PONCIA.— Claro, hay que retirarla de aquí.

BERNARDA.— No a ella. ¡A él!

835   LA PONCIA.— ¡Claro, a él hay que alejarlo de aquí! Piensas bien.

BERNARDA.— No pienso. Hay cosas que no se pueden ni se deben pensar. Yo ordeno.

LA PONCIA.— ¿Y tú crees que él querrá marcharse?

BERNARDA.— (*Levantándose.*) ¿Qué imagina tu cabeza?

LA PONCIA.— Él, claro, ¡se casará con Angustias!

840   BERNARDA.— Habla. Te conozco demasiado para saber que ya me tienes preparada la cuchilla.

LA PONCIA.— Nunca pensé que se llamara asesinato al aviso.

BERNARDA.— ¿Me tienes que prevenir algo?

LA PONCIA.— Yo no acuso, Bernarda. Yo sólo te digo: abre los ojos y verás.

845   BERNARDA.— ¿Y verás qué?

LA PONCIA.— Siempre has sido lista. Has visto lo malo de las gentes a cien leguas.[178] Muchas veces creí que adivinabas los pensamientos. Pero los hijos son los hijos. Ahora estás ciega.

BERNARDA.— ¿Te refieres a Martirio?

850   LA PONCIA.— Bueno, a Martirio... (*Con curiosidad.*) ¿Por qué habrá escondido el retrato?

BERNARDA.— (*Queriendo ocultar a su hija.*) Después de todo ella dice que ha sido una broma. ¿Qué otra cosa puede ser?

LA PONCIA.— (*Con sorna.*)[179] ¿Tú lo crees así?

BERNARDA.— (*Enérgica.*) No lo creo. ¡Es así!

855   LA PONCIA.— Basta. Se trata de lo tuyo. Pero si fuera la vecina de enfrente, ¿qué sería?

BERNARDA.— Ya empiezas a sacar la punta del cuchillo.

---

[176]*hailstorm.* [177]"¡sentarles... mano!": castigarlas. [178]una legua equivale a unas tres millas y media. [179]sarcasmo.

LA PONCIA.— (*Siempre con crueldad.*) No, Bernarda, aquí pasa una cosa muy grande. Yo no te quiero echar la culpa, pero tú no has dejado a tus hijas libres. Martirio es enamoradiza, digas lo que tú quieras. ¿Por qué no la dejaste casar con Enrique Humanas? ¿Por qué el mismo día que iba a venir a la ventana le mandaste recado[180] que no viniera? 860

BERNARDA.— (*Fuerte.*) ¡Y lo haría mil veces! Mi sangre no se junta con la de los Humanas mientras yo viva! Su padre fue gañán.

LA PONCIA.— ¡Y así te va a ti con esos humos![181]

LA PONCIA.— Los tengo porque puedo tenerlos. Y tú no los tienes porque sabes muy bien cuál es tu origen. 865

LA PONCIA.— (*Con odio.*) ¡No me lo recuerdes! Estoy ya vieja, siempre agradecí tu protección.

BERNARDA.— (*Crecida.*)[182] ¡No lo parece!

LA PONCIA.— (*Con odio envuelto en suavidad.*) A Martirio se le olvidará esto. 870

BERNARDA.— Y si no lo olvida peor para ella. No creo que ésta sea la "cosa muy grande" que aquí pasa. Aquí no pasa nada. ¡Eso quisieras tú! Y si pasara algún día estáte segura que no traspasaría las paredes.

LA PONCIA.— ¡Eso no lo sé yo! En el pueblo hay gentes que leen también de lejos los pensamientos escondidos. 875

BERNARDA.— ¡Cómo gozarías de vernos a mí y a mis hijas camino del lupanar![183]

LA PONCIA.— ¡Nadie puede conocer su fin!

BERNARDA.— ¡Yo sí sé mi fin! ¡Y el de mis hijas! El lupanar se queda para alguna mujer ya difunta...

LA PONCIA.— (*Fiera.*) ¡Bernarda! ¡Respeta la memoria de mi madre! 890

BERNARDA.— ¡No me persigas tú con tus malos pensamientos!

(*Pausa.*)

LA PONCIA.— Mejor será que no me meta en nada.

BERNARDA.— Eso es lo que debías hacer. Obrar y callar a todo. Es la obligación de los que viven a sueldo. 895

LA PONCIA.— Pero no se puede. ¿A ti no te parece que Pepe estaría mejor casado con Martirio o... ¡sí!, con Adela?

BERNARDA.— No me parece.

LA PONCIA.— (*Con intención.*) Adela. ¡Ésa es la verdadera novia del Romano!

BERNARDA.— Las cosas no son nunca a gusto nuestro. 900

LA PONCIA.— Pero les cuesta mucho trabajo desviarse de la verdadera inclinación. A mí me parece mal que Pepe esté con Angustias, y a las gentes, y hasta al aire. ¡Quién sabe si se saldrán con la suya!

---

[180]"mandaste recado": avisaste. [181]arrogancia. [182]con cierta soberbia. [183]prostíbulo.

905 BERNARDA.— ¡Ya estamos otra vez!... Te deslizas[184] para llenarme de malos sueños. Y no quiero entenderte, porque si llegara al alcance de[185] todo lo que dices te tendría que arañar.[186]

LA PONCIA.— ¡No llegará la sangre al río![187]

BERNARDA.— ¡Afortunadamente mis hijas me respetan y jamás torcieron[188] mi voluntad!

LA PONCIA.— ¡Eso sí! Pero en cuanto las dejes sueltas se te subirán al tejado.[189]

910 BERNARDA.— ¡Ya las bajaré tirándoles cantos![190]

LA PONCIA.— ¡Desde luego eres la más valiente!

BERNARDA.— ¡Siempre gasté sabrosa pimienta![191]

LA PONCIA.— ¡Pero lo que son las cosas! A su edad. ¡Hay que ver el entusiasmo de Angustias con su novio! ¡Y él también parece muy picado![192] Ayer me contó mi hijo mayor

915 que a las cuatro y media de la madrugada, que pasó por la calle con la yunta, estaban hablando todavía.

BERNARDA.— ¡A las cuatro y media!

ANGUSTIAS.— (*Saliendo*.) ¡Mentira!

LA PONCIA.— Eso me contaron.

920 BERNARDA.— (*A ANGUSTIAS*.) ¡Habla!

ANGUSTIAS.— Pepe lleva más de una semana marchándose a la una. Que Dios me mate si miento.

MARTIRIO.— (*Saliendo*.) Yo también lo sentí marcharse a las cuatro.

BERNARDA.— Pero, ¿lo viste con tus ojos?

MARTIRIO.— No quise asomarme. ¿No habláis ahora por la ventana del callejón?

925 ANGUSTIAS.— Yo hablo por la ventana de mi dormitorio.

(*Aparece Adela en la puerta*.)

MARTIRIO.— Entonces...

BERNARDA.— ¿Qué es lo que pasa aquí?

LA PONCIA.— ¡Cuida de enterarte! Pero, desde luego, Pepe estaba a las cuatro de la madrugada en una reja de tu casa.

930 BERNARDA.— ¿Lo sabes seguro?

LA PONCIA.— Seguro no se sabe nada en esta vida.

ADELA.— Madre, no oiga usted a quien nos quiere perder a todas.

BERNARDA.— ¡Yo sabré enterarme! Si las gentes del pueblo quieren levantar falsos testimonios se encontrarán con mi pedernal.[193] No se hable de este asunto. Hay a veces

935 una ola de fango[194] que levantan los demás para perdernos.

MARTIRIO.— A mí no me gusta mentir.

LA PONCIA.— Y algo habrá.

---

[184] me dices eso. [185]"al alcance de": a saber. [186]*scratch*. [187]"¡No... río!": no habrá serios problemas. [188]fueron en contra. [189]"Pero... tejado": cuando les des demasiada libertad te perderán el respeto. [190]piedras. [191]"¡Siempre... pimienta!": siempre di muestras de valentía. [192]enamorado. [193]"con... pedernal": *with my wrath*. [194]barro.

BERNARDA.— No habrá nada. Nací para tener los ojos abiertos. Ahora vigilaré sin cerrarlos ya hasta que me muera.   940

ANGUSTIAS.— Yo tengo derecho de enterarme.

BERNARDA.— Tú no tienes derecho más que a obedecer. Nadie me traiga ni me lleve.[195] *(A LA PONCIA.)* Y tú te metes en los asuntos de tu casa. ¡Aquí no se vuelve a dar un paso sin que yo lo sienta!

CRIADA.— *(Entrando.)* ¡En lo alto de la calle hay un gran gentío y todos los vecinos están en sus puertas!   945

BERNARDA.— *(A LA PONCIA.)* ¡Corre a enterarte de lo que pasa! *(Las mujeres corren para salir.)* ¿Dónde vais? Siempre os supe mujeres ventaneras y rompedoras de su luto. ¡Vosotras, al patio!

(Salen y sale BERNARDA. Se oyen rumores lejanos. Entran MARTIRIO y ADELA, que se   950
quedan escuchando y sin atreverse a dar un paso más de la puerta de salida.)

MARTIRIO.— Agradece a la casualidad que no desaté mi lengua.

ADELA.— También hubiera hablado yo.

MARTIRIO.— ¿Y qué ibas a decir? ¡Querer no es hacer!

ADELA.— Hace la que puede y la que se adelanta. Tú querías, pero no has podido.   955

MARTIRIO.— No seguirás mucho tiempo.

ADELA.— ¡Lo tendré todo!

MARTIRIO.— Yo romperé tus abrazos.

ADELA.— *(Suplicante.)* ¡Martirio, déjame!

MARTIRIO.— ¡De ninguna!   960

ADELA.— ¡Él me quiere para su casa!

MARTIRIO.— ¡He visto cómo te abrazaba!

ADELA.— Yo no quería. He sido como arrastrada por una maroma.[196]

MARTIRIO.— ¡Primero muerta!

(Se asoman MAGDALENA y ANGUSTIAS. Se siente crecer el tumulto.)   965

LA PONCIA.— *(Entrando con BERNARDA.)* ¡Bernarda!

BERNARDA.— ¿Qué ocurre?

LA PONCIA.— La hija de la Librada, la soltera, tuvo un hijo no se sabe con quién.

BERNARDA.— Hijo?

LA PONCIA.— Y para ocultar su vergüenza lo mató y lo metió debajo de unas piedras; pero   970
unos perros, con más corazón que muchas criaturas, lo sacaron y como llevados por la mano de Dios lo han puesto en el tranco de su puerta. [197] Ahora la quieren matar. La traen arrastrando por la calle abajo, y por las trochas[198] y los terrenos del olivar vienen los hombres corriendo, dando unas voces que estremecen los campos.

---

[195]"Nadie… lleve": no quiero oír ninguna historia. [196]cuerda grande. [197]"tranco… puerta": *doorstep.* [198]caminos estrechos.

975 Bernarda.— Sí, que vengan todos con varas de olivo y mangos de azadones,[199] que vengan todos para matarla.

Adela.— ¡No, no, para matarla no!

Martirio.— Sí, y vamos a salir también nosotras.

980 Bernarda.— Y que pague la que pisotea su decencia.

(*Fuera se oye un grito de mujer y un gran rumor.*)

Adela.— ¡Que la dejen escapar! ¡No salgáis vosotras!

Martirio.— (*Mirando a ADELA.*) ¡Que pague lo que debe!

Bernarda.— (*Bajo el arco.*) ¡Acabar con ella antes que lleguen los guardias! ¡Carbón ardiendo en el sitio de su pecado!

985 Adela.— (*Cogiéndose el vientre.*) ¡No! ¡No!

Bernarda.— ¡Matadla! ¡Matadla!

Telón rápido

Acto tercero

990 Cuatro paredes blancas ligeramente azuladas del patio interior de la casa de BERNARDA. Es de *noche. El decorado ha de ser de una perfecta simplicidad. Las puertas, iluminadas por la luz de los interiores, dan un tenue[200] fulgor a la escena. En el centro, una mesa con un quinqué,[201] donde están comiendo BERNARDA y sus hijas. LA PONCIA las sirve. PRUDENCIA está sentada aparte. (Al levantarse el telón hay un gran silencio, interrumpido por el ruido de platos y cubiertos.)*

995 Prudencia.— Ya me voy. Os he hecho una visita larga. (*Se levanta.*)

Bernarda.— Espérate, mujer. No nos vemos nunca.

Prudencia.— ¿Han dado el último toque[202] para el rosario?

Bernarda.— Todavía no. (*PRUDENCIA se sienta.*)

Bernarda.— ¿Y tu marido cómo sigue?

1000 La Poncia.— Igual.

Bernarda.— Tampoco lo vemos.

Prudencia.— Ya sabes sus costumbres. Desde que se peleó con sus hermanos por la herencia no ha salido por la puerta de la calle. Pone una escalera y salta las tapias[203] del corral.

1005 Bernarda.— Es un verdadero hombre. ¿Y con tu hija...?

Prudencia.— No la ha perdonado.

Bernarda.— Hace bien.

Prudencia.— No sé qué te diga. Yo sufro por esto.

---

[199]"mangos… azadones": *hoe handles*. [200]suave. [201]lámpara. [202]llamada con las campanas de la iglesia. [203]paredes.

BERNARDA.— Una hija que desobedece deja de ser hija para convertirse en una enemiga.

PRUDENCIA.— Yo dejo que el agua corra. No me queda más consuelo que refugiarme en la iglesia, pero como me estoy quedando sin vista tendré que dejar de venir para que no jueguen con una los chiquillos. (*Se oye un gran golpe, como dado en los muros.*) ¿Qué es eso?

BERNARDA.— El caballo garañón,[204] que está encerrado y da coces[205] contra el muro. (*A voces.*)

¡Trabadlo[206] y que salga al corral! (*En voz baja.*) Debe tener calor.

PRUDENCIA.— ¿Vais a echarle las potras[207] nuevas?

BERNARDA.— Al amanecer.

PRUDENCIA.— Has sabido acrecentar[208] tu ganado.

BERNARDA.— A fuerza de dinero y sinsabores.[209]

LA PONCIA.— (*Interviniendo.*) ¡Pero tiene la mejor manada[210] de estos contornos! Es una lástima que esté bajo de precio.

BERNARDA.— ¿Quieres un poco de queso y miel?

PRUDENCIA.— Estoy desganada.[211]

(*Se oye otra vez el golpe.*)

LA PONCIA.— ¡Por Dios!

PRUDENCIA.— ¡Me ha retemblado dentro del pecho!

BERNARDA.— (*Levantándose furiosa*) ¿Hay que decir las cosas dos veces? ¡Echadlo que se revuelque[212] en los montones de paja! (*Pausa, y como hablando con los gañanes.*) Pues encerrad las potras en la cuadra, pero dejadlo libre, no sea que nos eche abajo[213] las paredes. (*Se dirige a la mesa y se sienta otra vez.*) ¡Ay, qué vida!

PRUDENCIA.— Bregando[214] como un hombre.

BERNARDA.— Así es. (*ADELA se levanta de la mesa.*) ¿Dónde vas?

ADELA.— A beber agua.

BERNARDA.— (*En alta voz.*) Trae un jarro de agua fresca. (*A ADELA.*) Puedes sentarte. (*ADELA se sienta.*)

PRUDENCIA.— Y Angustias, ¿cuándo se casa?

BERNARDA.— Vienen a pedirla dentro de tres días.

PRUDENCIA.— ¡Estarás contenta!

ANGUSTIAS.— ¡Claro!

AMELIA.— (*A MAGDALENA.*) ¡Ya has derramado[215] la sal!

MAGDALENA.— Peor suerte que tienes no vas a tener.

AMELIA.— Siempre trae mala sombra.[216]

BERNARDA.— ¡Vamos!

1010
1015
1020
1025
1030
1035
1040

---

[204]"caballo garañón": *stallion*. [205]*kicks*. [206]atadlo. [207]*mares*. [208]aumentar. [209]problemas. [210]*herd*. [211]"Estoy desganada": no tengo hambre. [212]*to wallow*. [213]"eche abajo": tire. [214]trabajando. [215]dejado caer. [216]suerte.

1045   PRUDENCIA.— (*A ANGUSTIAS.*) ¿Te ha regalado ya el anillo?

ANGUSTIAS.— Mírelo usted. (*Se lo alarga.*)[217]

PRUDENCIA.— Es precioso. Tres perlas. En mi tiempo las perlas significaban lágrimas.

ANGUSTIAS.— Pero ya las cosas han cambiado.

ADELA.— Yo creo que no. Las cosas significan siempre lo mismo. Los anillos de pedida[218]

1050   deben ser de diamantes.

PRUDENCIA.— Es más propio.

BERNARDA.— Con perlas o sin ellas las cosas son como una se las propone.

MARTIRIO.— O como Dios dispone.

PRUDENCIA.— Los muebles me han dicho que son preciosos.

1055   BERNARDA.— Dieciséis mil reales he gastado.

LA PONCIA.— (*Interviniendo.*) Lo mejor es el armario de luna.[219]

PRUDENCIA.— Nunca vi un mueble de éstos.

BERNARDA.— Nosotras tuvimos arca.[220]

PRUDENCIA.— Lo preciso es que todo sea para bien.

1060   ADELA.— Que nunca se sabe.

BERNARDA.— No hay motivo para que no lo sea.

(*Se oyen lejanísimas unas campanas.*)

PRUDENCIA.— El último toque. (*A ANGUSTIAS.*) Ya vendré a que me enseñes la ropa.

BERNARDA.— Cuando usted quiera.

1065   PRUDENCIA.— Buenas noches nos dé Dios.

BERNARDA.— Adiós, Prudencia.

LAS CINCO A LA VEZ: Vaya usted con Dios.

(*Pausa. Sale PRUDENCIA.*)

BERNARDA.— Ya hemos comido. (*Se levantan.*)

1070   ADELA.— Voy a llegarme hasta el portón para estirar las piernas y tomar un poco el
fresco.

(*MAGDALENA se sienta en una silla baja retrepada[221] contra la pared.*)

AMELIA.— Yo voy contigo.

MARTIRIO.— Y yo.

1075   ADELA.— (*Con odio contenido.*) No me voy a perder.

AMELIA.— La noche quiere compaña. (*Salen.*)

(*BERNARDA se sienta y ANGUSTIAS está arreglando la mesa.*)

BERNARDA.— Ya te he dicho que quiero que hables con tu hermana Martirio. Lo que pasó
del retrato fue una broma y lo debes olvidar.

1080   ANGUSTIAS.— Usted sabe que ella no me quiere.

---

[217]muestra. [218]"anillos… pedida": *engagement rings.* [219]"armario… luna": armario con espejo. [220]*chest.* [221]apoyada.

BERNARDA.— Cada uno sabe lo que piensa por dentro. Yo no me meto en los corazones, pero quiero buena fachada y armonía familiar. ¿Lo entiendes?

ANGUSTIAS.— Sí.

BERNARDA.— Pues ya está.

MAGDALENA.— (*Casi dormida.*) Además, ¡si te vas a ir antes de nada![222] (*Se duerme.*) 1085

ANGUSTIAS.— Tarde me parece.

BERNARDA.— ¿A qué hora terminaste anoche de hablar?

ANGUSTIAS.— A las doce y media.

BERNARDA.— ¿Qué cuenta Pepe?

ANGUSTIAS.— Yo lo encuentro distraído. Me habla siempre como pensando en otra cosa. Si le pregunto qué le pasa, me contesta: "Los hombres tenemos nuestras preocupaciones." 1090

BERNARDA.— No le debes preguntar. Y cuando te cases, menos. Habla si él habla y míralo cuando te mire. Así no tendrás disgustos.

ANGUSTIAS.— Yo creo, madre, que él me oculta muchas cosas. 1095

BERNARDA.— No procures descubrirlas, no le preguntes y, desde luego, que no te vea llorar jamás.

ANGUSTIAS.— Debía estar contenta y no lo estoy.

BERNARDA.— Eso es lo mismo.

ANGUSTIAS.— Muchas veces miro a Pepe con mucha fijeza y se me borra[223] a través de los hierros,[224] como si lo tapara una nube de polvo de las que levantan los rebaños.[225] 1100

BERNARDA.— Eso son cosas de debilidad.

ANGUSTIAS.— ¡Ojalá!

BERNARDA.— ¿Viene esta noche?

ANGUSTIAS.— No. Fue con su madre a la capital. 1105

BERNARDA.— Así nos acostaremos antes. ¡Magdalena!

ANGUSTIAS.— Está dormida.

(*Entran ADELA, MARTIRIO y AMELIA.*)

AMELIA.— ¡Qué noche más oscura!

ADELA.— No se ve a dos pasos de distancia. 1110

MARTIRIO.— Una buena noche para ladrones, para el que necesite escondrijo.[226]

ADELA.— El caballo garañón estaba en el centro del corral. ¡Blanco! Doble de grande, llenando todo lo oscuro.

AMELIA.— Es verdad. Daba miedo. ¡Parecía una aparición!

ADELA.— Tiene el cielo unas estrellas como puños. 1115

MARTIRIO.— Ésta se puso a mirarlas de modo que se iba a tronchar[227] el cuello.

---

[222]"antes de nada": muy pronto. [223]dejo de verlo. [224]*window bars.* [225]*flocks of sheep.* [226]lugar para esconderse. [227]romper.

ADELA.— ¿Es que no te gustan a ti?

MARTIRIO.— A mí las cosas de tejas arriba no me importan nada. Con lo que pasa dentro de las habitaciones tengo bastante.

1120 ADELA.— Así te va a ti.

BERNARDA.— A ella le va en lo suyo como a ti en lo tuyo.[228]

ANGUSTIAS.— Buenas noches.

ADELA.— ¿Ya te acuestas?

ANGUSTIAS.— Sí, esta noche no viene Pepe. (*Sale.*)

1125 ADELA.— Madre, ¿por qué cuando se corre una estrella o luce un relámpago[229] se dice: Santa Bárbara bendita, que en el cielo estás escrita con papel y agua bendita?

BERNARDA.— Los antiguos sabían muchas cosas que hemos olvidado.

AMELIA.— Yo cierro los ojos para no verlas.

ADELA.— Yo no. A mí me gusta ver correr lleno de lumbre[230] lo que está quieto y quieto

1130 años enteros.

MARTIRIO.— Pero estas cosas nada tienen que ver con nosotros.

BERNARDA.— Y es mejor no pensar en ellas.

ADELA.— ¡Qué noche más hermosa! Me gustaría quedarme hasta muy tarde para disfrutar el fresco del campo.

1135 BERNARDA.— Pero hay que acostarse. ¡Magdalena!

AMELIA.— Está en el primer sueño.

BERNARDA.— ¡Magdalena!

MAGDALENA.— (*Disgustada.*) ¡Dejarme en paz!

BERNARDA.— ¡A la cama!

1140 MAGDALENA.— (*Levantándose malhumorada.*) ¡No la dejáis a una tranquila! (*Se va refunfuñando.*)[231]

AMELIA.— Buenas noches. (*Se va.*)

BERNARDA.— Andar vosotras también.

MARTIRIO.— ¿Cómo es que esta noche no viene el novio de Angustias?

1145 BERNARDA.— Fue de viaje.

MARTIRIO.— (*Mirando a ADELA.*) ¡Ah!

ADELA.— Hasta mañana. (*Sale.*)

(*MARTIRIO bebe agua y sale lentamente mirando hacia la puerta del corral. Sale LA PONCIA.*)

LA PONCIA.— ¿Estás todavía aquí?

1150 BERNARDA.— Disfrutando este silencio y sin lograr ver por parte alguna "la cosa tan grande" que aquí pasa, según tú.

LA PONCIA.— Bernarda, dejemos esa conversación.

---

[228]"A... tuyo": *she has her ways as you have yours.* [229]*lightning.* [230]*fuego.* [231]*quejándose.*

BERNARDA.— En esta casa no hay un sí ni un no.[232] Mi vigilancia lo puede todo.

LA PONCIA.— No pasa nada por fuera. Eso es verdad. Tus hijas están y viven como metidas en alacenas. Pero ni tú ni nadie puede vigilar por el interior de los pechos.   1155

BERNARDA.— Mis hijas tienen la respiración tranquila.

LA PONCIA.— Eso te importa a ti, que eres su madre. A mí, con servir tu casa tengo bastante.

BERNARDA.— Ahora te has vuelto callada.

LA PONCIA.— Me estoy en mi sitio, y en paz.

BERNARDA.— Lo que pasa es que no tienes nada que decir. Si en esta casa hubiera hierbas,   1160
ya te encargarías de traer a pastar las ovejas del vecindario.[233]

LA PONCIA.— Yo tapo[234] más de lo que te figuras

BERNARDA.— ¿Sigue tu hijo viendo a Pepe a las cuatro de la mañana? ¿Siguen diciendo todavía la mala letanía de esta casa?

LA PONCIA.— No dicen nada.   1165

BERNARDA.— Porque no pueden. Porque no hay carne donde morder.[235] ¡A la vigilia[236] de mis ojos se debe esto!

LA PONCIA.— Bernarda, yo no quiero hablar porque temo tus intenciones. Pero no estés segura.

BERNARDA.— ¡Segurísima!   1170

LA PONCIA.— ¡A lo mejor, de pronto, cae un rayo![237] ¡A lo mejor, de pronto, un golpe de sangre te para el corazón!

BERNARDA.— Aquí no pasará nada. Ya estoy alerta contra tus suposiciones.

LA PONCIA.— Pues mejor para ti.

BERNARDA.— ¡No faltaba más![238]   1175

CRIADA.— (Entrando.) Ya terminé de fregar los platos. ¿Manda usted algo, Bernarda?

BERNARDA.— (Levantándose.) Nada. Yo voy a descansar.

LA PONCIA.— ¿A qué hora quiere que la llame?

BERNARDA.— A ninguna. Esta noche voy a dormir bien. (Se va.)

LA PONCIA.— Cuando una no puede con el mar lo más fácil es volver las espaldas para   1180
no verlo.

CRIADA.— Es tan orgullosa que ella misma se pone una venda[239] en los ojos.

LA PONCIA.— Yo no puedo hacer nada. Quise atajar[240] las cosas, pero ya me asustan demasiado. ¿Tú ves este silencio? Pues hay una tormenta en cada cuarto. El día que estallen[241] nos barrerán[242] a todas. Yo he dicho lo que tenía que decir.   1185

CRIADA.— Bernarda cree que nadie puede con ella y no sabe la fuerza que tiene un hombre entre mujeres solas.

---

[232]"En... no": aquí no pasa nada. [233]"Si... vecindario": si en esta casa ocurriera algo se lo dejarías saber a los vecinos. [234]oculto. [235]"Porque... morder": porque no hay nada que criticar. [236]observación. [237]*thumderbolt*. [238]"¡No... más!": por supuesto. [239]*blindfolds*. [240]parar. [241]exploten. [242]*they will sweep*.

LA PONCIA.— No es toda la culpa de Pepe el Romano. Es verdad que el año pasado anduvo detrás de Adela, y ésta estaba loca por él, pero ella debió estarse en su sitio y no provocarlo. Un hombre es un hombre.

CRIADA.— Hay quien cree que habló muchas noches con Adela.

LA PONCIA.— Es verdad. (*En voz baja.*) Y otras cosas.

CRIADA.— No sé lo que va a pasar aquí.

LA PONCIA.— A mí me gustaría cruzar el mar y dejar esta casa de guerra.

CRIADA.— Bernarda está aligerando[243] la boda y es posible que nada pase.

LA PONCIA.— Las cosas se han puesto ya demasiado maduras. Adela está decidida a lo que sea, y las demás vigilan sin descanso.

CRIADA.— ¿Y Martirio también?

LA PONCIA.— Ésa es la peor. Es un pozo de veneno. Ve que el Romano no es para ella y hundiría el mundo si estuviera en su mano.

CRIADA.— ¡Es que son malas!

LA PONCIA.— Son mujeres sin hombre, nada más. En estas cuestiones se olvida hasta la sangre. ¡Chisssssss! (*Escucha.*)

CRIADA.— ¿Qué pasa?

LA PONCIA.— (*Se levanta.*) Están ladrando los perros.

CRIADA.— Debe haber pasado alguien por el portón.

(*Sale ADELA en enaguas blancas y corpiño.*)[244]

LA PONCIA.— ¿No te habías acostado?

ADELA.— Voy a beber agua. (*Bebe en un vaso de la mesa.*)

LA PONCIA.— Yo te suponía dormida.

ADELA.— Me despertó la sed. Y vosotras, ¿no descansáis?

CRIADA.— Ahora.

(*Sale ADELA.*)

LA PONCIA.— Vámonos.

CRIADA.— Ganado tenemos el sueño. Bernarda no me deja descansar en todo el día.

LA PONCIA.— Llévate la luz.

CRIADA.— Los perros están como locos.

LA PONCIA.— No nos van a dejar dormir. (*Salen.*)

(*La escena queda casi a oscuras. Sale MARÍA JOSEFA con una oveja en los brazos.*)

MARÍA JOSEFA.—

Ovejita, niño mío,
vámonos a la orilla del mar.
La hormiguita[245] estará en su puerta,
yo te daré la teta[246] y el pan.

---

[243]acelerando. [244]*bodice.* [245]hormiga pequeña. [246]pecho.

Bernarda,
cara de leoparda.
Magdalena, cara de hiena.
¡Ovejita! Meee, meee.
Vamos a los ramos del portal de Belén. (*Ríe.*)

Ni tú ni yo queremos dormir.
La puerta sola se abrirá
y en la playa nos meteremos
en una choza de coral.

Bernarda,
cara de leoparda.
Magdalena,
cara de hiena.
¡Ovejita!
Meee, meee.
Vamos a los ramos del portal de Belén! (*Se va cantando.*)

(*Entra ADELA. Mira a un lado y otro con sigilo,*[247] *y desaparece por la puerta del corral. Sale MARTIRIO por otra puerta y queda en angustioso acecho*[248] *en el centro de la escena. También va en enaguas. Se cubre con un pequeño mantón*[249] *negro de talle. Sale por enfrente de ella MARÍA JOSEFA.*)

MARTIRIO.— Abuela, ¿dónde va usted?

MARÍA JOSEFA.— ¿Vas a abrirme la puerta? ¿Quién eres tú?

MARTIRIO.— ¿Cómo está aquí?

MARÍA JOSEFA.— Me escapé. ¿Tú quién eres?

MARTIRIO.— Vaya a acostarse.

MARÍA JOSEFA.— Tú eres Martirio, ya te veo. Martirio, cara de martirio. ¿Y cuándo vas a tener un niño? Yo he tenido éste.

MARTIRIO.— ¿Dónde cogió esa oveja?

MARÍA JOSEFA.— Ya sé que es una oveja. Pero, ¿por qué una oveja no va a ser un niño? Mejor es tener una oveja que no tener nada. Bernarda, cara de leoparda. Magdalena, cara de hiena.

MARTIRIO.— No dé voces.

MARÍA JOSEFA.— Es verdad. Está todo muy oscuro. Como tengo el pelo blanco crees que no puedo tener crías, y sí, crías y crías y crías. Este niño tendrá el pelo blanco y tendrá otro niño, y éste otro, y todos con el pelo de nieve, seremos como las olas, una y otra y otra. Luego nos sentaremos todos, y todos tendremos el cabello blanco y seremos espuma.[250] ¿Por qué aquí no hay espuma? Aquí no hay más que mantos de luto.

---

[247]cuidado. [248]vigilancia. [249]*shawl.* [250]*foam.*

MARTIRIO.— Calle, calle.

MARÍA JOSEFA.— Cuando mi vecina tenía un niño yo le llevaba chocolate y luego ella me
lo traía a mí, y así siempre, siempre, siempre. Tú tendrás el pelo blanco, pero no ven-
drán las vecinas. Yo tengo que marcharme, pero tengo miedo de que los perros me
muerdan. ¿Me acompañarás tú a salir al campo? Yo quiero campo. Yo quiero casas,
pero casas abiertas, y las vecinas acostadas en sus camas con sus niños chiquitos, y
los hombres fuera, sentados en sus sillas. Pepe el Romano es un gigante. Todas lo
queréis. Pero él os va a devorar, porque vosotras sois granos de trigo. No granos de
trigo, no. ¡Ranas sin lengua!

MARTIRIO.— (*Enérgica.*) Vamos, váyase a la cama. (*La empuja.*)

MARÍA JOSEFA.— Sí, pero luego tú me abrirás, ¿verdad?

MARTIRIO.— De seguro.

MARÍA JOSEFA.— (*Llorando.*)

Ovejita, niño mío,

vámonos a la orilla del mar.

La hormiguita estará en su puerta,

yo te daré la teta y el pan. (*Sale.*)

(*MARTIRIO cierra la puerta por donde ha salido MARÍA JOSEFA y se dirige a la puerta del
corral. Allí vacila,[251] pero avanza dos pasos más.*)

MARTIRIO.— (*En voz baja.*) Adela. (*Pausa. Avanza hasta la misma puerta. En voz alta.*) ¡Adela!

(*Aparece ADELA. Viene un poco despeinada.*)

ADELA.— ¿Por qué me buscas?

MARTIRIO.— ¡Deja a ese hombre!

ADELA.— ¿Quién eres tú para decírmelo?

MARTIRIO.— No es ése el sitio de una mujer honrada.

ADELA.— ¡Con qué ganas te has quedado de ocuparlo!

MARTIRIO.— (*En voz alta.*) Ha llegado el momento de que yo hable. Esto no puede seguir
así.

ADELA.— Esto no es más que el comienzo. He tenido fuerza para adelantarme. El brío[252]
y el mérito que tú no tienes. He visto la muerte debajo de estos techos y he salido a
buscar lo que era mío, lo que me pertenecía.

MARTIRIO.— Ese hombre sin alma vino por otra. Tú te has atravesado.

ADELA.— Vino por el dinero, pero sus ojos los puso siempre en mí.

MARTIRIO.— Yo no permitiré que lo arrebates.[253] El se casará con Angustias.

ADELA.— Sabes mejor que yo que no la quiere.

MARTIRIO.— Lo sé.

ADELA.— Sabes, porque lo has visto, que me quiere a mí.

---

[251]duda. [252]valor. [253]que se lo quites.

MARTIRIO.— (*Desesperada*.) Sí.

ADELA.— (*Acercándose*.) Me quiere a mí, me quiere a mí.

MARTIRIO.— Clávame un cuchillo si es tu gusto, pero no me lo digas más.

ADELA.— Por eso procuras[254] que no vaya con él. No te importa que abrace a la que no quiere. A mí, tampoco. Ya puede estar cien años con Angustias. Pero que me abrace a mí se te hace terrible, porque tú lo quieres también, ¡lo quieres!

MARTIRIO.— (*Dramática*.) ¡Sí! Déjame decirlo con la cabeza fuera de los embozos.[255] ¡Sí! Déjame que el pecho se me rompa como una granada de amargura. ¡Le quiero!

ADELA.— (*En un arranque,*[256] *y abrazándola*.) Martirio, Martirio, yo no tengo la culpa.

MARTIRIO.— ¡No me abraces! No quieras ablandar mis ojos. Mi sangre ya no es la tuya, y aunque quisiera verte como hermana no te miro ya más que como mujer. (*La rechaza*.)

ADELA.— Aquí no hay ningún remedio. La que tenga que ahogarse que se ahogue. Pepe el Romano es mío. Él me lleva a los juncos[257] de la orilla.

MARTIRIO.— ¡No será!

ADELA.— Ya no aguanto el horror de estos techos después de haber probado el sabor de su boca. Seré lo que él quiera que sea. Todo el pueblo contra mí, quemándome con sus dedos de lumbre, perseguida por los que dicen que son decentes, y me pondré delante de todos la corona de espinas que tienen las que son queridas de algún hombre casado.

MARTIRIO.— ¡Calla!

ADELA.— Sí, sí. (*En voz baja*.) Vamos a dormir, vamos a dejar que se case con Angustias. Ya no me importa. Pero yo me iré a una casita sola donde él me verá cuando quiera, cuando le venga en gana.[258]

MARTIRIO.— Eso no pasará mientras yo tenga una gota de sangre en el cuerpo.

ADELA.— No a ti, que eres débil: a un caballo encabritado[259] soy capaz de poner de rodillas con la fuerza de mi dedo meñique.[260]

MARTIRIO.— No levantes esa voz que me irrita. Tengo el corazón lleno de una fuerza tan mala, que sin quererlo yo, a mí misma me ahoga.

ADELA.— Nos enseñan a querer a las hermanas. Dios me ha debido dejar sola, en medio de la oscuridad, porque te veo como si no te hubiera visto nunca.

(*Se oye un silbido*[261] *y* ADELA *corre a la puerta, pero* MARTIRIO *se le pone delante*.)

MARTIRIO.— ¿Dónde vas?

ADELA.— ¡Quítate de la puerta!

MARTIRIO.— ¡Pasa si puedes!

ADELA.— ¡Aparta! (*Lucha*.)

MARTIRIO.— (*A voces*.) ¡Madre, madre!

ADELA.— ¡Déjame!

---

[254]tratas. [255]"fuera… embozos": abiertamente. [256]impulsivamente. [257]*rushes*. [258]"cuando… gana": cuando él quiera. [259]*wild*. [260]pequeño. [261]*whistle*.

1300

1305

1310

1315

1320

1325

1330

1335 (*Aparece BERNARDA. Sale en enaguas con un mantón negro.*)

BERNARDA.— Quietas, quietas. ¡Qué pobreza la mía, no poder tener un rayo entre los dedos!

MARTIRIO.— (*Señalando a ADELA.*) ¡Estaba con él! ¡Mira esas enaguas llenas de paja de trigo!

1340 BERNARDA.— ¡Ésa es la cama de las mal nacidas! (*Se dirige furiosa hacia ADELA.*)

ADELA.— (*Haciéndole frente.*)[262] ¡Aquí se acabaron las voces de presidio! (*ADELA arrebata un bastón[263] a su madre y lo parte en dos.*) Esto hago yo con la vara[264] de la dominadora. No dé usted un paso más. ¡En mí no manda nadie más que Pepe!

(*Sale MAGDALENA.*)

1345 MAGDALENA.— ¡Adela!

(*Salen LA PONCIA y ANGUSTIAS.*)

ADELA.— Yo soy su mujer. (*A ANGUSTIAS.*) Entérate tú y ve al corral a decírselo. Él dominará toda esta casa. Ahí fuera está, respirando como si fuera un león.

ANGUSTIAS.— ¡Dios mío!

1350 BERNARDA.— ¡La escopeta![265] ¿Dónde está la escopeta? (*Sale corriendo.*)

(*Aparece AMELIA por el fondo, que mira aterrada,[266] con la cabeza sobre la pared. Sale detrás MARTIRIO.*)

ADELA.— ¡Nadie podrá conmigo! (*Va a salir.*)

ANGUSTIAS.— (*Sujetándola.*)[267] De aquí no sales con tu cuerpo en triunfo, ¡ladrona! ¡des-

1355 honra de nuestra casa!

MAGDALENA.— ¡Déjala que se vaya donde no la veamos nunca más!

(*Suena un disparo.*)[268]

BERNARDA.— (*Entrando.*) Atrévete a buscarlo ahora.

MARTIRIO.— (*Entrando.*) Se acabó Pepe el Romano.

1360 ADELA.— ¡Pepe! ¡Dios mío! ¡Pepe! (*Sale corriendo.*)

LA PONCIA.— ¿Pero lo habéis matado?

MARTIRIO.— ¡No! ¡Salió corriendo en la jaca!

BERNARDA.— No fue culpa mía. Una mujer no sabe apuntar.[269]

MAGDALENA.— ¿Por qué lo has dicho entonces?

1365 MARTIRIO.— ¡Por ella! Hubiera volcado[270] un río de sangre sobre su cabeza.

LA PONCIA.— Maldita.

MAGDALENA.— ¡Endemoniada!

BERNARDA.— Aunque es mejor así. (*Se oye como un golpe.*) ¡Adela! ¡Adela!

LA PONCIA.— (*En la puerta.*) ¡Abre!

1370 BERNARDA.— Abre. No creas que los muros defienden de la vergüenza.

CRIADA.— (*Entrando.*) ¡Se han levantado los vecinos!

---

[262]confrontándola. [263]*cane.* [264]palo. [265]*gun.* [266]llena de miedo. [267]deteniéndola. [268]*shot.* [269]*to aim.* [270]echado.

BERNARDA.— (*En voz baja, como un rugido.*)[271] ¡Abre, porque echaré abajo la puerta! (*Pausa. Todo queda en silencio.*) ¡Adela! (*Se retira de la puerta.*) ¡Trae un martillo![272] (*LA PONCIA da un empujón y entra. Al entrar da un grito y sale.*)¿Qué?

LA PONCIA.— (*Se lleva las manos al cuello.*) ¡Nunca tengamos ese fin! — 1375

(*Las hermanas se echan hacia atrás. LA CRIADA se santigua. BERNARDA da un grito y avanza.*)

LA PONCIA.— ¡No entres!

BERNARDA.— No. ¡Yo no!

PEPE: irás corriendo vivo por lo oscuro de las alamedas, pero otro día caerás. ¡Descolgarla![273] ¡Mi hija ha muerto virgen! Llevadla a su cuarto y vestirla como si fuera doncella. ¡Nadie dirá nada! ¡Ella ha muerto virgen! Avisad que al amanecer den dos clamores[274] las campanas. — 1380

MARTIRIO.— Dichosa[275] ella mil veces que lo pudo tener.

BERNARDA.— Y no quiero llantos. La muerte hay que mirarla cara a cara. ¡Silencio! (*A otra hija.*) ¡A callar he dicho! (*A otra hija.*) Las lágrimas cuando estés sola. ¡Nos hundiremos todas en un mar de luto! Ella, la hija menor de Bernarda Alba, ha muerto virgen. ¿Me habéis oído? ¡Silencio, silencio he dicho! ¡Silencio! — 1385

Telón

Comprensión del texto

Acto primero
1. La obra comienza con un funeral ¿quién ha muerto? ¿Qué familiares vienen al velorio?
2. ¿Cuánto tiempo lleva trabajando la Poncia para Bernarda Alba?
3. ¿Qué sentimientos tiene Bernarda Alba hacia la gente del pueblo?
4. ¿Cuál es la situación económica de Bernarda Alba?
5. ¿Qué sucedió con Paca la Roseta?
6. ¿Qué historia nos cuenta Martirio acerca del padre de Adelaida?
7. ¿Quién es la más rica de las cinco hermanas? ¿Por qué?
8. ¿Qué vaticina María Josefa a sus nietas?

Acto segundo
1. Según la Poncia, ¿a qué hora de la noche dejó Pepe el Romano la casa de Bernarda Alba?
2. De acuerdo a la Poncia, ¿cómo cambian los gustos de los hombres?
3. ¿Quién le quitó a Angustias el retrato de Pepe el Romano?
4. ¿Por qué no quiso Bernarda Alba que Martirio se casara con Enrique Humanas?
5. ¿Cómo trata Bernarda Alba a la Poncia?
6. ¿Por qué le dice la Poncia a Bernarda Alba que respete la memoria de su madre?

[271]*roar.* [272]*hammer.* [273]*take her down.* [274]toques de campana. [275]feliz.

7. ¿Quién o quiénes saben lo que pasa entre Adela y Pepe el Romano?
8. ¿Qué ocurrió con la hija de la Librada?

Acto tercero

1. Según Prudencia, ¿ha aumentado Bernarda Alba su capital?
2. ¿Qué le ha regalado Pepe el Romano a Angustias?
3. ¿Cómo encuentra Angustias a Pepe cuando éste la visita de noche?
4. ¿Ha gastado mucho dinero Bernarda en regalos de boda?
5. ¿Qué deseos le confiesa María Josefa a Martirio?
6. De no casarse con Martirio, ¿con quién quiere ésta que se case Pepe el Romano?
7. ¿Mató Bernarda Alba a Pepe el Romano? ¿Por qué se suicida Adela?
8. ¿Cómo reacciona Bernarda Alba ante la muerte de su hija Adela?

Análisis crítico

1. Comente la división de la obra en sus distintas partes —explicación, complicación, clímax... ¿Sigue esta obra la regla de "las tres unidades"?
2. ¿Dentro de qué forma dramática podríamos incluir esta obra? ¿Qué convenciones de esta forma dramática sigue?
3. ¿Cómo es descrita la casa de Bernarda Alba? ¿Tienen algún valor simbólico los decorados y descripciones de esta casa?
4. ¿Cómo aparecen caracterizadas las distintas mujeres de esta tragedia, incluidas las criadas? ¿Podría mencionar algunos de los pecados, o errores, cometidos por estos personajes? En la tragedia griega, el coro sacaba a la luz los errores, o fallas, de los protagonistas, ¿quién lo hace en esta obra?
5. ¿Se encuentran los protagonistas de esta obra dominados por un destino trágico?
6. ¿Le parece importante la onomástica en esta obra? Comente el significado de algunos nombres, comenzando con Bernarda "Alba". ¿Le parece significativo la repetición del sonido vocálico "a" en el título de la obra?
7. ¿Representa la Poncia el papel de una mujer tradicional y sumisa? ¿Conoce la Poncia mejor que Bernarda Alba lo que sucede en la casa con sus hijas?
8. ¿Es culpable la Librada de lo que hizo con su hijo? ¿Hay alguien que muestra simpatía o comprensión hacia el drama de esta mujer?
9. Comente el papel que juega María Josefa, la madre de Bernarda Alba. ¿Tiene algún valor simbólico su presencia? Comente, particularmente, el soliloquio del acto III cuando aparece con la oveja en brazos.
10. ¿Cómo interpreta la llegada de los segadores? ¿Nos presenta Lorca aquí un contraste entre estos recolectores de trigo, una semilla/simiente, y las hijas de Bernarda Alba?
11. ¿Qué significado puede tener, al final del acto II, el hecho que Adela se cogiera el vientre?

12. ¿Cómo interpreta el papel del caballo en esta obra?

13. ¿Qué piensa de la situación en la que Adela rompe el bastón de Bernarda Alba?

14. Comente la jerarquía de poder que crea Lorca en esta obra, comenzando con la mendiga que aparece en el primer acto.

15. ¿De qué manera juega Lorca con el cromatismo? Piense, por ejemplo, en el color de las paredes, el vestido verde de Adela, y, especialmente, en los contrastes creados por los colores blanco y negro.

16. Partiendo de los personajes de la Poncia, Pepe el Romano, María Josefa —un nombre que contiene los nombres de los padres de Cristo— y el cordero que lleva ésta, ¿podríamos hacer una lectura bíblica de esta obra?

17. ¿Qué actantes podría distinguir en esta tragedia?

18. Bernarda Alba hace el comentario de "hilo y aguja para las hembras. Látigo y mulas para el varón". ¿Le parece éste un comentario feminista o de alguien que simpatiza con el sistema patriarcal?

19. García Lorca contrapone aquí dos espacios claramente diferenciables: uno cerrado y otro abierto. Piense, entre otros, en el corral, y explique qué personajes forman parte de uno y otro espacio y si existe una serie de círculos concéntricos que llevan a una universalización del tema presentado en la obra. ¿Existe algún o algunos personajes que pasan de un espacio a otro?

20. Martirio le dice a Amelia en un momento de la obra, "todo es una repetición". Piense, asimismo, en cómo comienza y termina la obra. ¿Nos sugiere Lorca algún tipo específico de estructura? ¿Cómo interpretaría este tipo de estructura?

21. ¿Cuál es el tema de la obra? ¿Hay otros temas secundarios importantes? Coméntelos.

22. Durante el desarrollo de la obra se cuentan algunas anécdotas, como la de la Librada, ¿guardan relación estas anécdotas con el tema principal de la obra?

23. ¿Hay algún aparte en esta obra?

Mesa redonda

Con sus compañeros de grupo, discuta cómo la honra, "el qué dirán", determina o influye en el comportamiento de los personajes de esta tragedia. Compartan sus opiniones con el resto de la clase.

Sea creativo

Con un grupo de tres o cuatro estudiantes, prepare un breve bosquejo de un conflicto dramático en el que actualiza unas propuestas feministas diferentes a las presentadas en la obra de García Lorca. Pueden formar dos grupos que representarán dos ideologías o propuestas contrarias, una conservadora/tradicional, y la otra más vanguardista e innovadora. Ensayen brevemente el diálogo preparado, y representen el susodicho conflicto dramático enfrente de la clase. Después de la representación, los estudiantes de la clase pueden hacer sugerencias a las ideas y la resolución planteadas en la obra.

Investigación

Escoja una de las dos obras que completan la trilogía rural de Lorca, *Yerma* o *Bodas de sangre*, y estudie los papeles que desempeñan las protagonistas femeninas de estas obras.

Diccionario de términos literarios

Anagnórisis. Con esta palabra griega se designa el hecho del reconocimiento de un personaje por otro, circunstancia que provoca el desenlace del conflicto. En el caso de la comedia este desenlace es feliz, y en el caso de la tragedia es desgraciado o desafortunado. Ejemplos literarios de *anagnórisis* los tenemos en Edipo cuando descubre la identidad de su madre después de haber cometido la *hamartía*, o error trágico; y en Ulises, tras su larga ausencia de Penélope.

Catarsis. Según Aristóteles, en la representación de la tragedia se produce en el espectador una agitación del espíritu y una descarga afectiva al identificarse aquél con el héroe. La contemplación de la situación desgraciada del héroe produce en el espectador un sentimiento de conmiseración y piedad, y al experimentar estos sentimientos, el espectador quedará purificado de sus pasiones. Un ejemplo clásico lo vemos en la tragedia de *Edipo Rey* (430 a. C.), de Sófocles.

Deus ex machina. Expresión latina que se refiere a un instrumento utilizado en la tragedia clásica para hacer posible la entrada de un dios en el escenario y con su intervención dar una solución a un conflicto irresoluble. Hoy día se usa en novela y teatro cuando un autor se sirve de una coincidencia forzada para resolver una situación conflictiva.

Coro. Grupo de danzantes que en las fiestas de Dionisio cantaban el *ditirambo*, y en éste, según algunos críticos, se encuentra el origen de la tragedia griega. Con Sófocles (496 a. C.-406 a. C.), el *coro* adquiere sus funciones definitivas: ritual —oraciones—, demarcadora del principio y fin de cada episodio, mediadora entre la acción que se desarrolla en la escena y el público, y narradora.

Osvaldo Dragún: *Historia del hombre que se convirtió en perro*

Vida, obra, y crítica

Osvaldo Dragún (1929–1999) nació en una colonia agrícola judía en la provincia de Entre Ríos, Argentina. En 1953 dejó sus estudios universitarios para dedicarse al teatro, y en 1956 se unió al Teatro Independiente Fray Mocho, con el que viajó por toda Argentina y con el que estrenó varias de sus obras. En 1961 salió de Argentina para trabajar en varios países de Latinoamérica y EE.UU. Dragún fue uno de los más importantes representantes del Teatro Abierto, un movimiento intelectual que luchó contra la dictadura política de Argentina en la década de 1980. En 1996 se mudó de México a Argentina para dirigir el Teatro Nacional Cervantes, y fue galardonado con dos premios Casa de las Américas.

Las primeras piezas dramáticas de Dragún tratan temas históricos o políticos, tal es el caso de *Tupac Amarú* (1957), centrada en una revuelta indígena contra los españoles en el siglo XVIII; y *La peste viene de Melos* (1956), sobre la intervención militar de EE. UU. en Guatemala contra el gobierno de Jacobo Arbenz. En obras posteriores, como *Jardín del infierno* (1961) o *Y nos dijeron que éramos inmortales* (1963), Dragún muestra su interés por temas sociales: los barrios marginales, el inmigrante pobre, etc. En otras obras, como *Historias para ser contadas* (1957), *Historia de mi esquina* (1959), *Los de la mesa diez* (1962), e *Historia del mono que se convirtió en hombre* (1979), Dragún abandona el camino realista tradicional y escribe un teatro más experimental e innovador.

El teatro de Dragún está influido por tendencias como la *Commedia dell'Arte*, el teatro de Bertolt Brecht, y el teatro experimental. Su teatro muestra el compromiso con una realidad política y social en la que el individuo vive alienado, oprimido e incomunicado. En sus obras más experimentales y metateatrales, Dragún trata de mostrar a la audiencia que lo que ve es teatro, una técnica de distanciamiento que también sirve para involucrar (*to involve*) al espectador en los problemas de la sociedad.

Guía de lectura

"Historia del hombre que se convirtió en perro" forma parte, junto con otras dos obras cortas y un prólogo, de *Historias para ser contadas*. En estas breves piezas dramáticas podemos notar varias influencias. Una primera, procedente de la *Commedia dell'Arte* italiana, se puede ver en la representación que hacen los actores de tipos de la sociedad, y en la improvisación de sus actuaciones. Una segunda le viene del teatro barroco calderoniano y de Shakespeare, y se ve en cómo Dragún pone énfasis en los aspectos metateatrales de sus obras dramáticas.

Una tercera influencia viene del teatro del absurdo, y se manifiesta en el uso del humor y de un lenguaje que no sirve para la comunicación. Y una cuarta procede de la técnica brechtiana del distanciamiento, la cual busca una reacción intelectual, en lugar de emocional, ante los problemas presentados en la obra.

"Historia del hombre que se convirtió en perro" trata de un hombre común, casado y de clase baja, que tras (*after*) fracasar en la búsqueda (*search*) de trabajo no le queda más remedio que trabajar como perro guardián de una fábrica. En la lectura de esta pieza, el lector debe prestar atención a cómo Dragún hace uso de la ironía y el humor para tratar el tema de la deshumanización e incomunicación humanas. Asimismo, debe considerar los elementos metatreales de la obra, los efectos que persigue el dramaturgo con la técnica del distanciamiento, y cómo se percibe la influencia de la *Commedia dell'Arte* italiana.

Historia del hombre que se convirtió en perro

Personajes

Actriz   Actor 2.°
Actor 1.°   Actor 3.°

Actor 2.°.— Amigos, la tercera historia vamos a contarla así...

Actor 3.°.— Así como nos la contaron esta tarde a nosotros.

Actriz.— Es la "Historia del hombre que se convirtió en perro".

Actor 3.°.— Empezó hace dos años, en el banco[1] de una plaza. Allí, señor..., donde usted
5   trataba hoy de adivinar[2] el secreto de una hoja.

Actriz.— Allí, donde extendiendo los brazos apretamos[3] al mundo por la cabeza y los
            pies y le decimos: "¡suena, acordeón,[4] suena!"

Actor 2.°.— Allí le conocimos. (*Entra el* actor 1.°) Era... (*Lo señala.*) así como lo ven, nada
            más. Y estaba muy triste.

10   Actriz.— Fue nuestro amigo. Él buscaba trabajo, y nosotros éramos actores.

Actor 3.°.— Él debía mantener a su mujer, y nosotros éramos actores.

Actor 2.°.— Él soñaba con la vida, y despertaba gritando por la noche. Y nosotros éra-
            mos actores.

Actriz.— Fue nuestro gran amigo, claro. Así como lo ven... (*Lo señala.*) Nada más.

15   Todos: ¡Y estaba muy triste!

Actor 3.°.— Pasó el tiempo. El otoño...

Actor 2.°.— El verano...

Actriz.— El invierno...

Actor 3.°.— La primavera...

---

[1]*bench.* [2]*to guess.* [3]*we tighten.* [4]*accordion.*

Actor 1.°.— ¡Mentira! Nunca tuve primavera.

Actor 2.°.— El otoño...

Actriz.— El invierno...

Actor 3.°.— El verano. Y volvimos. Y fuimos a visitarlo, porque era nuestro amigo.

Actor 2.°.— Y preguntamos: "¿Está bien?" Y su mujer nos dijo...

Actriz.— No sé.

Actor 3.°.— ¿Está mal?

Actriz.— No sé.

Actores 2.° y 3.°.—¿Dónde está?

Actriz.— En la perrera.[5] (actor 1.° *en cuatro patas.*)

Actores 2.° y 3.°.—: ¡Uhhh!

Actor 3.°.— (*Observándolo.*)
Soy el director de la perrera,
y esto me parece fenomenal.
Llegó ladrando[6] como un perro
(requisito principal);
y si bien[7] conserva el traje,
es un perro, a no dudar.

Actor 2.°.— (*Tartamudeando.*)[8]
S-s-soy el v-veter-r-inario.
Y esto–to-to es c-claro p-para mí.
Aun-que p-parezca un ho-hombre,
es un p-pe-perro el q-que está aquí.

Actor 1.°.— (*Al público.*) Y yo, ¿qué les puedo decir? No sé si soy hombre o perro. Y creo que ni siquiera ustedes podrán decírmelo al final. Porque todo empezó de la manera más corriente. Fui a una fábrica a buscar trabajo. Hacía tres meses que no conseguía nada, y fui a buscar trabajo.

Actor 3.°.— ¿No leyó el letrero? "NO HAY VACANTES".

Actor 1.°.— Sí, lo leí. ¿No tiene nada para mí?

Actor 3.°.— Si dice "No hay vacantes", no hay.

Actor 1.°.— Claro. ¿No tiene nada para mí?

Actor 3.°.— ¡Ni para usted, ni para el ministro!

Actor 1.°.— ¡Ahá! ¿No tiene nada para mí?

Actor 3.°.— ¡NO!

Actor 1.°.— Tornero...[9]

Actor 3.°.— ¡NO!

Actor 1.°.— Mecánico...

---

[5]*dogpound.* [6]*barking.* [7]*"si bien": aunque.* [8]*stuttering.* [9]*lathe operator.*

ACTOR 3.º.— ¡No!

ACTOR 1.º.— S...[10]

ACTOR 3.º.— N...[11]

ACTOR 1.º.— R...

ACTOR 3.º.— N...

ACTOR 1.º.— F...

ACTOR 3.º.— N...

ACTOR 1.º.— ¡Sereno![12] ¡Sereno! ¡Aunque sea de sereno!

ACTRIZ.— (*como si tocara un clarín.*)[13] ¡Tutú, tu-tu-tú! ¡El patrón![14] (los actores 2.º y 3.º hablan por señas.)

ACTOR 3.º.— (*Al público.*) El perro del sereno, señores, había muerto la noche anterior, luego de[15] veinticinco años de lealtad.

ACTOR 2.º.— Era un perro muy viejo.

ACTRIZ.— Amén.

ACTOR 2.º.— (*Al actor 1.º*) ¿Sabe ladrar?

ACTOR 1.º.— Tornero.

ACTOR 2.º.— ¿Sabe ladrar?

ACTOR 1.º.— Mecánico...

ACTOR 2.º.— ¿Sabe ladrar?

ACTOR 1.º.— Albañil...[16]

ACTORES 2.º y 3.º.— ¡NO HAY VACANTES!

ACTOR 1.º.— (*Pausa.*) ¡Guau...,[17] guau!...

ACTOR 2.º.— Muy bien, lo felicito...

ACTOR 3.º.— Le asignamos diez pesos diarios de sueldo, la casilla y la comida.

ACTOR 2.º.— Como ven, ganaba diez pesos más que el perro verdadero.

ACTRIZ.— Cuando volvió a casa me contó del empleo conseguido. Estaba borracho.

ACTOR 1.º.— (*A su mujer.*) Pero me prometieron que apenas un obrero se jubilara,[18] muriera o fuera despedido[19] me darían su puesto. ¡Divertite,[20] María, divertite! ¡Guau..., guau!... ¡Divertite, María, divertite!

ACTORES 2.º y 3.º.— ¡Guau..., guau!... ¡Divertite, María, divertite!

ACTRIZ.— Estaba borracho, pobre...

ACTOR 1.º.— Y a la otra noche empecé a trabajar... (*Se agacha*[21] *en cuatro patas.*)

ACTOR 2.º.— ¿Tan chica le queda la casilla?

ACTOR 1.º.— No puedo agacharme tanto.

ACTOR 3.º.— ¿Le aprieta[22] aquí?

---

[10]las iniciales S, R y F se refieren a trabajos no mencionados. [11]no. [12]*night watchman.* [13]*bugle.* [14]jefe. [15]"luego de": después de. [16]*bricklayer.* [17]*bow-wow.* [18]retirara. [19]*laid off.* [20]diviértete (uso lingüístico, típico de Argentina y América central, conocido como "voseo", que consiste en usar "vos" en lugar de "tú"). [21]*he squats.* [22]siente presión.

Actor 1.º.— Sí.

Actor 3.º.— Bueno, pero vea, no me diga "sí". Tiene que empezar a acostumbrarse. Dígame:

"¡Guau..., guau!"   95

Actor 2.º.— ¿Le aprieta aquí? (*El actor 1.º no responde.*) ¿Le aprieta aquí?

Actor 1.º.— ¡Guau..., guau!...

Actor 2.º.— Y bueno... (*Sale.*)

Actor 1.º.— Pero esa noche llovió, y tuve que meterme en la casilla.

Actor 2.º.— (*Al* Actor 3.º) Ya no le aprieta...   100

Actor 3.º.— Y está en la casilla.

Actor 2.º.— (*Al actor 1.º*) ¿Vio cómo uno se acostumbra a todo?

Actriz.— Uno se acostumbra a todo...

Actores 2.º y 3.º.— Amén...

Actriz.— Y él empezó a acostumbrarse.   105

Actor 3.º.— Entonces, cuando vea que alguien entra, me grita: "¡Guau..., guau!" A ver...

Actor 1.º.— (*El actor 2.º pasa corriendo.*) ¡Guau..., guau!... (*El actor 2.º pasa sigilosamente.*)[23] ¡Guau..., guau!... (*El actor 2.º pasa agachado.*) ¡Guau..., guau..., guau!... (*Sale.*)

Actor 3.º.— (*Al actor 2.º*) Son diez pesos por día extras en nuestro presupuesto...[24]

Actor 2.º.— ¡Mmm!   110

Actor 3.º.— ... Pero la aplicación que pone el pobre, los merece...

Actor 2.º.— ¡Mmm!

Actor 3.º.— Además, no come más que el muerto...[25]

Actor 2.º.— ¡Mmm!

Actor 3.º.— ¡Debemos ayudar a su familia!   115

Actor 2.º.— ¡Mmm! ¡Mmm! ¡Mmm! (*Salen.*)

Actriz.— Sin embargo, yo lo veía muy triste, y trataba de consolarlo cuando él volvía a casa. (*Entra actor 1.º*) ¡Hoy vinieron visitas!...

Actriz.— Y de los bailes en el club, ¿te acordás?[26]

Actor 1.º.— Sí.   120

Actriz.— ¿Cuál era nuestro tango?

Actor 1.º.— No sé.

Actriz.— ¡Cómo que no! "Percanta[27] que me amuraste..."[28] (*El actor 1.º está en cuatro patas.*) Y un día me trajiste un clavel... (*Lo mira, y queda horrorizada.*) ¿Qué estás haciendo?

Actor 1.º.— ¿Qué?   125

Actriz.— Estás en cuatro patas... (*Sale.*)

Actor 1.º.— ¡Esto no lo aguanto[29] más! ¡Voy a hablar con el patrón!

---

[23]en silencio. [24]*budget*. [25]se refiere a otro perro que se había muerto. [26]¿te acuerdas? (voseo). [27]mujer. [28]dejaste. [29]tolero.

(*Entran los* actores 2.° y 3.°)

ACTOR 3.°.— Es que no hay otra cosa...

130 ACTOR 1.°.— Me dijeron que un viejo se murió.

ACTOR 3.°.— Sí, pero estamos de economía.[30] Espere un tiempo más, ¿eh?

ACTRIZ.— Y esperó. Volvió a los tres meses.

ACTOR 1.°.— (*Al* actor 2.°) Me dijeron que uno se jubiló...

ACTOR 2.°.— Sí, pero pensamos cerrar esa sección. Espere un tiempito más, ¿eh?

135 ACTRIZ.— Y esperó. Volvió a los dos meses.

ACTOR 1.°.— (*Al* actor 3.°) Déme el empleo de uno de los que echaron[31] por la huelga...[32]

ACTOR 3.°.— Imposible. Sus puestos quedarán vacantes...

ACTORES 2.° y 3.°.— ¡Como castigo! (*Salen.*)

ACTOR 1.°.— Entonces no pude aguantar más... ¡Y planté![33]

140 ACTRIZ.— ¡Fue nuestra noche más feliz en mucho tiempo! (*Lo toma del brazo.*) ¿Cómo se llama esta flor?

ACTOR 1.°.— Flor...

ACTRIZ.— ¿Y cómo se llama esa estrella?

ACTOR 1.°.— María.

145 ACTRIZ.— (*Ríe.*) ¡María me llamo yo!

ACTOR 1.°.— ¡Ella también..., ella también! (*Le toma una mano y la besa.*)

ACTRIZ.— (*Retira la mano.*) ¡No me muerdas!

ACTOR 1.°.— No te iba a morder... Te iba a besar, María...

ACTRIZ.— ¡Ah!, yo creía que me ibas a morder... (*Entran los* actores 2.° y 3.°)

150 ACTOR 2.°.— Por supuesto...

ACTOR 3.°.— ... A la mañana siguiente...

ACTORES 2.° y 3.°.— Debió volver a buscar trabajo.

ACTOR 1.°.— Recorrí varias partes, hasta que en una...

ACTOR 3.°.— Vea, éste... No tenemos nada. Salvo que...[34]

155 ACTOR 1.°.— ¿Qué?

ACTOR 3.°.— Anoche murió el perro del sereno.

ACTOR 2.°.— Tenía treinta y cinco años, el pobre...

ACTORES 2.° y 3.°.— ¡El pobre!...

ACTOR 1.°.— Y tuve que volver a aceptar.

160 ACTOR 2.°.— Eso sí, le pagamos quince pesos por día. (*Los* actores 2.° y 3.° *dan vueltas.*) ¡Hmmm!... ¡Hmmm!... ¡Hmmm!...

ACTORES 2.° y 3.°.— ¡Aceptado! ¡Que sean quince! (*Salen.*)

ACTRIZ.— (*Entra.*) Claro que 450 pesos no nos alcanza[35] para pagar el alquiler...

---

[30]"estamos de economía": tenemos que ahorrar. [31]*they fired.* [32]*strike.* [33]dejé el trabajo. [34]"salvo que": excepto que. [35]"no... alcanza": no es suficiente.

ACTOR 1.º.— Mirá,[36] como yo tengo la casilla, mudáte[37] vos a una pieza[38] con cuatro o cinco muchachas más, ¿eh?

ACTRIZ.— No hay otra solución. Y como no nos alcanza tampoco para comer...

ACTOR 1.º.— Mirá, como yo me acostumbré al hueso, te voy a traer la carne a vos,[39] ¿eh?

ACTORES 2.º y 3.º.— (*Entrando.*) ¡El directorio accedió!

ACTOR 1.º y ACTRIZ.— El directorio accedió... ¡Loado[40] sea!

(*Salen los* actores 2.º y 3.º)

ACTOR 1.º.— Yo ya me había acostumbrado. La casilla me parecía más grande. Andar en cuatro patas no era muy diferente de andar en dos. Con María nos veíamos en la plaza... (*Va hacia ella.*) Porque vos no podéis entrar en mi casilla; y como yo no puedo entrar en tu pieza... Hasta que una noche...

ACTRIZ.— Paseábamos. Y de repente me sentí mal...

ACTOR 1.º.— ¿Qué te pasa?

ACTRIZ.— Tengo mareos.

ACTOR 1.º.— ¿Por qué?

ACTRIZ.— (*Llorando.*) Me parece... que voy a tener, un hijo...

ACTOR 1.º.— ¿Y por eso llorás?[41]

ACTRIZ.— ¡Tengo miedo..., tengo miedo!

ACTOR 1.º.— Pero ¿Por qué?

ACTRIZ.— ¡Tengo miedo..., tengo miedo! ¡No quiero tener un hijo!

ACTOR 1.º.— ¿Por qué, María? ¿Por qué?

ACTRIZ.— Tengo miedo... que sea... (*Musita*[42] *"perro". El actor 1.º la mira aterrado,*[43] *y sale corriendo y ladrando. Cae al suelo. Ella se pone de pie.*) ¡Se fue..., se fue corriendo! A veces se paraba,[44] y a veces corría en cuatro patas...

ACTOR 1.º.— ¡No es cierto, no me paraba! ¡No podía pararme! ¡Me dolía la cintura si me paraba! ¡Guau!... Los coches se me venían encima...[45] La gente me miraba... (*Entran los* actores 2.º y 3.º) ¡Váyanse! ¿Nunca vieron un perro?

ACTOR 2.º.— ¡Está loco! ¡Llamen a un médico! (*Sale.*)

ACTOR 3.º.— ¡Está borracho! ¡Llamen a un policía! (*Sale.*)

ACTRIZ.— Después me dijeron que un hombre se apiadó[46] de él, y se le acercó cariñosamente.

ACTOR 2.º.— (*Entra.*) ¿Se siente mal, amigo? No puede quedarse en cuatro patas. ¿Sabe cuántas cosas hermosas hay para ver, de pie, con los ojos hacia arriba? A ver, párese... Yo lo ayudo... Vamos, párese...

ACTOR 1.º.— (*Comienza a pararse, y de repente:*) ¡Guau..., guau!... (*Lo muerde.*) ¡Guau..., guau!... (*Sale.*)

---

[36]mira (voseo). [37]múdate (voseo). [38]habitación. [39]ti (voseo). [40]*blessed.* [41]lloras (voseo). [42]*she mutters.* [43]con miedo. [44]se ponía de pie. [45]*"Los... encima": the cars almost ran over me.* [46]tuvo compasión.

200   ACTOR 3.º.— (*Entra.*) En fin, que cuando, después de dos años sin verlo, le preguntamos a su mujer: "¿Cómo está?", nos contestó...

ACTRIZ.— No sé.

ACTOR 2.º.— ¿Está bien?

ACTRIZ.— No sé.

205   ACTOR 3.º.— ¿Está mal?

ACTRIZ.— No sé.

ACTORES 2.º y 3.º.— ¿Dónde está?

ACTRIZ.— Está en la perrera.

ACTOR 3.º.— Y cuando veníamos para acá, pasó al lado nuestro un boxeador...

210   ACTOR 2.º.— Y nos dijeron que no sabía leer, pero que eso no importaba porque era boxeador.

ACTOR 3.º.— Y pasó un conscripto...[47]

ACTRIZ.— Y pasó un policía...

ACTOR 2.º.— Y pasaron... y pasaron... y pasaron ustedes. Y pensamos que tal vez podría

215   importarles la historia de nuestro amigo...

ACTRIZ.— Porque tal vez entre ustedes haya ahora una mujer que piense: "¿No tendré... no tendré...?" (*Musita: "perro".*)

ACTOR 3.º.— O alguien a quien le hayan ofrecido el empleo del perro del sereno...

ACTRIZ.— Si no es así, nos alegramos.

220   ACTOR 2.º.— Pero si es así, si entre ustedes hay alguno a quien quieran convertir en perro, como a nuestro amigo, entonces... Pero, bueno, entonces esa..., ¡esa es otra historia!

Telón

Comprensión del texto

1. ¿Quiénes van a representar la obra de teatro?
2. ¿Por qué no consigue trabajo el protagonista? ¿Qué tipo de trabajo consigue al final?
3. ¿A qué tiene que acostumbrarse el protagonista?
4. ¿Tiene deseos de tener un hijo la esposa del protagonista?
5. ¿Qué arreglos debe hacer María para sobrevivir?
6. ¿Qué papeles hacen los actores 2.º y 3.º?

Análisis crítico

1. Comente las partes en que se podría dividir esta obra —Exposición, complicación...—.
2. ¿Sigue esta obra la regla de "las tres unidades"?

---

[47]soldado.

3. ¿Cree que el protagonista no tiene dignidad al aceptar este tipo de trabajo? ¿Qué cree que está tratando de decirnos el dramaturgo al presentar una situación tan poco realista?

4. ¿Quiénes son los personajes de esta obra? ¿Hay actantes? ¿Por qué no tienen nombres propios, a excepción de María, los personajes?

5. ¿Cómo se expresa el paso del tiempo?

6. Comente el tipo de acotaciones que hay en esta breve pieza dramática.

7. ¿De qué manera funciona en esta obra la técnica del distanciamiento de Brecht?

8. Discuta algunos de los elementos metatreales de la obra. ¿Existe algún o algunos personajes que realicen la función de narrador?

9. ¿Qué piensa de la capacidad que tiene la lengua para servir de medio de comunicación entre los personajes?

10. ¿Hay algún aspecto de la *Commedia dell'Arte* que ve representado en esta obra?

Mesa redonda

Con sus compañeros de grupo discuta a qué tipo de forma dramática correspondería la presente obra. ¿Qué convenciones de esta forma dramática sigue? Piense en la lengua, el tipo de humor y los elementos irónicos que hay en la obra. Piense, asimismo, en los papeles representados por los personajes. Compartan sus impresiones con el resto de la clase.

Sea creativo

Ahora que ya conoce el tema y acontecimientos de la obra, con los compañeros de grupo de la mesa redonda represente la última escena de la obra de la misma manera que los actores de la *Commedia dell'Arte* harían; es decir, improvisando los diálogos. Antes de la improvisada representación, indique al resto de la clase algunos de los elementos de la escenografía que cree que serían apropiados para la representación de esta obra.

Investigación

Escoja otra de las obras de *Historias para ser contadas*, de Osvaldo Dragún, y comente los elementos metatreales que encuentra en la misma. Para ello, recomendamos la lectura e inclusión del "Prólogo" en su análisis.

Diccionario de términos literarios

Commedia dell'Arte. Es un tipo de comedia inventado por actores profesionales de Italia a mediados del siglo XVI. Los actores realizaban papeles de repertorio, e improvisaban sus diálogos partiendo de un breve guión.

Cuarta pared. Expresión usada en el lenguaje teatral para designar un tipo de representación realista en la que se pide a los actores que actúen con tal naturalidad como si no existiera el público que los está observando. Es decir, se les pide que actúen como si existiera una *cuarta pared* que los separa del público y los aísla, como si estuvieran solos en una habitación de la casa.

Happening. Este término, de origen inglés, se empezó utilizando primero en pintura, después para ciertas composiciones poéticas y musicales, y de forma particular para un tipo de espectáculo teatral que rompía con las representaciones dramáticas convencionales. En este último caso, el *happening* es un tipo de teatro representado en salas más bien reducidas, o en cafés, y con un público al que se le invita a participar directamente con los actores en la representación dramática. Por lo general, se trata de representar acontecimientos vividos o improvisados sin la existencia de un texto previo. Como antecedentes de este tipo de escenificación los encontramos en la *Commedia dell'Arte* italiana, y en las innovaciones en el campo del teatro aportadas por A. Artaud (1896–1948) y por algunos movimientos vanguardistas como el Dadaísmo y el Surrealismo.

Justicia poética. Estos dos términos se refieren al hecho de que así como en la vida real el bueno no siempre es premiado y el malo castigado, en una obra literaria su autor puede hacer que esto ocurra.

Dolores Prida: *Casa propia*
Vida, obra, y crítica

Dolores Prida (1943–2013) nació en Caibarién, Cuba. En 1961, tras la Revolución Cubana que llevó a Fidel Castro al poder, Dolores Prida y su familia salieron de Cuba y se establecieron en Nueva York. Aquí, Dolores Prida trabajó en una panadería (*bakery*), y por las noches tomaba clases de literatura latinoamericana en Hunter College. Aunque no sacó ningún título universitario, Dolores Prida ha desempeñado importantes trabajos como periodista y editora. En 1969 trabajó un año como corresponsal extranjera para la casa editorial Collier-Macmillan International y, posteriormente, en las décadas de 1970 y 1980, Dolores Prida realizó, entre otros, los trabajos de directora de los servicios de información para la National Puerto Rican Forum, de editora para el diario neoyorquino *El tiempo*, de corresponsal en Londres y Nueva York para la revista *Vision*, y de editora de la revista *Nuestro*. Ha recibido varios premios y reconocimientos literarios, como el Excelence in Arts Award en 1987, y el Doctor of Humane Letters, concedido por el Mount Holyoke College.

Aunque ha escrito algunos cuentos y poemas, Dolores Prida ha destacado en el género del teatro. En 1976 comenzó a trabajar para el Teatro Popular, y después lo hizo para el Duo Multicultural Arts Center, el INTAR Theater y el Puerto Rican Traveling Theater. Su debut como autora tuvo lugar con *Beautiful Señoritas* (1977), una obra que fue aclamada por la crítica y representada en todo EE.UU. A ésta le siguen otras obras, entre las que podemos destacar *Coser y cantar* (1981), *Hola Ola* (1986), *Pantallas* (1986), *Botánica* (1991), y *Casa Propia* (1999). Es asimismo autora de la comedia musical *Beggar's Soap Opera* (1979) y de la revista musical *Four Guys Named José... and Una Mujer Named María* (2000).

El teatro de Dolores Prida se caracteriza por su bilingualismo, biculturalismo, y el humor con el que trata estos temas. Sus obras, pues, tienen que ver con la representación de personajes que sobreviven y se debaten entre dos lenguas y dos culturas. Muchos de sus protagonistas son mujeres, y a través de ellas trata de explorar, además de los temas anteriores, su condición e identidad de mujer. Otro de sus temas dominantes se centra en el prejuicio y discriminación que sufren muchos inmigrantes en EE.UU.

Guía de lectura

En 1999, la Federal National Mortgage Agency, mejor conocida como Fannie Mae, y el Repertorio Español, una compañía de teatro hispano, anunciaron un concurso de teatro llamado "The American Dream". El propósito de este concurso era promocionar la compra de casas dentro de la comunidad hispana de EE.UU., y la obra ganadora fue *Casa propia*, de Dolores Prida. En una entrevista, la dramaturga cubanoamericana afirmó que su obra trata de la realización de un "Sueño Americano", el sueño de ser propietario de una casa. Comentó Dolores Prida que la obra es, además, una especie de *A Room of One's Own* con algunos elementos de Lisístrata.

El argumento de la obra se centra en la difícil relación matrimonial de Olga con su esposo, Manolo, y en los deseos de aquélla de comprar una casa en un barrio de Nueva York. Manolo, sin embargo, es un mujeriego (*womanizer*) que no comparte los sueños de su esposa y se niega a vivir atado a un lugar. Con la excepción de Fanny, un personaje de ascendencia italiana, el resto de los personajes de esta obra son inmigrantes hispanos a los que vemos sobrevivir en la frontera de dos culturas y dos lenguas. El lector puede ver cómo las mujeres, además, deben enfrentarse a un problema adicional: el de una cultura machista dentro de la comunidad hispana.

En el análisis de esta obra, por tanto, debemos prestar especial consideración a este aspecto cultural y lingüístico. Asimismo, debemos pensar en la representación que hace Dolores Prida de los personajes femeninos y masculinos de la obra, y en otro tema que no es tan común en su obra dramática: la violencia doméstica.

Casa propia
(Ópera sin música en dos actos)

A veces hay que abandonar un sueño para alcanzar otro.

Personajes
La mujer. Olga, cubana, cuarenta años
El marido. Manolo, cubano, cuarenta y cinco años
La suegra. Fefa, cubana, sesenta y cinco años
La hija. Marilis, cubana, veinte años
El novio. Mario, puertorriqueño, veinte años
La vecina sexy. Yarisa, dominicana, treinta años, divorciada
La handywoman. Junior, nuyorican, veintiocho años, viuda
La otra vecina. Fanny, italiana, ochenta años, viuda
Transeúntes y peatones. Pasarán de cuando en cuando, echando basura por las aceras

Espacio
La acción ocurre en dos espacios:

El primero, la acera frente a tres edificios contiguos en un barrio latino de Nueva York. Se ven la puerta y las ventanas de dos de los edificios. Al principio habrá graffitti en las paredes. El izquierdo es la casa de Fanny. El del centro es la casa de Olga y Manolo. El tercero, foro derecho, es una bodega.[1] En la vitrina[2] hay pegados varios anuncios de Beba Cerveza, Tome Café, Play Lotto. Encima, y a todo lo largo de la puerta y la vitrina, hay un letrero grande en el que se lee: Bodega La Borinqueña (este nombre tachado), y debajo, El Cibaeño.

En el segundo, el patio de la casa de Olga y Manolo.

Tiempo

Primer acto: Presente. Verano.
Segundo acto: un año más tarde. Otoño.

Primer Acto

Escena 1

(*En la oscuridad se escucha la canción "Sidewalks of New York". Las luces suben lentamente y vemos a* fanny, *en bata de casa,[3] medias deportivas, blancas con rayas azules, y chancletas de peluche[4]* en forma de conejo, barriendo la acera justo frente a su edificio. Mira subrepticiamente a un lado y a otro y empuja la basura hacia la acera del edificio de al lado. Hace lo mismo al otro lado.

La música cambia a un merengue justo cuando junior *sale de la bodega. En una mano trae su caja de herramientas.[5] En la otra, una cerveza dentro de una bolsa de papel. Se para y bebe un trago.[6] Mira a* fanny. *Sonríe*.)

FANNY.— (*Mascullando[7] mientras barre*.) Garbash garbash garbash pigs pigs pigs cuchinos, va fangula...[8] porca miseria.[9]

JUNIOR.— ¡Buon giorno Doña Fanny! (*Levanta la cerveza como saludo. Vuelve a beber*.)

FANNY.— ¡Buon giorno... questa porquería sempre sempre! (*Amenaza a* junior *con la escoba*.)

JUNIOR.— When are you going to sell me the house?

FANNY.— Show me the money! Show me the money! (junior *se ríe*.)... What day is today?

JUNIOR.— (*Para sí*.) Esta doña siempre pregunta lo mismo... (*A* fanny.) Monday Monday Monday.

FANNY.— (*Barriendo*.) Monday Monday Monday... garbash day (*Se detiene, se apoya en la escoba y mira hacia el frente*.) This was such a beautiful neighborhood... una bellissima strada...[10] (*Mira a* junior. *Luego apunta al frente con la mano*.) Lá,[11] the cafe with big shiny espresso machine... Qui[12] (*Apunta a la bodega con la escoba*.)

JUNIOR.— ... il ristorante d'Alfredo...

FANNY.— (*Suspira. Da dos escobazos.[13] Rememora*.) Every July, la virgine di Monte Carmelo en una bella prochesione.

---

[1]*grocery store*. [2]*shop window*. [3]*house coat*. [4]"chancletas... peluche": *felt slippers*. [5]*tools*. [6]*sip*. [7]*mumbling*. [8]"va fangula" (jerga vulgar): *go to hell!* Fanny habla un italiano incorrecto. [9]"porca miseria" (italiano): *damn*!. [10]*calle*.
[11]*allá*. [12]*aquí*. [13]*golpes con la escoba*.

25 JUNIOR.— With the fireworks and the parish band.

FANNY & JUNIOR.— Untataum tantaum tantaum.

FANNY.— ... Il padre Benedetto al frenti de la procesione. A la porta dil convento, lá, il bazar, the games, food, food everywhere e tutti gli paesani[14] di Catania... la famiglia. (*Suspira. Vuelve a barrer.*)

30 JUNIOR.— Sí, sí, Fanny, ya lo sé. Este barrio era muy lindo. Ya lo sé. Ya lo sé. Pero eso era antes... ahora es otra cosa, viejita. Olvídese d'eso. Las cosas cambian...

(junior *sale.* fanny *la ignora. Sigue barriendo y mascullando. Aumenta el volumen de la música.* yarisa *sale de la bodega escoba en mano. Mira a* fanny *de reojo[15] con disgusto. Barre —con un meneíto[16] de merengue— la basura de frente a la bodega y la empuja hacia el edificio del medio. De* 35 *afuera se oyen voces.*)

MANOLO.— (*Off.*) ¡Ave María, vieja, pero dónde tú me has metido! ¡Esto es un basurero, chica!

(fanny *entra apresuradamente a su casa.* yarisa *da el último escobazo y entra a la bodega. Entran* olga *y* manolo.)

40 OLGA.— Pero deja que veas la casa...

MANOLO.— A ver, ¿cuál es?

OLGA.— (*Apunta hacia el edificio del medio.*) Ésta.

MANOLO.— (*Parado entre la basura acumulada frente al edificio, las manos en la cintura. Con irritación contenida.*) ¿Esto?

45 (fanny *se asoma[17] por la ventana.* yarisa *mira desde adentro de la bodega, echándole el ojo[18] a* manolo.)

OLGA.— Pero deja que la veas por dentro... y el patio...

MANOLO.— ¡Esto es una pocilga,[19] chica! Tú estás loca. Yo no vivo aquí ni aunque me la regalen...

50 OLGA.— Ay, Manolo, por favor... dame un chance, Ok?

MANOLO.— Esto es meternos en camisa de once varas.[20] Una casa es una esclavitud. Aquí hay que ser barrendero[21] del prójimo. Mira, esto... (*Señala la basura en el piso.*) Y en el invierno a palear[22] nieve y porquería. Tú sabes que yo no puedo hacer fuerza...

OLGA.— Lo sé. Pues, nada... barro yo. Total, ya estoy acostumbrada a que no dispares 55 una[23] en la casa.

MANOLO.— Olga, no empieces...

OLGA.— Manolo, no podemos seguir en ese apartamentico miniatura, pagando esa barbaridad de renta. Y ahora con tu mamá ahí to'[24] el día en su batilongo[25] y con el sofá cama abierto...

---

[14]"gli paesani" (italiano): los habitantes. [15]"Mira... reojo": *she looks at Fanny out of the corner of her eye.* [16]pequeño movimiento. [17]*peeks.* [18]"echándole el ojo": observando. [19]*pigsty.* [20]"meternos... varas": meternos en una situación difícil.

Manolo.— Ya sé que es una inconveniencia, pero no la podía dejar sola allá en Miami... 60

Olga.— Lo sé, mi amor. A mí no me importa que ella viva con nosotros, pero estamos muy incómodos...

(manolo *se para frente a la bodega, se sacude los bajos del pantalón.*[26] *Ve a* yarisa. *Ella le sonríe. Él mira primero hacia* olga, *quien contempla la casa, y le devuelve la sonrisa.*)

Manolo.— (*A* olga.) Está bien, vamos a verla por dentro. 65

Olga.— Tenemos que esperar a Marilis. Ella tiene la llave.

Manolo.— ¿Y mamá con quién se quedó?

Olga.— Viene con la niña.

Manolo.— Bueno... mira, voy a comprar una cerveza. ¿Quieres algo?

Olga.— No, te espero aquí. 70

(manolo *entra en la bodega. Lo vemos flirtear con* yarisa *mientras se toma una cerveza.* olga *examina la casa, le pasa la mano a la puerta. Empuja una basura con el pie. Chequea la ventana. Se recuesta*[27] *a la pared.*)

Olga.— Siempre he querido tener una casa propia de verda... un lugar fijo donde vivir... Cuando era chiquita nos mudábamos tanto... de casa en casa, de pueblo en pueblo... 75 Papá llegaba de uno de sus viajes con la noticia: "Cuca, nos mudamos mañana, empieza a empaquetar..." Él vendía lámparas a plazos... feísimas y carísimas. Mami decía que papi tenía tal labia[28] que una vez hasta les vendió dos lámparas a unos guajiros[29] que no tenían luz eléctrica. Él tenía que viajar por toda la isla y usaba eso como excusa para las tantas mudadas.[30] Luego me enteré de que en realidad era porque se le "olvi- 80 daba" pagar la renta... La única casa de la que tengo recuerdos era la de juguete, la que me trajeron los Reyes Magos. Era de cartón pintado, pero las cortinitas en las ventanas eran de tela de verdad... Lo mejor que tenía era que se podía armar y desarmar muy facilito, muy conveniente para las mudadas... Esa casa viajó conmigo a todas las otras casas... Y casi llega a Miami, pero a última hora, en el mismo aeropuerto, se la regalé 85 a mi prima Noemi porque lloró tanto ese día que nos fuimos...

Marilis.— (*De afuera.*) ¡Mamá!

(marilis *y* fefa *entran.*)

Olga.— Al fin llegaron... hace rato que estamos esperando.

Fefa.— Ay, no puedo con los juanetes...[31] qué caminata[32] hemos dado... 90

Marilis.— El dueño no estaba y allí nadie sabía nada de la llave.

Olga.— Pero, ¿la tienes?

Marilis.— Sí, aquí está. (*Busca en la cartera.*)

Fefa.— ¿Y Manolo?

---

[21]*sweeper.* [22]*to shovel.* [23]"a... una": a que no hagas nada. [24]todo. [25]bata de casa. [26]"bajos... pantalón": *pants cuffs.* [27]*she lies back.* [28]"tenía... labia": *he had the gift of the gab.* [29]campesinos cubanos. [30]desplazamientos de lugar en lugar. [31]*bunions.* [32]largo paseo.

95 OLGA.— Ahí en la bodega.

(olga *va hacia la bodega.* marilis *no encuentra la llave.* fefa *mira a su alrededor.*)

FEFA.— Pero qué cantidad de basura...

(fefa *empuja algunas cosas con el pie hacia el lado de* fanny. olga *le hace señas a* manolo *que salga de la bodega.* marilis *sigue hurgando*[33] *en la cartera. No encuentra la llave. Va sacando cosas*

100 *de la cartera y se las pasa a* fefa *(Kleenex, un casette player, una revista, un zapato tenis.)* manolo *sale de la bodega.*

MANOLO.— (*A* marilis.) Ya era hora... (*Le da un beso a* fefa.) Qué pasa vieja...

FEFA.— Aquí, mijito...[34] oye, pero esto es un basurero.

MANOLO.— (*Bajito.*) Olvídate de eso, mamá. Lo de la compra no va. Vamos a ver la casa

105 para que Olga no joda[35] más y salimos de eso...

OLGA.— (*A* marilis *que sigue buscando la llave.*) ¿Qué pasa, mija?

MARILIS.— Dónde la habré metido... Lo único que falta es que la haya perdido, después de todo lo que tuve que esperar... (*Mete todo lo que había sacado en la cartera de nuevo.*)

MANOLO.— ¿Ves? No aparece la llave. Eso es una señal. Esta casa no está pa' nosotros.

110 FEFA.— Marilis, ¿buscaste en los bolsillos?

MARILIS.— No, deja ver. (*Busca en los bolsillos. Saca más Kleenexs estrujados.*)[36] ¡Ay, sí, aquí está!

OLGA.— Qué bueno. Dejan que vea los pisos de madera que tiene la casa... claro, hay que pulirlos.

115 FEFA.— Abre, niña. Estoy loca por sentarme un rato.

(marilis *mete la llave en la cerradura, pero no abre. Vuelve a tratar.*)

OLGA.— ¿Y ahora qué pasa?

MARILIS.— No abre.

MANOLO.— Dale un empujón.[37]

120 (marilis *empuja pero la puerta no cede.* manolo *empuja. Todos hablan a la vez.*)

OLGA.— A ver, chica, déjame tratar a mí...

FEFA.— Niña, dale la vuelta a la izquierda.

MANOLO.— Quítate, vieja.

OLGA.— Dale para la derecha...

125 MARILIS.— ¡No lo puedo creer! ¡Me dieron la llave que no es!

(yarisa *sale de la bodega.*)

YARISA.— ¿Qué pasa? ¿No pueden entrar?

MANOLO.— Parece que nos dieron la llave que no era.

FEFA.— Pues, vámonos. Ya yo no aguanto más.[38]

130 YARISA.— No se vayan. Junior les puede abrir. (*Mira hacia el foro derecho y grita.*) ¡Tito, Tiitoo!... Oye, ¿Junior está ahí? Dile que venga.

---

[33]buscando. [34]hijo mío. [35]moleste. [36]arrugados. [37]*push.* [38]"Ya... más": *I can't take this anymore.*

MARILIS.— ¿Alguien tiene las llaves? ¿Entonces para qué me hicieron ir hasta Forest Hills...?

YARISA.— Junior estuvo haciendo unos arreglos de plomería...[39] por eso tiene la llave.

MANOLO.— ¡Qué muchacha tan servicial!...[40] Gracias. Mire, Yarisa, ésta es mi familia, mi mamá, mi hija, mi mujer...   135

YARISA.— Mucho gusto... ¿Así que van a comprar la casa?

OLGA.— Bueno...

MANOLO.— Lo estamos pensando... (*Le sonríe a* yarisa.)

YARISA.— Qué bueno que vamos a tener vecinos de nuevo. Esta casa lleva casi un año   140
vacía...

OLGA.— ¿Dónde está ese plomero?

(*Llega* junior *con su caja de herramientas.*)

JUNIOR.— ¿Qué pasa, Yari?

YARISA.— Ay, Junior, mira...   145

MANOLO.— ¿Junior? ¿Usted es el plomero?

JUNIOR.— No. Soy la plomera, carpintera y electricista. Tapo goteras,[41] destrabo ventanas,[42] cambio llavines[43] y destapo inodoros...[44] Any problem with that?

MANOLO.— No... ninguno. (*Para sí.*) Marvila, la Mujer Maravilla...

YARISA.— Mira Junior, esta gente viene a ver la casa de don Riquelme, pero le dieron la   150
llave equivocada. Ábrele, mamita.[45]

JUNIOR.— Sure. A ver... (*Se descuelga el enorme llavero que lleva colgado de la cintura. Escoge una llave y abre la puerta.*) Las puertas de adentro están abiertas. Pasen, pasen...

(olga, fefa y marilis *entran.*)

MANOLO.— (*Flirteando.*) Muchas gracias, Yarisa. La verdad es que usted es tremenda   155
vecina.

(manolo *entra a la casa.*)

YARISA.— (*A* junior.) ¡Ay, qué hombre tan simpático! Me hace sentir como en mis buenos tiempos, porque la verdad, tigrita,[46] es que aquí nadie te mira. Ojalá que compren la casa...   160

JUNIOR.— No sé por qué sigues tan pendiente de los hombres, con lo mal que te han tratado...

YARISA.— Ya lo sé. Los hombres debían traer una etiqueta como los cigarrillos: "Advertencia: los hombres son perjudiciales a la salud". Te engañan, te pegan, te abandonan, te traspasan enfermedades mortales... pero, mija, es difícil dejar el hábito.   165

JUNIOR.— No es tan difícil. Si quieres te lo explico...

YARISA.— Azarosa,[47] déjate de eso... que ahí sí que no voy yo.

---

[39]*plumbing.* [40]atenta. [41]"Tapo goteras": *I fix leaks.* [42]"destrabo ventanas": *I unlock windows.* [43]cerraduras. [44]"destapo inodoros": *I unclog toilets.* [45]palabra cariñosa con significado de "mi niña". [46]*little tiger.* [47]atrevida.

170

JUNIOR.— Never say never.

YARISA.— (*Entrando a la bodega.*) Gracias, mami.

JUNIOR.— No hay de qué.

(yarisa *entra en la bodega.* fanny, *sale de su casa escoba en mano.*)

FANNY.— ¡Junior, Junior!

JUNIOR.— What's up, Fanny?

FANNY.— What day is today?

175

JUNIOR.— (*Saliendo.*) Monday Monday Monday.

FANNY.— (*Para sí.*) Monday... garbash day.

(*Barre la basura que* fefa *había echado anteriormente en su acera y la devuelve a la acera de* olga. *Luces bajan en la acera. Suben en el patio. El patio está lleno de bolsas de basura y de reciclaje. Una silla vieja, un BBQ herrumbroso*[48] *boca abajo, varios cajones plásticos.* olga *entra y mueve algunas*

180

cosas. Se sienta en uno de los cajones.)

MARILIS.— (*De afuera.*) Mami, ¿dónde estás?

OLGA.— ¡Aquí, en el jardín! Ven a ver.

(marilis *entra y observa el basurero.*)

MARILIS.— ¿Jardín? Mami esto...

185

OLGA.— Ya sé. Ahora es un basurero. Eres como tu padre, ves las cosas nada más como son y no como pueden ser... Tienes que imaginártelo... mira, aquí, begonias, mírame-lindas,[49] un rosal... allí, perejil, orégano, cilantro, yerba buena...[50]

MARILIS.— El coreano de la esquina tiene todo eso, fresco y barato...

OLGA.— ¿Tú sabes lo que es tener tu propio jardincito, tu huertica?[51]

190

MARILIS.— (*Algo sarcástica.*) ¿Cómo si estuvieras en Cuba...?

OLGA.— No, mija. Allá en Cienfuegos un patiecito con una huerta no es nada del otro mundo. Pero, aquí en Nueva York es... un lujo. No, es más que un lujo. Cuando vives en una tierra que no es la tuya, ser dueña de un pedacito de esa tierra es una necesidad. Te ayuda a sentir que perteneces... que de algún modo eres parte de aquí. Oye,

195

y además es la mejor venganza.

MARILIS.— ¿Venganza de qué?

OLGA.— Sí, chica, tú sabes... porque hay muchos que piensan que no debemos estar aquí. Pero cuando eres dueña de un cachito de Manhattan, que se jodan...[52] nos tienen que chupar.[53]

MARILIS.— Ay, mami... yo sé lo ilusionada que tú estás con esta casa, pero esto es algo

200

que hay que pensarlo bien. No tenemos tanto dinero para el down payment... y con el sueldo tuyo y de papá...

OLGA.— ¿Y el tuyo?

MARILIS.— Mami... (*Se sienta en otro cajón al lado de* olga.) Tú sabes que Mario y yo estamos pensando en casarnos en cuanto él termine sus estudios...

---

[48]*rusty.* [49]flores de color morado. [50]*mint.* [51]*little garden.* [52]*screw them!.* [53]*they have to put up with us.*

OLGA.— Eso será para el Cuarto Milenio... 205

MARILIS.— Los estudios son muy importantes. De eso depende el futuro.

OLGA.— ¿Sí? ¿Y entonces por qué tú te saliste de la universidad sin terminar? Mira ahora lo estancada[54] que estás ahí en ese trabajito de secretaria. Yo no entiendo. Si yo hubiera tenido las oportunidades que tú tienes...

MARILIS.— No empieces con la misma cantaleta[55] otra vez. Ya sé que tengo muchas opcio- 210 nes, y una de ellas es no escoger ninguna.

OLGA.— De tanto escoger te vas a quedar para vestir santos.[56] Ya yo he perdido la cuenta de todos los novios que has tenido. Y otra cosita: Mario todavía no te ha propuesto matrimonio. Ése es un detalle importante, que pidan tu mano. Con Manolo eso fue... difícil... me hizo sudar la gota gorda.[57] 215

MARILIS.— Eso de pedir la mano ya no se usa, es una antigüedad.

OLGA.— Ay, pero es tan bonito... un gesto muy respetuoso.

MARILIS.— A veces me parece que el matrimonio es una antigüedad también. Una ata-dura...[58]

OLGA.— Ay, Marilis, no hables así... 220

MARILIS.— Anyway, yo voy a tomar un curso de producción de documentales. Mario dice que en su college hay un buen programa de comunicaciones...

OLGA.— Entonces, ¿vas a volver a la escuela o te vas a casar?

MARILIS.— Con un trabajo así puedo viajar... ver mundo. No quiero pasarme la vida en trabajitos de porquería, como... 225

OLGA.— ¿... nosotros?

MARILIS.— Sí. Estoy cansada de la semipobreza, de la rutina. De levantarme todos los días a la misma hora. De montarme en ese subway apestoso a la misma hora por la mañana, a la misma hora por la tarde, como una sardina en lata.[59] Esperar un año entero para dos semanas de vacaciones que no puedo pasar en ninguna parte... 230

OLGA.— Yo siempre he sido semipobre, así que estoy acostumbrada. Y ahora me puedo dar con una piedra en el pecho. Ahora por lo menos gano mi propio dinero y he podido ahorrar un poco y quiero comprar esta casa.

MARILIS.— Pero, mami, eso es mucho trabajo, endeudarse[60] de por vida... estar amarrada[61] al mismo sitio por treinta años... 235

OLGA.— Quiero morirme en mi propia casa. Eso lo tengo claro. Tú sabes que yo siempre he querido tener casa propia. Y no quiero terminar como Fefa. Los hijos se la pasan los unos a los otros como un mueble viejo que no pega con el resto de la decoración.

MARILIS.— Yo no soy así. Cuando te retires te vas a vivir conmigo...

OLGA.— ¿Cuando yo me retire? ¿Y Manolo...? 240

---

[54]*stuck.* [55]historia. [56]"para... santos": soltera. [57]"me... gorda": me lo puso muy difícil. [58]restricción. [59]*can.* [60]*to get into debt.* [61]atada.

MANOLO.— (*De afuera.*) ¿Dónde están?

OLGA.— ¡Aquí, viejo, en el jardín!

MANOLO.— (*Entra.*) Chica, pero aquí parece que vivían unos marranos,[62] por tu madre. (*Se sacude los bajos del pantalón. Mira a su alrededor.*) Parece que nunca sacaban la basura.

245

OLGA.— Eso no es nada, se limpia en un par de horas...

MANOLO.— Bueno, olvídate, chica. Vámonos, tengo cosas que hacer.

MARILIS.— Todavía no. Tengo que esperar a Mario. Quedé de encontrarme con él aquí. Se debe haber perdido en el camino. Ese hombre es un genio en matemáticas, pero para otras cosas es un despistado[63] de la vida. Se pierde dentro de su mismo apartamento.

250

MANOLO.— Es que él está en lo suyo, mija. Cada uno siempre está en lo suyo... Toma... (*Le entrega bolsa de papel.*) en la bodega tenían esos merenguitos[64] que tanto te gustan.

MARILIS.— ¿De los duritos? Ay, qué rico... (*Abre la bolsa y mira dentro.*) Pero ya yo no los como. Estoy a dieta. (*Devuelve la bolsa a* manolo.)

OLGA.— Manolo, yo quiero que compremos esta casa.

255

MANOLO.— Olvida el tango, que el horno no está pa' rosquitas.[65] (*Se come un merengue.*)

MARILIS.— What?

MANOLO.— (*A* marilis.) Muchacha, ¿a ti se te está olvidando el español o qué?

(fanny *asoma la cabeza por la cerca.*)[66]

FANNY.— Debe parlare inglese —spika da inglish— qui sono[67] in America! Capito?[68] (*Desaparece mascullando en italiano.*) Mira, mira, questi[69] Porto Ricani parla molto veloce[70] parla parla Spanish Spanish...

260

MANOLO.— Mire, vieja de mierda, ¡que no somos puertorriqueños!

MARILIS.— ¡Papi...!

OLGA.— Manolo, no insultes así a esa señora, va a ser vuestra vecina.

265

MANOLO.— ¡Qué vecina ni ocho cuartos![71] Olga. ¿Tú crees que yo voy a vivir en un barrio como éste?

OLGA.— Ay, sí, como ahora vivimos en Park Avenue...

MANOLO.— Olga, no vamos a pelear por esto. No hay que hablar más del asunto. Se acabó. Punto. Finito.

270

FANNY.— (*Asomando la cabeza por la cerca.*) ¿Finito?

MANOLO.— ¡Pero que vieja entrometida[72] ésta! ¡Váyase a cocinar sus... sus pepperonis! (*Hace un gesto amenazante a* fanny, *quien desaparece detrás de la cerca.*)

MARILIS.— Esa vieja es una metiche.[73] ¿Se imaginan tenerla de vecina? Le hará la vida imposible a todo el mundo.

275

MANOLO.— A mí no. Vámonos, vieja. Ya te complací. Vine a ver la casa. La vi. Me fui.

---

[62]cerdos. [63]absent-minded. [64]tipo de dulce. [65]"horno... rosquitas": no es el momento adecuado. [66]fence. [67](soy) pero aquí "estamos" (italiano). [68]¿entiende? (italiano). [69]estos (italiano). [70]rápido (italiano). [71]"ni... cuartos": my foot!. [72]meddlesome. [73]nosy.

OLGA.— Manolo, yo quiero esta casa. Y a ustedes se les olvida un detalle. La que ahorró el dinero fui yo. Bastante overtime que trabajé haciendo yoyos y hula hoops en esa factoría, oliendo esa peste a plástico derretido...

MANOLO.— Pero, vieja, piénsalo bien. Es mejor aguantar ese dinero y comprar una casa allá en Cuba.

OLGA.— ¿Cuándo?

MANOLO.— (*Aparte.*) yo sé lo que ella quiere: amarrarme. Siempre ha querido amarrarme. La conocí con el lazo en la mano, con la red al hombro, con las esposas[74] en el bolsillo. ¿Por qué es que las mujeres son así? Primero me tentó con lo bien que movía las caderas,[75] después con las comidas tan ricas que me preparaba, luego con lo bien que planchaba las camisas, después... después con la niña que nació antes de tiempo... ahora con la casa. ¿Por qué es que las mujeres son así? Ella sabe que soy un águila, un cazador con alas inquietas...[76] que no me poso[77] en una rama por mucho rato. Ella sabe que me aburro de las cosas después de un tiempo. Sí, es verdad. No lo niego. Me aburre la monotonía, la rutina. Nunca he tenido un trabajo por más de dos años. Ya para el día setecientos treinta y uno se me empieza a morir el espíritu y tengo que arrancar... a volar, a la caza, a algo que me alborote[78] la adrenalina... algo... yo no sé exactamente lo que quiero. Pero no importa, a veces es mejor no saber. Saber es aburrido. Buscar es una aventura. Pero ella... ella sabe lo que quiere: ella quiere cortinas en las ventanas, sus ventanas... ¿Por qué es que las mujeres son así?

OLGA.— ¿En el Quinto Milenio?

MANOLO.— ¡Qué va![79] Mira, en Miami se dice que Fidel no pasa de este año.

OLGA.— Llevan cuarenta años diciendo lo mismo.

MANOLO.— No, tú, ahora sí que se cae. Se lo está comiendo el cáncer. Dicen que también tiene Parkinson, y sida.

OLGA.— Enfermedades al Rescate, lo que no han logrado los Hermanos con todas las invasiones y conspiraciones desde Hialeah.[80]

MANOLO.— Muchacha, a ése ya no lo salva ni su amiguito el Papa.

MARILIS.— Con Fidel o sin Fidel, yo no me voy. No tengo nada que ir a buscar allí. Yo soy de aquí. I don't even know anybody there...

OLGA.— Mi prima Noemí está allá todavía.

MANOLO.— (*A marilis.*) Está bien, mijita. Usted ya es grande, y cuando se case, usted tiene que vivir donde su marido diga. Pero éste que está aquí, se va para Cienfuegos... (*Canta a lo Benny Moré.*):[81]
Cuando a Cienfuegos llegué
esa ciudad quise verla
ya que la llaman la perla...

---

[74]*handcuffs.* [75]*hips.* [76]*restless.* [77]I *don't perch.* [78]*stirs up.* [79]*come off it!.* [80]ciudad de Florida. [81]famoso cantante cubano.

MARILIS.— "A Hundred Fires", qué nombre para un pueblo.

MANOLO.— Pueblo no, ciudad. (*Canta.*) Cienfuego e la ciudá, que má me gusta a mí...

(fanny *asoma la cabeza por la cerca.* manolo *se le acerca cantando.* fanny *le saca la lengua y desaparece.*)

MARILIS.— (*Riendo.*) Papi, I think she likes you!

OLGA.— ¡Lo único que faltaba![82]

MARILIS.— (*Mira el reloj de pulsera.*) ¿Dónde estará Mario? Voy a asomarme a ver si lo veo venir...

OLGA.— Mari, cuando llegue Mario, enséñale la casa...

MARILIS.— Mami, tenemos prisa...

OLGA.— ... A ver qué le parece. Sobre todo el tercer piso. Ése es el de ustedes.

MARILIS.— (*Aparte.*) El de nosotros... A él lo que más le interesan son los números. Él dice que las matemáticas son más importantes que las palabras. Que todo está basado en las matemáticas. Sé lo que va a decir: que sin los números no existiría esta casa, ni esa cerca, ni aquella ventana. Que en resumidas cuentas... en total... sí, todo es sumar y restar, multiplicar y dividir. Uno, dos, tres... El tercer piso es... cero.

(marilis *entra a la casa.*)

OLGA.— Manolo, siéntate un momento... quiero enseñarte algo.

MANOLO.— Chica, no me voy a sentar ahí, eso está sucio.

OLGA.— Manolo, yo llevo meses tratando de tener una conversación seria contigo sobre la casa. Aquí tengo todos los papeles y toda la información sobre el préstamo... anda, chico, siéntate un momento. Ven.

MANOLO.— Olga, ya tú sabes lo que pienso sobre el asunto de la casa. Yo no sirvo para eso, vieja... tú lo sabes... hay que pintar, arreglar, coger goteras... y este patio... (*Respira con dificultad.*) Mira p'allá, creo que ya me está dando asma... esas yerbas...

(*Entra* fefa.)

FEFA.— Oye, subí hasta el último piso... tengo los pies echando chispas...[83] (*Se sienta. Ve a* manolo *agitado.*) ¿Qué te pasa, mijo?

MANOLO.— Nada, vieja, parece que este polvero[84] me está dando asma.

FEFA.— ¿Y eso? Que yo recuerde, a ti no te ha dado asma desde que tenías quince años...

OLGA.— ¡Qué va! Usted no estaba aquí cuando eso, Fefa, pero el día de la boda le dio un ataque tan fuerte que se le puso la cara morada.[85] Y el día que le di la noticia que estaba en estado[86] de Marilis hubo que llevarlo al hospital a que le dieran oxígeno...

MANOLO.— Tengo la garganta seca. A lo mejor si me tomo algo fresco... Voy ahí a la bodega. ¿Quieren algo?

FEFA.— Ay, sí, mijo. Tráeme un cafecito, pero café cubano. No me traigas esa agua de chiringa[87] que toman los americanos.

---

[82]"Lo... faltaba": that's all we needed!. [83]ardiendo. [84] lugar sucio. [85]"se... morada": *his face turned purple.* [86]"en estado": embarazada. [87]posiblemente se refiera a "jeringa" y de aquí deducimos "agua sucia".

MANOLO.— Mamá, no estamos en Miami. Aquí no hay café cubano. Si acaso dominicano... el Bustelo ese.

FEFA.— Sí, cualquiera de ésos. Pero que esté acabado de hacer. El café recalentado me da gases.

OLGA.— Tráeme uno a mí también.

(manolo *sale*. fefa *lo sigue con la mirada*.)

FEFA.— Olga, no quería decirte nada delante de Manolo, pero la verdad es que la casa está buenísima... Y ese cuarto de ahí del primer piso, estaría perfecto para mí. Yo sí que no puedo con el sube y baja de las escaleras...

OLGA.— ¡Ay, Fefa, no me diga! ¡Qué alegría me da! Al fin alguien me apoya.

FEFA.— Bueno, de apoyar, apoyar... no sé de qué valga mi apoyo. Pero me gusta... claro, que hay que hacer arreglos y pulir esos pisos...

OLGA.— No importa, no importa todo el trabajo que haya que hacer. Será nuestra casa. Tenemos toda la vida para arreglarla... y pagarla. ¡Ay, Fefa, ayúdeme a convencer a Manolo!

FEFA.— Eso sí que está difícil, mija. Yo nunca he logrado convencer a Manolo de nada, ni a ninguno de mi s otros hijos... el señorito abogado de Coral Gables... ni al comandante en jefe que se quedó allá en Cienfuegos. Ni al otro... a... Ni a mi marido, que en paz descanse. Mis opiniones nunca contaban para nada...

OLGA.— Ay, Fefa, no diga eso...

FEFA.— Pero si es la verdad, Olga.

OLGA.— Yo sé que Manolo tiene jiribilla...[88] a él no le gusta sentirse atado a nada, ni a nadie... pero mi esperanza es que con la compra de la casa siente cabeza...[89] tome responsabilidad. Desde lo de su hermano...

FEFA.— (*Aparte*.) Yo sabía que él quería irse. No aguantaba aquello. Él quería otra cosa... tenía sus debilidades. Era... diferente. Ya había tenido muchos problemas, lo habían arrestado, y su hermano no podía protegerlo más. Peleaban constantemente. Yo sabía que él quería irse... Y se fue, en una balsa[90] de tablas viejas y cuatro gomas de carro...[91] y yo no pude hacer nada para detenerlo. Nunca llegó a Cayo Hueso. Ni a ninguna parte... El otro hijo, el de Miami, me mandó a buscar... total para qué. Él ahora es de la "jai".[92] Su mujer no me quería en la casa. Lo convenció de conseguirme un cuarto en otro lugar. Viví sola por varios meses. Yo nunca he vivido sola. No sé cómo... Me pasaba el día sentada en el banquito de la parada de guagua[93] que estaba en la esquina, mirando siempre a la izquierda. Tapándome del sol con una sombrilla.[94] No iba allí a esperar la guagua. Me habían dicho que hacia allá quedaba Cuba... y para allá miraba yo. Esperando qué sé yo... que el mar me devolviera a mi hijo.

---

[88]"Manolo... jiribilla": *Manolo has his awkward points.* [89]"siente cabeza": *he will settle down.* [90]*raft.* [91]"gomas... carro": *tires.* [92]*high class.* [93]*autobús.* [94]*umbrella.*

385 OLGA.— ... Fefa, usted cree que...

FEFA.— ¿Por qué me tratas de "usted"?

OLGA.— No sé... la costumbre.

FEFA.— Pues, ya. Me haces sentir más vieja de lo que soy.

OLGA.— Está bien... como ust... tú digas.

390 FEFA.— (*Se sienta al lado de* olga.) ¿Tú crees que el banco te dé la hipoteca?

OLGA.— No sé. Pero, de todas maneras hay otras opciones además de los bancos... yo he estado haciendo muchas averiguaciones... Creo que tengo muy buen chance con Fanniemae... mira. (*Saca folletos y papeles de la cartera.*)

FEFA.— ¿Fanny May? ¿Quién es esa?

395 (marilis *entra.*)

MARILIS.— Mamá, me voy.

OLGA.— Bueno, que disfruten... ¿Dónde te va a llevar a comer?

MARILIS.— Por el momento, a ninguna parte. Mario no aparece.

FEFA.— ¿Le habrás dado bien la dirección?

400 MARILIS.— Se la anoté en un papel.

OLGA.— Ay, chica, yo que quería que me diera su opinión sobre la casa y, ya que él sabe tanto de eso, que nos ayudara a darle cabeza a los números.

MARILIS.— Mamá, en estos momentos...

OLGA.— Bueno, cuando pueda. Tendremos que venir de nuevo. ¿Ustedes bajaron al
405 sótano?[95]

MARILIS.— No, estaba muy oscuro.

FEFA.— No encontramos el switch de la luz...

OLGA.— Vengan, yo tengo una linterna. Quiero ver qué piensan sobre la boila.[96]

FEFA.— Olga, yo no sé nada de esos aparatos. Y esas escaleras no me gustan nada... Yo
410 las espero aquí.

MARILIS.— Mami, me tengo que ir...

OLGA.— Mija, calma. Es sólo un momentico. Ven...

(olga *sale, seguida por* marilis. fefa *mira por las rendijas*[97] *de la cerca hacia el patio de* fanny. fanny *hace lo mismo por el otro lado. Las dos asoman las cabezas por encima de la cerca al mismo*
415 *tiempo.* fanny *saca la lengua. Ambas bajan las cabezas detrás de la cerca. Repiten la operación. Las dos sacan la lengua al mismo tiempo. Bajan las luces sobre el patio y suben en la bodega.*)

YARISA.— ... Pues sí, Manolín, he tenido muy mala suerte con los hombres.

MANOLO.— Chica, cómo va a ser. Una mujer tan hermosa y tan simpática como tú. Es para que tuvieras cien pretendientes[98] haciendo cola ahí afuera.

420 YARISA.— (*Se ríe.*) Ay, mira que tú tiene cosa... Lo que pasa es que los hombres siempre la quieren dominar a una, tú sabe. Son muy mandones.[99]

---

[95]*basement* [96]*boiler* [97]*cracks* [98]*suitors* [99]*bossy.*

Manolo.— Oye, yo no. Como a mí no me gusta que me amarren, yo no amarro a nadie.

Yarisa.— ¿Y tu mujer? ¿Te tiene amarrao?

Manolo.— Niña, ¡esa mujer es un pulpo![100] Me tiene los ocho tentáculos enredaos[101] al cuello... | 425

Yarisa.— Entonce, tú ere un aventurero...

Manolo.— Sí... tengo algo de eso. Yo cada rato levanto el vuelo y me escapo.

Yarisa.— Pero siempre regresas...

Manolo.— Más o menos... en cuanto se me acaban los calzoncillos[102] limpios. Pero un | 430
día de éstos me quedo por ahí y no vuelvo más.

Yarisa.— ¡Oiga, pero usté es malo! Mire que decir esa cosa...

Manolo.— Es una broma, niña.

Yarisa.— Pero yo se la creo. Al meno usté aprecia que le laven los calzoncillos. Yo hasta
se los planchaba a mi marido... y de ná[103] me sirvió... | 435

Manolo.— Ay, chica, ese tipo es un mal agradecido.

Yarisa.— Eso es verdá.

Manolo.— Y ven acá, ¿él es el dueño de la bodega?

Yarisa.— No, el dueño es mi hermano Radamés. Él y su esposa viven arriba, en el segun-
do piso. Junior vive en el tercero. Ahora están de viaje por la República.[104] Yo me estoy | 440
quedando con ellos desde que me separé de Fulano.[105]

Manolo.— Chica, ¿qué es eso de Fulano?

Yarisa.— Es una promesa que hice... de no pronunciar su nombre.

Manolo.— Uuy, eso es cosa seria. Ese hombre está borrado del mapa.

Yarisa.— Por el momento, sí, a ver si me cambia la suerte. | 445

Manolo.— Hablando de suerte, chica. Véndeme un ticket de la lotto. Cash.

(*Pasa un* transeúnte *comiendo y echa las envolturas*[106] *frente a la puerta de* fanny. fanny *sale
como una fiera, escoba en mano.*)

Fanny.— ¡Cuchino! ¡Porco! ¡Pig!

Transeúnte.— Ay, mamita, no te pongas así... si todo el mundo lo hace. | 450

Fanny.— (*Mascullando mientras barre.*) Porca miseria...

(*Barre la basura hacia la puerta de* olga. junior *entra y ve desde afuera de la bodega el flirteo
de* manolo *y* yarisa. *Mueve la cabeza. Observa a* fanny *barrer.* fefa *sale y ve la basura en la
puerta. La empuja con el pie hacia el lado de* fanny. *Está a punto de decirle algo cuando* junior
la interrumpe.) | 455

Junior.— Fanny, may I help you? (*Trata de quitarle la escoba.* fanny *la esconde detrás de sí.*)

Fefa.— (*Mira a* fanny, *luego a* junior. *Para sí.*) Fanny May?

Fanny.— (*A* junior.) Show me the Money!

---

[100]*octopus.* [101]*wrapped around.* [102]*underpants.* [103]*nada.* [104]*República Dominicana.* [105]*so-and-so.* [106]*wrappings.*

460 FEFA.— (*Para sí.*) Money? Dinero... (*Piensa. Se le enciende el bombillo.*)[107] ¡Ésta es la mujer de la hipoteca! (*Le sonríe a* fanny.)

JUNIOR.— (*A* fanny.) I just want to borrow the broom for a moment... let me help you. (*Trata de tomar la escoba de las manos de* fanny, *pero ésta la esconde. Trata de nuevo hasta que la agarra. Quita la basura de los pies de* fefa. *Sigue barriendo.*) Fanny, what you need to do is sell me the house. No more sweeping, no more shoveling... Then, you can 465 retire to the isle of Capri...

FANNY.— No... not Capri. I go to the island of Long Island. My son is there, e la mia figlia anche[108] [anke]. And my grandchildren too. They don't visit me never... questa casa il mio padre... he built this house, one hundred years, mille ottocento noventa e otto.

JUNIOR.— It's a very old house, Fanny, but it's a good house...

470 (*Le devuelve la escoba a* fanny. *Pone la basura en una bolsa y sale.* olga *sale de la casa y va hacia la bodega.* fefa *la sigue.* olga *ve a* manolo *con* yarisa. *Se molesta visiblemente.*)

OLGA.— Fefa, tráete los cafés...

(fefa *entra a la bodega.* olga *se queda afuera.*)

FEFA.— Manolo, ¿qué pasó con el café?

475 MANOLO.— Ay, vieja, perdona... es que... lo están colando.[109] ¿Verdad, Yarisa?

YARISA.— Sí, sí, ya está, acabadito de colar... (*Comienza a servir el café en vasos de cartón.*) ¿Cuántos son?

MANOLO.— Dos

FEFA.— (*Mirando a* yarisa *de reojo.*) Déme otro más, por favor.

480 (yarisa *le da tres vasos de café.* fefa *sale y le entrega uno a* olga, *y el otro a* fanny *con una sonrisa hipócrita. Entra a la casa.* fanny *mira el café, mira a* fefa. *Vuelve a mirar el café. Mira al público, encoge los hombros, se bebe un trago de café y entra a su casa.* manolo *sale de la bodega.*)

MANOLO.— Y qué... ¿ya nos vamos?

OLGA.— ¿A dónde, Manolo? ¿A dónde vamos?

485 MANOLO.— Yo no sé a dónde tú irás. Yo, me voy a casa...

OLGA.— ¿Y dónde es eso, Manolo? (manolo *camina hacia la izquierda, después a la derecha, como un animal atrapado que no sabe cómo escaparse.*) ¿Dónde? (olga *lo sigue. Él se escurre*[110] *y desaparece.* olga *se queda sola en escena.*) ¿Dónde?

Apagón

490 ## Segundo Acto

(*Un año más tarde. Otoño. Al subir las luces vemos la acera cubierta, además de la basura regular —periódicos, bolsas plásticas, latas de cerveza, etc.— de hojas secas.* fanny *barre la basura hacia*

---

[107]"Se... bombillo": se da cuenta de algo. [108]"e... anche" (italiano): y mi hija también. [109]*filtering.* [110]se va.

la casa de olga, *que ahora tiene el frente recién pintado.* fanny *mira a un lado y a otro y saca una tiza*[111] *del bolsillo. Se agacha trabajosamente*[112] *y dibuja una raya*[113] *en la acera, entre su casa y la de* olga. *Contempla su obra. Se echa la escoba al hombro como un rifle y comienza a "patrullar" su acera dando pasos militares.* junior *sale de la bodega con su caja de herramientas.*)

JUNIOR.— (*Para sí.*) Anda pa'l sirete![114] the garbage patrol is on duty today. Fanny, when are you going to sell me that house?

FANNY.— Show me the money! I'll sell it to you when you show me the money!

JUNIOR.— You watch too many movies, Fanny! (*Le muestra dos billetes de a dólar.*) Here's the money!

FANNY.— No good, no good. You need more... (*Barre más basura hacia la casa de* olga.)

JUNIOR.— Fanny, que no te vea Doña Fefa...

FANNY.— Go away... ciao, ciao bambina...

JUNIOR.— Ciao, ciao bambina... By the way, it's Wednesday.

FANNY.— I know.

(junior *toca a la puerta de* olga. fefa *le abre.*)

JUNIOR.— Doña Fefa, Olga quiere que le eche un ojo[115] a la boila.

FEFA.— Sí, mija, entra. No tenemos agua caliente desde anoche.

(junior *entra y* fefa *sale escoba en mano. Ve la basura y le echa puñalitos*[116] *con los ojos a* fanny, *pero no dice nada. Le sonríe hipócritamente. Barre la basura hacia la bodega. Se pone la escoba al hombro, y al igual que* fanny, *patrulla su sector de la acera. Dan las vueltas al estilo militar. A veces casi chocan.* yarisa *sale de la bodega escoba en mano. Observa a las dos mujeres y menea la cabeza. En un momento en que* fefa *está de espalda, devuelve la basura hacia el lado de* fefa. *Durante la escena que sigue, las tres barrerán la basura de un lado a otro.*)

YARISA.— Las epifanías de la escoba...

FEFA.— Nuestra basura es amarga, pero es nuestra basura...

FANNY.— La garbash will always be with us...

YARISA.— La basura es el pan nuestro de cada día...

FEFA.— Fidel tiene la culpa de la basura...

FANNY.— Garbash is forever —eternamente nostra...

YARISA.— Todos tenemos la culpa de la basura...

FEFA.— Bienaventuradas las barrenderas del prójimo, porque ellas se salvarán de las multas...

FANNY.— Certo certissimo vero verissimo.

YARISA.— De la basura venimos y a la basura vamos...

FEFA.— La basura siempre estará con nosotros...

FANNY.— Sono io[117] my brother's sweeper?

---

[111]*chalk.* [112]haciendo un esfuerzo. [113]línea. [114]"Anda... sirete" (Puerto Rican slang): *oh crap!.* [115]"eche... ojo": *to check.* [116]maldiciones. [117]"Sono io...?" (italiano): soy yo...?

530 YARISA.— En cuanto al destino de la basura...
(*Viene una ráfaga*[118] *de viento y riega*[119] *toda la basura.*)
FEFA.— ¡El viento tiene la última palabra!
TODAS.— Viento, viento, vento.
FANNY.— (*Impreca al viento bíblicamente.*) ¡Maldizione!
(*Apagón. En la oscuridad se escucha a* OLGA *cantar.*)
535 OLGA.— Yo tengo ya la casita
que tanto te prometí...
cubierta de margaritas
para ti, para ti...
(*Luces suben en el patio.* OLGA *canta mientras trastea*[120] *con las plantas de hierbas aromáticas. El*
540 *patio está limpio y recogido,*[121] *lleno de flores y macetas.*[122] *Hay una mesita con una sombrilla y un*
barbeque nuevo. FANNY *asoma la cabeza por la cerca.*)
FANNY.— Canta, canta...
OLGA.— Hello, Fanny.
(FANNY *esconde la cabeza.* OLGA *arranca hojas de yerba buena.*)
545 OLGA.— Con esta yerba buena le voy a hacer su trago favorito, su mojito[123] con ron, azúcar
y limón. El secreto está en el orden de los ingredientes. Primero, la yerba buena en el
fondo del vaso, después, una cucharada de azúcar. Se maceran ligeramente para que
las hojas suelten el zumo. Le sigue el jugo de limón —mucho jugo de limón—. A él
le gusta que le apriete la boca.[124] Después se revuelve. Entonces va el hielo, el ron y el
550 agua gaseosa. Se revuelve otra vez.
(JUNIOR *entra.*)
JUNIOR.— Olga...
OLGA.— ¿Qué tal, Junior? ¿Te has fijado como duran las mírame-lindas?
JUNIOR.— Sí, ésas sobreviven hasta fines de noviembre...
555 OLGA.— Las hierbas aromáticas sí que las voy a meter pronto. No quiero que se me
mueran.
JUNIOR.— Olga, la boila...
OLGA.— Oye, Mario y Marilis van a hacer un barbeque hoy —puedes venir a comer con
nosotros...
560 JUNIOR.— Ok, gracias. Olga, la boila tiene problemas.
OLGA.— Sí, ya sé. Casi no hay agua caliente —y ya horita[125] entra el frío. ¿La puedes
arreglar?
JUNIOR.— El problema es grande. Creo que la van a tener que cambiar.
OLGA.— ¡Ay, no me digas eso, por tu madre!

---

[118]*gust.* [119]*scatters.* [120]*mueve.* [121]*tidy.* [122]*flowerpots.* [123]bebida tropical. [124]"le... boca": le gusta sentir el sabor fuerte
de los ingredientes. [125]ahora.

JUNIOR.— Te lo digo.   565

OLGA.— ¿Y cuánto va costar eso?

JUNIOR.— Unos cuantos miles.

OLGA.— ¡Virgen del Cobre, ampárame![126]

JUNIOR.— No te preocupes, yo te voy a recomendar una compañía que da muchas faci-   570
lidades de pago.

OLGA.— Cuando Manolo se entere... Le voy a tener que hacer diez mojitos para que se le
calme el asma que le va a dar... Ay, Junior, cuando no es una cosa es la otra.

JUNIOR.— Bueno, Olga, eso se sabía. Estas casas viejas hay que darles buen mantenimiento
—y vale la pena—. Las casas de hoy en día son de cartón... no duran nada. Esta casa,   575
cuidándola bien, dura cien años más.

OLGA.— Cien años... (*Pensativamente, arranca las hojitas secas a una planta.*)

JUNIOR.— (*Aparte.*) Estas casas son como abrigos. Despiden el calor de su historia. Tienen
personalidad. Conocen otras vidas. Conocen mi vida. Yo nací en una de estas casas.
No en esta calle. Antes, cincuenta años atrás, los puertorriqueños no podían pasar de
la Segunda Avenida hacia acá. Este era el lado italiano. Ya quedan muy pocos de ellos.   580
Fanny es una de las últimas. Los hijos se casan, se van. No quieren vivir en el barrio
que les recuerda sus raíces de inmigrantes, de extranjeros. Los viejos se van muriendo. Muchos puertorriqueños que nacieron aquí hacen lo mismo. Sólo vienen al Barrio
cuando hay algún festival, cuando les ataca la nostalgia de comer cuchifritos[127] a las
dos de la mañana, o a visitar a la tía que se quedó rezagada...[128] Yo no. Yo me quedo   585
aquí. Estas casas saben mi historia, y con martillo y pata de cabra,[129] con serrucho[130] y
taladro,[131] con brocha[132] y rodillo las mantengo en pie. No, yo no me voy. No way. Yo
me quedo aquí, Are you kidding? Después del tiempo que tomó cruzar a este lado
de la Avenida... forget about it. Yo no me voy.

(fanny *se asoma por la cerca.*)   590

FANNY.— Show me the Money!

(junior *y* fanny *se ríen.* manolo *entra.* junior *sale.*)

MANOLO.— ¿Y qué hacía el carpintero aquí? Ésa lo que necesita es un buen macho que la
jamaquee...[133] para que se "enderece".[134]

(fanny *le saca la lengua a* manolo *y desaparece detrás de la cerca.*)   595

OLGA.— (*Saliendo de su ensimismamiento.*)[135] ¿Qué?

MANOLO.— Que qué se rompió ahora... la semana pasada fue el techo, la otra, la tubería...
mejor será que Junior se mude para acá de una vez. Yo te lo advertí...

OLGA.— Bueno, no es nada... casi nada... es... la boila.

---

[126]ayúdame. [127]plato puertorriqueño hecho con distintos tipos de carne de cerdo. [128]"quedó rezagada": *was
left behind.* [129]*crowbar/prybar.* [130]*saw.* [131]*drill.* [132]*brush.* [133]que la mueva de un lado a otro (jerga de Puerto Rico).
[134]*to straighten her up.* [135]*absorption.*

600   MANOLO.— ¿Qué le pasa?

OLGA.— Tiene un... problemita...

MANOLO.— ¿Qué clase de problemita?

OLGA.— Una... cosita...

MANOLO.— ¿Qué "cosita"?

605   OLGA.— (*De un tirón.*) Hay que comprar una nueva. Pero Junior dice que me va a conseguir a alguien que las vende muy baratas y da facilidades de pago sin intereses y que si nosotros mismos desmontamos[136] la vieja nos podemos ahorrar como trescientos dólares y eso es una ayuda y tú verás cómo todo se resuelve y no es tanto después de todo, una boila nueva aumenta el valor de la casa y...

610   MANOLO.— (*Contenido y en crescendo.*) Mira, Olga... Yo... vendo corbatas... de seda. Mis manos no pueden tener callos, ni rasguños,[137] ni espuelas de gallo[138] que se enganchen[139] en esa tela tan fina. Yo vendo corbatas el día entero. En una tiendecita en Times Square —debajo de Times Square— en el subway. Yo no veo el sol en todo el día. Nunca sé si hay sol. Si está lloviendo. Si está nevando. Yo llevo casi dos años ahí, encerrado. Y no voy a llegar a casa a meterme en un sótano hediondo,[140] a desgarrarme[141] las manos desmantelando una caldera del año de Maricastaña...[142] (*Respira con dificultad.*)

OLGA.— Manolo, no te preocupes, lo hacemos nosotras con Junior. Tú no tienes que hacer nada... no te preocupes viejo.

MANOLO.— (*Se palpa[143] los bolsillos.*) Necesito un cigarrillo... (manolo *sale.*)

620   OLGA.— ¡Ay no! (*Se cubre el rostro con las manos.*)

(*Las luces bajan lentamente, al mismo tiempo que suben en la acera, frente a la casa de* olga. marilis *está frente a la puerta buscando la llave en sus bolsillos.* junior *sale de la bodega.*)

JUNIOR.— Hey, Marilis, how ya'doing?

MARILIS.— Ok.

625   JUNIOR.— Olga me invitó al barbeque que Mario y tú van a hacer... I'm licking my chops already.

MARILIS.— (*Ausente.*) ¿Barbeque? Ah... sí... No.

JUNIOR.— ¿Sí hay barbeque pero no estoy invitada? ¿O no hay barbeque?

MARILIS.— No hay barbeque. Mario está... ocupado.

630   JUNIOR.— Hitting the books, ah?

MARILIS.— Sí... No...

JUNIOR.— What's this yes-no stuff, girl?

MARILIS.— Sí, él está estudiando, pero no, ésa no es la razón por la cual está ocupado.

JUNIOR.— Ya... está clarísimo.

635   MARILIS.— Es que recibió noticias de Michigan.

---

[136]*we dismantle.* [137]*scratches.* [138]*"espuelas... gallo":* rooster spurs. [139]*hook.* [140]de mal olor. [141]destruirme. [142]"del... Maricastaña": muy vieja. [143]toca.

JUNIOR.— Cool! ¿Le dieron la beca?

MARILIS.— Sí, lo aceptaron como estudiante graduado. Además enseñará un curso de matemáticas.

JUNIOR.— Ésa es una universidad muy buena. He's lucky. You too.

MARILIS.— No... Yes.

JUNIOR.— Lo único malo es que en Michigan hace mucho frío...

MARILIS.— (*Aparte.*) Hace mucho frío... Es un frío mortal. Es un frío tan frío que te serrucha[144] los huesos, te los mastica[145] y te los escupe por la planta de los pies. Es un frío que te clava alfileres[146] en la cara, que te traspasa la lengua con estalactitas, que te saca los ojos con carámbanos[147] de hielo. Es un frío que no se puede contar con palabras. Sólo se puede medir con números, con sus números. Es un frío que derrite cada uno de los recuerdos de las playas de tu niñez, de las playas por venir... Ay, yo quería regresar a una isla en la que no nací para nacer de nuevo... para tener mis propios recuerdos isleños y dejar de manosear[148] los recuerdos de segunda mano que me enseñan mis padres, como fotos sepias[149] de bordecitos adentellados...[150] Ese frío no es para mí.

(marilis *entra a la casa.*)

JUNIOR.— I'll bring the costillitas —o quizás no...

(manolo *sale de la bodega sonriente.* yarisa *sale también. Se abrazan en la puerta.* manolo *sale de escena.* yarisa *le sonríe y le dice adiós con la mano.* junior *observa la escena. Bajan las luces sobre la calle y suben en el patio de* olga. olga *llora calladamente.* fefa *entra.*)

FEFA.— Olga, ¿qué te pasa, mija?

OLGA.— (*Se abraza a* fefa.) ¡Ay, Fefa! ¡Manolo salió a buscar cigarrillos!

FEFA.— ¿Y por eso lloras?

OLGA.— ¡Pero, Fefa, si él no fuma! Es una vieja historia. Cada vez que dice que necesita cigarrillos se desaparece.

FEFA.— No te preocupes, en cuanto se le ensucie[151] el último calzoncillo regresa.

OLGA.— No sé... no sé. Creo que cometí un error. Yo pensé que con la casa se iba a asentar, a tranquilizar. Ha sido todo lo contrario. ¡Yo creo que se fue con Yarisa! Él le venía echando el ojo[152] hacía rato. Yo me hacía la de la vista gorda...[153] pero yo lo conozco, lo conozco... (*Llora.*)

FEFA.— ¿Tú crees? Fíjate, yo he visto al marido de Yarisa rondando[154] por aquí varias veces. Pensé que se estaban reconciliando. Pero, bueno, todo es posible... las nalgas[155] son como imanes para Manolo... Ay, Olga, ¿qué vamos a hacer?

OLGA.— No sé Fefa, no sé...

---

[144]*saws.* [145]*chews.* [146]*pins.* [147]*icicles.* [148]tocar. [149]gris oscuro. [150]"bordes [a]dentellados": *serrated edges.* [151]"en... ensucie": *as soon as he dirties.* [152]"echando... ojo": *laying his eyes.* [153]"yo... gorda": *I looked the other way.* [154]*roaming.* [155]*buttocks.*

FEFA.— Me imagino que tendrás que vender la casa. Tú sola no vas a poder con la hipoteca...la boila... la basura. Yo me tendré que ir a Miami, a casa de mi hijo —el comemierda—[156] a que me metan en un cuarto sola otra vez... Chica, yo me debía haber quedado en Cienfuegos...

675 OLGA.— No digas eso, Fefa. Tú te puedes quedar aquí. Yo no pienso vender esta casa.

FEFA.— Oye, ¿a nombre de quién está la casa?

OLGA.— A mi nombre, y el de Marilis. Esa fue la única manera de conseguir que Manolo accediera a la compra —que él no tuviera que firmar nada.

FEFA.— Pero, ¿cómo vas a poder cubrir todos los gastos?

680 OLGA.— No sé, pero lo haré, aunque tenga que tener dos trabajos...

FEFA.— A no ser que Fanny te rebaje la mensualidad...

OLGA.— ¿Fanny?

FEFA.— Sí, ¿no fue la vecina quien te prestó el dinero para la casa?

OLGA.— (*se ríe.*) Ay, Fefa, no. FannieMae es una agencia federal. Ellos fueron los que me
685 ayudaron.

FEFA.— ¿Tú me quieres decir que esa Fanny (*apunta para la cerca.*) no tuvo nada que ver con la hipoteca?

OLGA.— No.

FEFA.— ¡Pero qué bruta soy! Y yo que llevo un año enseñándole los dientes a esa vieja
690 chocha,[157] comprándole cafecitos porque pensaba que te había ayudado. Ay, tú vas a ver... tú vas a ver...

(*Bajan las luces en el patio. Suben en la calle. Varios días más tarde. Es Halloween.* junior *coloca una calabaza*[158] *de cartón y otros adornos de Halloween en la puerta de la bodega. Entra. Sale* fefa *con una máscara de diablo. Barre toda la basura y la amontona*[159] *en la puerta de* fanny. fanny *sale,*
695 *vestida de bruja. Barre la basura hacia los pies de* fefa. *Ésta la confronta con las manos en la cintura.* fanny *levanta la escoba.* fefa *hace lo mismo. Tienen un duelo de espadachines*[160] *con las escobas.* junior *sale de la bodega y las separa. Cada una entra a su casa. Llega* olga *del trabajo, con varios hula hoops colgados del hombro y un shopping bag con otros juguetes.*)

OLGA.— Junior, ¿qué tal?

700 JUNIOR.— ¿Y eso, Olga? ¿Estás de vendedora ambulante?[161]

OLGA.— No, mija, los iban a botar[162] allá en la factoría. Son de segunda. Los traje para dárselos a los muchachos cuando toquen en la puerta con el trik or tri... es mejor que caramelos...[163] Oye, ¿qué sabes de Yarisa?

JUNIOR.— Ahí está. Llegó horita[164] —menos mal, porque el trabajito de bodeguera no me
705 gustó nada.

OLGA.— ... ¿Y Manolo...?

JUNIOR.— (*Evasiva.*) Yo no sé nada de eso...

---

[156]*the idiot.* [157]*senile.* [158]*pumpkin.* [159]*she piles it up.* [160]*swordsmen.* [161]*traveling.* [162]*tirar.* [163]*candies.* [164]*ahora mismo.*

OLGA.— Yo la voy a confrontar... Tengo que dejarme de pendejadas...[165]

JUNIOR.— Olga... mejor que no...

OLGA.— No, no me aguantes... Quiero saber la verdad de una vez y por todas. (*Pone bolsa y hula hoops en el piso. Se arremanga*[166] *la chaqueta. Se para frente a la bodega.*) ¡Yarisa! ¡Sal de ahí! ¡No te escondas detrás de los aguacates, que te estoy viendo! ¡Quiero saber dónde está mi marido!

(yarisa *sale. Lleva una máscara de Mónica Lewinsky.*)

YARISA.— Yo no sé nada de su marido.

OLGA.— ¿Y no es raro que tú te desapareciste el mismo día que él levantó el vuelo?[167]

YARISA.— Casualidad.

OLGA.— ¿Qué?

YARISA.— Casualidad.

OLGA.— Quítate esa máscara que no te oigo. (*Le arranca*[168] *la máscara.*)

YARISA.— No. (*Se tapa la cara con una mano y se vira de espalda.*)[169]

JUNIOR.— Olga... please... no quiere que la vean así...

OLGA.— ¿Cómo que así?

YARISA.— Olga, yo no sé dónde está Manolo. Sólo sé que se pegó[170] en la Lotto con cuatro números y se fue ese mismo día.

OLGA.— ¿La Lotto? ¿Con cuánto?

YARISA.— Como diez mil dólares.

OLGA.— ¡Diez mil dólares! ¡Diez mil!... ¡Qué bueno que se sacó diez mil dólares! ¡Qué bueno que tiene suficiente dinero para comprarse muuuchos calzoncillos nuevos! ¡Porque si se aparece por aquí... lo mato! ¡Lomatolomatolomato!

YARISA.— No vale la pena... Olga.

(yarisa *se vuelve y le da la cara a* olga. *Tiene un ojo amoratado*[171] *y el labio roto.*)

OLGA.— ¿Y quién te hizo eso?

YARISA.— (*Mira a* junior.) Nada... nadie... me caí bajando al sótano en la oscuridad... Estuve unos días en el hospital...

(olga *y* junior *se miran.*)

OLGA.— (*Calmándose.*) Lo siento mucho. ¿Necesitas algo?

YARISA.— Necesito... necesito... entender... por qué le sigo creyendo a ese Fulano... por qué sigo teniendo la necesidad de tener a mi lado a un hombre que me miente, que me engaña, que va y viene, que usa sus manos como mandarrias[172] contra la cantera[173] de mi cara... necesito saber cómo dejar de querer a un hombre que dice quererme con su alma, pero me tritura[174] la mía... necesito saber cómo me deshago de tanto bolero,[175]

---

[165]tonterías. [166]"se arremanga": *she rolls up the sleeves.* [167]"levantó... vuelo": se fue. [168]quita. [169]"se... espalda": le da la espalda. [170]ganó. [171]"ojo amoratado": *black eye.* [172]*type of hammer.* [173]*quarry.* [174]destruye. [175]tipo de música y de baile.

745 de tanto merengue, de tanta poesía barata que tengo metida en la cabeza que me venden el romance, el amor, las serenatas. ¿Por qué no hay canciones y novelitas de revistas que me vendan otras historias? Historias de amor hacia mí misma. Historias de mujeres que saben ser libres y felices. Historias de mujeres que saben decir "basta".

(*Luces bajan en la calle. Suben en el patio de* olga. fefa, fanny *y* marilis *toman café en silencio.*)

Marilis.— Abuela, vamos a entrar. Hace frío.

750 Fefa.— Qué va, mi niña. La temperatura está buenísima. Y hay que aprovechar el patio lo más posible antes de que llegue el invierno.

Marilis.— Para mí esto es invierno ya.

Fanny.— This neighborhood used to be so nice... Before, we didn't have winter...

Fefa.— (*A* marilis.) ¿Qué dice?

Marilis.— Dice que antes este barrio era tan bueno que ni siquiera tenían invierno.

755 Fefa.— (*Se ríe.*) Ay, Fanny, vieja, tu chochera[176] va de mal en peor...

(*Entra* yarisa. *Lleva gafas de sol.*)

Yarisa.— Tricotí.[177]

Fefa.— ¡Yarisa! Mija ¿cómo estás?

Marilis.— Estábamos preocupadas por ti... Junior nos dijo que te caíste por la escalera.

760 Yarisa.— Sí, pero ya me siento mejor... un poco dolorida... eso es todo.

Fefa.— Desde que me enteré de tu caída no he bajado al sótano. Siempre lo dije —esas escaleras son un peligro...

Fanny.— Sit down... (*Le da su asiento.*)

Marilis.— A ver... (*Le quita las gafas. Las tres ven el ojo amoratado y se dan cuenta.*)

765 Marilis.— Sí siéntate.

Junior.— (*De afuera.*) ¡Olga! (junior *entra con su caja de herramientas.*) ¿Olga no está aquí?

Yarisa.— Entró conmigo, pero siguió por las escaleras p'arriba...

Junior.— Bueno, déjame coger un break en lo que ella baja... quiere que le haga un trabajito...

770 (*Se sienta.*) Yari, ¿Cómo te sientes, tigrita?

Yarisa.— Bien...

Fefa.— Yarisa, a mí no me gusta meterme en vida ajena,[178] pero, chica, tú sabes... hay límites.

Marilis.— Abuela...

775 Yarisa.— (*Bajando la cabeza.*) Déjala, Marilis. Ella tiene razón. Mo me caí por la escalera.

Fanny.— It was il Fulano, vero? Il porco marrano!... Fangula!

Marilis.— ¿Pero, tú no habías dejado a ese hombre?

Yarisa.— Sí, pero me vino a pedir perdón... y de estúpida le di otro chance. No me acostumbro a vivir sola...

---

[176]*senility.* [177]*trick or treat.* [178]*"meterme... ajena": to interfere with the affairs of others.*

FEFA.— La verdad es que nada, ni nadie nos enseña a vivir solas...   780

JUNIOR.— Es como aprender a nadar; primero tienes que estar a punto de ahogarte. Entonces se aprende rápido... Mira, yo vivo por mi cuenta desde que tenía quince años. Mi padrastro trató de abusar de mí. Mi madre no me creyó. Y me fui. She's still with him. Sigue con él por no estar sola.

YARISA.— Estar sola... eso es lo difícil. Yo... yo necesito saber cómo dejar de querer a un hombre que dice quererme con su alma, pero me tritura la mía... que cada vez que se violenta, me rompe la cara. Y nunca se lo había dicho a nadie, era mi vergüenza. Pensaba que eso sólo me sucedía a mí, que era mi culpa, que me lo merecía.   785

FEFA.— Vivir con culpa no es vivir. Yo sabía que mi hijo Carlitos quería irse. Y se fue, solo, en una balsa de tablas viejas y cuatro gomas de carro... Yo lo sabía, y no hice nada para detenerlo. Más nunca lo volví a ver.   790

(*Se oye el timbre de la puerta de la calle.*)

VOCES AFUERA.— Trick or treat! Trick or treat!

JUNIOR.— Yo voy —tengo que arreglar la puerta anyway. (junior *toma su caja de herramientas y sale.*)   795

MARILIS.— Yarisa, si Fulano viene a molestarte otra vez, avísanos. Hay cosas que se pueden hacer... y lugares donde te puedes quedar.

YARISA.— No te preocupes. No creo que venga por un buen tiempo. Está preso[179] por manejar sin licencia y con un carro sin seguro.

(*Se oye el timbre de la puerta de la calle.*)   800

VOCES AFUERA.— Trick or treat! Trick or treat!

FEFA.— ¡Otra vez!

(*Cae un hula hoop del techo. Todas reaccionan.*)

MARILIS.— ¿Y eso qué es?

FANNY.— (*Recoge el hula hoop.*) ¿They still make the ula up? It's a very old toy... molto vekio... Mi bambini played with these...   805

(*Cae otro hula hoop. Todas miran hacia arriba.*)

MARILIS.— ¡Mamá!

YARISA.— ¡Olga, no!

FANNY.— ¡No salte, signora, no!   810

MARILIS.— ¡Junior, corre, ven!

FEFA.— Olga, ¿Qué tú haces ahí en el techo?

OLGA.— (*De arriba.*) ¡Aprendiendo a volar —como mi marido!

YARISA.— ¡Virgen de Altagracia!

(*Entra* junior.)   815

JUNIOR.— ¿Qué pasa?

---

[179]en la cárcel.

FANNY.— (*Apunta hacia arriba.*) ¡Lá!

FEFA.— No quiero ni mirar. Está parada muy al borde.

MARILIS.— Junior. Do something!

820 JUNIOR.— ¡Olga!

OLGA.— (*De arriba.*) ¿Qué?

JUNIOR.— ¡No te pares muy a la orilla[180] que puedes romper la canal![181] ¡Te va a costar un fracatán![182]

OLGA.— (*De arriba.*) ¿Cuánto?

825 JUNIOR.— ¡Ochocientos dólares!

OLGA.— (*De arriba.*) ¡bajo enseguida!

(*Todas dan un suspiro de alivio. Se oye el timbre de la puerta de la calle.*)

VOCES AFUERA.— Trick or treat! Trick or treat!

JUNIOR.— ¡Me caso[183] en el trick or tri!

830 (JUNIOR *sale a contestar la puerta.*)

FEFA.— Qué susto he pasado...

MARILIS.— No puedo creer que mamá haya intentado...

YARISA.— Yo no lo creo... Olga es muy fuerte.

(*Entra* OLGA *con los hula hoops.*)

835 MARILIS.— Mami, ¿Qué tú hacías allá arriba?

OLGA.— Quitando las hojas del desagüe. Mañana va a llover. (*Tira los hula hoops al piso.*)

MARILIS.— ¿Y eso? (*Refiriéndose a los hula hoops.*)

OLGA.— Trik or tri. (*Mirando a* FEFA.) Qué sinvergüenza le salió ese hijo suyo, Fefa. Ya me enteré que se sacó la Lotto.

840 FEFA.— Ay, me está tratando de "usted" otra vez... esto pinta mal.[184]

OLGA.— Fefa, ¿usted lo sabía?

FEFA.— (*Agarra un hula hoop.*) Yo fui campeona de jula ju en Cienfuegos.

OLGA.— (*Amenazante.*) Fefa... Marilis, ¿tú sabías eso?

MARILIS.— Sí... me dejó un sobre con dinero y un pasaje para Michigan, para que me
845 pudiera ir con Mario. Pero lo rompí. No tengo nada que ir a buscar a ese frío...

OLGA.— ¿Y por qué no me dijiste nada?

MARILIS.— ¿Para qué te lo iba a decir?

OLGA.— ¿Cómo que para qué me lo ibas a decir?

MARILIS.— Sí, para qué. Ya regresará. Y tú lo recibirás con los brazos abiertos —igual que
850 siempre.

OLGA.— ¿Y qué querías? ¿Que lo dejara en la puerta llorando como un perrito sin amo? Lo hice por ti, mija. Para que no te criaras[185] sin un padre...

---

[180]*edge.* [181]*gutter.* [182](jerga de la República Dominicana) un montón, mucho. [183]"¡Me caso!": estoy harta.
[184]"esto... mal": *this does not look good.* [185]*you were not raised.*

MARILIS.— No, mami. No lo hiciste por mí...

OLGA.— ¿Y por quién lo hice entonces?

MARILIS.— Tú lo sabes.   855

OLGA.— ¿Quién?

MARILIS.— (*Aparte.*) Ella llora, a escondidas, para que yo no la vea. Cada vez que él se desaparece, a ella se le endurece más la espina dorsal. Camina como si tuviera el espinazo de hierro. Se encierra en sí misma. Se aleja de mí. Y trato de entender por qué no puedo tenerle lástima, sentir su dolor... darle mi apoyo de hija. Yo no entiendo por   860 qué cada vez que mi padre alza el vuelo yo no me siento abandonada. Lo que siento es envidia de su libertad, y lo que quiero es volar con él...

OLGA.— (*A* Amarilis.) ¿Por quién?

(junior *entra.*)

JUNIOR.— Olga, ya... (*Levanta un dedo de donde cuelga un anillo con varias llaves.*)   865

FANNY.— (*Bailando hula hoop.*) Look, Junior... I remember!

JUNIOR.— Fanny, be careful with your back!

YARISA.— Tú sabes que yo nunca he probado uno de estos... (*Coge un hula hoop y lo baila.*)

JUNIOR.— (*Sin pensarlo y entusiasmada por los hula hoops, se guarda las llaves en el bolsillo.*) Ni yo tampoco. Estos son juguetes antiguos... (*Coge un hula hoop y lo baila.*)   870

FEFA.— (*Bailando hula hoop.*) ¡Mira, Marilis, qué buen ejercicio para la cintura!

OLGA.— ¡No lo puedo creer! ¡Yo acabo de descubrir que mi marido se fue con el dinero de la boila y las ventanas, que mi suegra y mi hija me lo ocultaron! ¡Yo acabo de descubrir que mi hija me echa en cara que creció con un padre al lado! ¡Y ustedes... ustedes... bailando!   875

MARILIS.— ¡Mamá, ya!

OLGA.— (*Agarra otro hula hoop y lo baila.*) ¡Basta de calma!

MARILIS.— Mami, ¿Qué haces?

OLGA.— ¡Baila, hija, baila!

(*Todas bailan frenéticamente, como si se desahogaran.*[186] *Poco a poco bajan la velocidad y lo hacen*   880 *por placer. Terminan riendo como niñas. Al cabo de un rato todas, menos Fanny, se sientan, exhaustas.*)

JUNIOR.— Fanny, you better sit down... you gonna have a heart attack.

FANNY.— Il mio cuore sono forti... (*Respira con dificultad.*)... fortissimo... (*Se sienta.*)

(*Todas se sientan en silencio por un rato, recobrando el aliento.*)[187]   885

YARISA.— Prima, ahora sí que esto está bonito...

(marilis *se echa a reír.*)

JUNIOR.— What's so funny?

MARILIS.— (*Se ríe.*) I don't know...

---

[186]*relieved.* [187]respiración.

890   FEFA.— Yo sé. Piensas que somos una telenovela cualquiera...

MARILIS.— No... una canción de vellonera...[188]

YARISA.— ... un bolero cortavena...[189]

FANNY.— ... un'aria[190] molto triste...

(*Breve pausa silenciosa.*)

895   JUNIOR.— Yo lo que tengo es un hambre asesina...

YARISA.— Yo también. Vamos a un restaurante. Llevo tres días de comida de hospital...

FANNY.— Andiamo a mangiare...[191] veni, veni...

FEFA.— Vamos todas. Lo peor que hay es comer sola en un restaurante.

YARISA.— Yo nunca lo he hecho.

900   FEFA.— Es horrible. Todo el mundo te mira... Cuando vivía en Miami... cuando mi hijo —el comemierda— me dejó tirada allá en aquel cuarto... Un día me atreví y fui a comer sola. Era un restaurante de mantel y servilleta, de ésos que tienen a alguien en la puera que te dice dónde te tienes que sentar. Bueno, ese hombre lo primero que me dice, delante de todo el mundo, es: "¿La señora va a comer sola?" Me dio una

905   vergüenza... que me fui corriendo...

JUNIOR.— A mí me pasó algo parecido... excepto que yo no me fui. El maitre me llevó hasta la mesa —la última mesa, al lado de la cocina, donde siempre sientan a la gente que comen solas— todo el largo camino haciendo preguntas "Un sábado en la noche, ¿y va a comer sola? ¿Cómo es eso? Where's your boyfriend? etc. etc." Hasta que ya no

910   pude más y le dije —bien alto para que todo el mundo me oyera—: "I'am eating alone because my boyfriend is dead!" Todo el mundo dejó de comer y le echó miradas de puñalitos al maitre. Después, bien bajito y mirándole directamente a los ojos le dije: "¿Y sabe por qué está muerto? ¿No? ¡Porque yo lo maté! I killed him because he never let me do anything by myself!"

915   (*Todas se ríen.*)

MARILIS.— Crazy girl! Me imagino que más nunca volviste a ese restaurante.

JUNIOR.— Claro que volví. Ahora me tratan como a una reina...

(*Se ríen. Pausa silenciosa.*)

OLGA.— Saben... Cuando era chiquita nos mudábamos tanto, que la única casa de la que

920   tengo recuerdos era la de juguete, la que me trajeron los Reyes Magos. Era de cartón pintado, pero las cortinitas en las ventanas eran de tela de verdad... Lo mejor que tenía era que se podía armar y desarmar muy facilito —muy conveniente para las tantas mudadas...

JUNIOR.— Pero, Olga, you're lucky. No tienes que mudarte más. Tienes tu casa... y tu

925   jardín...

---

[188]"canción de vellonera": *jukebox song*. [189]"bolero cortavena": tipo de música muy dramática. [190]melodía. [191](italiano) comer.

OLGA.— Sí... (*Canta pensativamente.*) "Yo tengo la casita, que tanto me prometí..." pero... sola.

MARILIS.— ¿Y yo no cuento?

FEFA.— ¿yo estoy pintá en la pared?

OLGA.— Claro que cuentan... Pero es que es otra clase de soledad... Manolo y yo... (*A Marilis.*) Tienes razón, Marilis. No lo hacía por ti. Ni por él. Yo lo hacía por mí. Cada vez que tu padre volvía de una de sus escapadas, yo lo recibía, sí. No con los brazos abiertos — pero con las piernas abiertas—. Lo hacía por temor a la soledad, porque según pasaban los años más remota se me hacía la idea de encontrar a otro hombre que llenara ese espacio... y todos los demás espacios que una misma no sabe llenar... 930

935

(*Pausa silenciosa.*)

MARILIS.— Cada vez que mi padre alzaba el vuelo yo quería volar con él. Sentía envidia de su libertad. Pero ahora me doy cuenta de que lo único que no le perdono es que siempre regresa...

JUNIOR.— Pero tienen su casa. Estas casas son como abrigos... Y tienen su jardín... Alguien me dijo esto una vez... deja ver si me acuerdo cómo es... El sexo te da placer por... 940

YARISA.— Unos quince minutos...

(*Se ríen.*)

JUNIOR.— ... más o menos... la bebida te alegra por un par de horas... los viajes, por un par de semanas... pero si plantas tu jardín, te hará feliz año tras año... 945

OLGA.— Año tras año...

FEFA.— (*Pensando.*) Jmmm.

MARILIS.— (*Pensando.*) Jmmm.

YARISA.— (*Pensando.*) Jmmm.

FANNY.— (*Pensando.*) Jmmm. 950

(*Se quedan pensando. Miran a su alrededor. Miran al frente. Las luces comienzan a bajar lentamente.*)

JUNIOR.— Fanny...

FANNY.— What?

JUNIOR.— ... Sell me your house... 955

FANNY.— Show me los chavos.[192]

(*Las luces están a punto del apagón cuando suena el timbre. Luego se oyen golpes en la puerta. Las luces suben rápidamente al mismo tiempo que* manolo *habla.*)

MANOLO.— (*Off.*) ¡Olga! ¡Olga!

(*Las mujeres reaccionan. Se miran las unas a las otras.*) 960

MARILIS.— Papá...

FEFA.— Manolo...

---

[192]dinero.

(*Más golpes en la puerta.*)

FANNY.— Fangula...

YARISA.— Al Mengano[193] se le acabaron los calzoncillos limpios...

MANOLO.— ¡Olga, soy yo vieja, ábreme la puerta!

FEFA.— Pero él tiene llave...

JUNIOR.— Not anymore. (*Se mete la mano en el bolsillo. Saca las llaves.*) Olga me pidió que cambiara el llavín[194] esta tarde. Es de los que hay que abrir con llave por dentro y por fuera. Aquí están las llaves nuevas. (*Menea[195] las llaves como una campana. Se las entrega a* olga.)

MANOLO.— (*Off.*) ¡Marilis! ¿Estás ahí, mija?

(marilis *se pone de pie. Mira a* olga. *Mira la puerta.* olga *que no se ha inmutado desde que* manolo *tocó a la puerta, levanta las llaves a la altura de su cara.* marilis *hace un gesto indeciso hacia las llaves, pero se detiene.*)

MANOLO.— (*Off.*) ¡Mamá!... Mami...

(fefa *se debate por un instante sobre coger las llaves. Se sienta.*)

MANOLO.— Doña Fanny, ¡yohoo! ¡Yarisa! Junior... ¡Juniorcitaaa!

(*Nadie se mueve. Todas le clavan la vista a* olga. *Ceremoniosamente, y siempre mirando al frente,* olga *alza más la mano que sostiene las llaves. Con la otra se hala[196] el cuello de la blusa y deja caer el manojito[197] de llaves en su seno, y con determinación cruza los brazos sobre el pecho. Las demás miran al frente y al unísono también cruzan los brazos sobre el pecho.*)

MANOLO.— (*De afuera.*) Trik or tri?...

OLGA.— ¡Se acabaron los caramelos!

Telón

Comprensión del texto

1. ¿Por qué no quiere comprar la casa Manolo?
2. ¿Por qué se mudó Olga tantas veces de casa cuando era niña?
3. ¿Qué trabajo realiza Junior?
4. ¿Por qué es importante para Olga ser dueña de una casa?
5. ¿Quiénes son los hijos de Fefa? ¿Qué recuerdos tiene de ellos?
6. ¿De qué procedencia u origen son los habitantes de este Barrio de Nueva York?
7. ¿Qué cambios ha experimentado este Barrio, según Fanny?
8. ¿Qué impresiones tiene Marilis de Michigan?
9. ¿Qué experiencias tienen Fefa y Junior cuando van a comer solas a un restaurante?
10. ¿De qué fiesta importante se hace eco el segundo acto de la obra?

---

[193]*so-and-so.* [194]*cerradura.* [195]*mueve.* [196]*she pulls.* [197]*bundle.*

Análisis crítico

1. Comente las distintas partes en que se podría dividir esta obra —Exposición, complicación... ¿Sigue esta obra la regla de "las tres unidades"?
2. Comente algunas de las anécdotas que le parezcan cómicas o humorísticas.
3. ¿Cuál es la orientación sexual de Junior? ¿Qué quiere decir Manolo cuando afirma que lo que Junior necesita es "un buen macho que la jamaquee para que se 'enderece'"?
4. En la obra hay continuas referencias a la basura, ¿tiene ésta algún valor simbólico?
5. ¿A qué tipo de forma dramática correspondería esta obra? ¿Qué convenciones de esta forma dramática sigue?
6. ¿Cómo se materializa el conflicto dramático? ¿qué personajes representan las fuerzas antagónicas en este conflicto? ¿Cómo interpreta el desenlace de la obra? ¿Es ésta una de esas historias en las que, recordando a Yarisa, la mujer dice "basta"?
7. Al final de la obra vemos varios personajes bailando los hula hoops. ¿Ejerce alguna influencia o repercusión este baile en la vida de estos personajes?
8. Dolores Prida nos muestra en esta obra el habla coloquial de varios países latinos. ¿Qué trata de revelarnos la dramaturga con esta diversidad de lenguas y jergas?
9. Existen en esta obra algunos actantes muy importantes. Identifíquelos y comente su significado.
10. ¿Qué tipo de escenario y escenografía cree que utilizaría un director de teatro para la representación de esta obra?

Mesa redonda

Dolores Prida representa en esta obra a varias generaciones de mujeres latinas y sus relaciones sentimentales con el género opuesto. Con sus compañeros de grupo, discuta los tipos de relación que tiene cada una de ellas con los hombres y cómo refleja esta obra la distinta forma de pensar de las mujeres. Compartan sus impresiones con el resto de la clase.

Sea creativo

Escriba un bosquejo de una obra dramática comentando algunos de los posibles problemas que podrían crear un conflicto entre personas involucradas en una relación matrimonial o sentimental. Puede escoger la relación entre personas de un mismo grupo étnico o de grupos étnicos diferentes. Puede realizar esta actividad creativa individualmente y compartir sus ideas con el resto de la clase.

Investigación

En la Guía de Lectura indicamos que, según Dolores Prida, "Casa propia" tenía elementos de *A Room of One's Own* (1929), de Virginia Woolf, y de Lisístrata. Escriba un trabajo de investigación discutiendo las influencias del ensayo de Virginia Woolf y del personaje de Lisístrata, de la comedia homónima (411 a. C.) de Aristófanes, en la obra de Dolores Prida.

Diccionario de términos literarios

Esperpento. Término asociado con Valle-Inclán, y que designa una estética renovadora del teatro. El *esperpento* se relaciona con las corrientes vanguardistas de principios del siglo XX, y se caracteriza por la representación de la existencia humana y de la historia desde un punto de vista u óptica deformados.

Mascarada. Es una fiesta-espectáculo en la que los personajes llevan máscaras. Inicialmente, consistía de una representación teatral de un texto interpretado por actores enmascarados en un contexto de música y danza.

Pathos. Término griego que significa "sufrimiento", y con el que se alude a los sentimientos de emoción provocados por el desarrollo de una determinada acción dramática en los espectadores.

Tramoya. Es el conjunto de máquinas con los que se efectúan, durante la representación teatral, los cambios de decorado y los efectos especiales.

Apéndice 1. Poesía

El Ritmo

El ritmo depende de la posición en la que se encuentran colocados los acentos del verso, y éstos se clasifican en *acento estrófico*, *acento rítmico* y *acento extrarrítmico*.

1. *Acento rítmico.* Es el acento más importante, y se refiere al acento de la última palabra del verso, que en español siempre cae en la penúltima sílaba métrica. Aunque esta afirmación parezca un tanto paradójica, lo cierto es que si el verso es agudo, al contar una sílaba más, el acento se encontrará en la penúltima sílaba métrica, y si es esdrújulo, al contar una sílaba menos, el acento se encontrará también en la penúltima sílaba métrica. Veamos:

   Todo pasa y todo **que**da
   1 2 3 4   5 6 7 8   = 8
   pero lo nuestro es pa**sar**.
   1 2 3 4   5   6 7+1   = 8
   (Antonio MACHADO, *Proverbios y cantares, XLIV*)

   En el primer verso, al tener una palabra, y un verso, llanos, el acento cae en la penúltima sílaba fonológica y métrica. En el segundo verso, sin embargo, aunque el acento cae en la última sílaba fonológica de la palabra "pasar", al contar una sílaba más porque es una palabra, y un verso, agudos, el acento no cae en la última sílaba métrica, la octava, sino en la penúltima, que sería la séptima. Lo mismo ocurre si la palabra y el verso son esdrújulos:

La princesa está triste; la princesa está **pá**lida.
1   2   3 4 5 6   7   8   9   10 11 12 13 14 15 (15–1) = 14
(Rubén Darío, Sonatina)

En este verso, el acento recae en la antepenúltima sílaba fonológica, en la número trece, pero al ser una palabra, y un verso, esdrújulos, y al tener que restar una sílaba en su cómputo, entonces tenemos catorce sílabas métricas, por lo tanto la sílaba número trece corresponde a la penúltima.

2. *Acentos rítmicos* y *extrarrítmicos*. Los acentos rítmicos son los acentos internos del verso que coinciden con el acento estrófico. Por lo tanto, si el acento estrófico cae en una sílaba par, los acentos rítmicos son los que, igualmente, caen en sílabas pares; y si el acento estrófico cae en una sílaba impar, los acentos rítmicos son los que recaen en sílabas impares. Por el contrario, los acentos extrarrítmicos son los acentos internos del verso cuya colocación, en sílaba par o impar, no coincide con la del acento estrófico:

Nunca me**rez**can mis au**sen**tes **o**jos
1   2   3 4   5   6   7   8 9 10 11   = 11
ver tu **mu**ro, tus **to**rres y tu **rí**o
1   2 3   4   5   6 7   8 9 10 11   = 11
(Luis de Góngora, A Córdoba)

El acento estrófico de estos dos versos cae en la sílaba décima, que es una sílaba par. Los acentos rítmicos, como sabemos, son los que coinciden con el acento estrófico; por lo tanto, en el primer verso los acentos rítmicos son los que caen en las sílabas cuarta y octava; y en el segundo verso es el que cae en la sílaba sexta, todas ellas pares. Por el contrario, los acentos extrarrítmicos son los que caen en la primera sílaba del primer verso, y en la primera y tercera sílabas del segundo verso, todas ellas impares.

Ékphrasis

El estudio de la relación entre las artes visuales y la literatura se remonta (*dates back*) al siglo VI. A. C., fecha en la que el poeta griego Simónides de Ceos declara que la pintura es poesía muda, y que la poesía es un cuadro hablante. Posteriormente, en el siglo I a. C., el poeta latino Horacio creó la enigmática máxima "ut pictura poesis", cuya traducción podría ser "la poesía es como la pintura". Esta máxima ha dado lugar a una polémica centrada en torno a la relación entre la pintura y la poesía, y por extensión a la interrelación entre las artes visuales y la literatura.

El término "ékphrasis" proviene de dos palabras griegas, el prefijo *ek*, que significa "afuera", y *phrazein*, que significa "decir" o "declarar". Para los retóricos griegos de los siglos

III y IV d. C., la ékphrasis consistía en la descripción exhaustiva y detallada de un algo perteneciente al mundo de la realidad o del arte, y con esto se intentaba que el sentido del oído sustituyera al de la vista. Los ejemplos de ékphrasis abundan en todos los períodos literarios, desde la *Odisea* (S. VIII a. C.), de Homero, a las *Églogas* (1530), de Garcilaso de la Vega, pasando por la *Divina Comedia* (1319), de Dante. Algunos ejemplos paradigmáticos de ékphrasis clásica se encuentran en la *Ilíada* (S. VIII a. C.), donde Homero describe con todo tipo de detalles el escudo que Hefaistos, dios griego del fuego, hizo para Aquiles; y en la *Metamorfosis*, donde Ovidio describe los tapices de Minerva y Ariadna. En el siglo XX, y entre otros muchos, podríamos mencionar a Pablo Neruda, Rafael Alberti, Ana Rosetti, etc..

A lo largo de la historia, la ékphrasis ha sido entendida y definida de múltiples maneras. Una de las definiciones más aceptada es la que entiende la ékphrasis como la representación verbal de una representación artística visual; o sea, el intento de un escritor de dar voz y lengua a un objeto artístico, real o imaginario, compuesto en un sistema de signos no verbales. Otros la definen como el intento de un autor de imitar con palabras un objeto de las artes plásticas, y otros como una técnica literaria consistente en dar al mundo de los colores un valor protagónico en la obra literaria. En términos generales, podríamos decir que la dimensión plástica en literatura se revela siempre que la obra literaria toma los elementos estáticos de la forma plástica que normalmente atribuimos a las artes espaciales.

Ahora bien (*now*), ¿cómo puede un escritor reflejar en su obra literaria el carácter estático de una obra plástica por medio de la lengua, la cual es, por naturaleza, temporal y lineal? Pues bien, la lengua puede recrear el carácter estático que caracteriza a las artes plásticas por medio de técnicas como la yuxtaposición, digresiones, la simultaneidad, repeticiones, ecos, y otras técnicas literarias que congelan (*freeze*) o detienen la progresión cronológica y el flujo temporal.

Una vez que identificamos un texto ekphrástico, podemos preguntarnos ¿qué implicaciones tiene la representación de una obra de arte dentro del texto que estamos estudiando? Pues bien, al estudiar un texto ekphrástico, el lector debe interpretar la lectura que hace el escritor de la obra de arte y relacionarla con el resto de la obra. Asimismo, puede, establecer relaciones de diferencia entre la obra plástica y el texto literario, o, por el contrario, identificar algunos paralelismos   o relaciones de semejanza entre una y otro. El texto ekphrástico, pues, mantiene una relación dialógica, un diálogo, con el texto en el que se halla inmerso, y es tarea del lector identificar qué tipo de relación existe entre uno y otro.

Poesía visual

Desde el punto de vista histórico, podemos afirmar que existe una larga tradición en el cultivo de la poesía visual. Autores del período grecolatino, como Simias de Rodas —S. IV a.C.— o Publio Optaciano —S. IV d. C.— escribieron textos que proponían una lectura en espiral, o en los que hacían dibujos con palabras. En la época grecolatina se escribieron numerosos poemas laberínticos con temas sacados de la mitología, de la magia y de la religión; y en la Edad Media los escritores usaron símbolos en su poesía visual con el propósito de divulgar (*to spread*) la religión cristiana. En el siglo XVII, coincidiendo con el Barroco, se escribieron numerosos *acrósticos* –colocación especial de las letras al principio o final de los versos para formar juntas un nombre-, *laberintos*, *caligramas* –disposición tal de los versos que dibujan una figura-, y *jeroglíficos* que tenían por fin, generalmente, encomiar (*to praise*) la monarquía. Durante los siglos XVIII y XIX se prosigue con los mismos artificios poéticos, pero los vemos dotados de mayor claridad y sencillez. Y en el siglo XX, por influencia de escritores como Guillaume Apollinaire (1880-1918) y Filippo T. Marinetti (1876-1944), aumenta el interés por la poesía visual.

Una de las primeras manifestaciones de la literatura visual se encuentra en el *laberinto*. El *laberinto* se basa en la ocultación, y para descifrar el sentido de muchos de los textos escritos en formas criptográficas —en clave— el lector necesita tener conocimientos de numerología, esoterismo, astrología u otras ciencias. En los *laberintos* se destaca el centro, ya que desde éste se inician las lecturas en todas las direcciones. Otra manifestación de la poesía visual, y de larga tradición, viene dada por los *acrósticos*, cuya particularidad reside, como ya observamos, en que las primeras letras de los versos componen el nombre de una persona. En una edición de *La Celestina* (1499) se encuentran unos versos acrósticos en los que se lee el nombre y lugar de nacimiento del hombre que acabó esta tragicomedia. Dentro de los *acrósticos* destacan por su originalidad los *acrósticos esféricos*, los cuales consisten de versos radialmente dispuestos y formando un círculo. Otra modalidad de la poesía visual es la de los *poemas concordados*. A diferencia de los *acrósticos*, los *poemas concordados* juegan con las palabras, y colocan en distintos niveles sílabas comunes a varios versos.

En el siglo XIX se siguen escribiendo *laberintos*, y proliferaron los *caligramas*, pero es en el siglo XX cuando se produce un mayor grado de experimentación dentro de la poesía visual. Durante la vanguardia, en la primera cuarta parte del siglo XX, se experimenta con el color de la tinta y se construyen numerosos *caligramas*. Más tarde, a partir de la década de los sesenta, la poesía experimental hace uso de la fotografía, de collages y de los objetos, y algunos poetas buscan una relación entre el signo y el espacio con letras que aparecen como arrojadas al azar (*at random*) sobre el espacio de la página sin dar un mensaje específico. Otros poetas escriben *jeroglíficos*, y uno de sus objetivos era el de reflejar la crisis del lenguaje a través de un rechazo del significado. En la actualidad, la poesía se orienta hacia la creación de *caligramas* (vertiente visual) o hacia la experimentación verbal (vertiente criptográfica), y en las obras de algunos de estos autores encontramos *anagramas* —trasposición de las letras de una palabra—, *palíndronos* —palabra o frase que resulta lo mismo de ser leídas en una dirección o en otra opuesta—, *laberintos*, *acrósticos*, *ideogramas* —símbolos o señales que apuntan a una idea, como la flecha para indicar dirección—, y *versos retrogrados* —que se pueden leer de izquierda a derecha y viceversa—. Otra corriente poética de la segunda mitad del siglo XX es la *objetualización*, que consiste en usar objetos — botellas, bolígrafos, sillas, etc.— como obras de arte.

Apéndice 2. Enfoques Críticos

A continuación vamos a resumir algunos enfoques críticos frecuentemente utilizados en literatura. Aunque esta lista no es exhaustiva, debemos aclarar que cualquier crítico o investigador puede aplicar más de uno en el análisis de una obra literaria.

I. Crítica formalista

La crítica formalista considera la literatura como una forma de conocimiento humano que debe ser estudiada en sus propios términos. Los formalistas no estudian la obra literaria como documento histórico, biográfico o social, sino en base a sus características literarias intrínsecas, y ponen énfasis en una lectura cuidadosa y detallada del texto. Su enfoque se centra, pues, en el análisis de los aspectos formales del texto más que en la vida del autor o el contexto histórico en que aquél fue escrito: estilo, estructura, tono, o imágenes. Estos aspectos no son examinados individualmente, sino en conjunto, ya que los formalistas creen que el valor artístico de una obra de arte deriva de la integración de todos estos elementos. Los formalistas, asimismo, creen que la forma y el contenido van juntos, que son inseparables, y que su interdependencia es lo que da lugar a la obra literaria. Un ejemplo de enfoque formalista se centraría en analizar las palabras, frases, rima, símbolos, y figuras retóricas de cada verso de un poema, y ver cómo el significado de éste se desprende del análisis de estos elementos.

II. Crítica biográfica

Este tipo de crítica asume que la literatura es escrita por gente real, y que conocer la vida de un escritor puede ayudar a los lectores a entender mejor la obra literaria. Piensan que, al conocer la biografía de un escritor, se puede ver cómo las experiencias de su vida han influido, directa e indirectamente, en la obra que ha creado. Así, conocer alguna experiencia traumática del escritor —un accidente, una experiencia en un campo de concentración, etc.— puede inspirar o iluminar nuestra lectura de la obra literaria de este escritor. La crítica biográfica no trata de recrear la vida de un escritor, sino explicar la obra literaria sirviéndose del conocimiento de su vida. Por lo tanto, la información biográfica nos debe servir de complemento para el estudio que vamos a realizar, y la interpretación de la obra debe basarse fundamentalmente en los hechos representados en el texto. Un ejemplo de crítica biográfica sería el estudio de la obra de Federico García Lorca teniendo en cuenta la represión social que sufrió en vida por su condición de homosexual.

III. Crítica histórica

Este tipo de crítica busca estudiar la obra literaria desde el punto de vista de su contexto intelectual, cultural y social. Al crítico que aplica este tipo de enfoque no le preocupa explicar el significado literario de una obra de arte para los lectores de hoy, sino explicar el impacto que tuvo la obra en el público original, aquél que vivió al mismo tiempo en que fue publicada la obra literaria. Asimismo, estudia cómo el significado de la obra ha cambiado en el curso del tiempo. Por ejemplo, un estudio de *El Buscón*, siguiendo este tipo de enfoque, comentaría cómo muchas de las palabras empleadas en el texto tienen un significado distinto al de hoy, y cómo en la obra aparecen profesiones, costumbres o prejuicios inexistentes hoy día.

IV. Crítica psicológica

Los estudios psicoanalíticos de Sigmund Freud sobre la sexualidad, el inconsciente, la represión, etc. han sido claves para entender el comportamiento humano, y una de sus contribuciones más importantes a la literatura fue su explicación de cuánto es inconsciente dentro de los procesos mentales del ser humano. Por otro lado, Freud estudió la lengua para demostrar cómo ésta reflejaba los temores y deseos del hablante; y, asimismo, estudió los símbolos en el arte y los sueños para analizar cómo la mente inconsciente se expresaba de forma codificada para evitar la censura de la mente consciente. La crítica psicológica emplea tres enfoques principales:

1. Investiga el proceso creativo de las artes, el origen del genio literario y el efecto que la literatura tiene en el lector.
2. Realiza un estudio psicológico del artista.
3. Analiza el comportamiento psicológico de los personajes.

Por ejemplo, un análisis de tipo psicológico podría centrarse en el comportamiento psicológico de las protagonistas de algunas novelas escritas por mujeres, y en cómo la represión social o familiar ha influido en la creación de una identidad problemática o conflictiva.

V. Crítica mitológica

Este tipo de crítica busca los patrones universales y recurrentes que subyacen en las obras literarias. La crítica mitológica es interdisciplinaria, y combina los estudios de antropología, psicología, historia y religión comparada. La crítica mitológica explora el carácter universal de la conciencia del artista al mostrar cómo el individuo usa símbolos y situaciones —consciente o inconscientemente— que trascienden sus circunstancias históricas y se asemejan a los usados en otras culturas o épocas. Un concepto importante dentro de este tipo de enfoque es el de "arquetipos", un símbolo, personaje, situación o imagen que provoca una respuesta universal. El concepto de arquetipo nos viene de Carl Jung, quien creía que todos los individuos comparten un inconsciente colectivo, una serie de recuerdos primigenios comunes a todos los seres humanos y que existen en un nivel inferior de la mente consciente de una persona. Al identificar símbolos y situaciones arquetípicos en las obras literarias, la crítica mitológica relaciona este texto con otros que tienen un patrón arquetípico similar. Por ejemplo, un estudio siguiendo este enfoque crítico podría centrarse en cómo Unamuno, en *Abel Sánchez*, y Carlos Fuentes, en *La voluntad y la fortuna*, estructuran sus obras siguiendo el mito de Caín y Abel.

VI. Crítica sociológica

La crítica sociológica estudia la literatura teniendo en cuenta el contexto cultural, económico y político en el que se escribe o recibe una obra literaria. Para ellos, la obra es producto de un autor que escribe en un tiempo y en un lugar históricos específicos. Este tipo de crítica explora la relación entre el artista y la sociedad, y a veces analiza la profesión del autor y cómo ésta afecta en su escritura. Asimismo, analiza el contenido sociológico de la obra literaria —los aspectos políticos, económicos y culturales representados en la obra—, y el papel del público en la creación literaria. Un tipo de crítica sociológica es la crítica marxista, centrada en los elementos políticos y económicos de la obra literaria. La crítica formalista considera que el fondo y la forma van inextricablemente unidos, pero la crítica marxista piensa que el contenido determina la forma, y que todo arte es político. Por ejemplo, un estudio de tipo sociológico se centraría en el análisis o papel que juega la clase media en la narrativa de Benito Pérez Galdós.

VII. Crítica de género

Este tipo de crítica examina la influencia que tiene la identidad sexual en la creación y recepción de la obra literaria. Los estudios de género comenzaron con el movimiento feminista y la influencia de Simone de Beauvoir, la sociología, la psicología y la antropología. La crítica feminista cree que la cultura ha estado dominada por los hombres, trata de oponerse a actitudes o normas patriarcales, y estudia cómo el género del autor influye en su escritura. Por ejemplo, un estudio feminista podría centrarse en cómo la narrativa de Mercé Rodoreda textualiza una defensa de la identidad y subjetividad femenina y un rechazo del sistema patriarcal. Hoy día, la crítica de género incluye tendencias críticas relacionadas con la influencia de las distintas orientaciones sexuales en la creación y recepción literarias.

VIII. Crítica literaria LGBT

Con estas siglas se designan a lesbianas, gays, bisexuales y personas transgénero. Este tipo de crítica, como la de género, ha sido influida por la crítica feminista, por la deconstructivista y por el sicoanálisis. La crítica literaria LGBT se opone a la homofobia y la heterosexualidad, y a la división binaria que hacen las feministas de masculino versus femenino. Esta crítica presta atención a cómo se representan en literatura las nociones de sexualidad e identidades de género, y si estas nociones son socialmente construidas o si son algo innato. Asimismo, se preocupa por temas relacionados con la recuperación de textos escritos por gays y lesbianas que han sido silenciados por la crítica oficial, y por representaciones culturales y literarias gays y lesbianas. Un ejemplo de este tipo de enfoque teórico se concentraría en cómo algunos personajes desafían una caracterización propia de género masculino o femenino, en cómo algunos personajes tienen características de ambos géneros o no pertenecen claramente a uno o a otro, en las técnicas literarias o ideología que defiende o representa en su obra un escritor que no es heterosexual, o en la posición que toma con respecto a las identidades sexuales.

IX. Estética de la recepción

Este tipo de enfoque crítico se propone describir lo que ocurre en la mente del lector mientras interpreta el texto. Esta teoría asume que si la escritura es un acto creativo, la lectura es, asimismo, un proceso creativo también. La estética de la recepción cree que el texto literario no existe sin la interpretación del lector, y que un texto debe ser completado por éste a través de la lectura y de su interpretación. Igualmente, reconoce que no hay una sola lectura de un texto literario, y que la lectura que hacemos de una novela ahora es diferente de la que hicimos cuando éramos más jóvenes o en otro tiempo. Este tipo de crítica, igualmente, muestra cómo los valores culturales, religiosos y sociales influyen en nuestra lectura de una obra literaria. Por ejemplo la lectura y la interpretación que hacemos de niños de una obra como *Don Quijote de la Mancha* será muy diferente de la que hagamos una vez de adultos.

X. Crítica deconstructivista

Este enfoque teórico rechaza la noción tradicional que la lengua puede representar la realidad. La lengua para los deconstructivistas es un medio sujeto a interpretación, y consideran que las palabras de un texto no tienen un significado fijo y único. Para ellos, la lengua no puede expresar un significado o una idea, y centran su atención no en lo que dice el texto sino en cómo es usada la lengua. Si un crítico formalista trata de agrupar los distintos elementos en un todo coherente con significado, uno deconstructivista se propone desarticular el texto en partes irreconciliables. Asimismo, y a diferencia de la crítica histórica y biográfica, el deconstructivista no cree que el autor tiene control sobre la lengua o el significado del texto, y tampoco cree en una verdad sino en múltiples interpretaciones de ésta. Por ejemplo, en un estudio sobre una obra determinada, unos críticos pueden interpretar el mar como símbolo de vida, mientras que otros pueden interpretarlo como símbolo de la muerte.

XI. Estudios culturales

La crítica cultural, también denominada *nuevo historicismo*, no defiende una sola forma de analizar la literatura. No hay una sola metodología asociada con ella, y adoptan metodologías distintas para analizar los diferentes productos culturales. La crítica cultural depende de la teoría literaria, en especial de la crítica feminista y marxista, y también se sirve de la crítica histórica. La crítica cultural es anti formalista porque se centra en estudiar las complejas relaciones entre la historia, la política, y la literatura. Asimismo, trata de entender cómo aparece representada en un texto la naturaleza del poder social, y busca identificar los valores explícitos e implícitos reflejados en una práctica cultural. Este tipo de enfoque crítico toma de los deconstructivistas su énfasis en poner al descubierto los conflictos y contradicciones del texto literario. A diferencia de los enfoques tradicionales, que ponen de relieve la unidad de la obra literaria, los estudios culturales tratan de mostrar los conflictos sociales, psicológicos, y políticos que encubre la obra literaria. De la crítica marxista toma la lucha de clases; y de la crítica de género toma la idea de la desigualdad entre las clases sociales y los sexos. Este tipo de enfoque tiene un propósito político, y ve el análisis literario como una forma de contribuir a una mayor justicia social. Por ejemplo, en el soneto de Quevedo, "Miré los muros de la patria mía", un estudio cultural se centraría en mostrar la representación política, social o biográfica que los críticos han hallado en la lectura de este poema; y, a continuación, deconstruiría estas lecturas para mostrar qué individuos o personas se han podido beneficiar de este tipo de lectura.

Anacoluto: Es la alteración del orden sintáctico y de la coherencia de la frase debido a la omisión de nexos relacionantes o de elementos constitutivos de la misma.

Anadiplosis: Figura que consiste en la repetición de la última palabra o palabras de una frase o verso al comienzo de la frase o versos siguientes:

Oye, no temas, y a mi ninfa dile,
dile que muero.
    (E. M. DE VILLEGAS)

Calambur: Esta figura consiste en un juego de palabras que se produce al combinar los vocablos, o ciertas sílabas que forman estos vocablos, o las letras de un enunciado, de tal forma que, aunque suenan lo mismo, significan algo diferente:

Oro parece, plata no es (plátano)
        (ACERTIJO POPULAR)

Copla de arte mayor: Estrofa de ocho versos formada, generalmente, por versos dodecasílabos y rima en ABBAACCA.

Copla real: Estrofa de diez versos de arte menor y rima en abaabcdccd.

Derivación: Figura que consiste en usar, en la misma frase, palabras procedentes del mismo lexema o raíz:

Dios deseado y deseante.
    (Juan RAMÓN JIMÉNEZ)

Elipsis: Esta figura se basa en la omisión de palabras sin que ello perjudique la claridad del sentido de la frase:

> Por una mirada, un mundo. (Se omite el verbo "daría")
> (Gustavo A. Bécquer)

Endecasílabo sáfico: Verso de once sílabas con acentos en la cuarta y en la sexta u octava sílabas.

Endecha: Romance cuyos versos constan de siete sílabas

Enumeración: Figura que consiste en la presentación sucesiva de realidades vinculadas entre sí como elementos integrantes de un conjunto (*whole*):

> Destas el Padre Eterno
> fortificó su nave:
> timón (*helm*), entena (*mast*), mástil, popa (*stern*) y frente…
> (Lupernio L. de Argensola)

Epifonema: Esta figura consiste en una reflexión que resume categóricamente todo lo que se ha venido diciendo:

> Cae al último abismo de silencio
> como el barco que se hunde apagando su luces.
> Todo se acabó.
> (Vicente Huidobro)

Estrofa sáfica: Estrofa de cuatro versos de rima variable que consta de tres endecasílabos y un pentasílabo.

Estribillo: Verso o conjunto de versos que aparecen al comienzo de ciertos poemas y que se repiten total o parcialmente, y de forma regular, después de cada estrofa.

Etopeya: Figura que consiste en describir costumbres y cualidades morales o éticas de una persona:

> Era un santo varón piadoso y de no común saber, de intachables costumbres clericales, algo más de sexagenario…
> (Benito Pérez Galdós)

Octava italiana: Estrofa de ocho versos cuya rima es ABBCDEEC, y en la que el cuarto y el octavo versos son agudos.

Octavilla: Estrofa formada por ocho versos de arte menor con una variedad de rimas. Una de las rimas más comunes es la combinación abbecdde.

Ovillejo: Estrofa de diez versos, generalmente de arte menor, cuya rima sigue el esquema aabbcccddc.

Palíndromo: Es una figura retórica que se produce cuando una palabra, oración o verso presenta la misma sucesión de formas tanto si se lee de izquierda a derecha o a la inversa:

"Oso", o "dábale arroz a la zorra el abad".

Quinteto: Esta estrofa mantiene los mismos tipos de rima que la *quintilla*, pero es de arte mayor.

Quintilla: Estrofa de cinco versos octosílabos con rima variable. Las condiciones son que no haya tres versos seguidos con el mismo tipo de rima, y que los dos últimos no se constituyan en pareado.

Retrato: Esta figura es una combinación de la *prosopografía* y de la *etopeya*:

Tenía Jacintillo semblante agraciado y carillero, con mejillas de rosa,
como una muchacha, y era rechoncho de cuerpo, de estatura pequeña…
una moral severa le mantenía constantemente derecho…

(Benito PÉREZ GALDÓS)

Romance heroico: Romance cuyos versos tienen once sílabas.

Romancillo: Romance cuyos versos tienen menos de siete sílabas.

Seguidilla compuesta: Estrofa de cuatro versos de arte menor formada por versos heptasílabos, los impares, y pentasílabos, los pares.

Seguidilla gitana: Estrofa de cuatro versos de rima variable. Los dos primeros versos son hexasílabos, el tercero es endecasílabo o dodecasílabo y el cuarto es hexasílabo.

Seguidilla simple: Estrofa de cuatro versos de rima variable. Los versos primero y tercero son heptasílabos y el segundo y cuarto son pentasílabos.

Séptima: Estrofa de siete versos de arte menor con una variedad de rimas.

Sexteto-lira: Estrofa formada por seis endecasílabos y rima en ABABCC.

Sextina: Estrofa formada por seis endecasílabos.

Tetrástrofo monorrimo alejandrino: También llamado *Cuaderna vía*, es una estrofa de cuatro versos de catorce sílabas con rima en AAAA, BBBB, CCCC…

Villancico: Poema estrófico escrito en octosílabos o hexasílabos. Se divide en dos partes: el estribillo, de dos o cuatro versos, y el pie, estrofa de seis o siete versos de los que los últimos deben rimar con todo el estribillo o con su parte final. El estribillo se repite y el pie va cambiando.

Zéjel: Poema que consta de un estribillo de uno o dos versos, una estrofa llamada "mudanza" y de versos monorrimos, y de un verso de vuelta que recoge la rima del estribillo.

Zeugma: Muy similar a la *elipsis*, esta figura se basa en el hecho que un término, que relaciona dos o más enunciados en una frase, sólo se expresa en uno de ellos y se sobreentiende en los demás:

Porque verá la *falta* el que en *tanta* me hace vivir. (Se sobreentiende en "tanta falta")

(Lazarillo DE TORMES)

Bibliografía

Alary, Viviane. *historietas, cómics y tebeos españoles*. Toulouse: Presses universitaires du Mirail, 2002.

Alonso, Amado. *Materia y forma en poesía*. Madrid: ed. Gredos, 1955.

Allen, Robert C. y Douglas Gomery. *Film History: Theory and Practice.* New York: Random House, 1985.

Anderson Imbert, Enrique. *El realismo mágico y otros ensayos*. Caracas: Monte Ávila, 1976. Appia, Adolphe. *The Work of Living Art*. Trad. H. D. Albright. Coral Gables: U. Of Miami Press, 1961.

Arizmendi, M. *El cómic*. Barcelona: Editorial Planeta, 1975.

Aycock, Wendell y Michael Schoenecke, eds. *Film and Literature. A Comparative Approach to Adaptation*. Lubbock, TX.: Texas Tech. UP., 1988.

Bachelard, Gaston. *The Poetics of Space*. New York: The Orion Press, 1964.

Baehr, Rudolf. *Manual de versificación española*. Trad. y adaptación de K. Wagner y F. López Estrada. Madrid: ed. Gredos, 1970.

Bal, Mieke. *Narratology. Introduction to the Theory of Narrative*. Toronto: U. of Toronto P., 1985. Balbín, Rafael de. *Sistema de rítmica castellana*. Madrid: ed. Gredos, 1968.

Bay, Howard. *Stage Design.* New York: Drama Book Specialists, 1974. Becker, George J. *Realism in Literature*. New York: Frederick Ungar P., 1980.

Beckerman, Bernard. *Dynamics of Drama: Theory and Method of Analysis*. New York: Alfred A. Knopf, Inc., 1970.

Bedoya, Ricardo e Isaac León Frías. *Ojos bien abiertos. El lenguaje de las imágenes en movimiento.* Lima: Fondo de desarrollo editorial, 2003.

Benedetti, Robert L. *The Actor at Work.* Englewood Cliffs, N. J.: Prentice-Hall, Inc., 1981. Bentley, Eric. *The Life of Drama*. New York: Atheneum Pub., 1967.

Bergmann, Emilie L. *Art Inscribed: Essays on Ekphrasis in Spanish Golden Age Poetry*. Bessie, Alvan C. *The Symbol*. New Cork: Ramdon House, 1967.

Boleslavsky, Richard. *Acting: The First Six Lessons.* New York: Theatre Arts Books, 1933. Burch, Noel. *Theory of Film Practice*. Princeton: Princeton UP., 1981.

Chase, Richard. *Quest for Myth*. Baton Rouge: Louisiana State UP., 1949.

Chatman, Seymour. *Story and Discourse. Narrative Structure in Fiction and Film*. Ithaca: Cornell UP., 1978.

Christensen, Inger. *The Meaning of Metafiction*. Bergen: Universitetsforlaget, 1981. Clurman, Harold. *On Directing*. New York: Macmillan Pub. Co., Inc., 1972.

Cohen, Keith. *Film and Fiction/The Dynamics of Exchange*. New Haven, Conn.: Yale UP., 1979. Cohen, Robert y John Harrop. *Creative Play Direction*. Englewood Cliffs, N. J.: P r e n t i c e - Hall, Inc., 1974.

Cohn, Dorrit. *Transparent Minds: Narrative Modes for Presenting Consciousness in Fiction*. Princeton: Princeton UP., 1978.

Corrigan, Robert W. *The World of the Theatre*. Glenview, Ill.: Scott, Foresman and Co., 1979. Cózar, Rafael de. *Poesía e imagen*. Sevilla: El Carro de Nieve, 1991.

Craig, Edward Gordon. *Theater Advancing*. New York: Little, Brown & Co., 1963. Currie, Mark. *About Time. Narrative, Fiction and the Philosophy of Time*. Edinburgh: Edinburgh UP. Ltd., 2007.

Díaz Trivín, Jonatan. *El arte invisible en acción. Los cómics en la clase de E/LI*. Madrid: Universidad Lebrija, 2008.

Díez Borque, José María, editor. *Vers° e imagen*. Madrid: Consejería de Educación y Cultura de la Comunidad de Madrid, 1993.

Doty, William G. *Myth. A Handbook*. Westport, Connecticut: Greenwood Press, 2004. Eagleton, Terry. *Literary Theory. An Introduction*. Minneapolis: U. of Minnesota P., 1983.

Earle, Peter G. "Hacia una teoría de los géneros: Hispanoamérica, S. XIX" *Insula* 352 (Marzo 1976): 1, 10.

Elam, Keir. *The Semiotics of Theatre and Drama*. New York: Methuen, 1980.

Estébanez Calderón, Demetrio. *Diccionario de términos literarios*. Madrid: Alianza ed., 1999. Algunas de las definiciones de la sección "Diccionario de términos literarios" han sido tomadas de este diccionario.

Fernández, Pelayo H. *Estilística*. Madrid: ed. José Porrúa Turanzas, 1974.

Francese, Joseph. *Narrating Postmodern Time and Space*. Albany: State U. of New York P., 1997.

Freud, Sigmund. "The Uncanny". *The Standard Edition. The Complete Psychological Works*. James Strachey, trad. y ed. London: The Hogarth Press, 1962: 217-52.

Frye, Northrop. *Anatomy of Criticism. Four Essays*. Princeton: Princeton UP., 1957. García, Santiago. *Panorama. La novela gráfica hoy*. Bilbao: Astiberri, 2013.

García Lorca, Federico. *La zapatera prodigiosa*. New York: W. W. Norton & Co.,1952. Me he servido de esta edición de Edith F. Helman para algunas de las notas y glosas sobre esta obra.

García, Santiago. *La novela gráfica*. Bilbao: Astiberri, 2010.

Gasca, Luis y Ramón Gubern. *L discurso del cómic*. Madrid: Cátedra, 1988. Genette, Gerard. *Narrative Discourse*. Ithaca, NY.: Cornell UP., 1980.

Genette, Gerard. *Narrative Discourse Revisited*. Trad. Jane E. Lewin. Ithaca, New York: Cornell UP., 1988.

Glenn, Stanley. *The Complete Actor*. Boston: Allyn & Bacon, Incl, 1977.

Gobat, Laurent. "Juego dialéctico entre realidad y ficción: *El retablo de las maravillas* de Cervantes". *El teatro dentro del teatro: Cervantes, Lope, Tirso y Calderón*. Irene Andrés-Suárez, et al. Madrid: Ed. Verbum, 1997: 73-99.

Gómez-Martínez, José Luis. *Teoría del ensayo*. 2a. ed. México: UNAM, 1992.

Good, Graham. *The Observing Self: Rediscovering the Essay*. London: Routledge, 1988. Guiraud, Pierre. *La estilística*. Buenos Aires: ed. Nova, 1956.

Hamon, Philippe. *Introduction à l'analyse du descriptiv*. Paris: Hachette, 1981. Harrington, John, ed. *Film and/as Literature*. Englewood Cliffs, NJ.: Prentice Hall, 1977. Hatlen, Theodore W. *Orientation to the Theatre*. Englewood Cliffs, N. J.: 1981.

Hauser, Arnold. *The Social History of Art*. Londres: ed. Routledge and Kegan, 1951. Hawthorn, Jeremy. *A Concise Glossary of Contemporary Literary Theory*. New York: Arnold P., 1998

Herman, Luc. *Concepts of Realism*. Columbia, SC: Camden House, INC., 1996.

Herman, Luc y Bart Vervaeck. *Handbook of Narrative Analysis.* Lincoln, Nebraska: U. of Nebraska P., 2005.

Hoffman, Frederick J. *Freudianism and the Literary Mind*. New York: Grove Press, Inc., 1959. Holtan, Orley I. *Introduction to Theatre. A Mirror to Nature*. Englewood Cliffs, N. J.: Prentice-Hall, Inc., 1976.

Hornby, Richard. *Drama, Metadrama and Perception*. Mississauga: Associated UP., 1986. Horton, Andrew and Joan Magretta, eds. *Modern European Filmmakers and the Art of Adaptation*. New York: Frederick Ungar Pub. Co., 1981.

Hubner, Laura. " 'Pan's Labyrinth', Fear and the Fairy Tale". www.inter-isciplinary.net/ ati/fht 1/ hubner%20 paper.pdf

Hutcheon, Linda. *Narcissistic Narrative. The Metafictional Paradox*. Waterloo, Ontario: Wilfrid Laurier UP., 1978.

Irigaray, Luce. "Sexual Difference". *The Irigaray Reader*. Margaret Whitford, ed. Oxford: Basil Blackwell, Inc., 1991.

Irwin, William R. *The Game of the Impossible: A Rhetoric of Fantasy*. Illinois: U. of Illinois P., 1976. Jackson, Rosemary. *Fantasy: The Literature of Subversion*. London: Methuen, 1981.

Kerr, Walter. *Tragedy and Comedy.* New York: Simon & Schuster, 1967.

Kinder, Marsha. *Blood Cinema. The Reconstruction of National Identity in Spain*. Los Ángeles: The U. of California P., 1993.

Krieger, Murray. *Ekphrasis. The Illusion of the Natural Sign*. Baltimore: The Johns Hopkins U. P., 1992.

Kristeva, Julia. *Revolution in Poetic Language*. New York: Columbia UP., 1975. Landrum, Larry N., P. Browne, and R. B. Browne, eds. *Dimensions of Detective Fiction*. Bowling Green, Ohio: Bowling Green State University PP., 1976.

Lauter, Paul. *Theories of Comedy*. New York: Doubleday & Co., Inc., 1964.

Lemaire, Anika. *Jacques Lacan*. David Lacey, trad. London: Routledge & Kegan Paul, 1977. Levine, George. "Realism Reconsidered." *Essentials of the Theory of Fiction*. Durham: Duke UP., 1996: 234-245.

López Estrada, Francisco. *Métrica española del siglo xx*. Madrid: ed. Gredos, 1972. Luhr, William, ed. *World Cinema since 1945*. New York: Ungar, 1987.

Lukács, George. *Studies in European Realism*. London: Hillway P., 1950 Lutwack, Leonard. *The Role of Place in Literature*. Syracuse: Syracuse UP., 1984.

Mejía, Emilio. "Film Analysis: 'Pan's Labyrinth'". *Ourp Open Mic. Com.* Feb. 24, 2010. Meletinsky, Eleazar M. *The Poetics of Myth*. New York: Garland Pub., Inc., 1998.

Mendilow, A. A. *Time and the Novel*. London: Peter Nevill, 1952. Merino, Ana. *El cómic hispánico*. Madrid: Cátedra, 2003.

Meyerhoff, Hans. *Time in Literature*. Berkeley: U. of California P., 1955.

Millán Domínguez, Blanca. *Poesía visual en España*. Colmenar Viejo: Información y Producciones, 1999.

Mitry, Jean. *Histoire du cinema*. Vols. 1-3. Paris: Éditions Universitaires, 1967, 1969, 1973. Vols. 4-5, Paris: Jean-Pierre Delarge, 1980.

Morris, Pam. *Realism*. New York: Routledge, 2003.

Morrison, Hugh. *Directing in the Theater*. New York: Theatre Arts Books, 1973. Mullin, Donald C. *The Development of the Playhouse*. Berkeley: University of California Press, 1970.

Muriel Durán, Felipe. *La poesía visual en España*. Salamanca: ED. ALMAR, 2000.

Navarro Tomás, Tomás. *Métrica española. Reseña histórica y descriptiva*. Barcelona: ed. Labor, 1983.

—. *Repertorio de estrofas españolas*. New York: Las Americas Publishing Company, 1968. Nicoll, Allardyce. *The Development of the Theater*. New York: Harcourt Brace Jovanovich, Inc., 1966.

Orr, Mary. *Intertextuality. Debates and Contexts*. Malden, MA.: Blackwell P., 2003

Parker, Oren W. *Scene Design and Stage Lighting*. New York: Holt, Rinehart and Winston, 1979.

Patrides, C. A. *Aspects of Time*. Manchester: Manchester UP., 1976.

Peirce, Charles S. Peirce *On Signs: Writings on Semiotic*. Chapel Hill: U. of North Carolina P., 1991.

Persin, Margaret H. *Getting the Picture. The Ekphrastic Principle in Twentieth-Century Spanish Poetry*. Lewisburg: Bucknell UP., 1997.

Plett, Heinrich F. (editor). *Intertextuality*. New York: Water de Gruyter, 1991.

Pratt, Annis. *Archetypal Patterns in Women's Fiction*. Bloomington: Indiana UP., 1981. Prince, Gerald. *Narratology. The Form and Functioning of Narrative*. New York: Mouton P., 1982.

—. "Introduction to the Study of the Narratee." *Essentials of the Theory of Fiction*. Michael J. Hoffman y Patrick D. Murphy. Durham: Duke UP., 1996: 213-233. Quilis, Antonio. *Métrica española*. Barcelona: ed. Ariel, 1989.

Rabkin, Eric S. *The Fantastic in Literature*. Princeton: Princeton UP., 1976.

Rahill, Frank. *The World of Melodrama*. University Park: The Pennsylvania State UP., 1967.

Ramírez, Juan Antonio. "Prefacio. La novela gráfica y el arte adulto". En Santiago García, *La novela gráfica*. Bilbao: Astiberri, 2010.

Relph, Edward. *Place and Placelessness*. London: Pion, 1976.

Resina, Joan Ramon, editor. *Mythopoesis: Literatura, totalidad, ideología*. Barcelona: ed. Anthropos, 1992.

Richardson, Robert. *Literature and Film*. Bloomington, Indiana: Indiana UP., 1969. Ricoeur, Paul. *Time and Narrative*. 3 Vols. Chicago: The U. of Chicago P., 1984, 1985, 1988.

Robillard, Valerie y Els Jongeneel. *Pictures into Words. Theoretical and Descriptive Approaches to Ekphrasis*. Amsterdam: VU UP., 1998.

Salt, Barry. *Film Style and Technology: History and Analysis*. 2d. ed., London: Starword, 1992. Scholes, Robert. *Elements of the Essay*. New York: Oxford UP., 1969.

Schorer, Mark. *The World We Imagine. Selected Essays*. New York: Farrar, Strauss & Giroux, 1968.

Seger, Linda. *El arte de la adaptación. Cómo convertir hechos y ficciones en películas*. Trad. M . Chacón y A. Méndiz. Madrid: Ed. Rialp, S. A., 1993.

Selden, Raman. *A Reader's Guide to Contemporary Literary Theory*. Lexington: The U. Press of Kentucky, 1989.

Smith, Mack. *Literary Realism and the Ekphrastic Tradition*. University Park: The Pennsylvania State UP., 1995.

Stanislavski, Constantin. *An Actor Prepares*. New York: Theatre Arts Books, 1963.

Suvin, Darko. *Metamorphosis of Science Fiction. On the Poetics and History of a Literary Genre*. New Haven: Yale UP., 1979.

Thompson, Kristin y David Bordwell. *Film Art. An Introduction*. New York: The McGraw Hill Companies, Inc., 1997.

Tindall, William Y. *The Literary Symbol*. New York: Columbia UP, 1955.

Todorov, Tzevetan. *L'Introduction à la littérature fantastique*. Paris: ed. du Seuil, 1970.

Tuan, Yi-Fu. *Space and Place: The Perspective of Experience*. Minneapolis: U. of Minnesota Press, 1977.

VC. "The Exoteric Interpretation of 'Pan's Labyrinth'". *The Vigilant Citizen*. Sept. 23rd. 2010. Vickery, John B. *Myth and Literature. Contemporary Theory and Practice*. Lincoln: U. of Nebraska P., 1966.

Wardropper, Bruce W. "The Butt of the Satire in *El retablo de las maravillas*. *Cervantes: Bulletin of the Cervantes Society of America*. 4.1 (1984): 25-33.

Waugh, Patricia. *Metafiction. The Theory and Practice of Self-Conscious Fiction* London: Methuen, 1984.

Weales, Gerald. *The Play and Its Parts*. New York: Basic Books, Inc., 1964. Weisstein, Ulrich et al. *Literature and the Other Arts=la littérature et les autres arts*. Innsbruck: AMOE, 1981.

Whiting, Frank M. *An Introduction to the Theatre*. New York: Harper & Row, Pub., 1978. Wilson, Edwin. *The Theater Experience*. New York: McGraw-Hill, 1988. http://www. dartmouth.edu/~writing/ materials/student/humanities/film.shtml

Literary Credits

Photography